ANTOLOGÍA DE
AUTORES ESPAÑOLES
ANTIGUOS Y MODERNOS

1 Antiguos

ANTOLOGÍA DE
AUTORES

ANTONIO SÁNCHEZ-ROMERALO
UNIVERSITY OF CALIFORNIA, DAVIS

FERNANDO IBARRA
UNIVERSITY OF FLORIDA

ESPAÑOLES

ANTIGUOS Y MODERNOS

1 ANTIGUOS

PRENTICE HALL, Englewood Cliffs, New Jersey 07632

Acknowledgements

MARIA BREY-MARINO:

for her modernized version of "El libro de buen amor."

THE METROPOLITAN MUSEUM OF ART:

Fotografías en páginas: 41, 79, 91, 137, 156, 185. Adornos para armaduras de caballos, España, s. XIV. Esmalte champlevé en bronce dorado. The Metropolitan Museum of Art, Rogers Fund, 1904.

Fotografías en páginas: 93, 146, 279, 285. Puñal, España, siglos XVII–XVIII. The Metropolitan Museum of Art. Regalo de Jean Jacques Reubell, 1926, en memoria de su madre, Julia C. Coster, y de su esposa, Adeline E. Post, ambas de New York.

Fotografía en página 343. Detalle de una columna del Patio del Castillo de los Vélez, Vélez Blanco, Almería. Mármol de Macael (Sierra de Filabres). The Metropolitan Museum of Art. Regalo de George Blumenthal, 1941. Erigido en 1964 con el Ann y George Blumenthal Fund.

Library of Congress Catalog Card Number: 72-75354

 © 1972 by Prentice-Hall, Inc.
A Simon & Schuster Company
Englewood Cliffs, New Jersey 07632

Printed in the United States of America
10 9 8 7

ISBN 0-13-033838-9

Prentice-Hall International (UK) Limited, *London*
Prentice-Hall of Australia Pty. Limited, *Sydney*
Prentice-Hall Canada Inc., *Toronto*
Prentice-Hall Hispanoamericana, S.A., *Mexico*
Prentice-Hall of India Private Limited, *New Delhi*
Prentice-Hall of Japan, Inc., *Tokyo*
Simon & Schuster Asia Pte. Ltd., *Singapore*
Editora Prentice-Hall do Brasil, Ltda., *Rio de Janeiro*

1 ANTIGUOS

Arquitectura, España, s. XVI (1506–1515). Arco del patio del Castillo de Los Vélez, Vélez Blanco, Almería. Mármol de Macael (Sierra de Filabres) The Metropolitan Museum of Art. Regalo de George Blumenthal, 1941. Erigido en 1964 con el Ann y George Blumenthal Fund.

Al lector

Los autores de esta Antología han tenido presente en todo momento un claro y preciso objetivo: ayudar al estudiante de Lengua y Literatura Española a entender y gozar el valor lingüístico y el contenido literario de los textos aquí seleccionados. De ordinario, los cursos de *survey* o de introducción a la Literatura Española en general son el primer contacto que el estudiante tiene con el tesoro literario del mundo hispano. Pero los autores también han pensado en los maestros. Muchos de los profesores de Literatura Española son hombres dedicados a sus propias investigaciones literarias en campos especializados de la crítica y de la historia de la literatura. Aunque quisieran no tendrían tiempo para preparar una serie bien escogida y organizada de lecturas de textos literarios. Los autores de esta Antología, pensado en ellos, han procurado poner en manos de sus colegas el material necesario para sus cursos básicos de Literatura Española. Por esta razón la abundancia de material es excepcionalmente abundante en ambos volúmenes. La riqueza literaria de la lengua española es inmensa ya desde sus orígenes con obras de valor universal y extraordinario.

La abundancia de material aquí ofrecido obedece a dos razones. La primera es que el valor literario de muchos textos exige su inclusión en la Antología. Con frecuencia los profesores se llevan una pequeña desilusión cuando no encuentran en una Antología de literatura textos que ellos consideran importantes por sí mismos y útiles a los estudiantes. Segundo, dada la imposibilidad de satisfacer todas las necesidades particulares y los gustos individuales de los posibles lectores, los autores consideran que lo más práctico y factible es proporcionar material suficientemente abundante y de calidad para que cada profesor pueda seleccionar sus textos.

En la mayoría de las universidades americanas los cursos generales de Literatura Española se dan en dos semestres o en tres trimestres. Es decir que no es mucho el material literario que los estudiantes pueden leer, analizar y disfrutar estéticamente. El profesor escogerá aquellas partes y textos que sean convenientes y oportunos a las necesidades y objetivos de la clase.

En su afán de ofrecer una obra bien conjuntada y completa, los autores presentan una muestra de todos los autores y estilos, desde los comienzos de la lengua española hasta nuestros días, desde los orígenes mismos de la literatura hasta los autores que hoy están en plena producción. Si los escritores del pasado han superado las exigencias de la crítica y han sido consagrados, no así muchos de los escritores contemporáneos. Sin embargo no se puede menos de incluirlos en una Antología que quiere presentar un panorama lo más completo posible de la actividad literaria española de nuestro tiempo.

Los textos se presentan en general por orden cronológico. La razón de ello es que la mayoría de las historias de la literatura siguen esta ordenación cronológica como más fácil y adecuada. Es evidente que no basta la lectura de una Antología para tener una idea completa o adecuada de la Literatura Española. El alumno necesita familiarizarse intimamente con esa literatura para poder comprender la evolución y transformación de la misma. Para ayudar al estudiante a situar el autor y su época a cada selección le precede una breve introducción biográfica. Así mismo se han intercalado estudios que presentan o introducen las corrientes literarias, las tendencias culturales y los movimientos sociopolíticos que dominan en cada época. Estas introducciones generales y particulares son convenientes para ayudar a relacionar lo social e histórico con lo literario. De una forma u otra las actividades culturales de un pueblo no pueden desarticularse de sus vicisitudes históricas. En el caso de la literatura española esta relación entre el arte y la vida del pueblo es especialmente íntima y vigorosa y visible en todo momento.

La presente Antología no lleva vocabulario especial al final de cada volumen. La razón que ha motivado esta decisión es simplemente el hecho de que en el nivel de español en que se usa esta Antología, segundo o tercer año universitario, los alumnos tienen ya un conocimiento suficientemente amplio de la lengua española, que les permite entender y traducir los textos sin muchas dificultades. Cuando se trata de palabras poco comunes o de expresiones difíciles el alumno encontrará notas aclaratorias al pie de la página. Las notas,—significado de palabras, aclaración de frases, interpretación de modismos y explicaciones históricas— son abundantes y les ayudarán sin duda en su estudio. Estas notas, especialmente interesantes y útiles a los alumnos, representan un minucioso y detallado esfuerzo para facilitar la comprensión de los textos. Aun así el estudiante necesita la colaboración del profesor para penetrar el sentido metafórico o simbólico del texto, para percibir la peculiaridad del lenguaje y el alcance de muchas expresiones propias del escritor, de la época o de la sensibilidad española.

Como es bien sabido y experimentado por todos los profesores de español, es imposible hacer una antología que sea *perfecta* y totalmente diferente de las anteriores. No todas las obras de los escritores, ni todas sus páginas tienen el mismo valor literario, ni el mismo interés humano. Por eso es imposible que algunas selecciones no se repitan. Al fin y al cabo el Partenón es inevitable en un tratado de arquitectura y la Capilla Sixtina en uno de pintura y *El Quijote* en literatura. El mérito y el valor de la presente Antología, cuando repite textos ya usados anteriormente, está en las notas abundantes con que se explican y se aclaran detalles que requieren ayuda. Confiamos que la presente Antología no sea una más de las que disponen los maestros de Literatura Española, sino una nueva y mejor Antología.

Esta obra, en dos volúmenes, ha sido concebida y escrita como una unidad. Las líneas fundamentales de su estructura fueron pensadas y decididas por los tres autores en colaboración. La ejecución material de cada volumen quedó a cargo de las autores cuyos nombres encabezan los volúmenes respectivos.

Antonio Sanchez-Romeralo
Fernando Ibarra
Alberto Machado da Rosa

Prefacio

Una antología literaria será siempre una obra de carácter forzosamente provisional. Cada época tiene sus gustos. Periódicamente, a veces de generación a generación, asistimos a una revaluación de autores y de obras; y en ese proceso, unos autores suben en el aprecio de las gentes y otros bajan. Y es que en cada época hay algo así como unas necesidades espirituales propias (ideológicas y estéticas) que la gran literatura viene a colmar. Por eso, hasta las obras más grandes y afortunadas, aquéllas que han sido y son siempre gustadas, no siempre gustan por las mismas razones. Ni son siempre las mismas páginas, o los mismos valores, lo que cada generación de lectores va a buscar en ellas.

La antología aquí reunida creemos que es, sobre todo, una antología de nuestro tiempo, una antología pensada y formada teniendo en cuenta la actualidad de sus páginas, su valor e interés para el lector actual, y presentada y comentada teniendo también siempre en cuenta a este lector.

En sus dos volúmenes, se cubren cerca de mil años de historia literaria española. El primer volumen comienza con unas antiquísimas canciones (del siglo XI las más antiguas) y termina en 1700, fecha tradicional divisoria de la historia española, simbolizada por un cambio de dinastía. El segundo volumen se abre en ese mismo año de 1700 y comprende los siglos XVIII, XIX y XX, hasta llegar a nuestros días.

Nuestro criterio ha sido muy selectivo: hemos limitado el número de autores y obras representados, incluyendo sólo a los más auténticamente grandes (o, por una u otra razón, importantes). En vez de incluir a muchos autores escasamente representados, hemos preferido que un número reducido de autores (los escogidos) quedara suficiéntemente dado a conocer en las páginas antologizadas de su obra. La ausencia de algunis nombres importantes se debe—no había otro remedio—a la necesidad de limitar de algún modo la extensión de esta antología. En cuanto a los autores contemporáneos todavía en activo, la selección fue difícil. Los omitidos son muchos (los más) y los escogidos, muy pocos. Los que se incluyen en esta antología aparecen, además de por su valor propio (de todos reconocido y respetado), como representantes de sus respectivas generaciones literarias. Pero del contenido del volumen II de esta antología ya se habla en aquel volumen.

Señalemos ahora, en este prefacio, algunos aspectos que se refieren a este volumen I y que ayudarán a comprender su orientación ye el criterio seguido para formarlo.

Siempre que la estructura de la obra lo permitió, reprodujimos la obra entera y sin cortes (*Lazarillo de Tormes*, *Égloga I* de Garcilaso), o se seleccionaron unidades autónomas dentro de una obra (un *milagro* de Berceo, un cuento de *El conde Lucanor*). Cuando esto era imposible (*La Celestina, Don Quijote*) se procuró reunir, en todo caso, amplias selecciones de cada obra, capaces de comunicar al lector el sentido y el valor de la totalidad de ella; y además se suplieron las partes omitidas con resúmenes explicativos.

La materia aparece ordenada en épocas y periodos significativos. Cada época o periodo va precedido de una introducción en la que se señalan los aspectos histórico-sociales, culturales, artísticos y específicamente literarios más importantes. Del mismo modo, cada autor y cada obra van precedidos de su correspondiente introducción. Pero se ha huído de la acumulación de datos excesivos, procurando siempre dirigir la atención del lector a lo esencial. La antología va así provista de la adecuada información, necesaria para que los textos estudiados no aparezcan en el vacío, sino encuadrados en la sociedad y el arte de su época. Todas las introducciones han sido escritas en español.

Los textos medievales anteriores al siglo XV se dan en versiones semimodernizadas o modernizadas; el carácter de la obra se conserva, pero se facilita la com-

ix

prensión de la lengua. Las versiones del *Cantar de Mio Cid,* los *Milagros de Nuestra Señora* y *El conde Lucanor* se deben a uno de los autores de esta antología (A.S.R.). Las estrofas del *Libro de Buen Amor* proceden de la versión modernizada, ya clásica, hecha con tanto acierto, talento y buen gusto por doña María Brey Mariño,* a quien damos aquí las gracias por su amable y generosa autorización.

Las notas son abundantes, si bien unos textos van más anotados que otros, según su dificultad. Por supuesto, las notas no lo aclaran *todo;* esto no sería posible ni conveniente. Hemos hecho un esfuerzo selectivo y procurado aclarar lo más necesitado de aclaración, pero el lector deberá acudir a la lectura pertrechado de un buen diccionario y de toda su capacidad de atención activa y comprensión, porque hay textos que siguen siendo difíciles a pesar de las notas. Las notas van normalmente en inglés por habernos parecido ésta la mejor solución, ahorrándole tiempo al lector y espacio al editor.

La ayuda de Janne Hughes y Suzanne Petersen en la preparación de las notas de este volumen fue valiosísima y queremos expresarles en estas páginas nuestro agradecimiento.

El volumen se completa con una serie de apéndices destinados a facilitar su estudio y comprensión: un conjunto de mapas, unas nociones de versificación española, unas tablas cronológicas y una bibliografía seleccionada (ordenada por materias, épocas y géneros) donde el lector interesado podrá encontrar orientación para más amplias lecturas.

---

* Juan Ruiz, *Libro de Buen Amor.* Texto íntegro en versión de María Brey Mariño, 5ª edición revisada, Madrid, Editorial Castalia, Colección "Odres nuevos", 1966.

Antonio Sanchez-Romeralo
Fernando Ibarra

Índice

1

INTRODUCCIÓN :

Historia de la lengua española hasta los comienzos de su uso literario

Escultura, relieve, España. Primera mitad s. XVI. Escuela española, *San Jerónimo.* Alabastro policromado y dorado. The-Metropolitan Museum of Art, Fletcher Fund, 1927.

Ca ql q gela dielle sopielle mi palabra

σ pderie los añes · mas los oios dela cara

Aun demas los cuerpos y las almas

Grande duelo auie las yentes crianas

Asconden se de myo çid a nol olan dezir nada

El campeador adeliño asu posada

Asi como lego ala puerta falola bien çerrada

por miedo del Rey alfonsi que assi lo auie parado

que si no la quebrantas por fuerça que no gela abriesse na

Los de myo çid a aleas uozes llaman

Los de dentro no les querien tornar palabra

Aguiio myo çid ala puerta se legaua

Saco el pie del estribera una feridal daua

Non se abre la puerta ca bien era çerrada

Una niña de nuef años a oio se paraua

ya campeador en buen ora çinxiestes espada

El Rey lo ha uedado anoch del entro su carta

Con grant recabdo · fuerte mientre sellada

No uos ofariemos abrir ni coger por nada

Si no perdiemos los aueres · las casas

E demas los oios delas caras

Çid enel nro mal uos no ganades nada

Mas el criador uos uala con todas sus vtudes sctas

Esto la niña dixo · tornos para su casa

Cantar de Mio Cid. Reproducción de un folio del viejo códice de Per Abat (1344).
Biblioteca Nacional, Madrid.

La lengua española (el castellano) es básicamente el bajo latín hablado en la península durante el periodo imperial romano, transformado paulatinamente. Antes de la llegada del latín a España se hablaban en ella otras lenguas de las que apenas quedan vestigios. Dos son las principales, el ibero y el celta, lenguas habladas por los pueblos del mismo nombre, los más importantes entre los que habitaban la península antes de la conquista romana. El vasco actual parece ser, aunque muy transformado, la lengua superviviente del primitivo ibero hablado por los habitantes del norte de España. Hay pocas palabras iberas en el español, pero los nombres de lugares geográficos derivados del ibero son frecuentes. La lengua de los celtas (arraigada en Galicia y Portugal especialmente) ha dejado también huellas en la toponimia, en los nombres que llevaron sus poblados y sus fortalezas, nombres compuestos por la palabra *briga* (ciudad) o *sego* (fuerte) (Segóbriga, hoy Segorbe, es una población que lleva ambos nombres). Los colonizadores fenicios, griegos y cartagineses han dejado, en cambio, pocos restos de su lengua en la geografía hispana.

La romanización de España, aunque lenta, fue completa. El latín desplazó a las lenguas locales para convertirse en el idioma universal de la vida popular y de la cultural y administrativa. Comenzando por el sur, la actual Andalucía, el latín fue penetrando poco a poco en la vida española. La lengua latina, clara y precisa, desplazó a todas las demás, y para el siglo III (desde el año 212 los españoles eran ciudadanos romanos) la mayor parte de los habitantes peninsulares hablaban el latín, un mal latín.

En España nacieron algunos importantes escritores latinos (Séneca, Quintiliano, Marcial . . .); pero la lengua hablada por el pueblo era muy distinta de la usada por los escritores, y sobre todo por los escritores del siglo I del Imperio. El latín culto (literario) se estabilizó mientras el latín popular (el hablado) evolucionaba rápidamente según las circunstancias locales de las diversas provincias del Imperio. El latín que prevalece en España fue el hablado por los legionarios romanos procedentes de todos los rincones del Imperio, con sus infinitas variedades de pronunciación, sintaxis y estructura. Dentro mismo de España, cada región tenía sus peculiaridades fonéticas. Al romperse la unidad imperial romana, faltando el lazo político y administrativo unificador, se hicieron más profundas y amplias las diversidades dialectales, que acabaron por dar lugar a las futuras lenguas romances.

En el español hablado hoy han influido otras lenguas además del latín. Los visigodos, que a principios del siglo V llegaron a España, apenas influyeron en el latín vulgar hablado por los hispanos; y ellos mismos acabarían abandonando su idioma para adoptar la lengua del pueblo conquistado. Muchas palabras españolas de origen germánico vinieron a través del latín que ya las había aceptado antes de esa fecha. Sin embargo, abundantes nombres de personas (Fernando, Rodrigo, Alfonso) y de lugares, son de origen visigodo. El hecho más importante de la invasión visigoda con relación a la lengua es que se rompió la unidad cultural romana. El «latín» que se hablaba en España al final del dominio visigótico y comienzos del árabe era ya, en realidad, un incipiente romance hispánico.

La lengua árabe ha dejado en la española una abundante cosecha de palabras referentes a toda clase de trabajos, oficios, empleos y ciencias; pero la estructura básica latina del español no ha cambiado.

El bajo latín hablado en Hispania dio lugar a diversos dialectos locales, que finalmente adquirieron caracteres diversos. Así nacieron las lenguas que aún hoy se hablan en España, aunque limitadas a zonas geográficas cada vez menores. El gallego y el catalán son, de todas ellas, las más importantes y tienen literatura propia.

2
LA EDAD MEDIA

Miniatura de un códice de las *Cantigas de Nuestra Señora,*
de Alfonso X el Sabio. S. XII. Biblioteca del Monasterio
de El Escorial.

Fresco en canvas, España, s. XIII (hacia 1220). Tablero con dragón alado, arpías
y animales. The Metropolitan Museum of Art, The Cloisters Collection,
comprado, 1931.

La Edad Media española abarca desde el año 711, fecha de la invasión musulmana, hasta el año 1492, año en que se conquista Granada y termina la Reconquista.

La Edad Media de España presenta caracteres peculiares. Una de las peculiaridades más notables es la convivencia en la península de dos mundos culturales diferentes: el mundo árabe-musulmán (oriental), y el mundo europeo-cristiano (latino). Dentro del imperio árabe español de religión mahometana viven los cristianos como una entidad aparte, aunque, por supuesto, gran parte de la población hispanorromana se islamizó y adoptó la religión mahometana. La reconquista comienza en seguida en Asturias (en el norte de España); a medida que se forman los nuevos reinos cristianos y éstos avanzan hacia el sur, los descendientes de los antiguos cristianos y los mismos árabes pasan a vivir integrados en ellos, llevando consigo sus costumbres, su lengua y su arte oriental. Las relaciones sociales y culturales entre árabes y cristianos fueron constantes: una hija del rey Sancho Garcés II de Navarra fue esposa de Almanzor (el gran conquistador árabe, muerto en 1002) y Alfonso VI (rey de Castilla y León desde 1072 a 1109), el señor del Cid, se casó con una princesa árabe, Zaída, que toma el nombre de Isabel de Sevilla al bautizarse.

Al mismo tiempo la España cristiana está en contacto con Europa y con su cultura. Este mismo Alfonso VI, por ejemplo, es un rey europeizador, que tiene estrechos contactos con Francia y favorece la influencia de la gran abadía francesa de Cluny sobre los monasterios españoles, los principales centros de cultura de aquella época. Esto hace que la España medieval sufra la influencia de las dos culturas y crezca mitad europea y mitad oriental. Ambos influjos son visibles en el arte, en la literatura y hasta en las formas de vida de los españoles de la Edad Media, y aun de hoy.

Para algunos autores (Castro), España —y lo español— nace en la Edad Media (lo anterior era otra cosa, no era todavía «España»); para otros (Sánchez-Albornoz), España se va haciendo desde los iberos. De todas maneras, la Edad Media con todas sus complejidades raciales, culturales y religiosas provocadas por la presencia árabe en la península, es fundamental en la formación de la España que hoy existe.

Los árabes españoles contribuyeron inmensamente a la riqueza cultural y material de España y de Europa. Desde el siglo X al XIII, la España musulmana es el centro de una brillante cultura, y Córdoba es su capital. La figura más importante de este florecimiento cultural es Averroes (Ibn Rochd), nacido en Córdoba en 1126 y muerto en 1198; Averroes fue muchas cosas, pero fue sobre todo el gran comentador de Aristóteles («Averrois, che'l gran comento feo», dirá el Dante en la *Divina Comedia*). Contemporáneo de Averroes, también de Córdoba, y también gran pensador filosófico, es el judío Maimónides (1135–1204) (Moses Ben Maimón), cuya obra más importante (*Guía de perplejos*) trata de armonizar la filosofía aristotélica con la religión judaica. Maimónides escribe en árabe.

Hay que tener en cuenta que hasta el siglo XIII, la superioridad cultural y filosófica del mundo árabe se basa, en gran parte, en su conocimiento de Aristóteles. En el siglo XIII, llega por fin la filosofía aristotélica a la Europa cristiana, y la Escolástica se lo asimila (ésta será la labor de San Alberto Magno y Santo Tomás de Aquino), y entonces termina la ventaja de los filósofos árabes y judíos sobre los cristianos.

Pero en la España árabe hay además figuras importantes en todos los ramos de la cultura y de la ciencia. A través de la España cristiana, esta cultura pasará en gran parte a la Europa cristiana occidental.

Otra de las peculiaridades de la Edad Media española es su escasa feudalización en comparación con las sociedades de Francia, Inglaterra o del centro de Europa. La causa de este fenómeno es también la presencia en España de los árabes, y la guerra de Reconquista; el avance constante de los reinos cristianos hacia el sur, y la necesidad de repoblar los territorios conquistados, hacía posible una gran movilidad social; daba a burgueses y villanos la posibilidad de subir socialmente acudiendo a la lucha contra el moro. (Esto lo hemos de ver al leer el *Poema del Cid*). En cambio en las sociedades francesa o inglesa, fuertemente feudalizadas, la estratificación social conforme a un orden rigurosamente jerárquico fue mucho mayor.

EL SIGLO XI

A mediados del siglo XI, la lengua de Castilla pasa a ser la lengua preponderante en la península; hasta entonces lo había sido el leonés.

A esta preponderancia lingüística corresponde una preponderancia histórica y política. Los reinos cristianos de Navarra y de León pierden su antigua fuerza. La España árabe aparece dividida en pequeños reinos, desaparecida la unidad que había impuesto el Califato de Córdoba. En contraste, Castilla pasa de ser un simple condado a ser un reino, y su primer rey, Fernando I (1035–1065), anexiona León a Castilla. Su hijo, Alfonso VI (1072–1109), conquista la Rioja y la importante ciudad de Toledo (1085); en tanto que su vasallo, el Cid, conquista Valencia (1094), llegando al Mediterráneo. El paso quedaba abierto para las conquistas de Alfonso VII, ya en el siglo siguiente (1125–1157), quien llegará en sus expediciones militares hasta Almería, Cádiz y Jerez.

En el reino de Castilla coexisten entonces tres lenguas: el latín (lengua escrita y de la cultura), el árabe que se habla mucho por la intensa arabización de los antiguos mozárabes (cristianos que habían vivido en territorios ocupados por los árabes), ahora incorporados a Castilla con las nuevas conquistas; y, por último, la lengua romance castellana, o lengua hablada común.

En lo que toca a la literatura, el romance (en sus diversas variedades dialectales) empieza a ser ya utilizado como lengua literaria poética (no todavía en la prosa). Por entonces debían cantarse ya los primeros *poemas épicos* (de los que será un magnífico ejemplo, en el siglo siguiente, el *Poema del Cid*); referencias y fragmentos de estos cantos nos han quedado en diversas crónicas: como la *Crónica Gothorum* (del siglo XI), la *Crónica Silense* y la *Crónica Najerense* (del siglo XII), y otras posteriores. Sin embargo, los restos poéticos más importantes que nos han quedado no son épicos sino líricos; la importancia de estos textos es muy grande porque estas canciones, escritas en un romance mozárabe, que no es todavía el castellano, son, nada menos, las canciones más antiguas de toda la lírica romance europea.

Orígenes de la lírica peninsular: las jarchas

Hasta 1948 la historia de la literatura española comenzaba con cantares o poemas épicos, casi enteramente perdidos todos salvo el *Cantar del Cid*, compuesto hacia 1140. ¿No había habido canciones líricas anteriores a esa fecha en lengua castellana? Esto, más o menos, es lo que se creía y afirmaba.

Sin embargo, en 1912, un arabista español llamado Julián Ribera había defendido la existencia de una primitiva lírica española, de cuya existencia daban cuenta algunos textos árabes. Esta lírica, según Ribera, había influido en la poesía árabe, dando lugar a la invención de un tipo estrófico de poesía, la *moaxaja* y el *zéjel*; la estrofa era algo extraño a la tradición poética árabe (que era de versos uniformes monorrimos e ignoraba el estrofismo). (Las diferencias más importantes entre *moaxaja* y *zéjel* son las siguientes: la *moaxaja* está escrita en árabe clásico y lleva al final una breve canción llamada *jarcha*; el *zéjel* es una forma derivada y posterior, de carácter popularizante, escrita en árabe vulgar y sin la *jarcha* final).

Por caminos distintos, Ramón Menéndez Pidal (el gran medievalista español, 1869-1968), había de afirmar repetidamente la existencia de una lírica de tipo popular y trasmisión oral a lo largo de la Edad Media. Su afirmación se basaba en las razones siguientes: 1. existían referencias a «cantares» en algunos textos medievales; 2. en los cancioneros castellanos que comienzan a formarse desde fines del siglo XV, aparecen unas misteriosas cancioncillas (villancicos), que muestran claramente su antigüedad y parecen proceder de una tradición anterior; 3. en los siglos XIII y XIV florece una abundante y bellísima poesía lírica en lengua gallega y portuguesa (las *cantigas de amigo*), que presentan curiosas analogías con los villancicos castellanos de los siglos XV y XVI.

Todas estas razones juntas parecían base suficiente para afirmar que había existido una poesía lírica medieval en lengua romance castellana, que no había llegado hasta nosotros porque se había perdido.

Así las cosas, en 1948, el hebraísta S. M. Stern publicó veinte cancioncillas escritas en lengua española mozárabe, la más antigua de las cuales resultaba anterior a 1040, es decir, cien años anterior al *Cantar del Cid*, y anterior también a la aparición de la poesía provenzal. En realidad, esa cancioncilla de antes de 1040 es, como ya dijimos, la canción más antigua conocida de la lírica europea en lengua romance. La canción dice así:

> Tant' amáre, tant' amáre,
> habīb, tant' amáre,
> enfermíron welyoš nídioš
> e dólen tan málē.

Puesta en castellano moderno: «De tanto amar, de tanto amar, / amigo, de tanto amar, / enfermaron unos ojos (antes) sanos, / y duelen tan mal! »

Las cancioncillas publicadas eran, en realidad, veinte *jarchas*, que servían de remate (o «finida») a otras tantas *moaxajas* hebreas. (La poesía hebrea, influida por la árabe, había usado también este tipo estrófico). Las *moaxajas* se habían encontrado en antiguos manuscritos conservados en una vieja sinagoga de El Cairo, en Egipto. Después, se descubrieron y publicaron más cancioncillas o *jarchas*, procedentes de *moaxajas* hebreas y árabes. Hoy tenemos ya más de cincuenta. Las canciones están escritas, en

cada caso, con caracteres hebreos o árabes, pero la lengua no es hebrea ni árabe: es un viejísimo dialecto español mozárabe. La trascripción, como se ve por las muestras que ofrecemos a continuación, es muy difícil: 1. porque esa lengua tan antigua nos es desconocida; para conocerla tenemos que servirnos precisamente de las cancioncillas que queremos descifrar; 2. porque las lenguas semíticas (hebrea y árabe) no trascriben más que los sonidos consonánticos, sin precisar las vocales. Las dificultades, como se comprenderá, son enormes. A pesar de todo, las canciones publicadas han sido ya descifradas total o parcialmente. Y hay muchas razones para pensar que algunas de estas canciones no fueron escritas por los poetas árabes o hebreos que hicieron las *moaxajas*, sino que estos poetas las tomaron de la tradición popular: es decir, las gentes cristianas que vivían entre los árabes (mozárabes) tenían sus propias canciones en lengua romance; y las *jarchas* descubiertas son, algunas de ellas, muestras de esas canciones cristianas.

Además de esto, las *jarchas* presentan semejanzas notables con las dos tradiciones peninsulares posteriores: la gallega y portuguesa conocida en los siglos XIII y XIV (*cantigas de amigo*), y la castellana de los siglos XV y XVI (*villancicos*). Los puntos comunes más interesantes son los siguientes:

1. La *jarcha* es casi siempre una canción amorosa puesta en boca de una doncella enamorada.

2. Tema frecuente es la ausencia del amigo, al que aquí se alude con la palabra árabe *habib* (la lengua de las *jarchas* usa a veces palabras árabes mezcladas con las romances).

3. En algunas canciones aparece la madre de la muchacha (*mamma*) sirviendo de confidente a las quejas amorosas.

4. Algunas expresiones que aparecen en las *jarchas* recuerdan a fórmulas parecidas usadas en las *cantigas de amigo* y en los *villancicos*.

En las cinco *jarchas* que van a continuación damos siempre: 1. la trascripción en caracteres latinos de las jarchas tal y como aparecen en los manuscritos (obsérvese la ausencia de vocales); 2. la lectura propuesta; 3. la traducción al castellano moderno. (Hemos tenido en cuenta las lecturas y traducciones de S. M. Stern, Emilio García Gómez y Francisco Cantera).

LAS JARCHAS

1

byš mw qrgwn dmyb
y' rb šš mtrnrd
tn m'l mdwlyd llḥbyb
'nfrmw y'd kwnd šnrd.

Vaisse (?) meu corajon
      [de mib
ya rabbī si se me
      [tornerad
Tan mal me doled
      ['l-ḥabīb
enfermo yed cuand
      [sanarad.

Mi corazón se me va de mí,
oh señor, ¿acaso a mí tornará?
¡Cuán fuerte es mi dolor por el amado!
Enfermo está, ¿cuándo sanará?

2

kfr'<y> m?mh
myw 'lḥbyb 'št'dy'nh.

Que faray mamma
meu 'lḥabīb estad yana.

¿Qué haré, madre?
Mi amigo está (estád + ad) a la puerta.

3

g'r kfry
km bbryw
'št 'lḥbyb 'šb'r bwry lmrryw.

Gar qué farayu
[Cóm vivrayu]
este 'l-ḥabīb espero por el
      por él morrayu.

Di, ¿qué haré,
cómo podré vivir?
Espero a este amado,
por él moriré.

4

ky fr'yw 'w ky
[šyr'd dmyby
ḥbyby
nwn tytwlgš dmyby.

¿Qué faréyo au qué
[serád de mibi?
ḥabībī;
non te tuelgas
[de mibi.

¿Qué haré o qué será de mí?
Amigo mío,
no te alejes de mi lado.

5

gryd bš 'y yrmnl'š
km kntnyr 'amw m'ly
šn 'lḥbyb nn bbr' yw
'dbl'ry dmnd'ry.

Garid vos ay yermanellas
com contenir a meu
      [male.
Sin al-ḥabīb non vi-
      [vireyu,
ad ob l'iréy damandáre.

Decid vosotras, ay hermanillas,
¿cómo contener mi mal?
Sin el amigo no viviré;
¿adónde le iré a buscar?

EL SIGLO XII

En el siglo XII, la preponderancia de Castilla está establecida; ya vimos cómo Alfonso VII (1125–1157) llegaba en sus correrías hasta el extremo sur de la península: Almería, Cádiz y Jerez. Sin embargo, hacia finales del siglo, hay un resurgimiento del poder árabe con la llegada de los Almohades, procedentes de África. Los Almohades reunen otra vez la España musulmana, derrotan a Alfonso VIII en la batalla de Alarcos (1195), y sólo serán contenidos y derrotados, por este mismo rey, diecisiete años después en las Navas de Tolosa (1212). Es este siglo un gran siglo para la cultura en la España árabe, y en ella viven y escriben grandes figuras de la filosofía, de la ciencia y de la literatura árabe y hebreas: entre los árabes recordemos el nombre del gran filósofo Averroes, y el nombre de Aben Arabí, místico y precursor del Dante; entre los judíos que viven en la España musulmana destaca Maimónides. Sin embargo, a la llegada de los Almohades, hay persecuciones religiosas que alcanzan a los judíos; muchos escapan (Maimónides, entre ellos) y bastantes se refugian en los reinos de la España cristiana, difundiendo en ellos la cultura árabe y la propia. De los judíos que viven en la España cristiana la figura más importante es la del gran poeta Yehuda-ha-Levi, del que conservamos varias *moaxajas* con *jarchas* en romance español.

Para la cultura de la España cristiana, este siglo es también muy importante. En Toledo se forma una «escuela de traductores» en la que colaboran sabios cristianos, moros y judíos, que traducen al latín las obras más importantes de la cultura islámica. El latín sigue siendo la lengua de la cultura, y en él se escriben las dos crónicas más importantes de este siglo: la *Crónica Silense* y la *Crónica Najerense*. También escribe en latín Pedro Alfonso (judío converso) su *Disciplina clericalis*, una colección de cuentos de origen oriental que tuvo gran influencia en Europa.

Sin embargo, el romance castellano empieza a madurar; desde los primeros años del siglo XII se redactan en romance algunos documentos notariales. Como lengua poética, el castellano se presenta ya como una lengua madura y apta para la expresión literaria. De esta época conservamos un fragmento de una representación teatral religiosa, conocida como *Auto de los Reyes Magos*. Pero la obra más importante es el magnífico *Cantar de Mio Cid*, largo poema épico que cuenta las hazañas del Cid (Rodrigo Díaz de Vivar), el héroe máximo de la Reconquista.

Digamos, por último, que en cuanto al arte, el siglo XII es el siglo de plenitud del *arte románico*, que es importante ya en el anterior; pero ya empiezan a aparecer las primeras manifestaciones del *arte gótico*, que culminará en el siglo siguiente, en el siglo XIII, el siglo de las grandes catedrales.

Cantar de Mio Cid

Uno de los personajes históricos y literarios más notables del pueblo español es el Cid. A diferencia de la mayoría de los tipos heroicos de otras literaturas épicas (francesa, alemana o india) el héroe español es un héroe de carne y hueso del que conocemos muchos detalles personales a través de las crónicas y aun de

Escultura, España, segunda mitad s. XII. Escuela de León. Cabeza de *Crucifijo,* hecha de nogal. The Metropolitan Museum of Art, The Cloisters Collection, Samuel D. Lee Fund, 1935.

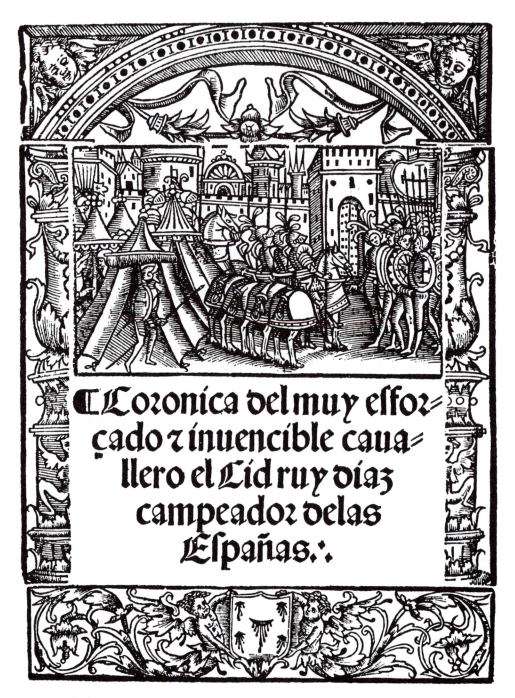

**CLoronica del muy esfor=
çado z inuencible caua=
llero el Cid ruy diaz
campeador delas
Españas.∵**

Portada de la *Crónica del Cid,* impresa en Toledo, 1526. Biblioteca Nacional, Madrid.

documentos en que aparece su firma. El Cid fue uno de esos raros personajes cuya leyenda comienza y se desarrolla mientras aun viven entre los hombres. Es cierto que el poema épico de su nombre, el posterior *Las mocedades de Rodrigo* y el romancero han idealizado su figura, pero no la han hecho sobrehumana. Rodrigo Díaz de Vivar es un hombre histórico cuya vida podemos conocer por el poema y por los documentos cristianos y árabes de la época. Nació en Burgos o en Vivar, aldea cercana a la ciudad. Su padre fue el caballero burgalés Diego Láinez; de su madre no se conoce el nombre. Nació hacia 1043. Se educó en la corte del rey Fernando I; el hijo de éste y sucesor en el trono de Castilla, Sancho II, fue gran amigo del Cid. Alfonso VI, sucesor de su hermano Sancho II, no fue amigo del Cid. Por tres veces lo desterró de su reino. El guerrero burgalés se alejó de Castilla y fue a tierra de moros, luchando unas veces con moros y otras con cristianos, según las necesidades propias y de su gente, pero manteniendo siempre lealtad a su rey. Vencedor en todas las campañas, coronó su vida de guerrero conquistando la ciudad de Valencia. Sus hijas se casaron con príncipes. Murió en 1099 en Valencia y sus restos descansan ahora en la catedral de Burgos.

El *Cantar de Mio Cid* se escribió hacia 1140 (según Menéndez Pidal, el gran comentador del poema), es decir unos cuarenta años después de la muerte del personaje histórico. Pero es muy posible que en esos años se escribieran o se cantaran poemas menores sobre el Cid (ya en 1090, es decir cuando el Cid no había conquistado Valencia, apareció un poema latino titulado *Carmen Campidoctoris*, escrito probablemente por un monje catalán, que copia de otros poemas anteriores). Parece probable que el poema actual fuera escrito por más de un autor; y que uno de éstos fuera de la provincia de Soria, pues conoce bien la geografía de aquella zona. La copia única del poema que hoy se conserva fue escrita en 1307 por Per Abbat y estuvo perdida durante muchos años. Fue publicada en forma impresa por primera vez por Tomás Antonio Sánchez en 1779. El texto no está completo, pues faltan varias páginas, entre ellas la primera, y así no sabemos cual es el verdadero título del poema. El poema consta de 3730 versos

escritos en *mester de juglaría*, es decir en el estilo de los juglares. Sus versos no son siempre de igual número de sílabas, aunque predominan los de catorce con una cesura en mitad del verso. De ordinario prevalece la asonancia, pero el poeta no es muy cuidadoso en los detalles de métrica y versificación. La rima cambia de vez en cuando: después de una serie (mayor o menor) de versos con cierta rima, el poema cambia y pasa a usar otra rima. En la selección del poema que contiene nuestra *Antología*, esas series o tiradas van encabezadas (siguiendo la edición de Menéndez Pidal) con un número. Estos números indican, por tanto, un cambio en la rima.

El poema se divide en tres partes o cantares. *Cantar primero*: Destierro del Cid. Alfonso VI destierra de Castilla al Cid y éste va a tierra de moros para ganarse el pan. El *cantar segundo* cuenta la conquista de Valencia y el matrimonio de las hijas del Cid con los infantes de Carrión. *Cantar tercero*: El Cid pide al rey justicia y venganza de sus yernos porque han afrentado a sus hijas. Después de casar a sus hijas con dos príncipes (uno, de Navarra, y otro, de Aragón), el Cid muere en Valencia el año 1099.

El poema es fundamentalmente histórico y la mayoría de los nombres de personas, lugares geográficos, y detalles de toda clase responden, en lo fundamental, a la verdad histórica. El poeta no usa de recursos fantásticos para dar interés a su narración; usa de un realismo objetivo y simple. Es poeta y poeta épico pero no cambia la realidad.

El anónimo autor conocía los poemas épicos franceses (Chanson de Roland), que imita en algunos detalles pero sin mengua de su propia personalidad. Conserva la sencillez de la expresión, de los medios narrativos, y aun del vocabulario, del estilo popular. Por eso este poema no es una reliquia o pieza de museo literario. Es una obra llena de vida. El héroe del poema no es un ser mítico o sobrehumano. Es un hombre ordinario que por la excelencia de sus cualidades humanas —valor personal, astucia, lealtad al rey, amor familiar, fe religiosa, sentido de la justicia— se levanta hasta el heroísmo. El poeta, sin cambiar la realidad, la idealiza ligeramente. De esta manera el héroe es un héroe humano y posible, no un modelo inasequible. Este es uno de los elementos de lo que se ha llamado el realismo español, la mezcla de lo vivo, palpitante, común en la vida, unido a una elevación espiritual dignificadora de la existencia del hombre simple.

En el poema se puede apreciar una de las notas características de la literatura española hasta el siglo XVIII, el respeto, la fidelidad y la lealtad al rey, que luego Lope de Vega, Calderón y otros habían de llevar a su teatro. El Cid es un vasallo que parece decir «del rey abajo ninguno»*, y tolera sin rebeldía la injusticia del rey. Revela también el espíritu y la vida de los caballeros castellanos del siglo XI; una vida dura, guerrera, viril. Las descripciones de los campos y montes por donde cabalga el Cid son breves, escuetas, pero nunca falta una nota reveladora de su identidad real, y reconocemos en ellas el verdadero paisaje castellano.

Artísticamente el poema se diferencia de los grandes cantos épicos de la literatura francesca y germánica. El juglar de Medinaceli o de San Esteban de Gormaz combina la narración con un sobrio dramatismo, nunca exagerado, y añadiendo de vez en cuando ciertas gotas de lirismo y de humor; nunca olvida a su público, los sobrios y un poco escépticos castellanos, que prefieren las obras a las palabras, y que se reirían tal vez de él si les contara cosas fantásticas de un hombre al que algunos de ellos conocieron o de quien oyeron hablar en sus casas.

El Cid ha tenido una fecunda vida literaria. En España dio origen a un ciclo de romances (ballads); en el teatro aparecieron dramas en España y en Francia, y los poetas le han considerado como un símbolo poético. La literatura española ha creado tipos o caracteres literarios con vida propia que se han convertido en símbolos universales —don Juan, don Quijote, la Celestina. Pero el Cid es además un personaje histórico; y junto a su vida literaria existe con su vida histórica y real.

* En una comedia del siglo XVII, el protagonista (a peasant) declara su sentido del honor diciendo que no consentirá que le ofenda «del rey abajo ninguno».

Cáliz de plata, España, s. XVII. Plata dorada y esmalte translúcido. The Metropolitan Museum of Art. Regalo de J. Pierpont Morgan, 1917.

CANTAR DE MIO CID

Cantar Primero

Destierro del Cid

El rey Alfonso envía al Cid para cobrar las parias[1] del rey moro de Sevilla. Éste es atacado por el conde castellano García Ordóñez. —El Cid, amparando al moro vasallo del rey de Castilla, vence a García Ordóñez en Cabra y le prende afrentosamente. —El Cid torna a Castilla con las parias,[1] pero sus enemigos le indisponen con el rey. —Éste destierra al Cid.

1

El Cid convoca a sus vasallos; éstos se destierran con él. Adiós del Cid a Vivar (aquí comienza el manuscrito de Per Abbat).

Mio Cid partió de Vivar.   a Burgos se ha encaminado,
allá deja sus palacios   desiertos y abandonados.
Con sus ojos   muy grandemente llorando   1
tornaba la cabeza   y estábalos mirando:
vio las puertas abiertas,   los postigos[2] sin candado,
las perchas vacías   sin pieles y sin mantos
y sin halcones[3]   y sin azores mudados.[4]   5
Suspiró mio Cid   triste y apesadumbrado.[5]
Habló mio Cid   y dijo resignado:
«¡Loor a ti, señor Padre,   que estás en lo alto!
«Esto me han urdido[6]   mis enemigos malos».

2

Presagios *en el camino de Burgos.*

Ya cabalgan aprisa,   ya aflojan las riendas.[7]   10
Al salir de Vivar,   tuvieron la corneja diestra,[8]
y entrando en Burgos,   tuviéronla siniestra.[9]
El Cid se encogió de hombros   y meneó la cabeza:
«¡Albricias,[10] Álvar Fáñez,   que si ahora nos
                                              destierran
«con muy gran honra   tornaremos a
                                       Castiella!»[11]   15

3

El Cid entra en Burgos.

Mio Cid Rui Díaz   por Burgos entróve,[12]   15 b
van en su compañía   sesenta pendones;[13]
salen a verlo   mujeres y varones,   16 b
burgueses y burguesas   a las ventanas se ponen,

[1] **parias** tribute, tax. In this case, the Moorish king of Seville paid tribute to the Castilian king, Alfonse VI, the Cid's lord; in exchange for paying the tax, the Moorish king received protection from the king of Castile. [2] **postigos** puertas. [3] **halcones** falcons. [4] **azores mudados** molted goshawks. [5] **apesadumbrado** grief-stricken, mournful. [6] **Esto me han urdido** This they have plotted against me . . . [7] **riendas** reins. [8-9] **Tuvieron la corneja diestra** they saw a hooded crow fly from right to left and **tuviéronla siniestra** they saw it fly from left to right. This type of superstition, known to exist earlier among the Romans, was very deeply rooted in the Middle Ages. We know from documentary sources that the historical Cid was fond of noting omens or *catar agüeros*, as it was called then. This consisted of divining one's fate by observing the flight of birds. When the Cid, upon entering Burgos, saw the hooded crow fly from left to right, he took it to be a bad omen: it foretold bad luck. However, as we note in the following lines, the Cid casts off the evil omen by shrugging his shoulders and shaking his head. [10] **¡Albricias!** Take heart! [11] **Castiella** old form of *Castilla* (Castile). [12] **entróve** old paragogic form of *entro* (*entró-ve*), the paragoge here being a device used to permit words accented on the last syllable (like *entró*) to rhyme with words accented on the second to last syllable (like *pendones* and *varones*). See also note 15. [13] **sesenta pendones** Sixty knights armed with lances each adorned with a banner; these banners could be of diverse colors and sometimes bore a figure or design. The color of the Cid's banner was white, as it appears from line 728. The banner was placed on the upper end of the lance; thus, upon throwing the lance, the banner also entered the body of the enemy and came out stained with blood (see line 728). In the line we are dealing with here (line 16) one notes that the Cid's knights are counted by the number of banners. On other occasions, they are counted according to the number of lances, as is the case in line 419 in which it is stated precisely that each lance bears a banner. A lance was usually made of ash wood and was pointed at one end with an iron tip.

llorando de los ojos,[14]   ¡tan grande era su
dolor(e)![15]
De las sus bocas   todos decían una razon(e).[16]
«¡Dios, qué buen vasallo,   si tuviese buen
señor(e)!» 20

4

Nadie hospeda al Cid. —Sólo una niña le dirige la
palabra para mandarle alejarse. —El Cid se ve obligado
a acampar fuera de la población, en la glera.[17]

Le hospedarían con gusto,   pero ninguno osaba:[18]
que el rey don Alfonso   le tenía gran saña.[19]
Antes de la noche   en Burgos entró su carta
con gran mandamiento   y fuertemente sellada:[20]
que a mio Cid Ruy Díaz   que nadie le diese
posada 25
y aquellos que se la diesen   supiesen vera palabra:[21]
que perderían sus bienes   y además los ojos de
la cara,
y aun además   los cuerpos y las almas.
Grande duelo tenían   las gentes cristianas;
se esconden de mio Cid,   que no osan decirle
nada. 30
El Campeador   se dirigió a su posada;
cuando llegó a la puerta,   la halló bien cerrada,
por miedo del rey Alfonso,   así ellos acordaran:
que a menos que la rompiese,   no se la abrirían por
nada.[22]
Los de mio Cid   a altas voces llaman, 35
los de dentro   no les querían responder palabra.
Aguijó[23] mio Cid,   a la puerta se llegaba,
sacó el pie del estribo,   un fuerte golpe daba;
no se abre la puerta,   que estaba bien cerrada.
Una niña de nueve años   a mio Cid se acercaba: 40
«Ya[24] Campeador,   en buen hora ceñiste espada![25]
«El rey lo ha vedado,   anoche entró su carta,
«con gran mandamiento   y fuertemente sellada.[26]
«No os osaríamos   abrir ni acoger por nada;
«si no, perderíamos   los bienes y las casas, 45
«y aún además   los ojos de las caras.
«Cid, en nuestro mal   vos[27] no ganais nada;
mas el Criador os guarde   con todas sus virtudes
santas».

Esto la niña dijo   y tornó para su casa.
Ya lo ve el Cid   que de el rey no esperaba
gracia. 50
Partióse de la puerta,   por Burgos aguijaba,
llegó a Santa María,   luego descabalga;
hincó las rodillas,   de corazón rogaba.
La oración hecha,   luego cabalgaba;
salió por la puerta,   el río Arlanzón pasaba. 55
Junto a la villa de Burgos   en la glera acampaba,
mandó plantar las tiendas,[28]   después descabalgaba.
Mio Cid Ruy Díaz,   el que en buen hora ciñó
espada,
acampó en la glera   que nadie le abre su casa;
están junto a él   los fieles que le acompañan. 60
Así acampó mio Cid   como si fuese en montaña.[28b]

Antes de dejar Castilla, camino del destierro, el
Cid va al monasterio de San Pedro de Cardeña (en
tierras de Burgos) para despedirse de su mujer,
doña Jimena, y de sus hijas, aún niñas, doña Elvira
y doña Sol.

¡Cómo cantan los gallos!   Ya iba a salir el sol 235
cuando llegó a San Pedro   el buen Campeador;
el abad don Sancho,   cristiano del Criador,
rezaba los maitines[29]   antes de salir el sol.
Y estaba doña Jimena   con cinco dueñas de pro,[30]
rogando a San Pedro   y al Criador: 240
«Tú, que a todos guías,   guarda a mio Cid el
Campeador».

Los monjes acuden a recibir al Cid con alegría.
Doña Jimena y sus hijas llegan después, y tiene lugar
una emocionante escena de despedida entre el
desterrado y su familia.

He aquí a doña Jimena   que con sus hijas va
llegando;
dos dueñas las traen   a ambas en sus brazos.
Ante el Campeador doña Jimena   las rodillas ha
hincado.
Lloraba de los ojos,   quiso besarle las manos: 265
«Ay, Campeador,   en hora buena engendrado,
«¡Por malos intrigantes   de Castilla sois echado!»

16

Jimena lamenta el desamparo en que queda la niñez de sus hijas. —El Cid espera llegar a casarlas honradamente.

«Ay, mi señor,⠀⠀⠀⠀barba tan cumplida,³¹
«aquí estamos ante vos⠀⠀⠀⠀yo y vuestras hijas,
«(muy niñas son⠀⠀⠀⠀y de pocos días),⠀⠀⠀⠀⠀⠀269 b
«con estas mis damas⠀⠀⠀⠀de quien soy yo servida.⠀⠀270
«Ya lo veo⠀⠀⠀⠀que estáis de partida,
«y nosotras y vos⠀⠀⠀⠀nos separamos en vida.
«Dadnos consejo,⠀⠀⠀⠀por amor de Santa María!»
Alargó las manos⠀⠀⠀⠀el de la barba bellida,³²
a las sus hijas⠀⠀⠀⠀en brazos las cogía,⠀⠀⠀⠀⠀⠀275
acercólas al corazón⠀⠀⠀⠀que mucho las quería.
Llora de los ojos,⠀⠀⠀⠀muy fuertemente suspira:
«Ay, doña Jimena,⠀⠀⠀⠀mi mujer muy querida,
«como a mi propia alma⠀⠀⠀⠀así tanto os quería.
«Ya lo veis⠀⠀⠀⠀que nos separan en vida,⠀⠀⠀⠀280
«yo parto y vos⠀⠀⠀⠀quedáis sin mi compañía.
«Quiera Dios⠀⠀⠀⠀y Santa María,
«que aún con mis manos⠀⠀⠀⠀case estas mis hijas,⠀⠀282 b
«y vos, mujer honrada,⠀⠀⠀⠀de mí seáis servida».

17

Un centenar de castellanos se juntan en Burgos para irse con el Cid.

. . . .

Por Castiella se va⠀⠀⠀⠀oyendo el pregón
cómo se va de tierra⠀⠀⠀⠀mio Cid el Campeador;
unos dejan casas⠀⠀⠀⠀y otros, honor.³³
En ese día⠀⠀⠀⠀en el puente de Arlanzón⠀⠀⠀⠀290
ciento quince caballeros⠀⠀⠀⠀todos juntados son;
todos demandan⠀⠀⠀⠀por mio Cid el Campeador.

---

¹⁴ **llorando de los ojos** a form often used in the Poem; it means llorar con los ojos; the following line says, **de las sus bocas, todos decían una razone** con sus bocas, todos decían una misma razón. ¹⁵ **dolor**(**e**) and in the following lines, **razón**(**e**) and **señor**(**e**) are examples of the so-called paragogic e, an e which is added on to words accented on the final syllable, (as is the case here with *dolor, razón, señor*), and which permits these words to rhyme with words accented on the second to last syllable, (in this case, *dolore, razone* may rhyme with *pendones, varones*). In the Xth and part of the XIth centuries, the paragogic e had an etymological basis; the forms, *dolore, razone, señore*, were then in general use, because the final e (from the original Latin words) had not yet been lost. During the time of the *Poema del Cid*, the tendency to omit the final Latin e (a tendency which has endured up to the present-day Spanish), was already dominant. This final e was, nevertheless, conserved in the traditional poetry as an adherence to an archaic fashion and, in many cases, as in the one we have noted, as an aid in rhyming. ¹⁶ **razón** word, speech. ¹⁷ **glera** arenal (in this case, the sandy banks of the river). Can also be "sandy ground" or "sandy beach". ¹⁸ **osaba** dared. ¹⁹ **saña** rage, hate. ²⁰ **con gran mandamiento y fuertemente sellada** with very severe orders and strongly enforced with the king's seal. ²¹ **vera palabra** true word, meaning: "nobody should doubt it". ²² **Así ellos acordaran . . . nada** they (the people of Burgos and those inside that house) have decided that unless the Cid breaks down the doors, they will not open them for anything in the world (out of fear of King Alfonse's punishment). ²³ **aguijar** to spur (a horse). ²⁴ **Ya** a form of greeting, of Arabic origin; ie. Oh, Campeador . . . . ²⁵ **en buen hora ceñiste espada,** and in other lines, **el que en buen hora ciñó espada** is one of the frequent epithets used to designate the Cid in the Poem. The act of becoming a knight involved a very precise ritual. An important part of the ritual was the girding of the sword onto the new knight, an act performed by his godfather. « *El que en buen hora ciñó espada,* » is the equivalent of « *el que en buen hora fue armado caballero.* » Another epithet that is frequently used to designate the Cid is, « *el que en buen hora nació.* » ²⁶ See note 20. ²⁷ **vos** a frequently used pronoun form which means, "you." This pronoun corresponds to the second person plural form of the verb. ²⁸ **plantar las tiendas** to set up the tents. ²⁸ ᵇ **montaña** woods, forest. ²⁹ **maitines** the first part of the divine prayer said at dawn. ³⁰ **dueñas de pro** noble ladies. ³¹ **barba tan cumplida** References to the beard, as a sign of virility, are very frequent in the Poem and are used to designate the Cid. In a few lines below, we note that the Cid is referred to as «el de la barba bellida,» (the one with the beautiful beard). We note that the Cid, upon being exiled and falling out of favour with his sovereign (King Alfonse), swears to never cut his beard. It was customary, during the Middle Ages, to make such a promise as a sign of grief: either to not cut one's beard, his hair, and even his fingernails. The Cid's beard reaches such a length that it will astonish both his friends and his enemies. ³² See note 31. ³³ **honor** or **honores** (as the line reads in the original version) refers to their lands or properties.

18

Llegan los caballeros a Cardeña y besan al Cid la mano en señal de vasallaje. El Cid los recibe sonriente. Pasan seis días del plazo dado por el rey; sólo quedan tres para que se cumpla el plazo; el Cid se dispone a partir para el destierro y da instrucciones a sus hombres:

El día es salido,   la noche quería entrar,   311
a sus caballeros   mandólos todos juntar:
«Oíd, varones,   no os dé pesar;
«poco dinero traigo,   vuestra parte os quiero dar.
«Tened en cuenta   cómo os debéis comportar: 315
«mañana temprano   cuando los gallos cantarán,
«no perdáis tiempo,   los caballos ensillad;
«en San Pedro, a maitines   tañerá[34] el buen abad,
«nos dirá la misa   de Santa Trinidad;
«dicha la misa,   tendremos que cabalgar,   320
«pues el plazo se acerca   y mucho hemos de andar».
Como lo manda mio Cid   así todos lo harán.

. . . .

Hecha la oración,   la misa acabada ya,
salieron de la iglesia,   ya quieren cabalgar.
El Cid a doña Jimena   la iba a abrazar;
doña Jimena al Cid   la mano le va a besar,
llorando de los ojos   que ya no puede más.   370
Y él a las niñas   volviólas a mirar:
«A Dios os encomiendo,   nuestro Padre espiritual,
«ahora nos separamos,   ¡Dios sabe el ajuntar!»[35]
Llorando de los ojos   con un dolor tan grande,
así se separan   como la uña de la carne.   375

. . . .

Soltaron las riendas,   comienzan a cabalgar;   391
ya se acerca el plazo   para el reino dejar.

. . . .

Gentes de todas partes   se le vienen a juntar.

. . . .

19

Última noche que el Cid duerme en Castilla. —Un ángel consuela al desterrado.

Se acostó mio Cid   cuando la noche llegó,   405
soñó un sueño dulce,   ¡qué bien que durmió!
El ángel Gabriel   a él vino en visión:
«Cabalgad, Cid,   el buen Campeador,
«que nunca en tan buen hora   cabalgó varón;
«mientras que vivieseis   tendréis buen honor».
Cuando despertó el Cid,   la cara se santiguó.   410

21

Recuento de las gentes del Cid.

Aún era de día,   no era puesto el sol,   416
mandó contar sus gentes   mio Cid el Campeador:
además de los peones   y otros, que valientes son,
contó trescientas lanzas   que todas tienen pendón.[36]

Ya ha pasado el plazo, y el Cid y sus hombres salen de Castilla y entran en el reino moro de Toledo (que paga tributo al rey Alfonso). Decide el Cid atacar a Castejón. Caminan de noche hasta llegar a la ciudad. Mientras Alvar Fáñez Minaya, con doscientos hombres de a caballo —doscientas lanzas —va en algara o correría por tierras de Guadalajara hasta la ciudad de Alcalá, el Cid queda con cien caballeros esperando el amanecer para atacar a Castejón. En los versos que trascribimos a continuación, se cuenta la conquista de Castejón.

23

. . . .

Ya amanecía   y venía la mañana,   456
salía el sol,   ¡Dios, qué hermoso apuntaba!
En Castejón   todos se levantaban,
abren las puertas,   afuera se mostraban,
para ir a sus labores   y a sus campos de labranza. 460
Todos han salido   dejan libre la entrada,
sólo pocas gentes   en Castejón quedaban;

las gentes por los campos   andan ocupadas.
El Campeador   salió de la celada,
en torno a Castejón   aprisa cabalgaba,   464 b

. . . .

Mio Cid don Rodrigo   corre hacia la entrada,
los que guardan la puerta   viéndola asaltada,
tuvieron miedo   y la dejan desamparada.
Mio Cid Ruy Díaz   por las puertas entraba,   470
trae en la mano   desnuda la espada,
quince moros mataba   de los que alcanzaba.
Ganó a Castejón   y mucho oro y plata.
Sus caballeros   llegan con la ganancia,
la dejan a mio Cid   sin querer para sí nada.   475

Vuelve Minaya de sus correrías por Guadalajara, con abundante ganancia de ovejas, vacas, ropas y otras riquezas. El Cid quiere darle «el quinto», o sea la quinta parte de todas la ganancias, pero Minaya renuncia a su parte. Reparte el Cid el botín entre sus hombres; corresponden cien marcos de plata a cada caballero, y la mitad (cincuenta marcos) a los peones (hombres de a pie); queda el quinto de toda la ganancia para el Cid, quien se la vende a los moros. El Cid teme ser atacado por el rey Alfonso, ya que como queda dicho, el reino de Toledo, al cual pertenecía Castejón, era tributario de Alfonso VI, con lo cual éste estaba comprometido a protegerlo militarmente. El Cid no quiere pelear contra Alfonso, su señor. Decide abandonar Castejón, pero sin destruirlo. Da además libertad a cien moros y a cien moras para que «de mí no digan mal». Y dice el poema:

«Del castillo que tomaron   todos ricos se van;   540
los moros y las moras   bendiciéndole están».

El Cid va ahora a tierras de Zamora, dependientes del rey moro de Valencia (Tamín), y se dirige contra Alcocer, población que conquista mediante una estratagema de guerra. El rey de Valencia quiere recobrar a Alcocer y envía un poderoso ejército (tres mil hombres) contra el Cid, al mando de dos reyes, Fáriz y Galve, con órdenes de tomar vivo al Cid y llevarlo a su presencia. Fáriz y Galve cercan al Cid en Alcocer, con su numeroso ejército, que va creciendo. Les quitan el agua al Cid y a sus gentes; éstas quieren salir a dar la batalla, pero el Cid se lo prohibe. Por fin, se ve obligado a hacerlo, pero antes quiere pedir consejo a los suyos.

34

Al cabo de tres semanas,   cuando la cuarta iba a
                               entrar,   655
mio Cid de los suyos   se quiso aconsejar:
«El agua nos han quitado,   nos va a faltar el pan,
«si quisiéramos irnos de noche   no lo consentirán;
«son demasiadas sus fuerzas   para con ellos luchar;
«decidme, caballeros,   qué consejo tomar».   670
Primero habló Minaya,   un caballero leal:
«de Castilla la gentil   hemos venido acá,
«si con moros no luchamos   no ganaremos el pan.
«Somos unos seiscientos,   acaso alguno más;
«en el nombre del Criador   que no se haga más   675
sino irlos a combatir   mañana sin tardar».
Dijo el Campeador: «ése es buen hablar;
hablasteis como honrado,   como era de esperar».

Siguiendo el consejo de Minaya, hacen durante la noche los preparativos para atacar al día siguiente. Cuando amanece, ordena el Cid que salgan todos a combatir, quedando sólo dos hombres en el castillo para guardar la puerta. Van dispuestos a vencer o morir. El Cid entrega su enseña a Pero Bermúdez (o Per Bermúdez), para que la lleve en el combate. Lo que sigue es el relato de la batalla:

Abrieron las puertas,   afuera salen ya;
los ven las avanzadas,[37]   a sus huestes van a avisar.

[34] **a maitines tañerá** he will ring the bells to call the people to the morning prayers (see note 29).   [35] **¡Dios sabe el ajuntar!** Only God knows when we shall be together again.   [36] See note 13.   [37] **avanzadas** the Moors which are in the outposts, watching.

¡Con qué prisa los moros se comienzan a
          armar; 695
ante el ruido de los tambores[38] la tierra quería
          quebrar;
viérais armarse a los moros, aprisa entrar en haz![39]
En la parte de los moros dos grandes enseñas[40] van,
y los otros pendones, ¿quién los podría contar?
Las haces de los moros comienzan a avanzar 700
hacia mio Cid y los suyos, para irlos a atacar.
«Estad quietas, mesnadas,[41] aquí en este lugar,
«nadie salga de filas hasta que lo oigáis mandar».
Aquel Per Bermúdez no se pudo aguantar;
la enseña tiene en la mano, comenzó a
          espolear:[42] 705
«¡El Criador nos valga, Cid Campeador leal!
«Voy a meter vuestra enseña en medio del mayor
          haz;
«veremos estos caballeros cómo la protegerán».
Dijo el Campeador: «¡No lo hagáis, por caridad!»
Repuso Per Bermúdez: «¡Ya veréis cómo se
          hará!» 710
Espoleó al caballo, lo metió en el mayor haz.
Los moros lo reciben, la enseña vanle[43] a quitar,
le dan grandes golpes no le pueden derribar.
Dijo el Campeador: «¡Valedle,[44] por caridad!»

35

Los del Cid acometen para socorrer a Pedro Bermúdez.

Embrazan los escudos ante sus corazones, 715
enristran las lanzas,[45] envueltos los pendones,[46]
inclinaron las caras encima de los arzones,[47]
íbanlos a atacar con fuertes corazones.
A grandes voces llama el que en buena hora nació:
«¡Atacadlos, caballeros, por amor del Criador! 720
«¡Yo soy Ruy Díaz de Vivar, el Cid Campeador!»
Todos atacan al haz donde está Per Bermudoz.
Trescientas lanzas son, todas llevan pendón;
trescientos moros matan al primer empujón,
y al hacer la tornada[48] otros tantos muertos
          son. 725

36

Destrozan las haces enemigas.

Allí viérais tantas lanzas subir y bajar,
tanta adarga[49] horadar y pasar,
tanta loriga[50] romper y rajar,
tantos pendones blancos rojos de sangre quedar,
tantos buenos caballos sin sus dueños andar.
Oyérais a unos, «¡Mahoma!»; a otros, «¡San-
          tiago!»[51] gritar. 730
Yacían por el campo en poco lugar
mil y trescientos moros muertos, ya.

37

Mención de los principales caballeros cristianos.[52]

¡Oh qué bien lidia sobre dorado arzón
mio Cid Ruy Díaz el buen lidiador;
Minaya Alvar Fáñez,[53] que a Zorita[54] mandó, 735
Martín Antolínez, el burgalés de pro,[55]
Muño Gustioz, a quien el Cid crió,[56]
Martín Muñoz, el que mandó a Mont Mayor,[57]
Álvar Salvadórez y Álvar Álvaroz,[58]
Galindo García, el bueno de Aragón, 740
Félez Muñoz, sobrino del Campeador!
Sin faltar uno, todos cuantos son
acuden a la enseña y a mio Cid el Campeador.

Los moros son derrotados. El Cid hiere al rey Fáriz
y Minaya al rey Galve, quienes huyen, con todo su
ejército. Los cristianos los persiguen hasta Calatayud.
El botín recogido es muy grande, y el Cid envía a
Castilla a Minaya con un regalo para el rey Alfonso:
treinta caballos, con sus sillas, riendas y espadas
colgando de las sillas; también envía oro y plata
para que le digan misas en la iglesia de Santa María
de Burgos, y para su mujer y sus hijas. Parte Minaya.
El Cid vende el castillo de Alcocer a los moros y paga
espléndidamente a todos sus hombres, y dice el
poema; «quien a buen señor sirve, —siempre vive
en delicio» (siempre recibe premio). Mientras el

Cid continúa su avance por el reino de Zaragoza, sometiendo diversas ciudades y haciéndose pagar tributo por ellas, Minaya presenta al rey Alfonso los treinta caballos. El rey los acepta complacido, levanta su castigo a Minaya (devolviéndole sus tierras y honores), y permite a cualquiera que lo desee que vaya a unirse a las fuerzas del Cid. Pero al Campeador no le levanta el castigo por el momento: «Muy pronto es», dice el rey, «para levantar el destierro en unas pocas semanas». Mientras tanto el Cid ha seguido guerreando y logra imponer tributo a Zaragoza. Al cabo de tres semanas, se le une Minaya, que llega con doscientos caballeros y muchísimos peones:

Cuando esto hubo hecho,   al cabo de tres semanas,
de Castilla   ha venido Minaya,
doscientos con él,   que todos ciñen espadas;
no pueden contarse,   sabed, las peonadas.[59]
Cuando vio mio Cid   asomar a Minaya,   920
corriendo en su caballo,   lo va a abrazar sin falta,
le besó la boca   y los ojos de la cara.

[38] **el ruido de los tambores** the drums, used by the Moors and unknown to the Christians at that time, caused astonishment and fear in the ranks of the Christian soldiers. Several times the «*ruido de atamores*» (*ruido de tambores*) is mentioned in the Poem. [39] **entrar en haz** to enter their military formations or ranks. [40] **dos grandes enseñas** two large standards (those of the kings Fáriz and Galve). [41] **mesnada** troop; **mesnadas** troops or warriors. [42] **espolear (al caballo)** to spur (the horse). [43] **vanle** *le van.* [44] **¡Valedle...!** Help him...! [45] **enristran las lanzas** they couch (lower to horizontal position) their lances. [46] See note 13. [47] **arzones** plural of *arzón* (saddle-tree or frame of the saddle). [48] **hacer la tornada** The cavalry charge was carried out by first charging in one direction and crossing the enemy's lines and, then, «*se hacía la tornada*,» that is, they turned their horses around to attack in the opposite direction and return to their original position of attack. The Cid's 300 men in both charges kill one Moor for each man (300 in the first charge and 300 in the return charge). [49] **adarga** leather shield. [50] **loriga** a type of armor used to defend the body; it was made of small, superimposed steel plates much in the same manner as the scales on a fish. [51] **Santiago** Saint James, the Apostle, supposedly buried in the Cathedral of Santiago de Compostela, in Galicia, in the N.W. of Spain. According to tradition, he appeared to help the Christians in the Battle of Clavijo (IXth century). Since then, *Santiago* was the «*grito de guerra*,» (the battle cry) of the Spaniards. Santiago de Compostela was, during the Middle Ages, one of the three most important centers for pilgrimages (together with Rome and Jerusalem). Santiago, the Apostle, is still today the Patron Saint of Spain, (in the same way as is Saint Patrick for Ireland, or Saint George for England). [52] In this mention of the knights of the Cid, as is the case in so many of the Poem's details, a sense of truth in picturing the historic reality is clearly shown. Of all those men named here, we have references in historical documents, except in the case of three of them: Félez Muñoz, Martín Antolínez and Galindo García. [53] **Alvar Fáñez que a Zorita mandó** "He was actually the lord of Zorita according to documents of 1097 and 1107. He was one of the most eminent knights in the court of Alfonse VI, conqueror of the Almorávides and reconqueror of the Alcarria. In the reign of doña Urraca, daughter of Alfonse VI, he was the governor of Toledo from 1109 to 1114, date in which he was killed by the Segovians, defending the rights of his queen against the followers of the king of Aragon, Alfonse *el Batallador*. The Poem designates Alvar Fáñez as the nephew of the Cid . . . a relation which is confirmed by the *carta de arras* (wedding contract) of doña Jimena, in the year 1074 . . ." (R. Menéndez Pidal). [54] **Zorita** (today called Zorita de los Canes) a small town in the province of Guadalajara; there are still preserved the ruins of its enormous fortress, with an attractive chapel in its interior built in the Romanesque style. [55] **el burgalés de pro** the honorable man from Burgos. We know nothing about Martín Antolínez from historical documents. [56] **Muño Gustioz, a quien el Cid crió** "We know from historical documents that he was doña Jimena's brother-in-law and that he accompanied her in Cardeña during her widowhood in the year 1113" (R. Menéndez Pidal.) The Poem tells us that Muño Gustioz was «*criado del Cid*,» (raised by the Cid). [57] **Martín Muñoz, el que mandó a Mont Mayor** "He was a knight who actually governed that Portuguese city . . . and later was named Count of Coimbra by Alfonse VI." (R. Menéndez Pidal.) [58] **Álvar Salvadórez y Álvar Álvaroz** "vassals of the Cid, which are mentioned in doña Jimena's wedding contract; the latter man was the Cid's nephew" (R. Menéndez Pidal). [59] **peonadas** *peones, soldados a pie.*

Todo se lo dice,   que no le oculta nada.[60]
Al Campeador   la cara se le alegraba:
«Gracias a Dios   y a sus mercedes santas;
«¡mientras que vos viviéseis,   bien me irá a mí,
    Minaya!»   925

Todo el mundo se alegra con la llegada de Minaya, quien para todos trae noticias de sus familiares y esposas. Pero no descansan el Cid y los suyos: comienzan ahora la lucha por tierras sometidas a la protección del Conde de Barcelona. Éste se siente ultrajado y sale a combatir al Cid. Vence la batalla el Cid, ganando la espada «Colada» y haciendo prisionero al Conde de Barcelona. Al cabo de unos días, el Campeador le deja ir en libertad. Y así acaba el *Primer Cantar*, con el Cid y sus hombres ricos y victoriosos.

Cantar segundo

Bodas de las hijas del Cid

Al comienzo de este Segundo Cantar, vemos al Cid y a sus hombres prosiguiendo sus conquistas.

Aquí comienza la gesta   de mio Cid el de
    Vivar.   1085

. . . .

Contra la mar salada   comenzó a guerrear;   1090
por oriente sale el sol   y el Cid volvióse hacia allá.

Efectivamente, ahora el Cid se vuelve hacia el mar, hacia Levante y se va acercando a Valencia, la fuerte y rica ciudad árabe en el este de España, junto al Mediterráneo.

71

Conquista de toda la región de Valencia.

En tierra de moros   prendiendo y ganando,   1167
y durmiendo los días   y las noches trasnochando,
en ganar aquellas villas   mio Cid duró tres años.

El Cid pregona a los cristianos la guerra contra Valencia. «Grandes gentes se le acogen —de la buena cristiandad». Con un buen ejército ya, el Cid acomete la gran empresa de la conquista de la ciudad:

Mio Cid don Rodrigo   no lo quiso retardar,   1202
se dirigió hacia Valencia   y sobre ella se fue a echar.
¡Bien la cerca mio Cid,   que nadie puede escapar.
A nadie deja salir,   a nadie permite entrar!   1205
Dio a los de Valencia un plazo   para ayuda
    demandar.
Nueve meses cabales,   sabed, cercándola está.
Cuando vino el deceno   se tuvieron que entregar. 1210
Grandes son los gozos   que hace la cristiandad
cuando mio Cid ganó a Valencia   y entró en la
    ciudad.
Los que antes eran de a pie   caballeros se hacen ya;[61]
el oro y la plata,   ¿quién os lo podría contar?
Todos eran ricos   cuantos allí están.   1215
Mio Cid don Rodrigo   su quinta[62] mandó apartar;
solamente en monedas   treinta mil marcos le dan,
y los demás bienes   ¿quién los podría contar?
Alegre está el Campeador   y los que con él están
viendo en lo alto del Alcázar   su enseña plantada
    ya.   1220

El rey moro de Sevilla quiere reconquistar Valencia y acude con treinta mil hombres, pero su ejército es derrotado por el Cid y los suyos, que vuelven a ganar un rico botín.

76

El Cid deja la barba intonsa.[63] Riqueza de los del Cid.

Gran alegría hay   entre todos esos cristianos   1236
con mio Cid Ruy Díaz,   el que en buen hora
    nasco.[64]
Ya le crece la barba   y se le va alargando;
porque mio Cid   solemnemente ha jurado:
«por amor del rey Alfonso   que de Castilla me ha
    echado»   1240
no entrará en ella tijera,   ni un pelo será cortado,
y que hablasen de esto   moros y cristianos.[65]

Mio Cid don Rodrigo   en Valencia está holgando,[66]
con él Minaya Alvar Fáñez   que no se aparta de su lado.
Ricos están ya   los que salieron desterrados;   1245
a todos el Campeador   en Valencia les ha dado
casas y heredades,   así los ha premiado:
el amor de mio Cid   bien se ha demostrado.

El Cid está ahora en la cumbre de su poder y riqueza. ¡Qué diferencia con el pobre caballero que salió desterrado de Vivar! Hace contar a sus hombres y comprueba que suman 3.600. Decide enviar a Minaya con un nuevo presente para el Rey (cien caballos); le encarga que bese al Rey la mano de su parte (como a su señor) y que solicite su permiso para llevar a Valencia a su esposa, doña Jimena, y a sus dos hijas. Pone a disposición de Minaya cien hombres para que le acompañen, y le entrega mil marcos de plata para el monasterio de San Pedro de Cardeña (donde continúan hospedadas su mujer y sus hijas), de los cuales entregará la mitad al abad don Sancho.

Llega a Valencia un clérigo, don Jerónimo (en la realidad histórica, un monje francés, de la orden de Cluny, llamado Jerome de Perigord), hombre «bien entendido en letras» y buen luchador («mucho arreciado») «de pie y de caballo». El Cid decide restaurar el obispado en Valencia y hacer obispo a Don Jerónimo. Así se lo dice a Minaya, su constante consejero:

«en tierras de Valencia   hacer quiero obispado
y dárselo a este   buen cristiano ».   1300

Así se hace y comenta el Poema:

«Dios, qué alegre era   todo cristianismo,   1305
que en tierras de Valencia   había señor obispo ».

Minaya va a Castilla y cumple el encargo del Campeador. Alfonso muestra su agrado ante el regalo del Cid, y le otorga cuanto le pide: permiso para llevar a doña Jimena y a sus hijas a Valencia, restituye a los hombres del Cid todos los bienes que les había confiscado, y da seguridades a todos los

que quieran ir a luchar junto al Cid. Esto despierta envidia en el Conde García Ordóñez (uno de los enemigos del Cid, personaje histórico, del que hablamos al comienzo del *Primer Cantar*); y también la codicia de los infantes de Carrión (Diego y Fernando González, igualmente personajes históricos), en quienes comienza a germinar la idea de casarse con las hijas del Cid (aunque no acaban de decidirse, por estimarse en rango nobiliario superiores al Cid). Minaya va a Cardeña. Comunica a Doña Jimena y a sus hijas las buenas nuevas, y envía a Valencia tres caballeros para anunciar al Cid que dentro de quince días, si Dios quiere, estarán todos en Valencia. Cuando llegan las noticias del Cid, éste, rebosando de alegría, dispone que salga una compañía de cien hombres al mando de Muño Gustioz, Pero Bermúdez, Martín Antolínez y el Obispo don Jerónimo a esperar a las damas; les encarga que pasen por la ciudad de Molina,

[60] Minaya tells the Cid, omitting nothing, all the details of his trip.   [61] **Los que antes eran de a pie**... **caballeros se hacen ya** The Castilian kings often authorized the rupture of the ties that bound the vassal to his lord, if the former fought against the common enemy, the Moor. This custom was one of the reasons for the limited feudalization in Castile and for the great fluidity among the social classes during the period of the Reconquest. As this line in the Poem indicates, it was also possible for men not belonging to the nobility (*i.e.* men of the middle class and even peasants) to become knights by participating in the war; («*los que fueron de pie, caballeros se fazen,*» line 1213 of the original version). Some have considered this social mobility to be also one of the causes of the proverbial Castilian pride (*orgullo*), characteristic of a society not bound by a static hierarchy (as, on the other hand, was the English society, stratified according to a rigid feudal structure).   [62] **su quinta** the fifth part of the booty which belonged to the Cid as the leader and lord of the army.   [63] **intonsa** *sin cortar* (unshaven).   [64] **el que en buen hora nasco** *nasco* is an old Spanish form for *nació*: "He who was born in a good (lucky) hour." As we have already noted, this is one of the epithets frequently used in the Poem to designate the Cid.   [65] The Cid makes this oath as a sign of grief for having been exiled by the king.   [66] **holgando** resting.

perteneciente a un moro amigo, Abengalbón, con quien el Cid está en paz, del cual espera que consentirá en acompañarles también, con otros cien hombres. El encuentro con Minaya y las damas se hará en la ciudad de Medina. Quiere el Cid que, con gran honra, conduzcan todos a Doña Jimena y a sus hijas, hasta Valencia. El no puede dejar la ciudad desguarnecida, explica:

«E yo quedaré en Valencia   que mucho costado me
                                                          ha;
gran locura sería,   la ciudad desamparar;
yo quedaré en Valencia   que la tengo por heredad ».

Relieve en mármol del s. XIII, de un caballero a caballo con casco, cota de malla y escudo, España. The Metropolitan Museum of Art, Dodge Fund, 1913.

Se hace todo tal y como lo ha dispuesto el Cid. Por fin, recibe recado de que los viajeros están cerca; envía doscientos caballeros a su encuentro:

Alegre está mio Cid,   nunca lo estuvo tanto, 1562
que de lo que más amaba[67]   ya le viene el recado.[68]
Doscientos caballeros   mandó sin retraso
que reciban a Minaya   y a las dueñas
                                                  hijasdalgo;[69] 1565
él se queda en Valencia   cuidando y guardando,[70]
que bien sabe que Alvar Fáñez   trae todo a su
                                                                      cuidado.

86

Don Jerónimo se adelanta a Valencia para preparar una procesión. El Cid cabalga al encuentro de Jimena. Entran todos en la ciudad.

.   .   .   .

Mandó mio Cid   a los que hay en su casa   1570
que guardasen el alcázar   y las otras torres altas
y todas las puertas,   las salidas y las entradas,
y le trajesen a Babieca,   el caballo que él ganara
de aquel rey de Sevilla   cuando le venció en
                                                              batalla; 1573 b
aún no sabía mio Cid,   el que en buen hora cinchó
                                                                              espada,
si sería buen corredor   y tendría buena
                                                          parada;[71] 1575
a las puertas de Valencia,   donde seguro estaba,
delante de su mujer y sus hijas   quería jugar las
                                                                          armas.[72]
Con gran honra serán   recibidas las damas.
El obispo don Jerónimo   al grupo se adelantaba,
bajaba de su caballo,   en la capilla entraba; 1580
con todos los que hay en ella,   que preparados
                                                                          estaban,
puestas las sobrepellices,[73]   y con cruces de plata,
sale a recibir a las damas   y al bueno de Minaya.
El que en buen hora nació   no se retrasaba:
se vistió el sobregonel;[74]   deja suelta su barba; 1587

le ensillan a Babieca, coberturas le echaban;[75] 1585
mio Cid montó sobre él, y armas de fuste[76] tomaba.
En el caballo Babieca mio Cid cabalga, 1589
tan veloz es la carrera[77] que parece cosa extraña; 1588
cuando hubo corrido, todos se maravillaban; 1590
desde ese día, Babieca fue famoso en toda España.
Al acabar la carrera, mio Cid descabalgaba,
se acercó a su mujer y a sus hijas ambas;[78]
cuando lo vio doña Jimena, a sus pies se le echaba:
«¡Gracias a ti, Campeador, en buena hora cinchaste
          espada! 1595
«Me has librado de muchas vergüenzas malas;
«aquí estamos, señor, yo y tus hijas ambas;
«a Dios y a tí servirán, buenas son y bien criadas».
A la madre y a las hijas bien las abrazaba,
con el gozo que tenían de los sus ojos lloraban. 1600
Todas las gentes del Cid llenos de alegría andaban,
unos quebrantan tablados,[79] otros jugaban las
          armas.
Oíd lo que dijo el que en buen hora cinchó espada:
«Vos, doña Jimena, mujer querida y honrada,
«y ambas hijas mías, mi corazón y mi alma, 1605
«entrad conmigo en Valencia la casa,[80]
«en esta heredad que para vos fue ganada».
La madre y las hijas las manos le besaban.
Con grandes honores ellas en Valencia entraban.

El Poema nos cuenta ahora cómo el Cid conduce a su mujer y a sus hijas a lo más alto de su alcázar. Desde allí les muestra con orgullo Valencia: la ciudad, las ricas huertas, y el mar. Las damas están maravilladas: «Alzan las manos —para a Dios rogar». Todo es alegría. El invierno ha terminado; se acerca el mes de marzo. . . En este punto, el juglar hace un alto y dice en rápida transición:

Decir os quiero nuevas del otro lado del mar, 1620
de aquel rey Yúsuf que en Marruecos está.[81]

El Poema del Cid nos relata ahora cómo el rey Yúsuf de Marruecos acude y pone cerco a Valencia. El Cid se alegra porque ahora le verán luchar su mujer y sus hijas y «verán por los ojos —cómo se gana el pan». Las damas sienten miedo (el ejército almorávide consta de cincuenta mil hombres, y el

[67] **de lo que más amaba** This phrase refers to his wife and daughters (what he loved most). The love which the Cid has for his wife and daughters, and his characterization in the Poem as a good husband and father, constitutes one of the most human aspects of the Poem. [68] **ya le viene el recado** the news has already reached him that his wife and daughters are approaching. [69] **dueñas hijasdalgo** old Spanish for *damas hidalgas* (noble ladies). [70] **cuidando y guardando** watching and taking care of (the town). [71] **si . . . tendría buena parada** if Babieca would be obedient to the bit; *ie.* if he would obey the Cid's commands. [72] **jugar las armas** an exercise or test of one's skill in the use of arms. Such an exercise was often held during festivals or on occasions of receiving or taking leave of some important person. [73] **sobrepellices** white vestments of fine linen, with wide sleeves, which the clergymen wore (and still wear) over their cassocks during some of the religious ceremonies. [74] **sobregonel** an unknown word; probably a kind of *gonela* or silk tunic (R. Menéndez Pidal). [75] **coberturas le echaban** During the festivals, they often covered the horses with a type of adorned horse-trappings. [76] **armas de fuste** wooden arms employed in military games and on festive occasions. In such cases, the knight used only a wooden lance and sword (*armas de fuste*) instead of the ordinary arms used in battles. He also wore no armor but rather, his every-day apparel. [77] This horse race (*carrera*) was another knightly exercise. [78] **sus hijas ambas** both of his daughters. [79] **quebrantan tablados** The *tablados* were a type of castle or tower made of boards and were usually erected during the festivals. The game consisted of trying to knock the structure down or to break the boards with one's lance. [80] **Valencia la casa** old expression meaning "the town of Valencia." In a previous line, the Poem refers to the town of Burgos by using the same expression: «*Burgos la casa*». [81] We are again presented with historical facts: Yúsuf ben Texuflin, first emperor of the Almorávides (1059–1116), had established his empire in the north of Africa. In 1086, upon the request of the Moorish king of Seville, Mutamid, Yúsuf entered Spain with a huge army. The kingdoms of Arabic Andalusia at that moment were quite refined culturally, but were militarily weak (in part, the result of the fragmentation of Arabic Spain into several small kingdoms) and religiously lukewarm. Yúsuf and his Almorávides, on the other hand, were barbarous and fanatic, formidable warriors who preached the renewal of the Holy War of Islam. Yúsuf defeated Alfonse VI in the Battle of Sagrajas (a spot near Badajoz, the capital of another Moorish kingdom). Alfonse escaped badly wounded and managed to find refuge in Coria, where he made an appeal to all the Christian kingdoms, once again endangered by the Moslem

ruido de sus tambores infunde pavor), pero el Cid las conforta, y les dice bromeando:

«acabáis de venir,   un presente os quieren dar,
para casar vuestras hijas   os aportan el ajuar ».[82]   1650

No entraremos en los detalles del combate. A pesar de su inferioridad numérica, los del Cid, que no llegan a cuatro mil, consiguen una gran victoria, y el botín es inmenso. El reparto de lo ganado se hace con toda escrupulosidad. El Cid no se olvida de su Rey: envía a Minaya y a Pero Bermúdez con el presente, que esta vez consiste en doscientos caballos, de su propia «quinta » (parte que le corresponde del botín), «con sillas y con frenos —y con sendas espadas ». ¡Quién podría describir la alegría del rey al recibir aviso de que se acercan Minaya y Pero Bermúdez con tan rico presente! Sale de Valladolid (en donde estaba la corte) para recibir a los hombres del Cid; sale a recibirlos al frente de sus hidalgos. Las noticias de la gran victoria del Cid y de su riqueza vuelven a despertar la ira y envidia de su enemigo el conde Garci Ordóñez, y acaban de decidir a los codiciosos infantes de Carrión a solicitar la mano de las hijas del Cid. Piden al rey que les sirva de medianero y éste accede; declara a Minaya y a Pero Bermúdez el deseo de Diego y Fernando, los infantes de Carrión, y les ruega que lo pongan en conocimiento del Cid. Pero además, el Rey promete perdonar al Cid («él lo merece —y de mí habrá perdón »), para lo cual propone que se celebre una entrevista (unas «vistas ») entre él y el Cid, y que el lugar sea el que elija el Campeador. Vuelven los emisarios a Valencia y enteran de todo al Cid. El Campeador, respetuoso con el Rey, obedece y elige para la entrevista un lugar junto al río Tajo, y así lo dice a Alfonso en carta sellada, la cual envía con dos caballeros, rogando al mismo tiempo a Alfonso que sea él quien fije el plazo. El Rey dispone entonces que se celebren las vistas dentro de tres semanas.

Por una y otra parte, los preparativos se hacen con magnificencia: numeroso séquito acompaña tanto al rey como al Cid. Los versos que siguen narran el encuentro:

Ya hacía un día   que el rey Alfonso llegó.   2013
Cuando vieron que venía   el buen Campeador,
salen a recibirlo   con muy gran honor.   2015
Cuando alcanzó a verlos   el que en buen hora nació.
a todos los suyos   parar los mandó,
salvo a quince caballeros   que quería de corazón.
Con estos quince   el Cid descabalgó,
así lo hubo mandado   el que en buen hora
                                                    nació.   2020
Los hinojos y las manos   en tierra los hincó,
las hierbas del campo   con los dientes mordió,
con lágrimas en los ojos   su júbilo mostró;
así rinde acatamiento   ante Alfonso, su señor,
así de esta manera   a los pies del rey se echó.   2025
Al rey don Alfonso   mucho le pesó:
«Levantad de tierra,   oh Cid Campeador,
«besadme las manos,   pero los pies, no;
«si no haceis esto   no tendréis mi amor ».
De rodillas seguía   el Cid Campeador: 2030
«Merced os pido a vos,   mi natural señor,
«así arrodillado   dadme vuestro amor
«que lo oigan todos   cuantos aquí son ».   2032 b
Dijo el rey: «Esto haré   de alma y corazón;
«aquí yo os perdono,   Cid, y os doy mi amor,
«os acojo en mi reino   y os devuelvo mi
                                                    favor ».   2035
Habló mio Cid   y dijo esta razón:
«Rey, yo lo recibo,   Alfonso, mi señor;   2036 b
«lo agradezco a Dios del cielo   y después a vos,
«y a estos guerreros   que están alrededor ».
Puesto de rodillas   las manos le besó.
Levantóse en pié,   en la boca le besó.   2040
Grande es la alegría   de cuantos allí son;
pesó a los enemigos   de mio Cid Campeador.

El rey honra al Cid, al que pide sea su huésped. Las barbas del Cid, hermosas y crecidas, maravillan al rey y a todos cuantos las ven. Los Infantes de Carrión se acercan a saludar al rey. Al día siguiente, después de que el obispo don Jerónimo hubo dicho la misa, se reunieron todos. Entonces, el rey Alfonso le pide al Cid sus hijas como esposas de los Infantes.

El Cid se somete a la voluntad del rey, pero le ruega que, puesto que es él quien ha dispuesto el casamiento, sea también él, el rey, quien cumpla la ceremonia de entregar las hijas a los Infantes. (Hay en el Cid, o quizás más bien en el autor del Poema, cierta desconfianza en cuanto al casamiento). El rey dispone que sea Minaya quien represente al rey y haga entrega de doña Elvira y doña Sol a los Infantes de Carrión. Por fin, el Cid y el rey se despiden. El Cid regala 30 palafrenes (caballos de lujo usados para viajes) y 30 caballos corredores con buenas sillas al rey. Éste le agradece el regalo y le promete que no le faltará su favor y recompensa. Parte el Cid con sus hombres a Valencia. Muchos hombres del rey le acompañan para asistir a las bodas. ¡Ya llegan a Valencia! El Cid encarga a Pero Bermúdez que acompañe a los Infantes y los honre. El Cid anuncia a Doña Jimena y a sus hijas el casamiento y las damas se le muestran agradecidas —pero, una vez más, el autor del Cantar nos hace saber que el Cid no está del todo satisfecho de la decisión ni tranquilo en cuanto a sus resultados:

110

«Mujer doña Jimena, demos gracias a Dios. 2196
«Quiero deciros, hijas, doña Elvira y doña Sol,
«que por este casamiento crecerá nuestro honor;
«pero quiero que sepáis que no lo arreglé yo;
«que quien pidió vuestras manos fue Alfonso, mi
   rey y señor, 2200
«hízolo tan firmemente que no pude decir «no».
«A él os he confiado, doña Elvira y doña Sol.
«Podéis creerme, hijas mías, que el rey os casa, no
   yo».

A continuación, el Poema nos cuenta la celebración de las bodas, que se hacen con toda solemnidad. Las fiestas duran quince días. Al fin, los invitados vuelven a Castilla. Quedan en Valencia los Infantes, ya yernos del Cid, muy honrados por todos; y en Valencia permanecerán cerca de dos años ... Así acaba el Segundo Cantar; parece un «happy ending», pero el juglar no se olvida de advertirnos, como si quisiera prevenirnos por lo que pueda suceder. . . Una nube negra, una sombra de recelo se cierne sobre nuestra historia.

El Cid y sus yernos en Valencia han quedado. 2270
Allí moran los Infantes muy cerca de dos años;
todos les muestran amor, por todos son honrados.
Alegre estaba el Cid y todos sus vasallos.
¡Quiera Santa María y quiera el Padre Santo
que de este casamiento a nadie venga daño! 2275
Las coplas de este cantar aquí se van acabando.
El Criador os valga con todos sus Santos.

thrust into Spain. The following passage, taken from Menéndez Pidal's *La España del Cid* (a work essential to an understanding of this period), will help us to gain an insight into the historical "climate" in which the characters of the Poem lived and fought. The passage refers to the Battle of Sagrajas:

> "In the fields of Sagrajas, the night after the victory, Yúsuf ordered the bodies of the Christian soldiers to be decapitated. The truncated heads were then gathered into enormous piles. Then the muezzins climbed on top of these repugnant pulpits to announce the morning prayer to the victorious soldiers ... Afterwards, a great number of carts were loaded with thousands of heads, covered with dust, and were dispatched to Saragossa, Valencia, Seville, Cordova, and Murcia to announce to all that the threat of King Alfonse and Alvar Háñez was over and that they could breath freely. Ships were also loaded with heads and made their way to Africa to distribute the heads among all the cities of the Mogreb as a way of announcing the great victory. Since the days of Almanzor (almost a century ago), the Spanish Moslems had not seen these pulpits of Christian heads, nor these carts loaded with bloody trophies go rolling along the roads. The military power of the new invaders of Europe re-established the Holy War with a success and fury equal to that of the most splendid days of the Omeya Califate."

Yúsuf and his Almorávides rapidly became the rulers of all of Moslem Andalusia. King Mutamid of Seville, whom Yúsuf had originally come to aid, was dethroned and sent as a captive to Africa. Almeria, Murcia, and the important Christian fortress of Aledo also fell under Yúsuf's rule. Only the Cid remained victorious against Yúsuf, in Valencia. The great admiration for the Cid, so well expressed in the Poem, can now be readily understood! Even the Arabs eventually shared in this admiration; one Arabic historian called the Cid *«un milagro de Alah,»* a miracle of God. [82] **ajuar** trousseau.

Cantar tercero

La afrenta de Corpes

112

Suéltase el león del Cid. —Miedo de los infantes de Carrión. —El Cid amansa al león. —Vergüenza de los infantes.

En Valencia estaba el Cid   y los que con él son;
con él están sus yernos,   los infantes de Carrión.
Echado en un escaño,[83]   dormía el Campeador,   2280
cuando algo inesperado   de pronto sucedió:
salió de la jaula   y desatóse el león.
Por toda la corte   un gran miedo corrió;
embrazan sus mantos   los del Campeador
y cercan el escaño   protegiendo a su señor.   2285
Fernando González,   infante de Carrión,
no halló dónde ocultarse,   escondite no vió;   2286 b
al fin, bajo el escaño,   temblando, se metió.
Diego González   por la puerta salió,
diciendo a grandes voces: «¡No veré Carrión!»
Tras la viga[84] de un lagar[85]   se metió con gran
pavor;   2290
la túnica y el manto   todos sucios los sacó.
En esto despertó   el que en buen hora nació;
a sus buenos varones   cercando el escaño vió:
«¿Qué es esto, caballeros?   ¿Qué es lo que queréis
vos?»
«¡Ay, señor honrado,   un susto nos dió el
león».   2295
Mio Cid se ha incorporado,   en pie se levantó,
el manto trae al cuello,   se fue para[86] el león;
el león, al ver al Cid,   tanto se atemorizó
que, bajando la cabeza,   ante mio Cid se humilló.
Mio Cid don Rodrigo   del cuello lo cogió,   2300
lo lleva por la melena,   en su jaula lo metió.
Maravillados están   todos lo que con él son;
lleno de asombro, al palacio   todo el mundo se
tornó.
Mio Cid por sus yernos   preguntó y no los halló;
aunque los está llamando,   ninguno le
respondió.   2305

Cuando los encontraron   pálidos venían los dos;
del miedo de los Infantes   todo el mundo se burló.
Prohibió aquellas burlas   mio Cid el Campeador.
Quedaron avergonzados   los infantes de Carrión.
¡Grandemente les pesa   esto que les sucedió!   2310

Así comienza el Tercer Cantar. Junto a los hombres del Cid, hechos a la guerra y al peligro, los codiciosos Infantes de Carrión se comportan cobardemente, como en este novelesco episodio del león; y lo mismo acontecerá en los siguientes episodios, cuando el rey Búcar de Marruecos ataca a Valencia. Los Infantes temen entrar en combate. Cuando la batalla tiene lugar, la victoria es para los hombres del Cid. El Campeador mata al rey Bucar (del más tremendo golpe de espada que se da en todo el Poema: un terrible golpe en la cabeza que raja el yelmo[87] del rey moro, llegándole la espada hasta la cintura). Gana entonces su segunda espada, Tizona, «que mil marcos de oro vale». Los Infantes se comportan cobardemente, pero, por no lastimarle, nadie habla de ello al Cid, y éste cree que han luchado como valientes y los felicita. Los Infantes, avergonzados, creen que el Cid se lo dice de burla. Los Infantes son vanidosos, cobardes y codiciosos. Conciben por fin un plan para vengar su resentimiento. Piden permiso al Cid para llevarse a sus mujeres a Carrión. El Cid lo concede y les entrega muchos y valiosos regalos. Doña Elvira y doña Sol se despiden de sus padres. Una nube negra, algo así como un mal presentimiento, flota en los versos del Poema . . . El Cid encarga a su sobrino Félix Muñoz que acompañe a las damas. Encarga a los viajeros que, al pasar por la ciudad de Molina, saluden a su amigo el moro Abengalbón y le pidan protección y compañía desde Molina hasta la ciudad de Medinaceli. El moro los recibe con honores y los acompaña en el viaje con doscientos hombres. Pero los Infantes, codiciosos una vez más, planean la muerte del moro Abengalbón para tomar prosesión de sus riquezas. Un moro «latinado» (o sea, que sabía la lengua castellana) les oye y se lo dice a Abengalbón. Éste, indignado, amenaza a los de Carrión, diciéndoles que por respeto al Cid no les da su merecido castigo; y, dejándolos, se vuelve a su ciudad.

128

Los viajeros entran en el reino de Castilla. Duermen en el robledo[88] de Corpes. A la mañana, quédanse solos los infantes con sus mujeres . . .

. . . .

En el robledo de Corpes	entraron los de Carrión,
los robles[89] tocan las nubes,	¡tan altas las ramas son!
Las bestias fieras	andan alrededor.
Hallaron una fuente	en un vergel en flor;[90] 2700
mandaron plantar la tienda	los infantes de Carrión,
allí pasaron la noche	con cuantos con ellos son;
con sus mujeres en brazos	demuéstranles amor;
¡mal amor les mostraron	en cuanto salió el sol!

Mandan adelantarse a todos, y se quedan ellos solos con sus esposas.

Todos se habían ido,	ellos cuatro solos son,
así lo habían pensado	los infantes de Carrión:
«Aquí en estos fieros bosques,	doña Elvira y doña Sol,
«vais a ser escarnecidas,[91]	no debéis dudarlo, no. 2715
«Nosotros nos partiremos,	aquí quedaréis las dos;
«no tendréis parte[92]	en tierras de Carrión.
«Llegarán las nuevas	al Cid Campeador,
«así nos vengaremos	por lo del león».
Los mantos y las pieles	les quitan los de Carrión, 2720
con sólo las camisas	desnudas quedan las dos,
los malos traidores llevan	zapatos con espolón,[93]
las cinchas de sus caballos	ásperas y fuertes son.
Cuando esto vieron las damas	así hablaba doña Sol:
«Don Diego y don Fernando,	os rogamos por Dios, 2725
«dos espadas tenéis,	fuertes y afiladas son,
«el nombre de una es Colada,	a la otra dicen Tizón,
«cortadnos las cabezas,	mártires seremos nos.
«Moros y cristianos[94]	hablarán de vuestra acción,
«dirán que no merecimos	el trato que nos dais vos. 2730
«Esta acción tan perversa	no la hagáis con nos[95]
«si así nos deshonráis,	os deshonraréis los dos;
«ante el tribunal del rey	os demandarán a vos».
Lo que ruegan las dueñas	de nada les sirvió.
Comienzan a golpearlas	los infantes de Carrión; 2735
con las cinchas de cuero	las golpean sin compasión;
con las espuelas agudas,	así el dolor es mayor,
así les rasgan las carnes	los infantes de Carrión:
de las crueles heridas	limpia la sangre brotó.
Si el cuerpo mucho les duele,	más les duele el corazón. 2740
¡Qué ventura tan grande	si quisiera el Criador
que en este punto llegase	mio Cid el Campeador!

Así las dejan los traidores. Ante la cruel escena, el juglar no ha podido menos de exclamar: «¡Si ahora apareciese mio Cid el Campeador!» Pero el Cid nada sabe. Los infantes se alejan, alabándose de su acción, y allí quedan, sin sentido e indefensas, las dos hijas del Campeador. Félix Muñoz, el sobrino del Cid, ha sospechado algo y vuelve atrás. Encuentra a las dos muchachas desmayadas, y después de reanimarlas, las monta en su caballo y las conduce hasta San Esteban de Gormaz, donde son atendidas. La noticia se extiende rápidamente y llega al rey («al buen rey Alfonso») a quien «le pesó de corazón». También llega, por fin, la noticia de la vileza cometida por los Infantes a Valencia, donde está el Campeador. Es curiosa la reacción del Cid en el Cantar. Esperábamos tal vez una explosión de furia, un estallido de rabia, y que el padre ofendido corriera a tomarse la venganza por su mano. Pero nada de esto ocurre. El Cid ante la noticia reacciona . . . pensando y reflexionando cuáles son sus derechos y cómo puede hacerlos valer.

---

[83] **escaño** bench with a back.   [84] **viga** beam.   [85] **lagar** winepress.   [86] **se fue para** he went towards.   [87] **yelmo** helmet.   [88] **robledo** oak grove.   [89] **robles** oak trees.   [90] **vergel en flor** a garden (here, a spot in the middle of the oak grove) with flowers in full bloom.   [91] **escarnecidas** scorned.   [92] **no tendréis parte** you will not have a share.   [93] **espolón** spur.   [94] **moros y cristianos** everybody.   [95] **nos** old form for *nosotros*.

Van estas noticias   a Valencia la mayor[96];
cuando se lo dicen   a mio Cid el Campeador,
un gran rato   pensó y meditó;
alzó al fin la mano,   la barba se tomó:[97]
«Alabado sea Cristo,   que del mundo es señor;   2830
«ya que así me han ofendido   los infantes de
                                                      Carrión,
«juro por esta barba,   que nadie me mesó,[98]
«no lograréis deshonrarme,   infantes de Carrión;
«que a mis hijas   bien las casaré yo ».

Alvar Fáñez Minaya va a recoger a sus primas a San
Esteban de Gormaz; le acompañan Pero Bermúdez,
Martín Antolínez y doscientos caballeros. El juglar
nos cuenta la emocionante entrevista; las damas
lloran y los caballeros procuran consolarlas lo
mejor que pueden. Al fin, vuelven todos a Valencia
(pasando por Molina, donde el moro amigo Abengalbón agasaja a los viajeros). Ya se acercan a Valencia. . .

Al que en buen hora nació   llegaba el mensaje,   2885
aprisa cabalga,   a recibirlos sale;
iba jugando las armas,   grandes gozos hace.
Mio Cid a sus hijas   íbalas a abrazar,
besándolas a ambas   sonriéndoles está:
«¿ Venís, hijas mías?   ¡Dios os guarde de mal!   2890
«Yo accedí a vuestras bodas,   no me pude negar.
«Quiera el Creador,   que en el cielo está,
«que os vea mejor casadas   de aquí en adelant.[99]
«De mis yernos de Carrión,   ¡Dios me haga
                                                      vengar! »
Las hijas al padre   la mano van a besar.   2895
Jugando las armas iban,   entraron en la ciudad;
doña Jimena, su madre,   gozosa las fue a abrazar.
El que en buen hora nació   no lo quiso retardar;
de los suyos, en privado,   se quiso aconsejar:
al rey Alfonso, un mensaje   decidieron enviar.   2900

El Cid envía a Muño Gustioz a pedir justicia al rey.
El razonamiento que emplea Muño Gustioz es el
siguiente: «Vos fuisteis quien casó a las hijas del Cid
con los infantes de Carrión. Después de la vileza que
éstos han cometido, el Cid se tiene por afrentado,
pero vuestra afrenta es aun mayor, pues vos las
casasteis. Por eso, el Campeador pide que hagáis

venir a vistas, o a justas o a cortes a los infantes de
modo que él pueda reclamar de los de Carrión su
derecho y exigirles reparación de la afrenta ». El rey
declara su sentimiento por lo ocurrido y promete
enviar pregoneros por todo el reino convocando a
Cortes en la ciudad de Toledo. Así se hace. Los
infantes temen acudir a las Cortes y sus familiares
ruegan al rey que les permita no asistir; pero el rey
permanece inflexible: «Si no acuden, habrán de
abandonar el reino y perderán el favor real ».
Ya llegaba el plazo para la reunión de las Cortes.
Van acudiendo a Toledo los hombres principales del
reino y muchos «sabidores» (expertos en leyes). El
primero en llegar había sido «el buen rey don
Alfons», y ya están allí también los infantes de
Carrión con un grupo numeroso de familiares.
Sólo falta por llegar el Cid . . . Por fin, al quinto día,
llega el Campeador, y el rey sale a recibirlo a caballo
rodeado de muchos caballeros. El Cid no quiere
entrar en Toledo hasta el día siguiente, y se hospeda
con los suyos en el castillo de San Servando.

Mio Cid Ruy Díaz   en San Servando va a
                                      posar.[100]   3055
Mandó encender candelas   y ponerlas en el altar;
en este lugar santo   el Cid quiere velar,
al Criador rogando   y hablando en soledad.

A la mañana siguiente, antes de salir el sol, ya están
preparados los hombres del Cid, y han oído ya la
misa. El Cid dispone que le acompañen a las Cortes
cien caballeros (entre ellos los de su mayor confianza:
Álvar Fáñez Minaya, el obispo don Jerome, Pero
Bermúdez, Muño Gustioz, Martín Antolínez, Álvar
Álvarez y Álvar Salvadórez, Martín Muñoz, Félix
Muñoz (el sobrino del Cid), Mal Anda (buen
«sabidor» en leyes) y Galindo García (el bueno de
Aragón); disimuladas bajo las túnicas, los armiños
(ermine furs) y los mantos de fiesta, llevarán puestas
sus lorigas y las espadas cortantes y afiladas. Así lo
dispone el Cid:

«así, de esta manera   quiero ir a la cort[101]
«a demandar mis derechos   y decir mi razón.

«Si pelea buscasen   los infantes de Carrión,   3080
«con hombres como estos ciento   bien puedo estar
                                            sin temor ».
Respondieron todos: «así lo haremos, señor ».

El Cid se viste con sus mejores ropas, que el Poema
describe minuciosamente: desde los zapatos (bella-
mente labrados) hasta la cofia (una especie de
«hair-net ») de una tela finísima. La decisión de
protegerse los cabellos con la cofia tiene un propósito
definido: evitar que nadie le pueda mesar o arrancar
los cabellos; con el mismo fin, se recoge su larga
barba con un cordón; previniéndose contra cualquier ruin insulto de sus ruines enemigos, el Cid se
muestra al mismo tiempo precavido y retador. Por
último, se echa encima un manto de gran valor que
ponía admiración en cuantos lo veían. Así, rodeado
de los suyos, cabalga desde el castillo de San Servando
hasta el lugar donde están reunidas las Cortes:

A la puerta de fuera   el Cid descabalgó;
con los suyos entra   dignamente el
                              Campeador: 3105
él va en medio,   los ciento, alrededor.
Cuando lo vieron entrar   al que en buen hora nació,
levantóse en pie   el buen rey don Alfons
y el conde don Enrique   y el conde don Ramón,[102]
y así como ellos, sabed,   toda la cort: 3110
con gran honra lo reciben   al que en buen hora
                                            nació.
No se quiso levantar   el Crespo de Grañón,[103]
ni todos los del bando   de los de Carrión.
El rey a mio Cid   de las manos le tomó:
«Venid acá a sentaros   conmigo,
                              Campeador,   3114 b
«en este escaño   que me regalasteis vos;   3115
«aunque a algunos les pese,   mejor sois que nos ».
Aunque el honor agradece,   el Cid no lo consintió:
«Seguid en vuestro escaño   como rey y señor;
«con todos estos míos   aquí me sentaré yo ».
Lo que dijo el Cid   al rey le complació.   3120
En un escaño torneado[104]   el Campeador se sentó,
los ciento que le guardan   están alrededor.

Mirando están a Mio Cid   todos los que hay en la
                                            cort,
admiran su larga barba   cogida con el cordón;
¡en toda su persona   se muestra muy varón!   3125
No se atreven a mirarlo   los infantes de Carrión.

Entonces se levanta el rey y declara abiertas las
Cortes: «Ahora demande —mio Cid el Campeador:
—sabremos qué responden —los infantes de Carrión ». Los condes don Enrique y don Ramón y los
demás condes y «sabidores » juzgarán el caso dando
la razón a quien la tenga, conforme a derecho. Y el
rey, con todo su poder, se pondrá de parte de la
justicia; el que no se comporte ordenadamente será
desterrado. Desde este momento, hasta el final del
proceso, el Cid llevará la iniciativa. Convencido de
la razón que le asiste, ha preparado inteligentemente
su causa. Ahora veremos que el Cid se comporta
como buen «sabidor » en derecho, presentando sus
demandas escalonadas en tres fases. El autor del
Cantar también nos lleva de demanda en demanda
(de menor a mayor, para que el interés no decaiga)
con una técnica perfectamente dramática. Toda esta
escena podría ser representable:

[96] **Valencia la mayor** epithet given to Valencia
to indicate its importance as a great town.   [97] **la barba
se tomó** he grasped his beard by the hand.   [98] **mesar (la
barba)** to pluck (the beard). The plucking of the beard
was considered to be a very serious insult.   [99] **de aquí
en adelant** (*de aquí en adelante*) henceforth.   [100] **va a
posar** he will lodge.   [101] **cort** *corte*.   [102] **el conde
don Enrique y el conde don Ramón** Enrique and
Ramón of Borgoña, sons-in-law of King Alfonse VI.
[103] **el Crespo de Grañón** Count García Ordóñez, the most
powerful member of the Carrión faction, was a great enemy of
the Cid in the court, since the Cid ignominiously captured him
in the castle of Cabra according to what is related at the beginning of the first *Cantar*. In relating the incident, a chronicle
mentions that on that occasion, the Cid «*mesóle una pieza de la
barba*» (he plucked a part of García Ordóñez's beard), which
was an extremely serious insult. This forms the basis, then, for
the words the Cid will shout in line 3288.   [104] **torneado**
with rounded and adorned legs and back.

Primera demanda

Mio Cid la mano besó al rey   y en pie se
                                            levantó: 3145
«Mucho os lo agradezco   como a rey y a señor,
«porque estas cortes   convocasteis por mi amor.
«Esto les demando   a los infantes de Carrión:
«por dejar a mis hijas   no me alcanza deshonor,
«como vos las casasteis, rey,   vos sabréis qué hacer
                                            hoy;   3150
«mas cuando sacaron a mis hijas   de Valencia la
                                            mayor,
«yo bien los quería   de alma y de corazón,
«les di dos espadas,   a Colada y a Tizón,
«–éstas yo las gané   luchando como varón–
«para que se honrasen con ellas   y os sirviesen a
                                            vos;   3155
«cuando dejaron mis hijas   en el robledo de Corps,
«conmigo rompieron   y perdieron mi amor;
«que me den mis espadas   ya que mis yernos no
                                            son ».
Otorgaron los jueces: «Todo esto está en razón ».[105]

El bando de Carrión pide tiempo para deliberar.
Se retiran y hablan aparte. Deciden acceder a la
demanda, pensando que el Cid se dará por satisfecho
y no seguirá adelante. El rey hace entrega al Cid de
ambas espadas; al ser desenvainadas,[106] «relumbra
toda la cort » y todos se maravillan de ellas. Al
tomarlas en sus manos, dice el Cantar que al Cid . . .

alegrósele todo el cuerpo,   sonrióse de corazón,
alzaba la mano,   la barba se cogió: 3185
«por esta barba   que nadie me mesó,
así se irán vengando   doña Elvira y doña Sol ».

Entrega Tizona a su sobrino Pero Bermúdez (diciendo en voz alta: «Tomadla, sobrino, —que mejora
de señor »); y regala Colada a Martín Antolínez, el
burgalés de pro. Entonces, el Cid vuelve a levantarse
y presenta su segunda demanda.

Segunda demanda

«¡Gracias al Criador   y a vos, rey mi señor!   3200
«Ya he cobrado mis espadas   Colada y Tizón.

«Pero aún tengo otro cargo   contra los de Carrión:
«cuando sacaron a mis hijas   de Valencia la mayor,
«en oro y en plata   tres mil marcos les di yo;
«ya sabéis lo que hicieron   a cambio los de
                                            Carrión;   3205
«denme mis dineros   pues ya mis yernos no son ».

La consternación de los infantes es grande. El dinero
del Cid ya se lo han gastado y no tienen moneda
acuñada para devolverle. Pero el conde don Ramón
juzga a favor del Cid, y el rey confirma: «así lo
otorgo yo ». Los de Carrión tienen que pasar por la
humillación de reunir cuantos bienes pueden
(caballos, mulas, armas . . .) y pedir prestado el
resto para pagar al Cid. Los hombres buenos de la
Corte aprecian los bienes, y el Cid se hace cargo de
ellos. Mal golpe ha sido éste para los codiciosos
infantes. Pero aún queda lo más importante; acabada
su demanda civil, el Cid presenta su tercera demanda.

Tercera demanda: El reto

«¡Merced, oh rey y señor,   por amor y caridad!
«El cargo mayor   no se me puede olvidar.
«Óigame toda la corte   y duélase de mi mal;   3255
«a los infantes de Carrión   que me ultrajaron tan
                                            mal,
«tengo que retarlos,   no los puedo dejar ».

La conmoción es enorme. El Cid acusa a los infantes
de «menos-valer » o «infamia », acusación que conforme al derecho debía preceder al reto. Entonces se
pone en pie el conde García Ordóñez, el poderoso
enemigo del Cid, y se cruzan palabras entre ambos.
De aquí hasta el final de las Cortes la acción es muy
movida y está estructurada en forma de altercados
por parejas. Vamos nosotros también a marcar este
orden:

1. *Altercado[107] entre García Ordóñez y el Cid.*

El conde don García   en pie se levantaba: 3270
«¡Merced, oh rey,   el mejor de toda España!
«Preparóse el Cid   para estas Cortes tan altas;
«se la dejó crecer   y larga trae la barba;
«unos le tienen miedo,   a otros los espanta.[108]

«Los de Carrión   son de nobleza tan alta,   3275
«que no debieran tomar   sus hijas por barraganas,[109]
«cuánto menos   por esposas y veladas.[110]
«Estaban en su derecho   cuando dejaron a ambas.
«De cuanto diga el Cid   no se nos importa nada».
Entonces el Campeador   echóse mano a la
barba: 3280
«¡Loado sea Dios,   que cielo y tierra manda!
«Por eso es larga   porque con honor fue criada.
«¿Qué tenéis, conde,   que decir de mi barba?
«Que desde que nació   con honor fue criada;
«que por hijo de mujer   nunca jamás fue
mesada,   3285
«no me la mesó   hijo de moro ni de cristiana,
«como yo os la mesé, conde,   en el castillo de Cabra.
«Cuando tomé a Cabra   y a vos también por la
barba;
«no hubo entonces muchacho,   que no mesó su
pulgada;[111]
«de la que yo os mesé   aún se os nota la falta.   3290
«¡Aquí la traigo yo   en esta bolsa alzada! »[112]

2. *Fernando González rechaza la acusación de menos-*
valer. Pero Bermúdez reta a Fernando.

Fernando González   en pie se levantó,
con grandes voces   oiréis lo que habló:
«Dejaos ya, Cid,   de toda esta razón;
«de nuestros dineros   ya todo se os pagó.
«No crezca la disputa   entre nos y vos.   3295
«Somos del linaje   de los condes de Carrión:
«debemos casar con hijas   de rey o emperador,
«no nos corresponden   las hijas de un infanzón.[113]
«Porque las dejamos   bien hicimos nos,
«por ello más nos preciamos,   sabed, que menos
no ».[114]   3300
Mio Cid Ruy Díaz   a Per Bermúdez cata:[115]
«Habla, Pero Mudo,   varón que tanto callas;[116]
«si ellas mis hijas son,   son tus primas hermanas;
«de lo que me dice   a ti la ofensa alcanza,
«si soy yo quien responde   tú no entrarás en
armas ».[117]   3305
Pero Bermúdez   se levantó a hablar;
la lengua se le traba,   no puede comenzar,
mas cuando comienza   no le podrían parar:

En un vehemente discurso, Pero Bermúdez acusa a Fernando de cobarde; le recuerda cómo huyó en la batalla de Valencia, y él tuvo que correr en su auxilio dándole su caballo y matando al moro que perseguía a Fernando. (Sin embargo, después de la batalla, Fernando se alabó de haberlo matado él y Pero Bermúdez nunca descubrió[118] la verdad). Por eso le grita:

[105] **Todo está en razón** All this is according to reason.   [106] **desenvainadas** taken out of their scabbards.   [107] **altercado** dispute.   [108] **Preparóse . . . espanta** García Ordóñez tries to make fun of the Cid's long beard, the length of which astonishes everyone at the court.   [109] **ba-rragana** concubine.   [110] **esposas y veladas** legitimate wives.   [111] **pulgada** (*pulgarada*) pinch, (the quantity of something—here, a portion of the beard which can be taken between the index finger and the thumb). According to the *fueros* (local laws) of Plasencia and Sepúlveda, he who *mesaba* (plucked) a beard had to pay as many *sueldos* (coins) as the *pulgadas* he had taken from the beard; if he could not pay, his beard had to be plucked, and if he didn't have a beard, then a pinch of flesh was to be cut from his cheek. The Cid is making fun of García Ordóñez, telling him that everybody, even boys and children, insulted him on that occasion by plucking his beard.   [112] **de la que yo os mesé . . . bolsa alzada** I plucked so much from your beard, that it has not grown back sufficiently to hide the place where I plucked it. I carry it (the plucked beard) here in this pouch as a testimony to all, says the Cid, raising the pouch so that everyone can see it. (The humiliation of García Ordóñez couldn't have been greater).   [113] **infanzón** a knight belonging to the low nobility.   [114] What the Infante does is to reject the accusation of *menosvaler*; his reasoning is this: " By abandoning the Cid's daughters as we did, we didn't lower ourselves, but rather to the contrary."   [115] **cata** *mira*.   [116] The Cid is trying to incite Pero Bermúdez to challenge Fernando. In the Poem, Pero Bermúdez is characterized as an impulsive man (remember the occasion when he ran to place the Cid's standard in the middle of the enemy's ranks in the Battle of Alcocer: lines 704 and ff) and, also, as a man of few words. Thus, the Cid calls him Pero Mudo (Pero Mute).   [117] **tú no entrarás en armas** you will not take part in the fight (that will follow the challenge).   [118] **descubrió** disclosed.

«Eres hermoso   mas mal barragán,[119]   3327
«¡lengua sin manos!,   ¿cómo osas hablar?»

Le recuerda también el episodio afrentoso del león;
repite la acusación de «menos-valer», y termina
retándole:

«Rétote el cuerpo   por malo y por traidor».   3343

3. *Diego González desecha la acusación de menosvaler.*
Martín Antolínez reta a Diego González.

Diego González   oiréis lo que dijo:
«Tenemos sangre   de los condes más limpios;
«en estos casamientos   consentir no debimos,   3355
«ni emparentar   con mio Cid don Rodrigo!
«Por dejar a sus hijas   no nos arrepentimos;
«mientras que vivan   ya pueden hacer suspiros:
«vivirán deshonradas   por lo que les hicimos.
«Esto mantendré ante el más atrevido: 3359 b
«que por que las dejamos   honra nos ha
                                venido».   3360
Martín Antolínez   en pie se fue a levantar:
«Calla, traidor,   boca sin verdad!
«Lo del león   no se te debe olvidar;
«saliste por la puerta,   te entraste en el corral,
«te fuiste a esconder   tras la viga de un lagar;   3365
«¡buenos quedaron   tu manto y tu brial![120]
«Yo te mantendré   que esta es la verdad:
«a las hijas del Cid   las pudisteis dejar,
«pero por eso mismo   en todo valen más.
«Al partir de la lid[121]   por tu boca lo dirás,   3370
«que eres traidor   y en todo mentido has».[122]

4. *Asur González insulta al Cid. Muño Gustioz reta a*
Asur González.

Así entre los dos   la disputa ha quedado,
cuando Asur González   entró por el palacio,
con el manto de armiño   y el brial arrastrando;
acaba de almorzar   y el rostro trae colorado.   3375
Poco sentido hay, sabed,   en lo que ha hablado:[123]
«¡Oh, varones,   quién vio nunca cosa igual,
«que ganaríamos en nobleza   con mio Cid el de
                                Vivar?

«¡Váyase al río Ubierna   sus molinos a cuidar,   3380
«y a cobrar maquilas[124]   como en él es natural!
«¡Cómo se atrevió   con nos a emparentar!»
Entonces Muño Gustioz   en pie se levantó:
«Calla, alevoso,   malo y traidor!
«Siempre primero almuerzas   antes de ir a la
                                oración;
«al dar el beso de paz   bien lo dice tu olor.[125]   3385
«No dices verdad   ni a amigo ni a señor,
«eres falso a todos   y más al Criador.
«En tu amistad   no quiero tener ración.[126]
«¡Yo te haré confesar   que eres como digo yo!»

El alboroto en la sala es grande. El rey impone
silencio:

Dijo el rey Alfonso: «¡Calle ya esta discusión!   3390
«¡Los retados lidiarán,   así me salve Dios!»

En este momento de máxima tensión, la acción se
distiende y asistimos a la culminación de la gloria
del Cid:

He aquí que dos caballeros   entraron en la cort;
al uno dicen Ojarra,   de Navarra embajador,
al otro Íñigo Jiménez,   del infante de Aragón.   3395
Besan las manos   al rey don Alfons,
piden sus hijas   a mio Cid el Campeador,
para ser reinas de Navarra y de Aragón.

¡La reparación es completa! Doña Elvira y doña Sol
serán reinas y el honor del Cid crecerá con el casamiento. El Cid vuelve a confiar el casamiento en su
señor el rey Alfonso, y éste lo otorga solemnemente
en medio de la expectación de toda la corte. La
humillación de los de Carrión es completa. Como
les dice Alvar Fáñez Minaya: «Doña Elvira y doña
Sol antes fueron vuestras mujeres y vuestras iguales;
ahora tendréis que besarles las manos y llamarlas
señoras como a superiores». Alvar Fáñez aún quiere
retar al grupo de los de Carrión, pero el rey decide
que el litigio está decidido: lucharán tres contra tres.
En los versos que quedan hasta el final, el poema nos
cuenta el resultado del reto. Como los de Carrión
han quedado sin caballos y sin armas (al pagar su

deuda al Cid), se decide que la lid se haga en tierras de Carrión, bajo la protección y autoridad del rey. El Cid vuelve a Valencia y sus lidiadores se despiden de él antes de partir para Carrión. Ya ha llegado el día de la lid; los lidiadores aguardan (el juglar no se olvida de enterarnos del miedo con que esperan los infantes de Carrión). El rey y los jueces han delimitado el campo, y advertido a los lidiadores que quien salga de la raya quedará vencido. Sortean el campo. Se enfrentan ya los seis caballeros . . . Pero Bermúdez logra pasar con su lanza a Fernando. Cuando se dirige hacia él con la espada en alto, Fernando reconoce a Tizona, y, sin esperar el golpe, grita: «Vencido soy». Los jueces otorgan y Pero Bermúdez le deja.

Martín Antolínez y Diego rompen sus lanzas y tienen que echar mano a las espadas. Después de un formidable golpe dado por Antolínez con la famosa Colada, el infante, aunque levemente herido, no espera el segundo golpe; grita: «Váleme, Dios glorioso, —líbrame de esta espada»; y se sale del campo, dejando en él victorioso a Martín Antolínez, el burgalés de pro.

El combate más reñido es el de Muño Gustioz contra Asur González, porque el hermano mayor de los infantes es «forzudo y de valor». Al fin, Muño Gustioz le clava la lanza en el cuerpo, y, al sacarla, lo desmonta de su caballo y arroja al suelo. Sin dar tiempo a que lo hiera de nuevo, el padre de los infantes, Gonzalo Ansúrez, grita:

. . . . no le hiráis, por Dios,   3690
«vencido está el campo,   esto se acabó!»
Dijeron los jueces: «Esto oímos nos».

Aquí dejamos el relato del combate. El juglar nos traslada a Valencia para darnos cuenta de la alegría del Cid.

Dejémonos de pleitos   con los infantes de Carrión,
de lo acontecido   mucho les pesó.
Hablemos ahora de aquel   que en buen hora
                                                    nació.   3710
Grandes son los gozos   en València la mayor,

por la honra que han tenido   los del Campeador.

Y el Poema termina con las principescas bodas de las hijas de mio Cid:

Hicieron sus tratos   los de Navarra y Aragón,   3717
tuvieron junta   con Alfonso el de León.
Hicieron sus casamientos   doña Elvira y doña Sol.

. . . .

Así crece la honra   del que en buen hora nació,
cuando señoras son sus hijas   de Navarra y de
                                                    Aragón.[127]
Hoy los reyes de España   sus parientes son.
A todos alcanza honra   por el que en buena nació.[128]

[119] **mal barragán** coward.   [120] **brial** rich silk tunic.   [121] **lid** fight.   [122] **mentido has** has mentido. [123] The Poem suggests that Asur González must have eaten and drunk plentifully and, for that reason, he speaks unintelligently. [124] **¡ Váyase al río Ubierna . . . sus molinos a cuidar . . . y a cobrar maquilas . . . !** The Cid possessed mills on the River Ubierna which flows past Vivar. Asur González tells the Cid to go tend to his mills and earn his *maquilas* (a *maquila* is the quantity of grain or flour paid the miller for his services). He treats the Cid, then, scornfully, as if he were a small proprietor whose sole occupation is to attend to the petty chores of running his mills.   [125] **siempre . . . olor** During the Mass, when the priest said the *pax Domini vobiscum* (the peace of the Lord be with you), the assistants kissed each other. Asur González (of whom the Poem is making fun by characterizing him as a man inclined to eat and drink too much) never goes to Mass without having first breakfasted; when the attendants kissed, his breath gave him away.   [126] **tener ración** tener parte.   [127] The Cid's daughters, who historically were called Cristina and María, were not the queens of Navarre and Aragon. It is true that Cristina married the Infante of Navarre, don Ramiro, grandson of the king of Navarre, and that one of her sons later became king of that province. María, for her part, married Ramón Berenguer III, Count of Barcelona, (and nephew of the Count of Barcelona, conquered in battle by the Cid in the first *Cantar*). A stepchild of María was king of Aragon.   [128] **el que en buena** (hora) **nació.**

❦EL SIGLO XIII

El siglo XIII es el siglo de la plenitud de la historia y la cultura medievales en toda Europa.

En España, Castilla y su lengua, el castellano, dan pasos de gigante. Alfonso VIII vence a los Almohades en las Navas de Tolosa (1212); esta gran victoria cristiana abre las puertas para la conquista de la Andalucía; Fernando III el Santo (1217–1252) conquistará Córdoba (1236), Jaén (1246) y Sevilla (1248); su hijo, Alfonso X el Sabio (1252–1284), reinará sobre una España casi reconquistada, en la que el more ha dejado de ser un peligro. El único reino moro subsistente, el de Granada, se mantendrá aún otros doscientos años, más que por su propia fuerza, por falta de verdadero interés en concluir la reconquista desde el lado cristiano.

Alfonso el Sabio realiza una gigantesca obra cultural; y hace algo muy importante: elevar el castellano a lengua de cultura. El castellano es la lengua que el Rey Sabio utilizará para componer o dirigir la composición de sus libros en los distintos ramos del saber: la *Primera Crónica General* (o Historia de España), la *Grande e General Storia* (una Historia Universal), los *Libros del saber de Astronomía*, el *Lapidario* (que estudia las piedras y sus propiedades) y las *Partidas* (un importantísimo código legislativo). Las *Partidas* pasaron a los territorios descubiertos y conquistados por los españoles en el siglo XVI en América, Africa y Asia; así, llegaron a ser el ordenamiento legal de mayor vigencia territorial. En muchos territorios hoy pertenecientes a los EE.UU. se han aplicado las leyes de las *Partidas* en fechas recientes; por ejemplo, en Luisiana, en una sentencia de 1924; algunas leyes sobre «community property» en Estados Unidos, que estaban en vigor en algunos estados y hoy se han extendido a todos,

proceden de las *Partidas*. Las *Partidas* contienen también legislación universitaria, porque en este siglo XIII aparecen ya las primeras Universidades: la de Palencia (1212), la de Salamanca (1215), la de Valladolid (1260), etc. La universidad es definida en este código como un «ayuntamiento de maestros et de escolares que es fecho en algún logar con voluntad et con entendimiento de aprender los saberes ». También se dedica una ley (Partida II, título XXXI, ley II) a determinar «en qué logar debe ser establescido el estudio, et cómo deben ser seguros los maestros et los escolares que y (allí) vinieren a leer et aprender ». La ciudad debe estar en lugar «de buen aire et de fermosas salidas » (should have pure air and beautiful surroundings), para que «los maestros que muestran los saberes et los escolares que los aprenden vivan sanos, et en él puedan folgar et recebir placer a la tarde cuando se levantaren cansados del estudio ».

En la literatura, el gran acontecimiento es la aparición de una nueva forma poética: el *mester de clerecía*, que tiene origen francés. Con esta nueva técnica están escritos varios poemas que se conservan de este siglo, entre ellos el *Libro de Aleixandre* (sobre el héroe macedonio Alejandro Magno) y el *Poema de Fernán González* (sobre el Conde Fernán González, fundador de Castilla como condado independiente de León). Pero el poeta de más personalidad, y que mayor encanto tiene para el lector moderno, es sin duda Gonzalo de Berceo.

Digamos, antes de ocuparnos de Berceo, que el siglo XIII es el gran siglo del arte gótico, en el que se levantan las grandes catedrales góticas de Toledo, Burgos y Léon.

Miniatura, muy amplida, de un folio de las *Cantigas de Nuestra Señora,* de Alfonso X el Sabio, s. XIII.
Biblioteca del Monasterio de El Escorial.

Escultura en piedra caliza, España, final s. XII–comienzos s. XIV. Escuela de Lérida, cataluña. Tumba de Don Alvaro de Cabrera (m. 1299). The Metropolitan Museum of Art, The Cloisters Collection, 1948.

Gonzalo de Berceo: Milagros de Nuestra Señora

Gonzalo de Berceo nació hacia el año 1195 y murió después de 1264. Lleva el nombre de su pueblo, Berceo, en la actual provincia de Logroño. Se educó desde niño en el monasterio de San Millán de la Cogolla, que en aquel tiempo era un centro cultural y santuario famoso. Fue monje en ese monasterio y en él murió. En su obra es esencialmente popular y devoto. Su cultura y conocimientos no revelan a un hombre sabio, sino a un predicador y moralizador preocupado con la piedad y la fe de sus oyentes. No es original en los temas (de veinticinco ejemplos de sus *Milagros de Nuestra Señora*, veinticuatro están en un libro latino). Lee libros para luego contar y poetizar lo que ha leído para sus oyentes: los monjes y los fieles de su monas-

terio. Por esto, su poesía tiene unas raíces populares y conserva un atractivo y una ingenuidad que no han pasado con el tiempo. Como los autores del Cantar también Berceo conocía bien los pueblos y la comarca cercana; sus personajes también son conocidos de él y de sus oyentes: *Santo Domingo de Silos*, *San Millán de la Cogolla, Santa Oria* han vivido en contacto con el pueblo, y, como en el caso del Cid, muchos recuerdan los hechos famosos de esos santos. En su poesía deja a veces detalles de su vida personal, y así nos dice, por ejemplo, en un lugar, que es duro escribir sin luz cuando oscurece al atardecer, o que tiene un «portalejo», un rinconcito donde se retira a componer sus versos. Dejando aparte los autores judíos o árabes de las jarchas, Berceo es el primer poeta español de nombre conocido que usa el «romance» o «lengua castellana», y es el más notable de los que usaron en el siglo XIII la nueva forma poética llamada «mester de clerecía». Es ésta una técnica de versificar que comienza en el siglo XII. Son los letrados o poetas cultos los que, a imitación francesa, escriben sus versos siguiendo el modelo «alejandrino»: estrofas de cuatro versos de catorce sílabas, con la misma rima consonante en cada estrofa; y dividiendo cada verso con una cesura. A cada una de estas partes en que el verso se divide se le llama *hemistiquio*. Es cierto que Berceo escribe en «curso rimado por la quaderna vía / a sílabas cuntadas, ca es grant maestría» (*Libro de Aleixandre*) pero lo que interesa, más que la belleza o perfección mecánica del verso (que no descuida), es llegar a todos (y también al pueblo) para hablarles de los milagros de *la Señora* (la Virgen María), de sus santos, y mover a las gentes a la piedad. Por eso habla «en romanz que lo pueda saber toda la gent».

Este deseo de llegar al pueblo y de ser entendido por todos, hace de nuestro poeta un auténtico «juglar». La versificación es culta, los temas son religiosos, pero la inspiración, el sentimiento, son populares como los de los poemas juglarescos. La épica popular de los juglares es ahora religión popular del clérigo; el héroe guerrero se ha hecho héroe espiritual; la misma Virgen de los *Milagros de Nuestra Señora* es un personaje medieval que actúa como una señora feudal. Berceo nunca abandona el suelo de los aldeanos de la Cogolla; simple y humilde, describe con detalles ingenuos y pintorescos la vida y las costumbres de las gentes de su tiempo: los monjes, los labradores, los burgueses . . .

MILAGROS DE NUESTRA SEÑORA

Milagro II

El sacristán impúdico

Amigos, si quisieseis   un poco esperar,
aún otro milagro   os querría contar,
que por Santa María   se dignó Dios mostrar,
de cuya leche quiso   con su boca mamar.

Un monje bendito   en un convento había   5
(el lugar no lo leo,   decir no lo sabría[1]);
quería de corazón   mucho a Santa María,
reverencia a su imagen   le hacía cada día.

Reverencia a su imagen   le hacía cada día,
hincaba las rodillas,   decía: «Ave María»[2].   10
El abad de la casa   le dió sacristanía[3],
que lo tenía por cuerdo[4]   y libre de folía[5].

El enemigo malo,   de Belcebú vicario[6],
que siempre ha sido y es   de los buenos contrario,
tales mañas[7] usó   el sutil adversario   15
que corrompió al monje,   lo hizo fornicario.

Tomó mala costumbre   el loco pecador:
de noche, cuando estaba   acostado el prior,
salía por la iglesia   fuera del dormitor[8],
corría el imprudente   a su mala labor[9].   20

[1] **El lugar no lo leo, decir no lo sabría** "The place (where the convent was) is not mentioned (I don't read it), so I couldn't say where it was." Berceo takes the material for his *Milagros* from Latin books. When, as in this case, the Latin source doesn't give precise information on a point, he admits it with a candid simplicity which holds a great deal of charm for the modern reader. [2] **«Ave María»** Ave Maria gratia plena. . . (a prayer). [3] **sacristanía** the position of *sacristán*. (**Sacristán** an officer in charge of the sacristy of a church or religious house and of the proper arrangement of all objects needed for divine service). [4] **cuerdo** sensible, judicious. [5] **folía** folly (**libre de folía**: literally, free from folly; i.e. not foolish, sensible, judicious). [6] **de Belcebú vicario** a vicar (minister) of Beelzebub (the devil). [7] **mañas** tricks. [8] **dormitor** dormitorio. [9] **su mala labor** his bad, sinful activities.

Ya fuera a la salida,   o ya fuera a la entrada,
pasar por el altar   era cosa obligada:
su saludo y el «Ave»,   la regla acostumbrada,
nunca una sola vez,   jamás era olvidada.

Cerca del monasterio   un gran río corría,   25
tenía que pasarlo   el monje cada día;
una vez en que el torpe   de su pecar volvía,
cayó al río y se ahogó   fuera de su freiría[10].

Cuando llegó la hora   de maitines[11] cantar,
no había sacristán   que pudiese tocar[12]:   30
levantáronse todos,   dejaron su lugar,
fueron a la iglesia   al fraile despertar.

Abrieron la iglesia   como mejor supieron,
buscaron al clavero[13],   hallarlo no pudieron;
buscando aquí y allí   tanto tiempo anduvieron,   35
donde él estaba ahogado,   allí lo descubrieron.

Qué podría ser aquello   no sabían pensar[14],
si murió o lo mataron   no podían juzgar,
la ansiedad era grande   y mayor el pesar[15],
que caía mala fama   por esto en el lugar.   40

Mientras yacía el cuerpo   en el fondo del río,
digamos del alma,   en cual pleito se vió[16];
vinieron por ella   de diablos gran gentío,
por llevarla al infierno,   de deleite vacío[17].

Mientras que los diablos   la traían como pella[18]   45
viéronla los angeles,   descendieron a ella;
hicieron los diablos   entonces gran querella,
que el alma era suya,   que se partiesen de ella[19].

No tenían los ángeles   razón de demandalla[20],
que tuvo un mal morir,   y así fue sin falla[21];   50
no pudieron dar razones   que valiesen una agalla[22];
tuvieron que partirse,   tristes, de la batalla.

Acudió la Gloriosa,   reina general,
que estaban los diablos   prestos a todo mal[23];
mandóles esperar,   no osaron hacer al[24],   55
les puso entonces pleito,   firme y muy caudal[25].

Propuso la gloriosa   con palabra atinada:
«contra esta alma, locos,»   —dijo— «no podéis
     nada:
«mientras vivió en su cuerpo   fue mi encomendada;
«agravio se le haría   yendo desamparada.»   60

Por parte de los diablos,   replicó el vocero[26],
un diablo sabedor,   sutil y muy certero:
«Eres madre de hijo,   alcalde[27] justiciero,
«no le gusta la fuerza,   ni es de ella placentero[28].

«Está escrito que el hombre,   allí donde es
     hallado,   65
«si ha muerto bien o mal,   por ello es juzgado;
«si este tal decreto,   no fuese respetado,
«todo el Evangelio   sería falseado.»
«Hablas»   —dijo la Virgen—   «como una cosa
     necia,
«no discuto contigo,   que eres dañosa bestia;   70
«cuando él salió de casa,   de mí tomó licencia,
«por el pecado que hizo   le daré penitencia.

«Pero no quiero haceros   ninguna violencia,
«a Cristo apelaré,   yo le pediré audiencia.
«Él, que es poderoso,   lleno de sapiencia,   75
«de la su boca quiero   oir esta sentencia.»

El Rey de los cielos   alcalde sabedor,
juzgó así la contienda,   no pudiera mejor:
mandó tornar el alma   al cuerpo el Señor;
luego, según sus obras   recibiría el honor[29].   80

Estaba el convento   triste y desamparado
por este mal ejemplo   que le había llegado:
resucitó el fraile   que estaba ya finado[30],
asombráronse todos   de verle en buen estado.

Hablóles el buen hombre,   díjoles:
     «Compañeros,   85
«muerto estuve, estoy vivo,   de esto estad bien
     certeros.

«¡Gracias a la Gloriosa,   que salva a sus obreros,
«que me libró de manos   de los malos guerreros!»
Contóles por su lengua   toda la letanía[31],
qué dijeron los diablos,   y qué Santa María,   90
cómo lo libró ella   de su soberanía[32]:
si no fuese por ella   ya la luz no vería.

Dieron gracias a Dios   de buena voluntad,
a la santa Reina,   madre de piedad,
que hizo tal milagro   por su benignidad,   95
por quien está más firme   toda la cristiandad.

Confesóse el monje   e hizo penitencia,
mejoróse de toda   su mala incontinencia,
sirvió a la Gloriosa   mientras tuvo potencia[33],
murió cuando Dios quiso,   en paz con su
                                    conciencia: 100
Requiescat in pace   cum divina clemencia[34].

Muchos tales milagros   y otros más señalados
hizo Santa María   con sus encomendados:
¡tantos, que no podrían   ser por nadie contados!
mas de los que supiéramos   quedaréis bien
                                    pagados[35].   105

[10] **freiría** convent.   [11] **maitines** one of the daily offices (prayers), which was recited before dawn.   [12] **tocar** *tocar* (*las campanas*) ring the bells.   [13] **clavero** the monk in charge of the keys.   [14] **Qué . . . pensar** *No sabían pensar qué podría ser aquello.* (They couldn't imagine what had happened).   [15] **pesar** sorrow, grief.   [16] **en cual pleito se vío** in what kind of dispute (literally: lawsuit) he found himself involved (*vío* is «*vió*», from the verb, *ver*, but it is accented here as *vío* in order to maintain the rhyme). We'll see that the dispute over the possession of the monk's soul is actually contemplated as a lawsuit.   [17] **de deleite vacío** *vacío de deleite* (empty of delights).   [18] **pella** ball.   [19] **que (los ángeles) se partiesen de ella** the devils contended that the angels should leave his soul to them.   [20] **demandalla** demandarla.   [21] **sin falla** without a doubt, for sure.   [22] **agalla** gall-nut. Berceo and other medieval writers frequently use comparisons with objects of little or no value in order to reinforce a negative statement. The whole sentence means that since the monk had had a bad death (he died in sin), the angels couldn't give a valid reason (a reason of any value at all) to support claim to his soul.   [23] **que . . . mal** because the devils were determined to do wrong.   [24] **al** otra cosa.   [25] **caudal** grande.   [26] **vocero** speaker, lawyer.   [27] **alcalde** judge.   [28] **no le gusta . . . placentero** He doesn't like force (or coercion); he doesn't take pleasure in it.   [29] **honor** reward or punishment depending on his future conduct.   [30] **finado** *muerto, fallecido.*   [31] **toda la letanía** the whole account of the judicial proceedings (between the devils and the Virgin Mary).   [32] **soberanía** power (of the devils).   [33] **mientras tuvo potencia** as long as he lived.   [34] **Requiescat . . . clemencia** *Descanse en paz con la clemencia de Dios* (Rest in peace with God's mercy).   [35] **pagados** satisfechos.

Miniatura de uno de los códices de las *Cantigas de Nuestra Señora,* de Alfonso X el Sabio,
s. XIII. Biblioteca del Monasterio de El Escorial.

✎⁓EL SIGLO XIV

En el siglo XIV, el mundo medieval europeo comienza a descomponerse y aparecen en el horizonte histórico los primeros síntomas de un mundo nuevo y distinto. Lo que predomina, sin embargo, en el siglo XIV es su carácter epilogal, de crisis, de «Otoño de la Edad Media».

Por una parte, está en crisis la situación religiosa en que el hombre ha vivido hasta entonces; está en crisis la teología y la posibilidad de llegar al conocimiento de Dios por vía racional; aparecen movimientos de tipo místico, que subrayan la individualidad de la relación del hombre frente a Dios (lo cual empieza a minar el papel de la Iglesia como intermediaria entre Dios y el hombre). La Iglesia misma está en crisis; es entonces cuando tiene lugar el llamado Cisma de Occidente que dura treinta y nueve años: la Iglesia queda dividida entre dos Papas, uno en Roma y otro en Avignon, que se excomulgan mutuamente; después habrá un tercer papa, un español, Pedro de Luna (Benedicto XIII), que tiene su sede en España y no reconoce a los otros dos Papas. La confusión es grande. Impera la simonía y la relajación de costumbres.

Por otra parte, la organización medieval entera se resquebraja: el poder espiritual del Imperio se ha roto, y empiezan a aparecer las nacionalidades, lo que conducirá a la creación del Estado moderno.

La organización social del feudalismo también se resquebraja, mientras que las ciudades y la vida burguesa y urbana comienzan a cobrar importancia. Se intensifica la industria y el comercio, local e internacional.

En el siglo XIV se da también la Guerra de los Cien Años (que duró 116, de 1337 a 1453) entre Francia e Inglaterra. España llegó a intervenir al lado de Francia y envió una escuadra que remontó el Támesis para atacar a Londres (1380).

Otro factor que aumenta el sentimiento de crisis y descomposición en este siglo es la abundancia de plagas, como la peste negra, que produjo terribles mortandades en Europa y España.

En España, en este siglo, existen dos grandes reinos: el de Castilla y el de Aragón. Castilla ha casi concluido la Reconquista, quedando sólo por reconquistar el reino árabe de Granada, que paga fuertes tributos a Castilla; las luchas ahora son más bien intestinas; se pone de manifiesto la debilidad de los reyes frente a los nobles, y éstos luchan entre sí o frente al rey para conseguir el propio provecho; los reyes se apoyan unas veces en unos y otras en otros para poder mantener su poder. Uno de los escritores sobresalientes de este periodo, al que vamos a leer, el Infante don Juan Manuel, es uno de los más activos participantes en esta clase de luchas políticas. Del otro lado, el reino de Aragón dirige su actividad política y militar hacia el Mediterráneo; domina Sicilia y el sur de la península italiana (algunos reyes aragoneses tendrán su corte en Nápoles), y llega a Grecia, donde funda los ducados de Atenas y Neopatria. El contacto con Grecia y con Italia hace que las corrientes espirituales del llamado Renacimiento penetren antes en Aragón que en Castilla.

Todos los elementos y factores que hemos enumerado hasta aquí se reflejan en la literatura:

1. Por una parte, surge la sátira (festiva o seria) que critica, se burla o reprende la relajación de costumbres (en la vida civil o religiosa). El *Libro de Buen Amor*, de Juan Ruiz, es una extraordinaria sátira festiva, que tiene al lado la obra de severos moralistas como el Canciller Pero López de

Interior de la *Sinagoga El Tránsito* (hacia 1537), que se encuentra en Toledo. La foto muestra la sinagoga en 1494 cuando fue convertida en iglesia católica. Hoy es un museo: Foto cortesía del Jewish Theological Seminary of America.

Ayala (con su *Rimado de Palacio*) y el judío Sem Tob (con sus *Proverbios morales*).

2. La sociedad que reflejan las obras principales de este siglo (como el *Libro de Buen Amor*, de Juan Ruiz; o el *Libro del Conde Lucanor*, de don Juan Manuel) no es la sociedad feudal del *Poema del Cid* o la vida monástica rural de los *Milagros* de Berceo, sino una sociedad urbana y burguesa: la vida de las callejas, las plazas y las casas de los pueblos españoles del siglo XIV.

3. Hay también una corriente de literatura didáctica y moralizante que nos ha dejado varias obras de interés.

4. Por último comienza el desarrollo de la prosa novelesca interesada en los temas caballerescos exóticos; la obra más importante dentro de esta corriente es la anónima *Historia del Caballero Cifar*, considerada como un precedente de los libros de caballerías, a que tan aficionados van a ser los españoles del siglo XVI.

Don Juan Manuel: El Conde Lucanor

Don Juan Manuel (1282–1348), sobrino del rey Alfonso el Sabio y nieto de San Fernando, es el gran prosista del siglo XIV.

Como representante de la alta nobleza, tomó parte activa en las luchas políticas de su tiempo, cambiando de partido siempre que convenía a sus intereses, luchando, si era necesario, contra su rey (Alfonso XI) y sin olvidar jamás su propio provecho.

Como escritor su importancia es extraordinaria. Podríamos decir que es el primer estilista de la prosa castellana. Don Juan Manuel tiene siempre un exquisito cuidado por conseguir una prosa clara y precisa; busca siempre la expresión adecuada y la mayor concisión posible. Usa palabras corrientes, del castellano hablado, evitando el uso de palabras «tan sotiles que los que las oyeren non las entiendan o tomen dubda en lo que oyeren». Su prosa supone un avance considerable con respecto a la prosa de su tío, el Rey Sabio; la influencia oriental sigue siendo evidente (como en el caso de Alfonso X) en el empleo monótono y reiterado del verbo *decir* y de la conjunción copulativa *e*.

En su obra más importante, el *Libro del Conde Lucanor*, don Juan Manuel escribe con un humor elegante y señorial, y cierta austeridad que le diferencia de aquel otro gran cuentista de este siglo, el italiano Bocaccio (*El Conde Lucanor* es unos trece años anterior al *Decamerón* de Bocaccio). El *Libro del Conde Lucanor*, llamado también *Libro de los enxemplos* y *Libro de Patronio*, es una colección de cincuenta cuentos o apólogos.

En cada cuento, el conde Lucanor presenta a su consejero Patronio un problema humano y moral que le preocupa; Patronio le da su consejo por medio de un cuento (a manera de parábola o apólogo, al modo oriental); el Conde encuentra siempre bueno el consejo y decide seguirlo, poniendo remate al cuento con una sentencia en verso (un pareado), que resume la lección contenida en el cuento. El libro sigue, pues, una tradición de origen oriental (judío), traída a España por los árabes. Aunque la materia de sus cuentos es casi siempre también oriental, don Juan Manuel utilizó fuentes clásicas y elementos tomados de la realidad castellana de su tiempo: por ello, por las páginas de este libro desfila toda la sociedad de su época. Algunos de los cuentos van a ser desarrollados después por obras literarias famosas; así, el ejemplo V («De lo que aconteció a un raposo con un cuervo que tenía un pedazo de queso en el pico»); el ejemplo XXXII («De lo que aconteció a un rey con burladores que ficieron un paño»), escogido por Cervantes en el *Retablo de las maravillas*; o el ejemplo XXXV («De lo que aconteció a un mancebo que casó con una mujer muy fuerte e muy brava»), que reproducimos en esta *Antología*, y cuyo tema no es otro que el de *The Taming of the Shrew*.

Don Juan Manuel escribió otros libros. El *Libro de la caza* es un tratado sobre la caza. En el *Libro del caballero y el escudero* un rey convoca Cortes a las que acude un escudero que es adoctrinado por un ermitaño (antiguo caballero) sobre qué es la caballería. Al mismo tiempo, el libro recoge una enorme cantidad de conocimientos de la época sobre teología, astronomía y ciencias. El *Libro de los Estados* es una adaptación cristiana de la leyenda de Buda: Un príncipe pagano es convertido a la fe cristiana. El relato da lugar a discusiones sobre la muerte, la existencia humana y la salvación. Presenta también un interesante cuadro de la sociedad feudal de la época y de problemas de carácter político.

EL CONDE LUCANOR

Ejemplo XI

De lo que aconteció a un Deán de Santiago con dan Illán, el mago de Toledo.

Otro día hablaba el conde Lucanor con Patronio y le contaba su caso en esta forma:

—Patronio, un hombre vino a rogarme que le ayudase en un asunto en que necesitaba mi ayuda, y me prometió que haría por mí todas las cosas que fuesen buenas para mí y para mi honra. Y yo le comencé a ayudar cuanto puedo[1] en aquel asunto. Y antes que el pleito fuese acabado, creyendo él que había sido fallado a su favor, sucedió una cosa que él debía hacer por mí, y le rogué que la hiciese y él me puso una excusa. Y después ocurrió otra cosa que él debía hacer por mí, y me puso excusa como en la otra; y esto me hizo en todo lo que le rogué que hiciese por mí. Y aquel hecho por el cual él me pidió que le ayudase, no es aún fallado, ni se fallará sin que yo lo quiera. Y por la confianza que yo tengo en vos y en vuestro entendimiento os ruego que me aconsejeis lo que haga en esto.

—Señor conde —dijo Patronio—; para que hagais en esto lo que debéis, mucho quisiera que supieseis lo que aconteció a un Deán de Santiago con don Illán, el gran maestro que vivía en Toledo. Y el conde le preguntó cómo había sido aquello.

—Señor conde —dijo Patronio—, en Santiago había un Deán que tenía muchas ganas de saber el arte de la quiromancia[2], y oyó decir que don Illán de Toledo sabía de esto más que ninguno en aquel tiempo;

y por ello vino a Toledo para aprender aquella ciencia. Y el día que llegó a Toledo se dirigió a casa de don Illán y lo halló leyendo en una cámara muy apartada; y cuando se acercó a él, [don Illán] lo recibió muy bien y le dijo que no quería que dijese ninguna cosa de por qué venía hasta que hubiese comido. Y lo atendió muy bien, y le dió muy buen alojamiento, y todo lo que necesitó, y le dió a entender que se alegraba mucho con su venida.

Y después que hubieron comido, apartóse con él, y [el Deán] le contó la razón por la cual había venido, y le rogó muy insistentemente que le mostrase aquella ciencia y que él tenía muchas ganas de aprenderla. Y don Illán le dijo, que él era Deán y hombre de gran posición y que podía llegar a ocupar un alto puesto —y los hombres que tienen una gran posición, en cuanto han conseguido lo que desean, olvidan muy pronto lo que otros han hecho por ellos —y que él temía que en cuanto hubiese aprendido de él aquello que él quería saber, no le haría tanto bien como él le prometía. Y el Deán le prometió y aseguró que de cualquier bien que él tuviese, nunca haría más que lo que él mandase.

Y en estas conversaciones estuvieron desde que terminaron de comer hasta la hora de la cena. Cuando llegaron a un acuerdo, dijo don Illán al Deán que aquella ciencia no se podía aprender sino en un lugar muy apartado y que esa misma noche le quería mostrar donde habrían de estar hasta que hubiese aprendido aquello que él quería saber. Y lo tomó por la mano y lo llevó a una cámara. Y cuando estuvieron solos llamó a una manceba[3] de su casa y le dijo que tuviese perdices para que cenasen esa noche, pero que no las pusiese a asar hasta que él se lo mandase. Y dicho esto, llamó al Deán; y entraron los dos por una escalera de piedra muy bien labrada y fueron descendiendo por ella tanto tiempo, que parecía que estaban tan bajos que pasaba el río Tajo[4] por encima de ellos. Y cuando

---

[1] **cuanto puedo** the best I can.   [2] **quiromancia** chiromancy, magic.   [3] **manceba** criada (servant). [4] **río Tajo** uno de los ríos importantes de España, que pasa por Toledo y desemboca en el Atlántico por Lisboa.

Vista de Toledo, según un grabado del s. XVI. (*Civitates orbis terrarum,* de G. Braun y F. Hogenberg.)
Biblioteca Nacional, Madrid.

estuvieron al final de la escalera, hallaron una posada[5] muy buena y una cámara muy bien puesta[6] que allí había, donde estaban los libros y el estudio en que habían de leer. Se sentaron y empezaron a mirar por cuáles libros habrían de comenzar. Y estando ellos en esto, entraron dos hombres por la puerta y le dieron una carta que le enviaba el Arzobispo, su tío, en que le hacía saber que estaba muy enfermo y le rogaba que si quería verle vivo fuese en seguida con él. El Deán sintió mucho estas nuevas; lo uno por la dolencia de su tío, y lo otro porque receló[7] que tenía que dejar el estudio que había comenzado. Pero decidió no dejar aquel estudio tan de prisa, y escribió sus cartas de respuesta y enviólas a su tío el Arzobispo.

Y a los tres o cuatro días llegaron otros hombres a pie que traían otras cartas al Deán en que le hacían saber que el Obispo era finado[8], y que estaban todos los de la iglesia en favor de su elección y que confiaban que con la gracia de Dios le elegirían a él, y que por

esta razón que no se molestase en ir a la iglesia, ya que era mejor para él que le eligiesen estando en otra parte que no estando en la iglesia.

Y al cabo de siete u ocho días, vinieron dos escuderos[9] muy bien vestidos y muy bien aparejados[10], y cuando llegaron a él, le besaron la mano y le mostraron las cartas en que le decían que le habían elegido Arzobispo. Cuando don Illán oyó esto, se acercó al arzobispo electo y le dijo cómo agradecía mucho a Dios que estas buenas nuevas le habían llegado estando en su casa, y puesto que Dios tanto bien le había hecho, le pedía, por favor, que el deanazgo[11] que quedaba vacante se lo diese a un hijo suyo. Y el arzobispo electo le dijo: que le rogaba que consintiese que aquel deanazgo fuese para un hermano suyo, pero que él le premiaría de modo que él quedase satisfecho, y que le rogaba que fuese con él para Santiago y que llevase a su hijo. Don Illán dijo que lo haría. Fuéronse para Santiago. Cuando llegaron allí, fueron muy bien recibidos y muy honradamente. Y después que vivieron allí un tiempo, un día llegaron al Arzobispo mandaderos[12] del Papa con cartas en que le decía que le daba el Obispado de Tolosa, y que le daba poder para que pudiese dar el Arzobispado a quien quisiese. Cuando don Illán oyó esto, recordándole mucho lo que con él había pasado, le pidió que diese el arzobispado a su hijo; y el Arzobispo le rogó que consintiese que lo tuviese un tío suyo, hermano de su padre; y don Illán dijo que estimaba que le hacía gran perjuicio, pero que esto lo consentía con tal que fuese seguro que se lo enmendaría[13] más adelante. Y el arzobispo le prometió muy de veras que lo haría así, y le rogó que fuese con él a Tolosa y que llevase a su hijo. Y cuando llegaron a Tolosa, fueron muy bien recibidos por los condes y por cuantos hombres principales había en aquella tierra. Y después que hubieron vivido allí dos años, llegaron los mandaderos del Papa con sus cartas diciéndole cómo le hacía el Papa Cardenal y que le concedía poder para que diese el Obispado de Tolosa a quien quisiese. Entonces fue a él don Illán y le dijo que, pues tantas veces le había fallado en lo que con él conviniera, que ya no había lugar de poner escusa ninguna para no darle alguna de aquellas dignidades a su hijo. Y el Cardenal le rogó que consintiese que tuviese aquel Obispado un tío suyo, hermano de su madre, que era hombre bueno anciano; mas, que pues él era Cardenal, que se fuese con él para la Corte, que muchas ocasiones habría en que premiarle. Y don Illán quejóse mucho de esto, pero consintió en lo que el Cardenal quiso; se fué con él a la Corte.

Y cuando llegaron allí, fueron bien recibidos por los cardenales y por cuantos allí había y vivieron allí mucho tiempo. Y don Illán insistiendo cada día al Cardenal para que hiciese alguna gracia a su hijo y él le ponía sus excusas.

Y estando así en la Corte murió el Papa: y todos los Cardenales eligieron a aquel Cardenal por Papa. Entonces fue a él don Illán y le dijo que ya no podía poner excusa para no cumplir lo que le había prometido. El Papa le dijo que no lo apremiase[14] tanto, que siempre habría ocasión en que le hiciese merced según fuese justo. Y don Illán se comenzó a quejar mucho, censurándole cuántas cosas le había prometido y que nunca le había cumplido ninguna, y diciéndole que

había temido aquello la primera vez que con él hablara, y pues había llegado a aquel estado y no le cumplía lo que le había prometido, que ya no le quedaba lugar a esperar de él bien ninguno. De esta queja se quejó mucho el Papa y comenzó a maltratarle de palabra, diciéndole: que si más le apremiaba le haría echar en una cárcel, que era hereje y encantador, que bien sabía que no tenía otra vida ni otro oficio en Toledo, donde él vivía, sino vivir de aquella arte de nigromancia. Cuando don Illán vió lo mal que le pagaba el Papa lo que por él había hecho, despidióse de él: y el Papa no quiso siquiera darle para que comiese por el camino. Entonces don Illán dijo al Papa que, pues no tenía otra cosa que comer, que habría de volver a las perdices que mandara asar aquella noche, y llamó a la mujer y le dijo que asase las perdices.

Cuando esto dijo don Illán, hallóse el Papa en Toledo, deán de Santiago, como lo era cuando vino allí, y tan grande fue la vergüenza que tuvo que no supo qué decirle. Y don Illán le dijo que se fuese en buena ventura y que bastante había probado lo que podía esperar de él y que tendria por muy mal empleado si comiese su parte de las perdices.

Y vos, señor conde Lucanor, pues veis que tanto hacéis por aquel hombre que os pide ayuda y no os da por ello mejores gracias, considero que no teneis por qué trabajar ni aventuraros mucho porque llegue a lugar en que os dé tal galardón[15] como el Deán dio a don Illán. El conde tuvo esto por buen consejo, y lo hizo así y le resultó bien. Y porque entendió don Juan que era éste muy buen ejemplo, hízolo poner en este libro e hizo estos versos que dicen así:

Al que mucho ayudares   *y no te lo agradeciere,*
menos lo agradecerá   *cuando a gran honra subiere.*

[5] **posada** vivienda.   [6] **muy bien puesta** very well furnished.   [7] **receló** feared.   [8] **finado** deceased.   [9] **escudero** hidalgo joven, que aún no ha sido armado caballero.   [10] **aparejados** equipados.   [11] **deanazgo** office of «Deán».   [12] **mandaderos** messengers.   [13] **enmendar** correct (give satisfaction).   [14] **apremiar** to press, put pressure.   [15] **galardón** reward.

Ejemplo XXXV

*De lo que aconteció a un mancebo[1] que casó
con una mujer muy fuerte ȳ muy brava[2].*

Otra vez hablaba el conde Lucanor con Patronio, y
le dijo:

—Patronio, un criado mío me dijo que tratan de
casarle con una mujer muy rica y más noble que él, y
que es el casamiento muy bueno para él sino es por un
inconveniente que hay allí, y el inconveniente es éste:
díjome que le habían dicho que aquella mujer era la
cosa más fuerte y más brava del mundo. Y ahora os
ruego que me aconsejéis si le mandaré que case con
aquella mujer, pues sabe de qué manera ella es o si le
mandaré que no lo haga.

—Señor conde —dijo Patronio—, si él fuera tal
como fue un hijo de un hombre bueno[3] que era moro,
aconsejadle que case con ella, mas si no fuere como
él, no se lo aconsejéis.

El conde le rogó que le dijese cómo fuera aquello.

Patronio le dijo que en una villa había un hombre
bueno[4] que tenía un hijo, el mejor mancebo que podía
ser, mas no era tan rico que pudiese cumplir tantos
hechos y tan grandes como su corazón le decía que
debía cumplir. Y por esto estaba él muy preocupado,
pues tenía la buena voluntad y no tenía el poder.

En aquella misma villa, había otro hombre mucho
más noble y más rico que su padre, y tenía una hija
no más, y era muy contraria[5] de aquel mancebo, pues
cuanto aquel mancebo tenía de buenas maneras, tanto
las tenía aquella hija del hombre bueno de malas y
revesadas[6]: y por esto ningún hombre del mundo
quería casar con aquel diablo.

Aquel tan buen mancebo vino un día a su padre y le
dijo: que bien sabía él que no era tan rico que pudiese
darle para que él pudiese vivir como él deseaba, y que,
pues le convenía hacer vida pobre y miserable o irse
de aquella tierra, que, si le parecía bien, sería mejor
tratar algún casamiento con el que pudiese tener alguna
renta. Y el padre le dijo que le placía mucho si pudiese
hallar para él casamiento que le conviniese.

Entonces el hijo le dijo que, si él quisiese, podría
hacer que aquel hombre bueno que tenía aquella hija,

que se la diese a él. Cuando el padre oyó esto, se mara-
villó, y le dijo que cómo pensaba en tal cosa, que no
había hombre que la conociese que por pobre que
fuese quisiese casar con ella. El hijo le dijo que le pedía
por favor que le arreglase aquel casamiento. Y tanto
le rogó que, aunque al padre le pareció extraño, se lo
concedió.

Y él fue después a casa de aquel hombre bueno, y
ambos eran muy amigos, y le dijo todo lo que pasara
con su hijo y le rogó que, pues su hijo se atrevía a
casar con su hija, accediera a dársela para él. Cuando el
hombre bueno oyó esto a su amigo, le dijo:

—Por Dios, amigo, si yo hiciese tal cosa sería yo
muy falso amigo, pues vos tenéis muy buen hijo, y
pensaría que hacía una gran maldad si yo consintiese
su mal o su muerte; y estoy cierto que, si con mi hija
casase, sería muerto o le valdría más la muerte que la
vida: y no penséis que os digo esto por no cumplir
vuestro deseo, pues si la quisiereis, a mí mucho me
place darla a vuestro hijo o a quienquiera que me la
saque de casa.

Su amigo le dijo: que le agradecía mucho cuanto le
decía, y que pues su hijo quería aquel casamiento, que
le rogaba que accediera.

El casamiento se hizo, y llevaron la novia a casa de
su marido. Y los moros tienen por costumbre preparar
la cena a los novios y dejarlos en su casa hasta el otro
día. E hiciéronlo aquellos así; pero estaban los padres y
las madres y parientes del novio y de la novia con gran
recelo, pensando que al otro día hallarían al novio
muerto o muy maltrecho.

En cuanto se quedaron solos en casa, se sentaron a
la mesa, y antes que ella hubiese dicho cosa alguna,
miró el novio en derredor de la mesa, y vio un perro
y le dijo ya muy bravamente:

—¡Perro, danos agua a las manos!

El perro no lo hizo. Y él comenzóse a enojar y le
dijo más bravamente que les diese agua a las manos. Y
el perro no lo hizo. Y cuando vio que no lo hacía,
levantóse muy sañudo[7] de la mesa y echó mano a la
espada y se fue hacia el perro. Cuando el perro lo vio
venir contra sí comenzó a huir y él a perseguirle,
saltando ambos por encima de la ropa, y por la mesa y
por el fuego, y tanto anduvo detrás de él hasta que lo
alcanzó, y le cortó la cabeza y las piernas y los brazos,

y lo hizo pedazos y ensangrentó toda la casa y toda la mesa y la ropa.

Y así muy sañudo y todo ensangrentado volvióse a sentar a la mesa y miró alrededor, y vio un gato y le dijo que le diese agua a las manos: y, porque no lo hizo, le dijo:

—¿Cómo, don falso traidor, y no viste lo que hice al perro porque no quiso hacer lo que le mandé yo? Prometo a Dios, que si conmigo porfías[8] que eso mismo haré a ti que al perro. El gato no lo hizo, pues tampoco es su costumbre de dar agua a manos, como el perro. Y porque no lo hizo, levantóse y lo tomó por las piernas y dio con él a la pared y hizo de él más de cien pedazos y mostrándole mayor saña[9] que contra el perro.

Y así bravo y sañudo y haciendo muy malos gestos volvió a la mesa y miró a todas partes. La mujer que le vió hacer esto, pensó que estaba loco o fuera de seso[10] y no decía nada. Y cuando hubo mirado a todas partes, y vio su caballo que estaba en casa, y él no tenía más que aquél, y le dijo muy bravamente que le diese agua a las manos; el caballo no lo hizo. Cuando vio que no lo hizo, le dijo:

—¿Cómo, don caballo, pensáis que porque no tengo otro caballo que por eso os dejaré si no hacéis lo que yo os mandé? Guardaos de eso, que si por vuestra mala ventura, no hiciereis lo que yo os mandare, yo juro a Dios, que tan mala muerte os dé como a los otros: y no hay cosa viva en el mundo que no haga lo que yo mandare, que eso mismo no le haga.

El caballo estuvo quieto. Y cuando vio que no hacía su mandado, fue a él y le cortó la cabeza con la mayor saña que podía mostrar y lo despedazó todo.

Cuando la mujer vio que mataba el caballo no teniendo otro, y que decía que esto haría a quienquiera que su mandado no cumpliese, tuvo que esto ya no se hacía por juego, y tuvo tan gran miedo que no sabía si era muerta o viva.

Y él así, bravo y sañudo y ensangrentado, volvió a la mesa, jurando que si mil caballos y hombres y mujeres hubiese en casa que no le hiciesen el mandado, que todos serían muertos. Y sentóse y miró a todas partes teniendo la espada sangrienta en el regazo; y cuando miró a una parte y a otra y no vio cosa viva,

volvió los ojos contra su mujer muy bravamente y le dijo con gran saña teniendo la espada en la mano.

—Levantaos y dadme agua a las manos.

La mujer que no esperaba otra cosa sino que la despedazaría toda, levantóse muy a prisa y le dió agua a las manos. Y él le dijo:

—¡Ah! ¡Cómo agradezco a Dios porque hicisteis lo que os mandé, pues de otra manera, por el enojo que estos locos me hicieron, os hubiera hecho a vos lo mismo que a ellos!

Después le mandó que le diese de comer; y ella lo hizo. Y cada vez que le decía alguna cosa, tan bravamente se lo decía y en tal son, que ella ya pensaba que su cabeza andaba por el polvo.

Así pasó el hecho entre ellos aquella noche, que nunca ella habló, mas hacía lo que él le mandaba. Después que hubieron dormido un rato, él le dijo:

—Con esta saña que tuve esta noche no pude dormir bien. Cuidad que no me despierte mañana ninguno; tenedme bien preparado de comer.

Al día siguiente, muy avanzada la mañana, los padres y las madres y parientes llegaron a la puerta, y porque no hablaba ninguno, pensaron que el novio estaba muerto o herido. Y cuando vieron por entre las puertas a la novia y no al novio lo pensaron más.

Cuando ella los vio a la puerta, llegó muy despacio y con gran miedo, y comenzóles a decir:

—Locos traidores, ¿qué hacéis?, ¿cómo osáis llegar a la puerta ni hablar? ¡Callad!, si no todos, tanto vos como yo, todos somos muertos.

Cuando todo esto oyeron fueron maravillados, y cuando supieron cómo pasaron la noche apreciaron mucho al mancebo, porque así supiera hacer lo que convenía y gobernar tan bien su casa. Y desde aquel

[1] **mancebo** youth. [2] **muy fuerte y muy brava** of a very strong and fierce character (a shrew). [3] **hombre bueno** of high (social) class. [4] See note 3 «bueno» has a social, not moral connotation. [5] **muy contraria** very different. [6] **revesadas** mischievous. [7] **sañudo** angered. [8] **porfiar** contend. [9] **saña** anger, rage. [10] **fuera de seso** out of his mind.

día fue aquella su mujer muy bien mandada y tuvieron muy buena vida.

Y a los pocos días su suegro quiso hacer así como hiciera su yerno, y de aquella manera mató un gallo, y le dijo su mujer:

—A la fe, don fulano, tarde os acordasteis, pues ya no os valdría nada aunque mataseis cien caballos, que antes lo hubierais debido comenzar, pues ya bien nos conocemos.

Y vos, señor conde, si aquel vuestro criado quiere casar con tal mujer, si fuese él tal como aquel mancebo, aconsejadle que se case, pues él sabrá cómo hacer en su casa, mas si no fuere de los que sabe lo que debe hacer y lo que le conviene, dejadle que siga su suerte. Y aun os aconsejo a vos que todos los hombres que tuviereis que tratar, que siempre les deis a entender de qué manera han de portarse con vos.

El conde tuvo éste por buen consejo, y lo hizo así, y le fue bien con ello.

Y porque don Juan lo tuvo por buen ejemplo, lo hizo escribir en este libro, e hizo estos versos que dicen así:

Si al comienzo no muestras quién eres,
nunca podrás después cuando quisieres.

Juan Ruiz (Arcipreste de Hita): Libro de Buen Amor

Juan Ruiz (1283?–1350?), Arcipreste de Hita, es el escritor de mayor personalidad, el más importante de toda la literatura española en la Edad Media. Su *Libro de Buen Amor*, libro de una vitalidad y una pujanza arrolladoras, ha sido y es objeto de continuas investigaciones y, sobre todo, de lectura regocijada. Juan Ruiz y el Infante don Juan Manuel son estrictamente contemporáneos, los dos son grandes escritores, pero son totalmente diferentes. Don Juan Manuel escribe en prosa, con un estilo conciso, elegante y claro; su humor es señorial y nunca escabroso; y su propósito es didáctico o moralizante. Juan Ruiz, en contraste, escribe en verso, usando distintos metros; su estilo es exuberante, de una superabundancia en el vocabulario como nunca se había visto (esto hace difícil la lectura del libro); su humor tiene muchas notas, y puede llegar muy lejos, aunque nunca cae en la vulgaridad; en cuanto a la intención . . . el propósito es mucho menos claro, hasta el punto de que es uno de los puntos más debatidos del libro. ¿Escribe para moralizar? ¿Escribe para regocijar? O, en fin, ¿escribe con ambos propósitos? Y aún, si esto es así, ¿moraliza también cuando parece hablar en burla; o hay que entender que en unos pasajes del libro simplemente divierte y en otros moraliza? Sobre esto se ha escrito y se seguirá escribiendo mucho.

Se sabe muy poco de este escritor extraordinario. Nació probablemente en Alcalá de Henares, cerca de Madrid (como Cervantes). Estudió en Toledo y fue clérigo. Toledo había sido reconquistada hacía doscientos años, pero seguía siendo una ciudad de fuerte influencia oriental, con mucho elemento semita (mudéjar y judío). Las gentes que pueblan su libro y el mismo Arcipreste, por supuesto, no se entienden sin tener en cuenta este abigarrado entrecruzarse de lo cristiano, lo moro y lo judío. Parece ser que estuvo encerrado en prisión eclesiástica, pero el hecho tampoco es seguro; el Arcipreste habla de su prisión, pero algunos han interpretado esta prisión como puramente simbólica o espiritual. Vivió en Hita, en la provincia de Guadalajara, y fue allí arcipreste; sabemos también que en 1351 ya no era arcipreste de aquella Iglesia.

El libro está escrito en forma autobiográfica, pero esto no quiere decir, por supuesto, que sea una autobiografía. Qué elementos son reales y cuáles son imaginarios es cuestión, en muchos casos, debatible. Sí podemos afirmar que el Arcipreste fue hombre de buen humor, jovial y amigo de burlas, porque su libro lo es. Su risa nunca es dañina, y su burla no es amarga. Hay aspectos de su sátira (eclesiástica) que hoy resultan chocantes viniendo de un clérigo; pero no lo son teniendo en cuenta el tiempo en que se escribió. Y por supuesto, en ningún momento esa sátira deja en duda la fe del Arcipreste; por eso, junto a burlas contra clérigos o aventuras escabrosas con una monja, encontramos en el libro emocionadas y muy sinceras plegarias a la Virgen o a Cristo.

No hay que olvidar nunca el tono festivo con que el libro está escrito. Nada tiene de raro que la intención del libro resulte un problema porque el autor mismo parece complacerse en hacerla problemática. Desde el comienzo del libro, el Arcipreste insiste en que debemos entender bien su libro, en que meditemos su esencia, pero lo dice de modo que no acabemos de estar seguros de si habla en serio o habla en broma. Así, por ejemplo, en las estrofas 71 a 76, nos dice: 1) que el hombre desea a la mujer por naturaleza; 2) que él, siendo hombre y pecador, también ha sentido muchas veces amor por las mujeres. Y entonces concluye con estos dos versos:

> Que probemos las cosas no siempre es lo peor;
> el bien y el mal sabed y escoged lo mejor.

¿Podemos tomar en serio la línea de conducta recomendada en estos versos, o mejor dicho, la recomendación misma? Se han elaborado varias teorías para explicar esta dualidad cómico-seria. Cualquier explicación debe tener, en todo caso, presente el festivo y buen humor del Arcipreste. La comicidad surge, muchas veces, precisamente de esa ambivalencia, y el Arcipreste parece consciente de ello.

En cuanto a la estructura del libro es, como todo en él, exuberante y desbordante. Hay en él un poco de todo: oraciones, fábulas, digresiones morales, alegorías, sátiras, elogios de unas cosas y ataques a otras ... El hilo conductor son las diversas aventuras que tiene el protagonista del relato novelesco (el propio Arcipreste); casi todas estas aventuras son amorosas (quince), y la mayor parte terminan en fracaso. Pero no adelantemos los acontecimientos; en la selección que contiene esta Antología encontrará el lector parte de ellas, y un sumario o mención de los pasajes omitidos.

Desde el punto de vista métrico, el metro más usado es la *cuaderna vía*, propia del *mester de clerecía* (cuartetas monorrimas —y con rima consonante— de versos de catorce sílabas); pero el Arcipreste cambia frecuentemente el ritmo de las cuartetas, haciéndolas de dieciséis sílabas, e incluye una diversidad de estrofas, de versos cortos y largos, que dan variedad y agilidad métrica al libro.

Se han rastreado multitud de fuentes en el *Libro de Buen Amor*: clásicas, latinas, medievales, árabes, francesas ... Pero todo está trasmutado por la personalidad literaria y humana del Arcipreste: una de las más recias de toda la literatura española.

(Los pasajes seleccionados proceden de la versión modernizada de María Brey, publicada en la Colección «Odres Nuevos», de la Editorial Castalia, 5ª ed., Madrid, 1966; la versión es ya una versión «clásica» por el raro acierto con que ha sido conseguida.)

LIBRO DE BUEN AMOR

Invocación

11   Dios Padre, Dios Hijo, Dios Espíritu Santo:
El que nació de Virgen esfuerzo nos dé, tanto
que siempre le loemos[1], en prosa[2] como en
                                                                canto;
sea de nuestras almas la cobertura[3] y manto.

12   El Creador del cielo, de la tierra y del mar,
Él me dé la su gracia y me quiera alumbrar;
y pueda de cantares un librete[4] rimar
que aquellos que lo oyeren puedan solaz[5] tomar.

13   Tú que al hombre formaste, ¡oh mi Dios y
                                                                Señor!
ayuda al Arcipreste, infúndele valor;
que pueda hacer aqueste *Libro de Buen Amor*
que a los cuerpos dé risa y a las almas vigor.

. . . .

---

[1] **loar** to praise. [2] **prosa** verse. [3] **cobertura** covering. [4] **librete** small book. [5] **solaz** enjoyment.

De cómo debe entenderse el libro

68   Son, las de Buen Amor, razones encubiertas;
medita donde hallares señal y lección ciertas,
si la razón entiendes y la intención aciertas,
donde ahora maldades, quizá consejo adviertas.

. . . .

70   De músico instrumento yo, libro, soy pariente;
si tocas bien o mal te diré ciertamente[6];
en lo que te interese, con sosiego detente
y si sabes pulsarme[7], me tendrás en la mente.

*De cómo, por naturaleza, hombres y animales desean la
compañía de las hembras. El Arcipreste se confiesa pecador
y gran amante de las mujeres.*

71   Aristóteles dijo, y es cosa verdadera,
que el hombre por dos cosas trabaja: la primera,
por el sustentamiento, y la segunda era
por conseguir unión con hembra placentera.

72   Si lo dijera yo, se podría tachar[8],
mas lo dice un filósofo, no se me ha de culpar.
De lo que dice el sabio no debemos dudar,
pues con hechos se prueba su sabio razonar.

73   Que dice verdad el sabio claramente se
                                        prueba;
hombres, aves y bestias, todo animal de cueva
desea, por natura, siempre compaña nueva[9]
y mucho más el hombre que otro ser que se
                                        mueva.

. . . .

76   Yo, como soy humano, y, por tal, pecador,
sentí por las mujeres, a veces, gran amor.
Que probemos las cosas no siempre es lo peor;
el bien y el mal sabed y escoged lo mejor.

Tras esta afirmación, el Arcipreste comienza a
contarnos sus aventuras amorosas. Entremezcladas
en el relato, encontramos fábulas, coplas, reflexiones y
consideraciones de variada índole. Las tres primeras

aventuras terminan en fracaso. Es entonces cuando una
noche, hallándose el Arcipreste desvelado y furioso por
sus continuados fracasos, se presenta ante él don Amor
—un hombre alto, hermoso y cortés. El Arcipreste
le increpa con gran enojo, llamándole engañador y
culpándole de sus desdichas. Ante el ataque, don Amor
se defiende y le hace ver que la culpa es suya (del
Arcipreste) por no haber acudido antes a él en demanda de consejo. Pánfilo y Nasón, dos grandes amadores, fueron discípulos suyos, dice don Amor. Pasa
entonces don Amor a dar consejos al Arcipreste sobre
cómo tener éxito en sus amores siendo el primero y
principal consejo saber *qué mujer escoger*, y el segundo, buscar una buena medianera, una vieja que le
sirva de mensajera:

430   «Si quieres amar dueñas o a cualquier mujer
muchas cosas tendrás primero que aprender
para que ella te quiera en amor acoger[10].
Primeramente, mira qué mujer escoger.

431   «Busca mujer hermosa, atractiva y lozana,
que no sea muy alta, pero tampoco enana[11],
si pudieres, no quieras amar mujer villana[12],
pues de amor nada sabe, palurda[13] y chabacana[14].

432   «Busca mujer esbelta, de cabeza pequeña,
cabellos amarillos, no teñidos de alheña[15],
las cejas apartadas[16], largas, altas, en peña[17];
ancheta de caderas[18], ésta es talla de dueña[19].

433   «Ojos grandes, hermosos, expresivos, lucientes
y con largas pestañas, bien claros y rientes;
las orejas pequeñas, delgadas; para mientes[20]
si tiene el cuello alto, así gusta a las gentes.

434   «La nariz afilada[21], los dientes menudillos[22],
iguales y muy blancos, un poco apartadillos[23],
las encías[24] bermejas[25], los dientes agudillos[26],
los labios de su boca bermejos, angostillos.

435   «La su boca pequeña, así, de buena guisa[27],
su cara sea blanca, sin vello[28], clara y lisa[29];
conviene que la veas primero sin camisa[30]
pues la forma del cuerpo te dirá: ¡esto aguisa![31]

436 «Si le envías recados[32], sea tu embajadora
una parienta tuya; no sea servidora
de tu dama y así no te será traidora:
todo aquel que mal casa, despúes su mal deplora[33].

437 «Procura cuanto puedas que la tu mensajera
sea razonadora, sutil y lisonjera,
sepa mentir con gracia y seguir la carrera[34],
pues más hierve la olla[35] bajo la tapadera[36].

438 «Si parienta no tienes, toma una de las viejas
que andan por las iglesias y saben las callejas[37];
con gran rosario al cuello saben muchas consejas[38],
con llanto de Moisés[39] encantan las orejas.

. . . .

440 « Toma vieja que tenga oficio de herbolera[40],
que va de casa en casa sirviendo de partera[41],
con polvos, con afeites[42] y con su alcoholera[43]
mal de ojo[44] hará a la moza, causará su ceguera.

441 «Procura mensajera de esas negras pacatas[45]
que tratan mucho a frailes, a monjas y beatas[46],
son grandes andariegas[47], merecen sus zapatas[48]:
esas trotaconventos[49] hacen muchas contratas[50].

. . . .

444 «Si dice que tu dama no tiene miembros
                                     grandes,
ni los brazos delgados, tú luego le demandes
si tiene pechos chicos; si dice sí, demandes
por su figura toda, y así seguro andes.

445 «Si tiene los sobacos un poquillo mojados
y tiene chicas piernas y largos los costados[51],
ancheta de caderas, pies chicos, arqueados,
¡tal mujer no se encuentra en todos los mercados!

446 «En la cama muy loca, en la casa muy cuerda[52];
no olvides tal mujer, sus ventajas recuerda.
Esto que te aconsejo con Ovidio concuerda
y para ello hace falta mensajera no lerda[53]».

. . . .

576 Despidióse el Amor y me dejó dormir;
tan pronto vino el alba comencé a discurrir[54]
sobre lo que me dijo, y, por verdad decir,
hallé que sus consejos supe siempre seguir.

Viene ahora la historia de don Melón y doña Endrina. Esta historia constituye una unidad dentro de la obra, con su comienzo y su final. Está inspirada en una comedia medieval latina, el *Liber Pamphili*, del siglo XII. El Arcipreste, animado por

[6] **si tocas bien o mal te diré ciertamente** The meaning of this line is: I'll give you good or bad music (i.e. teaching) according to how you play me (i.e. read or interpret me). [7] **pulsarme** to play me; i.e. if you know how to play the instrument (the book). [8] **tachar** to censure. [9] **compaña nueva** new mate. [10] **acoger** to welcome, receive. [11] **enana** dwarf. [12] **villana** rustic, peasant-like. [13] **palurda** rustic. [14] **chabacana** rude, vulgar. [15] **no teñidos de alheña** not dyed with henna. [16] **cejas apartadas** eyebrows well spaced apart. [17] **en peña** well arched. [18] **ancheta de caderas** wide in the hips. [19] **ésta es talla de dueña** that's the right figure for a woman. [20] **para mientes** to pay attention. [21] **afilada** slender, tapering. [22] **menudillos** very small. [23] **apartadillos** somewhat set apart. [24] **encías** gums of the mouth. [25] **bermejas** red. [26] **agudillos** thin. [27] **de buena guisa** well formed. [28] **vello** hair. [29] **lisa** smooth. [30] **sin camisa** with nothing on. [31] **¡esto aguisa!** This is good! [32] **recados** messages. [33] **todo aquel que mal casa, despúes su mal deplora** all those who make a mistake when marrying, will be sorry about it. [34] **seguir la carrera** to insist, persist. [35] **olla** pot. [36] **tapadera** lid. [37] **callejas** side-streets. [38] **consejas** stories, fables. [39] **llanto de Moisés** although the meaning is debated, it seems that *lágrimas de Moisés* referred to a kind of rosary beads. [40] **herbolera** one who prepares herb medicines. [41] **partera** midwife. [42] **afeites** cosmetics. [43] **alcoholera** bottle containing cosmetics. [44] **mal de ojo** the evil eye. [45] **pacata** prudish. [46] **beatas** over-pious women. [47] **andariegas** gadabouts. [48] **zapatas** pay, reward. [49] **trotaconventos** procurers who go from convent to convent, carrying messages back and forth. [50] **contratas** dealings (refers here to love affairs). [51] **costados** sides. [52] **cuerda** sensible. [53] **lerda** stupid. [54] **discurrir** to meditate.

los consejos de don Amor va a emprender su cuarta aventura; se fija en una vecina suya, joven, viuda y rica, hermosa y alegre; pero, al comenzar la aventura y sin darnos explicaciones, vemos que el protagonista no es ya el Arcipreste, sino un joven mancebo llamado don Melón de la Huerta; la dama se llama doña Endrina; y la medianera de que se sirve don Melón para intentar la conquista es una vieja astuta llamada Trotaconventos. Las estrofas que siguen nos cuentan la historia . . . Don Melón ha ido a la plaza dispuesto a esperar a doña Endrina y a hablarle . . .

653   ¡Ay, Dios, cuán hermosa viene doña Endrina
por la plaza!
¡Ay, qué talle, qué donaire[55], qué alto cuello de
garza!
¡Qué cabellos, qué boquita, qué color, qué
buenandanza![56]
Con saetas[57] de amor hiere cuando los sus ojos
alza.

654   Pero tal lugar no era para conversar de
amores;
acometiéronme[58] luego muchos miedos y
temblores,
los mis pies y las mis manos no eran de sí señores,
perdí seso, perdí fuerza, mudáronse mis colores.

655   Unas palabras tenía pensadas para decir,
la vergüenza ante la gente otras me hace
proferir[59];
apenas era yo mismo, sin saber por donde ir;
mis dichos y mis ideas no conseguían seguir.

656   Hablar con mujer en plaza es cosa muy
descubierta[60]
y, a veces, mal perro atado está tras la puerta
abierta;
es bueno disimular, echar alguna cubierta[61],
pues sólo en lugar seguro se puede hablar cosa
cierta.

657   —«Señora, la mi sobrina, la que en Toledo
vivía
a vos se encomienda mucho, mil saludos os
envía;

si hubiese lugar y tiempo, por cuanto de vos oía,
tendría placer en veros y conoceros querría.

658   «Deseaban mis parientes casarme en esta
sazón[62]
con una doncella rica, hija de don Pepión[63];
a todos di por respuesta que no la querría, no.
¡Mi cuerpo será de aquella que tiene mi
corazón! »

659   Luego, hablando en voz baja, dije que
disimulaba
porque toda aquella gente de la plaza nos miraba;
cuando vi que se marchaban y que ya nadie
quedaba
comencé a decir la queja de amor que me
lastimaba.

. . . .

662   «Con la gran pena que paso vengo a deciros mi
queja:
vuestro amor y mi deseo que me hiere y que me
aqueja;
no se alivia, no se marcha, no me suelta, no me
deja,
tanto más me da la muerte cuanto más de mí se
aleja.

663   «Recelo[64] que no escucháis nada de lo que he
hablado,
hablar mucho con un sordo es locura, error
probado.
Creedme; el amor que os tengo es mi único
cuidado[65],
tan sólo por este amor estoy triste y amargado.

664   «Señora, yo no me atrevo a deciros más
razones
hasta que vos respondáis a mis consideraciones;
decidme vuestro querer, veamos los corazones ».
Ella dijo: —«Tal discurso no aprecio ni en dos
piñones[66].

665 «Así es como engañan muchos a muchas otras
Endrinas,
los hombres son engañosos y engañan a sus
vecinas;
no penséis que estoy tan loca que escuche vuestras
pamplinas[67].
Buscad a quien engañéis con vuestras falsas
espinas».

666 Yo le dije: —«¡Oh, cruel, hablaremos con
gracejos![68]
los dedos son de una mano mas no todos son
parejos[69];
no todos los hombres somos de unos hechos y
consejos.
De piel blanca y de piel negra hay, y todos son
conejos.

667 «A veces son castigados los justos por
pecadores;
muchos sufren perjuicios por los ajenos errores[70];
la culpa del malo daña a los buenos y mejores,
sobre éstos cae el castigo, no sobre los
malhechores[71].

668 «El pecado que otro hizo no sea para mí mal.
Permitid que hable con vos allí, bajo aquel
portal[72];
si os ven hablar en la calle, quizá alguno piense
mal,
en cambio allí, sin rodeos, os diré mi amor leal».

669 Paso a paso, doña Endrina bajo el portal es
entrada,
bien lozana y orgullosa, bien serena y sosegada,
los ojos bajó a la tierra, en el poyo[73] fue
asentada;
yo volví a la explicación que tenía comenzada.

670 —«Escúcheme, señora, la vuestra cortesía
un poquillo que os hable de amor y muerte mía;
pensáis que lo que os digo es engaño y folía[74]
y ya no sé qué hacer contra vuestra porfía[75].

. . . .

675 «Id y venid para hablarme otro día, por
mesura[76];
puesto que hoy no me creéis, o no es esa mi
ventura,
id y venid para hablarme; esa creencia tan dura
con la costumbre de oirme entenderá mi
amargura.

676 «Otorgadme[77] ya, señora, aquesto[78],
benevolente;
acudid a hablar conmigo otro día solamente,
yo pensaré en lo que hablemos, conoceré vuestra
mente;
no he de pedir otra cosa, venid sosegadamente.

677 «Conversando se conocen los más de los
corazones;
yo sabré algo de vos, vos oiréis mis razones.
Id y venid a la charla, que mujeres y varones
se hacen buenos compañeros sólo por
conversaciones».

. . . .

679 Me contestó doña Endrina, esta mujer
singular[79]:
—«Honra es y no deshonra cuerdamente
conversar;

[55] **donaire** graceful carriage.   [56] **buenandanza**
graceful movements.   [57] **saetas** arrows, darts.   [58] **acometiéronme** they overtook me, overcame me.   [59] **otras
me hace proferir** makes me say other (words).   [60] **descubierta** noticeable, exposed.   [61] **cubierta** subterfuge,
feigning.   [62] **sazón** tiempo.   [63] **Pepión** the name of a
coin that had little value, used here comically.   [64] **recelar**
to fear.   [65] **cuidado** care.   [66] **piñón** pine-nut; i.e.
nothing.   [67] **pamplinas** foolishness.   [68] **hablar con
gracejos** to speak in a joking manner.   [69] **parejos** equal.
[70] **muchos sufren perjuicios por los ajenos errores** many
suffer damage or injury for the wrongs of others.   [71] **malhechores** evildoers.   [72] **portal** doorway.   [73] **poyo**
stone bench.   [74] **folía** falseness.   [75] **porfía** stubbornness.
[76] **por mesura** out of courtesy.   [77] **otorgadme** grant
me.   [78] **aquesto** *esto.*   [79] **singular** excellent.

las señoras, las mujeres deben su respuesta dar
a quien con ellas hablare[80] o quisiere razonar.

680   «Por tanto, eso os concedo como a todo el que
                                              quisiere.
Hablad vos, salva mi honra, cuanto necesario
                                                fuere;
en cuanto a bromas y burlas, las diré si las oyere
y rechazaré el engaño cada vez que yo lo viere.

681   «Pero estar sola con vos es cosa que yo no
                                               haría;
la mujer no debe estar sola con tal compañía,
de eso nace mala fama que mi deshonra sería;
ante testigos que vean conversaremos un día».

682   —«Señora, por el favor que ahora me
                                           prometéis;
no puedo daros las gracias tantas como merecéis;
a la merced[81] que ahora mismo con vuestra
                                     palabra hacéis
con ningún otro favor ya jamás igualaréis.

683   «Pero yo confío en Dios y un día, tiempo
                                             vendrá
en que el verdadero amigo por sus obras se verá.
Quisiera algo más, vacilo, temo que os
                                      enojará».
Ella dijo: —«Pues decidlo y veré qué tal será».

684   —«Mi señora, prometedme de lo que de amor
                                           queremos
que, si hubiese tiempo y sitio[82], y cuando juntos
                                           estemos,
según mi deseo ardiente, vos y yo nos
                                     abracemos;
ya veis que no pido mucho, pues con esto
                                   pasaremos».

685   Dijo a esto doña Endrina: —«Es cosa ya muy
                                            probada
que la mujer, con sus besos, siempre resulta
                                         engañada;
con mucho apasionamiento abraza el hombre a
                                         la amada
y toda mujer se rinde[83] si esta joya es otorgada.

686   «Tal cosa yo no concedo; charlaremos de
                                           antemano[84].
Mi madre vendrá de misa, quiero marcharme
                                           temprano;
que no sospeche de mí que pienso con seso vano.
Tiempo vendrá en que podamos hablarnos este
                                           verano».

687   Y siguió mi señora, después de hablar, su
                                              vía[85].
Desde que yo nací, nunca vi mejor día,
solaz tan placentero ni tan grande alegría.
¡Me quisieron guiar Dios y la suerte mía!

.   .   .   .

697   Busqué Trotaconventos, cual me mandó el
                                              Amor,
de entre las más ladinas[86] escogí la mejor.
¡Dios y la mi ventura guiaron mi labor!
Acerté con[87] la tienda del sabio vendedor.

698   Pude dar con la vieja que había menester[88],
astuta y muy experta y de mucho saber;
ni Venus por Pánfilo más cosas pudo hacer
de las que hizo esta vieja para me complacer.

.   .   .   .

701   Tan pronto fue a mi casa esta vieja sabida[89],
díjele: —«Buena madre, seáis muy bien venida,
en vuestras manos pongo mi salud y mi vida,
si no me socorréis[90], mi vida está perdida.

702   «Mucho bien de vos dicen, todo justificado,
de favores que hacéis al que os llama, ¡cuitado![91]
del triunfo que consigue el por vos ayudado;
por esta vuestra fama, por esto os he llamado.

703   «Quisiera confersarme con vos, en
                                           confidencia,
toda cosa que os diga, oidla con paciencia;
que nadie más que vos conozca mi dolencia».
Dijo la vieja: —«Hablad, tened en mí creencia[92].

704   «Conmigo, tranquilamente, el corazón
                                           destapad[93];
haré por vos cuanto pueda, os guardaré lealtad.

Oficio de recadera[94] es de gran intimidad,
más tapadas[95] encumbrimos que mesón de
vecindad[96] ».

. . . .

706   Yo le dije: —«Amo a una dama más que a
todas cuantas vi.
Ella, si es que no me engaña, parece que me ama
a mí;
para evitar mil peligros, hasta hoy mi amor
escondí.
Todo lo temo en el mundo y mucho siempre
temí.

. . . .

708   «Aquí vive, es mi vecina; os ruego que allá
vayáis
y que habléis con ella a solas lo que mejor
entendáis;
encubrid este negocio todo lo más que podáis,
esmeraos[97] en el acierto[98] cuando nuestro amor
veáis ».

709   Dijo: —«Acudiré a la casa donde mora[99] la
vecina;
le hablaré con tal encanto, con labia tan
peregrina[100],
que sanará vuestra llaga[101] gracias a mi medicina.
Decidme quién es la dama ». Yo le dije: —«Doña
Endrina ».

710   Dijo serle conocida la dama, según su cuenta.
Yo le dije: —«¡Por Dios, amiga!, no provoquéis
la tormenta ».
Dijo ella: —«Si fue casada no dudéis de que
consienta,
ya que no hay mula de albarda que la alforja no
consienta[102].

711   «La cera, que es cosa dura, muy desabrida[103]
y helada,
después de que, entre las manos, mucho tiempo es
amasada[104],

cederá con poco fuego, cien veces será doblada;
toda mujer se doblega[105] cuando está bien
hechizada.

712   «Acordaos, buen amigo, de lo que decirse
suele:
si el trigo está en el molino, quien antes llega,
antes muele[106].
Mensaje que mucho tarda, a muchos hombres
demuele[107],
el hombre que bien razona, tanto tiempo no se
duele.

713   «No hay que dormir, buen amigo; la dama de
quien habláis
otro quiere desposarla[108] y ruega lo que rogáis;
es hombre de buen linaje[109], intenta lo que
intentáis.
Haced que antes que sus ruegos lleguen los que
vos hagáis.

[80] **hablare** future subjunctive. [81] **merced** favor.
[82] **sitio** occasion, suitable place. [83] **se rinde** surrenders.
[84] **de antemano** first of all. [85] **(seguir) su vía** *seguir su camino.* [86] **ladinas** crafty. [87] **acertar con** to find.
[88] **Pude dar con la vieja que había menester** I managed to find the old lady that I needed. [89] **sabida** wise.
[90] **socorrer** to aid. [91] **cuitado** wretched. [92] **tened en mí creencia** have confidence in me. [93] **destapad** uncover. [94] **recadera** woman message-carrier. [95] **tapadas** refers to the women who cover their heads in order not to be recognized. [96] **mesón de vecindad** inn.
[97] **esmeraos** take special pains. [98] **acierto** care or success (in handling the affair). [99] **mora** lives. [100] **con labia tan peregrina** with such a flowery language. [101] **llaga** wound. [102] **ya que no hay . . . consienta** since, when a mule is accustomed to carry the weight of a packsaddle, it will not refuse to carry (the weight of) a saddle-bag. [103] **desabrida** rough. [104] **amasada** kneaded.
[105] **doblegarse** to bend, yield. [106] **muele** grinds.
[107] **de muele** demolishes, ruins. [108] **desposar** to marry.
[109] **de buen linaje** of a good family.

714   «Para él seré un estorbo, a su ayuda no me
aplico
porque es hombre muy avaro a pesar de que es
muy rico;
me dio para el guardarropa una piel y un
pellico[110]
mas fue regalo tan justo que no está grande ni
chico.

715   «Regalo que se da pronto, cuando tiene gran
valor,
quebranta leyes y fueros[111], es del derecho señor;
de muchos es gran ayuda; de otros perturbador[112];
hay momento en que aprovecha, hay momento
en que es peor.

'16   «Esta dama de que habláis yo la tengo en mi
poder,
si no es por mí ningún hombre del mundo la ha
de tener;
conozco bien sus costumbres y, lo que ha de
resolver[113],
más lo hace por mi consejo que por solo su
querer[114].

717   «No he de daros más razones, pues bastante os
he hablado;
yo vivo de aqueste oficio y no tengo otro
cuidado.
Muchas veces me entristezco porque el trabajo
pasado
no me ha sido agradecido ni me ha sido bien
pagado.

718   «Si me diereis una ayuda para que viva un
poquillo,
a esa y a otras mocetas de las de cuello blanquillo
haría que con mi labia viniesen, paso a pasillo[115];
en aqueste mi cedazo las traeré al zarandillo »[116].

719   —«Madre, señora —le dije—, no dejaré de
pagar;
toda mi hacienda y mi casa están a vuestro
mandar.
Tomad, por lo pronto, un manto[117]; partid, no
hay que demorar[118];
mas antes de que marchéis, de algo os quiere
informar.

720   «Que todo vuestro cuidado se ponga en
aqueste hecho[119];
trabajad bien: es el modo de que tengáis más
provecho.
De todo vuestro trabajo será el pago satisfecho;
pensad en lo que hablaréis, con sentido y con
derecho.

721   «Desde el comienzo hasta el fin pensad lo que
habéis de hablar;
hablad tanto y de tal cosa que no haya que
lamentar,
puesto que en el resultado va el honrar o el
deshonrar;
cuando acaban bien las cosas ya se pueden alabar.

722   «Mejor cosa es para el hombre, bien entendido
y agudo[120],
callar, aunque charlar pueda, y que le llamen
sesudo[121]
que hablar lo que no conviene cuando estar
callado pudo;
o piensa bien lo que hablas o calla, fíngete
mudo »[122].

723   La buhona con su cesto va tañendo[123]
cascabeles[124]
y revolviendo sus joyas, sus sortijas[125] y
alfileres[126].
Decía: —«¡Llevo toallas![127] ¡Compradme
aquestos manteles! »[128]
Cuando la oyó doña Endrina, dijo: —«Entrad,
no receledes »[129].

724   Una vez la vieja en casa le dijo:—«Señora hija,
para esa mano bendita aceptad esta sortija
y, si no me descubrís, os contaré la pastija[130]
que esta noche imaginé ». Poco a poco, así la
aguija[131].

725   —«Hija, a toda hora estáis en casa, tan
encerrada
que así, sola, envejecéis; debéis ser más animada[132],
salir, andar por la plaza, pues vuestra beldad
loada
aquí, entre estas paredes, no os aprovechará nada.

726   «En aquesta villa existe juventud, cortesanía[133],
mancebillos muy apuestos[134] y de mucha
lozanía[135];
en toda buena costumbre progresan de día en día,
en ningún tiempo se ha visto tanta noble
compañía.

727   «Muy bien me reciben todos en esta mi
mezquindad;
el más noble y el mejor en linaje y en beldad
es don Melón de la Huerta[136], caballero de
verdad:
a los demás aventaja en hermosura y bondad.

728   «Todos cuantos en su tiempo en esta tierra
nacieron,
en riqueza y cualidades tanto como él no
crecieron;
con los locos se hace loco, los cuerdos le
enaltecieron[137],
es manso[138] más que un cordero, pelear nunca le
vieron.

. . . .

736   «Ahora, señora hija, diga vuestro corazón
si esto de que os he hablado os complace, sí o no;
guardaré vuestro secreto, celaré vuestra razón[139],
hablad sin miedo, conmigo, todas cuantas cosas
son »[140].

737   Respondióle la señora, muy sosegada y muy
bien:
—«Buena mujer, explicadme cómo es ese
hombre, quién,
por qué tanto le alabáis y las haciendas que
tien'[141].
Yo meditaré sobre ello por si para mí
convien' »[142].

738   Le dijo Trotaconventos: —«¿Qué quién es?
Hija, señora,
es regalo preparado que Dios os concede ahora,
adecuado mancebillo, en el barrio vuestro mora,
es don Melón de la Huerta, ¡queredlo, pues, en
buena hora!

739   «Creedme, señora hija, que de cuantos os
amaron,
al igual que este mancebo, en prendas[143], nunca
llegaron;
el día en que vos nacisteis, blancas hadas os
hadaron[144],
que para esta gran suerte, para tal cosa os
guardaron ».

740   Contestó doña Endrina: —«Cesad de predicar,
porque ya ese parlero[145] me ha intentado
engañar;
en muchas ocasiones me ha venido a tentar,
mas de mí no os podréis vos ni él alabar.

[110] **pellico** a hide jacket. [111] **fueros** privilegios. [112] **perturbador** troublesome. [113] **lo que ha de resolver** what she will decide to do. [114] **querer** will. [115] **paso a pasillo** step by step. [116] **en aqueste . . . zarandillo** with my tricks I will be able to capture them; (**cedazo** winnowing pan; **traer al zarandillo** to make a person come or go according to one's will). The old lady carried her merchandise (rings, necklaces . . .) in a winnowing pan, and to advertise them she shook them back and forth; thus, she is boasting that she will be able to do the same with the «mocetas». [117] **manto** shawl. [118] **demorar** to delay. [119] **aqueste hecho** this business. [120] **agudo** smart. [121] **sesudo** intelligent. [122] **fingirse mudo** to feign muteness. [123] **tañer** to play, to ring. [124] **cascabeles** little bells. [125] **sortijas** rings. [126] **alfileres** pins. [127] **toallas** towels. [128] **manteles** table linen. [129] **no receledes** don't be afraid. [130] **pastija** little story. [131] **aguijar** to goad, to needle. [132] **animada** lively. [133] **cortesanía** courtesy. [134] **mancebillos muy apuestos** very handsome young men. [135] **lozanía** gracefulness. [136] **don Melón de la Huerta** The story of don Melón and doña Endrina constitutes a unity in the book. Here, the protagonist is not the Arcipreste as in the rest of the book, but a so-called don Melón (**Melón de la Huerta** means "melon of the orchard"; **Endrina** is a kind of "plum"). This story is inspired by the aforementioned medieval Latin comedy, *Pamphilus de amore*. [137] **enaltecer** to praise. [138] **manso** gentle. [139] **celaré vuestra razón** I will keep your confidence in secret. [140] **todas cuantas cosas son** everything. [141] **tien'** tiene. [142] **convien'** conviene. [143] **prendas** qualities. [144] **blancas hadas os hadaron** good fates were foretold for you. [145] **parlero** chatter.

741   «La mujer que os escucha las mentiras
                                    hablando,
la que cree a los hombres embusteros jurando,
retorcerá sus manos, su corazón rasgando[146],
¡mal lavará su cara, con lágrimas llorando!

742   «Déjame de tus ruidos; yo tengo otros
                                    cuidados,
que nacen de mi hacienda, de mis bienes
                                    mermados[147];
no quiero en mi cabeza esos malos tratados,
ni te conviene ahora traerme esos recados».

743   —«¡A fe! —dijo la vieja— sois viuda conocida,
sola, sin compañero, y ya no sois temida.
La viuda, aislada, es cual vaca corrida[148];
en cambio, aquel buen hombre os tendrá
                                    defendida».

. . . .

871   Después que fue de Santiago[149] el otro día
                                    siguiente,
a hora de mediodía, cuando comía la gente,
doña Endrina, acompañada de la mi vieja
                                    sapiente[150],
entró con ella en su casa, serena y tranquilamente.

872   Como la mi vejezuela me tenía aconsejado,
marché para allá en seguida y no me quedé
                                    parado;
aunque cerrada la puerta, la vieja me ha
                                    divisado[151].
—«¡Uy! —exclamó—, ¿qué es aquello?, ¿qué
                    ruido es el que ha soñado?

873   «¿Alguien fue o ha sido el viento? ¡Creo que
                            un hombre! ¡No miento!
¿Lo veis?, ¿lo veis cómo ronda[152] el pecado
                                    carboniento?[153]
¿Es aquél? ¡No, no es aquél! ¡Él parece, yo lo
                                    siento!
¡A fe mía! ¡Es don Melón! ¡Lo huelo![154] ¡Qué
                                    atrevimiento!

874   «Es aquella la su cara, son sus ojos de
                                    becerro[155];
¡mirad, mirad cómo acecha[156]! ¡Nos barrunta[157]
                            como un perro!
¡Ahora sí que rabiará con el cerrojo de hierro!
¡Pero va a romper las puertas! ¡Las sacude cual
                                    cencerro![158]

875   «¡Es seguro, quiere entrar! Pero, ¿por qué
                                    no le hablo?
¡Don Melón, marchad de aquí! ¿Es que os ha
                                    traído el diablo?
¡No me destrocéis las puertas, que del abad de
                                    San Pablo
las he conseguido y vos no habéis puesto aquí ni
                                    un clavo!

876   «¡Ya voy a abriros la puerta! ¡Esperad, que la
                                    rompéis!
Luego, con calma y sosiego, nos decís lo que
                                    queréis;
después, marchad de mi puerta. ¡Por Dios, no os
                                    alborotéis[159]!
Entrad muy enhorabuena[160], que yo veré lo que
                                    hacéis».

877   —«¡Mi señora doña Endrina! ¡Vos aquí, mi
                                    enamorada!
Vieja, por eso tenías, para mí, puerta cerrada.
¡Qué día tan bueno es hoy, en el que hallé tal
                                    tapada[161]!
¡Dios y mi buena ventura me la tenían
                                    guardada!»

. . . .

(Faltan aquí 32 cuartetas no conservadas en los
códices conocidos.)

Don Melón ha conseguido su propósito. Doña
Endrina se lamenta y Trotaconventos le contesta así:

878   —«Cuando yo salí de casa, si ya veíais las
                                    redes[162],
¿por qué quedasteis con él, sola entre aquestas
                                    paredes?

¡No me vengáis con regaños, hija, vos los
                                    merecedes!
Lo mejor que hacer podéis es que vuestro mal
                                    calledes.

879   «Menos mal resultará que la cuestión ocultéis
que no que la descubráis y que el caso
                              pregonéis[163];
si un casamiento se ofrece, así no lo perderéis,
mejor esto me parece que no que así os
                              difaméis[164].

880   «Y puesto que confesáis que ya el daño ha sido
                                    hecho,
él os defienda y ayude, sea a tuerto o a
                                    derecho[165].
Hija mía, a daño hecho no hay más que paciencia
                                    y pecho[166].
¡Callad y guardad la fama, no salga de bajo el
                                    techo!

.   .   .   .

887   —«El cuerdo amargamente no se debe quejar
si sus lamentaciones nada pueden cambiar;
lo que ya no se puede reparar ni enmendar
débelo cuerdamente sufrir y soportar.

888   «Para grandes dolencias y para desventuras,
para las consecuencias de yerros[167] y locuras,
debe buscar consejo, medicinas y curas;
el prudente se prueba en dolor y amarguras.

889   «La ira y la discordia quebrantan[168] la amistad,
ponen sospechas malas en el cuerpo en que yaz[169];
tened entre los dos la concordia y la paz,
el pesar y el enojo tornadlo en buen solaz[170].

890   «Y si por mí, decís, vuestro daño ha venido,
quiero que por mí sea vuestro bien conseguido;
sed vos la mujer suya, sea él el marido
y así, vuestro deseo, por mí será cumplido».

891   Doña Endrina y don Melón en uno casados
                                    son;
los invitados se alegran en las bodas, con razón.
Si villanía[171] encontrais, a todos pido perdón,
pues lo feo de la historia es de Pánfilo y Nasón.

Siguen una serie de aventuras amorosas, amenizadas
con las acostumbradas disgresiones. El Arcipreste va
a la sierra de Guadarrama, donde tiene sus encuentros
con rústicas serranas (bien lejos de las idealizadas
pastoras de la poesía cortesana); son cuatro en total
las serranas, y a las cuatro— aventuras 7ª, 8ª, 9ª y
10ª —dedica el Arcipreste sendas cantigas de serrana;
la última, la de Aldara, es quizás la más bella de todas,
aunque de su protagonista dice el Arcipreste que:

En el Apocalisi Sant Juan Evangelista
non vido tal figura nin espantable vista.

En su cantiga, sin embargo, el Arcipreste convierte
esta visión apocalíptica en una «serrana fermosa,
lozana e bien colorada». He aquí unos fragmentos
de la cantiga de la serrana Aldara:

1022   Cerca de Tablada,
        la sierra pasada,
        me hallé con Aldara,
        a la madrugada.

1023   En lo alto del puerto
        temí caer muerto
        de nieve y de frío
        y de aquel rocío
        y de gran helada.[172]

[146] **rasgar** to tear.   [147] **mermados** diminished.
[148] **es cual vaca corrida** is like a pursued cow.   [149] **Santiago**
Saint James' Day, July 25th. Saint James is the Patron Saint of
Spain.   [150] **sapiente** wise.   [151] **divisado** seen.   [152] **ronda** prowls.   [153] **el pecado carboniento** the black
devil.   [154] **¡lo huelo!** (*oler*) I smell him; i.e. I sense
his presence.   [155] **becerro** calf.   [156] **acechar** to lurk.
[157] **barrunta** sniffs.   [158] **cencerro** cowbell.   [159] **no os
alborotéis** don't get excited.   [160] **Entrad muy enhorabuena** Come in, you are welcome.   [161] **tapada** see note
95.   [162] **redes** nets.   [163] **pregonar** to advertise.   [164] **difamar** to dishonor.   [165] **él os defienda y ayude, sea a
tuerto o a derecho** let him (don Melón) protect and help
you by unfair or fair means.   [166] **pecho** courage.   [167] **yerros** errors.   [168] **quebranta** breaks.   [169] **yaz**
yace (lies).   [170] **tornadlo en buen solaz** change it (the
grief and anger) into happiness.   [171] **villanía** villainy.
[172] **helada** frost.

1024

En la descendida,
eché una corrida;[173]
hallé una serrana
hermosa y lozana
y muy colorada.

1025

Dije yo a ella:
—«Humíllome, bella».
Dijo: —«Tú que corres
aquí no demores,
anda tu jornada».[174]

1026

Dije: —«Frío tengo
y por eso vengo
a vos, hermosura;
quered, por mesura,
hoy darme posada».

1027

Díjome la moza:
—«Pariente, en mi choza,
aquel que allí posa
conmigo desposa
y me da soldada».[175]

1028

Dije: —«De buen grado,
aunque soy casado
aquí en Herreros,
de los mis dineros
os daré, amada».

1029

Dijo: —«Ven conmigo».
Llevóme consigo,
diome buena lumbre,
como es de costumbre
en sierra nevada.

1030

Y pan de centeno
tiznado[176], moreno;
diome vino malo,
agrillo y ralo[177]
y carne salada.

. . . .

1041

«No hay mercadero
bueno sin dinero,
y yo no me fío
si no dan lo mío
ni doy la posada.

1042

«No basta homenaje
para el hospedaje;
por dineros hace
hombre cuanto place,
es cosa probada».

Después de estas aventuras serranas, el Arcipreste va a visitar en romería el santuario de Santa María del Vado. Hace entonces un poema a la Virgen, y dos a la pasión de «Nuestro Señor Jhesuxristo». Se acerca la Cuaresma (Lent) y el Arcipreste vuelve a su casa. Tiene entonces lugar la larga descripción de «la pelea que tuvo don Carnal con la Cuaresma», una verdadera batalla con ejércitos numerosos que apoyan a uno y otro contrincante; la lucha termina (el sábado de Gloria, claro está,) con la huída de la Cuaresma y la llegada victoriosa de don Carnal y don Amor. Siguen otras aventuras amorosas del Arcipreste: damas número 11, 12 y 13. La número 13 es una monja —doña Garoza— y en el relato de su conquista, la Trotaconventos, fiel medianera del Arcipreste, hace un estupendo retrato de nuestro héroe; preguntada por doña Garoza, la Trotaconventos pinta así la figura del galán Arcipreste:

1485

—«Señora —diz la vieja—, yo le veo a menudo;
el cuerpo tiene alto, piernas largas, membrudo,[178]
la cabeza no chica, velloso,[179] pescozudo,[180]
el cuello no muy alto, pelinegro[181], orejudo.[182]

1486

«Las cejas apartadas, negras como el carbón,
el andar muy erguido, así como el pavón,[183]
el paso firme, airoso y de buena razón,[184]
la su nariz es larga; esto le descompón.[185]

1487

«Las encías bermejas, sonora voz usual,
la boca no pequeña; son sus labios tal cual,
más gruesos que delgados, rojos como el coral;
las espaldas muy anchas; las muñecas, igual.

1488

«Ojos algo pequeños; de color, morenazo;
abombado su pecho y poderoso el brazo,
bien cumplidas las piernas; el pie, chico pedazo.[186]
Señora, no vi más; en su nombre os abrazo.

1489   «Es ligero, valiente y muy joven en días;
       en música, maestro; sabe de juglarías;
       galante, muy alegre. ¡Por las zapatas mías!,
       ¡un hombre así no anda hoy por las travesías! »[187]

Viene la dama 14, una mora, que no le quiere escuchar. Este va a ser el último servicio prestado por
la Trotaconventos, porque entonces muere la buena
vieja, y el dolorido Arcipreste «hace su planto » (o
lamentación), «denostando y maldiciendo a la
Muerte »; la elegía comienza con un gran acierto
expresivo: «¡Ay muerte! ¡muerta seas . . .! »

1520   ¡Ay muerte! ¡Muerta seas, bien muerta y
                              malandante![188]
       ¡Mataste a la mi vieja! ¡Matases a mí antes!
       ¡Enemiga del mundo, no tienes semejante!
       De tu amarga memoria no hay quien no se
                              espante.

1521   Muerte, a aquel que tú hieres arrástraslo[189],
                              cruel,
       al bueno como al malo, al noble y al infiel,
       a todos los igualas por el mismo nivel;
       para ti reyes, papas, valen un cascabel[190].

1522   No miras señorío[191], familia ni amistad,
       con todo el mundo tienes la misma enemistad,
       no existe en ti mesura, afecto ni piedad,
       sino dolor, tristeza, aflicción, crueldad.

1523   No puede nadie huir de ti ni se esconder,
       ninguno pudo nunca contigo contender[192];
       tu venida funesta[193] nadie puede entender,
       cuando llegas no quieres dilación[194] conceder.

1524   Abandonas el cuerpo al gusano en la huesa[195],
       el alma que lo anima arrebatas[196] con priesa,
       no existe hombre seguro en tu carrera aviesa[197];
       al hablar de ti, muerte, el pavor[198] me
                              atraviesa[199].

1525   Eres de tal manera del mundo aborrecida
       que, por mucho que sea un hombre amado en
                              vida,
       tan pronto como llegas con tu mala venida,
       todos se apartan de él, como de res podrida[200].

1526   Aquellos que buscaron, en vida, su compaña,
       aborrécenle[201] muerto, como materia extraña;
       amigos y parientes le abandonan con saña[202],
       huyen de él y se apartan, como si fuese araña.[203]

1527   De padres y de madres, de sus hijos queridos,
       de amigas y de amigos, deseados, servidos,
       de mujeres leales tantos buenos maridos,
       cuando tú vienes, muerte, ya son aborrecidos.

1528   Haces al que era rico yacer en gran pobreza,
       no conserva una miaja[204] de toda su riqueza;
       quien, vivo, era apreciado por su mucha nobleza,
       muerto es ruin, hedionda[205], repugnante vileza.

[173] **En . . . corrida**   On coming down the moun-
tain, I broke into a run.   [174] **aquí . . . jornada**   don't linger
here, go on your way.   [175] **soldada**   pay.   [176] **tiznado**
dark.   [177] **agrillo y ralo**   sour and thin.   [178] **membrudo**
stout.   [179] **velloso**   hairy.   [180] **pescozudo**   thick-necked.
[181] **pelinegro**   black-haired.   [182] **orejudo**   with big ears.
[183] **pavón**   *pavo real* (peacock).   [184] **de buena razón**   graceful.   [185] **descompón**   *descompone* (spoils the good proportion of his features).   [186] **chico pedazo**   said ironically; i.e.
very big.   [187] **Un hombre . . . travesías**   You wouldn't
find a man like him in the streets (i.e. in the whole
town).   [188] **malandante**   hapless.   [189] **arrastar**   to drag.
[190] **cascabel**   small bell; i.e. nothing.   [191] **señorío**   lordship.
[192] **contender**   to fight.   [193] **funesta**   fatal.   [194] **dilación**
deferment.   [195] **huesa**   tomb.   [196] **arrebata**   snatch
away.   [197] **aviesa**   perverse.   [198] **pavor**   fear.   [199] **atraviesa**   pierces   [200] **res podrida**   putrid cow.   [201] **aborrecer**   to hate.   [202] **saña**   hate, horror.   [203] **araña**   spider.
[204] **miaja**   not a bit.   [205] **hedionda**   fetid.

1535   El habla pierde luego, pierde el entendimiento:
de sus muchos tesoros, de su amontonamiento
no puede llevar nada, ni aun hacer testamento,
y los bienes logrados se pierden en el viento.

1536   Desde que sus parientes la su muerte
barruntan[206]
para heredarlo todo a menudo[207] se juntan;
si por la enfermedad al médico preguntan
y él ofrece curarla, como ofensa lo apuntan[208].

1537   Aun los más allegados[209], los hermanos y
hermanas
ya no ven el momento de doblar[210] las campanas;
más aprecian la herencia, cercanos y cercanas
que no al pariente muerto ni a las sus barbas
canas[211].

1538   Cuando ya el alma sale del rico pecador,
queda en el suelo aislado; causa a todos pavor.
Comienzan a robarle, primero lo mejor;
el que consigue menos se tiene por peor[212].

1539   Con mucha prisa luego lo quieren enterrar,
temen que alguien las arcas vaya a
descerrajar[213],
la misa de difuntos no quieren retrasar[214];
de todos sus tesoros le ponen chico ajuar[215].

1540   No dan por Dios al pobre, ni ofrecen sacrificios,
ni dicen oraciones, ni cantan los oficios;
lo más que, a veces, hacen herederos novicios
es dar voces al sordo[216], pero no otros servicios.

1541   Entiérranlo contentos y, desde que fin dan,
tarde o nunca, a disgusto[217], por él misa oirán,
pues lo que ellos querían ya encontrado lo han;
ellos cogen la hacienda, el alma va a Satán.

1542   Si deja mujer moza, rica, hermosa y
pudiente[218],
aun no las misas dichas, otro la tiene en mente,
casará con un rico o con mozo valiente,
nunca pasa del mes dolor que viuda siente[219].

. . . .

1546   Los ojos que eran bellos, los vuelves hacia el
techo
y, de pronto, los ciegas, ya no son de provecho;
enmudeces el habla[220], enronqueces el pecho[221],
en ti todo es maldad, pesadumbre y despecho[222].

1547   El oir y el olor, el tañer[223], el gustar[224],
todos cinco sentidos los vienes a tomar;
no hay nadie que te sepa bastante denostar[225].
¡Cuanto mal de ti dicen donde llegas a entrar!

1548   Olvidas la vergüenza[226], afeas la hermosura,
marchitas[227] toda gracia, ofendes la mesura,
debilitas la fuerza, trastornas la cordura,
tornas lo dulce en hiel[228] con tu mucha
amargura[229].

1549   Odias la lozanía[230], al mismo oro oscureces,
toda obra deshaces, la alegría entristeces,
ensucias la limpieza, cortesía envileces[231].
¡Muerte, matas la vida y al amor aborreces!

. . . .

1568   ¡Muerte descomedida[232], ¡mátate tú a ti sola!,
¿qué has hecho de mi vieja?, tu inclemencia[233]
perdióla.
¡Me la mataste, muerte! Jesucristo compróla
con la su santa sangre, por ella perdonóla.

1569   ¡Ay, mi Trotaconventos! ¡Leal amiga
experta!
En vida te seguían, mas te abandonan muerta.
¿Dónde te han llevado? Yo no sé cosa cierta;
no vuelve con noticias quien traspone[234] esa
puerta.

1570   Supongo que en el Cielo has de estar tú
sentada,
con los mártires debes de estar acompañada;
siempre en el mundo fuiste por dos martirizada.
¿Quién te arrebató, vieja, por mí siempre
afanada[235]?

1571   A Dios merced[236] le pido, que te dé la su
gloria;
de más leal trotera no existe la memoria.
Yo te haré un epitafio, una dedicatoria;
ya que a ti no te veo, veré tu triste historia.

1572   Haré por tí limosna[237], haré por ti oración,
por ti ofreceré misas, sufragio y donación.
¡Dios, mi Trotaconventos, te dé su bendición!
¡Aquel que salvó al mundo, Él te dé salvación!

Tras la elegía, vienen unas estrofas serias en que se nos explican «de cuales armas se debe armar todo cristiano para vencer al diablo, al mundo y a la carne». Pero, inmediatamente suceden unas aleccionadoras estrofas sobre «las propiedades que las dueñas chicas han» —un elogio de la mujer pequeña:

1606   Quiero abreviar, señores, esta predicación
porque siempre gusté de pequeño sermón
y de mujer pequeña y de breve razón[238],
pues lo poco y bien dicho queda en el corazón.

1607   De quien mucho habla, ríen; quien mucho ríe
es loco;
hay en la mujer chica amor grande y no poco.
Cambié grandes por chicas, mas las chicas no
troco[239].
Quien da chica por grande se arrepiente
del troco[240].

1608   De que alabe a las chicas el Amor me hizo
ruego[241];
que cante sus noblezas, voy a decirlas luego.
Loaré[242] a las chiquitas, y lo tendréis por juego.
¡Son frías como nieve y arden más que elfue go!

1609   Son heladas por fuera pero, en amor, ardientes;
en la cama solaz, placenteras, rientes,
en la casa, hacendosas, cuerdas y complacientes;
veréis más cualidades tan pronto paréis
mientes[243].

1610   En pequeño jacinto[244] yace gran resplandor,
en azúcar muy poco yace mucho dulzor[245],
en la mujer pequeña yace muy gran amor,
pocas palabras bastan al buen entendedor.

1611   Es muy pequeño el grano de la buena
pimienta[246],
pero más que la nuez[247] reconforta[248] y calienta:
así, en mujer pequeña, cuando en amor consienta,
no hay placer en el mundo que en ella no se
sienta.

1612   Como en la chica rosa está mucho color,
como en oro muy poco, gran precio y gran
valor,
como en poco perfume yace muy buen olor,
así, mujer pequeña guarda muy gran amor.

1613   Como rubí pequeño tiene mucha bondad,
color, virtud y precio, nobleza y claridad,
así, la mujer chica tiene mucha beldad[249],
hermosura y donaire[250], amor y lealtad.

1614   Chica es la calandria[251] y chico el ruiseñor[252],
pero más dulce cantan que otra ave mayor;
la mujer, cuando es chica, por eso es aún mejor,
en amor es más dulce que azúcar y que flor.

[206] **barruntan** sniff.   [207] **a menudo** often.
[208] **apuntar** to point out.   [209] **los más allegados** the closest relatives.   [210] **doblar** to toll.   [211] **barbas canas** white beard.   [212] **tenerse por peor** to consider oneself the worst off.   [213] **las arcas vaya a descerrajar** that someone might force open the money chests.   [214] **retrasar** to delay.   [215] **ajuar** trousseau.   [216] **dar voces al sordo** to chant funeral hymns to the deceased (who, of course, can't hear them).   [217] **a disgusto** against their will.   [218] **pudiente** well off.   [219] **nunca pasa del mes dolor que viuda siente** el dolor que la viuda siente (por su difunto marido) nunca dura más de un mes.   [220] **enmudeces el habla** you silence the voice.   [221] **enronqueces el pecho** make the chest hoarse.   [222] **pesadumbre y despecho** grief and despair.   [223] **tañer** the sense of touch.   [224] **gustar** the sense of taste.   [225] **denostar** to revile.   [226] **vergüenza** modesty.   [227] **marchitas** you wither.   [228] **hiel** bile.   [229] **amargura** bitterness.   [230] **lozanía** beauty, freshness.   [231] **envileces** you debase.   [232] **descomedida** overbearing.   [233] **inclemencia** unmercifulness.   [234] **traspone** passes through.   [235] **afanada** hurried.   [236] **merced** favor.   [237] **limosna** alms.   [238] **breve razón** concise speech.   [239] **troco** exchange.   [240] **troco** exchange.   [241] **hacer ruego** to beg.   [242] **loar** to praise.   [243] **tan pronto paréis mientes** as soon as you pay attention.   [244] **jacinto** hyacinth.   [245] **dulzor** sweetness.   [246] **pimienta** black pepper.   [247] **nuez** nutmeg.   [248] **reconforta** comforts.   [249] **beldad** beauty.   [250] **don aire** grace, elegance.   [251] **calandria** lark.   [252] **ruiseñor** nightingale.

1615   Son aves pequeñuelas papagayos[253] y orior[254],
pero cualquiera de ellas es dulce cantador;
gracioso pajarillo, preciado trinador[255],
como ellos es la dama pequeña con amor.

1616   Para mujer pequeña no hay comparación:
terrenal paraíso y gran consolación,
recreo y alegría, placer y bendición,
mejor es en la prueba que en la salutación[256].

1617   Siempre quise a la chica más que a grande o
mayor;
¡escapar de un mal grande nunca ha sido un error!
Del mar tomar el menos, dícelo el sabidor[257],
por ello, entre mujeres, ¡la menor es mejor!

Todavía queda la decimoquinta aventura amorosa,
la última, también acabada en fracaso; y después:
canciones para escolares que van pidiendo dinero,
muchas oraciones a la Virgen, cantares de ciegos,
etc., hasta completar las 1728 estrofas del libro.
Nosotros acabaremos con las estrofas 1633 y 1634, en
las que el Arcipreste se despide de nosotros y nos
descubre la fecha de composición del libro:

1633   Señores, os he servido con poca sabiduría;
para dar solaz a todos he hablado en juglaría[258].
Un galardón[259] sólo pido por Dios: que en la
romería[260]
ofrezcáis un *Pater Noster* por mí y un *Ave María*.

1634   Era de mil y trescientos y ochenta y un años
fue compuesto este romance[261] contra los males
y daños
que causan muchos y muchas a otros con sus
engaños,
y por mostrar a ignorantes dichos y versos
extraños.

Brocado hispano-arabesco, s. XIII.
Fragmento de mujeres tocando panderetas.
Bordado en hilos de seda de varios colores
e hilos de oro. The Metropolitan Museum
of Art, Rogers Fund, 1928.

E. EL SIGLO XV

En 1453, los turcos otomanos conquistan Constantinopla, capital del Imperio Bizantino. Los historiadores han escogido esta fecha para marcar el fin de la Edad Media y el comienzo de la Edad Moderna en Europa. La conquista en sí es un hecho de profundas consecuencias; el camino a Oriente queda cerrado y los navegantes europeos tendrán que encontrar nuevas rutas costeando Africa; esta necesidad dará un gran impulso a la navegación y será una de las causas del descubrimiento de América (en este siglo XV se perfecciona la brújula, descubrimiento importantísimo para la navegación a larga distancia). Pero otras muchas innovaciones ocurren entonces y ayudan a producir grandes transformaciones. Una de ellas es el uso militar de la pólvora, que transforma la guerra y los ejércitos, y ayuda a la aparición del Estado moderno (con un rey fuerte) y a la desaparición del feudalismo: la nobleza feudal ya no puede mantener los costosos ejércitos modernos; los reyes tendrán ahora *un* ejército permanente; la nobleza acaba haciéndose cortesana. En lo social, el hecho más importante es el creciente aumento —a lo largo del siglo— de una burguesía ciudadana, dedicada al comercio. Aparecen los grandes banqueros, que prestan dinero a los reyes. Esta burguesía, además de más rica se hace más culta: el factor más importante en el desarrollo cultural es la invención de la imprenta, que pone el libro a precios asequibles.

A lo largo del siglo XV, esta transformación política, social y cultural se va produciendo en España, al igual que en el resto de Europa, aunque con caracteres propios en cada país. En España, la cristalización del cambio debe situarse en el reinado de los Reyes Católicos (1474–1516). Isabel de Castilla y Fernando de Aragón se unen en matrimonio y unen sus dos reinos; a partir de ese momento comienzan un proceso de unificación nacional en todos los órdenes: conquistan Granada y terminan la Reconquista (1492); incorporan a la corona muchos privilegios o formas de autoridad que antes pertenecían a los nobles, a las Cortes (asamblea parlamentaria) o a las Órdenes militares (las Órdenes de Santiago, de Calatrava y de Montesa que fueron creadas en el siglo XII para ayudar a la Reconquista); para conseguir la unidad religiosa introducen en Castilla la Inquisición y expulsan en 1492 a los españoles judíos que no consienten en convertirse al cristianismo (estas dos últimas medidas traerán lamentables consecuencias tanto en el orden espiritual como en el económico). Sin embargo, gracias a sus medidas (casi siempre acertadas), y a esta política unificadora, Isabel y Fernando reinan sobre un reino unido, fuerte y ponen las bases para la expansión española a lo largo del siglo XVI.

Antes de ellos, sin embargo, el panorama es bien distinto. Por eso, el siglo XV debe dividirse en dos periodos, claramente diferenciados: antes y después de los Reyes Católicos. Antes, los dos reinos de Castilla y Aragón están separados y viven en medio de luchas políticas. En Castilla hay antes dos reyes débiles: don Juan II (1406–1454) y Enrique IV (1454–1474), padre aquél y hermano éste de Isabel la Católica. La nobleza se levantó muchas veces frente a ellos y el rey tuvo que apoyarse unas veces en unos y otras en otros para defenderse. Como favorito de don Juan II (y actuando como primer ministro suyo) gobernó mucho tiempo un hombre ambicioso pero de gran talento político:

---

[253] **papagayo** parrot. [254] **orior** oriole. [255] **trinador** triller. [256] **mejor es . . . en la salutación** you'll like her better after tasting her (better than when you met her for the first time). [257] **sabidor** wise man. [258] **juglaría** popular verse in the minstrel's style, rather than *clerecía* or learned verse. [259] **galardón** reward. [260] **romería** pilgrimage. [261] **romance** poem.

don Alvaro de Luna. Los nobles se unieron contra él y consiguieron que el rey, al fin, lo destituyera y decapitara en la plaza pública; el hecho causó sensación y hay abundantes referencias a él en la literatura de la época. En el reino de Aragón (Aragón, Cataluña y Valencia), la crisis económica de Cataluña, las plagas, las revueltas de los campesinos y la oposición de los nobles y de las clases ricas burguesas a la corona tienen debilitado al reino.

Esta debilidad y estado de lucha, tanto en Castilla como en Aragón, cesan con el gobierno de los Reyes Católicos. Castilla y Aragón, por la unión matrimonial de sus respectivos soberanos, están ahora unidos aunque conservan cada uno sus propias leyes; cesan las luchas civiles y ambos reinos dirigen sus esfuerzos unidos a la defensa de los intereses comunes en el campo de la política internacional.

En las letras, el siglo XV es un siglo de gran actividad literaria:

En poesía, uno de los fenómenos más característicos es la aparición de *cancioneros* o colecciones de poesía. Los primeros son el *Cancionero de Stúñiga* (de poetas aragoneses y catalanes) y el *Cancionero de Baena* (castellano, recopilado hacia 1445); después aparecen otros más y en ellos comienzan a encontrarse muestras de poesía tradicional (de tradición popular): *romances* y *villancicos*. Los poetas más importantes de este siglo son el Marqués de Santillana (1398–1458) y Juan de Mena (1411–1456); en ambos, se advierte ya la influencia intaliana (de Dante y Petrarca). Pero el poema más bello lo escribirá Jorge Manrique (1440?–1479): las *Coplas por la muerte de su padre*.

La *novela de caballerías* y la llamada *novela sentimental* son los géneros novelescos de moda. Aquél tiene más importancia en la historia de la literatura española y la imprenta lo popularizará aún más en el siglo XVI. El libro de caballería más conocido es el *Amadís de Gaula*, que se imprime por primera vez en 1508, pero que, en versiones anteriores, era ya conocido en el siglo XIV.

El teatro recibe un gran impulso con Juan del Encina y su escuela. Juan del Encina escribe «églogas» (representaciones pastoriles, unas serias y otras cómicas), y es considerado «padre del teatro español».

Obra no bien clasificable es *La Celestina* («novela dialogada» o teatro para ser leído, aunque ha sido modernamente representada). *La Celestina* o *Tragicomedia de Calisto y Melibea* es la obra más importante del siglo, uno de los libros mejores y más hondos que se han escrito jamás en lengua castellana.

El Marqués de Santillana (1398-1458)

Don Íñigo López de Mendoza, Marqués de Santillana, es un buen representante de su tiempo, de la primera mitad del siglo XV. Pertenece a una de las familias más influyentes de la época. Interviene activamente en la política del reinado de don Juan II, alguna vez frente al rey pero casi siempre en su favor; en la batalla de Olmedo (1445) lucha junto al rey y frente a un poderoso grupo de nobles rebeldes, y el rey, vencedor, le concede el título de Marqués de Santillana y de conde del Real de Manzanares. (En Manzanares, cerca de Madrid, construye un bello castillo, convertido hoy en museo de los castillos españoles). Al final de su vida tomó parte en las intrigas contra el favorito del rey, don Alvaro de Luna (decapitado en 1453). Es también el Marqués un hombre culto, admirador de la literatura clásica (griega y romana), y de la italiana (Dante, Boccaccio y Petrarca); conocedor también de la literatura provenzal, francesa, gallega-portuguesa y catalana. El Marqués reunió una espléndida biblioteca en su palacio de Guadalajara (cuyos libros se conservan hoy en gran parte en la Biblioteca Nacional, en Madrid); protegió los estudios humanísticos y fomentó las traducciones de los autores clásicos. Fue además, y por eso lo estudiamos aquí, uno de los poetas más elegantes de su siglo.

Su poesía puede dividirse en varios grupos:

a. Poesía alegórica, influída por Dante (*Divina Comedia*) y Petrarca (el Petrarca autor de los *Trionfi*). La obra más ambiciosa y larga en este

Coplas de Bias contra fortuna.

Portadilla del manuscrito de las *Coplas de Bías contra fortuna,* del Marqués de Santillana. Biblioteca Nacional, Madrid.

estilo es la *Comedieta de Ponza* (obsérvese el título *comedieta* en recuerdo de la *Comedia* de Dante, y con un diminutivo en señal de modestia). Es un largo poema escrito en estrofas de arte mayor. El tema es la batalla naval de la isla de Ponza, en la cual son vencidos y presos Alfonso V de Aragón y sus hermanos. El Marqués relata un sueño en el que se le aparecen cuatro damas enlutadas (las esposas de los tres hermanos presos y la reina viuda, madre de los tres); las damas son consoladas por Boccaccio, muy famoso entonces por su obra seria humanística, quien les explica el papel de la Fortuna en la vida de los hombres (la Fortuna aparece sometida a la providencia de Dios), y les predice triunfos futuros.

b. Poesía doctrinal. Las dos obras de más interés son el *Diálogo de Bías contra Fortuna* (un diálogo de carácter estóico entre el filósofo Bías y la Fortuna), y el *Doctrinal de privados*. Éste es un ataque contra

don Alvaro de Luna, escrito después de su ejecución; don Alvaro habla después de muerto,
confesando sus culpas, y desengañando a los
hombres sobre la vanidad de las cosas humanas;
la pasión da a los versos del Marqués (151 en
total) una gran fuerza expresiva:

> Abrid, abrid vuestros ojos,
> gentíos, mirad a mí;
> cuanto visteis, cuanto vi,
> fantasmas fueron e antojos.
> Con trabajos, con enojos,
> usurpé tal señoría,
> que si fue, non era mía,
> mas indebidos despojos.
>
> Casa a casa, ¡guay de mí!,
> e campo a campo allegué;
> cosa ajena non dejé;
> tanto quise, cuanto vi.
> Agora, pues, ved aquí
> cuánto valen mis riquezas,
> tierras, villas, fortalezas,
> tras quien mi tiempo perdí . . . !

c. Los sonetos: Santillana escribió 42 sonetos
«fechos al itálico modo», inspirándose en Dante
y Petrarca. La lengua castellana no estaba todavía adaptada al maravilloso ritmo del endecasílabo italiano, y los versos del marqués resultan
poco felices. El endecasílabo y el soneto llegarán
a su perfección en el siglo siguiente con Garcilaso.

d. Por último, el Marqués escribió una *poesía* más
ligera, *escrita dentro de la tradición trovadoresca*
(francesa y provenzal). De esta poesía, las composiciones que hoy conservan mayor encanto
son sus famosas *serranillas*. En este género, el
Marqués no tiene rival. Las serranillas son diez
en total, y tienen siempre como tema el encuentro
del propio Marqués con una bella serrana (*a
mountain girl*) en medio de una montaña; la
aventura galante termina unas veces con éxito y
otras sin él. Son para el lector moderno lo más
fresco y vivo que escribió Santillana, y conservan
intacto su refinado encanto y señoril ironía, como
puede verse en los dos ejemplos que hemos
seleccionado.

Aparte de su obra en verso, el Marqués tiene una
breve obra en prosa. Destaca por su interés una *Carta*
(o *Proemio*) que escribió al Condestable de Portugal al
enviarle una colección de sus propias poesías. En ella da
interesantes noticias sobre la literatura de su tiempo, y
hasta hace una breve historia de la literatura española.

Por último, al Marqués se atribuye la selección de
una colección de refranes populares, conocida con
el nombre de «Refranes que dicen las viejas tras el
fuego». Este interés por lo popular, unido al interés
por la tradición clásica y las modernas corrientes
italianas, son claro anuncio de que el Renacimiento
está cerca.

Serranilla VI

La vaquera de la Finojosa

> Mozo tan fermosa[1]
> non vi en la frontera[2]
> como una vaquera[3]
> de la Finojosa.
>
> Faciendo la vía   5
> del Calatraveño
> a Santa María,[4]
> vencido del sueño,
> por tierra fragosa[5]
> perdí la carrera,[6]   10
> do vi la vaquera
> de la Finojosa.
>
> En un verde prado
> de rosas e flores,
> guardando ganado   15
> con otros pastores,
> la vi tan graciosa
> que apenas creyera[7]
> que fuese vaquera
> de la Finojosa.   20
>
> Non creo las rosas
> de la primavera
> sean tan fermosas
> nin de tal manera,

fablando sin glosa,[8]   25
si antes supiera
de aquella vaquera
de la Finojosa.

    Non tanto mirara
su mucha beldad,   30
porque me dejara
en mi libertad.[9]
Mas dije: «Donosa,[10]
(por saber quién era),
¿dónde es[11] la vaquera   35
de la Finojosa?»

    Bien como riendo,
dijo: «Bien vengades,[12]
que ya bien entiendo
lo que demandades;   40
non es deseosa
de amar, nin lo espera,
aquesa vaquera
de la Finojosa.»

Serranilla IX

La mozuela de Bores

    Mozuela[13] de Bores,
allá do la Lama,[14]
púsome en amores.[15]

    Cuidé que olvidado
amor me tenía,   5
como quien se había
gran tiempo dejado
de tales dolores,
que más que la llama
queman amadores.[16]   10

    Mas vi la fermosa
de buen continente,[17]
la cara placiente,
fresca como rosa,
de tales colores   15
cual nunca vi dama
nin otra,[18] señores.

Atril portátil en nogal, España, s. XV. The Metropolitan Museum of Art. Regalo de George Blumenthal, 1941.

[1] **fermosa** hermosa.   [2] **frontera** the "frontier" of the Sierra Morena Mountains which divided Castilla la Nueva from Moorish Andalucía.   [3] **vaquera** woman cowherd.   [4] **Faciendo la vía del . . . a** On my way from . . . to.   [5] **fragosa** rough.   [6] **perdí la carrera** I lost my way.   [7] **apenas creyera** I could scarcely believe.   [8] **sin glosa** without rhetoric.   [9] **non tanto . . . libertad** literally: I wish I had not looked so long at her great beauty, so that she would have let me keep my freedom.   [10] **Donosa** My graceful girl.   [11] **dónde es** where is (she, i.e. the girl) from?   [12] **Bien vengades** Welcome.   [13] **Mozuela** diminutive of **moza**: young lass.   [14] **allá do la Lama** there where the (village of) Lama is.   [15] **púsome en amores** made me fall in love (with her).   [16] **Cuidé . . . amadores** I thought that love had forgotten me as one who a long time ago had left behind such sufferings (because lovers burn more fiercely than does the flame).   [17] **de buen continente** of pleasing countenance.   [18] **cual . . . otra** como nunca vi dama ni mujer alguna.

Por lo cual: «Señora,
(le dije), en verdad
la vuestra beldad   20
saldrá desde agora
de entre estos alcores,[19]
pues merece fama
de grandes loores.»[20]

Dijo: «Caballero,   25
tiradvos afuera:[21]
dejad la vaquera
pasar al otero;[22]
ca[23] dos labradores
me piden de Frama,   30
entrambos pastores.»

—«Señora, pastor
seré si queredes;
mandarme podedes,
como a servidor;
mayores dulzores
será a mí la brama
que oír ruiseñores.»[24]

Así concluimos
el nuestro proceso[25]
sin facer exceso,
e nos evenimos.[26]
E fueron las flores
de cabe[27] Espinama
los encubridores.[28]

La lírica popular: el villancico

En la segunda mitad del siglo XV, comienzan a entrar en los reinos de Aragón y de Castilla los aires del Renacimiento. Es por entonces, y hasta un poco antes, cuando los poetas aragoneses y castellanos comienzan a imitar a los grandes poetas italianos, sobre todo a Dante y a Petrarca. Santillana, ya lo hemos visto, hace 42 sonetos «al itálico modo» (aunque el ritmo del endecasílabo, el nuevo y maravilloso verso, no está todavía logrado, y no lo estará hasta Garcilaso, en el siglo siguiente).

Pero hay otras muchas cosas que nos anuncian la llegada del Renacimiento. Una de ellas es el interés de los escritores, los músicos y los cortesanos por «lo popular». El Renacimiento, al mismo tiempo que exalta la cultura clásica y la lengua latina, descubre la Naturaleza y la belleza del campo y de la vida sencilla de sus gentes (pastores y labradores); lo descubre, en parte, por influencia de los escritores latinos mismos (Horacio, Virgilio).

Uno de los aspectos más característicos y simpáticos de este interés por *lo popular* es el interés que entonces se siente por las canciones populares. ¿Cómo lo sabemos? Lo sabemos porque en los cancioneros (colecciones de poesía, algunas con música) que en

este tiempo se compilan, encontramos frecuentemente canciones de tipo popular. El nombre que en las colecciones castellanas se da a estas canciones es el de *villancico*, o sea *canción de villanos*, canción popular. Estas canciones son, por supuesto, anónimas. A veces, encontramos el nombre de un poeta o de un músico junto a ellas, pero este nombre se refiere al poeta que las ha insertado en una composición suya, o ha escrito unos versos continuándolas (glosa), o, en fin, al músico que ha hecho o arreglado la melodía que las acompaña. El Marqués de Santillana aparece como probable autor de una composición dedicada a tres damas (tal vez, sus propias hijas). En la composición, que debe de ser algo posterior a 1445, el poeta oye cantar a tres doncellas y se esconde entre unos matorrales para enterarse de lo que cantan. La composición es larga, pero lo que cantan las doncellas son tres breves villancicos que dicen:

Aguardan a mí;
nunca tales guardas vi.
La niña que amores ha,
¿cómo dormirá solá?
Dejadlo al villano y pene;
vengarme ha Dios d'ele.

El poeta comprende entonces que las doncellas tienen ya su enamorado y canta él, a su vez, resignado:

> Sospirando va la niña
> y non por mí,
> que yo bien se lo entendí.

Sabemos que estas canciones no son del poeta que compuso los restantes versos; el poeta (Santillana o quien fuese) se limitó a utilizar unas canciones antiguas, que él habría aprendido quizás oyéndolas cantar a las gentes populares, a los villanos. Él mismo dice de uno de esos villancicos que es un «cantar antiguo».

Ya en el reinado de los Reyes Católicos, estas canciones se han puesto de moda, y todos las cantan, reyes, nobles y villanos. Los músicos han hecho arreglos polifónicos, para que las canciones puedan ser cantadas a varias voces. El cancionero más importante de esta época es uno que se conserva en la biblioteca del Palacio Real de Madrid (*Cancionero musical de Palacio*, ed. H. Anglés, 2 vols., Barcelona, 1947–1951). La mayor parte de las canciones que hemos seleccionado en nuestra antología proceden de ese cancionero (las núms. 1 al 10); las restantes las hemos tomado de otras fuentes: de Juan Vásquez (*Villancicos y canciones a tres y a quatro*, Osuna, 1551), las núms. 11 y 12; del mismo Juan Vásquez (*Recopilación de sonetos y villancicos a quatro y a cinco*, Sevilla, 1560; ed. moderna H. Anglés, Barcelona, 1946), las núms. 13 y 14; de Francisco Salinas (*De Musica libri septem*, Salamanca, 1577), la núm. 15.

Leyendo estas canciones, vemos que tienen bastantes cosas en común: la mayoría son canciones puestas en boca de una doncella enamorada; en muchas de ellas, la muchacha habla a la madre; el estilo (vocabulario, sencillez expresiva, fórmulas que se repiten, etc.) se parece también en todas ellas.

Estos elementos comunes nos traen a la memoria las *jarchas* mozárabes (¡del siglo XI algunas de ellas!) y las *cantigas de amigo* gallegas y portuguesas de los siglos XIII y XIV. Ya hablamos de unas y otras al comienzo de esta antología. A las analogías del contenido (personajes, sentimientos, lengua) habría que añadir las analogías de forma. Los villancicos son cancioncillas cortas como las *jarchas*. Por otra parte, algunos villancicos (o sea la cancioncilla breve inicial) van seguidos de unos versos que los continúan, a los que suele darse

el nombre de *glosa* (véase en esta antología los núms. 1, 2, 3, 4, 5, 7, 8, 11, 12, 13 y 14); pues bien, esta glosa tiene a veces forma *paralelística* (núms. 1, 2 y 7), y el *paralelismo* es la forma característica de las *cantigas* gallegas y portuguesas. Podemos definir el *paralelismo* diciendo que en él la unidad rítmica no es la estrofa sino el par de estrofas: éstas, en los casos más típicos —como en el villancico 1 de esta antología—, están constituídas por parejas de versos; las estrofas expresan la misma idea casi con las mismas palabras variando únicamente la rima:

> Amigo el que yo más quería,
> venid al alba del día.
>
> Amigo el que yo más amaba,
> venid a la luz del alba.

Las dos rimas del primer par se repiten alternativamente en los pares siguientes, y el último verso de cada estrofa es el primer verso de cada estrofa correspondiente en el par siguiente. En el villancico núm. 1 las estrofas paralelísticas van precedidas de una cancioncilla inicial como es usual en el villancico castellano; las *cantigas de amigo* galaico-portuguesas no llevan cancioncilla inicial.

Las semejanzas entre *jarchas*, *cantigas* y *villancicos* han hecho pensar que estamos ante tres ejemplos o ramas de una tradición común: la canción popular-tradicional ibérica. Hay que advertir que esta canción tiene también interesantísimos puntos de contacto con toda la canción popular-tradicional europea medieval, y especialmente con la propia de las lenguas románicas.

Digamos unas palabras más en cuanto a la *forma* (métrica) del villancico. Por los ejemplos aquí seleccionados ya vemos que puede ser muy variada. Puede

---

[19] **alcores** mountains.   [20] **loores** praises.   [21] **tiradvos afuera** go away.   [22] **otero** hill, height.   [23] **ca** because.   [24] **mayores ... ruiseñores** The bellowing (of your cattle) will be sweeter to me than the song of the nightingales.   [25] **proceso** conversation (lawsuit, dispute).   [26] **nos avenimos** we came to an agreement.   [27] **de cabe** close to.   [28] **encubridores** concealers (of our love affair).

Página iluminada de un libro cristiano para uso en los divinos oficios. Foto cortesía de The Hispanic Society of America.

constar de una breve cancioncilla solamente, y otras veces la cancioncilla puede ir seguida de una o más estrofas (*glosa*). La cancioncilla puede tener dos, tres, o cuatro versos; los versos pueden tener un número de sílabas también variado, lo que ha llevado a un crítico a hablar de *versos fluctuantes*; los versos, indudablemente, se ajustan a la melodía. La rima, cuando existe, es siempre asonante. Las glosas pueden tener también formas distintas, como podemos ver por las selecciones; las glosas más interesantes formalmente, por su relación con la tradición lírica anterior, son las que tienen forma zejelesca (zejel), como en el villancico núm. 2, y las glosas paralelísticas, de que ya hemos hablado.

En el siglo XVI, el villancico va a tener una extensa popularidad en las ciudades, gracias a la difusión que le dará la imprenta; lo difunden los cancioneros, los libros de música y los llamados *pliegos sueltos* (hojas sueltas con letras de canciones que entonces se compraban a centenares, como hoy compramos discos con las últimas canciones de moda). Los poetas de vena más popular (entre ellos Cervantes, Lope de Vega y Góngora) ayudan a la difusión, por su parte, imitándolos. El teatro también hace gran uso de estas cancioncillas (el portugués Gil Vicente y el castellano Lope de Vega son los autores dramáticos más importantes en esta línea de aprovechamiento del villancico). A fines del siglo XVI, sin embargo, el villancico va cediendo paso a la *seguidilla* (cuatro versos de $7+5+7+5$ sílabas) y a la *copla* (cuatro versos octosílabos); la seguidilla y la copla son las formas actuales de la canción popular (folklórica) moderna, tanto en España como en Hispanoamérica; las dos puede decirse que han nacido del villancico y que son sus continuadoras.

Villancicos

1

Al alba venid, buen amigo,
al alba venid.

Amigo el que yo más quería,
venid al alba del día.

Amigo el que yo más amaba,   5
venid a la luz del alba.

Venid a la luz del día,
non trayáis[1] compañía.

Venid a la luz del alba,
non traigáis gran compaña.   10

2

Tres morillas[2] me enamoran
en Jaén,[3]
Axa y Fátima y Marién.

Tres morillas tan garridas[4]
iban a coger olivas,   15
y hallábanlas cogidas
en Jaén,
Axa y Fátima y Marién.

Y hallábanlas cogidas,
y tornaban desmaídas[5]   20
y las colores perdidas
en Jaén,
Axa y Fátima y Marién.

Tres moricas tan lozanas,[6]
tres moricas tan lozanas,   25
iban a coger manzanas
a Jaén,
Axa y Fátima y Marién.

3

Mano a mano los dos amores,
mano a mano.   30
El galán y la galana[7]
ambos vuelven[8] el agua clara,
mano a mano.

[1] **trayáis** *traigáis*.   [2] **morillas** young Moorish maids.   [3] **Jaén** a town in Andalucía.   [4] **garridas** pretty.
[5] **tornaban desmaídas** came back languid, pale.   [6] **lozanas** lusty.   [7] **galán, galana** fine-looking lad and lass.   [8] **vuelven** they stir up.

4

En Avila, mis ojos,
dentro en[9] Avila.   35

En Avila del Río
mataron mi amigo,
dentro en Avila.

5

¡Ay que non era,
mas ay que non hay,   40
quien de mi pena se duela!

Madre, la mi madre,
el mi lindo amigo
moricos de allende[10]
lo llevan cativo,[11]   45
cadenas de oro,
candado morisco,[12]
¡Ay que non era,
mas ay, que non hay
quien de mi pena se duela!   50

6

Aquel caballero, madre,
¿si morirá,
con tanta mala vida como ha?[13]

7

So[14] el encina,[15] encina,
so el encina.   55

Yo me iba, mi madre,
a la romería;
por ir más devota
fui sin compañía;
so el encina.   60

Por ir más devota
fui sin compañía;
tomé otro camino,
dejé el que tenía;
so el encina.   65

Halléme perdida
en una montiña;[16]
echéme a dormir
al pie del encina,
so el encina.   70

A la media noche
recordé,[17] mezquina;[18]
halléme en los brazos
del que más quería,
so el encina.   75

Pesóme,[19] cuitada,[20]
de que amenecía,
porque yo gozaba[21]
del que más quería,
so el encina.   80

Muy biendita sía[22]
la tal romería;
so el encina.

8

Buen amor, no me deis guerra,
que esta noche es la primera.   85

Así os vea, caballero,
de la frontera venir,
como toda aquesta noche
vos me la dejéis dormir.

9

Aquel pastorcico, madre,   90
que no viene,
algo tiene en el campo
que le duele.

10

Ya cantan los gallos,
amor mío, y vete: 95
cata que[23] amanece.

11

No me habléis, conde,
d'amor en la calle:
catá que os dirá mal,[24]
conde, la mi madre.   100

Mañana iré, conde,
a lavar al río;
allá me tenéis, conde,
a vuestro servicio.

Catá que os dirá mal,   105
conde, la mi madre.
No me habléis, conde,
d'amor en la calle.

12

De los álamos vengo, madre,
de ver cómo los menea el aire.   110

De los álamos de Sevilla
de ver a mi linda amiga.

De los álamos vengo, madre,
de ver cómo los menea el aire.

13

Caballero, queráisme dejar,   115
que me dirán mal.[25]

¡Oh, qué mañanica mañana,
la mañana de San Juan,
cuando la niña y el caballero
ambos se iban a bañar!   120
Que me dirán mal;
caballero, queráisme dejar,
que me dirán mal.

14

En la fuente del rosel[26]
lavan la niña y el doncel.[27]   125

En la fuente de agua clara
con sus manos lavan la cara,
él a ella y ella a él,
lavan la niña y el doncel.
En la fuente del rosel   130
lavan la niña y el doncel.

15

¿A quién contaré yo mis quejas,
mi lindo amor,
a quién contaré yo mis quejas,
si a vos no?   135

[9] **dentro en** inside (the town).   [10] **moricos de allende** Moors from across the frontier.   [11] **cativo** *cautivo*.   [12] **cadenas . . . morisco** with golden chains and a Moorish padlock.   [13] **¿Si . . . ha?** Would he die with such a hard life as he has?   [14] **So** Under.   [15] **encina** evergreen oak.   [16] **montiña** a rough, wooded land.   [17] **recordé** I awakened.   [18] **mezquina** wretched me.   [19] **pesóme** it caused me sorrow.   [20] **cuitada** poor me.   [21] **gozaba** I enjoyed the love of.   [22] **Muy biendita sía** (*muy bendita sea*) blessed be.   [23] **cata que** behold that.   [24] **catá que os dirá mal** beware that (my mother) will scold you.   [25] **queráisme . . . mal** please leave me because they will speak badly of me (or scold me).   [26] **rosel** (*rosal*) rosebush.   [27] **doncel** youth.

El romancero

Se ha dicho que España es el país del Romancero. Cierto sabio viajero aconsejaba a aquel que visitara España que, si quería comprender bien y sentir el país, debía llevar en su maleta un *Romancero* y un *Quijote*. Victor Hugo llamó al *Romancero* —a los romances— la *Iliada* del pueblo español.

¿Qué es un romance? Don Ramón Menéndez Pidal (1869–1968) («el español de todos los tiempos que haya oído y leído más romances») lo define como un poema breve, de carácter épico-lírico, que se canta.

Los romances más antiguos que se conocen son del siglo XV; todo lo más, alguno remonta al siglo XIV. Por esa época, en toda Europa, desde Inglaterra hasta Rusia y desde Islandia hasta Grecia, está de moda un tipo de canción épico-lírica: son las *ballads* de Inglaterra y Escocia, los *volkslieder* de Alemania y los Países Bajos, los *viser* escandinavos, las *chansons* francesas, provenzales y del norte de Italia, los *romances* castellanos, portugueses y catalanes.

Sin embargo, una diferencia notable separa a los *romances* de las otras canciones hermanas: 1) muchos *romances* proceden de cantos épicos anteriores, mucho más antiguos (como el *Poema de Mio Cid*, que ya conocemos; y otros, de los cuales conservamos sólo fragmentos: sobre Bernardo del Carpio, los Infantes de Lara, el Cantar de Zamora, etc.); 2) los romances han pervivido en la memoria popular hasta nuestros días, trasmitiéndose oralmente, de padres a hijos. Esto ha ocurrido no sólo en la Península, sino en todos los lugares a donde ha llegado la lengua española: en la América de habla española, y también entre los judíos descendientes de los españoles (sefardíes) expulsados de España en 1492. Los romances sefardíes recogidos modernamente son enormemente interesantes porque conservan muchos de los rasgos de la lengua castellana del siglo XV. Hay colecciones de romances recogidos en Turquía, Norte de África, Estados Unidos..., con bellísimas melodías.

Se recordará que los cantos épicos (o cantares de gesta) se desarrollan durante los siglos XII, XIII y XIV. El *Poema del Cid* es del siglo XII (hacia 1140). En la segunda mitad del siglo XIV, estos largos cantos

ya han pasado de moda y los juglares no los cantan. Pero así como en Francia, por ejemplo, el olvido fue total, en España el pueblo retuvo en la memoria muchos fragmentos de estos cantos épicos y siguió cantándolos. Por eso, como ha demostrado Menéndez Pidal, algunos de los romances más viejos «no son otra cosa que un fragmento de poema conservado en la memoria popular». Así, por ejemplo, el romance de los Infantes de Lara que insertamos en esta Antología (el que comienza «Pártese el moro Alicante —víspera de San Cebrián...») procede de un *Cantar de los Infantes de Lara*, del que conocemos hoy restos porque algunos de sus versos fueron prosificados e insertados en dos *Crónicas* del siglo XIV.*

Naturalmente, estos fragmentos, conservados en la memoria y repetidos de generación en generación, no se conservan intactos. Por una parte, el fragmento, desprendido del texto del poema, cobra vida independiente; se olvidan los versos antecedentes y los subsiguientes; muchas veces, se olvida la acción misma del texto total; por otra parte, se tiende a desarrollar los elementos afectivos o pintorescos contenidos en el fragmento; además, por supuesto, con la repetición los versos se van cambiando, se van quitando y añadiendo palabras, sustituyendo unas expresiones

---

* He aquí algunos de sus versos, según la reconstrucción de Menéndez Pidal sobre la prosa de las mencionadas crónicas. Obsérvese qué cerca están del romance (las palabras en cursiva han sido suplidas por Menéndez Pidal tratando de reconstruir le estructura del verso):

Alicante pasó el puerto, / comenzó de *más* andar, por sus jornadas *contadas* / a Cordova *fue a* llegar. Viernes *era ese* día, / viespera de sant Cebrian . . . .

. . . . e dixol: "Gonçalo Gustios, / *bien te quiero preguntar:* lidiaron los mios poderes / en el canpo de Almenar, ganaron ocho cabeças, / *todas* son de *gran* linaje; . . . .

. . . .

(Puede verse el resto en R. Menéndez Pidal, *Reliquias de la poesía épica española*, Madrid, 1951, pp. 199 y ss.)

por otras. Así van creándose y recreándose los romances; así también, en esta constante trasmisión, se va creando y recreando su estilo tan característico.

Por ello, Menéndez Pidal llama a estos romances, *romances tradicionales*, porque ellos mismos y su estilo se han formado mediante la tradición (o trasmisión) popular.

Ahora entenderemos mejor porqué son breves y porqué los llamamos épico-líricos: al estilo épico objetivo de los cantares de gesta (recuérdese el *Poema del Cid*) se le van añadiendo elementos líricos, de tipo afectivo o sentimental, y surge un estilo en que ambos elementos (lo épico y lo lírico) aparecen frencuentemente combinados.

Cuando los romances se ponen de moda como género —en el siglo XV—, los nuevos romances que entonces se crean imitan a los antiguos, y el estilo se conserva; se conserva, incluso, el carácter fragmentario (comienzo abrupto y final trunco) intencionadamente, con plena conciencia del encanto y misterio que el procedimiento puede dar al romance. Pongamos un ejemplo: el romance del infante Arnaldos, incluído en esta *Antología*, comienza abruptamente: «¡Quien hubiera tal ventura —sobre las aguas del mar—como hubo el infante Arnaldos— la mañana de San Juan ...» y termina con unas extrañas palabras del desconocido marinero que va en la galera: «Yo no digo mi canción —sino a quien conmigo va». Este romance suele ser considerado como la obra maestra del Romancero, en gran parte, por el encanto de su misterioso final*. Fue muy famoso en el siglo XVI y recogido en multitud de cancioneros y «pliegos sueltos». En todos ellos, siempre aparece fragmentado. A comienzos de este siglo, Menéndez Pidal obtuvo por primera vez la versión completa, que aún se conservaba en la memoria de los judíos de Tánger; en la versión completa, el infante Arnaldos se embarca en la galera, y en ella encuentra a sus familiares y criados que iban buscándole; en esto consiste la ventura a que alude el primer verso; se trata ahora de un romance de aventuras, pero el

fantástico misterio de la versión trunca se ha perdido. No cabe duda, pues, que quienes publicaron el romance en el siglo XVI recortado de esa forma, estaban conscientes de la belleza que daba al romance la canción no cantada a que aluden los versos finales: «Yo no digo mi canción— sino a quien conmigo va».

Recapitulando la historia de los romances, podemos decir que se ponen de moda en el siglo XV: en la corte de los Reyes Católicos, a fines ya del siglo XV, los romances junto con los villancicos (ya estudiados) son las canciones más cantadas tanto en las aldeas y pueblos como en la corte, por el pueblo y por los reyes y gentes de la nobleza. A lo largo del siglo XVI, la imprenta (inventada en el siglo anterior) contribuye a difundir los romances en cancioneros y pliegos sueltos. El primer *Cancionero de Romances* se publica en Amberes hacia 1548; y el más voluminoso, el *Romancero General*, se publicará en Madrid en 1600. En ese tiempo, los grandes poetas cultivan también el género del romance, pero estos romances son ya otra cosa; de un estilo literario y culto, aunque imiten a veces los rasgos del romancero tradicional. Los poetas que más se distinguirán en este nuevo género son los comprendidos entre la generación de Cervantes (1547–1616) y la de Quevedo (1580–1645). Destacan, sobre todos, dos poetas de una generación intermedia: Góngora (1561–1627) y Lope de Vega (1562–1635). Toda la literatura de los siglos de oro (los siglos XVI y XVII) está llena de recuerdos de romances. El teatro (desde Juan de la Cueva a los seguidores de Calderón) se inspirará frecuentemente en los temas épicos y líricos del Romancero.

Sin embargo, a partir de la segunda mitad del siglo XVII, el romance (tanto el «tradicional» como el «literario») va pasando de moda. Ya no se publican pliegos sueltos ni cancioneros de romances, o, en todo caso, empiezan a escasear. El romancero tradicional (el «viejo»), el que había sido guardado por la memoria popular, parece acabado, olvidado y muerto. Así, al menos, se llegó a creer en el siglo XVIII y en el XIX. Pero no era cierto. Cuando llega el Romanticismo en el siglo XIX, comienza a exaltarse la poesía popular y las tradiciones históricas y nacionales; los románticos europeos, americanos y españoles vuelven los ojos al Romancero español y quedan deslumbrados.

---

* Fue muy gustado por los poetas románticos. Longfellow (1807–1882) lo glosó en "The secret of the sea".

Romance del conde

Dirlos: y delas grandes venturas que vuo. Nueuamente
añadidas ciertas cosas que
fasta aqui no fueron pue-
stas. Y vna canció de
nuestra Señora.
Año. 1538.

Portadilla de un pliego
poético gótico, fechado,
1538. Biblioteca Nacional,
Madrid.

Entonces, la investigación literaria, especialmente la que sigue a los románticos, empieza a descubrir, con sorpresa, que el Romancero tradicional no estaba muerto; ésta será la obra, sobre todo, de Menéndez Pidal y su escuela; comienzan entonces a recogerse centenares de versiones de romances «viejos», muchos ya conocidos por los cancioneros del siglo XVI, otros, desconocidos, pero de indudable antigüedad por sus temas y su estilo. Lo que vino a descubrirse fue, pues, que la memoria popular, como ya lo había hecho en la Edad Media, había seguido reteniendo y guardando *sus* romances. No resulta, por tanto, exagerada la afirmación de que España es el país del Romancero.

Aclarando términos que hemos venido usando, *romance tradicional* (frente a romance literario) es el romance trasmitido por tradición popular. Dentro de los romances tradicionales se suele llamar *romances viejos* a los existentes en el siglo XV, a los publicados en la primera mitad del siglo XVI, y a algunos recogidos modernamente de la tradición oral, cuando, en los tres casos, los romances presentan los caracteres propios del estilo tradicional.

Las clasificaciones de los romances, hechas hasta ahora, suelen atender a sus *temas*. Así hemos procedido en esta selección. Quedará todo más claro dedicando unas palabras a cada una de las secciones en que hemos agrupado nuestros romances. Todos ellos son *tradicionales*; y las versiones que hemos seguido son las publicadas por Gonzalo Menéndez-Pidal en su edición de la Biblioteca Literaria del Estudiante, tomo XXV: *Romancero*, Madrid, Instituto-Escuela, 1933.

ROMANCES HISTÓRICOS

Los hay que se refieren a temas de la historia clásica: la conquista de Numancia, en la provincia española de Soria, por los romanos; el incendio de Roma por Nerón, etc. Pero la mayoría tienen como tema la historia española medieval; los más numerosos y famosos son los que se refieren a los personajes que hemos seleccionado:

a. *El rey Rodrigo*: último de los reyes godos, derrotado por los árabes (año 711) al comenzar la conquista musulmana de la península.

b. *Bernardo del Carpio*: personaje legendario que representa el sentido de independencia nacional frente a Carlomagno, el gran emperador de los francos; según la tradición hispánica, Bernardo atacó a los franceses, que habían invadido la península, venciéndolos en la batalla de Roncesvalles (798), y dando muerte a Roldán (Roland).

c. *Fernán González*: vasallo del rey de León y conde de Castilla; proclama a Castilla condado independiente del reino de León (en 946); es, pues, el héroe de la independencia castellana.

d. *Los Infantes de Lara*: una sombría historia de venganza que podemos resumir así: a las bodas de doña Lambra con Ruy Velázquez acuden doña Sancha —hermana de Ruy Velázquez—, su marido Gonzalo Gustioz y los siete hijos de ambos, los siete infantes de Lara. A causa de una disputa del menor de éstos, Gonzalo González, con un familiar de doña Lambra, sobreviene la enemistad y la lucha entre ambos bandos. Desde entonces, comienza la venganza, de la que es inspiradora doña Lambra y ejecutor su marido Ruy Velázquez. Primero envía éste a Gonzalo Gustioz a Córdoba con una carta para Almanzor —el temible caudillo de los árabes, muerto en 1002—; en la carta le pide que decapite a Gonzalo Gustioz; Almanzor se contenta con ponerlo en prisión. Después, Ruy Velázquez prepara una traición contra los siete Infantes y su ayo Nuño Salido. De acuerdo con los moros, les tiende una emboscada; aunque luchan valientemente, son vencidos y decapitados delante de su tío, el traidor Ruy Velázquez. Los moros se llevan las siete cabezas a Córdoba y las presentan a Almanzor. El romance que hemos seleccionado recoge el episodio del llanto del padre preso ante las cabezas de sus hijos. La leyenda inventó después un vengador justiciero: del padre, Gonzalo Gustioz, y una mora noble nacería un hijo, Mudarra, que, al crecer, haría justicia contra Ruy Velázquez y doña Lambra.

e. *El Cid*, ya bien conocido de nosotros, dió origen a gran cantidad de romances; los tres que hemos seleccionado están relacionados con la historia del primer señor del Cid, el rey Sancho II de Castilla, muerto en 1072 al cercar a Zamora (ciudad que poseía su hermana doña Urraca). De Sancho II,

llamado el Fuerte, existió un *Cantar de gesta*, que
ha sido parcialmente reconstruído. El último de
los romances del Cid en nuestra selección se
refiere ya al destierro del Cid, pero en el romance
la causa es el enojo de Alfonso VI (el rey del
Poema del Cid, hermano de Sancho II), enojado
contra el Cid porque éste, en nombre de Castilla,
le hace jurar que no ha tenido parte en la muerte
de su hermano

ROMANCES FRONTERIZOS Y MORISCOS

Relatan episodios de las últimas luchas entre cristianos y árabes, ya en el siglo XV, cuando está
próxima a terminar la Reconquista y el peligro musul-
mán ya no es peligro; se llega entonces a sentir viva
curiosidad por lo árabe, y en los romances los caballeros árabes rivalizan en valor y caballerosidad con los
cristianos. Tanto los romances fronterizos como los
moriscos están escritos por juglares o poetas cristianos
(anónimos), pero se suele llamar fronterizos a los
compuestos desde el punto de vista cristiano, y moriscos
a los que hablan desde el punto de vista moro. No
siempre es fácil separar unos de otros.

ROMANCES CAROLINGIOS, BRETONES Y NOVELESCOS

Los carolingios toman asuntos de las canciones de
gesta francesas relacionadas con Carlomagno, la lucha
de Roncesvalles, los siete Pares de Francia, y sobre todo
Roldán (Roland) y su esposa doña Alda. (El romance
que hemos seleccionado se refiere precisamente a la
gentil doña Alda, «esposa de don Roldán»). Los
romances del ciclo bretón derivan su tema de las
leyendas artúricas (*King Arthur and the Round Table*);
hay tres famosos, uno referente a Tristán (Tristam) y
dos de Lanzarote (Lancelot); uno de éstos lo parodia
don Quijote al llegar a la venta que imagina ser castillo,
al comienzo del libro:

Nunca fuera caballero —de damas tan bien servido
como fuera Lanzarote —cuando de Bretaña vino,
que dueñas curaban del, —doncellas del su rocino.

Don Quijote cambia el segundo verso para hacerle
decir: «como fuera don Quijote —cuando de su aldea
vino . . . »

Los romances que hemos llamado *novelescos* son de
asuntos varios, y tienen muchos puntos de contacto con
el espíritu de los romances carolingios y bretones.

ROMANCES LÍRICOS

Se incluyen en este grupo aquellos romances viejos
en que dominan los elementos líricos más de lo que es
corriente en los grupos de romances ya examinados.
Entre éstos, los hay bellísimos, como los tres que
incluímos en la *Antología*.

ROMANCES DE LA TRADICIÓN ACTUAL

Por último, incluímos un grupo de romances
recogidos de la tradición oral actual.

Digamos ahora para terminar unas palabras sobre
la forma métrica del romance. El metro característico
del romance es el verso de 16 sílabas, partido en dos
hemistiquios, de 8 sílabas cada uno, y con rima asonante
uniforme. El verso recuerda por su longitud, a los
cantares de gesta, pero sin la irregularidad de éstos
(en los cantares de gesta, como vimos con el *Poema
del Cid*, las sílabas no se contaban con regularidad).
Sin embargo, ya desde el siglo XV, los romances
se escriben usualmente divididos por sus hemistiquios,
resultando así versos de ocho sílabas, con rima asonante
en los pares, y dejando libres (sin rimar) los impares. Es
posible que esta costumbre se impusiera porque la línea
larga (de 16 sílabas) resultaba incómoda, ya que exigía
una página muy ancha. En esta antología los escribire-
mos conforme a la tradición octosilábica, aunque en
los textos críticos modernos suele ya usarse la tirada
larga de dieciséis sílabas.

ROMANCES HISTÓRICOS

ROMANCES DEL REY RODRIGO

La derrota del Guadalete

Las huestes[1] de don Rodrigo
desmayaban y huían
cuando en la octava batalla
sus enemigos vencían.

Rodrigo deja sus tiendas   5
y del real[2] se salía;
solo va el desventurado,
que no lleva compañía.
El caballo, de cansado,
ya mudar[3] no se podía;   10
camina por donde quiere,
que no le estorba la vía.
El rey va tan desmayado
que sentido no tenía;
muerto va de sed y hambre   15
que de velle era mancilla;[4]
iba tan tinto[5] de sangre
que una brasa[6] parecía.
Las armas lleva abolladas,[7]
que eran de gran pedrería;[8]   20
la espada lleva hecha sierra[9]
de los golpes que tenía;
el almete[10], de abollado,
en la cabeza se hundía;
la cara llevaba hinchada   25
del trabajo[11] que sufría.
Subióse encima de un cerro,[12]
el más alto que veía,
desde allí mira su gente
cómo iba de vencida;   30
de allí mira sus banderas
y estandartes que tenía,
cómo están todos pisados,
que la tierra los cubría;
mira por los capitanes,   35
que ninguno parescía;[13]
mira el campo tinto en sangre
la cual arroyos corría.[14]
El triste, de ver aquesto,
gran mancilla[15] en sí tenía;   40
llorando de los sus ojos
de esta manera decía:
—Ayer era rey de España,
hoy no lo soy de una villa;
ayer villas y castillos,   45
hoy ninguno poseía;
ayer tenía criados,
hoy ninguno me servía;
hoy no tengo una almena[16]

que pueda decir que es mía.   50
¡Desdichada fué la hora,
desdichado fué aquel día
en que nací y heredé
la tan grande señoría,
pues lo había de perder   55
todo junto y en un día!
¡Oh muerte! ¿Por qué no vienes
y llevas esta alma mía
de aqueste cuerpo mezquino,
pues se te agradecería?   60

Romance de la penitencia del rey Rodrigo

Allí arriba, en alta sierra,
alta sierra montesina,
donde cae la nieve a copos[17]
y el agua menuda[18] y fría,
donde canta la culebra   65
por el pedregal[19] arriba,
allí había un ermitaño
que hacía muy santa vida.
Por allí venía un hombre,
de largas[20] tierras venía;   70
encontróse al ermitaño,
más de cien años tenía.
—El desdichado Rodrigo
yo soy, que ser rey solía;

[1] **huestes** hosts.   [2] **real** royal camp.
[3] **mudar** mover.   [4] **que . . . mancilla** it caused one
grief to see him.   [5] **tinto** stained.   [6] **brasa** red-hot coal.
[7] **abolladas** dented.   [8] **de gran pedrería** with precious
stones.   [9] **sierra** saw.   [10] **almete** helmet.   [11] **trabajo**
pain, hardship.   [12] **cerro** hill, height.   [13] **parescía** apa-
recía.   [14] **mira al campo . . . arroyos corría** He looks at
the field stained with blood which ran in streams.   [15] **mancilla**
grief.   [16] **almena** turret (the solid part of a battlement,
between the two openings).   [17] **copos** snowflakes.
[18] **menuda** fine (rain); i.e. a fine drizzle or mist.   [19] **pedregal** stony place.   [20] **largas** distant.

el que por yerros de amor[21]   75
tiene su alma perdida,
por cuyos negros pecados
toda España es destruída.
Por Dios te ruego, ermitaño,
por Dios y Santa María,   80
que me oigas en confesión,
porque finar me quería.[22]
El ermitaño se espanta,
y con lágrimas decía:
—Confesar, confesaréte;   85
absolverte no podía.
Estando en estas razones,
voz de los cielos se oía:
—Absuélvelo, confesor;
absuélvelo por tu vida,   90
y dale la penitencia
en la sepultura misma.
Según le fué revelado,
por obra el rey lo ponía:
metióse en la sepultura   95
que a par de[23] la ermita había;
dentro duerme una culebra,
mirarla espanto ponía;
tres roscas[24] daba a la tumba,
siete cabezas tenía.   100
—Ruega por mí, el ermitaño,
porque acabe bien mi vida.
El ermitaño lo esfuerza,[25]
con la losa[26] lo cubría,
rogaba a Dios a su lado   105
todas las horas del día.
—¿Cómo te va, penitente,
con tu fuerte compañía?
—Ya me come, ya me come,
por do más pecado había;   110
en derecho al[27] corazón,
fuente de mi gran desdicha.
   Las campanicas del cielo
sones hacen de alegría;
las campanas de la tierra   115
ellas solas se tañían;
el alma del penitente
para los cielos subía.

ROMANCES DE BERNARDO DEL CARRIO

Bernardo ante el rey Alfonso[28]

   Las cartas y mensajeros
del rey a Bernardo van,
que vaya luego[29] a las cortes
para con él negociar.
No quiso ir allá Bernardo,   5
que mal recelado[30] se ha.
Las cartas echó en el fuego,
los suyos mandó juntar;
desque[31] los tuvo juntados,
comenzóles de hablar: 10
—Cuatrocientos sois los míos,
los que coméis el mi pan;
nunca fuisteis repartidos,
agora[32] os repartirán:
en el Carpio queden ciento   15
para el castillo guardar,
y ciento por los caminos,
que a nadie dejéis pasar;
doscientos iréis conmigo
para con el rey hablar;   20
si mala me la dijere,
peor se la entiendo tornar.[33]
Con esto luego se parte
y comienza a caminar;
por sus jornadas contadas[34]   25
llega donde el rey está.
De los doscientos que lleva,
los ciento mandó quedar
para que tengan segura
la puerta de la ciudad;   30
con los ciento que le quedan
se va al palacio real.
Cincuenta deja a la puerta,
que a nadie dejen pasar;
treinta deja a la escalera   35
por el subir y el bajar;
con solamente los veinte
a hablar con el rey se va.
A la entrada de una sala

con él se vino a topar,[35]   40
allí le pidió la mano,
mas no se la quiso dar.
—Dios vos mantenga, buen rey,
y a los que con vos están.
Decí: ¿a qué me habéis llamado   45
o qué me queréis mandar?
Las tierras que vos me distes
¿por qué me las queréis quitar?
El rey, como está enojado,
aún[36] no le quiere mirar;   50
a cabo de una gran pieza[37]
la cabeza fuera alzar.
—Bernardo, mal seas venido,
traidor hijo de mal padre;
dite yo el Carpio[38] en tenencia[39]   55
tomástelo en heredad.
—Mentides, buen rey, mentides,
que no decides verdad,
que nunca yo fuí traidor,
ni lo hubo en mi linaje.   60
Acordárseos debiera
de aquella del Romeral,[40]
cuando gentes extranjeras
a vos querían matar;
matáronvos el caballo,   65
a pie vos vide yo andar;
Bernardo, como traidor,
el suyo vos fuera a dar,
con una lanza y adarga[41]
ante vos fué a pelear.   70
El Carpio entonces me distes
sin vos lo yo demandar.
—Nunca yo tal te mandé,[42]
ni lo tuve en voluntad.
Prendeldo,[43] mis caballeros,   75
que atrevido se me ha.
Todos le estaban mirando,
nadie se le osa llegar.
Revolviendo el manto al brazo
la espada fuera a sacar.   80
—¡Aquí, aquí mis doscientos,
los que coméis el mi pan,
que hoy es venido el día

que honra habéis de ganar!
El rey, como aquesto vido,   85
procuróle de amansar.[44]
—Malas mañas has, sobrino,
no las puedes olvidar.
Lo que hombre[45] te dice en burla
a veras lo quieres tomar;   90
si lo tienes en tenencia,
yo te lo dó en heredad,
y si fuere menester,
yo te lo iré a segurar.[46]
Bernardo, que esto le oyera,   95
esta respuesta le da:

[21] **yerros de amor** This line refers to the king's love for Florinda. Don Rodrigo seduced her, and her father, Count Julian, took revenge (according to tradition) by soliciting the aid of the Moors and thus, opening the way for the Moslem invasion into Spain. [22] **finar me quería** I'm going to die. [23] **a par de** near. [24] **roscas** circles; i.e. the length of the snake was such, that its body was coiled three times inside of the tomb. [25] **lo esfuerza** comforts him. [26] **losa** gravestone. [27] **en derecho al** straight to. [28] This ballad reflects the power struggle that took place between the king and his powerful vassals, the feudal lords. As in the case of the Cid, this ballad also favors the cause of the hero against that of the king. According to the legend, the enmity between Bernardo and the king (Alfonso II, the Chaste), was caused by the unjust imprisonment which Bernardo's father, the count of Saldaña, suffered by orders of the king. [29] **luego** at once. [30] **recelado** suspected, feared. [31] **desque** cuando. [32] **agora** ahora. [33] **peor . . . tornar** I intend to retaliate more severely. [34] **por sus jornadas contadas** a «jornada» is a one-day march. The expression here means: marching day by day. [35] **con . . . topar** he met up with him; he found him. [36] **aún** (ni siquiera) not even. [37] **a cabo . . . pieza** at the end of a long period of time. [38] **el Carpio** a castle (and the surrounding lands) near Salamanca. [39] **tenencia** non-hereditary governorship. [40] **el Romeral** refers to a battle; «el Romeral» is where the battle took place. [41] **adarga** leather shield. [42] **mandar** to give as a gift. [43] **prendeldo** (prendedlo) seize him. [44] **amansar** to pacify, to subdue. [45] **hombre** This noun has the value of a pronoun here; it means "one". [46] **segurar** to give an assurance of his inheritance (by documents or other means).

—El castillo está por mí,
nadie me lo puede dar;
quien quitármelo quisiere,
procurarle he de guardar.   100

ROMANCES DE FERNÁN
GONZÁLEZ

Mensaje del rey al conde Fernán González[47]

    —Buen conde Fernán González,
el rey envía por vos,
que vayades[48] a las cortes
que se hacían en León;
que si vos allá vais, conde,   5
daros han buen galardón,
daros han a Palenzuela
y a Palencia la mayor;
daros han las Nueve Villas,
con ellas a Carrión;   10
daros han a Torquemada,
la Torre de Mormojón.[49]
Buen conde, si allá non ides,
os darían por traidor.
Allí respondiera el conde   15
y dijera esta razón:
—Mensajero eres, amigo,
no mereces culpa, no.
Yo no tengo miedo al rey,
nin a cuantos con él son.   20
Villas y castillos tengo,
todos a mi mandar son;[50]
de ellos me dejó mi padre,
de ellos me ganara yo;[51]
los que me dejó mi padre   25
poblélos de ricos hombres[52]
los que yo me hube ganado
poblélos de labradores;
quien no tenía más de un buey,
dábale otro, que eran dos;   30
al que casaba su hija
doile[53] yo muy rico don;
cada día que amanece

por mí hacen oración;
no la hacían por el rey,   35
que no la merece, no;
él les puso muchos pechos[54]
y quitáraselos yo.

ROMANCES DE LOS SIETE
INFANTES DE LARA

Romance de las siete cabezas

    Pártese el moro Alicante
víspera de san Cebrián;[55]
ocho cabezas llevaba,
todas de hombres de alta sangre.
Sábelo el rey Almanzor;   5
a recibirlo sale;
aunque perdió muchos moros,
piensa en esto bien ganar.
Manda hacer un tablado[56]
para mejor las mirar;   10
mandó traer un cristiano
que estaba en captividad;
como[57] ante sí lo trujeron,
empezóle de hablar;
díjole: —Gonzalo Gustos,   15
mira quién conocerás
que lidiaron mis poderes[58]
en al campo de Almenar;
sacaron ocho cabezas,
todas son de gran linaje.   20
Respondió Gonzalo Gustos:
—Presto os diré la verdad.
Y limpiándoles la sangre
asaz se fuera a turbar;[59]
dijo llorando agramente: 25
—¡Conózcolas por mi mal!
La una es de mi carillo,[60]
¡las otras me duelen más!
De los infantes de Lara
son, mis hijos naturales.   30
Así razona con ellos
como si vivos hablasen:
—¡Dios os salve, el mi compadre,[61]

el mi amigo leal!
¿Adónde son los mis hijos   35
que yo os quise encomendar?
Muerto sois como buen hombre,
como hombre de fiar.
Tomara otra cabeza
del hijo mayor de edad.   40
—Sálveos Dios, Diego González,
hombre de muy gran bondad,
del conde Fernán González
alférez[62] el principal,
a vos amaba yo mucho   45
que me habíades de heredar.
Alimpiándola con lágrimas,
volviérala a su lugar,
y toma la del segundo,
Martín Gómez que llamaban.   50
—Dios os perdone, el mi hijo,
hijo que mucho preciaba,
jugador era de tablas[63]
el mejor de toda España,   •
mesurado caballero,   55
muy buen hablador en plaza.
Y dejándola llorando,
la del tercero tomaba.
—Hijo Süero Gustos,
todo el mundo os estimaba,   60
el rey os tuviera en mucho
sólo para la su caza,
gran caballero esforzado,
muy buen bracero a vantaja.[64]
¡Ruy Gómez, vuestro tío,   65
estas bodas[65] ordenara!
Y tomando la del cuarto,
lasamente[66] la miraba.
—¡Oh hijo Fernán González,
(nombre del mejor de España,   70
del buen conde de Castilla
aquel que vos baptizara),
matador de puerco espín[67],
amigo de gran compaña!
Nunca con gente de poco[68]   75
os vieran en alianza.
Tomó la de Ruy Gómez,
de corazón la abrazaba.

—¡Hijo mío, hijo mío!
¿Quién como vos se hallara?   80
Nunca le oyeron mentira,
nunca por oro ni plata;
animoso, buen guerrero,
muy gran feridor[69] de espada,
que a quien dábades de lleno,[70]   85
tullido[71] o muerto quedaba.
Tomando la del menor,
el dolor se le doblara.
—¡Hijo Gonzalo González!

[47] We have already said that Count Fernán González is the hero of the Castilian independence from the kingdom of León. As in the ballad of Bernardo del Carpio, the «juglar» (minstrel) sides with the count against the king. The «romances» always reflect a certain democratic spirit. This is also true in the case of this ballad, since the count was closer to the people than the king was. One must bear in mind that the author of the ballad was a «juglar» (i.e. not an aristocratic poet) and that the ballad was composed to be sung mostly in the squares and streets of villages and towns, (although the ballads eventually became known and liked by the upper classes).   [48] **vayades** plural form (used in old Spanish) equivalent to «vaya Ud.» (command form).   [49] **Palenzuela, Palencia, las Nueve Villas, Carrión, Torquemada, Torre de Mormojón** all these are names of towns and villages in the ancient kingdom of León.   [50] **todos . . . son** all are under my command.   [51] **de ellos . . . ganara yo** some I received from my father, others I conquered myself.   [52] **ricos hombres** men belonging to the highest rank of the nobility.   [53] **doile** le doy (I give to him.)   [54] **pechos** tributes, taxes.   [55] **víspera de San Cebrián** on the eve of Saint Cyprian's Day.   [56] **tablado** platform, stage.   [57] **como** when, as soon as.   [58] **poderes** forces, troops.   [59] **asaz** mucho; **asaz se fuera a turbar** he was deeply moved.   [60] **carillo** (querido) dear friend.   [61] **compadre** refers to Nuño Salido, his sons' guardian.   [62] **alférez** the «caballero» (knight) who carried his lord's banner in battle and fought by his side.   [63] **tablas** old game (similar to chess).   [64] **buen bracero a vantaja** he was excellent in the sport of hurling lances or other weapons.   [65] **bodas** refers to the wedding of Ruy Velázquez and doña Lambra.   [66] **lasamente** tenderly.   [67] **puerco espín** wild boar.   [68] **con gente de poco** persons of little merit.   [69] **feridor** (heridor) wounder.   [70] **dar de lleno** to strike with full force.   [71] **tullido** invalid, crippled.

¡Los ojos de doña Sancha![72]   90
¡Qué nuevas irán a ella,
que a vos más que a todos ama!
Tan apuesto[73] de persona,
decidor[74] bueno entre damas,
repartidor de su haber,[75]   95
aventajado en la lanza.
¡Mejor fuera la mi muerte
que ver tan triste jornada![76]
Al duelo que el viejo hace
toda Córdoba lloraba.   100

ROMANCES DEL CID

Romance de las quejas de doña Urraca[77]

—Morir vos queredes,[78] padre,
San Miguel vos haya el alma.[79]
Mandastes[80] las vuestras tierras
a quien se vos antojara:[81]
a don Sancho a Castilla,   5
Castilla la bien nombrada,
a don Alonso a León,
y a don García a Vizcaya;[82]
a mí, porque soy mujer,
dejáisme desheredada.   10
Irme he yo por esas tierras
como una mujer errada;[83]
de lo que ganar pudiere
haré bien por la vuestra alma.
—Calledes, hija, calledes,   15
no digades tal palabra,[84]
que mujer que tal decía
merescía ser quemada.
Allá en Castilla la Vieja
un rincón se me olvidaba,   20
Zamora había por nombre,
Zamora la bien cercada;
de un lado la cerca el Duero,[85]
del otro Peña Tajada.[86]
¡Quien vos la tomare, hija,   25
la mi maldición le caiga!

Todos dicen: —¡Amen, amen![87]
sino don Sancho, que calla.

Muerte del rey don Sancho

—¡Rey don Sancho, rey don Sancho,
no digas que no te aviso,[88]   30
que de dentro de Zamora
un alevoso[89] ha salido;
llámase Vellido Dolfos,
hijo de Dolfos Vellido;
cuatro traiciones ha hecho   35
y con ésta serán cinco!
Si gran traidor fue su padre,
mayor traidor es el hijo.
Gritos dan en el real:[90]
—¡A don Sancho han mal herido!   40
Muerto le ha Vellido Dolfos,
gran traición ha cometido.
Desque le tuviera muerto,[91]
metióse por un postigo;[92]
por las calles de Zamora   45
va dando voces y gritos:
—¡Tiempo era, doña Urraca,
de cumplir lo prometido![93]

La jura en Santa Gadea

En Santa Gadea de Burgos,[94]
do juran los hijosdalgo,   50
allí toma juramento
el Cid al rey castellano.
—Villanos[95] te maten, Alonso;[96]
villanos, que no hidalgos;
de las Asturias de Oviedo,   55
que no sean castellanos;
caballeros vayan en yeguas,[97]
en yeguas. que no en caballos;
las riendas traigan de cuerda[98]
y no con frenos dorados,[99]   60
abarcas traigan calzadas[100]
y no zapatos con lazo,[101]

las piernas traigan desnudas,
no calzas de fino paño;[102]
traigan capas aguaderas,[103]   65
no capuces ni tabardos,[104]

[72] **Los ojos de doña Sancha** Doña Sancha's favorite. (Remember that she was the mother of the Siete Infantes). [73] **apuesto** elegant. [74] **decidor** fluent, witty speaker. [75] **repartidor de su haber** generous with his money or property. [76] **jornada** day. [77] The speaker of the first eighteen lines of the first ballad is doña Urraca, daughter of King Ferdinand I, who died in 1065. Before dying, he divided his kingdom among his children. He gave Castile to his oldest son, Sancho (Sancho II of Castile, the Cid's first lord. The Cid served as his «alférez» and was very attached to him). León was given to Alfonso (the future Alfonso VI, king of Castile and León and the king who appears in the *Poem of the Cid*). Finally, Galicia was given to García, Ferdinand's third son. As King Ferdinand lay dying, doña Urraca, so the ballad relates, comes before him to inquire why she hasn't received any inheritance. The king finally concedes her the fortress city of Zamora. The «romance» relates that everyone present agrees by saying, «amen» except for the oldest son, Sancho. According to the traditional Visigothic laws, the lands were not to be divided among the king's children, but were to be inherited by the eldest. Thus, Sancho will not accept his father's division and will fight against his brothers and sister to reunify the divided kingdom. He attacks and conquers Galicia and León. Alfonso takes refuge in the Moorish kingdom of Toledo. However,

when don Sancho is besieging Zamora, he is killed (1072) by an «alevoso» (traitor) called Vellido Dolfos. The story of his death is narrated in the second ballad of our selection. The third ballad deals with the "jura de Santa Gadea." After Sancho's death, his brother, don Alfonso, returns from Toledo to take over the throne as Alfonso VI. Before being made king, however, he is made to swear in Burgos in the church of Santa Gadea (or Águeda), in the presence of the assembled Castilian nobles, that he had no part in Sancho's murder. The Cid administers the oath. However, it is so harshly phrased, that the new king takes offense and exiles the Cid. [78] **Morir vos queredes** you are dying. [79] **San Miguel . . . alma** May Saint Michael watch over your soul. [80] **mandaste** you gave. [81] **antojarse** to take a fancy to, to favor. [82] As already mentioned, don García, the third son of Ferdinand I, actually received Galicia, not Vizcaya, as his share of the kingdom. [83] **errada** gone astray (morally). [84] **no . . . palabra** don't say such words. [85] **el Duero** one of Spain's five main rivers which runs through old Castile and León eastward through Portugal and empties into the Atlantic. [86] **Peña Tajada** name of a mountain. According to the ballad, Zamora was very well protected because it was circled by the river on one side and by the mountain on the other. The name, «tajada» alludes to the steepness of the mountain. [87] **amen** so be it. [88] **avisar** to warn. [89] **alevoso** traitor. [90] **el real** royal camp, army headquarters. [91] **Desque . . . muerto** when he had killed him. [92] **postigo** gate (after having killed Sancho, Dolfos was received again into the city through a small gate). [93] The last two lines seem to imply that doña Urraca had promised her favors to Dolfos if he would carry out the plan to murder her brother. Whether or not doña Urraca did actually take part in the murder is still a matter of dispute. [94] The church of Santa Gadea or Águeda (St. Agatha) still exists in Burgos. It was one of the three specially dedicated churches where the nobility could take oaths, the other two churches being in León and Ávila. [95] **villanos** peasants. [96] **Alonso** same as Alfonso. [97] **yeguas** mares. [98] **riendas de cuerda** reins of cord or rope. [99] **frenos dorados** golden bits. [100] **abarcas traigan calzadas** may their footwear be sandals. (Note that this and the following sentences, spoken by the Cid, are expressed in the subjunctive to show the Cid's desire that King Alfonso suffer this kind of death, should he lie upon taking the oath). [101] **no zapatos con lazo** not shoes tied with bows. [102] **calzas de fino paño** long stockings made of fine cloth. [103] **capas aguaderas** waterproof cloaks. [104] **capuces, tabardos** the «capuz» was a type of cape worn over the rest of the clothing. The «tabardo» was a type of loose over-gown worn by the nobility.

con camisones de estopa,[105]
no de holanda[106] ni labrados.[107]
Mátente con aguijadas,[108]
no con lanzas ni con dardos;[109]   70
con cuchillos cachicuernos,[110]
no con puñales[111] dorados.
Mátente por las aradas,[112]
no por caminos hollados;[113]
sáquente el corazón   75
por el derecho costado,
si no dices la verdad
de lo que te es preguntado:
si tú fuiste o consentiste
en la muerte de tu hermano.   80
Allí respondió el buen rey,
bien oiréis lo que ha hablado:
—Mucho me aprietas,[114] Rodrigo;
Rodrigo, mal me has tratado;
mas hoy me tomas la jura   85
cras[115] me besarás la mano.
Allí respondió el buen Cid
como hombre muy enojado:
—Aqueso será, buen rey,
como fuer galardonado,[116]   90
que allá en las otras tierras
dan sueldo[117] a los hijosdalgo.
Por besar mano de rey
no me tengo por honrado;
porque la besó mi padre   95
me tengo por afrentado.
—Vete de mis tierras, Cid,
mal caballero probado;[118]
vete, no m'entres en ellas
hasta un año pasado.   100
—Que me place,[119] dijo el Cid;
que me place de buen grado
por ser la primera cosa
que mandas en tu reinado.
Tú me destierras por uno,   105
yo me destierro por cuatro.
Ya se partía el buen Cid[120]
de Bivar esos palacios;
las puertas deja cerradas,
los alamudes[121] echados,   110

las cadenas deja llenas
de podencos y de galgos;[122]
con él lleva sus halcones,
los pollos y los mudados;[123]
con él van cien caballeros,   115
todos eran hijos de algo;
los unos iban a mula
y los otros a caballo;
por una ribera[124] arriba
al Cid van acompañando,   120
acompañándolo iban
mientras él iba cazando.

ROMANCES FRONTERIZOS Y MORISCOS

Abenámar y el rey don Juan[125]

—¡Abenámar, Abenámar,
moro de la morería!,[126]
el día que tú naciste
grandes señales[127] había;
estaba la mar en calma,   5
la luna estaba crecida:[128]
moro que en tal signo nace
no debe decir mentira.
Allí respondiera el moro,
bien oiréis lo que decía:[129]   10
—No te la diré,[130] señor,
aunque me cueste la vida;
porque soy hijo de un moro
y una cristiana cautiva;
siendo yo niño y muchacho   15
mi madre me lo decía
que mentira no dijese,
que era grande villanía;
por tanto, pregunta, rey,
que la verdad te diría.   20

—Yo te agradezco, Abenámar,
aquesa[131] tu cortesía:
    ¿Qué castillos son aquéllos?
¡Altos son y relucían!
—El Alhambra[132] era, señor,   25
y la otra la mezquita;[133]
los otros los Alixares,[134]
labrados[135] a maravilla.
El moro que los labraba
cien doblas[136] ganaba al día   30
y el día que no los labra
otras tantas se perdía.[137]
El otro es Generalife,[138]
huerta que par[139] no tenía;
el otro Torres-Bermejas,[140]   35
castillo de gran valía.[141]
Allí habló el rey don Juan,
bien oiréis lo que decía:
—Si tú quisieses, Granada,
contigo me casaría;   40

105 **camisones de estopa** burlap smocks.
106 **holanda** fine linen, cambric.   107 **labrados** finely
made.   108 **aguijadas** a long stick with an iron point
at one end which was used to prod the oxen, horses, and other
work animals.   109 **dardos** darts.   110 **cuchillos cachicuernos** knives with a horn handle.   111 **puñales** dag-
gers.   112 **aradas** plowed (deserted) fields.   113 **caminos
hollados** frequented roads.   114 **mucho me aprietas**
you are pressing me too hard.   115 **cras** tomorrow.
116 **como fuer galardonado** conditional; («si yo fuere
galardonado»): if I am   117 **dan sueldo** they pay, they
give wages.   118 **mal caballero probado** a knight who
has proved himself disloyal to his lord.   119 **que me place** it
pleases me.   120 From this line on, the ballad seems to have
been influenced by the first few lines of the epic of the Cid.
121 **alamud** kind of bolt used to fasten doors and windows.
122 **podencos y galgos** hounds and greyhounds.   123 **halcones, pollos y mudados** (halcones pollos) young falcons;
(halcones mudados) molted falcons.   124 **ribera** river bank.
125 In 1431, King John II of Castile besieges Granada. He is
accompanied by the Moorish prince, Yusuf Ibn-Alahmar
(Abenámar), pretender to the throne of Granada and to whom
King John II has promised his help. The beautiful city surrenders and Abenámar is crowned king of Granada. In the ballad,
King John questions Abenámar about the city and its beautiful
castles and palaces seen in the distance. The admiration of the
Christians for the refined and splendid Moorish civilization is
evident in the ballad. The personification of the besieged city as
a bride, courted by the besieger and faithful to her ruler (husband), has its roots in Arabic poetry. In no Christian literature
of the Middle Ages except the Castilian, can this image be
found.   126 **morería** the Moors, the land of the Moors.
127 **señales** signs.   128 **crecida** full moon.   129 **Allí . . .
decía** juglaresque formula or set phrase used to introduce a
speaker.   130 **No te la diré** the reference here is to «mentira».   131 **aquesa** (esa) that.   132 **Alhambra** the palace of the
Moorish kings which still exists and is situated on a hill above
the city. It was constructed mostly during the XIII and XIV
centuries.   133 **mezquita** mosque, probably the main
mosque, located in the center of the city.   134 **Alixares** a summer palace no longer in existence.   135 **labrados** elaborated,
constructed with care.   136 **doblas** ancient gold coin.
137 **otras tantas se perdía** «otras tantas» refers to the «doblas».
138 **Generalife** a summer-house and gardens still in existence.
139 **par** equal.   140 **Torres-Bermejas** towers, which
because of the reddish hue of their stonework, were called
«bermejas» or bright red. This castle or palace is situated below
the Alhambra.   141 **valía** value, worth.

Pa – se – á _____ ba – se el
rey mo _____ ro por la
ciu _____ dad de Gra – na
_____ da, des – de la puer –
– ta de El _____ vi –
– ra has – ta la de Vi – va –
– rram – bla. ¡Ay _____ mi _____ Al·ha _____ ma!

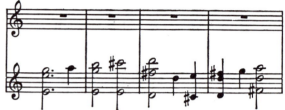

Pa – se – á _____ ba – se el rey mo –

Vihuela.

Luis de Narváez *Los seis libros del Delphin de Música,*
Valladolid, 1538.

daréte en arras y dote[142]
a Córdoba y a Sevilla.[143]
—Casada soy, rey don Juan,
casada soy, que no viuda;
el moro que a mí me tiene   45
muy grande bien me quería.

Romance de la pérdida de Alhama[144]

Paseábase el rey moro[145]
por la ciudad de Granada,
desde la puerta de Elvira
hasta la de Vivarrambla;[146]
cartas le fueron venidas   5
como Alhama era ganada;
las cartas echó en el fuego
y al mensajero matara.
Descabalga de una mula
y en un caballo cabalga,   10
por el Zacatín[147] arriba
subido se había al Alhambra;
mandó tocar sus trompetas,
sus añafiles[148] de plata,
y que las cajas de guerra[149]   15
apriesa toquen al arma[150]
porque lo oigan los moros,
los de la Vega[151] y Granada.
Cuatro a cuatro, cinco a cinco,
juntádose ha gran compaña.   20
Allí habló un viejo alfaquí,[152]
la barba bellida[153] y cana:
—¿Para qué nos llamas, rey,
para qué fué nuestra llamada?
—Para que sepáis, amigos,   25
la gran pérdida de Alhama.
—Bien se te emplea, buen rey;[154]
buen rey, bien se te empleara;
mataste los bencerrajes,[155]
que eran la flor de Granada;   30
cogiste los tornadizos,[156]
de Córdoba la nombrada;[157]
por eso mereces, rey,
una pena muy doblada:
que te pierdas tú y el reino   35
y que se acabe Granada.

Romance de la mora Moraima

Yo me era mora Moraima,
morilla[158] de un bel catar;[159]
cristiano vino a mi puerta,
cuitada,[160] por me engañar.
Hablóme en algarabía[161]   5
como aquel que la bien sabe.
—Ábrasme las puertas, mora,

[142] **arras y dote** «arras» refers to the thirteen coins given by the bridegroom to the bride at the wedding. The «dote» is the dowry.   [143] **Córdoba, Sevilla** cities which belonged at that time to Castile, (i.e. to King John II).   [144] This ballad refers to the loss of Alhama, captured by the Castilian forces in 1482. Alhama, "the key to Granada," was once a strong fortress city, twenty miles southwest of Granada. The loss of this fortress presaged the downfall of the Moorish kingdom. This «romance» was one of the best liked by the romantics of the XIX century. It was translated into English by Rodd, Southey, Lord Byron, Gibson, and others.   [145] **el rey moro** Muley Abu-l Hasan (d. 1485), the father of Muhammed Abu 'Abdallah («Boadbil»), the last Moorish king of Granada.   [146] **la puerta de Elvira, la puerta de Vivarrambla** these are two gates respectively at the north end of the city and near the center. The latter gate no longer exists.   [147] **el Zacatín** a narrow street that leads eastward from the Plaza of Vivarrambla toward the Alhambra hill. The word, «zacatín,» (Arabic: «as-saq-qâtîn»), means old-clothes dealers. The street, therefore, was probably a favorite station of second-hand clothes dealers.   [148] **añafiles** Moorish pipes.   [149] **cajas de guerra** drums.   [150] **tocar al arma** to call to arms.   [151] **la Vega** a plain extending west from the city of Granada down the valley of the Genil River.   [152] **alfaquí** religious leader, teacher of the Koran.   [153] **bellida** (bella) fine, handsome.   [154] **bien se te emplea** (modern Spanish: «te está bien empleado») it serves you right.   [155] **bencerrajes** the renowned family of the Abencerrages, enemies of Abu-l Hasan.   [156] **tornadizos** renegades (Christians converted to Mohammedanism).   [157] **Córdoba la nombrada** the renowned, the famous city of Córdoba. The phrase, «la nombrada,» constitutes an epithet, another formulistic device used to fill in the assonance.   [158] **morilla** young, Moorish woman.   [159] **bel catar** pleasing appearance.   [160] **cuitada** interjection which means: woe is me or wretched me.   [161] **algarabía** in the Arabic language.

Diego Pisador, *Libro de música de Vihuela,* Salamanca, 1552.

sí Alá te guarde de mal.[162]
—¿Cómo te abriré, mezquina,[163]
que no sé quién te serás?   10
—Yo soy el moro Mazote,
hermano de la tu madre,
que un cristiano dejo muerto;
tras mí venía el alcalde.[164]
Si no me abres tú, mi vida,   15
aquí me verás matar.[165]
Cuando esto oí, cuitada,
comencéme a levantar;
vistiérame una almejía[166]
no hallando mi brial;[167]   20
fuérame para la puerta,
abríla de par en par.[168]

ROMANCES CAROLINGIOS, BRETONES Y NOVELESCOS

Romance de doña Alda[169]

En París está doña Alda,
la esposa de don Roldán;
trescientas damas con ella
para la acompañar;
todas visten un vestido,   5
todas calzan un calzar,[170]
todas comen a una mesa,
todas comían de un pan,
sino era doña Alda,
que era la mayoral;[171]   10
las ciento hilaban oro,
las ciento tejen cendal,[172]
las ciento tañen instrumentos
para doña Alda holgar.[173]
Al son de los instrumentos   15
doña Alda dormido se ha:
ensoñado había un sueño,
un sueño de gran pesar.[174]

. . . .

Otro día de mañana
cartas de fuera le traen;   20

tintas venían de dentro,
de fuera escritas con sangre:
que su Roldán era muerto
en la caza de Roncesvalles.

ROMANCES LÍRICOS VIEJOS

El prisionero

Que por mayo era, por mayo,
cuando hace la calor,
cuando los trigos encañan[175]
y están los campos en flor,
cuando canta la calandria[176]   5
y responde el ruiseñor,[177]
cuando los enamorados
van a servir al amor;
sino yo triste, cuitado,[178]

[162] **Así Alá te guarde de mal** the phrase has a meaning equivalent to: so God help you. [163] **mezquina** another type of interjection which is equivalent to "woe is me" in English. [164] **alcade** judge. [165] **Aquí me verás matar** here you will see me killed. [166] **almejía** a Moorish cloak made of rough cloth. [167] **brial** a tunic usually made of silk or some other fine fabric. [168] **de par en par** wide open. [169] As we have stated before, this «romance» belongs to the Carolingian Cycle. It narrates the tragic moment in which doña Alda receives the news that her husband, don Roldán (Roland), has been killed in the Battle of Roncesvalles (778). The «romance» has its sources in French themes. These themes, however, are not derived directly from the *Chanson de Roland*, but rather indirectly through non-Spanish epic material existing in Spain. Menéndez Pidal collected several versions of this «romance» alive still in the memory of the Jews of Tangier, Tetuan, Salonika, Larisa, Rhodes, etc. (In the version presented here, thirty-four lines have been omitted). [170] **calzan un calzar** they all wear the same kind of shoe. [171] **la mayoral** the lady (whom the other ladies serve). [172] **cendal** a very fine, transparent silk or linen cloth. [173] **holgar** to entertain and please. [174] **de gran pesar** very sorrowful, sad. [175] **encañan** they mature, they grow into stalks. [176] **calandria** lark. [177] **ruiseñor** nightingale. [178] **cuitado** wretched.

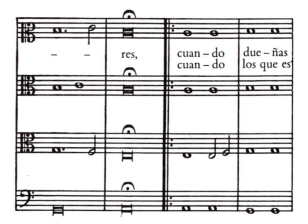

Anónimo, siglo XV.

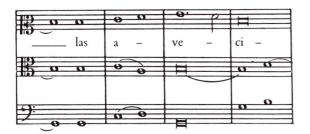

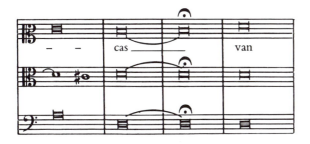

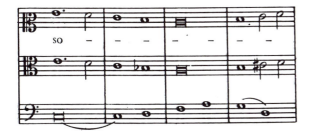

Diego Pisador, *Libro de música de Vibuela,* Salamanca, 1552.

que vivo en esta prisión,   10
que ni sé cuándo es de día
ni cuándo las noches son,
sino por una avecilla
que me cantaba el albor.[179]
Matómela un ballestero;[180]   15
déle Dios mal galardón.[181]

Fonte—frida

Fonte-frida, Fonte-frida[182]
Fonte-frida y con amor,
do[183] todas las avecicas[184]
van tomar consolación,
sino es la tortolica;[185]   5
que está viuda y con dolor.
Por allí fuera a pasar
el traidor del ruiseñor;[186]
las palabras que le dice
llenas son de traïción: 10
—Si tú quisieses, señora,
yo sería tu servidor.
—Vete de ahí, enemigo,
malo, falso, engañador,
que ni poso[187] en ramo verde   15
ni en ramo que tenga flor,
que si el agua hallo clara
turbia[188] la bebiera yo;
que no quiero haber marido
porque hijos no haya, no;   20
no quiero placer con ellos
ni menos consolación.
¡Déjame triste, enemigo,
malo, falso, mal traidor;
que no quiero ser tu amiga   25
ni casar contigo, no!

El conde Arnaldos

¡Quién hubiera tal ventura[189]
sobre las aguas del mar
como hubo el infante Arnaldos

la mañana de San Juan![190]
Andando a buscar la caza   5
para su falcón cebar,[191]
vió venir una galera[192]
que a tierra quiere llegar;
las velas trae de seda,
la ejarcia[193] de oro torzal;[194]   10
áncoras tiene de plata,
tablas de fino coral.
Marinero que la guía
diciendo viene un cantar
que la mar ponía en calma,   15
los vientos hace amainar,[195]
los peces que andan al hondo
arriba los hace andar,
las aves que van volando
al mástil[196] vienen posar.[197]   20
Allí habló el infante Arnaldos,
bien oiréis lo que dirá:
—Por tu vida, el marinero,
dígasme ora ese cantar.[198]
Respondióle el marinero,   25
tal respuesta le fué a dar:
—Yo no digo mi canción
sino a quien conmigo va.

[179] **albor** dawn. [180] **ballestero** crossbow-man. [181] **galardón** reward. [182] **Fonte-frida** old Spanish for «fuente fría». [183] **do** donde. [184] **avecicas** little birds. [185] **tortolica** little dove. [186] **ruiseñor** nightingale. [187] **poso** I perch. [188] **turbia** troubled, muddy. [189] **¡Quién hubiera tal ventura** who might have had such an adventure. [190] **la mañana de San Juan!** on the morning of Saint John's Day, which occurs on the summer's solstice, (June 24). It is a day frequently alluded to in the popular traditional poetry. «Fiestas» of amorous significance are generally celebrated on this day. [191] **cebar** to feed. [192] **galera** galley, ship. [193] **ejarcia** the rigging of a ship. [194] **de oro torzal** twisted ropes made of gold. [195] **amainar** to slacken, to become calm. [196] **mástil** mast of a ship. [197] **posar** to alight. [198] **dígasme ora ese cantar** sing that song to me now.

Con - de Ni - ño____ por a -

more - res,____ es ni - ño y pa____ só la

mar.____ Va a dar a - gua a____ su ca-

- ba - llo____ a las o - ri____ llas del

mar. _____

ROMANCES DE LA TRADICIÓN ACTUAL

El conde Niño

Conde Niño por amores
es niño[200] y pasó la mar;[199]
va a dar agua a su caballo
la mañana de San Juan.
Mientras el caballo bebe   5
él canta dulce cantar;
todas las aves del cielo
se paraban a escuchar,
caminante que camina
olvida su caminar,   10
navegante que navega
la nave vuelve hacia allá.
    La reina estaba labrando,[201]
la hija durmiendo está.
    —Levantaos, Albaniña,   15
de vuestro dulce folgar,[202]
sentiréis cantar hermoso
la sirenita[203] del mar.
    —No es la sirenita, madre,
la de tan bello cantar,   20
sino es el conde Niño
que por mí quiere finar.[204]
¡Quién le pudiese valer[205]
en su tan triste penar![206]
    —Si por tus amores pena,   25
¡oh, mal haya su cantar!
Y porque nunca los goce
yo le mandaré matar.
    —Si le manda matar, madre,
juntos nos han de enterrar.   30
    El murió a la media noche,
ella a los gallos cantar;
a ella, como hija de reyes,
la entierran en el altar;
a él, como hijo de conde,   35
unos pasos más atrás.
De ella nació un rosal blanco,[207]
de él nació un espino albar;[208]

crece el uno, crece el otro,
los dos se van a juntar;   40
las ramitas que se alcanzan
fuertes abrazos se dan,
y las que no se alcanzaban
no dejan de suspirar.
La reina, llena de envidia,   45
ambos los mandó cortar;
el galán que los cortaba
no cesaba de llorar.
Della naciera una garza,[209]
dél un fuerte gavilán;[210]   50
juntos vuelan por el cielo,
juntos vuelan par a par.[211]

Misa de amor

Mañanita de San Juan,[212]
mañanita de primor,[213]
cuando damas y galanes
van a oír misa mayor,[214]
allá va la mi señora,   5
entre todas la mejor;
viste saya sobre saya,[215]
mantellín de tornasol,[216]
camisa con oro y perlas

[199] **por amores pasó la mar** he crossed the sea for love's sake. [200] **es niño** he is young. [201] **labrar** to embroider. [202] **folgar** to rest, sleep. [203] **sirenita** little siren or mermaid. [204] **quiere finar** he is dying (of love). [205] **valer** to help, aid. [206] **penar** affliction, suffering. [207] **rosal blanco** white rose-bush. [208] **espino albar** white hawthorn bush. [209] **garza** heron. [210] **gavilán** sparrow-hawk. [211] **par a par** side by side. [212] **Mañanita de San Juan** Saint John's morning. Saint John's Day (June 24) was a day in which «fiestas» and customs of amorous significance took place. [213] **mañanita de primor** a lovely, beautiful morning. [214] **misa mayor** high Mass. [215] **saya sobre saya** petticoat over petticoat. [216] **mantellín de tornasol** a type of mantilla with iridescent material which reflects various colors.

Portadilla de un pliego poético gótico del s. XVI existente en la
Biblioteca Nacional, Madrid.

bordada en el cabezón;[217]   10
en la su boca muy linda
lleva un poco de dulzor;[218]
en la su cara tan blanca
un poquito de arrebol[219]
y en los sus ojuelos garzos[220]   15
lleva un poco de alcohol;[221]
así entraba por la iglesia
relumbrando como el sol.
Las damas mueren de envidia
y los galanes de amor;   20
el que cantaba en el coro
en el credo se perdió;
el abad que dice misa
ha trocado la lición;[222]
monacillos[223] que le ayudan   25
no aciertan responder, non;
por decir[224] amén, amén,
decían amor, amor.

El enamorado y la muerte

Un sueño soñaba, anoche,
soñito[225] del alma mía,
soñaba con mis amores,
que en mis brazos los tenía.
Vi entrar señora tan blanca   5
muy más que la nieve fría.
—¿Por dónde has entrado, amor?
¿Cómo has entrado, mi vida?
Las puertas están cerradas,
ventanas y celosías.[226]   10
—No soy el Amor, amante;
la Muerte, que Dios te envía.
—¡Ay, Muerte, tan rigurosa,
déjame vivir un día!
—Un día no puede ser,   15
un hora tienes de vida.

Muy de prisa se calzaba,
más de prisa se vestía;
ya se va para la calle
en donde su amor vivía.   20
—¡Abreme la puerta, blanca,
ábreme la puerta, niña!
—¿Cómo te podré yo abrir
si la ocasión no es venida?[227]
Mi padre no fué al palacio,   25
mi madre no está dormida.
—Si no me abres esta noche
ya no me abrirás, querida.

La Muerte me está buscando,
junto a ti vida sería.   30
—Vete bajo la ventana,
donde labraba[228] y cosía,
te echaré cordón de seda,
para que subas arriba,
y si el cordón no alcanzare   35
mis trenzas[229] añadiría.
La fina seda se rompe;
la Muerte que allí venía.
—Vamos, el enamorado,
que la hora ya está cumplida. 40

Jorge Manrique (1440-1479)

Nació en la villa de Paredes de Nava (Palencia), de una familia noble y poderosa —los Manrique— cuyos varones supieron alternar las armas y las letras. Fue partidario de la Reina Católica, y murió combatiendo por ella frente al castillo de Garci-Muñoz (Cuenca).

Sus poesías no pasan de cincuenta; son en su mayoría canciones de tema amoroso, escritas dentro de la tradición del *amor cortés*. Pero Jorge Manrique era un verdadero poeta (como iba a demostrar en sus famosas *Coplas*), y aun en estas composiciones triviales muestra su gracia y buen decir; los versos que siguen pertenecen a tres canciones suyas (reproducimos sólo la primera estrofa de cada una de ellas):

Con dolorido cuidado,
desgrado, pena y dolor,
parto yo triste amador,
de amores desamparado,
de amores, que no de amor . . .

No tardes, muerte, que muero;
ven porque viva contigo;
quiéreme pues que te quiero,
que con tu venida espero
no tener guerra conmigo . . .

Yo soy quien libre me vi,
yo, quien pudiera olvidaros,
yo soy el que por amaros
estoy desque os conoscí
sin Dios y sin vos y mí . . .

Pero su fama se debe a una obra singular, gustada por todas las épocas: las *Coplas que fizo don Jorge Manrique por la muerte de su padre*. Don Rodrigo Manrique, conde de Paredes, Maestro de la Orden de Santiago, muere en

---

[217] **cabezón** a strip of linen doubled over to form the collar of a blouse. [218] **dulzor** a kind of make-up with a sweet taste. [219] **arrebol** a reddish color or a rouge used to give the cheeks a pink tinge. [220] **ojuelos garzos** pretty blue eyes. [221] **alcohol** a very fine and perfumed black powder which was used as an eye make-up. [222] **ha trocado la lición** has bungled the reading of the Mass. [223] **monacillos** modern: «monaguillos» (acolytes). [224] **por decir** instead of saying. [225] **soñito** diminutive of «sueño». [226] **celosías** lattices (of windows). [227] **si . . . venida** since this is not the opportune (convenient) time. [228] **labrar** to embroider. [229] **trenzas** tresses (of hair).

℃ La glofa dela pfente obra procede fegun que por ella fe mueftra a cada copla delas de don Jorge quatro. cōuiene a faber fobre cada pie principal vna copla acabādo enel mifmo. los q̃les van pueftos enel fin por a. b. c. ð. faluo cinco que enefta obra fe ballaran que por no tener en fy folos fenten cia van enel medio. y acaba la glofa. y affi fe podran ver y algun della fruto guftar fy con beniuola y piadofa correcion delos difcretos fueren reçebi das de baro dela qual dizen lo que por ellas pareçe.

Grabado de la Glosa hecha por Alonso de Cervantes sobre las *Coplas de Jorge Manrique,* impresa en Lisboa, 1501. Se conserva en el British Museum, London.

1476. Acababa de conquistar Uclés (Cuenca) —donde será enterrado su hijo Jorge— y Ocaña (en Toledo), para le Reina Isabel. Su hijo había tomado también parte en la campaña. Después de la conquista de Ocaña, don Rodrigo se siente mortalmente herido de un cáncer que le devora rápidamente el rostro, y en esa misma villa de Ocaña muere el once de noviembre de 1476, tres años antes que nuestro poeta.

Las *Coplas* son un largo poema de 40 estrofas (o coplas) *de pie quebrado*. Cada estrofa tiene doce versos (o pies, como se decía entonces); la estrofa se divide en cuatro grupos de dos versos octosílabos y un verso de cuatro sílabas (que es el verso o pie quebrado). El ritmo sostenido y solemne (como «el compasado son de una gran campana», dijo el hispanista americano Ticknor, 1791–1871) ayuda al tono grave de la elegía. La estrofa de pie quebrado, muy gustada en el siglo XV, puede llegar a la monotonía, pero en las *Coplas* de Jorge Manrique alcanza un armónico equilibrio. La expresión es sencilla, sin los retorcimientos sintácticos o el abuso de neologismos latinizantes que vemos en otros poetas de la época. Esta sencillez da a la lengua una naturalidad que la acerca más a nosotros.

Aunque escritas para honrar *una* muerte, las *Coplas* son una reflexión poética sobre *la* muerte, la de todos. La concepción es cristiana y medieval: fugacidad de la vida («nuestras vidas son los ríos que van a dar en la mar, que es el morir»), desprecio del mundo, y valoración de la existencia humana como un medio de lograr la vida eterna, que es la vida verdadera. El tono meditativo y de exhortación que tiene el poema, sin gritos y sin miedos ante el hecho inescapable de la muerte, lo deja impregnado de una suave melancolía.

Desde el comienzo, el poema se dirige a nosotros y trata de convencernos de que «este mundo es el camino para el otro» (estrofa 5ª), y de que, por consiguiente, debemos recorrer el camino con la vista puesta en el fin del viaje. Sin embargo, los humanos solemos andar (¡y correr!) tras cosas de poco valor (estrofa 7ª), que nada valen, porque no podemos llevarlas con nosotros a la otra vida: acaban con ellos la Vejez, la Fortuna y la Muerte (estrofas 7 a 14). En las estrofas 15 a 24, las Coplas desarrollan un viejo tema que viene de la latinidad: *Ubi sunt* . . .; ¿Dónde están . . .?; *where are they* . . .?; ¿Qué *se fizo* —pregunta

Jorge Manrique— del rey don Juan, de los Infantes de Aragón, de los galanes, de las damas que todos conocimos y ya no viven . . . ? El poeta va preguntando por unos y por otros, para acabar preguntando a la misma Muerte: «di, Muerte, ¿dó los escondes / y traspones?». En la estrofa 25 comienza la elegía por el Maestre. Hasta ahora se nos ha hablado del sentido de la muerte y de hombres que vivieron y han muerto. Pero desde aquí hasta el final las coplas nos van a hablar de don Rodrigo, de su vida ejemplar y de su muerte: él es el muerto *que muere en la elegía* y para quien la elegía ha sido escrita. La Muerte viene ante él y le explica el sentido de las tres vidas (estrofas 34 a 37): la vida temporal, la vida de la fama y la vida perdurable (o eterna). Y el Maestre contesta a la muerte que está dispuesto y consiente en su morir (estrofa 38). El Maestre muere como se debe morir, conforme a la doctrina que las *Coplas* han expuesto, dando ejemplo de buen morir después de haber dado ejemplo de buen vivir.

No es, pues, extraño que las *Coplas* de Jorge Manrique fueran miradas durante mucho tiempo como lectura edificante y piadosa, y llegaran a recitarse desde los púlpitos de las iglesias. Un rey portugués, Juan II (1477–1495), murió haciéndose leer las serenas y graves estrofas de Jorge Manrique, de las que había dicho que «tan necesario era a un hombre el saberlas como saber el *Pater noster* ».

Coplas de Jorge Manrique por la muerte de su padre

1.   Recuerde[1] el alma dormida,
avive el seso[2] y despierte
      contemplando
cómo se pasa la vida,
cómo se viene la muerte   5
      tan callando;

[1] **recuerde** awaken.   [2] **avive el seso** enliven the senses.

cuán presto se va el placer,
cómo, despúes de acordado
      da dolor,
cómo a nuestro parecer   10
cualquiera tiempo pasado
      fue mejor.

2.   Pues si vemos lo presente
cómo en un punto[3] se es ido
      y acabado,   15
si juzgamos sabiamente,
daremos[4] lo no venido
      por pasado.
No se engañe nadie, no,
pensando que ha de durár   20
      lo que espera
más que duró lo que vio,
pues que todo ha de pasar
      por tal manera.[5]

3.   Nuestras vidas son los ríos   25
que van a dar en[6] la mar,
      que es el morir;
allí van los señoríos
derechos a se acabar
      y consumir;   30
allí los ríos caudales,[7]
allí los otros, medianos[8]
      y más chicos;
allegados,[9] son iguales
los que viven por sus manos   35
      y los ricos.

4.   Dejo las invocaciones
de los famosos poetas
      y oradores;
no curo de sus ficciones,[10]   40
que traen yerbas secretas[11]
      sus sabores.[12]
Aquél sólo me encomiendo,
aquél sólo invoco yo[13]
      de verdad,   45
que en este mundo viviendo,
el mundo no conoció
      su deidad.[14]

5.   Este mundo es el camino
para el otro, que es morada   50
      sin pesar;[15]
mas cumple tener buen tino[16]
para andar esta jornada
      sin errar.
Partimos cuando nacemos,   55
andamos mientras vivimos,
      y llegamos
al tiempo que fenecemos;[17]
así que cuando morimos
      descansamos.   60

6.   Este mundo bueno fue[18]
si bien usásemos dél[19]
      como debemos,
porque, según nuestra fe,
es para ganar aquel[20]   65
      que atendemos.[21]
   Y aun aquel hijo de Dios,
para subirnos al cielo,
      descendió
a nacer acá entre nos,   70
y a vivir en este suelo,
      do murió.

7.   Ved de cuán poco valor
son las cosas tras que andamos
      y corremos;   75
que, en este mundo traidor,
aun primero que muramos
      las perdemos:
dellas deshace la edad,
dellas casos desastrados   80
      que acaecen,
dellas, por su calidad,
en los más altos estados
      desfallecen.[22]

8.   Decidme: la hermosura,   85
la gentil frescura y tez
      de la cara,
la color y la blancura,
cuando viene la vejez
      ¿cuál se para?[23]   90

Las mañas y ligereza[24]
y la fuerza corporal
      de juventud,
todo se torna graveza[25]
cuando llega al arrabal[26]   95
      de senectud.

9.   Pues la sangre de los godos,[27]
y el linaje y la nobleza
      tan crecida,
¡por cuántas vías y modos   100
se pierde su gran alteza
      en esta vida!
Unos, por poco valer,
¡por cuán bajos y abatidos
      que los tienen!   105
Y otros que, por no tener,
con oficios non debidos
      se mantienen.[28]

10.   Los estados y riqueza,
que nos dejan a deshora,[29]   110
      ¿quién lo duda?
No les pidamos firmeza,
pues que son de una señora
      que se muda.
Que bienes son de Fortuna   115
que revuelven[30] con su rueda
      presurosa,
la cual no puede ser una,[31]
ni ser estable ni queda
      en una cosa.   120

11.   Pero digo que acompañen
y lleguen hasta la huesa
      con su dueño;[32]
por eso no nos engañen,
pues se va la vida apriesa[33]   125
      como sueño;
y los deleites de acá
son, en que nos deleitamos,
      temporales,
y los tormentos de allá   130
que por ellos esperamos,
      eternales.

12.   Los placeres y dulzores
de esta vida trabajada[34]
      que tenemos,   135

[3] **punto** instant.   [4] **daremos** consideraremos. [5] **No se engañe nadie . . . por tal manera** No, let no one be fooled into believing that that which he awaits (in the future) will endure any longer than that which he has seen pass by, since everything must pass by equally quickly. [6] **dar en** to end in; i.e. to flow into.   [7] **caudales** great, wide.   [8] **medianos** middle-sized.   [9] **allegados** (los ríos) (having) arrived   [10] **no curo de sus ficciones** I have no interest in their false inventions.   [11] **yerbas secretas** hidden poisons.   [12] **sabores** literally, flavors; here, it means the beauties of the false inventions referred to above.   [13] Instead of invoking the muses or the famous poets and orators, Jorge Manrique invokes Christ.   [14] St. John I, 10: He was in the world, («que en este mundo viviendo») and the world was made by him, and the world knew him not («el mundo no conoció su deidad»). [Authorized King James Version.] [15] **morada sin pesar** a dwelling place without sorrow. [16] **cumple tener buen tino** it is necessary to exercise prudence or good judgement.   [17] **fenecemos** we die.   [18] **fue** would be.   [19] **dél** de él.   [20] «aquel» refers to the celestial world.   [21] **atender** to await. (The idea of the whole sentence is that the world is not bad in itself; the world is good if we make good use of it, for this world exists so that we might win the one (the celestial world) which we await).   [22] **dellas . . . desfallecen** some of them (the worldly things) are consumed by age; to others befall unfortunate accidents; and others fall despite their rank in the highest estates.   [23] **¿cuál se para?** what becomes of them?   [24] **mañas y ligereza** dexterity and nimbleness.   [25] **graveza** heaviness, fatigue.   [26] **arrabal** vicinity, environs; i.e. when one approaches old age. [27] The Visigoths ruled in Spain from the fifth century to the seventh century A.D. During the Middle Ages, the idea of nobility was usually associated with the Visigothic rulers. [28] **Y otros . . . mantienen** And others, for lack of wealth, support themselves with work which is improper to their rank. [29] **a deshora** suddenly, inopportunely.   [30] **revuelven** spin, turn.   [31] **la cual . . . una** which (refers to Fortune) never remains unchanged. Fortune, a goddess in Mythology, was represented by a woman with a wheel whose constant turning could cast down the lofty and change the status of men. [32] **Pero . . . dueño** But even supposing that the worldly goods accompany their owner to the grave.   [33] **apriesa** aprisa.   [34] **trabajada** hard, wearisome.

¿qué son sino corredores,[35]
y la muerte la celada[36]
  en que caemos?
No mirando a nuestro daño,
corremos a rienda suelta[37] 140
  sin parar;
desque[38] vemos el engaño
y queremos dar la vuelta,
  no hay lugar.

13. Si fuese en nuestro poder 145
tornar la cara hermosa
  corporal,[39]
como podemos hacer
el ánima tan gloriosa
  angelical, 150
¡qué diligencia tan viva
tuviéramos toda hora,
  y tan presta,
en componer la cativa,[40]
dejándonos la señora[41] 155
  descompuesta!

14. Esos reyes poderosos
que vemos por escrituras
  ya pasadas,
con casos tristes, llorosos, 160
fueron sus buenas venturas
  trastornadas;
así que no hay cosa fuerte;
que a papas y emperadores
  y prelados 165
así los trata la muerte
como a los pobres pastores
  de ganados.[42]

15. Dejemos a los troyanos,
que sus males no los vimos, 170
  ni sus glorias;
dejemos a los romanos,
aunque oímos o leímos
  sus historias;
no curemos[43] de saber 175
lo de aquel siglo pasado
  qué fue de ello;[44]

vengamos a lo de ayer,
que también es olvidado
  como aquello. 180

16. ¿Qué se hizo el rey don Juan?[45]
Los infantes de Aragón[46]
  ¿qué se hicieron?
¿Qué fue de tanto galán,[47]
qué fue de tanta invención 185
  como trujeron?
Las justas y los torneos,
paramentos, bordaduras
  y cimeras[48]
¿fueron sino devaneos?[49] 190
¿Qué fueron sino verduras
  de las eras?[50]

17. ¿Qué se hicieron las damas,
sus tocados,[51] sus vestidos,
  sus olores?[52] 195
¿Qué se hicieron las llamas
de los fuegos encendidos
  de amadores?
¿Qué se hizo aquel trovar,[53]
las músicas acordadas[54] 200
  que tañían?
¿Qué se hizo aquel danzar,
aquellas ropas chapadas[55]
  que traían?

18. Pues el otro su heredero, 205
don Enrique,[56] ¡qué poderes
  alcanzaba!
¡Cuán blando, cuán halaguero
el mundo con sus placeres
  se le daba![57] 210
Mas verás cuán enemigo,
cuán contrario, cuán cruel
  se le mostró;
habiéndole sido amigo,
¡cuán poco duró con él 215
  lo que le dio!

19. Las dádivas desmedidas,[58]
los edificios reales
  llenos de oro,

las vajillas tan febridas,[59]   220
los enriques[60] y reales
      del tesoro;
los jaeces,[61] los caballos
de su gente y atavíos
      tan sobrados,[62]   225
¿dónde iremos a buscallos?[63]
¿Qué fueron sino rocíos[64]
      de los prados?

20.   Pues su hermano[65] el inocente,
que en su vida sucesor   230
      se llamó,
¡qué corte tan excelente
tuvo y cuánto gran señor
      le siguió!
Mas como fuese mortal,   235
metióle la Muerte luego
      en su fragua.[66]
¡Oh jüicio divinal!
Cuando más ardía el fuego
      echaste agua.[67]   240

21.   Pues aquel gran Condestable,[68]
maestre que conocimos
      tan privado,[69]
no cumple que[70] dél se hable,
sino sólo que lo vimos   245
      degollado.
Sus infinitos tesoros,
sus villas y sus lugares,
      su mandar,
¿qué le fueron sino lloros?[71]   250
¿Qué fueron sino pesares
      al dejar?

22.   Y los otros dos hermanos,[72]
maestres tan prosperados
      como reyes,   255
que a los grandes y medianos
trujeron tan sojuzgados[73]
      a sus leyes;
aquella prosperidad
que tan alta fue subida   260
      y ensalzada,

[35] **corredores** scouts or spies which infiltered the enemy camp. [36] **celada** ambush. [37] **a rienda suelta** with free rein. [38] **desque** when. [39] **tornar . . . corporal** to make beautiful the human face. [40] **en componer la cativa** in taking care of the wretched one; i.e. the body. [41] **la señora** the soul. [42] In this passage the medieval theme, "all must die", is stressed; the fact that death takes both the mighty and the humble. [43] **no curemos de** let's care not about. [44] **qué fue de ello** what became of it. [45] **¿Qué se hizo . . . don Juan?** What became of King John? (King John II of Castile). Here begins the *ubi sunt?* theme which will be continued for the next nine stanzas. The theme is applied here to famous personages contemporary with the poet. [46] Sons of King Ferdinand I of Aragon and cousins of John II. There were four of them, but two of them (Enrique and Juan) had a very active role in the political affairs of Castile; they fought against King John II in several instances. [47] **galán** courtier. [48] **paramentos, bordaduras y cimeras** adornments, embroidering, and crests of helmets. [49] **¿Fueron sino devaneos?** Were they anything but idle pursuits? [50] **verduras de las eras** verdure of the gardens. [51] **tocados** headdresses. [52] **olores** perfumes. [53] **trovar** to make poetry. [54] **acordadas** harmonious. [55] **ropas chapadas** clothing studded with silver or gold. [56] Enrique IV of Castile (1454–74), son of King John II. [57] **¡Cuán blando . . . se le daba!** How soft, how flattering the world with its pleasures seemed to him! [58] **dádivas desmedidas** rich and numerous presents. [59] **vajillas tan febridas** such well-wrought dinner-service. [60] **enriques** gold coins made by Enrique IV. [61] **jaeces** horse-trappings. [62] **sobrados** splendid, rich. [63] **buscallos** buscarlos. [64] **rocíos** dew drops. [65] **su hermano** reference to don Alfonso, younger brother of Enrique IV. Part of the nobility opposed Enrique and supported Alfonso (among the rebels was the Manrique family). Alfonso was poisoned and died in 1468 when he was fourteen years old. Enrique IV died in 1474 and was succeeded by his sister, Isabel I of Castile (the Catholic Queen). [66] **fragua** forge. [67] **¡Oh juicio . . . echaste agua** Oh, divine judgment! When things are going his way, you put an end to it all. [68] Don Alvaro de Luna, Condestable de Castilla, Maestre de Santiago. He was raised with don Juan II and became his closest friend and adviser; a very ambitious man, he attained a position of extreme wealth and power. His many enemies—among whom was the Manrique family—united against him and influenced the weak will of the king to have don Alvaro beheaded in 1453. [69] **tan privado** so greatly favored in court. [70] **no cumple que** it is not necessary that. [71] **lloros** noun from «llorar». [72] Don Juan Pacheco, Marqués de Villena, and don Beltrán de la Cueva, first duque de Alburquerque—two favorites in the court of Enrique IV. [73] **sojuzgados** subjugated.

¿qué fue sino claridad,
que cuando más encendida
fue amatada?[74]

23.   Tantos duques excelentes,   265
tantos marqueses y condes
y varones
como vimos tan potentes,
di, Muerte, ¿dó los escondes
y traspones?[75]   270
Y las sus claras hazañas
que hicieron en las guerras
y en las paces,
cuando tú, cruda,[76] te ensañas,
con tu fuerza las atierras[77]   275
y deshaces.

24.   Las huestes[78] innumerables,
los pendones, estandartes
y banderas,
los castillos impugnables,   280
los muros y baluartes
y barreras,
la cava honda,[79] chapada,[80]
o cualquier otro reparo[81]
¿qué aprovecha?   285
Cuando tú vienes airada,[82]
todo lo pasas de claro[83]
con tu flecha.

25.   Aquel de buenos abrigo,[84]
amado por virtuoso   290
de la gente,[85]
el maestre Don Rodrigo
Manrique,[86] tanto famoso
y tan valiente;
sus grandes hechos y claros   295
no cumple que[87] los alabe,
pues los vieron,
ni los quiero hacer caros,[88]
pues que el mundo todo sabe
cuáles fueron.   300

26.   ¡Qué amigo de sus amigos!
¡Qué señor para criados
y parientes!

¡Qué enemigo de enemigos!
¡Qué maestro de esforzados   305
y valientes!
¡Qué seso para discretos![89]
¡Qué gracia para donosos![90]
¡Qué razón!
¡Qué benigno a los sujetos,   310
y a los bravos y dañosos[91]
un león!

27.   En ventura[92] Octaviano;
Julio César en vencer
y batallar;   315
en la virtud, Africano;
Aníbal en el saber
y trabajar [. . .][93]

29.   No dejó grandes tesoros,
ni alcanzó muchas riquezas   320
ni vajillas,[94]
mas hizo guerra a los moros,
ganando sus fortalezas
y sus villas;
y en las lides[95] que venció,   325
cuántos moros y caballos
se perdieron;
y en este oficio ganó
las rentas[96] y los vasallos
que le dieron.   330

30.   Pues por su honra y estado
en otros tiempos pasados
¿cómo se hubo?[97]
Quedando desamparado,
con hermanos y criados   335
se sostuvo.
Después que hechos famosos
hizo en esta dicha guerra
que hacía,
hizo tratos[98] tan honrosos,   340
que le dieron aún más tierra
que tenía.

31.   Estas sus viejas historias
que con su brazo pintó
en juventud,   345
con otras nuevas victorias

agora[99] las renovó
    en senectud.
Por su gran habilidad,
por méritos y ancianía[100]
    bien gastada,   350
alcanzó la dignidad
de la gran caballería
    del Espada.[101]

32.   Y sus villas y sus tierras   355
ocupados de tiranos[102]
    las halló,
mas por cercos[103] y por guerras
y por fuerza de sus manos
    las cobró.[104]   360
Pues nuestro rey natural,[105]
si de las obras que obró
    fue servido,
dígalo el de Portugal,[106]
y en Castilla quien siguió   365
    su partido.

33.   Después de puesta la vida
tantas veces por su ley
    al tablero,[107]
después de tan bien servida   370
la corona de su rey
    verdadero;
después de tanta hazaña
a que no puede bastar
    cuenta cierta,[108]   375
en la su villa de Ocaña[109]
vino la Muerte a llamar
    a su puerta,

34.   diciendo: «Buen caballero,
dejad el mundo engañoso   380
    y su halago;[110]
vuestro corazón de acero
muestre su esfuerzo famoso
    en este trago;[111]
y pues de vida y salud   385
hiciste tan poca cuenta
    por la fama,
esfuércese la virtud[112]
para sufrir esta afrenta
    que vos llama ».   390

35.   «No se os haga tan amarga
la batalla temerosa
    que esperáis,
pues otra vida más larga
de fama tan glorïosa   395
    acá dejáis;

[74] **¿qué fue . . . amatada?** what was it (their prosperity) but a light which, when burning the brightest, was extinguished. [75] **trasponer** to take, transport. [76] **cruda** cruel. [77] **aterrar** to strike down. [78] **huestes** hosts. [79] **cava honda** the moat surrounding the castle. [80] **chapada** fortified. [81] **reparo** defense. [82] The subject here is death. [83] **de claro** «de parte a parte»; from side to side, through. [84] **Aquel de buenos abrigo** He (who was) the protector of the good ones. [85] **de la gente** by the people. [86] **Don Rodrigo Manrique** Jorge Manrique's father to whom the «coplas» are dedicated. From this point to the end, the poem centers its attention on don Rodrigo Manrique; the remaining stanzas constitute a respectful and moving eulogy of him. He is called «Maestre» because he was made Grand Master of the military Order of Santiago in 1474, two years before his death. [87] **no cumple que** it is not necessary that. [88] **hacer caros** to praise. [89] **¡Qué seso para discretos!** What wisdom he had for the prudent ones! [90] **¡Qué gracia para donosos!** What cleverness for the witty ones! [91] **bravos y dañosos** the insolent and harmful ones. [92] **ventura** fortune. [93] Jorge Manrique continues to ennumerate the great men of Antiquity as models of the virtues which his father possessed. All except Aníbal (Hannibal) were Romans. [94] **vajillas** gold and silver dinner-ware. [95] **lides** battles. [96] **rentas** incomes. [97] **¿Cómo se hubo?** How did he act or how did he bear himself? [98] **tratos** treaties, pacts. [99] **agora** ahora. [100] **ancianía** old age. [101] Another reference to the fact that Jorge Manrique's father was Grand Master of the Order of Santiago. The emblem of the order was a red sword. [102] **tiranos** tyrants (political enemies of don Rodrigo Manrique). [103] **cercos** sieges. [104] **cobró** recovered. [105] **natural** legitimate. [106] Alfonso V, king of Portugal fought against the Catholic Monarchs, but was beaten in 1476. Don Rodrigo Manrique's participation in the fight is emphasized in these lines. [107] **poner la vida al tablero** to risk one's life. [108] **a que . . . cuenta cierta** of which one cannot keep exact account. [109] **Ocaña** a town located in the province of Toledo and situated southeast of Madrid. [110] **halago** flattery. [111] **trago** difficult ordeal. [112] **virtud** fortitude, courage.

aunque esta vida de honor
tampoco no es eternal
  ni verdadera,
mas con todo es muy mejor   400
que la otra temporal
  perecedera ».[113]

36. «El vivir que es perdurable[114]
no se gana con estados
  mundanales,   405
ni con vida delectable
en que moran[115] los pecados
  infernales;
mas los buenos religiosos
gánanlo con oraciones   410
  y con lloros;
los caballeros famosos
con trabajos y aflicciones
  contra moros ».

37. «Y pues vos, claro varón,[116] 415
tanta sangre derramastes
  de paganos,[117]
esperad el galardón[118]
que en este mundo ganastes
  por las manos;   420
y con esta confianza
y con la fe tan entera
  que tenéis,
partid con buena esperanza,
que esta otra vida tercera[119] 425
  ganaréis ».

38. (*Responde el Maestre*)

 «No gastemos tiempo ya
en esta vida mezquina[120]
  por tal modo,   430

que mi voluntad está
conforme con la divina
  para todo;
y consiento en mi morir
con voluntad placentera,[121]   435
  clara y pura,
que querer hombre vivir
cuando Dios quiere que muera
  es locura ».

(*Oración*[122])

39. «Tú, que por nuestra maldad 440
tomaste forma servil
  y bajo nombre;[123]
Tú, que a tu divinidad
juntaste cosa tan vil
  como el hombre;   445
Tú, que tan grandes tormentos
sufriste sin resistencia
  en tu persona,
no por mis merecimientos,
mas por tu sola clemencia   450
  me perdona ».[124]

(*Cabo*[125])

40. Así con tal entender,
todos sentidos humanos
  conservados,
cercado de su mujer,   455
y de sus hijos y hermanos
  y criados,
dio el alma a quien se la dio,
(el cual la ponga en el cielo
  en su gloria),   460
que, aunque la vida perdió,
nos dejó harto[126] consuelo
  su memoria.

Fernando de Rojas (? -1541)

Fernando de Rojas (?–1541) nació en la Puebla de Montalván (Toledo), estudió en la universidad de Salamanca donde obtuvo grado de bachiller y vivió durante muchos años en Talavera de la Reina, llegando a ser Alcalde Mayor de la ciudad. Era hidalgo y descendiente de judíos conversos. Su nombre aparece en varios documentos de la época, conocemos su testamento, conservamos sus restos (en Talavera), pero no es mucho lo que sabemos de su vida. Su libro *La tragicomedia de Calisto y Melibea* (1499), más conocido por el nombre de *La Celestina*, es una de las obras más importantes de la literatura española. Sin embargo no se sabe que el autor escribiera ningún otro libro.

La primera edición conocida de la obra apareció anónima (Burgos, 1499) y contenía 16 actos. En la segunda edición (Toledo, 1500), la obra sigue teniendo 16 actos, pero se han añadido algunos materiales al comienzo y al final; entre ellos, hay una «carta a un su amigo» y once coplas acrósticas; en la carta, el autor declara serlo solamente de los quince últimos actos, y haber encontrado el primer acto en un manuscrito de autor desconocido; en las coplas, se da a conocer el autor de dichos quince actos: el bachiller Fernando de Rojas. En seis ediciones posteriores que aparecen todas en 1502 (en Toledo, Sevilla y Salamanca) aparece ya la obra con cinco actos añadidos, interpolados entre el acto 14 y el 15 de las ediciones anteriores. En estas ediciones, la obra tiene, pues, veintiún actos. Todo esto plantea el problema de si nos encontramos ante un solo autor (de los 21 actos, siendo una ficción la afirmación de ser de otro el primer acto), o ante dos autores o, en fin, ante tres o más. Todas estas posibilidades se han defendido y se han hecho estudios del estilo y de la lengua para resolver el problema. La tesis hoy más aceptada es la de considerar que Rojas encontró efectivamente el primer acto anónimo y escribió los restantes para continuarlo. Nada sabemos del posible autor de ese primer acto.

La obra está escrita en prosa y en forma dialogada, lo cual ha dado lugar a una discusión aún no decidida: ¿es novela o es teatro? Se suele decir que no pertenece a ningún género determinado, y que es una novela dialogada, escrita para ser leída, no representada (aunque se ha representado modernamente en repetidas ocasiones).

¿Cuál es la tesis de esta obra, si es que tiene una tesis? ¿O cuál es la intención de su autor, si es que realmente el autor tiene una intención determinada o determinable? Entre los numerosos problemas que presenta la obra, éste no es ciertamente el menor. Mucho se ha escrito y se seguirá escribiendo sobre ello. Las interpretaciones varían de lector a lector. Lo que sigue son algunas de las muchas cosas que se han dicho y que cabe decir de *La Celestina*, pero en ningún modo debemos considerarlas como verdades definitivas. Esta problematicidad del libro hace apasionante su lectura desde el primer acto hasta el último.

Escrita con extraña impersonalidad, el autor parece estar ausente y no entrometerse para opinar o moralizar, aunque en la carta preliminar «a un su amigo» dice que escribe la obra para ayudar a los jóvenes que se dejan apresar por el amor. No hay indicaciones de lugar ni de tiempo, pero en cambio los caracteres son reales y simbólicos al mismo tiempo: son tipos humanos que pertenecen a todas las clases sociales (caballeros, burgueses, criados y parásitos), todos son tipos posibles en la vida de una ciudad castellana de fines del siglo XV y dan «realismo» a la tragicomedia;

---

[113] **perecedera** perishable. [114] **perdurable** eternal. [115] **moran** dwell. [116] **claro varón** honorable man. [117] «paganos» refers to the non-Christians or, in this case, to the Moors. [118] **galardón** reward. [119] **vida tercera** refers to «vivir perdurable,» or the eternal life. [120] **mezquina** miserable. [121] **con voluntad placentera** with free will. [122] **oración** prayer. [123] **Tú ... bajo nombre** You, God, who chose to take on the human form («tomaste forma servil») and to call yourself man («y bajo nombre »); i.e. to become man in order to redeem us from our sins («nuestra maldad»). [124] **me perdona** perdóname, imperative form. [125] **cabo** fin, final. [126] **harto** a great deal, much.

Vista de Burgos, según grabado del s. XVI. (*Civitates orbis terrarum,* de G. Braun y F. Hogenberg.)
Biblioteca Nacional, Madrid.

pero más que un realismo pintoresco y descriptivo (reproducción de lo exterior), lo que el autor presenta es una visión realista del interior de sus personajes. El amor que domina a Calisto y a Melibea descubre, se ha dicho, un loco egoísmo; la ambición de Celestina y los criados descubre que en sus corazones no hay más que avaricia y deslealtad. ¿Es que no hay caracteres nobles en la obra? Se ha repetido que la tragicomedia está saturada de un negro pesimismo, pues todos sus personajes son víctimas de sus propias pasiones, como si fueran juguetes de un poder fatal que los empuja a su destrucción. En la obra parece haber dos planos que se mueven simultáneamente, pero son independientes. El mundo ideal, del amor y la belleza, está representado por los dos amantes, que viven en un mundo (egoísta) de ensueño; el mundo de la realidad brutal y cínica, violenta hasta el crimen, lo representan los criados, Celestina y sus muchachas. Pero unos y otros son *locos,* que no se rigen por la razón. Sin embargo, el castigo parece alcanzar a todos, culpables y no culpables. ¿Es

que no hay una providencia justa que gobierne y juzgue la vida humana?

En la obra hay muchos elementos literarios y filosóficos que vienen de la Edad Media y del Prerrenacimiento italiano. Es fácil ver que la Celestina recuerda a la Trotaconventos de Juan Ruiz; es también fácil descubrir otras muchas influencias latinas (Ovidio, Plauto y Terencio), de la tradición trovadoresca y de las novelas sentimental y de caballerías (con su concepción del *amor cortés*). El jardín de Melibea, donde la doncella recibe a Calisto y deja de serlo, es un lugar común en la tradición literaria medieval.

Uno de los grandes valores de la obra es el lenguaje; los personajes hablan unas veces un lenguaje artificioso y literario, culto y latinizante; otras, y éste es su mayor mérito, un lenguaje vivo y familiar, el lenguaje realista del mundo social a que la obra pertenece, lleno de refranes y giros populares. «Deja, señor —le dice a Calisto una vez su criado Sempronio—, esos rodeos, que no es habla conveniente la que a todos no es común ». La lengua, en su realismo, puede llegar a una crudeza de expresión que jamás usará la literatura (seria) posterior. «Libro, a mi entender, divino, / si encubriera más lo humano », lo llamará Cervantes.

LA CELESTINA

Síguese

la comedia o tragicomedia de Calisto y Melibea, compuesta en represión de los locos enamorados, que, vencidos en su desordenado apetito, a sus amigas llaman y dicen ser su dios.[1] Asimismo hecha en aviso[2] de los engaños de las alcahuetas y malos y lisonjeros sirvientes.

Argumento de toda la obra

Calisto fue de noble linaje, de claro ingenio, de gentil disposición, de linda crianza, dotado de muchas gracias, de estado mediano. Fué preso en el amor de Melibea, mujer moza, muy generosa,[3] de alta y serenísima sangre, sublimada en próspero estado una sola[4] heredera a su padre Pleberio, y de su madre Alisa, muy amada. Por solicitud del pungido Calisto, vencido el casto propósito de ella (interviniendo Celestina, mala y astuta mujer, con dos sirvientes del vencido Calisto, engañados, y por ésta tornados desleales, presa su fidelidad con anzuelo de codicia y de deleite), vinieron los amantes y los que los ministraron en amargo y desastrado fin.[5] Para comienzo de lo cual dispuso la adversa fortuna

lugar oportuno, donde a la presencia de Calisto se presentó la deseada Melibea.

Introdúcense en esta tragicomedia las personas siguientes

CALISTO	*Mancebo enamorado.*
MELIBEA	*Hija de Pleberio.*
PLEBERIO	*Padre de Melibea.*
ALISA	*Madre de Melibea.*
CELESTINA	*Alcahueta.*
PÁRMENO	
SEMPRONIO	
TRISTÁN	*Criados de Calisto.*
SOSIA	
CRITO	*Putañero.[6]*
LUCRECIA	*Criada de Pleberio.*
ELICIA	
AREUSA	*Rameras.*
CENTURIO	*Rufián.*

Acto primero

Argumento del primer acto de esta comedia

Entrando Calisto en una huerta en pos de[7] un halcón suyo, halló allí a Melibea, de cuyo amor preso, comenzóle de hablar. De la cual rigurosamente despedido,[8] fue para su casa muy angustiado. Habló con un criado suyo llamado Sempronio, el cual, después de muchas razones, le enderezó a una vieja llamada Celestina, en cuya casa tenía

---

[1] **a sus amigas llaman y dicen ser su dios** they call their mistresses "god". [2] **Asimismo hecha en aviso** (The play) is written also as a warning. [3] **generosa** generous, noble. [4] **sola** the only, the sole. [5] **Por solicitud del pungido Calisto . . . desastrado fin** Her chaste resistance was overcome by the insistence of the love-struck Calisto, aided by a wicked and cunning woman named Celestina and the afflicted Calisto's two servants, who were fooled by Celestina and made to turn traitors by her promises of profit and pleasure. The two lovers and their helpers came to a sad and bitter end. [6] **Putañero** a lecher, a pimp. [7] **en pos de** in pursuit of. [8] **De la cual rigurosamente despedido** Sternly dismissed by her.

el mismo criado una enamorada llamada Elicia. La cual, viniendo Sempronio a casa de Celestina con el negocio de su amo, tenía a otro consigo, llamado Crito, al cual escondieron. Entre tanto que Sempronio está negociando con Celestina, Calisto está razonando con otro criado suyo, por nombre Pármeno. El cual razonamiento dura hasta que llegan Sempronio y Celestina a casa de Calisto. Pármeno fue conocido de Celestina, la cual mucho le dice[9] de los hechos y conocimiento de su madre, induciéndole a amor y concordia de Sempronio.

PÁRMENO, CALISTO, MELIBEA, SEMPRONIO, CELESTINA, ELICIA, CRITO

CALISTO.—En esto veo, Melibea, la grandeza de Dios.

MELIBEA.—¿En qué, Calisto?

CALISTO.—En dar poder a natura que de tan perfecta hermosura te dotase y hacer a mi inmérito tanta merced que verte alcanzase[10] y en tan conveniente lugar, que mi secreto dolor manifestarte pudiese. Sin duda incomparablemente es mayor tal galardón que el servicio, sacrificio, devoción y obras pías, que por este lugar alcanzar tengo yo a Dios ofrecido, ni otro poder mi voluntad humana puede cumplir.[11] ¿Quién vio en esta vida cuerpo glorificado de ningún hombre, como ahora el mío? Por cierto, los gloriosos santos, que se deleitan en la visión divina, no gozan más que yo ahora en el acatamiento tuyo. Mas, ¡oh triste!, que en esto diferimos: que ellos puramente se glorifican sin temor de caer de tal bienaventuranza, y yo, mixto,[12] me alegro con recelo del esquivo tormento que tu ausencia me ha de causar.

MELIBEA.—¿Por grande premio tienes esto, Calisto?

CALISTO.—Téngolo por tanto en verdad que, si Dios me diese en el cielo la silla sobre sus santos, no lo tendría por tanta felicidad.

MELIBEA.—Pues aun más igual[13] galardón te daré yo, si perseveras.

CALISTO.—¡Oh bienaventuradas orejas mías, que indignamente[14] tan gran palabra habéis oído!

MELIBEA.—Mas desventuradas de que me acabes de oir.[15] Porque la paga será tan fiera, cual merece tu loco atrevimiento, y el intento de tus palabras, Calisto, ¿ha sido de ingenio de tal hombre como tú, haber de salir para perderse en la virtud de tal mujer como yo?[16] ¡Vete! ¡Vete de ahí, torpe! Que no puede mi paciencia tolerar que haya subido[17] en corazón humano conmigo el ilícito amor comunicar su deleite.[18]

CALISTO.—Iré como aquel contra quien solamente la adversa fortuna pone su estudio[19] con odio cruel.

CALISTO.—¡Sempronio, Sempronio, Sempronio! ¿Dónde está este maldito?

SEMPRONIO.—Aquí soy, señor, curando de estos caballos…

CALISTO.—¡Así los diablos te ganen![20]… ¡Anda, anda, malvado! Abre la cámara y endereza la cama.

SEMPRONIO.—Señor, luego hecho es.[21]

CALISTO.—Cierra la ventana y deja la tiniebla acompañar al triste y al desdichado la ceguedad. Mis pensamientos tristes no son dignos de luz. ¡Oh bienaventurada muerte aquella que deseada a los afligidos viene! ¡Oh!, si vinieses ahora, Erasístrato,[22] médico, ¿sentirías mi mal? ¡Oh piedad de sileuco, inspira en el plebérico corazón por que sin esperanza de salud no envíe el espíritu perdido con el desastrado Píramo y la desdichada Tisbe![23]

SEMPRONIO.—¿Qué cosa es?

CALISTO.—¡Vete de ahí! No me hables; si no, quizá antes del tiempo de mi rabiosa muerte, mis manos causarán tu arrebatado fin.

SEMPRONIO.—Iré, pues solo quieres padecer tu mal.

CALISTO.—¡Ve con el diablo!

SEMPRONIO.—No creo, según pienso, ir conmigo el que contigo queda.[24] ¡Oh desventura! ¡Oh súbito mal! ¿Cuál fue tan contrario acontecimiento, que así tan presto robó el alegría de este hombre y, lo que peor es, junto con ella el seso? ¿Dejarle he solo o entraré allá? Si le dejo, matarse ha; si entro allá, matarme ha. Quédese, no me curo. Más vale que muera aquel a quien es enojosa la vida, que no yo, que huelgo con ella. Aunque por él[25] no desease vivir, sino por ver mi Elicia, me debería guardar de peligros. Pero, si se mata sin otro testigo, yo quedo obligado a dar cuenta de su vida.…

CALISTO.—¡Sempronio!

SEMPRONIO.—¡Señor!

CALISTO.—Dame acá el laúd.

SEMPRONIO.—Señor, vesle aquí.

CALISTO:

¿Cuál dolor puede ser tal
que se iguale con mi mal?

SEMPRONIO.—Destemplado está ese laúd.

CALISTO.—¿Cómo templará el destemplado?[26] ¿Cómo sentirá el armonía aquel que consigo está tan discorde? ¿Aquel en quien la voluntad a la razón no obedece? ¿Quién tiene dentro del pecho aguijones, paz, guerra, tregua, amor, enemistad, injurias, pecados, sospechas, todo a una causa?[27] Pero tañe y canta la más triste canción que sepas.

SEMPRONIO:

Mira Nero de Tarpeya
a Roma cómo se ardía:
gritos dan niños y viejos
y él de nada se dolía.[28]

CALISTO.—Mayor es mi fuego y menor la piedad de quien ahora digo.[29]

SEMPRONIO.—No me engaño yo, que loco está este mi amo.

CALISTO.—¿Qué estás murmurando, Sempronio?

SEMPRONIO.—No digo nada.

CALISTO.—Di lo que dices, no temas.

SEMPRONIO.—Digo que cómo puede ser mayor el fuego que atormenta un vivo que el que quemó tal ciudad y tanta multitud de gente.

CALISTO.—¿Cómo? Yo te lo diré. Mayor es la llama que dura ochenta años que la que en un día pasa, y mayor la que mata un ánima que la que quema cien mil cuerpos. Como de la apariencia a la existencia, como de lo vivo a lo pintado, como de la sombra a lo real, tanta diferencia hay del fuego, que dices, al que me quema. Por cierto, si el del purgatorio[30] es tal, más querría que mi espíritu fuese con los de los brutos animales, que por medio de aquél ir a la gloria de los santos.

SEMPRONIO.—¡Algo es lo que digo! ¡A más ha de ir este hecho![31] No basta loco, sino hereje.

CALISTO.—¿No te digo que hables alto cuando hablares? ¿Qué dices?

SEMPRONIO.—Digo que nunca Dios quiera tal; que es especie de herejía lo que ahora dijiste.

CALISTO.—¿Por qué?

SEMPRONIO.—Porque lo que dices contradice la cristiana religión.

CALISTO.—¿Qué a mí?

SEMPRONIO.—¿Tú no eres cristiano?

CALISTO.—¿Yo? Melibeo soy y a Melibea adoro y en Melibea creo y a Melibea amo.

---

[9] **mucho le dice** he tells him at length. [10] **hacer a mi inmérito tanta merced que verte alcanzase** and bestowed upon me the undeserved favor of finding you here. [11] **que por este lugar alcanzar tengo yo a Dios ofrecido, ni otro poder mi voluntad humana puede cumplir** that I have offered to God to admit me to this place, for no other power could have helped me, a simple mortal, realize this desire. [12] **mixto** a creature of matter and spirit. [13] **más igual** more fitting, more suitable. [14] **que indignamente** that unworthily. [15] **Mas desventuradas de que me acabes de oir** Unfortunate, rather, when you hear what I have to say. [16] **Y el intento de tus palabras . . . de tal mujer como yo** And your words, Calisto, so befitting the low character of a man like you, have come to naught in this onslaught against my virtue. [17] **subido** invaded. [18] **conmigo el elícito . . . deleite** the idea of sharing the lewd pleasures of an illicit love with me. [19] **pone su estudio** (contra) obstinately persecutes. [20] **¡Así los diablos te ganen!** The Devil take you! [21] **luego hecho es** it shall be done immediately. [22] **Erasistratus** physician who saved Antiochus, who, like Calisto, was sick with love. [23] **¡Oh piedad de Sileuco . . . la desdichada Tisbe!** May Seleucus in his mercy strike a note of pity in Pleberio's heart so that my lost and hopeless soul will not be sent to join those of the downcast Pyramus and the unfortunate Tisbe. (Pleberio is Melibea's father; Seleucus was Antiochus' father.) [24] **No creo, según pienso, ir conmigo el que contigo queda** I don't know how he (the Devil) can come with me, since he's staying here with you. [25] **por ál** por otra cosa. [26] **¿Cómo templará el destemplado?** How can a man tune it (the lute) if he himself is out of tune? [27] **a una causa** and all for one cause. [28] This was a popular ballad. [29] **Mayor es . . . ahora digo** The fire that consumes me is greater (than that which burned Rome) and the lady I am speaking of now has less pity (than had Nero). [30] **purgatorio** purgatory. [31] **¡A más ha de ir este hecho!** This is going from bad to worse!

Portada del *Libro de Calixto y Melibea e dela puta vieja Celestina,* edición fechada en Sevilla, 1502. Biblioteca Nacional, Madrid.

SEMPRONIO.—Tú te lo dirás. Como Melibea es grande, no cabe en el corazón de mi amo, que por la boca le sale a borbollones. No es más menester. Bien sé de qué pie cojeas.[32] Yo te sanaré.

CALISTO.—Increíble cosa prometes.

SEMPRONIO.—Antes fácil. Que el comienzo de la salud es conocer hombre la dolencia del enfermo.

CALISTO.—¿Cuál consejo puede regir lo que en sí no tiene orden ni consejo?[33]

SEMPRONIO.—¡Ah!, ¡ah!, ¡ah! ¿Esto es el fuego de Calisto? ¿Éstas son sus congojas? ¡Como si solamente el amor contra él asestara sus tiros! ¡Oh soberano Dios, cuán altos son tus misterios!... Mandaste al hombre por la mujer dejar el padre y la madre,[34] ahora no sólo aquello, mas a Ti y a tu ley desamparan, como ahora Calisto. Del cual no me maravillo, pues los sabios, los santos, los profetas, por él te olvidaron.[35]

CALISTO.—¡Sempronio!

SEMPRONIO.—¡Señor!

CALISTO.—No me dejes.

SEMPRONIO.—De otro temple está esta gaita.[36]

CALISTO.—¿Qué te parece de mi mal?

SEMPRONIO.—Que amas a Melibea.

CALISTO.—¿Y no otra cosa?

SEMPRONIO.—Harto mal es tener la voluntad en un solo lugar cautiva.

CALISTO.—Poco sabes de firmeza.

SEMPRONIO.—La perseverancia en el mal no es constancia; mas dureza o pertinacia la llaman en mi tierra. Vosotros los filósofos de Cupido llamadla como quisiereis.

CALISTO.—Torpe cosa es mentir el que enseña a otro, pues que tú te precias de loar a tu amiga Elicia.

SEMPRONIO.—Haz tú lo que bien digo y no lo que mal hago.

CALISTO.—¿Qué me repruebas?

SEMPRONIO.—Que sometes la dignidad del hombre a la imperfección de la flaca mujer.

CALISTO.—¿Mujer? ¡Oh grosero! ¡Dios, Dios!

SEMPRONIO.—¿Y así lo crees? ¿O burlas?

CALISTO.—¿Que burlo? Por Dios la creo, por Dios la confieso[37] y no creo que hay otro soberano en el cielo; aunque entre nosotros mora.[38]

SEMPRONIO.—¡Ja!, ¡ja!, ¡ja! ¿Oíste qué blasfemia? ¿Viste qué ceguedad?

CALISTO.—¿De qué te ríes?

SEMPRONIO.—Ríome, que no pensaba que había peor invención de pecado que en Sodoma.[39]

CALISTO.—¿Cómo?

SEMPRONIO.—Porque aquéllos procuraron abominable uso con los ángeles no conocidos, y tú con el que confiesas ser Dios.

CALISTO.—¡Maldito seas!, que hecho me has reír, lo que no pensé hogaño.[40]

SEMPRONIO.—¿Pues qué? ¿Toda tu vida habías de llorar?

CALISTO.—Sí.

SEMPRONIO.—¿Por qué?

CALISTO.—Porque amo a aquella ante quien tan indigno me hallo, que no la espero alcanzar.

SEMPRONIO.—... Ponte en la medida de honra, piensa ser más digno de lo que te reputas. Que cierto, peor extremo es dejarse hombre caer de su merecimiento, que ponerse en más alto lugar que debe.[41]

CALISTO.—Pues, ¿quién yo para eso?

SEMPRONIO.—¿Quién? Lo primero eres hombre, y de claro ingenio. Y más a quien la natura dotó de lo, mejores bienes que tuvo, conviene a saber, hermosuras gracia, grandeza de miembros, fuerza, ligereza. Y allende de esto, fortuna medianamente partió contigo lo suyo en tal cantidad, que los bienes que tienes de

---

[32] **Bien sé de qué pie cojeas** I know where the trouble lies. [33] **¿Cuál consejo . . . ni consejo?** How can you make order out of something which has neither order nor sense? [34] Genesis 2:24. [35] **por él te olvidaron** They forgot you (God) for love's sake. [36] **De otro temple está esta gaita** You now seem to be in a better mood. [37] **Por Dios la creo, por Dios la confieso** I hold her to be God and I so proclaim her to be. [38] **mora** (morar) lives, dwells; i.e. although she (Melibea) dwells here on earth with us. [39] **Sodoma** Genesis 19:1–5. [40] **lo que no pensé hogaño** that which I didn't think I could do at the present time. [41] **Ponte, pues, . . . lugar que debe** Try to live up to your position as an honorable man and attempt to be more worthy than you now consider yourself to be. Surely it's a worse folly for a man to fall from the place where he rightly belongs, than to raise himself to a position higher than he deserves.

dentro, con los de fuera resplandecen.[42] Porque sin los bienes de fuera, de los cuales la fortuna es señora, a ninguno acaece en esta vida ser bienaventurado. Y más, a constelación de todos eres amado.[43]

CALISTO.—Pero no de Melibea. Y en todo lo que me has gloriado, Sempronio, sin proporción ni comparación se aventaja Melibea. Mira la nobleza y antigüedad de su linaje, el grandísimo patrimonio, el excelentísimo ingenio, las resplandecientes virtudes, la altitud e inefable gracia, la soberana hermosura, de la cual te ruego me dejes hablar un poco, por que haya algún refrigerio.[44] Y lo que te dijere será de lo descubierto; que, si de lo oculto yo hablarte supiera, no nos fuera necesario altercar tan miserablemente estas razones.

SEMPRONIO.—¡Qué mentiras y qué locuras dirá ahora este cautivo de mi amo![45]

CALISTO.—¿Cómo es eso?

SEMPRONIO.—Dije que digas, que muy gran placer habré de lo oir. ¡Así te medre Dios, como me será agradable ese sermón.[46]

CALISTO.—¿Qué?

SEMPRONIO.—Que ¡así me medre Dios, como me será gracioso de oir!

CALISTO.—Pues porque hayas placer, yo lo figuraré por partes mucho por extenso.[47]

SEMPRONIO.—¡Duelos tenemos! Esto es tras lo que yo andaba. De pasarse habrá ya esta oportunidad.[48]

CALISTO.—Comienzo por los cabellos. ¿Ves tú las madejas del oro delgado que hilan en Arabia?[49] Mas lindos son y no resplandecen menos. Su longura hasta el postrero asiento de sus pies; después crinados y atados con la delgada cuerda, como ella se los pone, no ha más menester para convertir los hombres en piedras.[50]

SEMPRONIO.—¡Mas en asnos!

CALISTO.—¿Qué dices?

SEMPRONIO.—Dije que esos tales no serían cerdas de asno.[51]

CALISTO.—¡Ved qué torpe y qué comparación!

SEMPRONIO.—¿Tú cuerdo?[52]

CALISTO.—Los ojos verdes, rasgados; las pestañas luengas; las cejas delgadas y alzadas; la nariz mediana; la boca pequeña; los dientes menudos y blancos; los labios colorados y grosezuelos; el torno del rostro poco más luengo que redondo; el pecho alto; la redondez y forma de las pequeñas tetas, ¿quién te la podría figurar? ¡Que se despereza el hombre cuando las mira![53] La tez lisa, lustrosa; el cuero suyo oscurece la nieve; la color mezclada, cual ella la escogió para sí.

SEMPRONIO.—¡En sus trece está este necio!

CALISTO.—Las manos pequeñas en mediana manera, de dulce carne acompañadas; los dedos luengos; las uñas en ellos largas y coloradas, que parecen rubíes entre perlas. Aquella proporción, que ver yo no pude, no sin duda por el bulto de fuera juzgo incomparablemente ser mejor, que la que Paris juzgó entre las tres diosas.[54]

SEMPRONIO.—¿Has dicho?

CALISTO.—Cuán brevemente pude.

SEMPRONIO.—Puesto que sea todo eso verdad, por ser tú hombre eres más digno.

CALISTO.—¿En qué?

SEMPRONIO.—En que ella es imperfecta, por el cual defecto desea y apetece a ti y a otro menor que tú. ¿No has leído el filósofo, do dice: «Así como la materia apetece a la forma, así la mujer al varón»?[55]

CALISTO.—¡Oh triste, y cuándo veré yo eso entre mí y Melibea!

SEMPRONIO.—Posible es. . . . Y por que no te deseperes, yo quiero tomar esta empresa de cumplir tu deseo.

CALISTO.—¡Oh! ¡Dios te dé lo que deseas! ¡Qué glorioso me es oirte; aunque no espero lo que has de hacer!

SEMPRONIO.—Antes lo haré cierto.

CALISTO.—Dios te consuele. El jubón de brocado, que ayer vestí, Sempronio, vístele tú.

SEMPRONIO.—Prospérete Dios por éste y por muchos más, que me darás. . . . Si de estos aguijones me da, traérsela he hasta la cama.[56] ¡Bueno ando! . . .

CALISTO.—¿Cómo has pensado de hacer esta piedad?

SEMPRONIO.—Yo te lo diré. Días ha grandes que conozco en fin de esta vecindad una vieja barbuda que se dice Celestina, hechicera, astuta, sagaz en cuantas maldades hay. Entiendo que pasan de cinco mil virgos los que se han hecho y deshecho por su autoridad en esta ciudad.[57] A las duras peñas promoverá y provocará a lujuria, si quiere.

CALISTO.—¿Podríala yo hablar?

SEMPRONIO.—Yo te la traeré hasta acá. Por eso, aparéjate, séle gracioso, séle franco.[58] Estudia, mientras voy yo, de le decir tu pena tan bien como ella te dará el remedio.

CALISTO.—¿Y tardas?

SEMPRONIO.—Ya voy. Quede Dios contigo.

CALISTO.—Y contigo vaya. ¡Oh, todopoderoso, perdurable Dios! Tú, que guías los perdidos y los reyes orientales por la estrella precedente a Belén trujiste y en su patria los redujiste,[59] humildemente te ruego que guíes a mi Sempronio, en manera que convierta mi pena y tristeza en gozo, y yo, indigno, merezca venir en el deseado fin.

CELESTINA.—¡Albricias! ¡Albricias! ¡Elicia! ¡Sempronio! ¡Sempronio!

ELICIA.—¡Ce!, ¡ce!, ¡ce!

CELESTINA.—¿Por qué?

ELICIA.—Porque está aquí Crito.

CELESTINA.—¡Mételo en la camarilla de las escobas! ¡Presto! Dile que viene tu primo y mi familiar.

ELICIA.—Crito, retráete ahi.[60] Mi primo viene. ¡Perdida soy!

CRITO.—Pláceme. No te congojes.

SEMPRONIO.—¡Madre bendita! ¡Qué deseo traigo! ¡Gracias a Dios que te me dejó ver!

CELESTINA.—¡Hijo mío!, ¡rey mío!, turbado me has. No te puedo hablar. Torna y dame otro abrazo. ¿Y tres días pudiste estar sin vernos? ¡Elicia! ¡Elicia! ¡Cátale aquí![61]

ELICIA.—¿A quién?

CELESTINA.—A Sempronio.

ELICIA.—¡Ay triste! ¡Qué saltos me da el corazón! ¿Y qué es de él?

CELESTINA.—Vesle aquí, vesle. Yo me[62] le abrazaré; que no tú.

ELICIA.—¡Ay! ¡Maldito seas, traidor! Postema y landre te mate[63] y a manos de tus enemigos mueras y por crímenes dignos de cruel muerte en poder de rigurosa justicia te veas. ¡Ay, ay!

SEMPRONIO.—¡Ji!, ¡ji!, ¡ji! ¿Qué has, mi Elicia? ¿De qué te congojas?

ELICIA.—Tres días ha que no me ves. ¡Nunca Dios te vea, nunca Dios te consuele ni visite! ¡Guay de la triste que en ti tiene su esperanza y el fin de todo su bien!

SEMPRONIO.—¡Calla, señora mía! ¿Tú piensas que la distancia del lugar es poderosa de apartar el entrañable amor, el fuego, que está en mi corazón?

[42] **Y allende de esto . . . fuera resplandecen** Besides, Fortune has so liberally shared with you her earthly goods, that your outward qualities are as resplendent as those within. [43] **Y más, a constelación de todos eres amado** Finally, it's your fate to be loved by everyone. [44] **por que haya algún refrigerio** so that I may have some comfort (consolation). [45] **este cautivo de mi amo!** this wretched master of mine! [46] **¡Asi te medre Dios . . . sermón!** May God prosper you as much as I'm going to enjoy this speech of yours. (Said ironically, in an aside). [47] **mucho por extenso** in detail. [48] **¡Duelos tenemos! Esto es tras lo que yo andaba. De pasarse habrá esta oportunidad** Boy, I've let myself in for it now! Well, that's what I bargained for and I might as well go through with it. [49] **¿Ves tú . . . Arabia?** Have you by chance seen the skeins of fine gold which they spin in Arabia? [50] **no ha más menester . . . piedras** it's enough to turn men into stone. [51] **Dije que . . . asno** I was merely saying that her hair could be not at all like that of an ass's tail. [52] **¿Tu cuerdo?** And you think you are sane yourself? [53] **¡Que se despereza . . . mira!** How it would arouse any man just to behold them! [54] **Aquella proporción, . . . las tres diosas** To judge from external appearances, I would say that without any doubt her whole figure, which, of course, I couldn't see, is incomparably superior to that (the beauty) of the goddess whom Paris judged to be the most beautiful of the three. (Paris, a Trojan hero, was the judge in a beauty contest among Hera, Athena and Aphrodite). [55] Aristotle maintained that women were intellectually and physically inferior to men. [56] **sí de estos aguijones . . . cama** with this kind of encouragement, I'll bring her straight to his bed. [57] **Entiendo que pasan . . . ciudad** I have heard that, under her auspices, more than 5,000 maidenheads have been broken and repaired in this city. [58] **séle gracioso, séle franco** be generous and liberal with her. [59] **en su patria los redujiste** guided them back to their native country. [60] **retráete ahí** get in here. Hide in here. [61] **¡Cátale aquí!** (Come) see who's here! [62] **me** possessive pronoun showing affection. [63] **Postema y landre te mate** May boils and tumors plague you.

Do yo voy, conmigo vas, conmigo estás. No te aflijas ni me atormentes más de lo que yo he padecido Mas di, ¿qué pasos suenan arriba?

ELICIA.—¿Quién? Un mi enamorado.

SEMPRONIO.—Pues créolo.

ELICIA.—¡Alahé![64] Verdad es. Sube allá y verle has.

SEMPRONIO.—Voy.

CELESTINA.—¡Anda acá! Deja esa loca, que ella es liviana y turbada de tu ausencia sácasla ahora de seso. Dirá mil locuras. Ven y hablemos. No dejemos pasar el tiempo en balde.

SEMPRONIO.—Pues, ¿quién está arriba?

CELESTINA.—¿Quiéreslo saber?

SEMPRONIO.—Quiero.

CELESTINA.—Una moza que me encomendó un fraile.

SEMPRONIO.—¿Qué fraile?

CELESTINA.—No lo procures.

SEMPRONIO.—Por mi vida, madre, ¿qué fraile?

CELESTINA.—¿Porfías? El ministro el gordo.

SEMPRONIO.—¡Oh desventurada, y qué carga espera!

CELESTINA.—Todo lo llevamos. Pocas mataduras has tú visto en la barriga.[65]

SEMPRONIO.—Mataduras, no; mas petreras, sí.[66]

CELESTINA.—¡Ay burlador!

SEMPRONIO.—Deja, si soy burlador; muéstramela.

ELICIA.—¡Ah don malvado! ¿Verla quieres? ¡Los ojos te salten!,[67] que no basta a ti una ni otra. ¡Anda!, vela y deja a mí para siempre.

SEMPRONIO.—¡Calla, Dios mío! ¿Y enójaste? Que ni la quiero ver a ella ni a mujer nacida. A mi madre quiero hablar y quédate adiós.

ELICIA.—¡Anda, anda!, ¡vete, desconocido!, y está otros tres años, que no me vuelvas a ver.

SEMPRONIO.—Madre mía: bien tendrás confianza y creerás que no te burlo. Toma el manto y vamos, que por el camino sabrás lo que, si aquí me tardase en decirte, impediría tu provecho y el mío.[68]

CELESTINA.—Vamos; Elicia, quédate adiós, cierra la puerta ¡Adiós, paredes!

SEMPRONIO.—¡Oh madre mía! Todas cosas dejadas aparte, solamente sé atenta[69] e imagina en lo que te dijere y no derrames tu pensamiento en muchas partes.

Que quien junto en diversos lugares le pone, en ninguno le tiene; sino por caso determina lo cierto.[70] Y quiero que sepas de mí lo que no has oído, y es que jamás pude, después que mi fe contigo puse, desear bien de que no te cupiese parte.[71]

CELESTINA.—Parta Dios, hijo, de lo suyo contigo, que no sin causa lo hará, siquiera porque has piedad de esta pecadora de vieja. Pero di, no te detengas. Que la amistad que entre ti y mí se afirma, no ha menester preámbulos ni correlarios ni aparejos[72] para ganar voluntad. Abrevia y ven al hecho, que vanamente se dice por muchas palabras lo que por pocas se puede entender.

SEMPRONIO.—Así es. Calisto arde en amores de Melibea. De ti y de mí tiene necesidad. Pues juntos nos ha menester, juntos nos aprovechemos. Que conocer el tiempo y usar el hombre de la oportunidad hace los hombres prósperos.

CELESTINA.—Bien has dicho, al cabo estoy.[73] Basta para mí mecer el ojo.[74] Digo que me alegro de estas nuevas como los cirujanos de los descalabrados. Y como aquéllos dañan en los principios las llagas y encarecen el prometimiento de la salud, así entiendo yo hacer a Calisto. Alargarle he la certidumbre del remedio, porque, como dicen, el esperanza luenga aflige el corazón, y cuanto él la perdiere, tanto se la promete. ¡Bien me entiendes![75]

SEMPRONIO.—Callemos, que a la puerta estamos y, como dicen, las paredes han oídos.

CELESTINA.—Llama.

SEMPRONIO.—Ta, ta ta.

CALISTO.—¡Pármeno!

PÁRMENO.—Señor.

CALISTO.—¿No oyes, maldito sordo?

PÁRMENO.—¿Qué es, señor?

CALISTO.—A la puerta llaman; corre.

PÁRMENO.—¿Quién es?

SEMPRONIO.—Abre a mí y a esta dueña.

PÁRMENO.—Señor, Sempronio y una puta vieja alcoholada[76] daban aquellas porradas.

CALISTO.—Calla, calla, malvado, que es mi tía. Corre, corre, abre. Siempre lo vi, que por huir hombre de un peligro cae en otro mayor. Por encubrir yo este hecho de Pármeno,[77] a quien amor o fidelidad o temor pusieran freno, caí en indignación desta, que no tiene menor poderío en mi vida que Dios.

PÁRMENO.—¿Por que, señor, te matas? ¿Por qué, señor, te congojas? ¿Y tú piensas que es vituperio en las orejas de ésta el nombre que la llamé? No lo creas; que así se glorifica en le oir,[78] como tú, cuando dicen: ¡diestro caballero es Calisto! Y demás de esto es nombrada y por tal título conocida. Si entre cien mujeres va y alguno dice: ¡puta vieja!, sin ningún empacho luego vuelve la cabeza y responde con alegre cara. En los convites, en las fiestas, en las bodas, en las cofradías, en los mortuorios, en todos ayuntamientos de gentes, con ella pasan tiempo. Si pasa por los perros, quello suena su ladrido,[79] si está cerca las aves, otra cosa no cantan; si cerca los ganados, balando lo pregonan; si cerca las bestias, rebuznando dicen: ¡puta vieja! Las ranas de los charcos otra cosa no suelen mentar. Si va entre los herreros, aquello dicen sus martillos. Carpinteros y armeros, herradores, caldereros, arcadores, todo oficio de instrumento forman en el aire su nombre. Cántanla los carpinteros, péinanla los peinadores, tejedores. Labradores en las huertas, en las aradas, en las viñas, en las segadas, con ella pasan el afán cotidiano. Al perder en los tableros, luego suenan sus loores. Todas cosas que son hacen, a do quiera que ella está, el tal nombre representan.[80]... ¿Qué quieres más?, sino si una piedra toca con otra, luego suena ¡puta vieja!

CALISTO.—Y tú, ¿cómo lo sabes y la conoces?

PÁRMENO.—Saberlo has. Días grandes son pasados que mi madre, mujer pobre, moraba en su vecindad, la cual rogada por esta Celestina, me dió a ella por sirviente; aunque ella no me conoce, por lo poco que la serví y por la mudanza que la edad ha hecho.

CALISTO.—¿De qué la servías?

PÁRMENO.—Señor, iba a la plaza y traíale de comer, y acompañábala; suplía en aquellos menesteres, que[81] mi tierna fuerza bastaba. Pero de aquel poco tiempo que la serví, recogía la nueva memoria lo que la vejez[82] no ha podido quitar. Tiene esta buena dueña al cabo de la ciudad, allá cerca de las tenerías, en la cuesta del río, una casa apartada, medio caída, poco compuesta y menos abastada. Ella tenía seis oficios, conviene saber: lavandera, perfumera, maestra de hacer afeites y de hacer virgos, alcahueta y un poquito

hechicera. Era el primer oficio cobertura de los otros, so color del cual muchas mozas de estas sirvientes entraban en su casa a lavarse y a lavar camisas y gorgueras y otras muchas cosas. Ninguna venía sin torrezno, trigo, harina o jarro de vino y de las otras provisiones que podían a sus amas hurtar. Y aun otros hurtillos de más cualidad allí se encubrían. Asaz era amiga de estudiantes y despenseros y mozos de abades. A éstos vendía ella aquella sangre inocente de las cuitadillas, la cual ligeramente aventuraban en esfuerzo de la restitución que ella les prometía. Subió su hecho a más: que por medio de aquéllas comunicaba con las más encerradas, hasta traer a ejecución su propósito. Y aquéstas en tiempo honesto, como estaciones, procesiones de noche, misas de gallo, misas del alba y otras secretas devociones. Muchas encubiertas vi entrar en su casa. Tras ellas, hombres descalzos,

[64] **¡Alahé!** from «a la fe»: by my faith! [65] **Todo lo llevamos. Pocas mataduras ... barriga** You've seen few of us with saddle-sores. [66] **mas petreras, sí** but swollen bellies, yes. [67] **¡Los ojos te salten!** May your eyes pop out of their sockets! [68] **sabrás lo que, ... el mío** you'll know something, which, if I waste time in telling you about here, would be to the disadvantage of both you and me. [69] **Todas cosas ... sé atenta** put everything else out of your head and listen carefully. [70] **sino por caso determina lo cierto** if he does ascertain the truth, it's only by accident. [71] **de que no te cupiese parte** without wanting to share my luck with you. [72] **correlarios (corolarios)** preambles, prologues; **aparejos** preparations. [73] **al cabo estoy** I see what you mean. (I get the drift of what you're saying). [74] **mecer el ojo** to wink. [75] **Alargarle he la ... se la promete** I'll keep delaying the certainty of his cure, because, like they say, hope deferred afflicts the heart, and the more hopeless he gets, the greater his longing will be. **¡Bien me entiendes!** Now you see what I mean! [76] **alcoholada** painted, heavily made-up. [77] **de Pármeno** from Pármeno. [78] **que así se glorificaen le oir** She enjoys being called that. [79] **Si pasa ... su ladrido** If she walks among the dogs, they bark out her name (old whore). [80] **Al perder en los tableros ... representan** When gamblers lose at the gaming tables, they shout her praises. Wherever she goes, all things that make a noise cry out her name. [81] **que** para los cuales. [82] **vejez** tiempo.

contritos, y rebozados, desatacados, que entraban allí a llorar sus pecados. ¡Qué tráfagos, si piensas, traía! Hacíase física de niños, tomaba estambre de unas casas, dábale a hilar en otras, por achaque de entrar en todas. Las unas: ¡madre acá! las otras: ¡madre acullá! ¡cata la vieja!; ¡ya viene el ama!; de todos muy conocida. Con todos estos afanes, nunca pasaba sin misa, ni vísperas, ni dejaba monasterios de frailes ni de monjas. Esto porque allí hacía ella sus aleluyas y conciertos. Y en su casa hacía perfumes, falseaba estoraques, benjuí, animes, ámbar, algalia, polvillos, almizcles, mosquetes. Tenía una cámara llena de alambiques, de redomillas, de barrilejos de barro, de vidrio, de alambre, de estaño, hechos de mil facciones. Hacía solimán, afeite cocido, argentadas, bujelladas, cerillas, lanillas, unturillas, lustres, lucentores, clarimientes, alcalinos y otras aguas de rostro, de rasuras de gamones, de corteza de espantalobos, de taraguntia, de hieles, de agraz, de mostos, destiladas y azucaradas. Adelgazaba los cueros con zumos de limones, con turvino, con tuétano de corzo y de garza, y otras confecciones. Sacaba agua para oler, de rosas, de azahar, de jazmín, de trébol, de madreselva y clavellinas, mosquetas y almizcladas, pulverizadas con vino. Hacía lejías para enrubiar, de sarmientos, de carrasca, de centeno, de marrubios, con salitre, con alumbre y millifolia, y otras diversas cosas. Y los untos y mantecas que tenía es hastío de decir: de vaca, de oso, de caballos y de camellos, de culebra y de conejo, de ballena, de garza y de alcaraván y de gamo y de gato montés y de tejón, de harda, de erizo, de nutria. Aparejos para baños, esto es una maravilla, de las hierbas y raíces, que tenía en el techo de su casa colgadas: manzanilla y romero, malvaviscos, culantrillo, coronillas, flor de saúco y de mostaza, espliego y laurel blanco, tortarosa y gramonilla, flor salvaje e higueruela, pico de oro y hoja tinta. Los aceites que sacaba para el rostro no es cosa de creer: de estoraque y de jazmín, de limón, de pepitas, de violetas, de benjuí, de alfónsigos, de piñones, de granillo, de azofaifas, de negrilla, de altramuces, de arvejas y de carillas y de hierba pajarera. Y un poquillo de bálsamo tenía ella en una redomilla, que guardaba para aquel rasguño que tiene por las narices. Esto de los virgos, unos hacía de vejiga y otros curaba a punto. Tenía en

un tabladillo, en una cazuela pintada, unas agujas delgadas de pellejeros e hilos de seda encerados, y colgadas allí raíces de hojaplasma y fuste sanguino, cebolla albarrana y cepacaballo. Hacía con esto maravillas: que, cuando vino por aquí el embajador francés, tres veces vendió por virgen una criada que tenía.[83]

CALISTO.—¡Así, pudiera ciento![84]

PÁRMENO.—¡Sí, santo Dios! Y remediaba por caridad muchas huérfanas y cerradas, que se encomendaban a ella. Y en otro apartado tenía para remediar amores y para se querer bien. Tenía huesos de corazón de ciervo, lengua de víbora, cabezas de codornices, sesos de asno, tela de caballo, mantillo de niño, haba morisca, guija marina, soga de ahorcado, flor de yedra, espina de erizo, pie de tejón, granos de helecho, la piedra del nido del águila y otras mil cosas. Venían a ella muchos hombres y mujeres y a unos demandaba el pan do mordían; a otros, de su ropa; a otros, de sus cabellos; a otros, pintaba en la palma letras con azafrán; a otros, con bermellón; a otros, daba unos corazones de cera, llenos de agujas quebradas y otras cosas en barro y en plomo hechas, muy espantables al ver. Pintaba figuras, decía palabras en tierra. ¿Quién te podrá decir lo que esta vieja hacía? Y todo era burla y mentira.[85]

CALISTO.—Bien está, Pármeno. Déjalo para más oportunidad.[86] Asaz soy de ti avisado. Téngotelo en gracia. No nos detengamos, que la necesidad desecha la tardanza. Oye. Aquélla viene rogada. Espera más que debe.[87] Vamos, no se indigne. Yo temo, y el temor reduce la memoria y a la providencia despierta. ¡Sus! Vamos, proveamos. Pero ruégote, Pármeno, la envidia de Sempronio, que en esto me sirve y complace, no ponga impedimento en el remedio de mi vida.[88] Que, si para él hubo jubón, para ti no faltará sayo. . . .

PÁRMENO.—Quéjome, señor, de la duda de mi fidelidad y servicio, por los prometimientos y amonestaciones tuyas. ¿Cuándo me viste, señor, envidiar o por ningún interés ni resabio tu provecho estorcer?[89]

CALISTO.—No te escandalices. Que sin duda tus costumbres y gentil crianza en mis ojos ante todos los que me sirven están.[90] . . . Y no más; sino vamos a ver la salud.

CELESTINA.—Pasos oigo. Acá descienden. Haz, Sempronio, que no los oyes. Escucha y déjame hablar lo que a ti y a mí me conviene.

SEMPRONIO.—Habla.

CELESTINA.—No me congojes ni me importunes, que sobrecargar el cuidado es aguijar al animal congojoso.[91] Así sientes la pena de tu amo Calisto, que parece que tú eres él y él tú y que los tormentos son en un mismo sujeto. Pues cree que yo no vine acá por dejar pleito indeciso o morir en la demanda.[92]

CALISTO.—Pármeno, detente. ¡Ce! Escucha qué hablan éstos. Veamos en qué vivimos.[93] ¡Oh notable mujer! ¡Oh bienes mundanos, indignos de ser poseídos de tan alto corazón! ¡Oh fiel y verdadero Sempronio! ¿Has visto, mi Pármeno? ¿Oíste? ¿Tengo razón? ¿Qué me dices, rincón de mi secreto y consejo y alma mía?

PÁRMENO.—Protestando mi inocencia en la primera sospecha y cumpliendo con la fidelidad por que te me concediste, hablaré.[94] Óyeme, y el afecto no te ensorde ni la esperanza del deleite te ciegue. Témplate[95] y no te apresures: que muchos con codicia de dar en el fiel yerran el blanco.[96] Aunque soy mozo, cosas he visto asaz, y el seso y la vista de las muchas cosas demuestran la experiencia. De verte o de oirte descender por la escalera, parlan lo que éstos fingidamente han dicho, en cuyas falsas palabras pones el fin de tu deseo.

SEMPRONIO.—Celestina, ruinmente suena lo que Pármeno dice.

CELESTINA.—Calla, que para la mi santiguada, do vino el asno vendrá la albarda.[97] Déjame tú a Pármeno, que yo te le haré uno de nos, y de lo que hubiéremos, démosle parte, que los bienes, si no son comunidados, no son bienes. Ganemos todos, partamos todos, holguemos todos. Yo te lo traeré manso y benigno a picar el pan en el puño y seremos dos a dos y, como dicen, tres al mohíno.[98]

CALISTO.—¡Sempronio!

SEMPRONIO.—¡Señor!

CALISTO.—¿Qué haces, llave de mi vida? Abre. ¡Oh Pármeno!, ya la veo: ¡sano soy, vivo soy! ¿Miras qué reverenda persona, qué acatamiento? Por la mayor parte, por la fisonomía es conocida la virtud interior. ¡Oh vejez virtuosa! ¡Oh virtud envejecida!

[83] **Tiene esta buen dueña . . . criada que tenía**
This good lady has a house located on the outskirts of town, near the tanneries, in the street running down to the river; it is isolated, half fallen down, badly repaired and worse furnished. She had the following six trades: seamstress, perfumer, master at making cosmetics and repairing maidenheads, go-between, and something of a witch. The first of these professions was intended as a cover-up for the others; and under this protection, many servant girls entered her house to be repaired and to repair (sew) shirts and gorgets and many other items. None came without some bacon, wheat, flour, a jar of wine, and other like provisions which they could manage to filtch from their mistresses. And even larger thefts were carried out and covered up there. She befriended students, stewards, and abbots' servants. To these, she sold the innocent blood of those wretched girls who foolishly risked their blood (well-being, reputation), relying on her promises of their reparation. But she didn't stop there, because by means of these girls, she communicated with other more secluded young ladies until she executed her plans. And she did that during special solemn times, such as the stations, the night processions, midnight and dawn masses, and other secret devotions. I saw many women with their faces covered enter her house. They were followed by men who, barefoot, contrite, and muffled, with their trousers loosened, entered there to weep for their sins. You wouldn't believe all the activities she was engaged in! She acted as a healer of children; she took wool from some houses and brought it to others to be spun; thus, such maneuvers provided her with an excuse for entering every house. You would hear everywhere: "here Mother," "there, Mother," "look out for the old lady!", "here comes the mistress!" She was well known to all. In spite of all her activities, she managed to never miss a mass nor a vespers, nor did she neglect to visit the monasteries and nunneries; and all this because there she made her contacts and sold her services. And in her house she concocted perfumes, made artificial storax, benzoin, myrrh, ambar, civet, powders, musk, and musk rose. Her room was full of retorts and flasks and other vessels made of earthenware, glass, brass, and tin, and shaped in a thousand different manners. She made corrosive sublimate, boiled and silvered cosmetics, face-paint, lip-salve, face-cream, unguents, lusters, polishes, clarifiers, whitewash; and other cosmetics from powdered asphodel root, senna, snakeroot, gall, sour grape juice, and must, distilled and sweetened with sugar. She softened skin with lemon juice, turpeth, the marrow of deer and heron bones, and other confections. She made toilet water from roses, orange-blossoms, jasmine, clover, honeysuckle, carnations, and reseda, scented with musk and dissolved in wine. She manufactured hairbleaches from vine-shoots, bog oak, rye, horehound, saltpetre, alum, yarrow, and various other things. And

¡Oh gloriosa esperanza de mi deseado fin! ¡Oh fin de mi deleitosa esperanza! ¡Oh salud de mi pasión, reparo de mi tormento, regeneración mía, vivificación de mi vida, resurrección de mi muerte! Deseo llegar a ti, codicio besar esas manos llenas de remedio. La indignidad de mi persona lo embarga. Desde aquí adoro la tierra que huellas y en reverencia tuya beso.

CELESTINA.—Sempronio, ¡de aquéllas vivo yo! ¡Los huesos que yo roí piensa este necio de tu amo de darme a comer! Pues ál le sueño. Al freír lo verá. Dile que cierre la boca y comience abrir la bolsa: que de las obras dudo, cuanto más de las palabras. Jo que te estriego, asna coja. Más habías de madrugar.[99]

PÁRMENO.—¡Guay de orejas que tal oyen! Perdido es quien tras perdido anda. ¡Oh Calisto desaventurado, abatido, ciego! ¡Y en tierra está adorando a la más antigua y puta tierra, que fregaron sus espaldas en todos los burdeles![100] Deshecho es, vencido es, caído es: no es capaz de ninguna redención, ni consejo, ni esfuerzo.

CALISTO.—¿Qué decía la madre? Paréceme que pensaba que le ofrecía palabras por excusar galardón.

SEMPRONIO.—Así lo sentí.

CALISTO.—Pues ven conmigo: trae las llaves, que yo sanaré su duda.

SEMPRONIO.—Bien harás, y luego vamos. Que no se debe dejar crecer la hierba entre los panes ni la sospecha en los corazones de los amigos; sino alimpiarla luego con la escardilla de las buenas obras.

CALISTO.—Astuto hablas. Vamos y no tardemos.

CELESTINA.—Pláceme, Pármeno, que habemos habido oportunidad para que conozcas el amor mío contigo y la parte que en mí, inmérito, tienes. Y digo inmérito, por lo que te he oído decir, de que no hago caso.[101] Porque virtud nos amonesta sufrir las tentaciones y no dar mal por mal; y especial, cuando somos tentados por mozos y no bien instruídos en lo mundano, en que con necia lealtad pierden a sí y a sus amos, como ahora tú a Calisto. Bien te oí, y no pienses que el oir con los otros exteriores sesos mi vejez haya perdido.[102] Que no sólo lo que veo, oigo y conozco; mas aun lo intrínseco, con los intelectuales ojos penetro. Has de saber, Parmeno, que Calisto anda de amor

quejoso. Y no lo juzgues por eso por flaco, que el amor impervio todas las cosas vence. Y sabe, si no sabes, que dos conclusiones son verdaderas. La primera, que es forzoso el hombre amar a la mujer y la mujer al hombre. La segunda, que el que verdaderamente ama es necesario que se turbe con la dulzura del soberano deleite, que por el Hacedor de las cosas fue puesto por que el linaje de los hombres perpetuase, sin lo cual perecería.[103] Y no sólo en la humana especie; mas en los peces, en las bestias, en las aves, en los reptiles y en lo vegetativo algunas plantas han este respeto, si sin interposición de otra cosa en poca distancia de tierra están puestas, en que hay determinación de herbolarios y agricultores ser machos y hembras.[104] ¿Qué dirás a esto, Pármeno? ¡Nezuelo, loquito, angelico, perlicas, simplecico! ¿Lobitos en tal gestico? Llégate acá, putico, que no sabes nada del mundo ni de sus deleites. ¡Mas rabia mala me mate, si te llego a mí, aunque vieja! Que la voz tienes ronca, las barbas te apuntan. Mal sosegadilla debes tener la punta de la barriga.[105]

PÁRMENO.—¡Como cola de alacrán!

CELESTINA.—Y aun peor: que la otra muerde sin hinchar y la tuya hincha por nueve meses.

PÁRMENO.—¡Ji!, ¡ji!, ¡ji!

CELESTINA.—¿Ríeste, landrecilla, hijo?[106]

PÁRMENO.—Calla, madre, no me culpes ni me tengas, aunque mozo, por insipiente. Amo a Calisto porque le debo fidelidad, por crianza, por beneficios, por ser de él honrado y bientratado, que es la mayor cadena que el amor del servidor al servicio del señor prende, cuanto lo contrario aparta.[107] Véole perdido, y no hay cosa peor que ir tras deseo sin esperanza de buen fin, y especial, pensando remediar su hecho tan arduo y difícil con vanos consejos y necias razones de aquel bruto Sempronio, que es pensar sacar aradores a pala y azadón.[108] No lo puedo sufrir. ¡Dígolo y lloro!

CELESTINA.—Pármeno: ¿tú no ves que es necedad o simpleza llorar por lo que con llorar no se puede remediar?

PÁRMENO.—Por eso lloro. Que, si con llorar fuese posible traer a mi amo el remedio, tan grande sería el placer de la tal esperanza, que de gozo no podría llorar; pero así, perdida ya toda la esperanza, pierdo el alegría y lloro.

as for the oils and fats she used, it tires one to list them all: she extracted them from the carcasses of cows, bears, horses, camels, snakes, rabbits, whales, heron, bittern, chamois, wildcats, badgers, squirrels, hedgehogs, and otters. And for making bath-lotions, it was an amazing sight to see hanging from the ceiling of her home the herbs and roots she had: there was camomile, rosemary, marshmallow, maidenhair fern, melitot, elderflower, mustard, lavender, white laurel, bind weed, couch-grass, wild pink, liverwort, golden rod, and leaf-scarlet. The face oils she made were unbelievable: she extracted them from storax, jasmine, lemon, melon-seeds, violets, benzoin, pistachio nuts, pine kernels, grape-pips, jujube, fennel, lucerne, vetch, sunspurge, and chickweed. And she always carried with her in a little flask, some balsam which she rubbed onto that gash along her nose. As for maidenheads, some she repaired with bladders and others she sewed up. In a small painted box on her shelf, she kept fine furrier's needles and waxed silk thread; and hanging from it were roots of spikenard, red sumach, squill, and cardoons. She worked marvels with these things: when the French ambassador came here, she sold him one of her servants three times over as a virgin. [84] **¡ Así pudiera ciento!** That way, she might have done the same a hundred times over! [85] **¡ Sí, santo Dios! Y remediaba . . . era burla y mentira** Yes, by God! And she would mend orphan and cloistered girls free of charge. In another place, she had things to cure those from love and others to arouse new loves. For this, she used gristles from stags' hearts, vipers' tongues, quails' heads, asses' brains, foals' and babies' cauls, string-beans, loadstone, ropes from hanged men, ivy flower, hedgehogs' quills, badgers' feet, fern spores, stones from eagles' nests, and a thousand other things. Many men and women came to see her and from them, she asked for a piece of bread they had bitten; from others a piece of their clothing or a lock of hair; on some she painted letters on their palms with saffron or vermilion, to others she gave wax hearts stuck full of broken needles, or other objects made of clay and lead, all very horrifying to look at. She drew figures on the ground and recited incantations. Who could ever tell you all of the things that old lady used to do? And all of it was nothing but mockery and lies. [86] **Déjalo para más oportunidad** Leave it for another time. [87] **Aquélla viene rogada. Espera más que debe** (The old lady) has come because we've asked her to. She has already been waiting too long. [88] **Pero ruégote . . . mi vida** And I beg of you, Pármeno, not to let your envy of Sempronio, who has done me a great service in this matter, interfere with the remedy on which my life depends. [89] **estorcer** impedir. [90] **No te escandalices . . . me sirven están** Don't take offence, Pármeno. Without question, your behaviour and good breeding raise you in my esteem far above all the other servants here. [91] **que sobrecargar . . . congojoso** to add to my burdens is like spurring an already overloaded beast. [92] **Pues, cree que . . . en la demanda** Believe me, I didn't come here without a sure remedy; for, I'll either succeed in this matter or die in the attempt. [93] **Veamos en qué vivimos** Let's see how we stand in the matter. [94] **Protestando mi inocencia . . . hablaré** I will, emphasize again my innocence of your earlier suspicions and, as you have granted me that honor, will, in all due loyalty, tell you what's on my mind. [95] **Témplate** calm yourself. [96] **que muchos . . . blanco** for many are so eager to hit the bulls-eye, that they miss the target altogether. [97] **para la . . . albarda; santiguada** the act of crossing oneself. Here, it expresses an oath which is equivalent to "by God by my faith, or by the Holy Cross". The sentence means: By my faith, you can bet that where the ass goes, the pack-saddle will follow. [98] **Yo te lo traeré . . . tres al mohino** I'll bring him tame and docile to eat out of my hand, and we'll be partners, and three against one (Calisto). [99] **de aquellas . . . madrugar** I don't live on fine words! Does your master think that he can feed me those old bones? That doesn't happen to be the way I feel about it as he will see in due course. Tell him to close his mouth and to start opening his purse. You had better get up earlier in order to fool me. [100] **¡Y en tierra . . . los burdeles!** And he is on his knees worshipping that old, whorish piece of clay who has been on her back in every brothel in town! [101] **de que no hago caso** of which I don't care. [102] **y no pienses . . . haya perdido** and don't think that in my old age, I've lost my hearing or any of my other sensorial faculties. [103] **es necesario que . . . cual perecería** it is necessary to be disturbed by the sweetness of the supreme delight, that has been given by the Creator of all things, so that human nature perpetuates itself, since without it, it would perish. [104] **Y en lo . . . hembras** among plants some have this peculiarity, that if they are located a short distance from one another with no obstacle between them, they will act like male and female according to the herbists and farmers. [105] **¡Nezuelo . . . barriga** You little fool, you wild thing, my sweet angel, my little pearl, you simpleton! So, you are grimacing at me? Come here, you little whoreson, you who know nothing about life and its pleasures. But damn me, if I'll let you come near me, old as I am! Your voice is heavier, and your chin is beginning to bristle with whiskers. I bet, too, that there's not much peace at the tip of your belly. [106] **¿Ríeste, landrecilla, hijo?** Does that make you laugh, you young rascal? [107] **que . . . aparta** because a servant's affection depends on his master's kindness, without which there is only dissension. [108] **que es . . . azadón** that is like trying to dig out skinworms with a shovel and hoe.

CELESTINA.—Llorarás sin provecho por lo que llorando estorbar no podrás ni sanarlo presumas.[109] ¿A otros no ha acontecido esto, Pármeno?

PÁRMENO.—Sí; pero a mi amo no le querría doliente.

CELESTINA.—No lo es; mas aunque fuese doliente, podría sanar.

PÁRMENO.—No curo de lo que dices, porque en los bienes mejor es el acto que la potencia, y en los males, mejor la potencia que el acto. Así que mejor es ser sano que poderlo ser y mejor es poder ser doliente que ser enfermo por acto, y, por tanto, es mejor tener la potencia en el mal que el acto.[110]

CELESTINA.—¡Oh malvado! ¡Cómo, que no se te entiende! ¿Tú no sientes su enfermedad? ¿Qué has dicho hasta ahora? ¿De qué te quejas? Pues burla o di por verdad lo falso, y cree lo que quisieres: que él es enfermo por acto y el poder ser sano es en mano de esta flaca vieja.

PÁRMENO.—¡Mas, de esta flaca puta vieja!

CELESTINA.—¡Putos días vivas, bellaquillo!, y ¡cómo te atreves...!

PÁRMENO.—¡Como te conozco...!

CELESTINA.—¿Quién eres tú?

PÁRMENO.—¿Quién? Pármeno, hijo de Alberto tu compadre, que estuve contigo un mes, que te me dio mi madre, cuando morabas a la cuesta del río, cerca de las tenerías.

CELESTINA.—¡Jesú, Jesú, Jesú! ¿Y tú eres Pármeno, hijo de la Claudina?

PÁRMENO.—¡Alahé, yo!

CELESTINA.—¡Pues fuego malo te queme, que tan puta vieja era tu madre como yo! ¿Por qué me persigues, Pármeno? ¡Él es, él es, por los santos de Dios! Allégate a mí,[111] ven acá, que mil azotes y puñadas te di en este mundo y otros tantos besos. ¿Acuérdaste cuando dormías a mis pies, loquito?

PÁRMENO.—Sí, en buena fe. Y algunas veces, aunque era niño, me subías a la cabecera y me apretabas contigo y, porque olías a vieja, me huía de ti.

CELESTINA.—¡Mala landre te mate! ¡Y cómo lo dice el desvergonzado! Dejadas burlas y pasatiempos, oye ahora, mi hijo, y escucha. Que aunque a un fin soy llamada, a otro soy venida, y maguera contigo me haya hecho de nuevas,[112] tú eres la causa. Hijo, bien sabes como tu madre, que Dios haya, te me dio viviendo tu padre. El cual, como de mí te fuiste, con otra ansia no murió, sino con la incertidumbre de tu vida y persona. Por la cual ausencia algunos años de su vejez sufrió angustiosa y cuidosa vida.[113] Y al tiempo que de ella pasó, envió por mí y en su secreto te me encargó y me dijo sin otro testigo, sino Aquel que es testigo de todas las obras y pensamientos y los corazones y entrañas escudriña, al cual puso entre él y mí, que te buscase y allegase y abrigase y, cuando de cumplida edad fueses, tal que en tu vivir supieses tener manera y forma, te descubriese adónde dejó encerrada tal copia de oro y plata, que basta más que la renta de tu amo Calisto. Y porque se lo prometí y con mi promesa llevó descanso, y la fe es de guardar más que a los vivos, a los muertos, que no pueden hacer por sí, en pesquisa y seguimiento tuyo yo he gastado asaz tiempo y cuantías, hasta ahora, que ha placido Aquel, que todos los cuidados tiene y remedia las justas peticiones y las piadosas obras endereza, que te hallase aquí, donde solos ha tres días que sé que moras.[114] Sin duda dolor he sentido, porque has por tantas partes vagado y peregrinado, que ni has habido provecho ni ganado deudo ni amistad.... Por tanto, mi hijo, deja los ímpetus de la juventud y tórnate con la doctrina de tus mayores a la razón. Reposa en alguna parte. ¿Y dónde mejor que en mi voluntad, en mi ánimo, en mi consejo, a quien tus padres te remetieron?[115] Y yo, así como verdadera madre tuya, te digo, so las maldiciones, que tus padres te pusieron, si me fueses inobediente,[116] que por el presente sufras y sirvas a este tu amo que procuraste, hasta en ello haber otro consejo mío. Pero no con necia lealtad, proponiendo firmeza sobre lo movible, como son estos señores de este tiempo. Y tú gana amigos, que es cosa durable.[117] ... Y mucho te aprovecharás siendo amigo de Sempronio.

PÁRMENO.—Celestina, todo tremo en oírte.[118] No sé qué haga, perplejo estoy. Por una parte, téngote por madre; por otra a Calisto por amo. Riqueza deseo; pero quien torpemente sube a lo alto, más aína[119] cae que subió. No querría bienes mal ganados.

CELESTINA.—Yo sí. A tuerto o a derecho, nuestra casa hasta el techo.[120]

PÁRMENO.—Pues yo con ellos no viviría contento y

tengo por honesta cosa la pobreza alegre. Y aun más te digo: que no los que poco tienen son pobres, mas los que mucho desean. Y por esto, aunque más digas, no te creo en esta parte....

CELESTINA.—¡Oh hijo! Bien dicen que la prudencia no puede ser sino en los viejos y tú mucho eres mozo.

PÁRMENO.—Mucho segura es la mansa pobreza.

CELESTINA.—Mas di, como mayor, que la fortuna ayuda a los osados. Y demás de esto, ¿quién es, que tenga bienes en la república, que escoja vivir sin amigos? Pues, loado Dios, bienes tienes. ¿Y no sabes que has menester amigos para los conservar? Y no pienses que tu privanza con este señor te hace seguro; que cuanto mayor es la fortuna, tanto es menos segura. Y por tanto, en los infortunios el remedio es a los amigos.[121] ¿Y dónde puedes ganar mejor este deudo,[122] que donde las tres maneras de amistad concurren, conviene a saber: por bien y provecho y deleite? Por bien: mira la voluntad de Sempronio conforme a la tuya y la gran similitud que tú y él en la virtud tenéis. Por provecho: en la mano está, si sois concordes.[123] Por deleite, semejable es, como seáis en edad dispuesto, para todo linaje de placer,[124] en que más los mozos que los viejos se juntan, así como para jugar, para vestir, para burlar, para comer y beber, para negociar amores, juntos de compañía. ¡Oh, si quisieses, Parmeno, qué vida gozaríamos! Sempronio ama a Elicia, prima de Areusa.

PÁRMENO.—¿De Areusa?

CELESTINA.—De Areusa.

PÁRMENO.—¿De Areusa, hija de Eliso?

CELESTINA.—De Areusa, hija de Eliso.

PÁRMENO.—¿Cierto?

CELESTINA.—Cierto.

PÁRMENO.—Maravillosa cosa es.

CELESTINA.—Pero ¿bien te parece?

PÁRMENO.—No cosa mejor.

CELESTINA.—Pues tu buena dicha quiere, aquí está quien te la dará.

PÁRMENO.—Mi fe, madre, no creo a nadie.

CELESTINA.—Extremo es creer a todos y yerro no creer a ninguno.

PÁRMENO.—Digo que te creo; que no me atrevo: déjame.

CELESTINA.—¡Oh mezquino! De enfermo corazón

es no poder sufrir bien. Da Dios habas a quien no tiene quijadas.[125] ¡Oh simple! Dirás que adonde hay mayor entendimiento hay mejor fortuna y donde más discreción allí es menor la fortuna. Dichos son.

PÁRMENO.—¡Oh Celestina! Oído he a mis mayores

[109] **llorarás . . . presumas** Then, you'll cry for no purpose over something that you can neither prevent nor remedy by shedding tears. [110] **No curo de . . . el acto** What you say doesn't impress me, for in the case of good things, their existence in fact is better than their possibility; with bad things, the possibility of them is better than the fact. Thus, it is better to be healthy than to be able to be so, and likewise, it is better to be potentially sick, than to be, in fact, sick. Therefore, better is the possibility of being bad than to actually be bad. [111] **Allégate a mí** Come close to me. [112] **maguera . . . nuevas** although at first, I pretended that I didn't know you. [113] **cuidosa vida** life full of worries. [114] **Y porque se lo . . . que sé que moras** And because I promised him that I would do it, and that promise gave him great comfort, and since one must be more faithful to the dead than to the living, since the dead cannot help themselves, I have spent a lot of money and time in trying to find you, and now it has pleased Him, who cares about everything, who listens to our just prayers and guides us in our good works, to let me find you here. It was only three days ago that I learned you were here. [115] **a quien tus padres te remetieron** to whom your parents entrusted you. [116] **so las . . . inobediente** under the curses that your parents laid on you, in case you were disobedient to me. [117] **que por el presente . . . cosa durable** that for the time being, you must put up with and serve you present master until the time comes when I should advise you to do otherwise. But don't be foolishly loyal to him, trying to find security in a fickle and shifty master, for masters are fickle and shifty these days. Make some friends for yourself, for they are lasting and dependable. [118] **todo tremo en oírte** listening to you makes me tremble. [119] **aina** deprisa. [120] **A tuerto . . . el techo** Proverb: by foul or fair means let's have a full house; i.e. I intend to take everything I can get my hands on. [121] **el remedio es a los amigos** your recourse lies in your friends. [122] **deudo** friend and helper. [123] **en la mano . . . concordes** you'll have it, if you will only agree with him. [124] **como seáis . . . todo linaje de placer** since you are both of an age in which you are inclined to all sorts of pleasures. [125] **Da Dios habas a quien no tiene quijadas** God gives food only to the man who has no teeth with which to eat it.

que un ejemplo de lujuria o avaricia mucho mal hace, y que con aquellos debe hombre conversar que le hagan mejor, y aquellos dejar a quien él mejores piensa hacer.[126] Y Sempronio, en su ejemplo, no me hará mejor ni yo a él sanaré su vicio. Y puesto que yo, a lo que dices me incline, sólo yo querría saberlo: porque a lo menos por el ejemplo fuese oculto el pecado.[127] Y, si hombre vencido del deleite va contra la virtud, no se atreva a la honestidad.

CELESTINA.—Sin prudencia hablas, que de ninguna cosa es alegre posesión sin compañía. No te retraigas ni amargues, que la natura huye lo triste y apetece lo delectable. El deleite es con los amigos en las cosas sensuales y especial en recontar las cosas de amores y comunicarlas: esto hice, esto otro me dijo, tal donaire pasamos, de tal manera la tomé, así la besé, así me mordió, así la abracé, así se allegó. ¡Oh qué habla! ¡Oh qué gracia! ¡Oh qué juegos! ¡Oh qué besos! Vamos allá, volvamos acá, ande la música, pintemos los motes, cantemos canciones, invenciones, justemos, qué cimera sacaremos o qué letra.[128] Ya va a la misa, mañana saldrá, rondemos su calle, mira su carta, vamos de noche, tenme el escala, aguarda a la puerta. ¿Cómo te fue? Cata al cornudo:[129] sola la deja. Dale otra vuelta, tornemos allá. Y para esto, Pármeno, ¿hay deleite sin compañía? Alahé, alahé: la que las sabe las taña.[130] Este es el deleite; que lo ál,[131] mejor lo hacen los asnos en el prado.

PÁRMENO.—No querría, madre, me convidases a consejo con amonestación de deleite, como hicieron los que, careciendo de razonable fundamento, opinando hicieron sectas envueltas en dulce veneno para captar y tomar las voluntades de los flacos y con polvos de sabroso afecto cegaron los ojos de la razón.[132]

CELESTINA.—¿Qué es razón, loco? ¿Qué es afecto, asnillo? La discreción, que no tienes, lo determina, y de la discreción mayor es la prudencia, y la prudencia no puede ser sin experimento, y la experiencia no puede ser más que en los viejos, y los ancianos somos llamados padres, y los buenos padres bien aconsejan a sus hijos, y especial yo a ti, cuya vida y honra más que la mía deseo. ¿Y cuándo me pagarás tú esto? Nunca, pues a los padres y a los maestros no puede ser hecho servicio igualmente.[133]

PÁRMENO.—Todo me recelo, madre, de recibir dudoso consejo.[134]

CELESTINA.—¿No quieres? Pues decirte he lo que dice el sabio: al varón que con dura cerviz al que le castiga menosprecia, arrebatado quebrantamiento le vendrá y sanidad ninguna le conseguirá.[135] Y así, Pármeno, me despido de ti y de este negocio.

PÁRMENO.—(Aparte.) Ensañada está mi madre: duda tengo en su consejo. Yerro es no creer y culpa creerlo todo. Mas humano es confiar, mayormente en esta que interés promete, a do provecho nos puede allende de amor conseguir. Oído he que debe hombre a sus mayores creer. Esta, ¿qué me aconseja? Paz con Sempronio. La paz no se debe negar: que bienaventurados son los pacíficos, que hijos de Dios serán llamados. Amor no se debe rehuir: caridad a los hermanos. Interés, pocos le apartan. Pues quiérola complacer y oir.

Madre, no se debe ensañar el maestro de la ignorancia del discípulo... Por eso perdóname, háblame, que no sólo quiero oirte y creerte; mas es singular merced recibir tu consejo...

CELESTINA.—De los hombres es errar y bestial es la porfía. Por ende, gózome, Pármeno, que hayas limpiado las turbias telas de tus ojos y respondido al conocimiento, discreción e ingenio sutil de tu padre,[136] cuya persona,[137] ahora representada en mi memoria, enternece los ojos piadosos, por do tan abundantes lágrimas ves derramar. Algunas veces duros propósitos, como tú, defendía; pero luego tornaba a lo cierto. En Dios y en mi ánima, que en ver ahora lo que has porfiado y cómo a la verdad eres reducido[138] no parece sino que vivo le tengo delante. ¡Oh qué persona! ¡Oh qué hartura! ¡Oh qué cara tan venerable! Pero callemos, que se acercan Calisto y tu nuevo amigo Sempronio, con quien tu conformidad para más oportunidad dejo. Que dos en un corazón viviendo son más poderosos de hacer y de entender.

CALISTO.—Duda traigo, madre, según mis infortunios, de hallarte viva. Pero más es maravilla, según el deseo, de cómo llego vivo.[139] Recibe la dádiva pobre de aquel que con ella la vida te ofrece.

CELESTINA.—Como en el oro muy fino labrado por la mano del sutil artífice la obra sobrepuja a la materia, así se aventaja a tu magnífico dar[140] la gracia y forma de tu dulce liberalidad . . .

PÁRMENO.—¿Qué le dio, Sempronio?

SEMPRONIO.—Cien monedas de oro.

PÁRMENO.—¡Ji!, ¡ji!, ¡ji!

SEMPRONIO.—¿Habló contigo la madre?

PÁRMENO.—Calla, que sí.

SEMPRONIO.—¿Pues cómo estamos?

PÁRMENO.—Como quisieres; aunque estoy espantado.

SEMPRONIO.—Pues calla, que yo te haré espantar dos tantos.[141]

PÁRMENO.—¡Oh Dios! No hay pestilencia más eficaz, que el enemigo de casa para empecer.[142]

CALISTO.—Ve ahora, madre y consuela tu casa, y después ven y consuela la mía, y luego.[143]

CELESTINA.—Quede Dios contigo.

CALISTO.—Y Él te me guarde.

Acto segundo

Argumento del segundo acto

Partida Celestina de Calisto para su casa, queda Calisto hablando con Sempronio, criado suyo; al cual, como quien en alguna esperanza puesto está, todo aguijar le parece tardanza.[144] Envía de sí a Sempronio a solicitar a Celestina para el concebido negocio. Quedan entre tanto, Calisto y Pármeno juntos razonando.

Acto tercero

Argumento del tercer acto

Sempronio vase a casa de Celestina, a la cual reprende por la tardanza. Pónense a buscar qué manera tomen en el negocio de Calisto con Melibea. En fin sobreviene Elicia. Vase Celestina a casa de Pleberio. Quedan Sempronio y Elicia en casa.

Acto cuarto

Argumento del cuarto acto

Celestina, andando por el camino, habla consigo misma hasta llegar a la puerta de Pleberio, donde halló a Lucrecia, criada de Pleberio. Pónese con ella en razones.[145] Sentidas[146] por Alisa, madre de Melibea, y sabido que es Celestina,

[126] **con aquellos . . . piensa hacer** a man should associate with those whose company will improve him and avoid the company of those whom he thinks he'll need to improve.   [127] **Y puesto que . . . el pecado** And even if I am inclined to follow your advice, I should prefer not to have anyone know about it: so that at least, for the sake of example, the sin might be hidden.   [128] **pintemos . . . letra** let's design mottos, sing songs, make up riddles, joust; what emblem shall we begin with and what verse shall we use?   [129] **cata al cornudo** look at the cuckold.   [130] **la que . . . tañe** the one who knows how is the one who can (or should) play them (the castanets); i.e. listen to the voice of experience, I know what I am saying.   [131] **que lo ál** as for the other.   [132] **no querría . . . razón** I would not like, mother, that you try to convince me with the bait of pleasure, as did those, who lacking sound arguments, established sects coated with sweet poison to attract and to captivate the minds of the weak and blind the eyes of reason with the dust of delightful passion.   [133] **igualmente** of equal value.   [134] **Todo me . . . consejo** I am very much afraid, mother, of receiving bad advice.   [135] **al varón . . . conseguirá** the stiff-necked man that disdains his adviser will suffer a sudden and violent defeat and will never succeed.   [136] **respondido . . . padre** you have taken after your father in his knowledge, prudence, and keen intelligence.   [137] **cuya persona** whose image.   [138] **y cómo . . . reducido** and how you have returned to reason in the end.   [139] **Pero más es . . . llego vivo** Considering the great passion for which I suffer, it's even more of a miracle that I am, myself, alive.   [140] **magnífico dar** generous gift.   [141] **te haré . . . dos tantos** I'll shock you twice as much.   [142] **empecer** to bother. The meaning of the phrase is: there is no worse enemy than the one in your own home.   [143] **y luego** and quickly.   [144] **Partida . . . tardanza** After Celestina has left Calisto to return to her own home, Calisto remains talking to Sempronio, his servant. Since Calisto's hopes are raised so high, he finds each small advancement toward his goal to be more like a delay.   [145] **Pónese . . . razones** She begins to converse with her.   [146] **sentidas** noticed.

hácela entrar en casa. Viene un mensajero a llamar a Alisa. Vase. Queda Celestina en casa con Melibea y le descubre la causa de su venida.

. . . .

ALISA.—Pues, Melibea, contenta a la vecina en todo lo que razón fuere darle por el hilado.[147] Y tú, madre, perdóname, que otro día se vendrá en que más nos veamos.

CELESTINA.—Señora, el perdón sobraría donde el yerro falta. De Dios seas perdonada, que buena compañía me queda. Dios la deje gozar su noble juventud y florida mocedad, que es el tiempo en que más placeres y mayores deleites se alcanzarán. Que, a la mi fe, la vejez no es sino mesón de enfermedades, posada de pensamientos, amiga de rencillas, congoja continua, llaga incurable, mancilla de lo pasado, pena de lo presente, cuidado triste de lo por venir, vecina de la muerte, choza sin rama, que se llueve por cada parte,[148] cayado de mimbre, que con poca carga se doblega.[149]

MELIBEA —¿Por qué dices, madre, tanto mal de lo que todo el mundo con tanta eficacia gozar y ver desean?

CELESTINA.—Desean harto mal para sí, desean harto trabajo. Desean llegar allá porque llegando viven y el vivir es dulce y viviendo envejecen. Así, que el niño desea ser mozo y el mozo viejo y el viejo, más; aunque con dolor. Todo por vivir. Porque, como dicen, viva la gallina con su pepita.[150] Pero ¿quién te podría contar, señora, sus daños, sus inconvenientes, sus fatigas, sus cuidados, sus enfermedades, su frío, su calor, su descontentamiento, su rencilla, su pesadumbre, aquel arrugar de cara, aquel mudar de cabellos su primera y fresca color, aquel poco oir, aquel debilitado ver, puestos los ojos a la sombra,[151] aquel hundimiento de boca, aquel caer de dientes, aquel carecer de fuerza, aquel flaco andar, aquel espacioso[152] comer? Pues, ¡ay, ay, señora!, si lo dicho viene acompañado de pobreza, allí verás callar todos los otros trabajos, cuando sobra la gana y falta la provisión; ¡qué jamás sentí peor ahito que de hambre![153]

MELIBEA.—Bien conozco que dice cada uno de la feria según le va en ella:[154] así, que otra canción cantarán los ricos.

CELESTINA.—Señora, hija, a cada cabo hay tres leguas de mal quebranto. A los ricos se les va la bienaventuranza, la gloria y descanso por otros albañales de asechanzas, que no se parecen, ladrillados por encima con lisonjas[155] . . . Cada rico tiene una docena de hijos y nietos, que no rezan otra oración, no otra petición, sino rogar a Dios que le saque de en medio [de ellos]; no ven la hora que tener a él so la tierra y lo suyo entre sus manos y darle a poca costa su morada para siempre.[156]

MELIBEA.—Madre, pues que así es, gran pena tendrás por la edad que perdiste. ¿Querrías volver a la primera?

CELESTINA.—Loco es, señora, el caminante que, enojado del trabajo del día, quisiese volver de comienzo la jornada para tornar otra vez aquel lugar . . . Pues, si tú me das licencia, diréte la necesitada[157] causa de mi venida, que es otra que la que hasta ahora has oído, y tal que todos perderíamos en me tornar en balde sin que la sepas.[158]

MELIBEA.—Di, madre, todas tus necesidades, que si yo las pudiere remediar, de muy buen grado lo haré . . .

CELESTINA.—¿Mías, señora? Antes ajenas, . . . que las mías de mi puerta adentro me las paso,[159] sin que las sienta la tierra, comiendo cuando puedo, bebiendo cuando lo tengo. Que con mi pobreza jamás me faltó, a Dios gracias, una blanca para pan y un cuarto para vino, después que enviudé; que antes no tenía yo cuidado de lo buscar . . . Así que donde no hay varón todo bien fallece: con mal está el huso, cuando la barba no anda de suso.[160] Ha venido esto, señora, por lo que decía de las ajenas necesidades y no mías.

MELIBEA.—Pide lo que querrás, sea para quien fuere.

CELESTINA.—¡Doncella graciosa y de alto linaje! Tu suave habla y alegre gesto, justo con el aparejo de liberalidad que muestras con esta pobre vieja, me dan osadía a te lo decir. Yo dejo un enfermo a la muerte, que con sola una palabra de tu noble boca salida, que le lleve metida en mi seno, tiene por fe[161] que sanará, según la mucha devoción tiene en tu gentileza.

MELIBEA.—Vieja honrada, no te entiendo si más no declaras tu demanda. Por una parte me alteras y provocas a enojo; por otra me mueves a compasión. No te sabría volver respuesta conveniente, según lo poco que he sentido de tu habla. Que yo soy dichosa, si de mi palabra hay necesidad para salud de algún cristiano. Porque hacer beneficio es semejar[162] a Dios, y el que le da le recibe, cuando a persona digna de él le hace.[163] Y demás de esto, dicen que el que puede sanar al que padece, no lo haciendo, le mata. Así que no ceses tu petición por empacho[164] ni temor.

CELESTINA.—El temor perdí mirando, señora, tu beldad. Que no puedo creer que en balde pintase Dios unos gestos más perfectos que otros, más dotados de gracias, más hermosas facciones, sino para hacerlos almacén de virtudes, de misericordias, de compasión, ministros de sus mercedes y dádivas, como a ti. Y pues como todos seamos humanos, nacidos para morir, sea cierto que no se puede decir nacido el que para sí solo nació.[165] Porque sería semejante a los brutos animales, en los cuales aun hay algunos piadosos, como se dice del unicornio, que se humilla a cualquiera doncella . . . ¿Pues las aves? Ninguna cosa el gallo come que no participe y llame a las gallinas a comer de ello . . . Pues . . . ¿por qué los hombres habemos de ser más crueles? ¿Por qué no daremos parte de nuestras gracias y personas[166] a los prójimos, mayormente cuando están envueltos en secretas enfermedades, y tales que donde está la melecina salió la causa de la enfermedad?

MELIBEA.—Por Dios, sin más dilatar, me digas quién es ese doliente que de mal tan perplejo se siente,[167] que su pasión y remedio salen de una misma fuente.

CELESTINA.—Bien tendrás, señora, noticia en esta ciudad de un caballero mancebo, gentilhombre de clara sangre, que llaman Calisto.

MELIBEA.—¡Ya, ya ya! Buena vieja, no me digas más, no pases adelante. ¿Ése es el doliente por quien has hecho tantas premisas en tu demanda? ¿Por quien has venido a buscar la muerte para ti?[168] ¿Por quien has dado tan dañosos pasos, desvergonzada barbuda?[169] ¿Qué siente ese perdido, que con tanta pasión vienes? De locura será su mal. ¿Qué te parece? ¡Si me hallaras sin sospecha de ese loco, con qué palabras me entrabas! No se dice en vano que el más empecible miembro del mal hombre o mujer es la lengua.[170] ¡Quemada seas, alcahueta falsa, hechicera, enemiga de la honestidad, causadora de secretos yerros! ¡Jesú, Jesú! ¡Quítamela, Lucrecia, de delante, que me fino,[171] que no me ha dejado gota de sangre en el cuerpo! Bien se lo merece esto y más quien a estas tales da oídos. Por cierto, si

[147] **contenta a la vecina . . . hilado** make the lady happy by giving her a fair price for the thread.   [148] **choza . . . parte** a hovel with a bad roof which allows the rain to fall everywhere inside.   [149] **cayado . . . se doblega** and a reed that bends under the lightest load.   [150] **viva . . . pepita** let the hen live even if she has the pip.   [151] **puestos . . . sombra** the eyes sinking deep in your head.   [152] **espacioso** despacio.   [153] **cuando sobra . . . que de hambre!** when your appetite is too great and the food too little; I never felt worse than when filled up with nothing but hunger!   [154] **Bien conozco . . . en ella** I know that everyone judges the fair according to his own experiences there.   [155] **Señora hija . . . con lisonjas** My lady, on every road lies a bad stretch of several miles. The glory and repose of the rich man run down a different channel whose deceitful nature remains unnoticed only because it is bricked over with subtle flattery.   [156] **sino rogar . . . para siempre** but ask God to take him (the rich man) from among them, for they can hardly wait for the moment when they have him buried and deposited at the cheapest price in his eternal resting place and have his possessions safely in their hands.   [157] **necesitada** urgent.   [158] **es otra . . . que sepas** is different from that which you have heard until now, and it is of such importance, that we would all lose if I go away without letting you know it.   [159] **de mi . . . paso** I take care of my own needs myself.   [160] **con mal . . . de suso** When there is no beard around, the spindle does not work; i.e. a woman needs a husband.   [161] **tiene por fe** he believes.   [162] **semejar** parecerse.   [163] **el que . . . hace** he who does a favor gains the benefit in return, if the favor is done for a person worthy of it.   [164] **por empacho** because of embarrassment.   [165] **no se puede . . . nació** nobody can say that he is born if he is born only to himself; i.e. if he is selfish.   [166] **de nuestras . . . personas** our graces (favors) and ourselves.   [167] **quién es . . . se siente** who is this patient who suffers from such a strange malady.   [168] **¿Por quién . . . para ti?** The one for whom you have come to run the risk of your own death?   [169] **desvergonzada barbuda** you shameless old hag.   [170] **Si me hallaras . . . la lengua** If you had found me without suspicion of that foolish man, how easily you might have won me over with your argument! It is not said in vain that the most harmful member of an evil man or woman is his tongue.   [171] **que me fino** because I am going to die.

no mirase a mi honestidad y por no publicar su osadía de ese atrevido,[172] yo te hiciera, malvada, que tu razón y vida acabaran en un tiempo.

CELESTINA.—(*Aparte*.) ¡En hora mala acá vine, si me falta mi conjuro! ¡Ea, pues! Bien sé a quien digo. [¡Ce, hermano, que se va todo a perder!][173]

MELIBEA.—¿Aun hablas entre dientes delante mí para acrecentar mi enojo y doblar tu pena? ¿Querrías condenar mi honestidad por dar vida a un loco? ¿Dejar a mí triste por alegrar a él y llevar tú el provecho de mi perdición, el galardón de mi yerro? ¿Perder y destruir la casa y la honra de mi padre por ganar la de una vieja maldita como tú? ¿Piensas que no tengo sentidas tus pisadas y entendido tu dañado mensaje? Pues yo te certifico que las albricias que de aquí saques no sean sino estorbarte de más ofender a Dios, dando fin a tus días.[174] Respóndeme, traidora, ¿cómo osaste tanto hacer?

CELESTINA.—Tu temor, señora, tiene ocupada mi disculpa.[175] Mi inocencia me da osadía, tu presencia me turba en verla airada, y lo que más siento y me pena es recibir enojo sin razón ninguna. Por Dios, señora, que me dejes concluir mi dicho, que ni él quedará culpado ni yo condenada. Y verás cómo es todo más servicio de Dios, que[176] pasos deshonestos; más para dar salud al enfermo que para dañar la fama al médico. Si pensara, señora, que tan de ligero habías de conjeturar de lo pasado nocibles sospechas,[177] no bastara tu licencia para me dar osadía a hablar en cosa, que a Calisto ni a otro hombre tocare.

MELIBEA.—¡Jesú! No oiga yo mentar más ese loco, saltaparedes, fantasma de noche, luengo como cigüeña, figura de paramento mal pintado;[178] si no, aquí me caeré muerta. ¡Éste es el que el otro día me vio y comenzó a desvariar conmigo en razones, haciendo mucho del galán![179] Dirásle, buena vieja, que, si pensó que ya era todo suyo y quedaba por él el campo, porque holgué más de consentir sus necedades que castigar su yerro, quise más dejarle por loco que publicar su grande atrevimiento.[180] Pues avísale que se aparte de este propósito y serle ha sano; si no, podrá ser que no haya comprado tan cara habla en su vida.[181] Pues sabe que no es vencido, sino el que se cree serlo, y yo quedé bien segura y él ufano.[182] De los locos es estimar a todos los otros de su calidad. Y tú tórnate

con su misma razón,[183] que respuesta de mí otra no habrás ni la esperes. Que por demás es ruego a quien no puede haber misericordia.[184] Y da gracias a Dios, pues tan libre vas de esta feria. Bien me habían dicho quién tú eras y avisado de tus propiedades, aunque ahora no te conocía.

CELESTINA.—(*Aparte*.) ¡Más fuerte estaba Troya, y aun otras más bravas he yo amansado! Ninguna tempestad mucho dura.

MELIBEA.—¿Qué dices, enemiga? Habla, que te pueda oir. ¿Tienes disculpa alguna para satisfacer mi enojo y excusar tu yerro y osadía?

CELESTINA.—Mientras viviere tu ira, más dañará mi descargo.[185] Que estás muy rigurosa y no me maravillo: que la sangre nueva poca calor ha menester para hervir.

MELIBEA.—¿Poca calor? ¿Poco lo puedes llamar, pues quédaste tú viva y yo quejosa sobre tan gran atrevimiento? ¿Qué palabra podías tú querer para ese mal hombre, que a mí bien me estuviese?[186] Responde, pues dices que no has concluído: ¡quizá pagarás lo pasado!

CELESTINA.—Una oración, señora, que le dijeron que sabías de Santa Polonia para el dolor de muelas. Asimismo tu cordón,[187] que es fama que ha tocado todas las reliquias que hay en Roma y Jerusalén. Aquel caballero que dije, pena y muere de ellas.[188] Ésta fué mi venida. Pero, pues en mi dicha[189] estaba tu airada respuesta, padézcase[190] él su dolor, en pago de buscar tan desdichada mensajera. Que, pues en tu mucha virtud me faltó piedad, también me faltará agua si a la mar me enviara[191] . . .

MELIBEA.—Si eso querías, ¿por qué luego no me lo expresaste? ¿Por qué me lo dijiste en tan pocas palabras?[192]

CELESTINA.—Señora, porque mi limpio motivo me hizo creer que, aunque en menos[193] lo propusiera, no se había de sospechar mal. Que, si faltó el debido preámbulo, fue porque la verdad no es necesario abundar de muchos colores.[194] Compasión de su dolor, confianza de tu magnificencia ahogaron en mi boca [al principio] la expresión de la causa. Y pues conoces, señora, que el dolor turba, la turbación desmanda y altera la lengua, la cual había de estar siempre atada con el seso, ¡por Dios!, que no me culpes. Y si él otro yerro ha hecho, no redunde en mi daño, pues no tengo otra culpa, sino ser mensajera del culpado. No quiebre la soga por lo más delgado.[195] No seas la telaraña, que no muestra su fuerza sino contra los flacos animales. No paguen justos por pecadores.[196] Imita a la Divina Justicia, que dijo: «El ánima que pecare, aquella misma muera»;[197] a la humana, que jamás condena al padre por el delito del hijo ni al hijo por el del padre. Ni es, señora, razón que su atrevimiento acarree mi perdición. Aunque, según su merecimiento, no tendría en mucho que fuese él el delincuente y yo la condenada[198]. Que no es otro mi oficio, sino servir a los semejantes: de esto vivo y de esto me arreo.[199] Nunca fue mi voluntad enojar a unos por agradar a otros, aunque hayan dicho a tu merced en mi ausencia otra cosa . . .

MELIBEA.—Tanto afirmas tu ignorancia, que me haces creer lo que puede ser . . . Pero pues todo viene de buena parte,[200] de lo pasado haya perdón. Que en alguna manera es aliviado mi corazón viendo que es obra pía y santa sanar los pasionados[201] y enfermos.

CELESTINA.—¡Y tal enfermo, señora! Por Dios, si bien le conocieses, no le juzgases por el que has dicho y mostrado con tu ira. En Dios y en mi alma,[202] no tiene hiel; gracias,[203] dos mil; . . . Por fe tengo que no era tan hermoso aquel gentil Narciso, que se enamoró de su propia figura cuando se vio en las aguas de la fuente. Ahora, señora, tiénele derribado una sola muela, que jamás cesa de quejar.[204]

MELIBEA.—¿Y qué tanto tiempo ha?

CELESTINA.—Podrá ser, señora, de veintitrés años: que aquí está Celestina, que le vio nacer y le tomó a los pies de su madre.

MELIBEA.—Ni te pregunto eso ni tengo necesidad de saber su edad; sino qué tanto ha que tiene el mal.

CELESTINA.—Señora, ocho días. Que parece que ha un año en su flaqueza.[205] Y el mayor remedio que tiene es tomar una vihuela y tañe tantas canciones y tan lastimeras, que no creo que fueron otras las que

---

[172] **su osadía . . . atrevido** the audacity of that insolent man.   [173] **¡En mala hora . . . perder!** In an ill hour I came here if my incantation fails me. Ho, there. I know well to whom I speak. Ho, brother (devil) [come to my rescue or] everything will be lost. (Celestina is ad-

dressing the devil, to whom she has conjured before coming to Melibea's house).   [174] **las albricias . . . días** the reward that you will get from this enterprise won't be anything but my stopping you in your sinful ways by putting an end to your life.   [175] **tu temor . . . disculpa** My fear of you, madam, prevents me from justifying myself.   [176] **que** than just.   [177] **Si pensara . . . sospechas** Had I thought, madam, that, from what has happened to you before, you would so easily fabricate harmful suspicions.   [178] **No oiga . . . pintado** I wish to hear no more about that madman, that wall-climber, that night specter, that lanky stork-like creature, that ill-painted decoration.   [179] **comenzó . . . galán** he began talking nonsense to me and putting on airs of a gallant.   [180] **Dirásle . . . atrevimiento** You may tell him, my good woman, that if he thought that he had won the battle and remained victor on the field because I allowed him to say so many stupid things instead of punishing his affrontery, it is because I preferred to let him ramble on foolishly rather than to broadcast his impudence to everyone.   [181] **Serle . . . vida** he will be better off; otherwise, he may discover that he has never in his whole life paid more dearly for a conversation.   [182] **ufano** proud, haughty.   [183] **Y tu . . . razón** take his message back to him.   [184] **Que por demás . . . misericordia** it is useless to beg when mercy is impossible.   [185] **más . . . descargo** my excuses will turn things to worse.   [186] **¿Qué palabra . . . estuviese?** What answer did you want me to give to that bad man, that could be proper for me to give?   [187] **cordón** waist-cord, girdle.   [188] **pena y muere de ellas** he suffers and dies of them (las muelas).   [189] **dicha** (fortuna) fate.   [190] **padézcase** padezca.   [191] **Que . . . enviara** If I did not find kindness in your good heart, then neither would I find water in the ocean should I be sent there.   [192] **en tan pocas palabras** with so few words.   [193] **aunque en menos** no matter how few words or how briefly.   [194] **la verdad . . . colores** the truth doesn't need to be wrapped in many colors; i.e. it requires no embellishments.   [195] **No quiebre . . . delgado** Don't let the rope break at its weakest point; i.e. don't make the innocent (weak) one pay for the crime of another.   [196] **No paguen . . . pecadores** Don't make the righteous people pay for the sinners.   [197] **«El ánima . . . muera;** Ez. 18:4.   [198] **Aunque . . . condenada** However, in his case, such are his merits, that I wouldn't mind paying for his sins.   [199] **de esto me arreo** with this (oficio) I clothe myself.   [200] **de buena parte** for a good cause.   [201] **pasionados** suffering.   [202] **En dios . . . alma** (juro) en Dios y en mi alma.   [203] **gracias** charms.   [204] **jamás cesa de quejar** never stops aching.   [205] **Que parece . . . su flaqueza** although it seems more like a year, since he's become so thin.

compuso aquel emperador y gran músico Adriano,[206] de la partida del ánima, por sufrir sin desmayo la ya vecina muerte. Que aunque yo sé poco de música, parece que hace aquella vihuela hablar. Pues, si acaso canta, de mejor gana se paran las aves a le oír, que no aquel antiguo, de quien se dice que movía los árboles y piedras con su canto. Siendo éste nacido no alabaran a Orfeo.[207] Mirad, señora, si una pobre vieja, como yo, si se hallará dichosa en dar la vida a quien tales gracias tiene. Ninguna mujer le ve, que no alabe a Dios, que así le pintó.[208] Pues, si le habla, acaso no es más señora de sí de lo que él ordena.[209] Y pues tanta razón tengo, juzgad, señora, por bueno mi propósito, mis pasos saludables y vacíos de sospecha.

MELIBEA.—¡Oh, cuánto me pesa con la falta de mi paciencia! Porque siendo él ignorante[210] y tú inocente, habéis padecido las alteraciones de mi airada lengua. Pero la mucha razón me relieva de culpa,[211] la cual tu habla sospechosa causó. En pago de tu buen sufrimiento, quiero cumplir tu demanda y darte luego mi cordón. Y porque para escribir la oración no habrá tiempo sin que venga mi madre, si esto no bastare, ven mañana por ella muy secretamente.

LUCRECIA.—(Aparte.) ¡Ya, ya, perdida es mi ama! ¿Secretamente quiere que venga Celestina? ¡Fraude hay! ¡Más le querrá dar que lo dicho!

Acto quinto

Argumento del quinto acto

Despedida Celestina de Melibea, va por la calle hablando consigo misma entre dientes. Llegada a su casa, halló a Sempronio, que la aguardaba. Ambos van hablando hasta llegar a su[212] casa de Calisto, y, vistos por Pármeno, cuéntalo a Calisto su amo, el cual le mandó abrir la puerta.

Acto sexto

Argumento del sexto acto

Entrada Celestina en casa de Calisto, con grande afición y deseo Calisto le pregunta de lo que le ha acontecido con Melibea. Mientras ellos están hablando, Pármeno, oyendo hablar a Celestina de su parte contra Sempronio, a cada razón le pone un mote,[213] reprendiéndolo Sempronio. En fin, la vieja Celestina le descubre todo lo negociado y un cordón de Melibea. Y, despedida de Calisto, vase para su casa y con ella Pármeno.

Acto séptimo

Argumento del séptimo acto

Celestina habla con Pármeno, induciéndole a concordia y amistad de Sempronio. Tráele Pármeno a memoria la promesa, que le hiciera, de le hacer haber a Areusa,[214] que él mucho amaba. Vanse a casa de Areusa. Queda ahí la noche Pármeno. Celestina va para su casa. Llama a la puerta. Elicia le viene a abrir, increpándole su tardanza.[215]

Acto octavo

Argumento del octavo acto

La mañana viene. Despierta Pármeno. Despedido de Areusa, va para casa de Calisto su señor. Halla a la puerta a Sempronio. Conciertan su amistad. Van juntos a la cámara de Calisto. Hállanle hablando consigo mismo. Levantado, va a la iglesia.

Acto noveno

Argumento del noveno acto

Sempronio y Pármeno van a casa de Celestina, entre sí hablando. Llegados allá, hablan a Elicia y Areusa. Pónense a comer. Entre comer[216] riñe Elicia con Sempronio. Levántase de la mesa. Tórnanla apaciguar. Estando ellos todos entre sí razonando, viene Lucrecia, criada de Melibea, llamar[217] a Celestina, que vaya a estar con Melibea.

Acto décimo

Argumento del décimo acto

Mientras andan Celestina y Lucrecia por el camino, está hablando Melibea consigo misma. Llegan a la puerta. Entra Lucrecia primero. Hace entrar a Celestina. Melibea, después de muchas razones, descubre a Celestina arder en amor de Calisto.[218] Ven venir a Alisa, madre de Melibea. Despídense de en uno.[219] Pregunta Alisa a Melibea de los negocios de Celestina, defendiéndole[220] su mucha conversación.

Acto onceno

Argumento del onceno acto

Despedida Celestina de Melibea, va por la calle sola hablando. Ve a Sempronio y a Pármeno que van a la Magdalena[221] por su señor. Sempronio habla con Calisto. Sobreviene Celestina. Van a casa de Calisto. Declárale Celestina su mensaje y negocio recaudado[222] con Melibea. Mientras ellos en estas razones están, Pármeno y Sempronio entre sí hablan. Despídese Celestina de Calisto, va para su casa, llama a la puerta. Elicia le viene a abrir. Cenan y vanse a dormir.

Acto doceno

Argumento del doceno acto

Llegando la media noche, Calisto, Sempronio y Pármeno, armados, van para casa de Melibea. Lucrecia y Melibea están cabe la puerta aguardando a Calisto. Viene Calisto. Háblale primero Lucrecia. Llama a Melibea. Apártase Lucrecia. Háblanse por entre las puertas Melibea y Calisto. Pármeno y Sempronio, de su cabo,[223] departen.[224] Oyen gentes por la calle. Apercíbense para huir. Despídese Calisto de Melibea, dejando concertada la tornada para la noche siguiente. Pleberio, al son del ruido que había en la calle, despierta, llama a su mujer, Alisa. Preguntan a Melibea quién da patadas en su cámara. Responde Melibea a su padre, Pleberio, fingiendo que tenía sed. Calisto, con sus criados, va para su casa hablando. Échase a dormir. Pármeno y Sempronio van a casa de Celestina. Demandan su parte de la ganancia. Disimula Celestina. Vienen a reñir. Échanle mano a Celestina, mátanla. Da voces Elicia. Viene la justicia y préndelos a ambos.

· · · · · · · · · · · · · ·

CALISTO.—Descuelga, mis corazas . . .[225]
PÁRMENO.—Helas aquí, señor.

CALISTO.—Ayúdame aquí a vestirlas. Mira tú, Sempronio, si parece alguno por la calle.

SEMPRONIO.—Señor, ninguna gente parece, y aunque la hubiese, la mucha obscuridad privaría el viso y conocimiento[226] a los que nos encontrasen.

CALISTO.—Pues andemos por esta calle, aunque se rodee alguna cosa, porque más encubiertos vamos.[227] Las doce dan ya: buena hora es.

PÁRMENO.—Cerca estamos.

CALISTO.—A buen tiempo llegamos. Párate tú, Pármeno, a ver si es venida aquella señora por entre las puertas . . .

LUCRECIA.—La voz de Calisto es ésa. Quiero llegar. ¿Quién habla? ¿Quién está fuera?

CALISTO.—Aquel que viene a cumplir tu mandado.

LUCRECIA.—¿Por qué no llegas, señora? Llega sin temor acá, que aquel caballero está aquí.

MELIBEA.—¡Loca, habla paso! Mira bien si es él.

LUCRECIA.—Allégate, señora, que sí es, que yo le conozco en la voz.

[206] **Adriano** Spanish-born Roman emperor (76–138), protector of the arts and artists. [207] **Orfeo** Orpheus, the mythological musician. According to Celestina, Calisto is superior to Orpheus in his musical abilities. [208] **que así le pintó** for giving him this appearance. [209] **acaso . . . ordena** she is no longer her own mistress but must obey his commands. [210] **ignorante** innocent; not harboring evil intentions. [211] **me relieva de culpa** excuses me of any fault. [212] **su** do not translate. [213] **a cada . . . mote** he (Pármeno) makes comments about everything (Celestina) says. [214] **de la hacer . . . Areusa** to give Areusa to him. [215] **increpándole su tardanza** scolding her for being so tardy. [216] **Entre comer** Mientras comen. [217] **llamar** a llamar. [218] **descubre a . . . Calisto** . . confesses to Celestina her passionate love for Calisto. [219] **Despídense de en uno** they part company. [220] **defendiéndole** forbidding. [221] **La Magdalena** a church. [222] **recaudado** arranged. (Celestina has managed to get Melibea to agree to speak with Calisto that very night at twelve o'clock, through the doors of her home). [223] **de su cabo** (por su parte) also. [224] **departir** to talk. [225] **Descuelga mis corazas** take down my cuirass. [226] **viso y conocimiento** vision and recognition. [227] **vamos** (vayamos) so that we may go.

Comedia de Calisto z Melibea: la
qual contiene demas de su agradable z dulce estilo muchas sentencias filosofales: z auisos muy neces-
sarios para mancebos: mostrando
les los engaños que estan encerra
dos en siruientes y alcahuetas.

Página del *Libro de Calixto y Melibea y dela puta vieja Celestina.*
Biblioteca Nacional, Madrid.

CALISTO.—Cierto soy burlado: no era Melibea la que me habló. ¡Bullicio oigo, perdido soy! Pues viva o muera, que no he de ir de aquí.

MELIBEA.—Vete, Lucrecia, acostar un poco. ¡Ce señor! ¿Cómo es tu nombre? ¿Quién es el que te mandó ahí venir?

CALISTO.—Es la que tiene merecimiento de mandar a todo el mundo, la que dignamente servir yo no merezco. No tema tu merced de se descubrir a este cautivo de tu gentileza: que el dulce sonido de tu habla, que jamás de mis oídos se cae, me certifica ser tú mi señora Melibea. Yo soy tu siervo Calisto.

MELIBEA.—La sobrada osadía de tus mensajes me ha forzado a haberte de hablar,[228] señor Calisto. Que habiendo habido de mí la pasada respuesta[229] a tus razones, no sé qué piensas más sacar de mi amor de lo que entonces te mostré. Desvía estos vanos y locos pensamientos de ti, porque mi honra y persona estén sin detrimento de mala sospecha seguras. A eso fue aquí mi venida, a dar concierto en tu despedida y mi reposo.[230] No quieras poner mi fama en la balanza de las lenguas maldicientes.

CALISTO.—A los corazones aparejados con apercibimiento recio contra las adversidades, ninguna puede venir que pase de claro en claro la fuerza de su muro. Pero el triste que, desarmado y sin proveer los engaños y celadas, se vino a meter por las puertas de tu seguridad, cualquiera cosa, que en contrario vea, es razón que me atormente y pase rompiendo todos los almacenes en que la dulce nueva estaba aposentada. ¡Oh malaventurado Calisto! ¡Oh cuán burlado has sido de tus sirvientes! ¡Oh engañosa mujer Celestina! ¡Dejárasme acabar de morir[231] y no tornaras a vivificar mi esperanza, para que tuviese más que gastar el fuego que ya me aqueja.[232] ¿Por qué falseaste la palabra de esta mi señora? ¿Por qué has así dado con tu lengua causa a mi desesperación? ¿A qué me mandaste aquí venir, para que me fuese mostrado el disfavor, el entredicho, la desconfianza, el odio, por la misma boca de esta que tiene las llaves de mi perdición y gloria? ¡Oh enemiga! ¿Y tú no me dijiste que esta mi señora me era favorable? ¿No me dijiste que de su grado[233] mandaba venir este su cautivo al presente lugar, no para me desterrar nuevamente de su presencia, pero para alzar el destierro, ya por otro su mandamien-

to puesto antes de ahora?[234] ¿En quién hallaré yo fe? ¿Adónde hay verdad? ¿Quien carece de engaño? ¿Adónde no moran falsarios? ¿Quién es claro enemigo? ¿Quién es verdadero amigo? ¿Dónde no se fabrican traiciones? ¿Quién osó darme tan cruda esperanza de perdición?

MELIBEA.—Cesen, señor mío, tus verdaderas[235] querellas: que ni mi corazón basta para lo sufrir ni mis ojos para lo disimular. Tú lloras de tristeza, juzgándome cruel; yo lloro de placer, viéndote tan fiel. ¡Oh mi señor y mi bien todo! ¡Cuánto más alegre me fuera poder ver tu faz, que oir tu voz! Pero, pues no se puede al presente más hacer, toma la firma y sello de las razones que te envié escritas en la lengua de aquella solícita mensajera. Todo lo que te dijo confirmo, todo lo he por bueno.[236] Limpia, señor, tus ojos; ordena de mí a tu voluntad.

CALISTO.—¡Oh señora mía, esperanza de mi gloria, descanso y alivio de mi pena, alegría de mi corazón! ¿Qué lengua será bastante para te dar iguales gracias a la sobrada e incomparable merced que en este punto, de tanta congoja para mí, me has querido hacer en querer[237] que un flaco e indigno hombre pueda gozar de tu suavísimo amor? Del cual, aunque muy deseoso, siempre me juzgaba indigno, mirando tu grandeza, considerando tu estado, remirando tu perfección, contemplando tu gentileza, acatando mi poco merecer y tu alto merecimiento, tus extremadas gracias, tus loadas y manifiestas virtudes. Pues, ¡oh alto Dios!, ¿cómo te podré ser ingrato, que tan milagrosamente

---

[228] **a haberte de hablar** a hablarte. [229] **pasada respuesta** my past answer. [230] **a dar concierto . . . reposo** to obtain my peace of mind by your leaving me. [231] **¡Dejárasme . . . morir** You should have let me die. [232] **para que . . . me aqueja** because the only thing it accomplishes is to give more fuel to the fire that is already tormenting me. [233] **de su grado** willingly. [234] **puesto antes de ahora** given before. (Refers to the anger of Melibea and the order she gave to Calisto to leave her garden when he first met her). [235] **verdaderas** sincere, deeply felt. [236] **todo . . . por bueno** all this I consider acceptable. [237] **en querer** (al querer, al permitir) allowing that.

has obrado conmigo tus singulares maravillas? ¡Oh cuántos días antes de ahora pasados me fue venido este pensamiento a mi corazón, y por imposible, le rechazaba de mi memoria, hasta que ya los rayos ilustrantes de tu muy claro gesto[238] dieron luz en mis ojos, encendieron mi corazón; despertaron mi lengua, extendieron mi merecer,[239] acortaron mi cobardía, destorcieron mi encogimiento,[240] doblaron mis fuerzas, desadormecieron[241] mis pies y manos; finalmente, me dieron tal osadía, que me han traído con su mucho poder a este sublimado estado en que agora me veo, oyendo de grado tu suave voz! La cual, si antes de agora no conociese y no sintiese tus saludables olores, no podía creer que careciesen de engaño tus palabras. Pero, como soy cierto de tu limpieza de sangre y hechos, me estoy remirando[242] si soy yo, Calisto, a quien tanto bien se le hace.

MELIBEA.—Señor Calisto, tu mucho merecer, tus extremadas gracias, tu alto nacimiento han obrado que, después que de ti hube entera noticia, ningún momento de mi corazón te partieses. Y aunque muchos días he pugnado[243] por lo disimular, no he podido tanto que[244] en tornándome aquella mujer tu dulce nombre a la memoria, no descubriese mi deseo y viniese a este lugar y tiempo, donde te suplico ordenes y dispongas de mi persona según querrás. Las puertas impiden nuestro gozo, las cuales yo maldigo y sus fuertes cerrojos y mis flacas fuerzas, que ni tú estarías quejoso ni yo descontenta.

CALISTO.—¿Cómo, señora mía, y mandas que consienta a un palo[245] impedir nuestro gozo? Nunca yo pensé que, demás de tu voluntad, lo pudiera cosa estorbar. ¡Oh molestas y enojosas puertas! Ruego a Dios que tal fuego os abrase, como a mí da guerra: que con tercia parte seríades en un punto quemadas.[246] Pues, por Dios, señora mía, permite que llame a mis criados para que las quiebren.

PÁRMENO.—¿No oyes, no oyes, Sempronio? A buscarnos quiere venir para que nos den mal año.[247] No me agrada cosa esta venida. ¡En mal punto creo que se empezaron estos amores! Yo no espero más aquí.

SEMPRONIO.—Calla, calla, escucha, que ella no consiente que vamos[248] allá.

MELIBEA.—¿Quieres, amor mío, perderme a mí y dañar mi fama? No sueltes las riendas a la voluntad. La esperanza es cierta, el tiempo breve, cuanto tú ordenares.[249] Y pues tú sientes tu pena sencilla[250] y yo la de entrambos; tu solo dolor,[251] yo el tuyo y el mío, conténtate con venir mañana a esta hora por las paredes de mi huerto. Que si ahora quebrases las crueles puertas, aunque al presente no fuésemos sentidos, amanecería en casa de mi padre terrible sospecha de mi yerro. Y pues sabes que tanto mayor es el yerro cuanto mayor es el que yerra, en un punto[252] será por la ciudad publicado. . . .

PÁRMENO.—¡Ce!, ¡ce!, señor, quítate presto dende[253] que viene mucha gente con hachas[254] y serás visto y conocido, que no hay donde te metas.[255]

CALISTO.—¡Oh mezquino yo, y cómo es forzado, señora, partirme de ti! ¡Por cierto, temor de la muerte no obrara tanto como el de tu honra! Pues que así es, los ángeles queden con tu presencia. Mi venida será como ordenaste, por el huerto.

MELIBEA.—Así sea, y vaya Dios contigo. . . .

PÁRMENO.—¿Adónde iremos, Sempronio? ¿A la cama a dormir, o a la cocina a almorzar?

SEMPRONIO.—Ve tú donde quisieres; que, antes que venga el día quiero yo ir a Celestina a cobrar mi parte de la cadena.[256] Que es una puta vieja. No le quiero dar tiempo en que fabrique una ruindad[257] con que nos excluya.

PÁRMENO.—Bien dices. Olvidado lo había. Vamos entrambos y, si en eso se pone, espantémosla de manera que le pese. Que sobre dinero no hay amistad.

SEMPRONIO.—¡Ce, ce! Calla, que duerme cabe esta ventanilla. Ta, ta, señora Celestina, ábrenos.

CELESTINA.—¿Quién llama?

SEMPRONIO.—Abre, que son tus hijos.

CELESTINA.—No tengo yo hijos que anden a tal hora.

SEMPRONIO.—Ábrenos a Pármeno y Sempronio, que nos venimos acá almorzar contigo.

CELESTINA.—¡Oh locos, traviesos! Entrad, entrad. ¿Cómo venís a tal hora, ya que amanece? ¿Qué habéis hecho? ¿Qué os ha pasado? ¿Despidióse la esperanza de Calisto[258] o vive todavía con ella o cómo queda?

SEMPRONIO.—¿Cómo, madre? Si por nosotros no fuera, ya anduviera su alma buscando posada para siempre. . . .

CELESTINA.—¡Jesú! ¿Que en tanta afrenta[259] os habéis visto? Cuéntamelo, por Dios. . . .

SEMPRONIO.—Por Dios, sin seso vengo, desesperado . . . Traigo, señora, todas las armas despedazadas, el broquel sin aro, la espada como sierra, el casquete abollado en la capilla.[260] Que no tengo con qué salir un paso con[261] mi amo, cuando menester me haya. Que quedó concertado de ir esta noche que viene a verse por el huerto. ¿Pues comprarlo de nuevo? No mando un maravedí en que caiga muerto.[262]

CELESTINA.—Pídelo, hijo, a tu amo, pues en su servicio se gastó y quebró. Pues sabes que es persona que luego lo cumplirá. Que no es de los que dicen: vive conmigo y busca quien te mantenga. Él es tan franco, que te dará para eso y para más.

SEMPRONIO.—¡Ah! Trae también Pármeno perdidas las suyas. A este cuento, en armas se le irá su hacienda. ¿Cómo quieres que le sea tan importuno en pedirle más de lo que él de su propio grado hace, pues es harto? No digan por mí que dando[263] un palmo pido cuatro. Dionos las cien monedas, dionos después la cadena. A tres tales aguijones no tendrá cera en el oído.[264] Caro le costaría este negocio. Contentémonos con lo razonable, no lo perdamos todo por querer más de la razón, que quien mucho abarca, poco suele apretar.

CELESTINA.—¡Gracioso es el asno! Por mi vejez que, si sobre comer fuera, que dijera que habíamos todos cargado demasiado.[265] ¿Estás en tu seso, Sempronio? ¿Qué tiene que hacer tu galardón con mi salario, tu soldada con mis mercedes? ¿Soy yo obligada a soldar vuestras armas, a cumplir vuestras faltas?[266] A osadas, que me maten si no te has asido a una palabrilla que te dije el otro día viniendo por la calle,[267] que cuanto yo tenía era tuyo y que, en cuanto pudiese, con mis pocas fuerzas, jamás te faltaría, y que, si Dios me diese buena manderecha[268] con tu amo, que tú no perderías nada. Pues ya sabes, Sempronio, que estos ofrecimientos, estas palabras de buen amor, no obligan. No ha de ser oro cuanto reluce; si no, más barato valdría. Dime, ¿estoy en tu corazón, Sempronio? Verás si, aunque soy vieja, si acierto lo que tú puedes pensar. Tengo,

hijo, en buena fe, más pesar, que se me quiere salir esta alma de enojo.[269] Di a esta loca de Elicia, como[270] vine de tu casa, la cadenilla que traje, para que se holgase con ella, y no se puede acordar dónde la puso. Que en toda esta noche ella ni yo no habemos dormido sueño, de pesar. No por su valor de la cadena, que no era mucho; pero por su mal cobro de ella y de mi mala dicha. Entraron unos conocidos y familiares míos en aquella sazón aquí: temo no la hayan llevado,

[238] **tu muy claro gesto** your glorious countenance. [239] **extendieron mi merecer** increased my worth. [240] **destorcieron mi encogimiento** banished my shyness. [241] **desadormecieron** awakened. [242] **me estoy remirando** I am asking myself. [243] **he pugnado** I have struggled. [244] **no he podido tanto que** it has not been in my power to prevent that. [245] **palo** plank, board. [246] **como . . . quemadas** like the one that is burning me: a third part of which would be enough to burn you. [247] **para que . . . año** to get us into trouble. [248] **vamos** vayamos. [249] [tan breve] **cuanto tú ordenares** as brief as you wish it to be. [250] **sencilla** only your own. [251] **tu solo dolor** [you feel] only your own grief. [252] **en un punto** immediately. [253] **dende** de ahí. [254] **hachas** torches. [255] **que . . . te metas** for there is nowhere you may hide. [256] **cadena** Calisto gave Celestina a golden chain, and Sempronio wants his share of it. [257] **fabrique una ruindad** plans a trick. [258] **¿Despidióse la esperanza de Calisto . . . ?** Is Calisto's hope gone . . . ? [259] **afrenta** fight, struggle. [260] **el casquete . . . capilla** the helmet in my hood is all dented. [261] **salir un paso con** (dar un paso) to accompany, to walk with. [262] **No mando . . . muerto** I haven't a penny to drop dead on. [263] **que dando** (dándoseme) when I am given. [264] **A tres tales . . . oído** With three pushes like those (i.e. with a third gift like the first two), no wax will be left in his ears (i.e. he will have no money left). [265] **Por mi vejez . . . demasiado** By my old age, if we had just gotten through with dinner, I could say that we had all drunk too much. [266] **soldar . . . faltas?** to repair your weapons, to supply the money you lack? [267] **A osadas . . . calle** May I be damned, if you didn't seize on a trivial word I said the other day while we were walking along the street. [268] **manderecha** luck, influence. [269] **Tengo . . . enojo** Son, believe me, I am extremely upset, so much so, that I'm being driven mad. [270] **como** when.

diciendo: si te vi, burléme,[271] etcétera. Así que, hijos,
agora que quiero hablar con entrambos: si algo
vuestro amo a mí me dio, debéis mirar que es mío;
que tu jubón de brocado no te pedí yo parte ni la
quiero. Sirvamos todos, que a todos dará, según viere
que lo merecen. Que si me ha dado algo, dos veces he
puesto por él mi vida al tablero.[272] Más herramienta
se me ha embotado en su servicio que a vosotros, más
materiales he gastado. Pues habéis de pensar, hijos,
que todo me cuesta dinero y aun mi saber, que no
lo he alcanzado holgando. De lo cual fuera buen
testigo su madre de Pármeno. Dios haya su alma. Esto
trabajé yo; a vosotros se os debe esotro. Esto tengo
yo por oficio y trabajo; vosotros por recreación y
deleite. Pues así, no habéis vosotros de haber igual
galardón de holgar que yo de penar.[273] Pero aun
con todo lo que he dicho, no os despidáis,[274] si mi
cadena parece, de sendos pares de calzas de grana,
que es el hábito que mejor en los mancebos parece.[275]
Y si no, recibid la voluntad,[276] que yo me callaré con
mi pérdida. Y todo esto, de buen amor, porque
holgasteis que hubiese yo antes, el provecho de estos
pasos[277] que no otra. Y si no os contentáredes, de
vuestro daño haréis.[278]

SEMPRONIO.—No es ésta la primera vez que yo he
dicho cuánto en los viejos reina este vicio de la codicia.
Cuando pobre, franca;[279] cuando rica, avarienta. Así
que adquiriendo crece la codicia y la pobreza codi-
ciando; ninguna cosa hace pobre al avariento sino
la riqueza. ¡Oh Dios, y cómo crece la necesidad con
la abundancia! ¡Quién la oyó esta vieja decir que me
llevase yo todo el provecho, si quisiese, de este negocio,
pensando que sería poco! ¡Ahora que lo ve crecido,
no quiere dar nada, por cumplir el refrán de los niños,
que dicen: de lo poco, poco; de lo mucho, nada.

PÁRMENO.—Déte lo que prometió o tomémoselo
todo. Harto te decía yo quién era esta vieja, si tú
me creyeras.[280]

CELESTINA.—Si mucho enojo traéis con vosotros o
con vuestro amo o armas, no lo quebréis en mí;[281]
que bien sé dónde nace esto, bien sé y barrunto de
qué pie cojeáis.[282] No cierto de la necesidad que tenéis
de lo que pedís, ni aun por la mucha codicia que lo
tenéis, sino pensando que os he de tener toda vuestra
vida atados y cautivos con Elicia y Areusa, sin quereros

buscar otras, moveisme estas amenazas de dinero,
poneisme estos temores de la partición. Pues callad,
que quien éstas os supo acarrear, os dará otras diez
ahora que hay más conocimiento y más razón y más
merecido de vuestra parte. Y si sé cumplir lo que
prometo en este caso, dígalo Parmeno. . . .

SEMPRONIO.— . . . Déjate conmigo de razones. A
perro viejo no cuz cuz.[283] Danos las dos partes por
cuenta de cuanto[284] de Calisto has recibido, no quieras
que se descubra quién tú eres. A los otros, a los otros,
con esos halagos, vieja.

CELESTINA.—¿Quién soy yo, Sempronio? ¿Quitásteme de la putería?[285] Calla tu lengua, no amengües
mis canas, que soy una vieja cual Dios me hizo, no
peor que todas. Vivo de mi oficio, como cada cual
oficial del suyo, muy limpiamente. A quien no me
quiere no le busco. De mi casa me vienen a sacar, en
mi casa me ruegan. Si bien o mal vivo, Dios es el
testigo de mi corazón. Y no pienses con tu ira maltra-
tarme, que justicia hay para todos: a todos es igual. . . .
Y tú, Parmeno, no pienses que soy tu cautiva por
saber mis secretos y mi pasada vida y los casos que nos

acaecieron a mí y a la desdichada de tu madre. Y aun así me trataba ella cuando Dios quería.

PÁRMENO.—No me hinches las narices[286] con esas memorias; si no, enviarte he con nuevas a ella,[287] donde mejor te puedas quejar.

CELESTINA.—¡Elicia! ¡Elicia! Levántate de esa cama, daca mi manto presto, que por los santos de Dios para aquella justicia me vaya[288] bramando como una loca. ¿Qué es esto? ¿Qué quieren decir tales amenazas en mi casa? ¿Con una oveja mansa tenéis vosotros manos y braveza? ¿Con una gallina atada? ¿Con una vieja de sesenta años? ¡Allá, allá, con los hombres como vosotros, contra los que ciñen espada mostrad vuestras iras, no contra mi flaca rueca! . . .

SEMPRONIO.—¡Oh vieja avarienta, garganta muerta de sed por dinero! ¿No serás contenta con la tercia parte de lo ganado?

CELESTINA.—¿Qué tercia parte? Vete con Dios de mi casa tú. Y ese otro no dé voces, no allegue la vecindad.[289] No me hagáis salir de seso. No queráis que salgan a plaza las cosas de Calisto y vuestras.

SEMPRONIO.—Da voces o gritos, que tú cumplirás lo que prometiste o cumplirán hoy tus días.

ELICIA.—Mete, por Dios, el espada.[290] Tenle. Pármeno, tenle, no la mate ese desvariado.

CELESTINA.—¡Justicia, justicia, señores vecinos! ¡Justicia, que me matan en mi casa estos rufianes!

SEMPRONIO.—¿Rufianes o qué? Esperad, doña hechicera, que yo te haré ir al infierno con cartas.[291]

CELESTINA.—¡Ay, que me ha muerto! ¡Ay, ay! ¡Confesión, confesión!

PÁRMENO.—Dale, dale, acábala, pues comenzaste. ¡Que nos sentirán! ¡Muera, muera! De los enemigos, los menos.[292]

CELESTINA.—¡Confesión!

ELICIA.—¡Oh crueles enemigos! ¡En mal poder os veáis! ¡Y para quién tuvisteis manos! ¡Muerta es mi madre y mi bien todo!

SEMPRONIO.—¡Huye, huye, Pármeno, que carga mucha gente! ¡Guarte, guarte[293] que viene el alguacil!

PÁRMENO.—¡Oh pecador de mí!, que no hay por do nos vamos, que está tomada la puerta.

SEMPRONIO.—Saltemos de estas ventanas. No muramos en poder de justicia.

PÁRMENO.—Salta, que tras ti voy.

Acto treceno

Argumento del treceno acto

Despertando Calisto de dormir, está hablando consigo mismo. Dende, en poco,[294] está llamando a Tristán y a otros sus criados. Torna a dormir Calisto. Pónese Tristán a la puerta. Viene Sosia llorando. Preguntado de Tristán, Sosia cuéntale la muerte de Sempronio y Pármeno.[295] Van a decir las nuevas a Calisto, el cual, sabiendo la verdad, hace gran lamentación.

Acto catorceno

Argumento del catorceno acto

Está Melibea muy afligida hablando con Lucrecia sobre la tardanza de Calisto, el cual le había hecho voto de venir en aquella noche a visitarla, lo cual cumplió, y con él

[271] **si te vi, burléme** finders keepers. [272] **al tablero** at stake. [273] **de holgar que yo de penar** from having fun as I have from my hard labors. [274] **no os despidáis** don't lose hope (of receiving). [275] **mejor . . . parece** looks better on young men. [276] **la voluntad** good will. [277] **paso** business. [278] **de vuestro daño haréis** you will hurt your own interests. [279] **franca** generous. [280] **Harto . . . creyeras** You should have believed what I told you about this old lady. [281] **no lo quebréis en mí** don't take it out on me. [282] **barrunto . . . cojeáis** I know which is your lame foot; i.e. I know what your trouble is. [283] **A perro viejo no cuz cuz** You can't fool an old dog like me. [284] **por cuenta de cuanto** of what. [285] **¿Quitásteme . . . putería?** Did you rescue me from some whorehouse? [286] **No me hinches las narices** don't annoy me. [287] **enviarte . . . ella** I'll send you to her with some news. [288] **para . . . me vaya** I'm going to the justice. [289] **no allegue la vecindad** don't attract the neighbors. [290] **Mete . . . el espada** Put that sword away, for God's sake. [291] **cartas** credentials, letters of recommendation. [292] **De los enemigos, los menos** The less enemies, the better. [293] **Guarte, guarte** watch out! [294] **dende un poco** un poco después. [295] After jumping from the windows of Celestina's house, Sempronio and Pármeno are half dead; thus, the justice easily catches them and takes them to the square and beheads them.

vinieron Sosia y Tristán. Y después que cumplió su voluntad, volvieron todos a la posada, y Calisto se retrae en su palacio y quéjase por haber estado tan poca cantidad de tiempo con Melibea, y ruega a Febo que cierre sus rayos, para haber de restaurar su deseo.

MELIBEA.—Mucho se tarda aquel caballero que esperamos. ¿Qué crees tú o sospechas de su estada,[296] Lucrecia?

LUCRECIA.—Señora, que tiene justo impedimento y que no es en su mano venir más presto.

MELIBEA.—Los ángeles sean en su guarda, su persona esté sin peligro, que[297] su tardanza no me es pena. Mas, cuitada, pienso muchas cosas que desde su casa acá le podrían acaecer . . . Mas escucha, que pasos suenan en la calle y aun parece que hablan de esta otra parte del huerto.

SOSIA.—Arrima esta escalera, Tristán, que éste es el mejor lugar, aunque alto.

TRISTÁN.—Sube, señor. Yo iré contigo, porque no sabemos quién está dentro. Hablando están.

CALISTO.—Quedaos, locos, que yo entraré solo, que a mi señora oigo.

MELIBEA.—Es tu sierva, es tu cautiva, es la que más tu vida que la suya[298] estima. ¡Oh mi señor!, no saltes de tan alto, que me moriré en verlo; baja, baja poco a poco por el escala; no vengas con tanta presura.

CALISTO.—¡Oh angélica imagen! ¡Oh preciosa perla, ante quien el mundo es feo! ¡Oh mi señora y mi gloria! En mis brazos te tengo y no lo creo. Mora en mi persona tanta turbación de placer, que me hace no sentir todo el gozo que poseo.

MELIBEA.—Señor mío, pues me fié en tus manos, pues quise cumplir tu voluntad, no sea de peor condición, por ser piadosa, que si fuera esquiva y sin misericordia,[299] no quieras perderme por tan breve deleite y en tan poco espacio. Que las mal hechas cosas, después de cometidas, más presto se pueden reprender que enmendar. Goza de lo que yo gozo, que es ver y llegar a tu persona; no pidas ni tomes aquello que, tomado, no será en tu mano volver. Guárdate, señor, de dañar lo que con todos tesoros del mundo no se restaura.

CALISTO.—Señora, pues por conseguir esta merced toda mi vida he gastado, ¿qué sería cuando me la diesen, desecharla?[300] Ni tú, señora, me lo mandarás, ni yo podría acabarlo conmigo.[301] No me pidas tal cobardía. No es hacer tal cosa de ninguno que hombre sea,[302] mayormente amando como yo. Nadando por ese fuego de tu deseo toda mi vida, ¿no quieres que me arrime al dulce puerto a descansar de mis pasados trabajos?

MELIBEA.—Por mi vida, que aunque hable tu lengua cuanto quisiere, no obren las manos cuanto pueden. Estad quedo, señor mío. . . .

CALISTO.—¿Para qué, señora? ¿Para que no esté queda mi pasión? ¿Para penar de nuevo? ¿Para tornar el juego de comienzo? Perdona, señora, a mis desvergonzadas manos, que jamás pensaron de tocar tu ropa con su indignidad y poco merecer; ahora gozan de llegar a tu gentil cuerpo y lindas y delicadas carnes.

MELIBEA.—Apártate allá, Lucrecia.

CALISTO.—¿Por qué, mi señora? Bien me huelgo[303] que estén semejantes testigos de mi gloria.

MELIBEA.—Yo no los quiero de mi yerro. Si pensara que tan desmesuradamente te habías de haber[304] conmigo, no fiara mi persona de tu cruel conversación.

SOSIA.—Tristán, bien oyes lo que pasa. ¡En qué término anda el negocio!

TRISTÁN.—Oigo tanto, que juzgo a mi amo por el más bienaventurado hombre que nació. Y por mi vida que, aunque soy muchacho, que diese tan buena cuenta[305] como mi amo.

SOSIA.—Para con tal joya quienquiera se tendría manos;[306] pero con su pan se la coma, que bien caro le cuesta; dos mozos entraron en la salsa de estos amores.

TRISTÁN.—Ya los tiene olvidados. ¡Dejaos morir sirviendo a ruines, haced locuras en confianza de su defensión![307] . . . Vedlos a ellos alegres y abrazados, y sus servidores con harta mengua, degollados.

MELIBEA.—¡Oh mi vida y mi señor! ¿Cómo has querido que pierda el nombre y corona de virgen por tan breve deleite? ¡Oh pecadora de mi madre, si de tal cosa fueses sabedora, como tomarías de grado tu muerte y me la darías a mí por fuerza! ¡Cómo serías cruel verdugo de tu propia sangre! ¡Cómo sería yo fin quejosa[308] de tus días! ¡Oh mi padre honrado, cómo he dañado tu fama y dado causa y lugar a quebrantar tu casa! ¡Oh traidora de mí, cómo no miré primero el gran yerro que seguía de tu entrada, el gran peligro que esperaba!

SOSIA.—¡Antes quisiera yo oírte esos milagros! Todas sabéis esa oración después que no puede dejar de ser hecho.[309] ¡Y el bobo de Calisto, que se lo escucha!

CALISTO.—Ya quiere amanecer.[310] ¿Qué es esto? No me parece que una hora que ha que estamos aquí, y da el reloj las tres.

MELIBEA.—Señor, por Dios, pues ya todo queda por ti, pues ya soy tu dueña,[311] pues no puedes negar mi amor, no me niegues tu vista de día, pasando por mi puerta; de noche, donde tú ordenares. ... Y por el presente te ve con Dios,[312] que no serás visto, que hace obscuro, ni yo en casa sentida, que aún no amanece.[313]

CALISTO.—Mozos, poned el escala.

SOSIA.—Señor, vesla aquí. Baja.

MELIBEA.—Lucrecia, vente acá, que estoy sola. Aquel señor mío es ido. Conmigo deja su corazón, consigo lleva el mío. ...

Acto décimoquinto

Argumento del décimoquinto acto

Areusa dice palabras injuriosas a un rufián llamado Centurio, el cual se despide de ella por la venida de Elicia, la cual cuenta a Areusa las muertes que sobre los amores de Calisto y Melibea se habían ordenado,[314] y conciertan Areusa y Elicia que Centurio haya de vengar las muertes de los tres en los dos enamorados. En fin, despídese Elicia de Areusa, no consintiendo en lo que le ruega, por no perder el tiempo que se daba, estando en su asueta casa.[315]

Acto décimosexto

Argumento del décimosexto acto

Pensando Pleberio y Alisa tener su hija Melibea el don de la virginidad conservado, lo cual, según ha parecido, está en contrario,[316] y están razonando sobre el casamiento de Melibea, y en tan gran cantidad le dan pena las palabras que de sus padres oye, que envía a Lucrecia para que sea causa de su silencio en aquel propósito.

Acto décimoséptimo

Argumento del décimoséptimo acto

Elicia, careciendo de la castimonia[317] de Penélope, determina de despedir el pesar y luto que por causa de los muertos trae, alabando el consejo de Areusa en este propósito; la cual va a casa de Areusa, adonde viene Sosia, al cual Areusa, con palabras fictas[318] saca todo el secreto que está entre Calisto y Melibia.

[296] **estada** (dónde puede estar) where he might be. [297] **que** que así. [298] **la suya** her own. [299] **no sea ... misericordia** do not make me suffer more (do not treat me worse) for being good to you than if I were reserved and pitiless. [300] **¿qué** (locura) **sería ... desecharla?** what kind of foolishness would it be to renounce it when it is within my reach? [301] **acabarlo conmigo** I could not compel myself (to renounce). [302] **No es ... hombre sea** It's not in the power of any man to do it (to renounce). [303] **Bien me huelgo** I am delighted. [304] **te habías de haber** you would treat me. [305] **que diese tan buena cuenta** I could give as good an account. [306] **quienquiera ... manos** anybody could give a good account of himself. [307] **¡Dejaos ... defensión!** Risk your life serving mean masters and commit follies, counting on their protection (and get this reward). [308] **fin quejosa** sad end. [309] **después que** (lo hecho) ... **hecho** after what's done can't be undone. [310] **Ya quiere amanecer** It looks like dawn is coming. [311] **todo ... dueña** now everything is yours, since I am your mistress. [312] **Y por ... con Dios** Now, for the moment, God be with you. [313] **que no serás ... amanece** you will not be seen, because it is dark, nor shall I be noticed in the house, for the dawn has not yet come. [314] **se habían ordenado** had come as a consequence. [315] **por ... casa** because she doesn't want to leave her own way of life in her own home. (Areusa has asked Elicia to go and live with her, but Elicia refuses). [316] **según ... contrario** according to what has been seen, is the opposite. [317] **castimonia** chastity. [318] **fictas** flattering, deceitful.

Acto décimoctavo

Argumento del décimoctavo acto

Elicia determina de hacer las amistades entre Areusa y Centurio por precepto de Areusa y vanse a casa de Centurio, donde ellas le ruegan que haya de vengar las muertes en Calisto y Melibea; el cual lo prometió delante de ellas. Y como sea natural a éstos no hacer lo que prometen, excúsase como en el proceso parece.[319]

Acto décimonono

Argumento del décimonomo acto

Yendo Calisto con Sosia y Tristán al huerto de Pleberio a visitar a Melibea, que lo estaba esperando y con ella Lucrecia, cuenta Sosia lo que le aconteció con Areusa. Estando Calisto dentro del huerto con Melibea, vienen Traso y otros, por mandato de Centurio, a cumplir lo que había prometido a Areusa y a Elicia, a los cuales sale Sosia;[320] y oyendo Calisto desde el huerto, donde estaba con Melibea, el ruido que traían, quiso salir fuera; la cual salida fue causa que sus días pereciesen, porque los tales este don reciben por galardón y por esto han de saber desamar los amadores.[321]

. . . .

CALISTO.—Poned, mozos, la escala y callad, que me parece que está hablando mi señora de dentro. Subiré encima de la pared y en ella estaré escuchando, por ver si oiré[322] alguna buena señal de mi amor en ausencia.

MELIBEA.—Canta más, por mi vida, Lucrecia, que me huelgo en oirte, mientras viene aquel señor, y muy paso, entre estas verduricas,[323] que no nos oirán los que pasasen.

LUCRECIA:

> Alegre es la fuente clara
> a quien con gran sed la vea;
> mas muy más dulce es la cara
> de Calisto a Melibea.
>
> Pues, aunque más noche sea,[324]
> con su vista gozará.
> ¡Oh, cuando saltar le vea,
> qué de abrazos le dará!
>
> Saltos de gozo infinitos
> da el lobo viendo ganados;
> con las tetas, los cabritos;
> Melibea, con su amado.
>
> Nunca fue más deseado
> un amado de su amiga,
> ni huerto más visitado,
> ni noche más sin fatiga.

Detalle arquitectónico, España, s. XVI (1506–1515). Patio del Castillo de los Vélez, Vélez Blanco, Almería. Mármol de Macael (Sierra de Filabres). The Metropolitan Museum of Art. Regalo de George Blumenthal, 1941. Erigido en 1964 con el Ann y George Blumenthal Fund.

MELIBEA.—Cuanto dices, amiga Lucrecia, se me representa delante; todo me parece que lo veo con mis ojos. Procede,[325] que a muy buen son lo dices[326] y ayudarte he yo.

LUCRECIA, MELIBEA:

> Dulces árboles sombrosos,
> humillaos cuando veáis
> aquellos ojos graciosos
> del que tanto deseáis.
>
> Estrellas que relumbráis,
> norte y lucero del día,
> ¿por qué no le despertáis
> si duerme mi alegría?

MELIBEA.—Óyeme, tú, por mi vida, que yo quiero cantar sola.

> Papagayos, ruiseñores,
> que cantáis al alborada,
> llevad nueva a mis amores[327]
> cómo espero aquí sentada.
>
> La medianoche es pasada
> y no viene.
> Sabedme[328] si hay otra amada
> que lo detiene.

CALISTO.—Vencido me tiene el dulzor de tu suave canto; no puedo más sufrir tu penado esperar. ¡Oh mi señora y mi bien todo! ¿Cuál mujer podía haber nacida que desprivase tu gran merecimiento? ¡Oh salteada melodía![329] ¡Oh gozoso rato! ¡Oh corazón mío! ¿Y cómo no pudiste más tiempo sufrir sin interrumpir tu gozo y cumplir el deseo de entrambos?[330]

MELIBEA.—¡Oh sabrosa traición! ¡Oh dulce sobresalto! ¿Es mi señor de mi alma? ¿Es él? No lo puedo creer. ¿Dónde estabas, luciente sol? ¿Dónde me tenías tu claridad escondida? ¿Había rato que escuchabas? ¿Por qué me dejaste echar palabras sin seso al aire, con mi ronca voz de cisne? Todo se goza este huerto con tu venida. Mira la luna cuán clara se nos muestra; mira las nubes cómo huyen. Oye la corriente agua de esta fontecica, ¡cuánto más suave murmurio su río lleva por entre las frescas hierbas! Escucha los altos cipreses, ¡cómo se dan paz unos ramos con otros por

intercesión de un templadico viento que los menea![331] Mira sus quietas sombras, ¡cuán obscuras están y aparejadas para encubrir nuestro deleite! Lucrecia, ¿qué sientes, amiga? ¿Tórnaste loca de placer?[332] Déjamele, no me le despedaces, no le trabajes sus miembros con tus pesados abrazos. Déjame gozar lo que es mío, no me ocupes mi placer.

CALISTO.—Pues, señora y gloria mía, si mi vida quieres,[333] no cese tu grave canto. No sea de peor condición mi presencia, con que te alegras, que mi ausencia, que te fatiga.[334]

MELIBEA.—¿Qué quieres que cante, amor mío? ¿Cómo cantaré, que tu deseo era el que regía mi son y hacía sonar mi canto? Pues conseguida tu venida, desaparecióse el deseo, destemplóse el tono de mi voz. Y pues tú, señor, eres el dechado de cortesía y buena crianza,[335] ¿cómo mandas a mi lengua hablar y no a tus manos que estén quedas? ¿Por qué no olvidas estas mañas? Mándalas estar sosegadas y dejar su enojoso uso y conversación incomportable.[336] Cata, ángel mío, que así como me es agradable tu vista

[319] **como en el proceso parece** as will presently be seen. [320] **a los cuales sale Sosia** Sosia goes to meet them. [321] **la cual salida . . . los amadores** a sally which caused his days to end, because people of his kind usually receive this gift as a reward; and this is why lovers should learn to desist from loving. [322] **si oiré** si oigo. [323] **verduricas** bushes. [324] **aunque más noche sea** no matter how dark it may be. [325] **Procede** continue. [326] **a muy buen son lo dices** you sing with a beautiful voice. [327] **llevad nueva a mis amores** take a message to my love. [328] **Sabedme** tell me. [329] **¿Cuál mujer . . . melodía!** Is there born another woman who could diminish your great merit (value)? Oh, broken melody! [330] **cumplir . . . entrambos?** to fullfil our mutual delight? [331] **¡cómo se dan . . . menea!** how their branches kiss by means of a soft wind that sways them! [332] **¿Tórnaste loca de placer?** Have you gone mad with delight? [333] **si mi vida quieres** if you want me to live. [334] **No sea de peor . . . que te fatiga** Let not my presence which delights you be more of an impediment to your song than is my absence which bothers you. [335] **el dechado . . . crianza** the paragon of courtesy and good breeding. [336] **conversación incomportable** unbearable behaviour.

sosegada, me es enojoso tu riguroso trato; tus honestas burlas me dan placer, tus deshonestas manos me fatigan cuando pasan de la razón. Deja estar mis ropas en su lugar, y si quieres ver si es el hábito de encima de seda o de paño, ¿para qué me tocas en la camisa? Pues cierto es de lienzo. Holguemos y burlemos de otros modos que yo te mostraré; no me destroces ni maltrates como sueles. ¿Qué provecho te trae dañar mis vestiduras?

CALISTO.—Señora, el que quiere comer el ave, quita primero las plumas.

LUCRECIA.—(*Aparte*.) Mala landre me mate si más los escucho. ¿Vida es ésta? ¡Que me esté yo deshaciendo de dentera y ella esquivándose por que la rueguen![337] Ya, ya apaciguado es el ruido: no hubieron menester despartidores.[338] Pero también me lo haría yo si estos necios de sus criados me hablasen entre día; pero esperan que los tengo de ir a buscar.

MELIBEA.—¿Señor mío, quieres que mande a Lucrecia traer alguna colación?[339]

CALISTO.—No hay otra colación para mí sino tener tu cuerpo y belleza en mi poder. Comer y beber, dondequiera se da por dinero, en cada tiempo se puede haber y cualquiera lo puede alcanzar; pero lo no vendible, lo que en toda la tierra no hay igual que en este huerto,[340] ¿cómo mandas que se me pase ningún momento que no goce?[341]

LUCRECIA.—(*Aparte*.) Ya me duele a mí la cabeza de escuchar y no a ellos de hablar ni los brazos de retozar ni las bocas de besar.[342] ¡Andar! Ya callan: a tres me parece que va la vencida.[343]

CALISTO.—Jamás querría, señora, que amaneciese, según la gloria y descanso que mi sentido recibe de la noble conversación de tus delicados miembros.

MELIBEA.—Señor, yo soy la que gozo, yo la que gano; tú, señor, el que me haces con tu visitación incomparable merced.

SOSIA.—¿Así, bellacos, rufianes veníades a asombrar[344] a los que no os temen? Pues yo juro que si esperárades, que yo os hiciera ir como merecíades.

CALISTO.—Señora, Sosia es aquel que da voces. Déjame ir a verle, no le maten, que no está sino un pajecito con él. Dame presto mi capa, que está debajo de ti.

MELIBEA.—¡Oh triste de mi ventura! No vayas allá sin tus corazas; tórnate a armar.

CALISTO.—Señora, lo que no hace espada y capa y corazón, no lo hacen corazas y capacete y cobardía.

SOSIA.—¿Aún tornáis? Esperadme. Quizá venís por lana.[345]

CALISTO.—Déjame, por Dios, señora, que puesta está el escala.

MELIBEA.—¡Oh desdichada yo! ¿Y cómo vas tan recio y con tanta prisa y desarmado a meterte entre quien no conoces? Lucrecia, ven presto acá, que es ido Calisto a un ruido. Echémosle sus corazas por la pared, que se quedan acá.

TRISTÁN.—Tente, señor, no bajes, que idos son; que no era sino Traso el cojo y otros bellacos, que pasaban voceando. Que ya se torna Sosia. Tente, tente, señor, con las manos al escala.

CALISTO.—¡Oh válame Santa María! ¡Muerto soy! ¡Confesión!

TRISTÁN.—Llégate presto, Sosia, que el triste de nuestro amo es caído del escala y no habla ni se bulle.[346]

SOSIA.—¡Señor, señor! ¡A esotra puerta![347] ¡Tan muerto es como mi abuelo! ¡Oh gran desventura!

LUCRECIA.—¡Escucha, escucha! ¡Gran mal es éste!

MELIBEA.—¿Qué es esto? ¿Qué oigo, amarga de mí?

TRISTÁN.—¡Oh mi señor y mi bien muerto! ¡Oh mi señor despeñado! ¡Oh triste muerte sin confesión! Coge, Sosia, esos sesos de esos cantos,[348] júntalos con la cabeza del desdichado amo nuestro. ¡Oh día aciago! ¡Oh arrebatado fin!

MELIBEA.—¡Oh desconsolada de mí! ¿Qué es esto? ¿Qué puede ser tan áspero acontecimiento como oigo? Ayúdame a subir, Lucrecia, por estas paredes, veré mi dolor; si no, hundiré con alaridos la casa de mi padre. ¡Mi bien y placer, todo es ido en humo! ¡Mi alegría es perdida! ¡Consumióse mi gloria!

LUCRECIA.—Tristán, ¿qué dices, mi amor? ¿Qué es eso, que lloras tan sin mesura?

TRISTÁN.—¡Lloro mi gran mal, lloro mis muchos dolores! Cayó mi señor Calisto del escala y es muerto. Su cabeza está en tres partes. Sin confesión pereció.

Díselo a la triste y nueva amiga, que no espere más su penado[349] amador. Toma tú, Sosia, de esos pies. Llevemos el cuerpo de nuestro querido amo donde no padezca su honra detrimento, aunque sea muerto en este lugar. Vaya con nosotros llanto, acompáñenos soledad, síganos desconsuelo, visítenos tristeza, cúbranos luto y dolorosa jerga.[350]

MELIBEA.—¡Oh la más de las tristes triste! ¡Tan tarde alcanzado el placer, tan presto venido el dolor!

LUCRECIA.—Señora, no rasgues tu cara ni meses tus cabellos. ¡Ahora en placer, ahora en tristeza! ¿Qué planeta hubo que tan presto contrarió su operación?[351] ¡Qué poco corazón es éste! Levanta, por Dios, no seas hallada de tu padre en tan sospechoso lugar, que serás sentida. Señora, señora, ¿no me oyes? No te amortezcas,[352] por Dios. Ten esfuerzo para sufrir la pena, pues tuviste osadía para el placer.

MELIBEA.—¿Oyes lo que aquellos mozos van hablando? ¿Oyes sus tristes cantares? ¡Rezando llevan con responso[353] mi bien todo! ¡Muerta llevan mi alegría! ¡No es tiempo de yo vivir! ¿Cómo no gocé más del gozo? ¿Cómo tuve en tan poco la gloria que entre mis manos tuve? ¡Oh ingratos mortales! ¡Jamás conocéis vuestros bienes sino cuando de ellos carecéis!

LUCRECIA.—Avívate, aviva, que mayor mengua será hallarte en el huerto[354] que placer sentiste con la venida ni pena con ver que es muerto. Entremos en la cámara, acostarte has. Llamaré a tu padre y fingiremos otro mal, pues éste no es para poderse encubrir.

Veinteno acto

Argumento del veinteno acto

Lucrecia llama a la puerta de la cámara de Pleberio. Pregúntale Pleberio lo que quiere. Lucrecia le da priesa que vaya a ver a su hija Melibea. Levantado Pleberio, va a la cámara de Melibea. Consuélala, preguntando qué mal tiene. Finge Melibea dolor de corazón. Envía Melibea a su padre por algunos instrumentos músicos. Suben ella y Lucrecia en una torre. Envía de sí a Lucrecia. Cierra tras ella la puerta. Llégase su padre al pie de la torre. Descúbrele Melibea todo el negocio que había pasado. En fin, déjase caer de la torre abajo.

·   ·   ·   ·   ·   ·   ·   ·   ·   ·   ·   ·   ·

PLEBERIO.—. . . ¿Qué es esto, hija mía? ¿Qué dolor y sentimiento es el tuyo? ¿Qué novedad es ésta? ¿Qué poco esfuerzo es éste? Mírame, que soy tu padre. Habla conmigo, cuéntame la causa de tu arrebatada pena. ¿Qué has? ¿Qué sientes? ¿Qué quieres? Háblame, mírame, dime la razón de tu dolor, por que presto sea remediado. No quieras enviarme con triste postrimería al sepulcro. Ya sabes que no tengo otro bien sino a ti. Abre esos alegres ojos y mírame.

MELIBEA.—¡Ay, dolor!

PLEBERIO.—¿Qué dolor puede ser que iguale con ver yo el tuyo? Tu madre está sin seso en oir tu mal. No pudo venir a verte de turbada. Esfuerza tu fuerza, aviva tu corazón, arréciate[355] de manera que puedas tú conmigo ir a visitar a ella. Dime, ánima mía, la causa de tu sentimiento. . . .

MELIBEA.—Una mortal llaga en medio del corazón, que no me consiente hablar. No es igual a los otros males; menester es sacarle para ser curada, que está en lo más secreto de él.

PLEBERIO.—Temprano cobraste los sentimientos de la

---

[337] **¿Que me esté . . . rueguen?** And to think that I am dying with desire while she is playing shy in order to be asked again and again!   [338] **despartidores** referees.   [339] **colación** refreshment.   [340] **Pero no lo . . . huerto** but what cannot be bought, what can be found nowhere in the world except in this garden.   [341] **no goce** no lo goce.   [342] **y no . . . besar** but they never tire of talking, nor do their arms ache from embracing nor their lips from kissing.   [343] **a tres . . . vencida** the third time seems to be the lucky one.   [344] **veníades a asombrar** you were coming to frighten.   [345] **venís por lana** you have come for wool (but will go away shorn).   [346] **ni se bulle** nor moves.   [347] **¡A esotra puerta!** The whole proverb is: «A esotra puerta, que ésta no se abre». It means: it's useless to go on calling (because Calisto is dead and doesn't answer).   [348] **Coge . . . cantos** gather up his brains from the stones, Sosia.   [349] **penado** unlucky.   [350] **dolorosa jerga** sorrowful sack cloth.   [351] **tan . . . operación?** so swiftly altered its influence?   [352] **No te amortezcas** Don't swoon.   [353] **Rezando llevan con responso** They bear (him) away with prayers and responses.   [354] **que mayor mengua . . . huerto** you will be in worse trouble if you are found in the garden.   [355] **arréciate** summon your strength.

vejez. La mocedad toda suele ser placer y alegría, enemiga de enojo. Levántate de ahí. Vamos a ver los frescos aires de la ribera: alegrarte has con tu madre, descansará tu pena. Cata, si huyes de placer, no hay cosa más contraria a tu mal.

MELIBEA.—Vamos donde mandares. Subamos, señor, a la azotea alta, porque desde allí goce de la deleitosa vista de los navíos: por ventura aflojará algo mi congoja.

PLEBERIO.—Subamos, y Lucrecia con nosotros.

MELIBEA.—Mas, si a ti placerá, padre mío, manda traer algún instrumento de cuerdas con que se sufra mi dolor[356] o tañiendo o cantando, de manera que, aunque aqueje por una parte la fuerza de su accidente, mitigarlo han por otra los dulces sones y alegre armonía.

PLEBERIO.—Eso, hija mía, luego es hecho. . . .

MELIBEA.—Lucrecia, amiga mía, muy alto es esto. Ya me pesa por dejar la compañía de mi padre. Baja a él y dile que se pare al pie de esta torre, que le quiero decir una palabra que se me olvidó que hablase a mi madre.

LUCRECIA.—Ya voy, señora.

MELIBEA.—De todos soy dejada. Bien se ha aderezado la manera de mi morir. Algún alivio siento en ver que tan presto seremos juntos yo y aquel mi querido amado Calisto. Quiero cerrar la puerta, por que ninguno suba a me estorbar mi muerte. No me impidan la partida, no me atajen el camino, por el cual en breve tiempo podré visitar en este día al que me visitó la pasada noche. Todo se ha hecho a mi voluntad. Buen tiempo tendré para contar a Pleberio mi señor la causa de mi ya acordado fin.[357] Gran sinrazón hago a sus canas, gran ofensa a su vejez. Gran fatiga le acarreo con mi falta. En gran soledad le dejo. . . . pero no es más en mi mano. Tú, Señor, que de mi habla eres testigo, ves mi poco poder; ves cuán cautiva tengo mi libertad, cuán presos mis sentidos de tan poderoso amor del muerto caballero, que priva[358] al que tengo con los vivos padres.

PLEBERIO.—Hija mía Melibea, ¿qué haces sola? ¿Qué es tu voluntad decirme? ¿Quieres que suba allá?

MELIBEA.—Padre mío, no pugnes ni trabajes por venir donde yo estoy, que estorbarás la presente habla que te quiero hacer. Lastimado serás brevemente con la muerte de tu única hija. Mi fin es llegado, llegado es mi descanso y tu pasión, llegado es mi alivio y tu pena, llegada es mi acompañada hora y tu tiempo de soledad. No habrás, honrado padre, menester instrumentos para aplacar mi dolor, sino campanas para sepultar mi cuerpo. Si me escuchas sin lágrimas, oirás la causa desesperada de mi forzada y alegre partida. No la interrumpas con lloro ni palabras; si no, quedarás más quejoso en no saber por qué me mato, que doloroso por verme muerta. Ninguna cosa me preguntes ni respondas, más de lo que de mi grado decirte quisiere. Porque cuando el corazón está embargado de pasión, están cerrados los oídos al consejo, y en tal tiempo, las fructuosas palabras, en lugar de amansar, acrecientan la saña. Oye, padre mío, mis últimas palabras, y si como yo espero, las recibes, no culparás mi yerro. Bien ves y oyes este triste y doloroso sentimiento que toda la ciudad hace. Bien ves este clamor de campanas, este alarido de gentes, este aullido de canes, este grande estrépito de armas. De todo esto fui yo la causa. Yo cubrí de luto y jergas en este día casi la mayor parte de la ciudadana caballería, yo dejé hoy muchos sirvientes descubiertos de señor,[359] yo quité muchas raciones y limosnas a pobres y vergonzantes, yo fui ocasión que los muertos tuviesen compañía del más acabado hombre que en gracia nació, yo quité a los vivos el dechado de gentileza, de invenciones galanas, de atavíos y bordaduras, de habla, de andar, de cortesía, de virtud; yo fui causa que la tierra goce sin tiempo el más noble cuerpo y más fresca juventud que al mundo era en nuestra edad criada. Y porque estarás espantado con el son de mis no acostumbrados delitos, te quiero más aclarar el hecho. Muchos días son pasados, padre mío, que penaba por amor un caballero que se llamaba Calisto, el cual tú bien conociste. Conociste asimismo sus padres y claro linaje; sus virtudes y bondad a todos eran manifiestas. Era tanta su pena de amor y tan poco el lugar para hablarme, que descubrió su pasión a una astuta y sagaz mujer que llamaban Celestina. La cual, de su parte venida a mí, sacó mi secreto amor de mi pecho. Descubrí a ella lo que a mi querida madre encubría. Tuvo manera cómo ganó mi querer, ordenó cómo su deseo y el mío hubiesen efecto. Si él mucho me amaba, no vivía engañado. Concertó el triste concierto[360] de la dulce y desdichada ejecución de su voluntad. Vencida de su amor, dile entrada en tu casa. Quebrantó con escalas las paredes de tu huerto, quebrantó mi propósito. Perdí mi virginidad. Del cual deleitoso yerro de amor gozamos cuasi un mes. Y como esta pasada noche viniese, según era acostumbrado, a la vuelta de su venida, como de la fortuna mudable estuviese dispuesto y ordenado, según su desordenada costumbre, como las paredes eran altas, la noche obscura, el escala delgada, los sirvientes que traía no diestros en aquel género de servicio y él bajaba presuroso a ver un ruido que con sus criados sonaba en la calle, con el gran ímpetu que llevaba no vio bien los pasos, puso el pie en vacío y cayó. De la triste caída sus más escondidos sesos quedaron repartidos por las piedras y paredes. Cortaron las hadas sus hilos, cortáronle sin confesión su vida, cortaron mi esperanza, cortaron mi gloria, cortaron mi compañía. Pues ¿qué crueldad sería, padre mío, muriendo él despeñado[361] que viviese yo penada? Su muerte convida a la mía, convídame y fuerza[362] que sea presto, sin dilación; muéstrame que ha de ser despeñada, para seguirle en todo. No digan por mí: a muertos y a idos....[363] Y así, contentarle he en la muerte, pues no tuve tiempo en la vida. ¡Oh mi amor y señor Calisto! Espérame, ya voy; detente si me esperas; no me incuses[364] la tardanza que hago dando esta última cuenta a mi viejo padre, pues le debo mucho más. ¡Oh padre mío muy amado! Ruégote, si amor en esta pasada y penosa vida me has tenido, que sean juntas nuestras sepulturas, juntos nos hagan nuestras osequias. Algunas consolatorias palabras te diría antes de mi agradable fin, colegidas y sacadas de aquellos antiguos libros que tú, por más aclarar mi ingenio, me mandabas leer; sino que la ya dañada memoria[365] con la gran turbación me las ha perdido y aun porque veo tus lágrimas mal sufridas decir[366] por tu arrugada faz. Salúdame a mi cara y amada madre: sepa de ti largamente la triste razón por que muero. ¡Gran placer llevo de no la ver presente! Toma, padre viejo, los dones de tu vejez. Que en largos días largas se sufren tristezas. Recibe las arras de tu senectud antigua,[367] recibe allá tu amada hija. Gran dolor llevo de mí, mayor de ti, muy mayor de mi vieja madre. Dios quede contigo y con ella. A Él ofrezco mi ánima. Pon tú en cobro[368] este cuerpo que allá baja.

El Veintiún acto

Argumento del veintiún acto

Pleberio, tornado a su cámara con grandísimo llanto, pregúntale Alisa, su mujer, la causa de tan súpito mal, Cuéntale la muerte de su hija Melibea, mostrándole el cuerpo de ella todo hecho pedazos, y haciendo su planto concluye.

ALISA.—¿Qué es esto, señor Pleberio? ¿Por qué son tus fuertes alaridos? ... Dime la causa de tus quejas. ¿Por qué maldices tu honrada vejez? ¿Por qué pides la muerte? ¿Por qué arrancas tus blancos cabellos? ¿Por qué hieres tu honrada cara? ¿Es algún mal de Melibea? Por Dios, que me lo digas, porque si ella pena, no quiero yo vivir.

PLEBERIO.—¡Ay, ay, noble mujer! Nuestro gozo en el pozo.[369] Nuestro bien todo es perdido. ... Ves allí a la que tú pariste y yo engendré, hecha pedazos. ... ¡Oh mi hija y mi bien todo! Crueldad sería que viva yo sobre ti. Más dignos eran mis sesenta años de la sepultura que tus veinte. ... ¡Oh mis canas, salidas[370] para haber pesar! Mejor gozara de vosotras la tierra que de aquellos rubios cabellos que presentes veo. ... ¡Oh duro corazón de padre! ¿Cómo no te quiebras de dolor, que ya quedas sin tu amada heredera? ¿Para quién edifiqué torres? ¿Para quién adquirí honras? ¿Para quién plante árboles? ¿Para quién fabriqué navíos? ¡Oh tierra dura!, ¿cómo me sostienes? ¿Adónde hallará abrigo mi desconsolada vejez? ¡Oh

---

[356] **con que se sufra mi dolor** so that I may dispel my sorrow.   [357] **acordado fin** decided end, death.   [358] **que priva** that prevails over.   [359] **descubiertos de señor** without the protection of a master.   [360] **el triste concierto** the ill-fated fulfillment.   [361] **despeñado** crushed.   [362] **fuerza** compels.   [363] **a muertos y a idos** ... once dead, soon forgotten.   [364] **incuses** blame.   [365] **dañada memoria** confused mind, memory.   [366] **decir** (correr) stream down.   [367] **arras ... antigua** recompense of your old age.   [368] **Pon tú en cobro** take care of, gather up the remains of.   [369] **Nuestro gozo en el pozo** Our hopes have gone down the drain.   [370] **salidas** grown.

fortuna variable, ministra y mayordoma de los temporales bienes!, ¿por qué no ejecutaste tu cruel ira, tus mudables ondas, en aquello que a ti es sujeto? ¿Por qué no destruiste mi patrimonio? ¿Por qué no quemaste mi morada? ¿Por qué no asolaste mis grandes heredamientos? Dejárasme aquella florida planta, en quien tú poder no tenías; diérasme, fortuna fluctuosa,[371] triste la mocedad con vejez alegre, no pervirtieras la orden. Mejor sufriera persecuciones de tus engaños en la recia y robusta edad que no en la flaca postrimería.... ¡Oh mundo, mundo! . . . Yo pensaba en mi más tierna edad que eras y eran tus hechos regidos por alguna orden; ahora, visto el pro y el contra de tus bienandanzas, me pareces un laberinto de errores, un desierto espantable, una morada de fieras, juego de hombres que andan en corro, laguna llena de cieno, región llena de espinas, monte alto, campo pedregoso, prado lleno de serpientes, huerto florido y sin fruto, fuente de cuidados, río de lágrimas, mar de miserias, trabajo sin provecho, dulce ponzoña, vana esperanza, falsa alegría, verdadero dolor. Cébasnos,[372] mundo falso, con el manjar de tus deleites; al mejor sabor nos descubres el anzuelo: no lo podemos huir, que nos tiene ya cazadas las voluntades. Prometes mucho, nada no cumples; échasnos de ti por que no te podamos pedir que mantengas tus vanos prometimientos. Corremos por los prados de tus viciosos vicios,[373] muy descuidados, a rienda suelta; descúbresnos la celada cuando ya no hay lugar de volver. . . .

«¡Oh amor, amor! . . . Bien pensé que de tus lazos me había librado, cuando los cuarenta años toqué, cuando fui contento con mi conyugal compañera, cuando me vi con el fruto que me cortaste el día de hoy. No pensé que tomabas en los hijos la venganza de los padres. Ni sé si hieres con hierro ni si quemas con fuego. Sana dejas la ropa; lastimas el corazón. Haces que feo amen y hermoso les parezca.[374] ¿Quién te dio tanto poder? ¿Quién te puso nombre que no te conviene? Si amor fueses, amarías a tus sirvientes. Si los amases, no les darías pena. Si alegres viviesen no se matarían, como ahora mi amada hija. . . . Dulce nombre te dieron; amargos hechos haces. No das iguales galardones. Inicua es la ley que a todos igual no es. Alegra tu sonido; entristece tu trato. Bienaventurados los que no conociste o de los que no te curaste.

Dios te llamaron otros, no sé con qué error de su sentido traídos.[375] Cata que Dios mata los que crió; tú matas los que te siguen. Enemigo de toda razón, a los que menos te sirven das mayores dones, hasta tenerlos metidos en tu congojosa danza. Enemigo de amigos, amigo de enemigos, ¿por qué te riges sin orden ni concierto? Ciego te pintan, pobre y mozo. Pónente un arco en la mano, con que tiras a tiento; más ciegos son tus ministros, que jamás sienten ni ven el desabrido galardón que sacan de tu servicio. Tu fuego es de ardiente rayo, que jamás hace señal do llega. La leña que gasta tu llama son almas y vidas de humanas criaturas. . . .

«Del mundo me quejo, porque en sí me crió, porque no me dando vida, no engendrara en él a Melibea; no nacida, no amara; no amando, cesara mi quejosa y desconsolada postrimería. ¡Oh mi compañera buena! ¡Oh mi hija despedazada! ¿Por qué no quisiste que estorbase tu muerte? ¿Por qué no hubiste lástima de tu querida y amada madre? ¿Por qué te mostraste tan cruel con tu viejo padre? ¿Por qué me dejaste, cuando yo te había de dejar? ¿Por qué me dejaste penado? ¿Por qué me dejaste triste y solo *in hac lachrymarum valle?* »[376]

[371] **fortuna fluctuosa**   changeable, wavering fortune.   [372] **Cébasnos** You feed us.   [373] **viciosos vicios** luxuriant vices.   [374] **Haces que . . . parezca** You make them love that which is ugly and consider it beautiful. [375] **traídos** (atraídos) attracted, lead.   [376] **in hac lachrymarum valle** in this valley of sorrow.

3

EL SIGLO DE ORO (SIGLOS XVI Y XVII):

El Renacimiento y el Barroco.

La Plaza Mayor de Madrid según un cuadro del Museo Municipal, firmado por Juan de la Corte (1597–1660). (Pintado entre 1631 y 1641.)

Domenikos, Theotocopoulos, El Greco, español (1541–1614). *El entierro del Conde Orgaz*. Iglesia de Santo Tomé, Toledo, España. Foto cortesía del Anderson Art Reference Bureau.

Se llama *Siglo de Oro* de la literatura expañola a un periodo que comprende casi dos siglos, ya que abarca la mayor parte de los siglos XVI y XVII. En este largo periodo viven y escriben los autores considerados como «clásicos» por excelencia: los comprendidos entre las generaciones de Garcilaso (1501–1536) y Calderón (1601–1681). Garcilaso es el primer poeta plenamente renacentista y Calderón el último gran maestro del teatro barroco.

Esta edad dorada de las letras españolas empieza, pues, con un alegre abrirse a los aires nuevos del Renacimiento, y acaba en el clima de desengaño y preocupación religiosa y ética que caracteriza al Barroco. El periodo posee, sin embargo, cierta unidad: el Barroco, aunque en muchos aspectos es un movimiento de reacción frente al Renacimiento, es, por otra parte, una continuación de aquél y le sirve de epílogo. Ambos juntos son como dos mitades de un ciclo completo.

En estos dos siglos ocurren muchas cosas, que vamos a examinar brevemente: en el campo político, religioso y literatio.

HISTORIA POLÍTICA

En España, como en toda Europa, prosiguen las tendencias que vimos iniciarse en el siglo XV. Los Reyes Católicos crean en España un estado moderno y tratan de afirmar la unidad nacional. Los dos reinos que integran la nueva nación española poseían, sin embargo, una tradición histórica y política distintas. Castilla se había hecho a sí misma haciendo la Reconquista; y la Reconquista imprime un sello muy característico a la sociedad castellana y a la política futura de Castilla; en primer lugar, la idea de «cruzada» o guerra de carácter religioso (lo que agudizará el sentimiento religioso castellano); en segundo lugar, la idea de que la guerra es un medio de adquirir honra y riqueza (y, por tanto, de ascender socialmente), cumpliendo al mismo tiempo con el rey y con Dios; esto llevará a una sobrevaloración de los ideales propios del caballero (o hidalgo) y a un menosprecio del trabajo manual y de las actividades mercantiles. Cuando Castilla comienza la colonización de América (los territorios americanos fueron incorporados a la corona de Castilla), esa colonización sigue, en lo esencial, con sus defectos y sus virtudes, las direcciones que siguió la Reconquista. Igualmente, al acabar la Reconquista del territorio peninsular, la idea de expansión castellana será continuar la lucha contra el infiel (el moro) conquistando el norte de Africa y creando allí un imperio. Si esto no llega a hacerse es porque Fernando no estaba interesado en esa conquista. La idea colonizadora aragonesa era la de establecer núcleos de ocupación (de significación militar y mercantil) a lo largo de la costa. Esta es la política que predominará en Africa, mientras que en América se va a la conquista «a la castellana» (y también «a la romana»), conquista total y trasplante de todas las formas de vida castellana al nuevo mundo. Por otra parte, Fernando consideraba más urgente la defensa de los

Photo 18

Relieve, España, s. XVI (1506–1515). Detalle del patio del Castillo de los Vélez, Vélez Blanco, Almería. Mármol de Macael (Sierra de Filabres). The Metropolitan Museum of Art. Regalo de George Blumethal, 1941. Erigido en 1964 con el Ann y George Blumenthal Fund.

intereses aragoneses en Italia. Cada pueblo seguía, pues, as direcciones que la historia les había marcado. La sociedad aragonesa, catalana y valenciana, con una fuerte tradición mercantil y de expansión en Italia, continuaban su tradición. Castilla, por su parte, seguía la suya.

Cuando en 1517 la corona castellana y aragonesa es heredada por Carlos de Habsburgo (nieto de los Reyes Católicos), entra un nuevo factor que éste y los sucesivos monarcas tendrán que atender. Carlos hereda por su padre una serie de territorios europeos, y más tarde heredará también la corona del Sacro Imperio Romano Germánico. Carlos (Carlos I de España y V de Alemania) atenderá a los intereses castellanos y aragoneses y a los propios del Imperio, sacrificando muchas veces aquéllos a éstos. El envolvimiento de Castilla y Aragón —digamos en adelante ya, de España— en los problemas generales (políticos, religiosos y dinásticos) de Europa es inevitable; esto ocurre en un periodo en que las luchas son constantes: luchas religiosas a consecuencia de la Reforma, lucha por la hegemonía militar y política en Europa y en los mares... Las luchas continúan en los reinados siguientes de Felipe II (1556–1598), Felipe III (1598–1621), Felipe IV (1621–1665) y Carlos II (1665–1700). A lo largo de estas luchas, el poder de la monarquía española se va hundiendo, y en el siglo XVII la sociedad española aparece fatigada y falta de la sorprendente vitalidad que mostró en el siglo anterior. El *Quijote* (cuya primera parte aparece en 1605) acusa ya este cansancio y quizás cierto desengaño.

HISTORIA ESPIRITUAL Y RELIGIOSA

La Edad Media española se caracteriza, en general, por un sentido de tolerancia religiosa, compatible con el ardor religioso que informa las luchas de reconquista. En las ciudades de la España cristiana conviven cristianos, moros y judíos cada uno con sus leyes, sus costumbres y su religión.

Al final del siglo XIV empieza a cambiar el panorama y se producen explosiones de antijudaísmo. Las razones son complejas; a las religiosas hay que juntar las económicas: en manos de los judíos estaban ocupaciones como las de prestamista (con elevados intereses) y la recaudación de impuestos; por eso, el antijudaísmo comienza a darse sobre todo en las clases populares, las más dañadas por estas actividades, y en el bajo clero de extracción más popular. En cambio, la nobleza solía emparentar con familias judías, y Fernando de Aragón (el Rey Católico) tenía sangre judía por su abuela. En 1478, se establece en Castilla la Inquisición, que había funcionado desde el siglo XIII en otros países de Europa y también en el reino de Aragón, pero no, prácticamente, en Castilla. Por fin, en 1492 se promulga el edicto de expulsión para los judíos que no consintieran en convertirse (se calcula que unas 35 o 36.000 familias salieron de España).

Poco después comienza también la intransigencia con respecto a los moros sometidos; en 1499 se produce un levantamiento en masa de los moros que habitaban las Alpujarras (en las afueras de Granada); la rebelión es sofocada, y en 1502 un nuevo edicto ordena la expulsión de todos los moros adultos no convertidos. El resultado fue que todos los que quedaron (que fueron muchos, y especialmente las clases populares) pasaron a ser nominalmente cristianos, aunque permaneciendo secretamente musulmanes.

En este clima, es fácil comprender que la nueva inquisición, encargada de mantener la «ortodoxia» cristiana, había de encontrar ancho campo para sus actividades. A la vigilancia de las prácticas judaizantes e islamizantes de estos nuevos cristianos que secretamente seguían profesando sus viejas religiones, va a sumarse pronto el miedo a una serie de movimientos (pietistas, místicos, visionarios . . .) que se dan un poco en toda Europa, y también en España. El hecho se complica en España porque muchos de los seguidores de estos movimientos son *cristianos nuevos*, o sea *conversos* (cristianos convertidos de ascendencia judía), lo que hace resultar más sospechosas y peligrosas las nuevas prácticas. En España el peligro de «desviación» de la ortodoxia se agravaba por la diversidad de origen de la población. Un grupo muy importante entonces son los llamados *alumbrados* (que practican una religiosidad de tipo místico, que busca la comunicación directa del alma con Dios), y que tuvo grande arraigo en Castilla en la orden franciscana, entre beatas (mujeres devotas), y también entre algunas familias nobles.

Otro tipo de religiosidad que tuvo muchos adeptos entre las clases intelectuales españolas (nobles, religiosos, burgueses) de la primera mitad del siglo XVI es el *erasmismo*. El nombre procede de Erasmo (Erasmus), el gran humanista holandés. Los libros de Erasmo (*Elogio de la locura*, *Enquiridión*, *Coloquios*) defendían una religiosidad interior, un cristianismo más cercano al cristianismo evangélico de los primeros siglos, menos dogmático y más íntimo; hacían burla de las ceremonias ostentosas de la iglesia, de devociones que consideraba supersticiosas, y de muchas de las prácticas de las órdenes religiosas, a las que acusaban de hipocresía. Por eso, las órdenes religiosas fueron sus principales enemigos.

Por supuesto, el golpe final en este mundo religioso en fermento fue la rebelión de Lutero: la *reforma protestante*. El miedo a que el luteranismo se extienda en España da nuevas poderes (políticos y religiosos) a la Inquisición. Las nuevas religiosidades (iluminismo y erasmismo) aparecen ahora como sospechosas de lute-

ranismo. La persecución contra los alumbrados comienza pronto, y en la década 1920–1930 queda concluída. La lucha contra el erasmismo dura más y es más difícil por la fuerza de sus seguidores, entre los que se cuenta el mismo Inquisidor General, Alonso Manrique (arzobispo de Sevilla), y muchas figuras de la corte del Emperador Carlos V. (Entre los escritores españoles, son muchos los seguidores o simpatizantes de Erasmo. Los más significativos son los hermanos Valdés, conversos: Alfonso (1490–1532), secretario del Emperador y autor del *Diálogo de Mercurio y Carón*; y Juan (?–1541), autor de un libro importante para conocer la lengua castellana de la primera mitad del siglo XVI: el *Diálogo de la lengua*, y autor también de libros de carácter religioso). Al fin, las fuerzas conservadoras se imponen y ganan la lucha contra el erasmismo. La victoria es claramente suya ya en los años treinta (1530 a 1540), pero todavía se prolongará hasta la terminación del *Concilio de Trento* (1563). Cuando éste terminó, la ortodoxia quedaba perfectamente delimitada, la Inquisición se ha convertido en un vasto y poderoso organismo y la España del Renacimiento (abierta a todas las corrientes de Europa) se transformará en la España de la Contrarreforma y del Barroco, si no encerrada (porque no era posible), sí protegida frente a las corrientes del pensamiento europeo que pudieran dañar su ortodoxia.

El conocimiento de este clima espiritual y religioso de la España renacentista y contrarreformista es imprescindible para comprender gran parte de la literatura del siglo de oro.

HISTORIA LITERARIA

1. Poesía. Ya hemos dicho que es Garcilaso (1501–1536) el primer poeta plenamente renacentista. Con él, el verso castellano adquiere una suavidad y una tersura como nunca había tenido hasta entonces; el encanto de su verso se debe, en gran parte, al nuevo verso, el endecasílabo, (de origen italiano), que él introdujo definitivamente en la poesía española. Tras él, viene una brillante sucesión de poetas, entre los cuales destacan seis: Herrera (andaluz), Fray Luis de León y San Juan de la Cruz (castellanos), Góngora (andaluz), Lope de Vega y Quevedo (castellanos); los tres primeros son poetas del siglo XVI, los tres últimos, del siglo XVII. En el siglo XVI, tanto en la poesía como en la prosa, se busca en el lenguaje la naturalidad y la sencillez. (El Renacimiento exalta la naturaleza y lo natural). Hay excepciones, como la prosa de Fray Antonio de Guevara, muy famoso y leído en toda la Europa de su tiempo, pero éstas son excepciones. Juan de Valdés, en su *Diálogo de la lengua* dirá: «El estilo que tengo me es natural y sin afectación ninguna». «Escribo como hablo, solamente tengo cuidado de usar de vocablos que signifiquen bien lo que quiero decir y dígolo cuanto más llanamente me es posible». Éste es también el criterio de Garcilaso. Sin embargo, ya el andaluz Herrera, seguidor suyo y comentador de sus obras, le criticará el uso de algunas expresiones que Herrera consideraba «humildes» o «vulgares». Es digno de notarse que se trata de un poeta andaluz (sevillano), porque en el siglo siguiente va a ser otro andaluz (de Córdoba), Góngora, el poeta representante de lo que se llamó *culteranismo*; el culteranismo (o gongorismo) defiende la creación de un lenguaje escogido, lleno de brillantes metáforas, y atrevidos cultismos (neologismos) greco-latinos; una lengua apartada, tanto en el léxico como en la sintaxis, de la lengua corriente y natural; se trata, pues, sobre todo, en la poesía culterana, de un cultivo de la palabra por la palabra misma. Esta recreación sensual en la belleza de la palabra es un carácter típico de la poesía andaluza, que aparece en distintas épocas. Se ha relacionado esto con la «arabización» andaluza. El árabe, se ha dicho, cree en el valor mágico de la palabra; la palabra es el material casi exclusivo del artista árabe; el árabe es hombre del desierto y de la arena, y con la arena no se puede hacer palacios, ni esculpir, ni pintar; la palabra es para el árabe todo eso: piedra, mármol y color. Frente al culteranismo del siglo XVII, se alza el *conceptismo*, cuyo

principal representante es el castellano Quevedo (1580–1645), y después el aragonés Gracián (1601–1658). Quevedo es un gran prosista y un gran poeta, pero así como Góngora atiende sobre todo a la palabra, el conceptista Quevedo atiende al concepto, a la idea, a la agudeza de ingenio; y el cultivo de la palabra que hay en él, está al servicio de ese «concepto». Quevedo fue muy leído en Inglaterra; su poesía tiene puntos de contacto con los poetas metafísicos ingleses, como John Donne (1572–1631), así como el «concepto» español se relaciona con el «conceit» inglés.

2. Novela. La novela de caballerías (como el *Amadís*) y la novela pastoril (como la *Diana*, 1558, de Jorge de Montemayor) fueron géneros muy populares en su tiempo; aquél, sobre todo con los hombres, y éste, con las mujeres. Hoy nos parecen cosa del pasado, sin vitalidad literaria. Un poco frente a ellos surge el *Lazarillo* (1554), anónimo, que es la historia de un niño contada por él mismo; frente a la realidad idealizada de los libros de caballerías y pastoriles, el *Lazarillo* penetra en la realidad íntima (psicológica) de su personaje central, y tenemos la sensación de movernos ya en el mundo propio de la novela moderna. El *Lazarillo* dio origen a un género novelesco muy cultivado: la *novela picaresca*. El libro más característico dentro de este género es el *Guzmán de Alfarache*, escrito por Mateo Alemán (1547–después de 1613). *Guzmán de Alfarache* es considerado como el *pícaro* por excelencia; el pícaro es un ser humano desarraigado, que actúa movido por necesidades elementales (y sobre todo las del estómago), que sirve de criado y pasa de amo en amo, va de ciudad en ciudad, y nos da a conocer los bajos fondos de todas ellas, y los aspectos inferiores del alma de sus habitantes. El *Guzmán*

presenta una visión pesimista de la existencia humana: «Todos vivimos —se dice en el libro— en asechanza los unos de los otros, como el gato para el ratón y la araña para la culebra ». Pero el escritor más importante, el más importante de toda la literatura española, es Cervantes (1547–1616), y su libro mejor, como es sabido, es *El ingenioso hidalgo don Quijote de la Mancha* (primera parte, 1605; segunda parte, 1615). Frente al sombrío pesimismo del *Guzmán* hay algo en Cervantes que nos devuelve la fe en el hombre; una nota de optimismo y benevolencia que hermosea la existencia del hombre y el mundo en que los hombres viven.

3. Teatro. El teatro español puede dividirse en dos mitades: antes y después de Lope de Vega (quien nace en 1562 y muere en 1635).

Ya vimos cómo el teatro «moderno » se iniciaba con las églogas pastoriles de Juan del Encina (1468?–1529?). Los autores más importantes entre Encina y Lope son Gil Vicente, Lucas Fernández, Torres Naharro, Lope de Rueda, Juan de la Cueva y Cervantes. El de mayor genialidad dramática es, sin duda, el portugués Gil Vicente (d. de 1465–1537?), quien escribió en portugués y en castellano, mezclando a veces ambas lenguas en una misma obra. Gil Vicente parte del teatro pastoril de Encina, pero, poco a poco, se va creando su propia fórmula dramática; ésta es muy varia, dependiendo del asunto, y los asuntos son muy diversos. Hoy, después de leer a Gil Vicente, lo que más admiramos en él es su gracia lírica, su interés por la lengua y la canción popular, y el abigarrado mundo que bulle en su teatro (por el que desfila toda la sociedad de la época). Lucas Fernández (1474?–1542) se queda más cerca de Encina, y tanto en sus obras pastoriles como en las religiosas, resulta menos renacentista que el maestro, más próximo a las fuentes medievales de Encina. Torres Naharro (?–ca. 1542) crea un tipo de teatro costumbrista, emparentado con *La Celestina* y con la comedia latina clásica y renacentista. Lope de Rueda (1505?–1565) fue actor y recorrió España representando sus propias obras (Cervantes lo vió representar y dijo de él que fue varón «insigne en la representación y el entendimiento»); hoy, lo más actual del teatro de Rueda son sus *pasos*, representaciones breves de carácter cómico, con un lenguaje muy vivo, lleno de expresiones populares. (El *paso* es el antecedente del *entremés*, que fue muy gustado por

los espectadores del tiempo de Cervantes y posteriores; Cervantes escribió algunos *entremeses* deliciosos, obras breves para ser representadas entre las escenas de alguna obra larga, sirviendo así como de descanso o intermedio). Juan de la Cueva (ca. 1550–1620) es importante como precursor de Lope de Vega en sus comedias hostóricas; al escribirlas, Cueva se inspira en los romances y en las crónicas, igual que hará después Lope; es posible, sin embargo, que la importancia que hoy le atribuímos se deba simplemente al hecho de que se ha perdido casi todo el teatro del último tercio del siglo XVI; parece que en su tiempo Juan de la Cueva fue mirado como un autor más entre los muchos que entonces escribían obras para el teatro, muy pocas de las cuales han llegado a nosotros. Cervantes escribió antes y después de Lope, y asistió al triunfo definitivo de las nuevas fórmulas dramáticas introducidas por éste; Cervantes mismo nos dice: «entró luego el monstruo de naturaleza, el gran Lope de Vega, y alzóse con la monarquía cómica . . .». Su obra más ambiciosa es *La Numancia*, una tragedia de corte clásico, pero lo más vivo y gracioso son sus *entremeses*, entre los que destaca *La cueva de Salamanca*.

Lope de Vega, ya lo hemos dicho, revolucionó el teatro de su tiempo, con innovaciones que estudiaremos en la introducción a *Fuenteovejuna*.

Detrás de Lope hay unos cuantos autores importantes, que escriben dentro de la tradición lopesca, pero que, sin embargo, tienen todos personalidad propia. Se destacan entre elles Tirso de Molina, Alarcón y Calderón. Tirso de Molina (1571?–1648) fue fraile mercedario. Su teatro sigue muy de cerca al de Lope y tiene una gracia y una agilidad extraordinarias: se ha señalado que Tirso poseyó un gran conocimiento del corazón femenino. Él es el verdadero creador de Don Juan, uno de los grandes *tipos* universales; lo crea en su obra *El burlador de Sevilla y convidado de piedra*, que se inspira en leyendas ya existentes. Otra obra suya importante (aunque la atribución es discutida) es *El condenado por desconfiado*; esta obra lleva al teatro el problema teológico de la predestinación y del libre albedrío, uno de los más importantes en el clima religioso de la Reforma y la Contrarreforma. Por último, está llena de gracia y travesura *Don Gil de las calzas verdes*, una obra en que la protagonista es una mujer que se disfraza de galán. Juan Ruiz de Alarcón,

1581?–1639, nació en Méjico; sus obras se caracterizan por una preocupación ética, y por un cuidado en el desarrollo del tema y en la matización psicológica de los personajes; su teatro está entre el teatro de Lope (impetuoso, emotivo, desbordante, con mucho de improvisación) y el de Calderón (medido, intelectualizante, discursivo, retórico muchas veces); las obras mejor conocidas hoy de Alarcón son *La verdad sospechosa*, *Las paredes oyen* y *La prueba de las promesas* (inspirada ésta en el cuento de «Don Illán, el mago de Toledo», del *Conde Lucanor*, incluído en esta antología). Pedro Calderón de la Barca, 1600–1681 es el dramaturgo más representativo del arte barroco y de la religiosidad contrarreformista. Fue sacerdote y escribió teatro religioso y de carácter teológico. Sus obras se clasifican tradicionalmente así: 1) comedias religiosas; 2) comedias históricas y de leyenda; 3) comedias de enredo (con una intriga muy complicada, que al final se resuelve); 4) comedias de capa y espada; 5) dramas de celos; 6) comedias filosóficas; 7) comedias mitológicas; 8) comedias fantásticas; 9) autos sacramentales (de carácter alegórico y tratando casi siempre el tema de la Eucaristía). Las dos obras más importantes del teatro calderoniano son *La vida es sueño* y *El alcalde de Zalamea*. Aquélla es una obra filosófica que toca temas tan barrocos como el tema de la realidad (¿qué realidad tiene la vida humana?) y el de la predestinación (¿está la vida del hombre sujeta a un destino contra el que el hombre nada puede?). *El Alcalde* tiene como tema principal el tema del honor villano, o sea el sentido de dignidad que corresponde al hombre con independencia de su calidad social.

4. Ascética y mística. La obra de los escritores ascéticos y místicos del siglo XVI es numerosa, y, a veces, de gran valor literario. Atendiendo a este aspecto habría que destacar entre los autores de obras ascéticas a Fray Luis de Granada (1504–1588) y a Fray Luis de León (el gran poeta, ya citado); entre los místicos, los de más alto valor en todos los sentidos son Santa Teresa y San Juan de la Cruz. Ya señalamos la importancia de San Juan como poeta y volveremos a hablar de él al estudiar su obra poética. Santa Teresa de Jesús (1515–1582) escribe una prosa sencilla, hasta humilde, sin hacer jamás «literatura», sino procurando decir en todo momento las cosas lo más llana y espontáneamente posible; esto da un calor humano e íntimo

a sus escritos. Santa Teresa escribe por obediencia, porque se lo pidieron sus confesores; en sus escritos se refleja su religiosidad: humana, llena de ternura y fortaleza al mismo tiempo, y llena sobre todo de amor a Dios. Santa Teresa fue, además de escritora mística, una incansable fundadora de conventos y reformadora de su orden. Tuvo problemas con la Inquisición y un enemigo suyo la llamó «fémina inquieta y andariega». Entre las obras que escribió destacan *Las moradas*, que es un tratado práctico y autobiográfico de mística cristiana (*Las moradas* son los siete grados de oración que conducen, en el séptimo y último, a la unión mística con Dios); *El libro de su vida*; *El libro de las Fundaciones* y *Camino de perfección*. Se conserva también un abundante *Epistolario* y alguns poesías en metros cortos, de carácter popular, y de una bella sencillez.

5. Prosa histórica. La historia de la conquista de América da lugar a una espléndida colección de obras de distinto carácter, entre las que destaca la *Historia verdadera de la conquista de Nueva España*, por Bernal Díaz del Castillo, un soldado de Hernán Cortés, que asistió a la conquista. La historia de España dio también tema abundante para historias y relatos hostóricos muy abundantes. La *Historia de España* del Padre Mariana, jesuita, es la más completa y extensa.

6. Prosa doctrinal. Aquí se podría agrupar un extenso conjunto de escritores, autores de obras de carácter didáctico o doctrinal, muy diversas. En el siglo XVI hay que destacar la obra erasmista de los hermanos Valdés, ya citada; en el siglo XVII, los autores más importantes son quizás Quevedo (gran poeta y gran prosista) y Gracián (1601–1658), al que también mencionamos como uno de los representantes del *conceptismo*. Gracián, jesuita, expuso la preceptiva del conceptismo en su libro *Agudeza o Arte de ingenio*; escribió también *El Héroe* (una especie de *Príncipe barroco*, muy lejos del amoralismo político de Maquiavelo) y *El Discreto* (un cortesano barroco, interesante de comparar con *El Cortesano*, tan renacentista, del italiano Castiglione). Pero la obra más importante de Gracián es *El Criticón*, una larga novela alegórica que constituye un estudio (pesimista) de la sociedad de su época; este libro es uno de los más profundos del Barroco español y ha influído en pensadores modernos, como Schopenhauer y Nietzsche.

A. LA POESÍA LÍRICA DEL SIGLO XVI

Garcilaso (1501-1536)

Garcilaso de la Vega nació en el año 1501 (según hoy se cree) en Toledo, y murió en Niza (Francia) en 1536. Apuesto y noble; soldado, caballero, artista, poeta y músico, fue el ideal del cortesano. «Espíritu gentil», lo llamó un contemporáneo, poeta y amigo suyo, el italiano Tansillo. En él se realizó el sueño del hombre renacentista que había descrito Castiglione en *El Cortesano*: diestro en las armas y en las letras. Se casó con Elena de Zúñiga y tuvo cinco hijos. Por hacer un favor a un amigo cayó en el enojo del Emperador Carlos V que le desterró por varios meses a una pequeña isla del Danubio. Tomó parte en las campañas imperiales de Viena, contra los turcos; de Túnez, donde fue herido; y de Francia. Vivió algún tiempo en Nápoles, y allí fue el ídolo de las damas. En 1536, luchando con el Emperador, fue herido al asaltar sin protección una torre enemiga. A los quince días moría el poeta.

Con Garcilaso comienza la literatura española moderna. Garcilaso es ya, en la expresión y en el sentimiento, uno de los nuestros, un hombre moderno.

¿Qué entra con Garcilaso en la poesía española?

1. Entra, sobre todo, una nueva manera de *sentimiento*. La poesía inmediatamente anterior, en lo amoroso, había tenido mucho de juego; sólo al tratar temas graves, y sobre todo el tema de la muerte, adquiría hondura y autenticidad (recuérdense las impresionantes *Coplas* de Jorge Manrique). Con Garcilaso el sentimiento es siempre auténtico y está expresado con intensidad, y al mismo tiempo con una viril contención, una nobleza y una suave melancolía que son específicamente suyas («No me podrán quitar el dolorido sentir», dice el poeta en la *Egloga Primera*). Una parte importante de su obra está dedicada a cantar un amor infeliz: el amor del poeta por Isabel Freire, dama portuguesa, del séquito de la Emperatriz,

a quien Garcilaso conoció estando él ya casado. Debió conocerla hacia 1526; en 1529, la dama se casa con otro hombre (don Antonio de Fonseca, de quien conocemos un apelativo poco gentil: el de «el gordo»); hacia 1533, Isabel muere en el parto de su tercer hijo. Esta es la breve historia de la Isabel histórica de Garcilaso. Pero a esta mujer dedicó Garcilaso su *Égloga Primera*, la que vamos a leer en esta antología una composición dividida en dos partes: una, que canta el amor del poeta por Isabel, la segunda, dedicada a llorar su muerte.

2. Además de esto, con Garcilaso entra o triunfa un nuevo verso: el endecasílabo, que desde entonces será el verso «noble» por excelencia. Y entra también un conjunto de estrofas nuevas: la *estancia* (endecasílabos y heptasílabos, usada en la *Egloga primera*); *tercetos* encadenados (Égloga II); *octavas* (Égloga III); da perfección a una estrofa de cinco versos (3 heptasílabos y 2 endecasílabos), que llevará el nombre de *lira* por una composición suya que comienza: «Si de mi baja lira . . .». (La *lira* será la estrofa más usada por los dos poetas que leeremos a continuación: Fray Luis y San Juan). Usa también *endecasílabos sueltos* (sin rima) en su *Epístola a Boscán*. Por último, con Garcilaso triunfa definitivamente el *soneto*, la estrofa «príncipe» desde entonces. Es sabido que tanto el endecasílabo, como el soneto y gran parte de las estrofas renacentistas son creación de la poesía italiana. Pero Garcilaso supo adaptar el castellano al nuevo verso dándole una fluidez y una suavidad extraordinarias. A partir de él, el endecasílabo es ya un instrumento perfecto para la expresión lírica en lengua castellana.

3. Entra también con Garcilaso el «clasicismo». No es que el mundo clásico hubiera sido ignorado por la Edad Media. Ya hemos visto que no. Pero el sentido clásico de la belleza y el redescubrimiento de la

Portada de la primera edición de las *Obras* de Garcilaso. (*Las obras de Boscán y algunas de Garcilaso de la Vega, repartidas en quatro libros*), Barcelona, 1543. Biblioteca Nacional, Madrid.

antigüedad clásica en cuanto modelo a imitar (su literatura, su arte, sus héroes), tienen un nuevo sentido ahora. Este sentido nuevo está presente en Garcilaso.

4. Por último, con Garcilaso entra en la poesía española el sentimiento de la naturaleza y del paisaje; un paisaje y una naturaleza idealizados según los modelos clásicos (Horacio y Virgilio): frescos y verdes prados por donde discurre una corriente de agua clara, rumorosa y pura. Esta naturaleza ideal supone una fe en la bondad (y belleza) intrínseca de lo natural; por ello, los personajes que la habitan son pastores, como representación humana de lo natural. Con el Renacimiento se pone de moda una corriente pastoril y bucólica de la cual es Garcilaso el más alto representante en la poesía castellana.

La obra poética de Garcilaso es breve: 3 églogas, 2 elegías, 1 epístola, 5 canciones, 38 sonetos y unas composiciones breves en versos octosílabos escritas a la manera tradicional cancioneril; escribió además algunos poemas en latín.

Las influencias más visibles en la obra de Garcilaso son las del bucolismo clásico (Ovidio, Virgilio y Horacio, sobre todo); el platonismo (Platón y los neoplatónicos) con su exaltación mística de la belleza, la naturaleza y la armonía del Universo; y, por último (y éstos son los modelos más directos), la obra poética de Petrarca, Sannazaro y Bernardo Tasso.

Égloga primera[1]

1

El dulce lamentar de dos pastores,
Salicio juntamente y[2] Nemoroso,
he de contar, sus quejas imitando;
cuyas ovejas al cantar sabroso
estaban muy atentas, los amores,   5
de pacer olvidadas, escuchando.[3]
Tú, que ganaste obrando[4]
un nombre en todo el mundo,
y un grado sin segundo,
agora estés atento[5] sólo y dado   10
al ínclito gobierno del estado
albano[6]; agora vuelto a la otra parte,
resplandeciente, armado,
representando en tierra el fiero Marte;

2

agora de cuidados enojosos   15
y de negocios libre, por ventura
andes a caza, el monte fatigando[7]
en ardiente jinete, que apresura
el curso[8] tras los ciervos temerosos,
que en vano su morir van dilatando;[9]   20
espera, que en tornando
a ser restituído
al ocio ya perdido,[10]
luego verás ejercitar mi pluma
por la infinita innumerable suma   25
de tus virtudes y famosas obras;
antes que me consuma,
faltando a ti, que a todo el mundo sobras.[11]

3

En tanto que este tiempo que adivino[12]
viene a sacarme de la deuda un día,   30
que se debe a tu fama y a tu gloria
(que es deuda general, no sólo mía,
mas de cualquier ingenio peregrino[13]
que celebra lo dino de[14] memoria)
el árbol de vitoria[15]   35
que ciñe estrechamente
tu gloriosa frente
dé lugar a la hiedra que se planta

[1] This *Égloga primera* was dedicated by Garcilaso to his friend, don Pedro de Toledo, Viceroy of Naples. [2] **juntamente y** together with. [3] **cuyas . . . escuchando** cuyas ovejas, olvidadas de pacer, estaban muy atentas al cantar sabroso, escuchando los amores. [4] **obrando** with your great deeds. [5] **agora estés atento** whether you be now devoting all your attention. [6] **estado albano** Kingdom of Naples. [7] **andes . . . fatigando** whether you are now hunting, belaboring the forest. [8] **apresura el curso** runs fast. [9] **van dilatando** they try to delay. [10] **espera . . . perdido** wait, because when I am again restored to my lost leisure. [11] **faltando . . . sobras** neglecting you, who surpasses everyone. [12] **adivino** I foresee. [13] **ingenio peregrino** excellent talent. [14] **lo dino de** lo digno de what is worthy of. [15] **árbol de vitoria** the laurel.

debajo de tu sombra, y se levanta
poco a poco, arrimada a tus loores;   40
y en cuanto esto se canta,
escucha tú el cantar de mis pastores.

4

Saliendo de las ondas encendido,
rayaba de los montes el altura[16]
el sol, cuando Salicio, recostado   45
al pie de una alta haya, en la verdura,
por donde una agua clara con sonido
atravesaba el fresco y verde prado,
él con canto acordado[17]
al rumor que sonaba,   50
del agua que pasaba,
se quejaba tan dulce y blandamente
como si no estuviera de allí ausente
la que de su dolor culpa tenía;
y así como presente,[18]   55
razonando con ella, le decía:

Salicio

5

¡Oh más dura que mármol a mis quejas,
y al encendido fuego en que me quemo
más helada que nieve, Galatea!
Estoy muriendo, y aún la vida temo;   60
témola con razón, pues tú me dejas;
que no hay, sin ti, el vivir para qué sea.[19]
Vergüenza he que me vea
ninguno en tal estado,
de ti desamparado,
y de mí mismo yo me corro[20] agora.   65
¿De un alma te desdeñas ser señora,
donde siempre moraste, no pudiendo
della salir un hora?[21]
Salid sin duelo,[22] lágrimas, corriendo.   70

6

El sol tiende los rayos de su lumbre
por montes y por valles, despertando
las aves y animales y la gente:

cuál[23] por el aire claro va volando,
cuál por el verde valle o alta cumbre   75
paciendo va segura y libremente,
cuál con el sol presente
va de nuevo al oficio,
y al usado ejercicio.[24]
do[25] su natura o menester le inclina: 80
siempre está en llanto esta ánima mezquina,[26]
cuando la sombra el mundo va cubriendo
o la luz se avecina.
Salid sin duelo, lágrimas, corriendo.

7

¿Y tú, desta mi vida ya olvidada,   85
sin mostrar un pequeño sentimiento
de que[27] por ti Salicio triste muera,
dejas llevar, desconocida, al viento
el amor y la fe que ser guardada
eternamente sólo a mí debiera?[28]   90
¡Oh Dios! ¿Por qué siquiera,[29]
pues ves desde tu altura
esta falsa perjura
causar la muerte de un estrecho amigo,
no recibe del cielo algún castigo?   95
Si en pago del amor yo estoy muriendo,
¿qué hará el enemigo?
Salid sin duelo, lágrimas, corriendo.

8

Por ti el silencio de la selva umbrosa,
por ti la esquividad y apartamiento[30]   100
del solitario monte me agradaba;
por ti la verde hierba, el fresco viento,
el blanco lirio y colorada rosa
y dulce primavera deseaba.
¡Ay, cuánto me engañaba!   105
¡Ay, cuán diferente era
y cuán de otra manera
lo que en tu falso pecho se escondía!
Bien claro con su voz me lo decía
la siniestra corneja[31] repitiendo   110
la desventura mía.
Salid sin duelo, lágrimas, corriendo.

9

¡Cuántas veces, durmiendo en la floresta,
reputándolo yo por desvarío,[32]
vi mi mal entre sueños, desdichado!   115
Soñaba que en el tiempo del estío
llevaba, por pasar allí la siesta,
a beber en el Tajo mi ganado;
y después de llegado,
sin saber de cuál arte,[33]   120
por desusada parte
y por nuevo camino el agua se iba;
ardiendo yo con la calor estiva,
el curso enajenado iba siguiendo
del agua fugitiva.   125
Salid sin duelo, lágrimas, corriendo.

10

Tu dulce habla ¿en cúya oreja suena?[34]
Tus claros ojos ¿a quién los volviste?
¿Por quién tan sin respeto me trocaste?
Tu quebrantada fe ¿dó la pusiste?   130
¿Cuál es el cuello que, como en cadena,
de tus hermosos brazos anudaste?
No hay corazón que baste,
aunque fuese de piedra,
viendo mi amada hiedra,   135
de mí arrancada, en otro muro asida,
y mi parra en otro olmo entretejida,
que no se esté con llanto deshaciendo
hasta acabar la vida.
Salid sin duelo, lágrimas, corriendo.   140

11

¿Qué no se esperará[35] de aquí adelante,
por difícil que sea y por incierto?
O, ¿qué discordia no será juntada?
Y juntamente ¿qué tendrá por cierto,
o qué de hoy más[36] no temerá el amante   145
siendo a todo materia por ti dada?[37]
Cuando tú enajenada
de mi cuidado fuiste,
notable causa diste,
y ejemplo a todos cuantos cubre el cielo,   150

que el más seguro tema con recelo
perder lo que estuviese poseyendo.
Salid fuera sin duelo,
salid sin duelo, lágrimas, corriendo.

12

Materia diste al mundo de esperanza   155
de alcanzar lo imposible y no pensado,
y de hacer juntar lo diferente,
dando a quien diste el corazón malvado,
quitándolo de mí con tal mudanza
que siempre sonará de gente en gente.   160
La cordera paciente
con el lobo hambriento
hará su ayuntamiento,
y con las simples aves sin ruïdo
harán las bravas sierpes ya su nido;   165
que mayor diferencia comprehendo[38]
de ti al que has escogido.[39]
Salid sin duelo, lágrimas, corriendo.

[16] **el altura**   la altura.   [17] **con canto acordado al**   with song in harmony with the.   [18] **como presente** as if she were present.   [19] **que . . . sea**   because, without you, there is no reason to live.   [20] **yo me corro**   I feel shame.   [21] **donde . . . hora?**   where you always dwelt, unable to leave it (my soul) for a moment.   [22] **sin duelo** without restraint.   [23] **cuál**   some.   [24] **usado ejercicio** everyday occupation.   [25] **do**   a donde.   [26] **esta ánima mezquina**   this suffering soul.   [27] **de que**   at the fact that.   [28] **dejas . . . debiera?**   You, ungrateful, allow the wind to take away the love and faith that should have been kept eternally for me alone?   [29] **siquiera**   at least.   [30] **esquividad y apartamiento** remoteness and solitude.   [31] **siniestra corneja**   the sinister crow. (Refers to the old superstition that omens seen on the left (sinister) boded ill.)   [32] **reputándolo . . . desvarío** although thinking it a product of delirium.   [33] **de cuál arte**   (de qué manera) how it happened.   [34] **¿en . . . suena?**   in whose ear does (your voice) sound (speak)?   [35] **¿Qué no se esperará** what can one not expect.   [36] **de hoy más**   from now on.   [37] **Siendo . . . dada**   Sufficient cause having been given by you for anything.   [38] **comprehendo**   I see.   [39] **de ti . . . escogido**   between you and the one (man) you have chosen.

13

Siempre de nueva leche en el verano
y en el invierno abundo[40]; en mi majada   170
la manteca y el queso está sobrado;
de mi cantar, pues, yo te vi agradada,
tanto, que no pudiera el mantuano
Títiro ser de ti más alabado.[41]
No soy, pues, bien mirado,   175
tan disforme ni feo;
que aun agora me veo
en esta agua que corre clara y pura,
y cierto no[42] trocara mi figura
con ese que de mí se está riendo;   180
¡trocara mi ventura!
Salid sin duelo, lágrimas, corriendo.

14

¿Cómo te vine en tanto menosprecio[43]?
¿Cómo te fui tan presto aborrecible?
¿Cómo te faltó en mí el conocimiento?[44]   185
Si no tuvieras condición terrible,
siempre fuera tenido de ti en precio,
y no viera de ti este apartamiento.
¿No sabes que sin cuento[45]
buscan en el estío   190
mis ovejas el frío
de la sierra de Cuenca, y el gobierno[46]
del abrigado Estremo[47] en el invierno?
Mas ¡qué vale el tener, si derritiendo
me estoy en llanto eterno!   195
Salid sin duelo, lágrimas, corriendo.

15

Con mi llorar las piedras enternecen
su natural dureza y la quebrantan;
los árboles parece que se inclinan;
las aves que me escuchan, cuando cantan,   200
con diferente voz se condolecen[48]
y mi morir cantando me adivinan;[49]
las fieras que reclinan
su cuerpo fatigado
dejan el sosegado   205
sueño por escuchar mi llanto triste.

Tú sola contra mi te endureciste,
los ojos aun siquiera no volviendo
a los que tú hiciste.[50]
Salid sin duelo, lágrimas, corriendo.   210

16

Mas ya que a socorrer aquí no vienes,
no dejes el lugar que tanto amaste,
que bien podrás venir de mí segura.[51]
Yo dejaré el lugar do me dejaste;
ven, si por sólo esto te detienes.   215
Ves aquí un prado lleno de verdura,
ves aquí una espesura,
ves aquí una agua clara,
en otro tiempo cara,
a quien de ti con lágrimas me quejo.   220
Quizá aquí hallarás, pues yo me alejo,
al que [52] todo mi bien quitarme puede;
que pues el bien le dejo,
no es mucho que el lugar también le quede.

17

Aquí dió fin a su cantar Salicio,   225
y sospirando en el postrero acento
soltó de llanto una profunda vena.[53]
Queriendo el monte al grave sentimiento
de aquel dolor en algo ser propicio,
con la pesada voz retumba y suena.   230
La blanca Filomena,[54]
casi como dolida
y a compasión movida,
dulcemente responde al son lloroso.
Lo que cantó tras esto Nemoroso   235
decidlo vos, Piérides[55]; que tanto
no puedo yo ni oso,
que siento enflaquecer mi débil canto.

Nemoroso

18

Corrientes aguas, puras, cristalinas,
árboles que os estáis mirando en ellas,   240
verde prado de fresca sombra lleno,
aves que aquí sembráis vuestras querellas,[56]

hiedra que por los árboles caminas,
torciendo el paso por su verde seno;
yo me vi tan ajeno[57]   245
del grave mal que siento,
que de puro contento
con vuestra soledad me recreaba,
donde con dulce sueño reposaba,
o con el pensamiento discurría   250
por donde no hallaba
sino memorias llenas de alegría.

19

Y en este mismo valle, donde agora
me entristesco y me canso, en el reposo
estuve ya contento y descansado.   255
¡Oh bien caduco, vano y presuroso!
Acuérdome durmiendo aquí alguna hora,
que despertando, a Elisa vi a mi lado.
¡Oh miserable hado!
¡Oh tela delicada,[58]   260
antes de tiempo dada
a los agudos filos de la muerte!
Más convenible[59] suerte
a los cansados años de mi vida,
que es más que el hierro fuerte,   265
pues no la ha quebrantado tu partida.

20

¿Dó están agora aquellos claros ojos
que llevaban tras sí, como colgada,
mi alma doquiera que ellos se volvían?
¿Dó está la blanca mano delicada,   270
llena de vencimientos y despojos[60]
que de mí mis sentidos le ofrecían?
Los cabellos que vían[61]
con gran desprecio el oro,
como a menor tesoro,   275
¿adónde están? ¿Adónde el blando pecho?
¿Dó la coluna que el dorado techo[62]
con presunción graciosa sostenía?
Aquesto todo agora ya se encierra,
por desventura mía,   280
en la fría, desierta y dura tierra.

21

¿Quién me dijera, Elisa, vida mía,
cuando en aqueste valle al fresco viento
andábamos cogiendo tiernas flores,
que había de ver con largo apartamiento   285
venir el triste y solitario día
que diese amargo fin a mis amores?
El cielo en mis dolores
cargó la mano tanto,[63]
que a sempiterno llanto   290
y a triste soledad me he condenado;
y lo que siento más es verme atado
a la pesada vida y enojosa,
solo, desamparado,
ciego, sin lumbre en cárcel tenebrosa.   295

[40] **abundo** I have in abundance.   [41] **de mi cantar
. . . alabado** and I saw you pleased with my songs, so much
that even Virgil couldn't have been more highly praised by
you. (The «mantuano Títiro» refers to the Latin poet, Virgil,
born in Mantua. Títiro was a deity of the countryside, and the
bucolic poets used his name as a synonym).   [42] **cierto no**
certainly not.   [43] **Como . . . menosprecio** How did I
come to be so worthless to you?   [44] **conocimiento** amistad,
aprecio.   [45] **sin cuento** countless.   [46] **gobierno** sus-
tenance.   [47] **Estremo** Extremadura, a region in the west of
Spain.   [48] **se condolecen** (se conduelen) they pity me.
[49] **mi . . . adivinan** singing they predict my death.   [50] **los
ojos . . . hiciste** without even turning your eyes back to
look at those (eyes, my eyes) that you once created (by
looking at them, or by letting them look at you). (This line
has received different interpretations. We follow that of
Professor Elias L. Rivers.)   [51] **de mí segura** safe from
me.   [52] **al que** new reference to the man for whom
Galatea has left Salicio.   [53] **profunda vena** abundant flow (of
tears).   [54] **Filomena** the nightingale.   [55] **Piérides** the
Muses.   [56] **querellas** complaints, songs.   [57] **tan ajeno**
so remote.   [58] **tela delicada** delicate web (of life).   [59] **convenible** (conveniente) fitting.   [60] **vencimientos y despojos** victories and trophies (of love).   [61] **vían** veían.
[62] **coluna . . . techo** the column (neck), that golden roof
(blonde head).   [63] **El cielo . . . tanto** Heaven has been so
prodigal in giving me griefs.

22

Despúes que nos dejaste, nunca pace
en hartura el ganado ya, ni acude[64]
el campo al labrador con mano llena.
No hay bien que en mal no se convierta y mude:
la mala hierba al trigo ahoga, y nace   300
en lugar suyo la infelice avena;
la tierra, que de buena
gana nos producía
flores con que solía
quitar en sólo vellas[65] mil enojos,   305
produce agora en cambio estos abrojos,
ya de rigor de espinas intratable;[66]
yo hago con mis ojos
crecer, lloviendo, el fruto miserable.

23

Como al partir del sol[67] la sombra crece,   310
y en cayendo su rayo[68], se levanta
la negra escuridad que el mundo cubre,
de do viene el temor que nos espanta
y la medrosa forma en que se ofrece
aquella[69] que la noche nos encubre,   315
hasta que el sol descubre
su luz pura y hermosa;
tal es la tenebrosa
noche de tu partir en que he quedado
de sombra y de temor atormentado,   320
hasta que muerte el tiempo determine
que a ver el deseado
sol de tu clara vista me encamine.[70]

24

Cual suele el ruiseñor con triste canto
quejarse, entre las hojas escondido,   325
del duro labrador, que cautamente
le despojó su caro y dulce nido
de los tiernos hijuelos, entre tanto
que del amado ramo estaba ausente,
y aquel dolor que siente   330
con diferencia tanta
por la dulce garganta
despide[71], y a su canto el aire suena,

y la callada noche no refrena
su lamentable oficio y sus querellas,   335
trayendo de su pena
al cielo por testigo y las estrellas;

25

desta manera suelto ya la rienda
a mi dolor, y así me quejo en vano
de la dureza de la muerte airada.   340
Ella en mi corazón metió la mano,
y de allí me llevó mi dulce prenda;
que aquel era su nido y su morada.
¡Ay muerte arrebatada!
Por ti me estoy quejando   345
al cielo y enojando
con importuno llanto al mundo todo:
el desigual dolor no sufre modo.[72]
No me podrán quitar el dolorido
sentir, si ya del todo   350
primero no me quitan el sentido.

26

Tengo una parte aquí de tus cabellos,
Elisa, envueltos en un blanco paño,
que nunca de mi seno se me apartan;
descójolos,[73] y de un dolor tamaño[74]   355
enternecerme siento, que sobre ellos
nunca mis ojos de llorar se hartan.
Sin que de allí se partan,[75]
con sospiros calientes,
más que la llama ardientes,   360
los enjugo del llanto, y de consuno[76]
casi los paso[77] y cuento uno a uno;
juntándolos, con un cordón los ato.
Tras esto el importuno
dolor me deja descansar un rato.   365

27

Mas luego a la memoria se me ofrece
aquella noche tenebrosa, escura,
que tanto aflige esta ánima mezquina
con la memoria de mi desventura.
Verte presente agora me parece   370

en aquel duro trance de Lucina,[78]
y aquella voz divina,
con cuyo son y acentos
a los airados vientos
pudieras amansar, que agora es muda,   375
me parece que oigo, que, a la cruda,
inesorable diosa, demandabas
en aquel paso ayuda;[79]
y tú, rústica diosa, ¿dónde estabas?

28

¿Íbate tanto en perseguir las fieras?
¿Íbate tanto en un pastor dormido?[80]   380
¿Cosa pudo bastar a tal crüeza,[81]
que, conmovida a compasión, oído
a los votos y lágrimas no dieras,[82]
por no ver hecha tierra tal belleza,   385
o no ver la tristeza
en que tu Nemoroso
queda, que su reposo
era seguir tu oficio, persiguiendo
las fieras por los montes, y ofreciendo   390
a tus sagradas aras los despojos?
¿Y tú, ingrata, riendo,
dejas morir mi bien ante los ojos?

29

Divina Elisa, pues agora el cielo
con inmortales pies pisas y mides,   395
y su mudanza[83] ves, estando queda,[84]
¿por qué de mí te olvidas y no pides
que se apresure el tiempo en que este velo
rompa del cuerpo, y verme libre pueda,
y en la tercera rueda,[85]   400
contigo mano a mano,
busquemos otro llano,
busquemos otros montes y otros ríos,
otros valles floridos y sombríos,
donde descanse y siempre pueda verte   405
ante los ojos míos,
sin miedo y sobresalto de perderte?

30

Nunca pusieran fin al triste lloro
los pastores, ni fueran acabadas
las canciones que sólo el monte oía,   410
si mirando las nubes coloradas,
al tramontar del sol[86] bordadas de oro,
no vieran que era ya pasado el día.
La sombra se veía
venir corriendo apriesa   415
ya por la falda espesa
del altísimo monte, y recordando[87]
ambos como de sueño, y acabando
el fugitivo sol, de luz escaso,
su ganado llevando,   420
se fueron recogiendo paso a paso.

[64] **acude** provides.   [65] **en sólo vellas** con sólo verlas.   [66] **Ya ... intratable** [the fields] are no longer tillable, so filled they are with thorns.   [67] **al ... sol** with the departure of the sun.   [68] **y ... rayo** and as the ray (of the sun) goes down.   [69] **aquella** (forma).   [70] **hasta ... encamine** hasta que la muerte determine el tiempo que me encamine a ver el deseado sol de tu clara vista.   [71] **despide** sends out.   [72] **no sufre modo** has no limits.   [73] **descójolos** I unwrap them.   [74] **tamaño** tan grande.   [75] **Sin ... partan** Without taking (my eyes) away from there (Elisa's hairs).   [76] **de consuno** al mismo tiempo.   [77] **paso** go over, review.   [78] **trance de Lucina** childbirth; Lucina or Diana was the goddess of the hunt and of birth. Isabel Freyre died in childbirth.   [79] **demandabas ... ayuda** you were asking [the goddess] for help in that dangerous moment.   [80] **pastor dormido** Endimion, the shepherd who captured Diana's love.   [81] **crueza** crudeza; crueldad.   [82] **¿Cosa ... dieras** ¿Qué [cosa] pudo dar lugar a tal crueldad, que no te compadecieras y no dieras oído (no hicieras caso) a los ruegos y lágrimas ....   [83] **mudanza** the changes (of the stars and planets).   [84] **estando queda** estando [tú, Elisa] inmóvil.   [85] **tercera rueda** the third sphere (the sphere of Venus, goddess of love; i.e. the heaven of lovers).   [86] **al ... sol** as the sun went beyond the mountains.   [87] **recordando** despertando.

Soneto X

31

¡Oh dulces prendas[88] por[89] mi mal halladas,
dulces y alegres cuando Dios quería!
Juntas estáis en la memoria mía,
y con ella en mi muerte conjuradas[90].

¿Quién me dijera, cuando en las pasadas   5
horas en tanto bien por vos me vía,
que me habíades de ser en algún día
con tan grave dolor representadas?[91]

Pues en un hora junto[92] me llevastes
todo el bien que por términos[93] me distes,   10
llevadme junto el mal que me dejastes.

Si no, sospecharé que me pusistes
en tantos bienes porque deseastes
verme morir entre memorias tristes.

Soneto XXIII

32

En tanto que de rosa y azucena
se muestra la color en vuestro gesto,
y que vuestro mirar ardiente, honesto,
enciende al corazón y lo refrena;

y en tanto que el cabello, que en la vena   5
del oro se escogió,[94] con vuelo presto,
por el hermoso cuello blanco, enhiesto,
el viento mueve, esparce y desordena;

coged de vuestra alegre primavera
el dulce fruto, antes que el tiempo airado   10
cubra de nieve la hermosa cumbre.

Marchitará la rosa el viento helado,
todo lo mudará la edad ligera,[95]
por no hacer mudanza en su costumbre.

Fray Luis de León (1527-1591)

Fray Luis de León nació en Belmonte, provincia de Cuenca, en 1527. Estudió en la Universidad de Salamanca, y allí fue professor casi toda su vida. En Salamanca, en 1544, se había hecho fraile agustino. Murió en 1591. Esta vida, aparentemente tranquila y retirada, estuvo llena de contrariedades y de luchas. Las universidades no eran en aquel tiempo una torre de marfil; en ellas se debatían problemas de candente actualidad, problemas intelectuales, políticos y religiosos. Fray Luis se vio envuelto en multitud de ellos. Fue incluso encarcelado por la Inquisición, y su proceso, como era costumbre en los procesos inquisitoriales, tardó años en resolverse; Fray Luis vivió en la scárceles de la Inquisición de 1572 a 1576. El motivo inmediato fue su posición con respecto al texto de la Biblia; sus enemigos le acusaban de hebraizante y de defender un texto demasiado libre y apartado de la versión tenida por oficial. Fray Luis descendía de conversos, y conocía los textos hebreo y griego de la Biblia. Por fin, se dictó sentencia de inculpabilidad y Fray Luis volvió a sus clases, siendo recibido en triunfo por los estudiantes y amigos. Se cuenta que al dar su primera clase, tras el largo encarcelamiento, comenzó con esta frase: «Decíamos *ayer . . .*». Se conserva de él una décima que dicen escribió al salir de la cárcel:

Aquí la envidia y mentira
me tuvieron encerrado.
Dichoso el humilde estado
del sabio que se retira
de aqueste mundo malvado,
y con pobre mesa y casa,
en el campo deleitoso,
con sólo Dios se compasa,
y a solas su vida pasa
ni envidiado ni envidioso.

Su obra de escritor abarca prosa y poesía. En prosa, escribió muchos libros en latín, y, en su tiempo, fue conocido sobre todo por ellos. Tradujo también libros de la Biblia (el *Cantar de los Cantares* y la *Exposición del libro de Job*, con comentarios). De los libros en prosa originales, dos son los más importantes: *La perfecta casada* y *Los nombres de Cristo*. Este último libro es considerado como el modelo más acabado de prosa clásica, y en él Fray Luis explica y comenta los nombres que recibe Cristo en la Sagrada Escritura, como Camino, Pastor, Monte, Príncipe de Paz, Esposo.

Fray Luis tradujo poesías de los clásicos italianos (Petrarca, Bembo, Juan de la Casa), griegos y latinos (Eurípides, Píndaro, Virgilio y Horacio). Tradujo también en buen verso castellano pasajes de la Biblia: Salmos, trozos del libro de Job y de los Proverbios. Es muy bella su traducción del *Cantar de los Cantares* de Salomón.

Pero su poesía original sobrepasa en interés y belleza a todas las traducciones. A pesar de la brevedad de su obra original (sólo 23 poemas), Fray Luis es uno de los grandes poetas de lengua castellana; para algunos, el más grande.

La forma preferida del poeta es la *lira*, de origen italiano, y ya usada por Garcilaso. La lira es una breve y condensada estrofa compuesta de tres versos heptasílabos y dos endecasílabos, con esta rima: aBabB. Esta misma condensación, le da mayor intensidad.

Fray Luis no publicó sus poesías, que sólo llegaron a ser editadas en 1631 por otro gran poeta: Quevedo. (Modernamente la mejor edición es la del P. Angel C. Vega, *Poesías de Fray Luis de León*, Madrid, S.A.E.T.A., 1955.)

En la poesía de Fray Luis se unen la tradición clásica y renacentista con la tradición bíblica y cristiana. Su poeta clásico preferido es Horacio, y con él tiene de común nuestro poeta su amor por la soledad y los campos y el desprecio de las ambiciones humanas. Pero en Fray Luis hay además una insistente búsqueda de Dios, y la soledad y la naturaleza son un medio de acercarse a él. Es también visible la influencia de Virgilio (la naturaleza) y de Platón (la armonía del Universo y la escala platónica hacia la Verdad, la Belleza y el Bien). Pero quizás la influencia bíblica supere a todas las demás.

Su poesía parece serena, límpida y tranquila en la superficie; pero en el fondo adivinamos que esa serenidad es más bien un anhelo de alcanzarla; y recordamos su vida personal, de luchas universitarias y religiosas, sujeta a las persecuciones y a la envidia de sus adversarios. En él no se da el paralelo de vida y poesía; por el contrario, la poesía es el camino para

huir de la realidad, para alcanzar una paz deseada, pero no poseída. Hay una profunda lógica en la poesía de Fray Luis: el deseo de paz interior le aleja del ruido humano, y por eso busca la hora de la calma (la noche), la soledad (el campo) y la armonía (que descubre en su contemplación del cielo estrellado). Se trata de una poesía en que pensamiento y sentimiento se alían para producir una de las poesías de mayor altura lírica y humana.

Oda I

Vida retirada

¡Qué descansada vida
la del que huye el mundanal ruïdo,
y sigue la escondida
senda, por donde han ido
los pocos sabios que en el mundo han sido!   5

[88] **dulces prendas** sweet souvenirs.   [89] **por** para.   [90] **juntas . . . conjuradas** you are all together in my memory and conspiring with it (my memory) to give me death.   [91] **representadas** recordadas.   [92] **junto** all together.   [93] **por términos** little by little.   [94] **que . . . escogió** was selected in a golden lode.   [95] **edad ligera** fleeting time.

Que no le enturbia el pecho
de los soberbios grandes el estado,[1]
ni del dorado techo
se admira, fabricado
del sabio moro,[2] en jaspes sustentado.[3]   10

No cura[4] si la fama
canta con voz su nombre pregonera;[5]
no cura si encarama[6]
la lengua lisonjera
lo que condena la verdad sincera.   15

¿Qué presta[7] a mi contento,
si soy del vano dedo señalado,[8]
si en busca de este viento[9]
ando desalentado
con ansias vivas, y mortal cuidado?   20

¡Oh, campo! ¡Oh, monte! ¡Oh, río!
¡Oh, secreto seguro[10], deleitoso!
Roto casi el navío,[11]
a vuestro almo reposo[12]
huyo de aqueste mar tempestuoso.   25

Un no rompido[13] sueño,
un día puro, alegre, libre quiero;
no quiero ver el ceño
vanamente severo
del que[14] la sangre sube[15] o el dinero.   30

Despiértenme las aves
con su cantar süave no aprendido,
no los cuidados graves
de que es siempre seguido
quien al ajeno arbitrio está atenido.[16]   35

Vivir quiero conmigo,
gozar quiero del bien que debo al cielo,
a solas, sin testigo,
libre de amor, de celo,
de odio, de esperanzas, de recelo.   40

Del monte en la ladera[17]
por mi mano plantado tengo un huerto,
que con la primavera,
de bella flor cubierto,
ya muestra en esperanza el fruto cierto.   45

Pacheco, Francisco, español (1571–1654).
Fray Luis de León. (Cuadro incluído en el
libro de Pacheco, *Libro de descripción de
verdaderos retratos de ilustres y memorables
varones.* Manuscrito que se conserva en el
Museo Lázaro Galdeano, Madrid.)

Y como codiciosa[18]
de ver y acrecentar su hermosura,
desde la cumbre airosa[19]
una fontana pura
hasta llegar[20] corriendo se apresura.   50

Y luego, sosegada,
el paso entre los árboles torciendo,[21]
el suelo de pasada[22]
de verdura vistiendo,
y con diversas flores va esparciendo.[23]   55

El aire el huerto orea,[24]
y ofrece mil olores al sentido,
los árboles menea
con un manso ruïdo,
que del oro y del cetro pone olvido.   60

Ténganse[25] su tesoro
los que de un flaco leño[26] se confían;
no es mío ver[27] el lloro
de los que desconfían[28]
cuando el cierzo y el ábrego porfían.[29]   65

La combatida antena
cruje,[30] y en ciega noche el claro día
se torna; al cielo suena
confusa vocería,[31]
y la mar enriquecen a porfía.[32]   70

A mí una pobrecilla
mesa, de amable paz bien abastada,
me baste; y la vajilla,
de fino oro labrada,
sea de quien la mar no teme airada.[33]   75

Y mientras miserable-
mente se están los otros abrasando
con sed insacïable
del no durable mando,[34]
tendido yo a la sombra esté cantando.   80

A la sombra tendido,
de yedra y lauro[35] eterno coronado,
puesto el atento oído
al son dulce, acordado,[36]
del plectro[37] sabiamente meneado.   85

Oda III

A Francisco Salinas

Catedrático de música de la Universidad de Salamanca

El aire se serena
y viste de hermosura y luz no usada,[38]
Salinas, cuando suena
la música extremada,[39]
por vuestra sabia mano gobernada.   5

[1] **Que . . . estado** Because his heart is not disturbed by the status of the arrogant mighty. [2] **fabricado . . . moro** carved by the skillful Moor. They left in Spain many beautiful buildings. [3] **en jaspes sustentado** sostenido (el techo) por columnas de jaspe. [4] **no cura** he doesn't care. [5] **con voz pregonera** with a shouting, announcing voice. [6] **encarama** extols. [7] **¿Qué presta** What does it add? [8] **señalado** pointed out. [9] **viento** (vain) wind. [10] **secreto seguro** hidden refuge. [11] **navío** ship (here, the poet's life). [12] **almo reposo** life-giving repose. [13] **no rompido** unbroken. [14] **del que** (del hombre a quien) of the one whom. [15] **sube** exalts. [16] **de que . . . atenido** which always follow him who depends on another's will. [17] **Del monte en la ladera** En la ladera del monte. [18] **codiciosa** anxious. [19] **desde . . . airosa** from the airy crest. [20] **hasta llegar** para llegar (a ver y embellecer el huerto). [21] **el paso torciendo** winding its path. [22] **de pasada** on passing. [23] **va esparciendo** strews, sprinkles. [24] **orea** refreshes. [25] **Ténganse** Let them have. [26] **flaco leño** fragile ship. [27] **no . . . ver** I don't have to see. [28] **de . . . desconfían** one of those who feel hopeless. [29] **cuando . . . porfían** when north and south winds blow obstinately. [30] **La . . . cruje** The strained rigging creaks. [31] **al cielo . . . vocería** a confused clamour, sounds [and rises] to the sky. [32] **la mar . . . porfía** they compete in making the ocean rich (with spoils). [33] **sea . . . airada** be for those who don't fear the angered sea. [34] **no durable mando** not lasting power. [35] **lauro** laurel or wreath. [36] **acordado** harmonious. [37] **plectro** lute-pick. [38] **no usada** unusual. [39] **extremada** sublime.

A cuyo son divino
mi alma, que en olvido está sumida,[40]
torna a cobrar el tino[41]
y memoria perdida,
de su origen primera esclarecida.[42]   10

Y como se conoce,[43]
en suerte y pensamientos se mejora;
el oro desconoce,[44]
que el vulgo ciego adora,
la belleza caduca, engañadora.   15

Traspasa el aire todo
hasta llegar a la más alta esfera,[45]
y oye allí otro modo
de no perecedera
música, que es de todas la primera.   20

Ve cómo el gran maestro,[46]
aquesta inmensa cítara aplicado,[47]
con movimiento diestro
produce el son sagrado,
con que este eterno templo es sustentado.   25

Y como está compuesta
de números concordes,[48] luego envía
consonante respuesta;
y entrambas a porfía
mezclan una dulcísima armonía.   30

Aquí la alma navega
por un mar de dulzura, y, finalmente,
en él ansí se anega,[49]
que ningún accidente
extraño y peregrino oye o siente.   35

¡Oh, desmayo dichoso!
¡Oh, muerte que das vida! ¡Oh, dulce olvido!
¡Durase en tu reposo,
sin ser restituído
jamás a aqueste bajo y vil sentido![50]   40

A aqueste bien os llamo,
gloria del apolíneo sacro coro,[51]
amigos a quien[52] amo
sobre todo tesoro;
que todo lo demás es triste lloro.   45

¡Oh! suene de contino[53],
Salinas, vuestro son en mis oídos,
por quien[54] al bien divino
despiertan los sentidos,
quedando a lo demás amortecidos.   50

Oda VIII
Noche serena

Cuando contemplo el cielo
de innumerables luces adornado,
y miro hacia el suelo,
de noche rodeado,
en sueño y en olvido sepultado,   5

el amor y la pena
despiertan en mi pecho un ansia ardiente;
despiden larga vena[55]
los ojos hechos fuente;
la lengua dice al fin con voz doliente: 10

«Morada de grandeza,
templo de claridad y hermosura:
mi alma que a tu alteza[56]
nació, ¿qué desventura
la tiene en esta cárcel, baja, escura?   15

«¿Qué mortal desatino[57]
de la verdad aleja ansí el sentido,[58]
que de tu bien divino
olvidado, perdido,
sigue la vana sombra, el bien fingido?   20

«El hombre está entregado
al sueño, de su suerte no cuidando;
y con paso callado
el cielo, vueltas dando,
las horas del vivir le va hurtando.[59]   25

«¡Ay!, despertad, mortales!
Mirad con atención en vuestro daño.
¿Las almas inmortales,
hechas a bien tamaño,[60]
podrán vivir de sombra y solo engaño?   30

«¡Ay!, levantad los ojos
a aquesta celestial eterna esfera:

burlaréis los antojos
de aquesa lisonjera
vida, con cuanto teme y cuanto espera.   35

    «¿Es más que un breve punto
el bajo y torpe suelo, comparado
a aqueste gran trasunto,[61]
do vive mejorado
lo que es, lo que será, lo que ha pasado?   40

    «Quien mira el gran concierto
de aquestos resplandores eternales,[62]
su movimiento cierto,[63]
sus pasos desiguales,
y en proporción concorde tan iguales: 45

    «la luna cómo mueve
la plateada rueda, y va en pos de ella
la luz do el saber llueve,[64]
y la graciosa estrella
de Amor[65] la sigue reluciente y bella;   50

    «y cómo otro camino
prosigue el sanguinoso Marte airado,
y el Júpiter benino,[66]
de bienes mil cercado,
serena el cielo con su rayo amado.   55

    «Rodéase en la cumbre
Saturno, padre de los siglos de oro;
tras dél la muchedumbre
del reluciente coro[67]
su luz va repartiendo y su tesoro».   60

    ¿Quién es el que esto mira,
y precia[68] la bajeza de la tierra,
y no gime, y suspira
por romper lo que encierra[69]
el alma, y de estos bienes la destierra?   65

    Aquí vive el contento,
aquí reina la paz; aquí, asentado
en rico y alto asiento,
está el Amor sagrado,
de glorias y deleites rodeado.   70

    Inmensa hermosura
aquí se muestra toda, y resplandece
clarísima luz pura,

que jamás anochece:
eterna primavera aquí florece.   75

    ¡Oh, campos verdaderos!
¡Oh, prados con verdad dulces y amenos!
¡Riquísimos mineros![70]
¡Oh, deleitosos senos![71]
¡Repuestos[72] valles, de mil bienes llenos!   80

[40] **en . . . sumida** sunk in forgetfulness. [41] **tino** judgment. [42] **primera** and **esclarecida** refer to «origen», used as feminine. [43] **Y . . . conoce** And as (the soul) takes knowledge of itself. [44] **el . . . desconoce** despises gold. [45] **esfera** heavenly sphere (the most elevated astronomical region, symbol of the highest spiritual level). [46] **gran maestro** great «maestro» (God). [47] **aquesta . . . aplicado** attentive to (the playing of) this immense cithera (lyre). [48] **números concordes** concordant elements or numbers. There is in this harmonious vision of the universe a reference to the mystical philosophy of Pythagoras (6th century B.C.); according to this philosophy, every star gives a musical note; all of them together create a heavenly symphony (the harmony of the spheres), which we don't hear because it is constant. [49] **ansí se anega** submerges in it in such a way. [50] **¡Durase . . . sentido!** If only I could remain in your repose, without ever being brought back to this low and base sensorial life! [51] **apolíneo . . . coro** Apollo's sacred choir; (Fray Luis is addressing himself to his friends, lovers of poetry and music; they are the choir of Apollo, the god of music and poetry. Fray Luis invites his friends to enjoy those supreme delights he has been describing). [52] **a quien** a quienes. [53] **de contino** forever. [54] **por quien** (por medio del cual) by means of which. [55] **larga vena** abundant flow. [56] **a tu alteza** (para tu alteza) (to live) in your heights. [57] **mortal desatino** human folly. [58] **sentido** senses or mind. [59] **las . . . hurtando** is stealing from him his living time (hours). [60] **hechas . . . tamaño** created for so great a goodness. [61] **trasunto** glorious, idealized copy. [62] **resplandores eternales** eternal radiant lights (celestial bodies). [63] **cierto** secure. [64] **luz . . . llueve** Mercury. In this and in the following references, the celestial bodies are alluded to and invested with the powers of the gods and goddesses of the same name. [65] **estrella de Amor** Venus. [66] **benino** benigno. [67] **reluciente coro** shining chorus. [68] **precia** values. [69] **lo que encierra** [the chain] which imprisons. [70] **mineros** veins of precious metals. [71] **senos** refuges. [72] **repuestos** secluded.

Retrato en lienzo de San Juan de la Cruz, pintado en el s. XVII, que se conserva en el
Museo Provincial de Granada.

San Juan de la Cruz (1542-1591)

San Juan de la Cruz (Juan de Yepes) nació en Fontiveros, pueblecito de la provincia de Ávila, de familia pobre. De niño vivió en Medina del Campo y en 1563 entró en la orden religiosa de los carmelitas. Estudió en la universidad de Salamanca. Ayudó a Santa Teresa en la reforma de las monjas carmelitas y en la fundación de nuevos monasterios. Los dos sufrieron la oposición de los que no querían la reforma. La orden de los carmelitas había caído de su primitiva pureza y severidad ascéticas. Santa Teresa y San Juan pretendieron infundir en las religiosas un espíritu místico —oración y contemplación— y un desprendimiento de los valores materiales —austeridad y soledad. Los que les siguieron se llamaron «descalzos» y los otros «calzados», según que usaran las sandalias, símbolo de pobreza, o el calzado regular. En 1577 fue preso en Toledo por los frailes calzados; pero a los ocho meses se escapó de la cárcel descolgándose por un ventanillo. Después de fundar el convento de Baeza, reside en Granada. Fue elegido provincial. Cuando, ya enfermo de muerte en Úbeda, un compañero trajo a su celda a varios músicos para que con su canto y su música alegraran al paciente, éste después de escucharles un rato les pidió que se retiraran porque «no estaba bien que él tratase de evitar el sufrimiento que Dios le había enviado». Murió en la madrugada del 15 de diciembre de 1591. Dos años después se trasladaron sus restos a Segovia, donde está hoy su sepulcro.

La poesía de San Juan de la Cruz es esencialmente poesía religioso-mística. El poeta se expresa en verso y en bellísimas alegorías porque ésta es la única manera posible de expresar sus sentimientos religiosos. Para entender el significado de su poesía conviene recordar las ideas acerca de las tres vías o caminos de la perfección espiritual: *Vía purgativa*, o purificación, es el primer estado en que el alma se limpia de las imperfecciones producidas por las pasiones desordenadas. Esto se logra con el arrepentimiento, la penitencia y los sufrimientos físicos. *Vía iluminativa*, estado en que el alma, ya purificada e iluminada, enseñada por Dios, comienza a comprender o al menos a ver las grandes realidades espirituales; es decir, el alma conoce a Dios. *Vía unitiva*, aquí el alma, purificada de toda impureza y libre de toda atadura humana, vuela a Dios con el cual se une en matrimonio místico, en el que sólo existe la más alta expresión de un amor purísimo.

La obra literaria de San Juan se compone de tres importantes poemas místicos; algunas canciones, romances y glosas de poesía menor; y las obras en prosa (cuatro tratados, *Noche oscura, Subida al monte Carmelo, Cántico espiritual* y *Llama de amor viva*) en donde explica de manera detallada y muy exacta, por vía intelectual, el significado de sus tres poemas místicos.

Los elementos de su poesía son sobre todo de origen bíblico; se inspira especialmente en el *Cantar de los Cantares*, del que toma imágenes, sentimientos y expresiones amorosas. Hay también evidentes influencias renacentistas: el uso de la lira, aspectos bucólicos, el mismo sentimiento del amor puro y sublime. Es interesante notar que en algunos de sus poemas se ha advertido una influencia de la «poesía a lo divino» (esto es de las versiones o arreglos que algunos escritores de los siglos XV al XVII hacían de la poesía amorosa profana, dándole una intención religiosa).

Dado el carácter de esta poesía, toda ella se expresa en bellísimas metáforas, símbolos, imágenes. La alegoría del matrimonio, que se repite de diversas formas en los tres grandes poemas, está recorrida por una corriente de fuego lírico, que la hace viva y palpitante. La naturaleza se usa en toda su riqueza —montes, ríos, árboles, flores, animales, perfumes— pero siempre como elementos alegóricos, con un alcance que vas más allá de lo natural visible. El vocabulario es rico en sinónimos, en palabras expresivas de sabor popular y rústico —otero, majada, ventalle, alborada—. Usa antítesis como «música callada», «soledad sonora»; onomatopeyas: «silbo de los aires amorosos».

En San Juan se unen cuatro corrientes de la poesía castellana: la poesía popular a lo divino, la poesía popular del romancero y cancionero tradicionales, y la renacentista y trovadoresca.

I

Noche oscura[1]

1. En una hoche oscura
con ansias en amores inflamada,
¡oh dichosa ventura!,[2]
salí sin ser notada
estando ya mi casa sosegada.[3]   5

2. A escuras y segura
por la secreta escala disfrazada,[4]
¡oh dichosa ventura!,
a oscuras, y en celada,[5]
estando ya mi casa sosegada.   10

3. En la noche dichosa,
en secreto, que[6] nadie me veía,
ni yo miraba cosa,[7]
sin otra luz y guía,
sino la que en el corazón ardía.   15

4. Aquesta me guiaba
más cierto[8] que la luz del mediodía,
a donde me esperaba
quien yo bien me sabía,[9]
en parte donde nadie parecía.[10]   20

5. ¡Oh noche que guiaste,
oh noche amable más que el alborada;
oh noche, que juntaste
Amado con amada,[11]
amada en el Amado transformada!   25

6. En mi pecho florido,
que entero para él sólo se guardaba,
allí quedó dormido,
y yo le regalaba,[12]
y el ventalle de cedros[13] aire daba.   30

7. El aire de la almena,
cuando yo sus cabellos esparcía,[14]
con su mano serena
en mi cuello hería,[15]
y todos mis sentidos suspendía.[16]   35

8. Quedéme,[17] y olvidéme.
el rostro recliné sobre el amado,
cesó todo, y dejéme,[18]
dejando mi cuidado[19]
entre las azucenas olvidado.   40

II

Cántico espiritual[20]

Canciones entre el alma y el esposo

ESPOSA
1. ¿A dónde te escondiste,
Amado, y me dejaste con gemido?[21]
Como el ciervo[22] huiste
habiéndome herido,[23]
salí tras ti clamando y eras ido.   5

2. Pastores los que fuerdes[24]
allá por las majadas al otero,[25]
si por ventura vierdes
aquel[26] que yo más quiero,
decidle que adolezco, peno y muero.[27]   10

3. Buscando mis amores,
iré por esos montes y riberas,
ni cogeré las flores,
ni temeré las fieras,
y pasaré los fuertes y fronteras.[28]   15

PREGUNTA A LAS CRIATURAS
4. ¡Oh bosques y espesuras[29]
plantadas por la mano del Amado,
oh prado de verduras
de flores esmaltado,[30]
decid si por vosotros ha pasado!   20

RESPUESTA DE LAS CRIATURAS
5. Mil gracias derramando
pasó por estos sotos con presura,
y yéndolos mirando,
con sola su figura[31]
vestidos los dejó de hermosura.   25

ESPOSA

6. ¡Ay, quién podrá sanarme!
Acaba de entregarte ya de vero;[32]
no quieras enviarme
de hoy más[33] ya mensajero,
que no saben decirme lo que quiero.   30

7. Y todos cuantos vagan[34]
de ti me van mil gracias refiriendo,
y todos más me llagan,[35]
y déjame muriendo
un no sé qué que quedan balbuciendo.   35

8. Mas ¿cómo perseveras,
o vida,[36] no viviendo donde vives[37]
y haciendo por que mueras
las flechas que recibes
de lo que del Amado en ti concibes?[38]   40

9. ¿Por qué, pues has llagado
aqueste corazón, no le sanaste?
Y pues me le has robado,
¿por qué así le dejaste[39]
y no tomas el robo que robaste?   45

[1] **Noche oscura** Refers to the darkness of the soul when, after having left behind all material and sensual attractions, it goes in search of God, whom it finally finds and whose company it enjoys.   [2] **¡Oh dichosa ventura!** Oh most happy fortune!   [3] **casa sosegada** my inner self in peace.   [4] **secreta . . . disfrazada** by the secret stair, in disguise.   [5] **en celada** secretly.   [6] **que** de tal manera que.   [7] **cosa** nada (at nothing).   [8] **más cierto** con más seguridad.   [9] **quien . . . sabía** I knew well who (was waiting for me).   [10] **en . . . parecía** in a place where there would be no one (in a deserted place).   [11] **amada** the «amada» is the poet's soul.   [12] **regalaba** caressed.   [13] **ventalle de cedros** fan-palms of the cedars.   [14] **yo . . . esparcía** when I was playing with his hair.   [15] **en . . . hería** touched my neck.   [16] **suspendía** suspended.   [17] **quedéme** I lay still.   [18] **dejéme** I abandoned myself.   [19] **cuidado** all my worries.   [20] **Cántico espiritual** The complete title of the

poem is: «Cántico espiritual entre el Alma y Cristo, su Esposo, en que se declaran varios y tiernos afectos de oración y contemplación en la interior comunicación con Dios». San Juan dedicated a long treatise to the explanation of the symbolic and mystical meaning of each one of the stanzas of this poem, (which he calls «canciones»). The title of this treatise is also *Cántico espiritual*. There are two editions of this poem; here, we are following the second edition in which some changes have been made in the order of the stanzas and one stanza has been added. The poem relates the meeting of the Soul with Christ, her Husband, and the mystical union between them. Many of the very beautiful poetic images come from the *Song of Songs* of Solomon, from which the poet took his inspiration. In the long prose commentary, the Saint, explaining Stanza or «canción» XXII, tells us the order, or the three routes («vías»), which the soul must follow in order to unite with God: 1) Vía purgativa (canciones 1 through 4), in which the soul goes out to look for her husband; 2) Vía contemplativa (o iluminativa) (canciones 5 through 13): here, the creatures answer the soul's questions and the «afectos y ansias» of the soul before the meeting are described; 3) Vía unitiva (canciones 13 through 40); this «vía» is divided into two parts: the first is the «desposorio espiritual» (canciones 13 through 21), and the second is the «matrimonio espiritual» (canciones 22 through 40), in which the union is perfect. In the notes which follow, we will sometimes refer to certain paragraphs from the treatise in order to explain the symbols of the poem; these paragraphs will appear in quotes.   [21] **con gemido** moaning.   [22] **ciervo** stag.   [23] **herido** (de amor).   [24] **fuerdes** fuereis (you who are going).   [25] **allá por . . . otero** there by the sheep-folds up to the top of the hill.   [26] **vierdes aquel** viereis a aquel.   [27] **adolezco . . . muero** I am suffering, agonizing and dying.   [28] San Juan explains the meaning of these symbols in this way: los montes son las virtudes; las riberas, las mortificaciones y penitencias; las flores, los gustos y deleites que se le pueden ofrecer en esta vida; las fieras, fuertes y fronteras son, respectivamente, el mundo, el demonio y la carne (los tres enemigos del alma).   [29] **espesuras** thickets.   [30] **de flores esmaltado** adorned with flowers.   [31] **figura** presence.   [32] **de vero** verdaderamente.   [33] **de hoy más** from now on.   [34] **vagan** wander around.   [35] **me llagan** wound me.   [36] **¿cómo perseveras, oh vida . . .** How can you continue (living), oh my life . . .?   [37] **no viviendo donde vives** when you live separated from the one who makes you live (the beloved).   [38] **y . . . concibes** and making yourself (to give you death) the arrows (which wound you) out of your own passion for the beloved.   [39] **le dejaste** abandoned it.

Lienzo español, s. XVI. *La adoración de los Tres Reyes.* Seda e hilo metálico en lienzo.
The Metropolitan Museum of Art, Rogers Fund, 1943.

10. Apaga mis enojos,[40]
pues que ninguno basta a deshacellos,[41]
y véante mis ojos,
pues eres lumbre dellos,
y sólo para ti quiero tenellos.   50

11. Descubre tu presencia,[42]
y máteme tu vista y hermosura;
mira que la dolencia
de amor, que[43] no se cura
sino con la presencia y la figura.   55

12. ¡Oh cristalina fuente,
si en esos tus semblantes plateados[44]
formases de repente
los ojos deseados
que tengo en mis entrañas dibujados!   60

13. Apártalos,[45] Amado,
que voy de vuelo.[46]

ESPOSO
                         Vuélvete, paloma,
que el ciervo vulnerado[47]
por el otero asoma   65
al aire de tu vuelo, y fresco toma.[48]

ESPOSA
14. Mi amado,[49] las montañas,
los valles solitarios nemorosos,[50]
las ínsulas extrañas,
los ríos sonorosos,[51]   70
el silbo de los aires amorosos.

15. La noche sosegada
en par de los levantes de la aurora,[52]
la música callada,
la soledad sonora,   75
la cena que recrea y enamora.

16. Cazadnos las raposas,[53]
que está ya florecida nuestra viña,
en tanto que de rosas
hacemos una piña,[54]   80
y no parezca nadie en la montiña.[55]

17. Detente, cierzo muerto,[56]
ven, austro, que recuerdas los amores,[57]
aspira[58] por mi huerto,
y corran tus olores,   85
y pacerá el Amado entre las flores.

18. ¡Oh ninfas de Judea!,
en tanto que en las flores y rosales
el ámbar perfumea,[59]
morá[60] en los arrabales   90
y no queráis tocar nuestros umbrales.

[40] **apaga mis enojos** calm my longings. [41] **ninguno . . . deshacellos** nobody can satisfy them. [42] **descubre tu presencia** let me see you. [43] **que** (expletive use; omit it in translation). [44] **semblantes plateados** silvery face (the surface of the spring). [45] **apártalos** take them away (your eyes) my beloved. [46] **que voy de vuelo** the soul wants to leave the body at the sight of the beloved's eyes. [47] **ciervo vulnerado** the wounded stag (Christ). [48] **Vuélvete . . . toma** San Juan explica: «Compárase el Esposo al ciervo, porque aquí por el ciervo entiende a sí mismo. Y es de saber que la propiedad del ciervo es subirse a los lugares altos, y cuando está herido vase con gran priesa a buscar refrigerio a las aguas frías; y si oye quejar a la consorte y siente que está herida, luego se va con ella y la regala y la acaricia. Y así hace ahora el Esposo, porque viendo a la esposa herida de su amor, él también al gemido de ella viene herido del amor de ella; porque en los enamorados la herida de uno es de entrambos . . .». [49] What is said in this stanza and the following one is said to the «Amado». It must be read: "My beloved you are like . . .". [50] **nemorosos** wooded. [51] **sonorosos** musical. [52] **en . . . aurora** at the time of the break of dawn. [53] **raposas** foxes. [54] **piña** bouquet. [55] **y no . . . montiña** and let no one enter the woods. [56] **cierzo muerto** deadly northern wind. [57] **ven . . . amores** come, south wind, awakener of love. [58] **aspira** breathe. [59] **perfumea** perfuma (perfumes). [60] **morá** morad (stay).

19.   Escóndete, Carillo,[61]
y mira con tu haz[62] a las montañas,
y no quieras decillo;[63]
mas mira las compañas[64]   95
de la que va por ínsulas extrañas.

ESPOSO
20.   A las aves ligeras,
leones, ciervos, gamos saltadores,
montes, valles, riberas,
aguas, aires, ardores,   100
y miedos de las noches veladores:[65]

21.   Por las amenas liras
y canto de sirenas os conjuro
que cesen vuestras iras,
y no toquéis al muro,[66]   105
porque la Esposa duerma más seguro.[67]

22.   Entrádose ha la Esposa
en el ameno huerto deseado
y a su sabor[68] reposa,
el cuello reclinado   110
sobre los dulces brazos del Amado.

23.   Debajo del manzano[69]
allí conmigo fuiste desposada,
allí te di la mano
y fuiste reparada   115
donde tu madre fuera violada.[70]

ESPOSA
24.   Nuestro lecho florido,
de cuevas de leones enlazado,[71]
en púrpura tendido,[72]
de paz edificado,   120
de mil escudos de oro coronado.

25.   A zaga de tu huella[73]
las jóvenes discurren[74] al camino,
al toque de centella,[75]
al adobado vino,[76]   125
emisiones de bálsamo divino.

26.   En la interior bodega
de mi Amado bebí, y cuando salía
por toda aquesta vega
ya cosa no sabía   130
y el ganado perdí que antes seguía.[77]

27.   Allí me dio su pecho,
allí me enseñó ciencia muy sabrosa,
y yo le di de hecho
a mí sin dejar cosa;[78]   135
allí le prometí de ser su Esposa.

28.   Mi alma se ha empleado
y todo mi caudal en su servicio;
ya no guardo ganado
ni ya tengo otro oficio,   140
que ya sólo en amar es mi ejercicio.

29.   Pues ya si en el ejido[79]
de hoy más no fuere vista ni hallada,
diréis que me he perdido,
que andando enamorada,   145
me hice perdidiza y fui ganada.[80]

30.   De flores y esmeraldas,
en las frescas mañanas escogidas,
haremos las guirnaldas,
en tu amor florecidas   150
y en un cabello mío entretejidas.

31.   En sólo aquel cabello
que en mi cuello volar consideraste,[81]
mirástele en mi cuello,
y en él preso quedaste,   155
y en uno de mis ojos te llagaste.[82]

32.   Cuando tú me mirabas,
su gracia en mí tus ojos imprimían;
por eso me adamabas,[83]
y en eso merecían   160
los míos adorar lo que en ti vían[84].

33.   No quieras despreciarme,
que si color moreno en mí hallaste,
ya bien puedes mirarme,
después que me miraste,   165
que[85] gracia y hermosura en mí dejaste.

ESPOSO
34.   La blanca palomica
al arca con el ramo se ha tornado;
y ya la tortolica
al socio deseado   170
en las riberas verdes ha hallado.[86]

35.   En soledad vivía
y en soledad ha puesto ya su nido,
y en soledad la guía
a solas su querido,
también en soledad de amor herido.   175

ESPOSO

36.   Gocémonos, Amado,
y vámonos a ver en tu hermosura
al monte y al collado,
do mana el agua pura;   180
entremos más adentro en la espesura.[87]

37.   Y luego a las subidas
cavernas de la piedra[88] nos iremos,
que están bien escondidas,
y allí nos entraremos,   185
y el mosto de granadas[89] gustaremos.

38.   Allí me mostrarías
aquello que mi alma pretendía;
y luego me darías
allí tú, vida mía,   190
aquello que me diste el otro día.[90]

39.   El aspirar del aire,
el canto de la dulce Filomena,[91]
el soto y su donaire,[92]
en la noche serena,[93]   195
con llama que consume y no da pena[94]

[61] **Carillo** from the Latin «carus» (loved one) comes the Spanish **caro** («querido»); **carillo** is the affectionate diminutive of **caro** and a frequent epithet in semi-popular pastoral songs.   [62] **haz** faz (face).   [63] **decillo** decirlo.   [64] **compañas** companions («la multitud de virtudes y dones y perfecciones y otras riquezas espirituales que él ha puesto ya en ella, como arras y prendas y joyas de desposada»).   [65] **miedos ... veladores** nightly wakeful fears.   [66] **no ... muro** do not touch the wall (el muro de virtudes que rodean al alma, que es el huerto donde yace el amado).   [67] **porque ... seguro** para que la Esposa duerma con más reposo (gozando «de la quietud y suavidad que goza en el amado»).   [68] **a su**

sabor comfortably.   [69] **manzano** biblical reference to Adam's fall.   [70] **fuiste ... violada** you (the soul) were redeemed where your mother (Eve) was raped (by sin).   [71] **de ... enlazado** Las cuevas de leones son «las virtudes que posee el alma en este estado de unión con Dios»; quiere decir que esas virtudes están ahora tan seguras como las cuevas de leones donde ningún animal se atreve a entrar. «Dice también que está enlazado el lecho de estas cuevas de las virtudes, porque en este estado, de tal manera están trabadas [enlazadas] entre sí las virtudes» que no puede entrar ninguna cosa del mundo, ni inquietar, ni molestar.   [72] **en púrpura tendido** extended upon purple.   [73] **A ... huella** Following your footsteps.   [74] **discurren** go running.   [75] **al ... centella** at the touch of lightning; («es un toque sutilísimo que el amado hace al alma ... de manera que la enciende el corazón en fuego de amor»).   [76] **adobado vino** spiced wine.   [77] **interior ... seguía** La interior bodega es «el más estrecho grado de amor en que el alma puede situarse en esta vida». La estrofa alude, pues, a la embriguez del amor de Dios, que hace que el alma se olvide «de todas las cosas del mundo».   [78] **cosa** nada.   [79] **ejido** communal pasture lands (here, "the world").   [80] **me ... ganada** I let myself be lost and I was won (lost to everything but God and so—the soul—was won by God, explains San Juan).   [81] **consideraste** watched.   [82] **en ... llagaste** with one of my eyes you were wounded.   [83] **adamabas** «Adamar, es amar mucho».   [84] **vían** veían.   [85] **que** porque.   [86] La blanca palomica es el alma y la compara con la paloma del arca de Noé. Como aquélla volvió con un ramo de olivo al cesar el diluvio, así el alma vuelve a Dios con un ramo en señal de victoria y halla al Esposo (el socio deseado). Al llamarla «tortolica» recuerda San Juan el romance de la tortolica viuda.   [87] «Ya que está hecha la perfecta unión de amor entre el alma y Dios, quiérese emplear el alma y exercitar en las propiedades que tiene el amor».   [88] **las ... piedra** the high rock caverns («son los subidos y altos y profundos misterios de la sabiduría de Dios»).   [89] **mosto de granadas** pomegranate juice.   [90] **aquello ... día** «el otro día» es «el día de la eternidad de Dios, que es otro que este día temporal; en el cual ... predestinó Dios al alma para la gloria ...» Esa gloria es, pues, «aquello» que le dió el otro día (día de la eternidad, antes que el alma fuese creada).   [91] **Filomena** nightingale («la dulce voz de su amado»).   [92] **donaire** gracefulness (el soto es Dios y el donaire es la gracia y sabiduría de Dios).   [93] **la noche serena** la noche de la contemplación.   [94] **con ... pena** «con consumado y perfecto amor»; una llama de amor que «transforme el alma en Dios,» «y que no dé pena la ... transformación de esta llama en el alma». «Lo cual no puede ser sino en el estado beatifico, donde ya esta llama es amor suave».

40.   Que nadie lo miraba,
Aminadab[95] tampoco parecía,
y el cerco sosegaba,[96]
y la caballería   200
a vista de las aguas descendía.[97]

III

Llama de amor viva[98]

1.   ¡Oh llama de amor viva,
que tiernamente hieres
de mi alma en el más profundo centro!,
pues ya no eres esquiva,[99]
acaba ya si quieres,   5
rompe la tela deste dulce encuentro.[100]

2.   ¡Oh cauterio suave!
¡Oh regalada llaga!
¡Oh mano blanda! ¡Oh toque delicado
que a vida eterna sabe,[101]   10
y toda deuda paga!
Matando, muerte en vida la has trocado.[102]

3.   ¡Oh lámparas de fuego,
en cuyos resplandores
las profundas cavernas del sentido,[103]   15
que estaba oscuro y ciego,
con extraños primores
calor y luz dan junto a su querido!

4.   ¡Cuán manso y amoroso
recuerdas en mi seno,   20
donde secretamente solo moras;
y en tu aspirar sabroso
de bien y gloria lleno
cuán delicadamente me enamoras!

B. LA NOVELA EN EL SIGLO DE ORO

Lazarillo de Tormes

En 1554 se imprimió en Burgos, en Alcalá de Henares y en Amberes, un libro, una obrita corta, con el título de *Vida de Lazarillo de Tormes y de sus fortunas y adversidades*. Hay razones para pensar que debió de existir una edición anterior, quizás de 1553, pero no han quedado rastros de esa edición. El libro se hizo pronto popular y se reimprimió muchas veces. Fue traducido al francés (1560), al inglés (1576), al holandés (1579), al alemán (1617), al italiano (1622). Se le añadieron segundas partes y fue imitada incontables veces.

Durante todo el siglo XVI se imprimió como obra anónima. Luego fue atribuída a Diego Hurtado de Mendoza (un escritor famoso del XVI) y como de él se imprimió hasta tiempos modernos. Modernamente se ha defendido la autoría de Sebastián de Horózco, hipótesis hoy desechada. También se ha pensado que pudo escribirla un Fray Juan Ortega, fraile jerónimo, de quien una historia de esta orden religiosa dice que, al morir, se le encontró en su celda un manuscrito del *Lazarillo*. El problema sigue en pie y la obra se edita hoy como anónima.

El *Lazarillo* es, aparentemente, un breve relato escrito en primera persona (autobiográfico) de la vida de un niño: Lázaro o Lazarillo de Tormes. Tormes es un río que pasa por Salamanca, y cerca de ese río nace el protagonista de nuestro libro. Este muchacho nace y crece en la pobreza y sirve a varios amos hasta independizarse y, ya hombre y casado, disfruta de una situación que él considera próspera. Las experiencias de Lázaro desde que nace hasta que abandona el relato son bastante prosaicas, es decir, no tienen nada de *extraordinario*. Y esto es precisamente, literariamente hablando, lo extraordinario del libro; porque lo ordinario, lo corriente, en la literatura narrativa de la época era el relato de aventuras extraordinarias o amores extraordinarios que tenían como sujetos a seres humanos también fuera de lo ordinario. Esto eran los libros de caballerías, la novela sentimental, la novela pastoril . . . El *Lazarillo*, por el contrario, es un relato que se nutre de una observación de la realidad: sus personajes parecen arrancados de una realidad social (la española del siglo XVI) y lo que estos personajes hacen tiene también color de realidad.

Mucho se ha hablado del *realismo* del *Lazarillo* y del

[95] **Aminadab** aqui, «el demonio». [96] **y el cerco sosegaba** the siege was relenting (las pasiones y apetitos del alma ya no cercan y combaten al alma). [97] **Y la caballería . . . descendía** The horsemen (caballería) are the «sentidos corporales»; «las aguas» are «los bienes y deleites espirituales». Los sentidos corporales descienden a ver las aguas espirituales, de las cuales el alma sola está bebiendo; los sentidos corporales aunque no pueden beber de esas aguas, gozan de ver al alma bebiéndolas y gozándolas. [98] **Llama de amor viva** The entire poem is dedicated to give an account of the pleasure of the soul in the extasis of the mystical union with God. The soul feels itself burn with the fire of love which the Holy Spirit communicates to it. «Esta llama de amor —explica San Juan— es el espíritu de su Esposo, al cual siente ya el alma en sí, no sólo como fuego que la tiene consumida y transformada en suave amor, sino como fuego que . . . arde en ella y echa llama . . . y . . . cada vez que llamea, baña al alma en gloria y la refresca en temple de vida divina». [99] **esquiva** elusive. [100] **acaba . . . en cuentro** el alma «dice con gran deseo a la llama . . . que rompa ya la vida mortal» para que «de veras la acabe de comunicar lo que cada vez parece que la va a dar cuando la encuentra, que es glorificarla entera y perfectamente . . .». [101] **sabe** tastes like. [102] **muerte . . . trocado** you have turned death into life. [103] **las . . . sentido** «Estas cavernas son las potencias del alma: memoria, entendimiento y voluntad».

Portada para *La vida de Lazarillo de Tormes: y de sus fortunas y adversidades.* Edición de Burgos, 1554.

realismo del género narrativo a que da lugar: la novela picaresca. Tanto se ha hablado, que ha habido una reacción contraria y se ha señalado, justamente, que la realidad allí reflejada está seleccionada (sólo se presentan aspectos de ella, los más bajos), y, al ser esto así, la realidad *total* queda mutilada, y deformada. Sin embargo, el término *realismo* sigue siendo aplicable si explicamos previamente qué queremos decir con él: 1° El *Lazarillo* es *realista* en cuanto no es «idealista» y hasta parece una reacción frente al idealismo (desrealizante) de los relatos caballerescos y pastoriles. 2° Hay en el libro, en sus personajes y en sus sucesos *una* atmósfera de posibilidad: aquéllos y éstos, en *líneas* generales, son posibles y pueden ser reales, aunque existan exageraciones y hasta fallas en ese ambiente general de posibilidad. 3° Un crítico de nuestros días (Dámaso Alonso) ha hablado, con acierto, de «realismo psicológico».

Desde el punto de vista literario, lo más importante de este libro es que, por primera vez, tenemos la sensación de encontrarnos en el clima literario que va a ser característico de la novela occidental hasta nuestros días.

Pero al *Lazarillo* no está escrito sólo con un propósito literario, ni siquiera con el propósito primario de hacer literatura. Su intención satirizadora es evidente. Ahora bien, ¿a quién o a quiénes satiriza el libro? Se ha dicho que es una sátira de la sociedad española de la época, representada sintéticamente por el mendigo, el clérigo y el hidalgo. Ahora bien, si la sátira va dirigida contra el mendigo, el clérigo y el hidalgo *del libro*, no puede decirse que la sátira cale muy hondo, ya que sólo se ejercería contra tres pobres diablos. El *Lazarillo* es, indudablemente, una obra satírica, pero escrito con una finísima ironía que obliga al lector a estar siempre en guardia, para no dejarse engañar.

Otro de los aspectos del libro que hay que atender para interpretarlo rectamente es el de su *moralismo*. ¿Cuál es la lección del *Lazarillo*? En el prólogo, Lázaro-hombre, es decir el autor que se esconde tras él (ya que el autor nunca se presenta con su propia identidad, ni siquiera en el prólogo) dice que escribe la historia de *su* vida «porque consideren los que heredaron nobles estados cuán poco se les debe, pues fortuna fue con ellos parcial, y cuánto más hicieron los que, siéndoles contraria, con fuerza y maña remando salieron a buen puerto». ¿Cuál es el buen puerto a que llega Lázaro? Hay que esperar al final del libro para saberlo, y entonces preguntarse si ese puerto final es tan bueno como dice el prólogo.

El lenguaje de la novela es aparentemente descuidado, pero tras ese aparente descuido hay sin duda un maestro en el manejo de la lengua. Se trasluce también que el autor es un hombre cultivado.

El *Lazarillo*, como sabemos, dio origen a un importante género dentro de la literatura española: la novela picaresca. Los ejemplos más representativos de este género son: el *Guzmán de Alfarache* (primera parte, 1599; segunda parte, 1609), de Mateo Alemán; *La Pícara Justina* (1605), de Francisco López de Úbeda; *La vida del escudero Marcos de Obregón* (1616), de Vicente Espinel; *El Buscón* (publicado en 1626, pero escrito años antes), de Quevedo; *La vida de Estebanillo González* (1646), de autor desconocido.

Los rasgos característicos del *pícaro* son: baja extracción social; vida aventurera y trabajosa; cambia de amo y de lugares (el pícaro es un vagabundo); usa de malas artes y engaños para poder vivir; no le preocupan los problemas de la «honra» porque su mundo no es el de los hombres honrados; sufre con paciencia estoica las contrariedades (en el fondo es un filósofo estoico elemental con buen juicio natural, y bastante de cínico); es un resentido frente a la sociedad; entra y sale de la vida (de la novela) sin dejar huella de sí.

Entre los caracteres formales literarios de la novela picaresca están: la forma autobiográfica; la narración gira alrededor del pícaro que de esta manera es el hilo conductor de la narración; los sucesos se organizan teniendo como exclusivo centro al protagonista-narrador, y no tienen conexión unos con otros (un capítulo o episodio sigue a otro sin más hilación que la continuidad que proporciona la intervención del protagonista). Se ha llamado a esta novela *género abierto*, porque admite adiciones o cortes sin que la novela se deshaga.

En esta corriente *El Lazarillo* no es más que un comienzo de algo que va a ser pero que todavía no es. Falta sobre todo en *El Lazarillo* el amargo pesimismo y la dureza que va a caracterizar después a los ejemplos más representativos del género, y sobre todo, al más sobresaliente de ellos, el *Guzmán de Alfarache*.

Las tres ediciones conocidas de 1554 (Alcalá, Burgos y Amberes) presentan ciertas diferencias en el texto. Nosotros hemos utilizado la de Amberes, siguiéndola con fidelidad, salvo enmiendas de algún error evidente (que en todo caso señalamos con corchetes). Hemos modernizado la ortografía y la puntuación. Existe reproducción facsímil de las tres impresiones en la colección *Obras fuera de serie*, en edición de E. Moreno Báez, *El Lazarillo de Tormes* (Alcalá de Henares, Burgos y Amberes, 1554), Cieza, 1959. También hemos consultado y tenido en cuenta las ediciones modernas más conocidas. De todas hemos aprendido y especialmente de la edición de Claudio Guillén (New York, Dell, 1966).

LAZARILLO DE TORMES

Prólogo

Yo por bien tengo[1] que cosas tan señaladas, y por ventura nunca oídas ni vistas, vengan a noticia de muchos y no se entierren en la sepultura del olvido; pues podría ser que alguno que las lea, halle algo que le agrade; y a los que no ahondaren tanto, los deleite.

Y a este propósito dice Plinio[2] que no hay libro, por malo que sea, que no tenga alguna cosa buena. Mayormente[3] que los gustos no son todos unos,[4] mas lo que uno no come, otro se pierde por ello.[5] Y así vemos cosas tenidas en poco de[6] algunos, que de otros no lo son. Y esto, para que ninguna cosa se debría[7] romper ni echar a mal,[8] si muy detestable no fuese, sino que a todos se comunicase, mayormente siendo sin perjuicio y pudiendo sacar della algún fruto.

Porque si así no fuese, muy pocos escribirían para uno solo, pues no se hace sin trabajo.[9] Y quieren, ya que lo pasan,[10] ser recompensados no con dineros, mas con que vean y lean sus obras, y, si hay de qué,[11] se las alaben. Y a este propósito dice Tulio:[12] «la honra cría las artes».

¿Quién piensa quel[13] soldado que es primero del escala[14] tiene más aborrecido el vivir? No, por cierto; mas el deseo de alabanza le hace ponerse al peligro. Y así en las artes y letras es lo mismo. Predica muy bien el presentado,[15] y es hombre que desea mucho el provecho de las ánimas. Mas pregunten a su merced si le pesa cuando le dicen: «¡Oh qué maravillosamente lo ha hecho vuestra reverencia!» Justó muy ruinmente[16] el señor don Fulano, y dio el sayete de armas[17] al truhán porque lo loaba de haber llevado muy buenas lanzas. ¿Qué hiciera si fuera verdad?

---

[1] **Yo por bien tengo** I think it is right.   [2] **Plinio** Pliny the Younger, Latin writer; Epist. III.5.   [3] **Mayormente** Mainly.   [4] **unos** equal.   [5] **se pierde por ello** longs for it.   [6] **de** por.   [7] **debría** debería.   [8] **echar a mal** to interpret wrongly.   [9] **trabajo** effort.   [10] **pasan** (trabajo) they make the effort or they suffer.   [11] **y si hay de qué** if they are worthy of (praise).   [12] **Tulio** M. T. Cicero, Latin orator, writer and politician; Tuscul., 1,4.   [13] **quel** que el.   [14] **primero del escala** first to climb the assault ladder.   [15] **presentado** seminarian ready to be ordained priest.   [16] **justó muy ruinmente** jousted poorly.   [17] **sayete de armas** tunic worn by a knight.

Y todo va desta manera; que, confesando yo no ser más santo que mis vecinos, desta nonada[18] que en este grosero estilo escribo no me pesara que hayan parte y se huelguen[19] con ello todos los que en ella algún gusto hallaren, y vean que vive un hombre con tantas fortunas, peligros y adversidades.

Suplico a vuestra merced reciba el pobre servicio de mano de quien lo hiciera más rico, si su poder y deseo se conformaran.[20] Y pues vuestra merced escribe se le escriba y relate el caso muy por extenso, parecióme no tomalle por el medio, sino del principio, porque se tenga entera noticia de mi persona; y también porque consideren los que heredaron nobles estados cuán poco se les debe, pues fortuna fue con ellos parcial, y cuánto más hicieron los que, siéndoles contraria, con fuerza y maña remando salieron a buen puerto.[21]

Tratado primero

Cuenta Lázaro su vida, y cúyo hijo fue[22]

Pues sepa vuestra merced ante todas cosas que a mí llaman Lázaro de Tormes,[23] hijo de Tomé Gonzáles y de Antona Pérez, naturales de Tejares, aldea de Salamanca. Mi nascimiento fue dentro del río Tormes, por la cual causa tomé el sobrenombre, y fue desta manera. Mi padre, que Dios perdone, tenía cargo de proveer una molienda de una aceña[24] que está ribera[25] de aquel río. En la cual fue molinero más de quince años. Y estando mi madre una noche en la aceña preñada de mí, tomóle el parto y parióme allí. De manera que con verdad me puedo decir nacido en el río.

Pues siendo yo niño de ocho años, achacaron a mi padre ciertas sangrías[26] mal hechas en los costales de los que allí a moler venían; por lo cual fue preso y confesó, y no negó,[27] y padesció persecución por justicia.[28] Espero en Dios que está[29] en la gloria, pues el Evangelio los llama bienaventurados. En este tiempo se hizo cierta armada contra moros, entre los cuales[30] fue mi padre, que a la sazón estaba desterrado por el desastre ya dicho, con cargo de acemilero de un caballero que allá fue. Y con su señor, como leal criado, feneció su vida.

Mi viuda madre, como sin marido y sin abrigo se viese, determinó arrimarse a los buenos por ser uno dellos,[31] y vínose a vivir a la ciudad, y alquiló una casilla, y metíase a[32] guisar de comer a ciertos estudiantes, y lavaba la ropa a ciertos mozos de caballos del Comendador de la Magdalena.[33] De manera que fue frecuentando las caballerizas. Ella y un hombre moreno,[34] de aquellos que las bestias curaban,[35] vinieron en conocimiento. Éste algunas veces se venía a nuestra casa, y se iba a la mañana. Otras veces de

día llegaba a la puerta, en achaque[36] de comprar huevos, y entrábase en casa.

Yo, al principio de su entrada, pesábame con él[37] y habíale miedo,[38] viendo el color y mal gesto que tenía. Mas de que[39] vi que con su venida mejoraba el comer, fuile queriendo[40] bien, porque siempre traía pan, pedazos de carne, y en el invierno leños a que[41] nos calentábamos.

De manera que continuando la posada y conversación,[42] mi madre vino a darme un negrito muy bonito, el cual yo brincaba[43] y ayudaba a calentar. Y acuérdome que estando el negro de mi padrastro trebejando[44] con el mozuelo, como el niño vía[45] a mi madre y a mí blancos, y a él no, huía dél con miedo para[46] mi madre y, señalando con el dedo, decía: «¡Madre, coco!»[47] ¡Respondió él riendo: «Hideputa!»[48]

Yo, aunque bien mochacho, noté aquella palabra de mi hermanico y dije entre mí: «¡Cuántos debe de haber en el mundo que huyen de otros, porque no se veen a sí mismos!»

Quiso nuestra fortuna que la conversación del Zaide,[49] que así se llamaba, llegó a oídos del mayordomo y, hecha pesquisa, hallóse que la mitad por medio de la cebada que para las bestias le daban, hurtaba; y salvados, leña, almohazas, mandiles, y las mantas y sábanas de los caballos, hacía perdidas.[50] Y cuando otra cosa no tenía, las bestias desherraba, y con todo esto acudía[51] a mi madre para criar a mi hermanico. No nos maravillemos de un clérigo, ni de un fraile, porque el uno hurta de los pobres y el otro de casa para sus devotas y para ayuda de otro tanto,[52] cuando a un pobre esclavo el amor le animaba a esto. Y probósele[53] cuanto digo, y aún más; porque a mí con amenazas me preguntaban, y como niño respondía, y descubría cuanto sabía con miedo, hasta ciertas herraduras que por mandado de mi madre a un herrero vendí.

Al triste de mi padrastro azotaron y pringaron[54] y a mi madre pusieron pena por justicia, sobre el acostumbrado centenario,[55] que en casa del sobredicho Comendador no entrase, ni al lastimado Zaide en la suya acogiese.

Por no echar la soga tras el caldero,[56] la triste se esforzó y cumplió la sentencia. Y por evitar peligro y quitarse de malas lenguas, se fue a servir a los que al presente vivían en el mesón de la Solana. Y allí, padesciendo mil importunidades, se acabó de criar mi hermanico, hasta que supo andar, y a mí hasta ser buen mozuelo,[57] que iba a los huéspedes por vino y candelas, y por lo demás que me mandaban.

En este tiempo vino a posar al mesón un ciego, el

[18] **desta nonada** of this trifle. [19] **hayan ... huelguen** they participate and enjoy. [20] **lo hiciera ... conformaran** would like to make you richer if his power and good will could match. [21] **buen puerto** safe harbor. [22] **cuyo hijo fue** whose son he was. [23] **Lázaro** in Christian literature, a suffering man. **Tormes** Salamanca's river. [24] **molienda de una aceña** grain (wheat, barley, rye) to be ground in the mill. [25] **ribera** en la ribera. [26] **sangrías** cuts in the grain sacks. [27] **confesó y no negó** John 1:20. [28] **Padeció persecución por justicia** Matt. 5:10; "Blessed are they who suffer persecution for justice sake." [29] **que está** que él esté. [30] **entre los cuales** among the men of the armada. [31] **por ser uno de ellos** to be like one of them. [32] **metíase a** she started to. [33] **Comendador de la Magdalena** *La Magdalena*, a church in Salamanca, which belonged to the *Órden de Alcántara* (a military and religious order). The *Comendador* was a member of the Order who had the administration and received the income (encomienda) of that church and its possessions. [34] **moreno** negro (a morisco of very dark skin). [35] **curaban** they took care. [36] **en achaque de** with the excuse of. [37] **pesábame con él** I was disgusted with him. [38] **habíale miedo** le tenía miedo o le temía; **mal gesto** mean face or appearance. [39] **de que** desde que. [40] **fuíle queriendo** fui queriéndole. [41] **a que** con los que o junto a los que (the burning pieces of wood). [42] **conversación** relations. [43] **al cual yo brincaba** whom I used to play around with. [44] **el negro ... trebejando** my black stepfather playing. [45] **vía** veía [46] **para** hacia. [47] **coco** bogeyman. [48] **Hideputa** hijo de puta. [49] **Zaide** common moorish name. Zaide was probably a morisco slave. [50] **salvados ... perdidas** he pretended that the bran, firewood, aprons, etc. were lost. [51] **acudía** he helped. [52] **de otro tanto** de otro tal (another friar). [53] **probósele** he was convicted of. [54] **pringaron** they scalded him with boiling fat. [55] **acostumbrado centenario** the usual hundred lashes. [56] **no echar ... caldero** in order not to throw the rope after the bucket; ie. in order not to lose everything you have. [57] **y a mí ... mozuelo** and myself until I became a good servant.

cual, pareciéndole que yo sería para adestralle,[58] me pidió a mi madre, y ella me encomendó a él, diciéndole cómo era hijo de un buen hombre, el cual por ensalzar la fe había muerto en la de los Gelves,[59] y que ella confiaba en Dios no saldría peor hombre que mi padre, y que le rogaba me tratase bien y mirase por mí, pues era huérfano.

El respondió que así lo haría, y que me recibía no por mozo, sino por hijo. Y así le comencé a servir y adestrar a mi nuevo y viejo amo.

Como estuvimos[60] en Salamanca algunos días, paresciéndole a mi amo que no era la ganancia a su contento,[61] determinó irse de allí. Y cuando nos hubimos de partir, yo fui a ver a mi madre y, ambos llorando, me dio su bendición y dijo:

—Hijo, ya sé que no te veré más. Procura de ser bueno, y Dios te guíe. Criado te he y con buen amo te he puesto. ¡Válete por ti![62]

Y así me fui para mi amo, que esperándome estaba.

Salimos de Salamanca y, llegando a la puente, está a la entrada della un animal de piedra que casi tiene forma de toro, y el ciego mandóme que llegase cerca del animal; y allí puesto, me dijo:

—Lázaro, llega el oído[63] a este toro, y oirás gran ruido dentro dél.

Yo simplemente llegué, creyendo ser así. Y como sintió que tenía la cabeza par de[64] la piedra, afirmó recio la mano y diome una gran calabazada en el diablo del toro,[65] que más de tres días me turó[66] el dolor de la cornada, y díjome:

—Necio, aprende que el mozo del ciego un punto ha de saber más que el diablo.

Y rió mucho la burla. Parescióme que en aquel instante disperté[67] de la simpleza en que como niño dormido estaba. Dije entre mí: «Verdad dice éste, que me cumple avivar el ojo y avisar,[68] pues solo soy, y pensar cómo me sepa valer.

Comenzamos nuestro camino, y en muy pocos días me mostró jerigonza.[69] Y, como me viese de buen ingenio, holgábase mucho y decía:

—Yo oro ni plata no te lo puedo dar, mas avisos para vivir muchos te mostraré.

Y fue así; que después de Dios éste me dio la vida y, siendo ciego, me alumbró y adestró en la carrera de vivir.

Huelgo de contar a vuestra merced estas niñerías, para mostrar cuánta virtud sea saber[70] los hombres subir siendo bajos, y dejarse bajar siendo altos, cuánto vicio.

Pues tornando al bueno de mi ciego y contando sus cosas, vuestra merced sepa que desde que Dios crió el mundo, ninguno formó más astuto ni sagaz. En su oficio era un águila. Ciento y tantas oraciones sabía de coro,[71] un tono bajo, reposado y muy sonable, que hacía resonar la iglesia donde rezaba; un rostro humilde y devoto, que con muy buen continente ponía cuando rezaba,[72] sin hacer gestos ni visajes con boca ni ojos, como otros suelen hacer.

Allende[73] desto, tenía otras mil formas y maneras para sacar el dinero. Decía saber oraciones para muchos y diversos efectos: para mujeres que no parían, para las que estaban de parto, para las que eran mal casadas, que[74] sus maridos las quisiesen bien. Echaba pronósticos a las preñadas, si traían hijo o hija. Pues en caso de medicina, decía Galeno[75] no supo la mitad que él, para muelas, desmayos, males de madre. Finalmente, nadie le decía [pa]decer alguna pasión, que luego no le decía:

—Haced esto, haréis estotro, cosed tal yerba,[76] tomad tal raíz.

Con esto andábase todo el mundo tras él, especialmente mujeres, que cuanto les decía creían. Destas sacaba él grandes provechos con las artes que digo, y ganaba más en un mes que cien ciegos en un año.

Mas también quiero que sepa vuestra merced que, con todo lo que adquiría y tenía, jamás tan avariento ni mezquino hombre no vi, tanto que me mataba a mí de hambre, y así no me remediaba de lo necesario.[77] Digo verdad: si con mi sotileza[78] y buenas mañas no me supiera remediar, muchas veces me finara de hambre. Mas con todo su saber y aviso, le contaminaba[79] de tal suerte que siempre, o las más veces, me cabía lo más y mejor. Para esto le hacía burlas endiabladas, de las cuales contaré algunas, aunque no todas a mi salvo.[80]

El traía el pan y todas las otras cosas en un fardel de lienzo que por la boca se cerraba con una argolla de hierro y su candado y llave; y al meter de[81] las cosas y sacarlas, era con tanta vigilancia y tan por contadero[82] que no bastara todo el mundo hacerle menos una migaja.[83] Mas yo tomaba aquella laceria que él me daba, la cual en menos de dos bocados era despachada.

Despúes que cerraba el candado y se descuidaba, pensando que yo estaba entendiendo en otras cosas,[84] por un poco de costura que muchas veces del un lado del fardel descosía y tornaba a coser, sangraba el avariento fardel, sacando no por tasa[85] pan, mas buenos pedazos, torreznos y longaniza. Y así buscaba conveniente tiempo para rehacer, no la chaza, sino la endiablada falta que el mal ciego me faltaba.[86]

Todo lo que podía sisar y hurtar traía en medias blancas. Y cuando le mandaban rezar y le daban blancas, como él carecía de vista, no había el que se la daba amagado con ella, cuando yo la tenía lanzada en la boca, y la media aparejada;[87] que por presto que él echaba la mano, ya iba de mi cambio anichilada[88] en la mitad del justo precio. Quejábaseme el mal ciego, porque al tiento[89] luego conocía y sentía que no era blanca entera, y decía:

—¿Qué diablo es esto, que después que conmigo estás no me dan sino medias blancas, y de antes una blanca y un maravedí hartas veces me pagaban? En ti debe estar esta desdicha.

También él abreviaba el rezar, y la mitad de la oración no acababa, porque me tenía mandado que, en yéndose el que la mandaba rezar, le tirase por cabo del capuz.[90] Yo así lo hacía. Luego él tornaba a dar voces, diciendo; «¿Mandan rezar tal y tal oración?», como suelen decir.

Usaba poner cabe[91] sí un jarrillo de vino cuando comíamos. Yo muy de presto le asía y daba un par de besos callados y tornábale a su lugar. Mas turóme poco, que en los tragos conocía la falta y, por reservar su vino a salvo, nunca después desamparaba el jarro, antes lo tenía por el asa asido. Mas no había piedra imán que así trajese a sí como yo con una paja larga de centeno que para aquel menester tenía hecha, la cual, metiéndola en la boca del jarro, chupando el vino lo dejaba a buenas noches.[92] Mas como fuese el traidor tan astuto, pienso que me sintió. Y dende en adelante mudó propósito,[93] y asentaba su jarro entre las piernas, y atapábale[94] con la mano, y así bebía seguro.

Yo, como estaba hecho al vino, moría por él; y viendo que aquel remedio de la paja no me aprovechaba ni valía, acordé en el suelo del jarro hacerle una fuentecilla y agujero sutil, y delicadamente con una muy delgada tortilla de cera taparlo. Y al tiempo de comer, fingiendo haber frío, entrábame entre las piernas del triste ciego a calentarme en la pobrecilla lumbre que teníamos, y al calor della luego derretida la cera, por ser muy poca, comenzaba la fuentecilla a destilarme en la boca, la cual yo de tal manera ponía que maldita la gota se perdía. Cuando el pobreto iba a beber, no hallaba nada.

[58] **adestralle** (guiarle) to guide him.   [59] **Gelves** Djerba, an island off the coast of Tunis. In 1510 the Spaniards were defeated there.   [60] **como estuvimos** after having been.   [61] **a su contento** to his satisfaction.   [62] **¡Válete por ti!** Look after yourself or take care of yourself!   [63] **llega el oído** put your ear near.   [64] **par de** cerca de.   [65] **diablo del toro** damned bull.   [66] **turó** duro.   [67] **disperté** desperté.   [68] **avisar** (estar sobre aviso) be on guard.   [69] **jerigonza** jargon, slang.   [70] **saber** que sepan.   [71] **sabía de coro** he knew by heart.   [72] **un rostro . . . rezaba** a humble and devoted expression that he gracefully put on when he was praying.   [73] **allende** además.   [74] **que para que.**   [75] **decía Galeno** decía que Galeno. He was a well-known Greek physician of the second century A.D.   [76] **cosed tal yerba** boil such grass or herb.   [77] **no me . . . necesario** he didn't supply me with the essential (food).   [78] **sotileza** (sutileza) cunning.   [79] **le contaminaba** I counterattacked him.   [80] **a mi salvo** to my advantage.   [81] **al meter de** al meter.   [82] **contadero** counting them.   [83] **hacerle . . . migaja** to steal a crumb from him.   [84] **entendiendo . . . cosas** busy with other things.   [85] **no por tasa** not sparingly.   [86] **rehacer no la chaza . . . faltaba** to make good not the point in play, but the damned abuse the bad blind man was taking of me. (**Rehacer la chaza** is an expression used in the game of « pelota ». **Chaza** is a return out of bounds; and, also, means in general, *lack* and *fault*. The complicated sentence means, therefore, that Lazarillo tried to remedy his «falta» (lack of food) which by no means was doubtful).   [87] **no había . . . aparejada** the giver had not yet started to hand him the coin, when I already had it (the «blanca») in my mouth and the «media blanca» ready.   [88] **de mi cambio anichilada** (modern Spanish: aniquilada); annihilated by my exchange.   [89] **al tiento** by the touch.   [90] **le tirase . . . capuz** that I pulled the end of his cloak.   [91] **cabe** (junto, cerca).   [92] **lo dejaba . . . noches** I left the pitcher empty.   [93] **dende . . . propósito** from then on, he changed his tactic.   [94] **atapábale** (tapábale) he used to cover it.

Espantábase, maldecíase, daba al diablo el jarro y el vino, no sabiendo qué podía ser.

—No diréis, tío, que os lo bebo yo,—decía—pues no le quitáis de la mano.

Tantas vueltas y tientos dio al jarro que halló la fuente y cayó en la burla. Mas así lo disimuló como si no lo hubiera sentido.

Y luego otro día, teniendo yo rezumando mi jarro como solía, no pensando el daño que me estaba parejado, ni que el mal ciego me sentía,[95] sentéme como solía, estando recibiendo aquellos dulces tragos, mi cara puesta hacia el cielo, un poco cerrados los ojos por mejor gustar el sabroso licor; sintió el desesperado ciego que agora tenía tiempo de tomar de mí venganza y, con toda su fuerza alzando con dos manos aquel dulce y amargo jarro, le dejó caer sobre mi boca, ayudándose, como digo, con todo su poder, de manera que el pobre Lázaro, que de nada desto se guardaba, antes,[96] como otras veces, estaba descuidado y gozoso, verdaderamente me pareció que el cielo, con todo lo que en él hay, me había caído encima.

Fue tal el golpecillo, que me desatinó y sacó de sentido, y el jarrazo[97] tan grande que los pedazos dél se me metieron por las cara, rompiéndomela por muchas partes, y me quebró los dientes, sin los cuales hasta hoy día me quedé.

Desde aquella hora quise mal al mal ciego y, aunque me quería y regalaba y me curaba, bien vi que se había holgado[98] del cruel castigo. Lavóme con vino las roturas que con los pedazos del jarro me había hecho, y sonriéndose decía:

—¿Qué te parece, Lázaro? Lo que te enfermó te sana y da salud.

Y otros donaires que a mi gusto no lo eran.

Ya que estuve medio bueno de mi negra trepa[99] y cardenales, considerando que a pocos golpes tales el cruel ciego ahorraría de mí, quise yo ahorrar dél.[100] Mas no lo hice tan presto por hacello más a mi salvo y provecho.[101] Aunque yo quisiera asentar mi corazón y perdonalle el jarrazo, no daba lugar el mal tratamiento que el mal ciego desde allí adelante me hacía, que sin causa ni razón me hería, dándome coscorrones y repelándome.[102] Y si alguno le decía por qué me trataba tan mal, luego contaba el cuento del jarro, diciendo:

—¿Pensáis que este mi mozo es algún inocente? Pues oíd si el demonio ensayara otra tal hazaña.

Santiguándose los que le oían, decían:

—¡Mirá[103] quién pensara de un mochacho tan pequeño tal ruindad!

Y reían mucho el artificio, y decíanle:

—Castigaldo, castigaldo, que de Dios lo habréis.[104]

Y él con aquello nunca otra cosa hacía.

Y en esto yo siempre le llevaba por los peores caminos, y adrede, por le hacer mal y daño; si había piedras, por ellas; si lodo, por lo más alto.[105] Que, aunque yo no iba por lo más enjuto, holgábame a mí de quebrar un ojo por quebrar dos al que ninguno tenía. Con esto siempre con el cabo alto del tiento me atentaba el colodrillo,[106] el cual siempre traía lleno de tolondrones y pelado de sus manos. Y aunque yo juraba no lo hacer con malicia, sino por no hallar mejor camino, no me aprovechaba, ni me creía: mas tal era el sentido y el grandísimo entendimiento del traidor.

Y porque vea vuestra merced a cuánto se extendía el ingenio deste astuto ciego, contaré un caso de muchos que con él me acaecieron, en el cual me parece dio bien a entender su gran astucia.

Cuando salimos de Salamanca, su motivo fue venir a tierra de Toledo, porque decía ser la genta más rica, aunque no muy limosnera. Arrimábase a este refrán: más da el duro que el desnudo. Y venimos a este camino por los mejores lugares. Donde hallaba buena acogida y ganancia, deteníamonos; donde no, a tercero día hacíamos Sant Juan.[107]

Acaeció que llegando a un lugar que llaman Almorox, al tiempo que cogían las uvas, un vendimiador le dio un racimo dellas en limosna. Y como suelen ir los cestos maltratados,[108] y también porque la uva en aquel tiempo está muy madura, desgranábasele el racimo en la mano. Para echarlo en el fardel tornábase mosto, y lo que a él se llegaba.[109] Acordó de hacer un banquete, así por no lo poder llevar como por contentarme, que aquel día me había dado muchos rodillazos y golpes. Sentámonos en un valladar, y dijo:

—Agora quiero yo usar contigo de una liberalidad, y es que ambos comamos este racimo de uvas y que hayas dél tanta parte como yo. Partillo hemos[110] desta manera: tú picarás una vez, y yo otra, con tal que me prometas no tomar cada vez más de una uva; yo haré lo mismo hasta que lo acabemos, y desta suerte no habrá engaño.

Hecho así el concierto, comenzamos. Mas luego, al segundo lance, el traidor mudó propósito y comenzó a tomar de dos en dos, considerando que yo debría hacer lo mismo. Como vi que él quebraba la postura,[111] no me contenté ir a la par con él, mas aun pasaba adelante, dos a dos, y tres a tres, y como podía las comía. Acabado el racimo, estuvo un poco con el escobajo en la mano, y, meneando la cabeza, dijo:

—Lázaro, engañado me has. Juraré yo a Dios que has tú comido las uvas tres a tres.

—No comí—dije yo;—mas ¿por qué sospecháis eso? Respondió el sagacísimo ciego:

—¿Sabes en qué veo que las comiste tres a tres? En que comía yo dos a dos, y callabas.

Reíme entre mí y, aunque mochacho, noté mucho la discreta consideración del ciego.

Mas por no ser prolijo, dejo de contar muchas cosas, así graciosas como de notar,[112] que con este mi primer amo me acaecieron, y quiero decir el despidiente[113] y con él acabar.

Estábamos en Escalona, villa del duque della, en mesón, y diome un pedazo de longaniza que le asase. Ya que la longaniza había pringado y comídose las pringadas,[114] sacó un maravedí de la bolsa y mandó que fuese por él de vino a la taberna. Púsome el demonio el aparejo[115] delante los ojos, el cual, como suelen decir, hace al ladrón, y fue que había cabe el fuego un nabo pequeño, larguillo y ruinoso, y tal que por no ser para la olla debió ser echado allí. Y como al presente nadie estuviese sino él y yo solos, como me vi con apetito goloso, habiéndome puesto dentro el sabroso olor de la longaniza, del cual solamente sabía que había de gozar, no mirando qué me podría suceder, pospuesto todo el temor por cumplir con el deseo, en tanto que el ciego sacaba de la bolsa el dinero, saqué la longaniza, y muy presto metí el sobredicho nabo en el asador; el cual mi amo, dándome el dinero para el vino, tomó, y comenzó a dar vueltas al fuego, queriendo asar el que de ser cocido por sus deméritos había escapado.[116]

Yo fui por el vino, con el cual no tardé en despachar la longaniza. Y cuando vine, hallé el pecador del ciego que tenía entre dos rebanadas apretado el nabo, al cual aún no había conocido por no haber tentado con la mano. Como tomase las rebanadas y mordiese en ellas, pensando también llevar parte de la longaniza, hallóse en frío con el frío nabo.[117] Alteróse y dijo:

—¿Qué es esto, Lazarillo?

—¡Lacerado de mí![118]—dije yo—¿Si queréis a mí echar algo?[119] ¿Yo no vengo de traer el vino? Alguno estaba ahí, y por burlar haría esto.

—No, no—dijo él—, que yo no he dejado el asador de la mano; no es posible.

Yo torné a jurar y perjurar que estaba libre de aquel trueco y cambio, mas poco me aprovechó; pues a las astucias del maldito ciego nada se le ascondía.[120] Levantóse y asióme por la cabeza y llegóse a olerme. Y como debió sentir el huelgo,[121] a uso de buen podenco,

[95] **no pensando . . . sentía** not thinking of the misfortune that was awaiting me, or that the blind man was minding me in the least. [96] **de nada . . . antes** unaware of this, on the contrary. [97] **me . . . jarrazo** stupefied me and knocked me unconscious, and such was the smash, . . . [98] **se . . . holgado** he had enjoyed. [99] **negra trepa** nasty wounds. [100] **ahorraría . . . dél** he would have to do without my services, I decided to do without him. [101] **tan presto . . . provecho** but not in a hurry, for it would suit me better. [102] **repelándome** pulling out my hair. [103] **mirá** mirad. [104] **Castigaldo . . . habréis** (castigadlo) Punish him, punish him and the Lord will reward you. [105] **por lo más alto** through the deepest part. [106] **con esto . . . colodrillo** this made him poke me in the back of my head with his stick. [107] **donde no . . . Sant Juan** otherwise we shifted in three days. [108] **como suelen . . . maltratados** because the baskets are roughly handled. [109] **lo que a él se llegaba** whatever came in contact with it (the bunch of grapes). [110] **Partillo hemos** (lo partiremos) We will divide it. [111] **quebraba la postura** he was breaking the agreement. [112] **así graciosas . . . notar** both funny and notable. [113] **decir el despidiente** to tell the event leading to my taking leave of him. [114] **Ya que . . . pringadas** After the sausage had dripped its fat and he had eaten some chunks of bread dipped in it. [115] **aparejo** opportunity. [116] **el que . . . escapado** whose (the turnip's) demerits have saved it from being boiled. [117] **hallóse . . . nabo** unexpectedly he came upon the cold turnip. [118] **¡Lacerado de mí!** Oh, poor me! [119] **a mí echar algo** (achacarme algo) to blame me for something. [120] **ascondía** escondía. [121] **huelgo . . . podenco** breath, like a good blood hound.

por mejor satisfacerse de la verdad, y con la gran agonía[122] que llevaba, asiéndome con las manos, abrióme la boca más de su derecho[123] y, desatentadamente, metía la nariz, la cual él tenía luenga y afilada; y aquella sazón con el enojo se había augmentado un palmo, con el pico de la cual me llegó a la gulilla.[124]

Con esto y con el gran miedo que tenía, y con la brevedad del tiempo, la negra longaniza aún no había hecho asiento en el estómago, y, lo más principal, con el destiento[125] de la cumplidísima nariz, medio casi ahogándome, todas estas cosas se juntaron y fueron causa que el hecho y golosina se manifestase y lo suyo fuese vuelto a su dueño. De manera que antes que el mal ciego sacase de mi boca su trompa, tal alteración sintió mi estómago que le dio con el hurto en ella, de suerte que su nariz y la negra, mal mascada longaniza a un tiempo salieron de mi boca.

¡Oh gran Dios! ¡quién estuviera aquella hora sepultado!, que muerto ya lo estaba. Fue tal el coraje del perverso ciego que si al ruido no acudieran, pienso no me dejara con la vida. Sacáronme dentre sus manos, dejándoselas llenas de aquellos pocos cabellos que tenía, arañada la cara y rascuñado el pescuezo y la garganta. Y esto bien lo merecía,[126] pues por su maldad me venían tantas persecuciones.

Contaba el mal ciego a todos cuantos allí se allegaban mis desastres, y dábales cuenta una y otra vez, así de la del jarro como de la del racimo, y agora de lo presente. Era la risa de todos tan grande que toda la gente que por la calle pasaba, entraba a ver la fiesta. Mas con tanta gracia y donaire contaba el ciego mis hazañas que, aunque yo estaba tan maltratado y llorando, me parecía que hacía sinjusticia[127] en no se las reir.

Y en cuanto esto pasaba, a la memoria me vino una cobardía y flojedad que hice, por que[128] me maldecía. Y fue no dejalle sin narices, pues tan buen tiempo tuve para ello que la mitad del camino estaba andado; que con sólo apretar los dientes se me quedaran en casa, y, con ser[129] de aquel malvado, por ventura lo retuviera mejor mi estómago que retuvo la longaniza y, no pareciendo ellas, pudiera negar la demanda.[130] Pluguiera a Dios que lo hubiera hecho, que eso fuera así que así.[131]

Hiciéronnos amigos la mesonera y los que allí estaban y, con el vino que para beber le había traído,

laváronme la cara y la garganta. Sobre lo cual discantaba el mal ciego donaires, diciendo:

—Por verdad, más vino me gasta este mozo en lavatorios al cabo del año que yo bebo en dos. A lo menos Lazaro, eres en más cargo[132] al vino que a tu padre, porque él una vez te engendró, mas el vino mil te ha dado la vida.

Y luego contaba cuántas veces me habia descalabrado y arpado la cara,[133] y con vino luego sanaba.

—Yo te digo—dijo—que si hombre en el mundo ha de ser bienaventurado con vino, que serás tú.

Y reían mucho los que me lavaban con esto, aunque yo renegaba.

Mas el pronóstico del ciego no salió mentiroso, y después acá muchas veces me acuerdo de aquel hombre, que sin duda debía tener espíritu de profecía, y me pesa de los sinsabores que le hice; aunque bien se lo pagué, considerando lo que aquel día me dijo salirme tan verdadero[134] como adelante vuestra merced oirá.

Visto esto y las malas burlas que el ciego burlaba de mí, determiné de todo en todo dejalle; y como lo traía pensado y lo tenía en voluntad, con este postrer juego que me hizo, afirmélo más.

Y fue así, que luego otro día salimos por la villa a pedir limosna, y había llovido mucho la noche antes. Y porque el día también llovía, y andaba rezando debajo de unos portales que en aquel pueblo había, donde no nos mojamos, mas como la noche se venía y el llover no cesaba, díjome el ciego:

—Lázaro, esta agua es muy porfiada, y cuanto la noche más cierra, más recia. Acojámonos a la posada con tiempo.

Para ir allá habíamos de pasar un arroyo que, con la mucha agua, iba grande. Yo le dije:

—Tío, el arroyo va muy ancho; mas si queréis, yo veo por donde travesemos mas aína[135] sin nos mojar, porque se estrecha allí mucho, y saltando pasaremos a pie enjuto.

Parecióle buen consejo, y dijo:

—Discreto eres, por esto te quiero bien. Llévame a ese lugar donde el arroyo se ensangosta,[136] que agora es invierno y sabe mal el agua, y más llevar los pies mojados.

Yo que vi el aparejo a mi deseo, saquéle debajo los portales y llevélo derecho de un pilar o poste de piedra que en la plaza estaba, sobre el cual, y sobre otros, cargaban saledizos de aquellas casas,[137] y díjele:

—Tío, este es el paso más angosto que en el arroyo hay.

Como llovía recio y el triste se mojaba, y con la priesa que llevábamos de salir del agua que encima nos caía, y lo más principal, porque Dios le cegó aquella hora el entendimiento (fue por darme dél venganza), creyóse de mí y dijo:

—Ponme bien derecho, y salta tú el arroyo.

Yo le puse bien derecho en frente del pilar, y doy un salto y póngome detrás del poste, como quien espera tope de toro, y díjele:

—¡Sus! saltá todo lo que podáis, porque deis deste cabo del agua.

Aun apenas lo había acabado de decir, cuando se abalanza el pobre ciego como cabrón y de toda su fuerza arremete, tomando un paso atrás de la corrida para hacer mayor salto, y da con la cabeza en el poste, que sonó tan recio como si diera con una gran calabaza, y cayó luego para atrás, medio muerto y hendida la cabeza.

—¡Cómo! ¿y olistes la longaniza y no el poste? ¡Olé![138] le dije yo.

Y déjole en poder de mucha gente que lo había ido a socorrer: y tomo la puerta de la villa en los pies de un trote[139] y, antes que la noche viniese, di conmigo en Torrijos. No supe más lo que Dios dél hizo, ni curé de lo saber.

Tratado segundo

Cómo Lázaro se asentó con un clérigo, y de las cosas que con él pasó

Otro día,[140] no pareciéndome estar allí seguro, fuime a un lugar que llaman Maqueda, adonde me toparon mis pecados con un clérigo que, llegando[141] a pedir limosna, me preguntó si sabía ayudar a misa. Yo dije que sí, como era verdad, que aunque maltratado, mil cosas buenas me mostró el pecador del ciego, y una dellas fue ésta. Finalmente el clérigo me recibió por suyo.[142]

Escapé del trueno y di en el relámpago, porque era el ciego para con éste un Alejandro Magno, con ser la misma avaricia, como he contado. No digo más, sino que toda la laceria del mundo estaba encerrada en éste. No sé si de su cosecha era, o lo había anejado con el hábito de clerecía.[143]

El tenía un arcaz viejo y cerrado con su llave, la cual traía atada con un agujeta del paletoque.[144] Y en viniendo el bodigo[145] de la iglesia, por su mano era luego allí lanzado, y tornada a cerrar el arca. Y en toda la casa no había ninguna cosa de comer, como suele estar en otras algún tocino colgado al humero,[146] algún queso puesto en alguna tabla, o en el armario, algún canastillo con algunos pedazos de pan que de la mesa sobran; que me parece a mí que, aunque dello no me aprovechara, con la vista dello me consolara.

Solamente había una horca de cebollas,[147] y tras la llave, en una cámara en lo alto de la casa. Destas tenía yo de ración una para cada cuatro días. Y cuando le pedía la llave para ir por ella, si alguno estaba presente, echaba mano al falsopeto[148] y, con gran continencia, la desataba y me la daba, diciendo:

[122] **agonía** anxiety.   [123] **más de su derecho** more than he had the right to do.   [124] **gulilla** gullet (inner throat).   [125] **lo más principal . . . destiento** above all, with the tickling.   [126] **Y esto . . . merecía** y (mi garganta) bien merecía esto.   [127] **sin justicia** injusticia.   [128] **por que** (por lo que) for which.   [129] **con ser** aunque eran.   [130] **no pareciendo . . . demanda** and they (the «narices») not being on sight, I could deny the claim.   [131] **fuera . . . así** it wouldn't have been a bad idea.   [132] **en más cargo** you owe more.   [133] **me había . . . la cara** he had wounded and scratched my face.   [134] **salirme tan verdadero** turned out so very true.   [135] **más aína** más fácilmente o más de prisa.   [136] **se ensangosta** narrows down.   [137] **cargaban . . . casas** the projections of several houses were supported.   [138] **¡Olé!** ¡Oled!   [139] **en los pies de un trote** a fast as I could.   [140] **otro día** al día siguiente.   [141] **llegando** llegando yo.   [142] **por suyo** por criado suyo.   [143] **No sé . . . clerecía** I don't know whether it was his nature or whether he had acquired it with his ecclesiastical habit.   [144] **atada . . . paletoque** tied with a string to his coat.   [145] **bodigo** bread offering.   [146] **tocino . . . humero** bacon hanging up to smoke.   [147] **horca de cebollas** string of onions.   [148] **falsopeto** chest pocket.

—Toma, y vuélvela luego, y no hagáis sino golosinar.[149]

Como si debajo della estuvieran todas las conservas de Valencia, con no haber en la dicha cámara, como dije, maldita la otra cosa que las cebollas colgadas de un clavo; las cuales él tenía tan bien por cuenta[150] que, si por malos de mis pecados me desmandara a más de mi tasa, me costara caro. Finalmente, yo me finaba de hambre.

Pues ya que conmigo tenía poca caridad, consigo usaba más. Cinco blancas de carne era su ordinario para comer y cenar.[151] Verdad es que partía conmigo del caldo; que de la carne, ¡tan blanco el ojo!,[152] sino un poco de pan, y ¡pluguiera a Dios que me demediara!

Los sábados cómense en esta tierra cabezas de carnero, y enviábame por una que costaba tres maravedís. Aquella le cocía y comía los ojos y la lengua y el cogote y sesos, y la carne que en las quijadas tenía, y dábame todos los huesos roídos; y dábamelos en el plato, diciendo:

—Toma, come, triunfa, que para ti es el mundo. Mejor vida tienes que el papa.

«Tal te la dé Dios», decía yo paso[153] entre mí.

A cabo de tres semanas que estuve con él, vine a tanta flaqueza que no me podía tener en las piernas de pura hambre. Vime claramente ir a la sepultura, si Dios y mi saber no me remediaran. Para usar de mis mañas no tenía aparejo, por no tener en que dalle salto.[154] Y aunque algo hubiera, no pudiera cegalle, como hacía al que Dios perdone, si de aquella calabazada feneció. Que todavía, aunque astuto, con faltalle aquel preciado sentido, no me sentía. Mas estotro, ninguno hay que tan aguda vista tuviese como él tenía.

Cuando al ofertorio[155] estábamos, ninguna blanca en la concha caía que no era dél registrada. El un ojo tenía en la gente y el otro en mis manos. Bailábanle los ojos en el casco como si fueran de azogue. Cuantas blancas ofrecían, tenía por cuenta. Y acabado el ofrecer, luego me quitaba la concheta y la ponía sobre el altar.

No era yo señor de asirle una blanca todo el tiempo que con él viví o, por mejor decir, morí. De la taberna nunca le traje una blanca de vino. Mas aquel poco que de la ofrenda había metido en su arcaz, compasaba[156] de tal forma que le duraba toda la semana. Y por ocultar su gran mezquindad, decíame:

—Mira, mozo, los sacerdotes, han de ser muy templados en su comer y beber, y por esto yo no me desmando como otros.

Mas el lacerado mentía falsamente, porque en confradías y mortuorios[157] que rezamos, a costa ajena comía como lobo y bebía más que un saludador.[158]

Y porque dije mortuorios, Dios me perdone que jamás fui enemigo de la naturaleza humana sino entonces; y esto era porque comíamos bien y me hartaban. Deseaba y aun rogaba a Dios que cada día matase el suyo.[159] Y cuando dábamos sacramento a los enfermos, especialmente la extrema unción, como manda el clérigo rezar a los que están allí, yo cierto no era el postrero de la oración, y con todo mi corazón y buena voluntad rogaba al Señor, no que le echase a la parte que más servido fuese, como se suele decir, mas que le llevase deste mundo.

Y cuando alguno destos escapaba, ¡Dios me lo perdone!, que mil veces le daba al diablo. Y el que se moría, otras tantas bendiciones llevaba de mí dichas. Porque en todo el tiempo que allí estuve, que serían cuasi[160] seis meses, solas veinte personas fallecieron, y éstas bien creo que las maté yo o, por mejor decir, murieron a mi recuesta; porque viendo el Señor mi rabiosa y continua muerte, pienso que holgaba de matarlos por darme a mí vida. Mas de lo que al presente padecía, remedio no hallaba. Que si el día que enterrábamos, yo vivía, los días que no había muerto, por quedar bien vezado de la hartura,[161] tornando a mi cuotidiana hambre, más lo sentía. De manera que en nada hallaba descanso, salvo en la muerte, que yo también para mí, como para los otros, deseaba algunas veces. Mas no la vía, aunque estaba siempre en mí.

Pensé muchas veces irme de aquel mezquino amo; mas por dos cosas lo dejaba. La primera, por no me atrever a mis piernas, por temer de la flaqueza que de pura hambre me venía. Y la otra, consideraba y decía: «Yo he tenido dos amos: el primero traíame muerto de hambre, y dejándole topé con estotro que me tiene ya con ella en la sepultura. Pues si deste desisto y doy en otro más bajo, ¿qué será sino fenecer?» Con esto no me osaba menear; porque tenía por fe[162] que todos los grados había de hallar más ruines. Y a abajar[163] otro punto, no sonara Lázaro ni se oyera en el mundo.

Pues estando en tal aflicción, cual plega al Señor

librar della a todo fiel cristiano, y sin saber darme consejo, viéndome ir de mal en peor, un día quel[164] cuitado, ruin y lacerado de mi amo había ido fuera del lugar, llegóse acaso a mi puerta un calderero, el cual yo creo que fue ángel enviado a mí por la mano de Dios en aquel hábito. Preguntóme si tenía algo que adobar. «En mí teníades bien que hacer, y no haríades poco si me remediásedes », dije paso, que no me oyó. Mas como no era tiempo de gastarlo en decir gracias, alumbrado por el Espíritu Santo, le dije:

—Tío, una llave deste [arte] he perdido, y temo mi señor me azote. Por vuestra vida, veáis si en esas que traéis hay alguna que le haga,[165] que yo os lo pagaré.

Comenzó a probar el angélico calderero una y otra de un gran sartal que dellas traía, y yo ayudalle[166] con mis flacas oraciones. Cuando no me cato,[167] veo en figura de panes, como dicen, la cara de Dios dentro del arcaz. Y abierto, díjele:

—Yo no tengo dineros que os dar por la llave, mas tomad de ahí el pago.

El tomó un bodigo de aquellos, el que mejor le pareció, y dándome mi llave se fue muy contento, dejándome más a mí.

Mas no toqué en nada por el presente, porque no fuese la falta sentida,[168] y aun porque me vi de tanto bien señor, parecióme que la hambre no se me osaba llegar. Vino el mísero de mi amo, y quiso Dios no miró en la oblada[169] que el ángel había llevado.

Y otro día, en saliendo de casa, abro mi paraíso panal, y tomo entre las manos y dientes un bodigo, y en dos credos le hice invisible, no se me olvidando el arca abierta. Y comienzo a barrer la casa con mucha alegría, pareciéndome con aquel remedio remediar dende en adelante la triste vida. Y así estuve con ello aquel día, y otro, gozoso. Mas no estaba en mi dicha que me durase mucho aquel descanso, porque luego al tercero día me vino la terciana derecha.[170]

Y fue que veo a deshora al que me mataba de hambre sobre nuestro arcaz, volviendo y revolviendo, contando y tornando a contar los panes. Yo disimulaba, y en mi secreta oración y devociones y plegarias, decía: «¡Sant Juan, y ciégale! » Después que estuvo un gran rato echando la cuenta, por días y dedos contando, dijo:

—Si no tuviera a tan buen recaudo esta arca, yo dijera

que me habían tomado della panes. Pero de hoy más, sólo por cerrar puerta a la sospecha, quiero tener buena cuenta con ellos. Nueve quedan y un pedazo.

«Nuevas malas te dé Dios », dije yo entre mí.

Parecióme con lo que dijo pasarme el corazón con saeta de montero,[171] y comenzóme el estómago a escarbar de hambre, viéndose puesto en la dieta pasada.

La vida de Lazarillo de Tormes y de sus fortunas: y adversidades. Buenamente impressa, corregida, y de nuevo añadida en esta segunda impressión.

Portada de *La vida de Lazarillo de Tormes y de sus fortunas y adversidades.* Edición Alcalá de Henares, 1554.

[149] **no hagáis sino golosinar** don't make a pig of yourself. [150] **por cuenta** contados. [151] **cinco . . . cenar** he spent five «blancas» for his daily fare of meat. [152] **¡tan blanco el ojo!** as blank (as empty) as my eye! [153] **paso** quietly. [154] **Para usar . . . salto** I had no occasion to exercise my cunning (my arts), for there was nothing on which I could try them out. [155] **ofertorio** moment in the Catholic Mass when the faithful offer their alms. [156] **compasaba** rationed. [157] **confradías y mortuorios** religious gatherings followed by a meal. [158] **saludador** healer or quack. [159] **rogaba el suyo** I asked God that each day He take His (daily toll). [160] **cuasi** casi. [161] **bien vezado de la hartura** well accustomed to the fillings. [162] **tenía por fe** I was sure. [163] **y a abajar** y si bajara. [164] **quel** que el. [165] **que le haga** that fits. [166] **yo ayudalle** yo comencé a ayudarle. [167] **Cuando . . . cato** When I least expected it. [168] **no fuese . . . sentida** the missing loaf would not be missed. [169] **oblada** offering. [170] **me vino la terciana derecha** a tertian fever came right over me. [171] **saeta de montero** huntsman's arrow.

Fue fuera de casa. Yo, por consolarme, abro el arca y como vi el pan, comencélo de adorar, no osando recebillo.[172] Contélos, si a dicha[173] el lacerado se errara, y hallé su cuenta más verdadera que yo quisiera. Lo más que yo pude hacer fue dar en ellos mil besos; y, lo más delicado que yo pude, del partido partí un poco al pelo que él estaba,[174] y con aquél pasé aquel día, no tan alegre como el pasado.

Mas como la hambre creciese, mayormente que tenía el estómago hecho a más pan aquellos dos a tres días ya dichos, moría mala muerte; tanto que otra cosa no hacía, en viéndome solo, sino abrir y cerrar el arca y contemplar en aquella cara de Dios, que así dicen los niños. Mas el mismo Dios, que socorre a los afligidos, viéndome en tal estrecho, trujo[175] a mi memoria un pequeño remedio; que, considerando entre mí, dije: «Este arquetón es viejo y grande y roto por algunas partes, aunque[176] pequeños agujeros. Puédese pensar que ratones entrando en él hacen daño a este pan. Sacarlo entero no es cosa conveniente, porque verá la falta el que en tanta me hace vivir.[177] Esto bien se sufre ».

Y comienzo a desmigajar el pan sobre unos no muy costosos manteles que allí estaban, y tomo uno, y dejo otro, de manera que en cada cual de tres o cuatro desmigajé su poco. Después, como quien toma gragea, lo comí, y algo me consolé. Mas él, como viniese a comer y abriese el arca, vio el mal pesar, y sin duda creyó ser ratones los que el daño habían hecho, porque estaba muy al propio[178] contrahecho de como ellos lo suelen hacer. Miró todo el arcaz de un cabo a otro, y víole ciertos agujeros por do sospechaba habían entrado. Llamóme, diciendo:

—¡Lázaro! ¡mira! ¡mira qué persecución ha venido aquesta noche por nuestro pan!

Yo híceme muy maravillado, preguntándole qué sería.

—¡Qué ha de ser! —dijo él.—Ratones, que no dejan cosa a vida.

Pusímonos a comer, y quiso Dios que aun en esto me fue bien; que me cupo más pan que la laceria que me solía dar, porque rayó con un cuchillo todo lo que pensó ser ratonado, diciendo:

—Cómete esso, que el ratón cosa limpia es.

Y así aquel día, añadiendo la ración del trabajo de mis manos, o de mis uñas, por mejor decir, acabamos de comer aunque yo nunca empezaba.

Y luego me vino otro sobresalto, que fue verle andar solícito, quitando clavos de paredes y buscando tablillas, con las cuales clavó y cerró todos los agujeros de la vieja arca.

«¡Oh Señor mío!—dije yo entonces—¡A cuánta miseria y fortuna y desastres estamos puestos los nascidos, y cuán poco duran los placeres desta nuestra trabajosa vida! Heme aquí que pensaba con este pobre y triste remedio remediar y pasar mi laceria, y estaba ya cuanto que alegre[179] y de buena ventura. Mas no quiso mi desdicha, despertando a este lacerado de mi amo, y poniéndole más diligencia de la que él de suyo se tenía (pues los míseros por la mayor parte nunca de aquella carecen), agora cerrando los agujeros del arca, cerrase la puerta a mi consuelo y la abriese a mis trabajos ».

Así lamentaba yo, en tanto que mi solícito carpintero con muchos clavos y tablillas dio fin a sus obras, diciendo;

—Agora, donos[180] traidores ratones, conviéneos mudar propósito, que en esta casa mala medra tenéis.

De que salió de su casa, voy a ver la obra y hallé que no dejó en la triste y vieja arca agujero, ni aun por donde le pudiese entrar un mosquito. Abro con mi desaprovechada llave, sin esperanza de sacar provecho, y vi los dos o tres panes comenzados, los que mi amo creyó ser ratonados, y dellos todavía saqué alguna laceria, tocándolos muy ligeramente, a uso de esgremidor diestro.[181]

Como la necesidad sea tan gran maestra, viéndome con tanta siempre, noche y día estaba pensando la manera que ternía[182] en sustentar el vivir. Y pienso, para hallar estos negros remedios, que me era luz la hambre, pues dicen que el ingenio con ella se avisa, y al contrario con la hartura, y así era por cierto en mí.

Pues estando una noche desvelado en este pensamiento, pensando cómo me podría valer y aprovecharme del arcaz, sintí[183] que mi amo dormía, porque lo mostraba con roncar y en unos resoplidos grandes que daba cuando estaba durmiendo. Levantéme muy quedito y, habiendo en el día pensado lo que había de hacer, y dejado un cuchillo viejo, que por allí andaba, en parte do le hallase, voyme al triste arcaz y, por do había mirado tener menos defensa, le acometí con el cuchillo, que a manera de barreno dél usé. Y como la antiquísima arca, por ser de tantos años, la hallase sin fuerza y corazón, antes muy blanda y carcomida, luego se me rindió y consintió en su costado, por mi remedio, un buen agujero. Esto hecho, abro muy paso la llagada arca y, al tiento del pan que hallé partido hice según de yuso[184] está escripto. Y con aquello algún tanto consolado, tornando a cerrar, me volví a mis pajas, en las cuales reposé y dormí un poco.

Lo cual yo hacía mal, y echábalo al no comer.[185] Y así sería, porque cierto en aquel tiempo no me debían de quitar el sueño los cuidados del rey de Francia.

Otro día fue por el señor mi amo visto el daño, así del pan como del agujero que yo había hecho, y comenzó a dar al diablo los ratones y decir:

—¿Qué diremos a esto? ¡Nunca haber sentido ratones en esta casa sino agora!

Y sin duda debía de decir verdad; porque si casa había de haber en el reino justamente dellos previlegiada,[186] aquélla de razón había de ser, porque no suelen morar donde no hay que comer. Torna a buscar clavos por la casa y por las paredes, y tablillas a atapárselos.[187] Venida la noche y su reposo, luego yo era puesto en pie con mi aparejo, y cuantos él tapaba de día, destapaba yo de noche.

En tal manera fue y tal priesa nos dimos que sin duda por esto se debió decir: donde una puerta se cierra, otra se abre. Finalmente, parecíamos tener a destajo la tela de Penélope,[188] pues cuanto él tejía de día, rompía yo de noche. Y en pocos días y noches pusimos la pobre dispensa de tal forma que quien quisiera propriamente della hablar, más corazas viejas de otro tiempo que no arcaz la llamara, según la clavazón y tachuelas sobre sí tenía.

De que vio[189] no le aprovechar nada su remedio, dijo:

—Este arcaz está tan maltratado, y es de madera tan vieja y flaca, que no habrá ratón a quien se defienda. Y va ya tal que si andamos más con él, nos dejará sin guarda. Y aun lo peor que, aunque hace poca,[190] todavía hará falta faltando, y me pondrá en costa de tres o cuatro reales. El mejor remedio que hallo, pues el de hasta aquí[191] no aprovecha, armaré por de dentro a estos ratones malditos.

Luego buscó prestada una ratonera y, con cortezas de

queso que a los vecinos pedía, contino[192] el gato estaba armado dentro del arca. Lo cual era para mí singular auxilio; porque, puesto caso que yo no había menester muchas salsas para comer, todavía me holgaba con las cortezas del queso que de la ratonera sacaba, y sin esto no perdonaba el ratonar del bodigo.

Como hallase el pan ratonado y el queso comido, y no cayese el ratón que lo comía, dábase al diablo, preguntaba a los vecinos ¿qué podría ser, comer el queso y sacarlo de la ratonera y no caer ni quedar dentro el ratón, y hallar caída la trampilla del gato?[193]

Acordaron[194] los vecinos no ser el ratón el que este daño hacía, porque no fuera menos de haber caído alguna vez. Díjole un vecino:

—En vuestra casa yo me acuerdo que solía andar una culebra, y ésta debe de ser sin duda. Y lleva razón que, como es larga, tiene lugar de tomar el cebo y, aunque la coja la trampilla encima, como no entre toda dentro, tórnase a salir.

Cuadró a todos lo que aquél dijo, y alteró mucho a mi amo, y dende en adelante no dormía tan a sueño suelto. Que cualquier gusano de la madera que de noche sonase, pensaba ser la culebra que le roía el arca; luego era puesto en pie y, con un garrote que a la

---

[172] **adorar . . . recibillo** reference to the Catholic communion practice.   [173] **a dicha** to my luck.   [174] **del partido . . . estaba** from the cut portion I sliced a bit in the direction it was cut before.   [175] **trujo** trajo.   [176] **aunque** aunque son.   [177] **verá . . . vivir** (verá la falta el que en tanta (falta) me hace vivir); he will notice the missing bread, he who keeps me in the lack of it.   [178] **muy al proprio** well imitated.   [179] **cuanto que alegre** somewhat happy.   [180] **donos** señores.   [181] **esgrimidor diestro** skillful fencer.   [182] **ternía** tendría.   [183] **sintí** sentí.   [184] **de yuso** earlier.   [185] **echábalo al no comer** I put the blame on my not eating.   [186] **dellos previlegiada** (libre de ellos) free of them (the mice).   [187] **a atapárselos** para tapárselos.   [188] Penelope, wife of Ulises, and her trick of weaving and unweaving a piece of fabric to keep away her suitors.   [189] **De que vio** cuando vio.   [190] **poca** (guarda) little (help).   [191] **el de hasta aquí** the remedy used until now.   [192] **contino** continuamente.   [193] **trampilla del gato** mousetrap.   [194] **acordaron** they agreed.

cabecera, desde que aquello le dijeron, ponía, daba en la pecadora del arca grandes garrotazos, pensando espantar la culebra. A los vecinos despertaba con el estruendo que hacía, y a mí no dejaba dormir. Íbase a mis pajas y trastornábalas y a mí con ellas, pensando que se iba para mí y se envolvía en mis pajas o en mi sayo. Porque le decían que de noche acaescía a estos animales, buscando calor, irse a las cunas donde están criaturas, y aún mordellas y hacerles peligrar.

Yo las más veces hacía del dormido, y en la mañana decíame él:

—Esta noche, mozo, ¿no sentiste nada? Pues tras la culebra anduve, y aun pienso se ha de ir para ti a la cama, que son muy frías y buscan calor.

—Plega a Dios que no me muerda—decía yo—, que harto miedo le tengo.

Desta manera andaba tan elevado y levantado[195] del sueño que, mi fe, la culebra, o el culebro, por mejor decir, no osaba roer de noche, ni levantarse al arca. Mas de día, mientras estaba en la iglesia o por el lugar, hacía mis saltos. Los cuales daños viendo él, y el poco remedio que les podía poner, andaba de noche, como digo, hecho trasgo.[196]

Yo hube miedo que con aquellas diligencias no me topase con la llave que debajo de las pajas tenía, y parecióme lo más seguro metella de noche en la boca. Porque ya desde que viví con el ciego, la tenía tan hecha bolsa que me acaesció tener en ella doce o quince maravedís, todo en medias blancas, sin que me estorbase el comer; porque de otra manera no era señor de una blanca que el maldito ciego no cayese con ella,[197] no dejando costura ni remiendo que no me buscaba muy a menudo.

Pues así como digo, metía cada noche la llave en la boca y dormía sin recelo que el brujo de mi amo cayese con ella. Mas cuando la desdicha ha de venir, por demás es diligencia. Quisieron mis hados, o, por mejor decir, mis pecados, que una noche que estaba durmiendo, la llave se me puso en la boca, que abierta debía tener, de tal manera y postura que el aire y resoplo, que yo durmiendo echaba, salía por lo hueco de la llave, que de cañuto[198] era, y silbaba, según mi desastre quiso, muy recio, de tal manera que el sobresaltado de mi amo lo oyó y creyó sin duda ser el silbo de la culebra, y cierto lo debía parecer.

Levántose muy paso con su garrote en la mano, y al tiento y sonido de la culebra se llegó a mí con mucha quietud, por no ser sentido de la culebra. Y como cerca se vio, pensó que allí en las pajas, do yo estaba echado, al calor mío se había venido. Levantando bien el palo, pensando tenerla debajo, y darle tal garrotazo que la matase, con toda su fuerza me descarga en la cabeza tan gran golpe que sin ningún sentido y muy mal descalabrado me dejó.

Como sintió que me había dado, según yo debía hacer gran sentimiento con el fiero golpe, contaba él que se había llegado a mí y, dándome grandes voces, llamándome, procuró recordarme.[199] Mas, como me tocase con las manos, tentó la mucha sangre que se me iba y conoció el daño que me había hecho. Y con mucha priesa fue a buscar lumbre. Y llegando con ella, hallóme quejando, todavía con mi llave en la boca, que nunca la desamparé, la mitad fuera, bien de aquella manera que debía estar al tiempo que silbaba con ella.

Espantado el matador de culebras qué podría ser aquella llave, miróla, sacándomela del todo de la boca, y vio lo que era, porque en las guardas nada de la suya diferenciaba. Fue luego a proballa, y con ella probó el maleficio.

Debió de decir el cruel cazador: "el ratón y culebra que me daban guerra y me comían mi hacienda, he hallado."

De lo que sucedió en aquellos tres días siguientes ninguna fe daré, porque los tuve[200] en el vientre de la ballena, mas de cómo esto que he contado oí, después que en mí torné, decir a mi amo, el cual a cuantos allí venían lo contaba por extenso.

A cabo de tres días, yo torné en mi sentido y vime echado en mis pajas, la cabeza toda emplastada y llena de aceites y ungüentos, y espantado dije:

—¿Qué es esto?

Respondióme el cruel sacerdote:

—A fe que los ratones y culebras que me destruían, ya los he cazado.

Y miré por mí, y vime tan maltratado que luego sospeché mi mal.

A esta hora entró una vieja que ensalmaba,[201] y los vecinos. Y comiénzanme quitar trapos de la cabeza y curar el garrotazo. Y como me hallaron vuelto en mi sentido, holgáronse mucho y dijeron:

—Pues ha tornado en su acuerdo, placerá a Dios no será nada.

Ahí tornaron de nuevo a contar mis cuitas, y a reirlas, y yo pecador a llorarlas. Con todo esto, diéronme de comer, que estaba transido de hambre, y apenas me pudieron demediar. Y así, de poco en poco, a los quince días me levanté y estuve sin peligro, mas no sin hambre, y medio sano.

Luego otro día que fui levantado, el señor mi amo me tomó por la mano y sacóme la puerta fuera y, puesto en la calle, díjome:

—Lázaro, de hoy más eres tuyo y no mío. Busca amo y vete con Dios; que yo no quiero en mi compañía tan diligente servidor. No es posible sino que hayas sido mozo de ciego.

Y santiguándose de mí,[202] como si yo estuviera endemoniado, se torna a meter en casa y cierra su puerta.

Tratado tercero

Cómo Lázaro se asentó[203] con un escudero, y de lo que le acaesció con él

Desta manera me fue forzado sacar fuerzas de flaqueza, y poco a poco, con ayuda de las buenas gentes, di comigo en esta insigne ciudad de Toledo, adonde con la merced de Dios dende a quince días[204] se me cerró la herida. Y mientras estaba malo, siempre me daban alguna limosna. Mas después que estuve sano, todos me decían:

—Tú bellaco y gallofero[205] eres. Busca, busca un amo a quien sirvas.

«¿Y adónde se hallará ése?»—decía yo entre mí—, «si Dios agora de nuevo, como crió el mundo, no le criase.»

Andando así discurriendo[206] de puerta en puerta, con harto poco remedio, porque ya la caridad se subió al cielo, topóme Dios con un escudero que iba por la calle, con razonable vestido, bien peinado, su paso y compas en orden, Miróme, y yo a él, y díjome:

—Mochacho, ¿buscas amo?

Yo le dije:

—Sí, señor.

—Pues vente tras mí,—me respondió—que Dios te ha hecho merced en topar comigo. Alguna buena oración rezaste hoy.

Y seguíle, dando gracias a Dios por lo que le oí, y también que me parecía, según su hábito y continente,[207] ser el que yo había menester.

Era de mañana cuando este mi tercero amo topé. Y llevóme tras sí gran parte de la ciudad. Pasamos por las plazas do se vendía pan y otras provisiones. Yo pensaba, y aun deseaba, que allí me quería cargar de lo que se vendía, porque ésta era propria hora, cuando se suele proveer de lo necesario. Mas muy a tendido paso[208] pasaba por estas cosas.

«Por ventura no le vee aquí a su contento»—decía yo —«y querrá que lo compremos en otro cabo».

Desta manera anduvimos hasta que dio las once. Entonces se entró en la iglesia mayor, y yo tras él, y muy devotamente le vi oir misa y los otros oficios divinos, hasta que todo fue acabado y la gente ida. Entonces salimos de la iglesia y a buen paso tendido comenzamos a ir por una calle abajo. Yo iba el más alegre del mundo en ver que no nos habíamos ocupado en buscar de comer. Bien consideré que debía ser hombre mi nuevo amo que se proveía en junto,[209] y que ya la comida estaría a punto, y tal como yo la deseaba y aún la había menester.

En este tiempo dio el reloj la una después de mediodía y llegamos a una casa ante la cual mi amo se paró, y yo con él. Y derribando el cabo de la capa[210] sobre el lado izquierdo, sacó una llave de la manga y abrió su

[195] **andaba . . . levantado** He was so excited and aroused. [196] **trasgo** goblin. [197] **no cayese con ella** (no diese con ella) didn't find it. [198] **cañuto** hollow reed. [199] **recordarme** (reanimarme) to give me back my breath. [200] **los tuve** I spent (the three days, like Jonah). [201] **que ensalmaba** who cured with incantations. [202] **santiguándose de mí** crossing himself (as if to protect himself) from me. [203] **se asentó** got a job with. [204] **dende . . . días** de allí a quince días. [205] **bellaco y gallofero** rascal and loafer. [206] **discurriendo** walking. [207] **que me . . . continente** because it seemed to me by his apparel and countenance. [208] **a tendido paso** in a hurry. [209] **en junto** in bulk. [210] **Y derribando . . . capa** And swinging off his cloak.

puerta y entramos en casa. La cual tenía la entrada oscura y lóbrega, de tal manera que parecía que ponía temor a los que en ella entraban, aunque dentro della estaba un patio pequeño y razonables cámaras.

Desque fuimos entrados,[211] quita de sobre sí su capa y, preguntando si tenía las manos limpias, la sacudimos y doblamos y, muy limpiamente soplando un poyo que allí estaba, la puso en él. Y hecho esto, sentóse cabo della preguntándome muy por extenso de dónde era y cómo había venido a aquella ciudad. Y yo le di más larga cuenta que quisiera, porque me parecía más conveniente hora de mandar poner la mesa y escudillar la olla,[212] que de lo que me pedía. Con todo eso, yo le satisfice de mi persona lo mejor que mentir supe, diciendo mis bienes y callando lo demás, porque me parecía no ser para en cámara.[213]

Esto hecho, estuvo así un poco, y yo luego vi mala señal, por ser ya cuasi las dos y no le ver más aliento de comer[214] que a un muerto. Después desto, consideraba aquel tener cerrada la puerta con llave,[215] ni sentir arriba ni abajo pasos de viva persona por la casa. Todo lo que había visto eran paredes, sin ver en ella silleta, ni tajo,[216] ni banco, ni mesa, ni aun tal arcaz como el de marras.[217] Finalmente, ella parescía casa encantada. Estando así, díjome:

—Tú, mozo, ¿has comido?

—No, señor,—dije yo—que aún no eran dadas las ocho cuando con vuestra merced encontré.

—Pues, aunque de mañana,[218] yo había almorzado y, cuando así como algo, hágote saber que hasta la noche me estoy así.[219] Por eso, pásate como pudieres,[220] que después cenaremos.

Vuestra merced crea, cuando esto le oí, que estuve en poco de caer de mi estado,[221] no tanto de hambre como por conocer de todo en todo[222] la fortuna serme adversa. Allí se me representaron de nuevo mis fatigas y torné a llorar mis trabajos. Allí se me vino a la memoria la consideración que hacía cuando me pensaba ir del clérigo, diciendo que, aunque aquél era desventurado y mísero, por ventura toparía con otro peor. Finalmente, allí lloré mi trabajosa vida pasada y mi cercana muerte venidera.

Y con todo, disimulando lo mejor que pude, le dije:

—Señor, mozo soy, que no me fatigo mucho por comer, bendito Dios. Deso me podré yo alabar entre todos mis iguales por de mejor garganta,[223] y así fui yo loado della, hasta hoy día, de los amos que yo he tenido.

—Virtud es ésa,—dijo él—y por eso te querré yo más. Porque el hartar es de los puercos, y el comer regladamente es de los hombres de bien.

«¡Bien te he entendido!»—dije yo entre mí—«¡maldita tanta medicina y bondad como aquestos mis amos que yo hallo hallan en la hambre!»

Púseme a un cabo del portal y saqué unos pedazos de pan del seno, que me habían quedado de los de por Dios.[224] El, que vio esto, díjome:

—Ven acá, mozo. ¿Qué comes?

Yo lleguéme a él mostréle el pan. Tomóme él un pedazo, de tres que eran el mejor y más grande, y díjome:

—Por mi vida, que parece éste buen pan.

—¡Y cómo agora,—dije yo—señor, es bueno!

—Sí, a fe—dijo él—. ¿Adónde lo hubiste? ¿Si es amasado de manos limpias?[225]

—No sé yo eso,—le dije—mas a mí no me pone asco el sabor dello.

—Así plega a Dios—dijo el pobre de mi amo.

Y llevándolo a la boca, comenzó a dar en él tan fieros bocados como yo en lo otro.

—Sabrosísimo pan está,—dijo—por Dios.

Y como le sentí de qué pie coxqueaba,[226] dime priesa; porque le vi en disposición, si acababa antes que yo, se comediría[227] a ayudarme a lo que me quedase. Y con esto acabamos casi a una. Comenzó a sacudir con las manos unas pocas de migajas, y bien menudas, que en los pechos se le habían quedado. Y entró en una camareta que allí estaba, y sacó un jarro desbocado[228] y no muy nuevo, y desque hubo bebido, convidóme conél. Yo, por hacer del continente,[229] dije:

—Señor, no bebo vino.

—Agua es—me respondió—. Bien puedes beber.

Entonces tomé el jarro y bebí. No mucho, porque de sed no era mi congoja.

Así estuvimos hasta la noche, hablando en cosas que me preguntaba, a las cuales yo le respondí lo mejor que supe. En este tiempo, metióme en la cámara donde estaba el jarro de que bebimos y díjome:

—Mozo, párate allí,[230] y verás cómo hacemos esta cama, para que la sepas hacer de aquí adelante.

Púseme de un cabo, y él del otro, y hecimos la negra cama. En la cual no había mucho que hacer, porque ella tenía sobre unos bancos un cañizo, sobre el cual estaba tendida la ropa, que por no estar muy continuada[231] a lavarse, no parecía colchón, aunque servía dél, con harta menos lana que era menester. Aquél tendimos, haciendo cuenta de ablandalle.[232] Lo cual era imposible, porque de lo duro mal se puede hacer blando. El diablo del enjalma maldita la cosa tenía dentro de sí.[233] Que, puesto sobre el cañizo, todas las cañas se señalaban, y parecían a lo proprio entrecuesto de flaquísimo puerco.[234] Y sobre aquel hambriento colchón un alfamar[235] del mismo jaez, del cual el color yo no pude alcanzar.

Hecha la cama y la noche venida, díjome:

—Lázaro, ya es tarde, y de aquí a la plaza hay gran trecho. También en esta ciudad andan muchos ladrones, que siendo de noche capean.[236] Pasemos como podamos, y mañana, viniendo el día, Dios hará merced. Porque yo por estar solo no estoy proveído; antes he comido estos días por allá fuera. Mas agora hacerlo hemos de otra manera.

—Señor, de mí—dije yo—ninguna pena tenga vuestra merced, que bien sé pasar una noche, y aun más si es menester, sin comer.

—Vivirás más sano,—me respondió—porque, como decíamos hoy, no hay tal cosa en el mundo para vivir mucho que comer poco.

«Si por esa vía es,»—dije entre mí—«nunca yo moriré, que siempre he guardado esa regla por fuerza, y aun espero, en mi desdicha, a tenella toda mi vida ».

Y acostóse en la cama, poniendo por cabecera las calzas y el jubón. Y mandóme echar a sus pies, lo cual yo hice. Mas ¡maldito el sueño que yo dormí! Porque las cañas y mis salidos huesos en toda la noche dejaron de rifar y encenderse.[237] Que con mis trabajos, males y hambre, pienso que en mi cuerpo no había libra de carne. Y también, como aquel día no había comido casi nada, rabiaba de hambre, la cual con el sueño no tenía amistad. Maldíjeme mil veces, ¡Dios me lo perdone!, y a mi ruin fortuna, allí lo mas de la noche; y lo peor, no osándome revolver por no despertalle, pedí a Dios muchas veces la muerte.

La mañana venida, levantámonos, y comienza a limpiar y sacudir sus calzas y jubón, sayo y capa,

¡y yo que le servía de pelillo![238] Y vísteseme muy a su placer de espacio. Echéle aguamanos, peinóse, y púsose su espada en el talabarte y, al tiempo que la ponía, díjome:

—¡Oh si supieses, mozo, qué pieza es ésta! No hay marco de oro en el mundo por que[239] yo la diese. Más así, ninguna de cuantas Antonio[240] hizo, no acertó a ponelle los aceros tan prestos[241] como ésta los tiene.

Y sacóla de la vaina y tentóla con los dedos, diciendo:

—¿Vesla aquí? Yo me obligo con ella cercenar un copo de lana.

Y yo dije entre mí: «y yo con mis dientes, aunque no son de acero, un pan de cuatro libras ».

Tornóla a meter, y ciñósela, y un sartal de cuentas

[211] **Desque . . . entrados** As soon as we were in. [212] **escudillar la olla** take your spoon to the pot. [213] **no ser para en cámara** not proper to say among respectable people; **cámara** drawing room. [214] **aliento de comer** signs of eating. [215] **consideraba . . . llave** I thought over his keeping the door locked. [216] **tajo** wooden block for chopping meat. [217] **el de marras** aforesaid. [218] **de mañana** so early. [219] **me estoy así** I go on like this (without eating anything else). [220] **pásate . . . pudieres** get along as best you can. [221] **caer de mi estado** to faint. [222] **como por . . . todo** but because I fully realized. [223] **por de . . . garganta** of having a moderate appetite (throat). [224] **de los de por Dios** of those given to me for the Lord's sake or for charity. [225] **¿Si es . . . limpias?** I wonder if it was kneaded by clean hands? [226] **coxqueaba** cojeaba. [227] **se comediría** he would volunteer. [228] **desbocado** chipped. [229] **por . . . continente** in order to appear abstemious or moderate in my drinking. [230] **párate allí** stand over there. [231] **continuada** acostumbrada. [232] **Aquél . . . ablandalle** We laid it down and tried to soften it. [233] **El diablo . . . de sí** The wretched saddle-pad didn't have a damned thing inside. [234] **parecían . . . puerco** they looked just like the ribs of an extremely thin pig. [235] **alfamar** blanket. [236] **capean** steal cloaks. [237] **las cañas . . . encenderse** the reeds (of the mat) and my protruding bones never ceased fighting and quarreling the whole night long. [238] **servía de pelillo** I served as an idle assistant. [239] **por que** (a cambio del cual) in exchange of which. [240] Antonio, famous XVth century maker of Toledo swords. [241] **aceros tan prestos** excellent steel (ready edges).

gruesas del talabarte. Y con un paso sosegado y el cuerpo derecho, haciendo con él y con la cabeza muy gentiles meneos, echando el cabo de la capa sobre el hombro y a veces so[242] el brazo, y poniendo la mano derecha en el costado, salió por la puerta, diciendo:

—Lázaro, mira por la casa en tanto que voy a oir misa, y haz la cama, y ve por la vasija de agua al río, que aquí bajo está, y cierra la puerta con llave, no nos hurten algo, y ponla aquí al quicio,[243] porque si yo viniere en tanto pueda entrar.

Y súbese por la calle arriba con tan gentil semblante y continente que quien no le conociera pensara ser muy cercano pariente al conde de Arcos, o a lo menos camarero que le daba de vestir.

«¡Bendito seáis Vos, Señor,»—quedé yo diciendo—«que dáis la enfermedad y ponéis el remedio! ¿Quién encontrará a aquel mi señor que no piense, según el contento de sí lleva, haber anoche bien cenado[244] y dormido en buena cama y, aunque agora es de mañana, no le cuenten por bien almorzado? ¡Grandes secretos son, Señor, los que vos hacéis y las gentes ignoran! ¿A quién no engañara aquella buena disposición, y razonable capa y sayo? ¿Y quién pensara que aquel gentilhombre se pasó ayer todo el día con aquel mendrugo de pan que su criado Lázaro trujo un día y noche en el arca de su seno, do no se le podía pegar mucha limpieza? ¿Y hoy, lavándose las manos y cara, a falta de paño de manos, se hacía servir de la halda del sayo? Nadie por cierto lo sospechara. ¡Oh Señor, y cuántos de aquéstos debéis Vos tener por el mundo derramados, que padecen, por la negra que llaman honra, lo que por Vos no sufrirían!»

Así estaba yo a la puerta, mirando y considerando estas cosas, hasta que el señor mi amo traspuso[245] la larga y angosta calle. Tornéme a entrar en casa y en un credo[246] la anduve toda, alto y bajo,[247] sin hacer represa ni hallar en qué.[248] Hago la negra, dura cama, y tomo el jarro, y doy conmigo en el río, donde en una huerta vi a mi amo en gran requesta[249] con dos rebozadas mujeres, al parecer de las que en aquel lugar no hacen falta.[250] Antes muchas tienen por estilo[251] de irse a las mañanicas del verano a refrescar, y almorzar sin llevar qué,[252] por aquellas frescas riberas, con confianza que no ha de faltar quien se lo dé, según

las tienen puestas en esta costumbre aquellos hidalgos del lugar.

Y, como digo, él estaba entre ellas hecho un Macías,[253] diciéndoles más dulzuras que Ovidio escribió. Pero como sintieron dél que estaba bien enternecido, no se les hizo de vergüenza[254] pedirle de almorzar, con el acostumbrado pago. El, sintiéndose tan frío de bolsa cuanto caliente del estómago, tomóle tal calofrío que le robó la color del gesto,[255] y comenzó a turbarse en la plática y a poner excusas no válidas. Ellas, que debían ser bien instituídas, como le sintieron la enfermedad, dejáronle para el que era.[256]

Yo, que estaba comiendo ciertos tronchos de berzas con las cuales me desayuné, con mucha diligencia, como mozo nuevo, sin ser visto de mi amo torné a casa. De la cual pensé barrer alguna parte, que bien era menester; mas no hallé con qué. Púseme a pensar qué haría, y parescióme esperar a mi amo hasta que el día demediase, y si viniese y por ventura trajese algo que comiésemos; mas en vano fue mi experiencia.

Desque vi ser las dos, y no venía, y la hambre me aquejaba, cierro mi puerta y pongo la llave do mandó y tórnome a mi menester. Con baja y enferma voz, e inclinadas mis manos en los senos, puesto Dios ante mis ojos y la lengua en su nombre, comienzo a pedir pan por las puertas y casas más grandes que me parecía. Mas como yo este oficio le hubiese mamado en la leche, quiero decir que con el gran maestro el ciego lo aprendí, tan suficiente discípulo salí que, aunque en este pueblo no había caridad, ni el año fuese muy abundante, tan buena maña me di que, antes que el reloj diese las cuatro, ya yo tenía otras tantas libras de pan ensiladas[257] en el cuerpo, y más de otras dos en las mangas y senos. Volvíme a la posada y, al pasar por la tripería, pedí a una de aquellas mujeres, y diome un pedazo de uña de vaca con otras pocas de tripas cocidas.

Cuando llegué a casa, ya el bueno de mi amo estaba en ella, doblada su capa y puesta en el poyo, y él paseándose por el patio. Como entré, vínose para mí. Pensé que me quería reñir la tardanza; mas mejor lo hizo Dios. Preguntóme dó venía. Yo le dije:

—Señor, hasta que dio las dos estuve aquí y de que vi que vuestra merced no venía, fuime por esa ciudad a encomendarme a las buenas gentes, y hanme dado esto que véis.

Mostréle el pan y las tripas, que en un cabo de la halda traía. A lo cual él mostró buen semblante, y dijo:

—Pues esperado te he a comer, y de que vi que no veniste, comí. Mas tú haces como hombre de bien en eso, que más vale pedillo por Dios que no hurtalle. Y así El me ayude como ello me paresce bien.[258] Y solamente te encomiendo no sepan que vives conmigo, por lo que toca a mi honra. Aunque bien creo que será secreto, según lo poco que en este pueblo soy conocido. ¡Nunca a él yo hubiera de venir!

—Deso pierda, señor, cuidado,—le dije yo—que maldito aquel que ninguno tiene de pedirme esa cuenta,[259] ni yo de dalla.

—Agora pues, come, pecador; que, si a Dios place, presto nos veremos sin necesidad. Aunque te digo que, después que en esta casa entré, nunca bien me ha ido. Debe ser de mal suelo,[260] que hay casas desdichadas y de mal pie, que a los que viven en ellas pegan la desdicha.[261] Esta debe de ser sin duda dellas. Mas yo te prometo, acabado el mes no quede en ella, aunque me la den por mía.

Sentéme al cabo del poyo y, porque no me tuviese por glotón, callé la merienda; y comienzo a cenar y morder en mis tripas y pan, y disimuladamente miraba al desventurado señor mío, que no partía sus ojos de mis faldas, que aquella sazón servían de plato. Tanta lástima haya Dios de mí como yo había dél, porque sentí lo que sentía y muchas veces había por ello pasado, y pasaba cada día. Pensaba si sería bien comedirme a convidalle; mas, por me haber dicho que había comido, temíame no aceptaría el convite. Finalmente, yo deseaba quel pecador ayudase a su trabajo del mío,[262] y se desayunase como el día antes hizo; pues había mejor aparejo, por ser mejor la vianda y menos mi hambre.

Quiso Dios cumplir mi deseo, y aun pienso que el suyo; porque, como[263] comencé a comer, él se andaba paseando, llegóse a mí y díjome:

—Dígote, Lázaro, que tienes en comer la mejor gracia que en mi vida vi a hombre, y que nadie te lo vee hacer que no le pongas gana, aunque no la tenga.

«La muy buena que tú tienes »—dije yo entre mí— «te hace parecer la mía hermosa ».

Con todo, parescióme ayudarle, pues se ayudaba y me abría camino para ello,[264] y díjele:

—Señor, el buen aparejo hace buen artífice. Este pan está sabrosísimo, y esta uña de vaca tan bien cocida y sazonada que no habrá a quien no convide con su sabor.

—¿ Uña de vaca es?

—Sí, señor.

—Dígote que es el mejor bocado del mundo, y que no hay faisán que así me sepa.

—Pues pruebe, señor, y verá qué tal está.

Póngole en las uñas la otra, y tres o cuatro raciones de pan de lo más blanco. Asentóseme al lado, y comienza a comer como aquel que lo había gana,

[242] **so** under.   [243] **al quicio** (en el quicio) under the door.   [244] **¿Quién . . . cenado** Who wouldn't think, upon meeting my master and noting his happy countenance, that he dined well last night.   [245] **traspuso** (puso atrás) left behind.   [246] **en un credo** (en el tiempo de rezar un credo) in a jiffy, quickly.   [247] **alto y bajo** piso alto y piso bajo.   [248] **sin hacer represa . . . qué** without being detained, since there was nothing to detain me; ie. the house was completely empty.   [249] **en gran requesta** deeply engaged in conversation.   [250] **no hacen falta** always are there.   [251] **estilo** habit.   [252] **sin llevar qué** (sin llevar qué comer) without taking anything to eat.   [253] **hecho un Macías** Macías: a Galician poet of the XIVth century and, according to a legend, a great lover. **Hecho un Macías** means "acting like a Macías, the perfect symbol of good lovers."   [254] **no se le . . . vergüenza** they did not feel ashamed.   [255] **tomóle . . . gesto** he was seized by a shiver that changed the color of his face or made him turn pale.   [256] **dejáronle . . . era** they left him there, because they knew exactly what he was; ie. a fake.   [257] **ensiladas** stored away.   [258] **Y así . . . bien** And you did right, so help me God.   [259] **que maldito . . . cuenta** for nobody cares or tries to ask me any questions (asks me to give an account of this).   [260] **mal suelo** ill-boded soil.   [261] **casas desdichadas . . . desdicha** unlucky and ill-omened houses that communicate their bad luck to those who live in them.   [262] **quel . . . mío** the sinner (poor man) to help out his trouble by sharing mine; Lázaro's work was begging.   [263] **como** as soon as.   [264] **Con todo . . . ello** Nevertheless, I thought I should help him since he was trying and laying himself open for it.

royendo cada huesecillo de aquéllos mejor que un galgo suyo lo hiciera.

—Con almodrote[265]—decía—es éste singular manjar.

«Con mejor salsa lo comes tú», respondí yo paso.[266]

—Por Dios, que me ha sabido como si no hubiera hoy comido bocado.

«¡Así me vengan los buenos años como es ello!»,[267] dije yo entre mí.

Pidióme el jarro del agua, y díselo como lo había traído. Es señal que, pues no le faltaba el agua,[268] que no le había a mi amo sobrado la comida. Bebimos, y muy contentos nos fuimos a dormir como la noche pasada.

Y, por evitar prolijidad, desta manera estuvimos ocho o diez días, yéndose el pecador en la mañana, con aquel contento y paso contado, a papar aire[269] por las calles, teniendo en el pobre Lázaro una cabeza de lobo.[270]

Contemplaba yo muchas veces mi desastre, que, escapando de los amos ruines que había tenido y buscando mejoría, viniese a topar con quien no sólo [no] me mantuviese, mas a quien yo había de mantener. Con todo, le quería bien con ver que no tenía ni podía más, y antes le había lástima que enemistad. Y muchas veces, por llevar a la posada con que él lo pasase, yo lo pasaba mal.

Porque una mañana, levantándose el triste en camisa, subió a lo alto de la casa a hacer sus menesteres y, en tanto, yo, por salir de sospecha, desenvolvíle el jubón y la calzas, que a la cabecera dejó, y hallé una bolsilla de terciopelo raso, hecha cien dobleces, y sin maldita la blanca ni señal que la hubiese tenido mucho tiempo.

«Este»—decía yo—«es pobre, y nadie da lo que no tiene. Mas el avariento ciego y el malaventurado, mezquino clérigo, que, con dárselo Dios a ambos, al uno de mano besada,[271] y al otro de lengua suelta,[272] me mataban de hambre, aquéllos es justo desamar, y aquéste es de haber mancilla».[273]

Dios es testigo que hoy día, cuando topo con alguno de su hábito, con aquel paso y pompa, le he lástima, con pensar si padece lo que aquél le vi sufrir. Al cual, con toda su pobreza, holgaría de servir más que a los otros, por lo que he dicho. Sólo tenía dél un poco de descontento: que quisiera yo que no tuviera tanta presunción, mas que abajara un poco su fantasía con lo mucho que subía su necesidad.[274] Mas, según me parece, es regla ya entre ellos usada y guardada. Aunque no haya cornado de trueco, ha de andar el birrete en su lugar.[275] El Señor lo remedie, que ya con este mal han de morir.

Pues estando yo en tal estado, pasando la vida que digo, quiso mi mala fortuna, que de perseguirme no era[276] satisfecha, que en aquella trabajada y vergonzosa vivienda[277] no durase. Y fue, como el año en esta tierra fuese estéril de pan, acordaron el Ayuntamiento[278] que todos los pobres extranjeros se fuesen de la ciudad, con pregón que el que de allí adelante topasen, fuese punido[279] con azotes. Y así, ejecutando la ley, desde a cuatro días que el pregón se dio,[280] vi llevar una procesión de pobres azotando por las Cuatro Calles. Lo cual me puso tan gran espanto que nunca osé desmandarme a demandar.[281]

Aquí viera, quien vello pudiera, la abstinencia de mi casa, y la tristeza y silencio de los moradores della. Tanto, que nos acaeció estar dos o tres días sin comer bocado ni hablar palabra. A mí diéronme la vida unas mujercillas hilanderas de algodón, que hacían bonetes y vivían par de nosotros,[282] con las cuales yo tuve vecindad y conocimiento. Que de la lacería que les traían me daban alguna cosilla, con la cual muy pasado me pasaba.[283]

Y no tenía tanta lástima de mí como del lastimado de mi amo, que en ocho días maldito el bocado que comió. A lo menos en casa bien los[284] estuvimos sin comer. No sé yo cómo o dónde andaba, y qué comía. ¡Y velle venir a mediodía la calle abajo, con estirado cuerpo, más largo que galgo de buena casta! Y por lo que tocaba a su negra, que dicen honra tomaba una paja, de las que aun asaz no había en casa, y salía a la puerta escarbando los que nada entre sí tenían, quejándose todavía de aquel mal solar, diciendo:

—Malo está de ver que la desdicha desta vivienda lo hace.[285] Como ves, es lóbrega, triste, oscura. Mientras aquí estuviéremos, hemos de padecer. Ya deseo se acabe este mes por salir della.

Pues, estando en esta afligida y hambrienta persecución, un día, no sé por cuál dicha o ventura, en el pobre poder de mi amo entró un real. Con el cual vino a casa tan ufano como si tuviera el tesoro de Venecia y, con gesto muy alegre y risueño, me lo dio, diciendo:

—Toma, Lázaro, que Dios ya va abriendo su mano. Ve a la plaza y merca[286] pan y vino y carne, ¡quebremos el ojo al diablo![287] Y más te hago saber, porque te huelgues, que he alquilado otra casa, y en esta desastrada no hemos de estar más de en cumpliendo el mes. ¡Maldita sea ella y el que en ella puso la primera teja, que con mal[288] en ella entré! Por nuestro Señor, cuanto ha que en ella vivo, gota de vino ni bocado de carne no he comido, ni he habido descanso ninguno. Mas ¡tal vista tiene, y tal oscuridad y tristeza! Ve y ven presto, y comamos hoy como condes.

Tomo mi real y jarro y, a los pies dándoles priesa, comienzo a subir mi calle, encaminando mis pasos para la plaza, muy contento y alegre. Mas ¿qué me aprovecha, si está constituído en mi triste fortuna que ningún gozo me venga sin zozobra? Y así fue éste; porque yendo la calle arriba, echando mi cuenta en lo que le emplearía,[289] que fuese mejor y más provechosamente gastado, dando infinitas gracias a Dios, que a mi amo había hecho con dinero,[290] a deshora me vino al encuentro un muerto, que por la calle abajo muchos clérigos y gente en unas andas traían.

Arriméme a la pared, por darles lugar, y, desque el cuerpo pasó, venía luego par del lecho una que debía ser su mujer del defunto, cargada de luto, y con ella otras muchas mujeres; la cual iba llorando a grandes voces y diciendo:

—Marido y señor mío, ¿adónde os me llevan?[291] ¡A la casa triste y desdichada, a la casa lóbrega y oscura, a la casa donde nunca comen ni beben!

Yo que aquello oí, juntóseme el cielo con la tierra, y dije:

—¡Oh desdichado de mí! Para mi casa llevan este muerto.

Dejo el camino que llevaba y hendí por medio de la gente y vuelvo por la calle abajo, a todo el más correr que pude, para mi casa. Y entrando en ella, cierro a grande priesa, invocando el auxilio y favor de mi amo, abrazándome dél, que me venga ayudar y a defender la entrada. El cual, algo alterado, pensando que fuese otra cosa, me dijo:

—¿Qué es eso, mozo? ¿Qué voces das? ¿Qué has? ¿Por qué cierras la puerta con tal furia?

—¡Oh señor!—dije yo—¡Acuda aquí, que nos traen acá un muerto!

—¿Cómo así?—respondió él.

—Aquí arriba lo encontré, y venía diciendo su mujer: «marido y señor mío, ¿adónde os llevan? ¡A la casa lóbrega y oscura, a la casa triste y desdichada, a la casa donde nunca comen ni beben!» Acá, señor, nos le traen.

Y ciertamente, cuando mi amo esto oyó, aunque no tenía por qué estar muy risueño, rió tanto que muy gran rato estuvo sin poder hablar. En este tiempo tenía ya yo echada el aldaba a la puerta y puesto el hombro en ella por más defensa. Pasó la gente con su muerto, y yo todavía me recelaba que nos le habían

[265] **almodrote** seasoning made of oil, garlic, cheese. [266] **paso** in a low voice. [267] **¡Así . . . ello!** May I have good luck as sure as this is true! [268] **Es señal . . . agua** (es señal que, pues al jarro no le faltaba el agua) It is clear, since no water was missing from the pitcher. [269] **papar aire** to swallow air. [270] **cabeza de lobo** a beggar (Lázaro was for the **escudero** as a wolfhead was for the hunter who carried the head from door to door to collect rewards). [271] **de mano besada** refers to the gifts brought to the priest by the faithful and to the custom of kissing his hand on that occasion. [272] **de lengua suelta** refers to the blindman; ie. to the earnings he obtained through his glib tongue. [273] **aquéste . . . mancilla** (es justo tener mancilla de éste) it is fair to feel sorry for this one. [274] **abajara . . . necesidad** put down his vanity as much as his need increased. [275] **cornado . . . lugar** a penny's worth of change, they have to keep their appearance. [276] **era** estaba. [277] **vivienda** (manera de vivir) way of life. [278] **acordaron el Ayuntamiento** the plural verb refers to the members of the City Counsel. [279] **punido** castigado. [280] **desde a . . . dio** four days after the proclamation. [281] **desmandarme a demandar** to break the law of begging. [282] **par de nosotros** next to us. [283] **con lo . . . pasaba** with which I managed to get along. [284] **los** los días. [285] **Malo . . . hace** It is unfortunate to see how this house's bad luck is the cause of our evils. [286] **merca** compra. [287] **¡quebremos el ojo al diablo!** let's give the devil a black eye (let's shoot the works). [288] **con mal** with bad luck (or curse). [289] **echando . . . emplearía** calculating how I would spend it (the «real»). [290] **que . . . dinero** for having given my master money. [291] **¿adónde os me llevan?** ¿a dónde os llevan?

de meter en casa. Y desque fue ya más harto de reir que de comer el bueno de mi amo, díjome:

—Verdad es, Lázaro, según la viuda lo va diciendo, tú tuviste razón de pensar lo que pensaste. Mas, pues Dios lo ha hecho mejor y pasan adelante, abre, abre, y ve por de comer.[292]

—Déjalos, señor, acaben de pasar la calle—dije yo.

Al fin vino mi amo a la puerta de la calle, y ábrela, esforzándome,[293] que bien era menester, según el miedo y alteración, y me torno a encaminar.

Mas, aunque comimos bien aquel día, maldito el gusto yo tomaba en ello, ni en aquellos tres días torné en mi color. Y mi amo muy risueño, todas las veces que se le acordaba[294] aquella mi consideración.

Desta manera estuve con mi tercero y pobre amo, que fue este escudero, algunos días, y en todos deseando saber la intención de su venida y estada en esta tierra. Porque, desde el primer día que con él asenté le conocí ser extranjero, por el poco conocimiento y trato que con los naturales della tenía.

Al fin se cumplió mi deseo y supe lo que deseaba. Porque un día que habíamos comido razonablemente y estaba algo contento, contóme su hacienda[295] y díjome ser de Castilla la Vieja, y queha bía dejado su tierra no más de por no quitar el bonete[296] a un caballero su vecino.

—Señor,—dije yo—si él era lo que decís y tenía más que vos, no errábades en quitárselo primero,[297] pues decís que él también os lo quitaba.

—Sí es, y sí tiene, y también me lo quitaba él a mí. Mas, de cuantas veces yo se le quitaba primero, no fuera malo comedirse él alguna y ganarme por la mano.[298]

—Paréceme, señor,—le dije yo—que en eso no mirara, mayormente con mis mayores que yo y que tienen más.

—Eres mochacho—me respondió—y no sientes las cosas de la honra, en que[299] el día de hoy está todo el caudal de los hombres de bien. Pues hágote saber que yo soy, como ves, un escudero; mas ¡vótote a Dios!, si al conde topo en la calle y no me quita muy bien quitado del todo el bonete, que, otra vez que venga, me sepa yo entrar en una casa, fingiendo yo en ella algún negocio, o atravesar otra calle, si la hay, antes que llegue a mí, por no quitárselo. Que un hidalgo no debe a otro que[300] a Dios y al Rey nada, ni es justo, siendo hombre de bien, se descuide un punto[301] de tener en mucho su persona. Acuérdome que un día deshonré en mi tierra a un oficial[302] y quise poner en él las manos, porque cada vez que le topaba me decía: «mantenga Dios a vuestra merced». «Vos, don villano ruin,»—le dije yo—«¿por qué no sois bien criado? ¿'Manténgaos Dios' me habéis de decir, como si fuese quienquiera?» De allí adelante, de aquí acullá[303] me quitaba el bonete, y hablaba como debía.

—¿Y no es buena manera de saludar un hombre a otro—dije yo—decirle que le mantenga Dios?

—¡Mira mucho de enhoramala![304]—dijo él—A los hombres de poca arte[305] dicen eso. Mas a los más altos, como yo, no les han de hablar menos de: «Beso las manos de vuestra merced», o por lo menos, «Béso[o]s, señor, las manos», si el que me habla es caballero. Y así de aquel de mi tierra que me atestaba de mantenimiento[306] nunca más le quise sufrir, ni sufría, ni sufriré a hombre del mundo, del rey abajo, que «Manténgaos Dios» me diga.

«Pecador de mí,»—dije yo—«por eso tiene tan poco cuidado de mantenerte, pues no sufres que nadie se lo ruegue».

—Mayormente—dijo—que no soy tan pobre que no tengo en mi tierra un solar de casas, que a estar[307] ellas en pie y bien labradas, diez y seis leguas de donde nací, en aquella Costanilla de Valladolid, valdrían más de doscientos mil maravedís, según se podrían hacer grandes y buenas. Y tengo un palomar que, a no estar derribado como está, daría cada año más de doscientos palominos. Y otras cosas que me callo, que dejé por lo que tocaba a mi honra.

Y vine a esta ciudad, pensando que hallaría un buen asiento. Mas no me ha sucedido como pensé. Canónigos y señores de la iglesia, muchos hallo; mas es gente tan limitada[308] que no los sacara de su paso[309] todo el mundo. Caballeros de media talla[310] también me ruegan; mas servir a éstos es gran trabajo. Porque de hombre os habéis de convertir en malilla,[311] y si no, «Andá con Dios» os dicen. Y las más veces son los pagamentos a largos plazos, y las más ciertas, comido por servido;[312] ya cuando quieren reformar conciencia y satisfaceros vuestros sudores, sois librado en la recámara, en un sudado jubón o raída capa o sayo.[313]

Ya, cuando asienta hombre[314] con un señor de título, todavía pasa su laceria. Pues ¿por ventura no hay en mí habilidad para servir y contentar a éstos? Por Dios, si con él topase, muy gran su privado pienso que fuese,[315] y que mil servicios le hiciese, porque yo sabría mentille tan bien como otro, y agradalle a las mil maravillas. Reílle hía[316] mucho sus donaires y costumbres, aunque no fuesen las mejores del mundo. Nunca decille cosa con que le pesase, aunque mucho le cumpliese.[317] Ser muy diligente en su persona, en dicho y hecho. No me matar por no hacer bien las cosas que él no había de ver. Y ponerme a reñir, donde él lo oyese, con la gente de servicio, porque pareciese tener gran cuidado de lo que a él tocaba. Si reñiese[318] con alguno su criado, dar unos puntillos agudos[319] para le encender la ira, y que pareciesen en favor del culpado. Decirle bien de lo que bien le estuviese y, por el contrario, ser malicioso mofador,[320] malsinar[321] a los de casa y a los de fuera, pesquisar y procurar de saber vidas ajenas, para contárselas. Y otras muchas galas[322] desta calidad que hoy día se usan en palacio y a los señores dél parecen bien. Y no quieren ver en sus casas hombres virtuosos, antes los aborrecen y tienen en poco, y llaman necios y que no son personas de negocios ni con quien el señor se puede descuidar. Y con éstos los astutos usan,[323] como digo, el día de hoy de lo que yo usaría; mas no quiere mi ventura que le halle.

Desta manera lamentaba también su adversa fortuna mi amo, dándome relación de su persona valerosa.

Pues estando en esto, entró por la puerta un hombre, y una vieja. El hombre le pide el alquilé de la casa, y la vieja el de la cama. Hacen cuenta, y de dos meses le alcanzaron lo que él en un año no alcanzara.[324] Pienso que fueron doce o trece reales. Y él les dio muy buena respuesta: que saldría a la plaza a trocar una pieza de a dos, y que a la tarde volviesen. Mas su salida fue sin vuelta.

Por manera que a la tarde ellos volvieron; mas fue tarde. Yo les dije que aun no era venido. Venida la noche, y él no, yo hube miedo de quedar en casa solo, y fuime a las vecinas, y contéles el caso, y allí dormí.

Venida la mañana, los acreedores vuelven y preguntan por el vecino; mas, a estotra puerta.[325] Las mujeres les responden:

—Veis aquí su mozo y la llave de la puerta.

Ellos me preguntaron por él, y díjeles que no sabía adónde estaba, y que tampoco había vuelto a casa desque salió a trocar la pieza, y que pensaba que de mí y de ellos se había ido con el trueco.

De que esto me oyeron, van por un alguacil y un escribano. Y helos do vuelven luego con ellos, y toman la llave, y llámanme, y llaman testigos, y abren la puerta y entran a embargar la hacienda de mi amo hasta ser pagados de su deuda. Anduvieron toda la casa y halláronla desembarazada, como he contado; y dícenme:

—¿Qués de la hacienda de tu amo? ¿Sus arcas y paños de pared y alhajas de casa?

—No sé yo eso—les respondí.

[292] **por de comer** por algo de comer. [293] **esforzándome** encouraging me. [294] **acordaba** recordaba. [295] **hacienda** (negocios) affairs. [296] **no más . . . bonete** simply to avoid taking off his hat. [297] **no errábades . . . primero** you were not wrong in taking off your hat first. [298] **comedirse . . . mano** for him to be kind enough and be first (in taking off his hat). [299] **en que** en la cual. [300] **a otro que** to any one but. [301] **un punto** a moment or a bit. [302] **oficial** craftsman. [303] **de aquí acullá** everywhere. [304] **¡Mira mucho de enhoramala!** Confound you! [305] **de poca arte** little breeding. [306] **me atestaba de mantenimiento** filled me up with the greeting of «Manténgaos Dios». [307] **que a estar** si estuvieran. [308] **tan limitada** so stingy. [309] **su paso** their way of life. [310] **media talla** moderate means. [311] **malilla** joker in a card game; ie. jack of all trades. [312] **y las . . . servido** and most often, food for his service. [313] **sois . . . sayo** you are paid with clothes from his wardrobe, with a sweated doublet or a worn out cape or coat. [314] **Ya . . . hombre** Even, when a man works for. [315] **si con . . . fuese** if I met one, I think I could be his great favorite. [316] **Reílle hía** (le reiría) I would laugh at his. [317] **aunque . . . cumpliese** even though he would badly need it. [318] **reñiese** riñese. [319] **dar . . . agudos** to make some sharp remarks. [320] **ser malicioso mofador** to be a malicious scorner. [321] **malsinar** to inform (in the sense of betraying the secrets of others). [322] **galas** fashionable things. [323] **con . . . usan** sly men act this way with their masters. [324] **no alcanzara** he could not get. [325] **a estotra puerta** [try] next door.

—Sin duda—dicen ellos—esta noche lo deben de haber alzado y llevado a alguna parte. Señor alguacil, prended a este mozo, que él sabe dónde está.

En esto vino el alguacil y echóme mano por el collar del jubón, diciendo:

—Mochacho, tú eres preso si no descubres los bienes deste tu amo.

Yo, como en otra tal[326] no me hubiese visto (porque asido del collar sí había sido muchas veces, mas era mansamente dél[327] trabado, para que mostrase el camino al que no vía), yo hube mucho miedo, y llorando prometíle de decir lo que me preguntaban.

—Bien está—dicen ellos—; pues di lo que sabes y no hayas temor.

Sentóse el escribano en un poyo para escrebir el inventario, preguntádome qué tenía.

—Señores,—dije yo—lo que este mi amo tiene, según él me dijo, es un muy buen solar de casas y un palomar derribado.

—Bien está—dicen ellos—. Por poco que eso valga, hay para nos entregar de la deuda.[328] ¿Y a qué parte de la ciudad tiene eso?—me preguntaron.

—En su tierra—les respondí.

—Por Dios, que está bueno el negocio—dijeron ellos—. ¿Y adónde es su tierra?

—De Castilla la Vieja me dijo él que era—les dije.

Riéronse mucho el alguacil y el escribano, diciendo:

—Bastante relación es ésta para cobrar vuestra deuda, aunque mejor fuese.

Las vecinas, que estaban presentes, dijeron:

—Señores, éste es un niño inocente y ha pocos días que está con ese escudero, y no sabe dél más que vuestras mercedes; sino cuanto[329] el pecadorcico se llega aquí a nuestra casa, y le damos de comer lo que podemos, por amor de Dios, y a las noches se iba a dormir con él.

Vista mi inocencia, dejáronme, dándome por libre. Y el alguacil y el escribano piden al hombre y a la mujer sus derechos. Sobre lo cual tuvieron gran contienda y ruido. Porque ellos allegaron[330] no ser obligados a pagar, pues no había de qué ni se hacía el embargo. Los otros decían que habían dejado de ir a otro negocio, que les importaba más, por venir a aquél.

Finalmente, después de dadas muchas voces, al cabo carga un porquerón[331] con el viejo alfamar de la vieja.

Y aunque no iba muy cargado, allá van todos cinco dando voces. No sé en qué paró. Creo yo que el pecador alfamar pagara por todos; y bien se empleaba, pues el tiempo que había de reposar y descansar de los trabajos pasados, se andaba alquilando.

Así como he contado, me dejó mi pobre tercero amo, do acabé de conocer mi ruin dicha. Pues, señalándose[332] todo lo que podría contra mí, hacía mis negocios tan al revés que los amos, que suelen ser dejados de los mozos, en mí no fuese así, mas que mi amo me dejase y huyese de mí.

Tratado cuarto

Cómo Lázaro se asentó con un fraile de la Merced[333], y de lo que le acaeció con él

Hube de buscar el cuarto, y éste fue un fraile de la Merced, que[334] las mujercillas que digo me encaminaron. Al cual ellas le llamaban pariente. Gran enemigo del coro[335] y de comer en el convento, perdido[336] por andar fuera, amicísimo de negocios seglares y visitas. Tanto, que pienso que rompía él más zapatos que todo el convento. Este me dio los primeros zapatos que rompí[337] en mi vida; mas no me duraron ocho días; ni yo pude con su trote[338] durar más. Y por esto, y por otras cosillas que no digo, salí dél.

Tratado quinto

Cómo Lázaro se asentó con un buldero,[339] y de las cosas que con él pasó

En el quinto por mi ventura di, que fue un buldero, el más desenvuelto y desvergonzado, y el mayor echador dellas,[340] que jamás yo vi, ni ver espero ni pienso nadie vio. Porque tenía y buscaba modos y maneras y muy sotiles invenciones.

En entrando en los lugares do habían de presentar la bula, primero presentaba[341] a los clérigos o curas algunas cosillas, no tampoco de mucho valor ni substancia: una lechuga murciana, si era por el tiempo, un par de limas o naranjas, un melocotón, un par de duraznos, cada sendas peras verdiñales.[342] Así procuraba tenerlos propicios, porque favoreciesen su negocio y llamasen sus feligreses a tomar la bula.

Ofreciéndosele a él las gracias, informábase de la suficiencia dellos.[343] Si decían que entendían, no hablaba palabra en latín por no dar tropezón; mas aprovechábase de un gentil y bien cortado romance,[344] y desenvoltísima lengua. Y si sabían que los dichos clérigos eran de los reverendos—digo que más con dineros que con letras y con reverendas[345] se ordenan—, hacíase entre ellos un Santo Tomás[346] y hablaba dos horas en latín. A lo menos que lo parecía, aunque no lo era.

Cuando por bien no le tomaban las bulas, buscaba cómo por mal se las tomasen. Y para aquello hacía molestias al pueblo, y otras veces con mañosos artificios. Y porque todos los que le veía hacer sería largo de contar, diré uno muy sotil y donoso, con el cual pobaré bien su suficiencia.

En un lugar de la Sagra de Toledo había predicado dos o tres días, haciendo sus acostumbradas diligencias, y no le habían tomado bula, ni a mi ver tenían intención de se la tomar. Estaba dado al diablo con aquello y, pensando qué hacer, se acordó[347] de convidar al pueblo, para otro día de mañana despedir la bula.[348]

Y esa noche, después de cenar, pusiéronse a jugar la colación[349] él y el alguacil. Y sobre el juego vinieron a reñir y a haber malas palabras. El llamó al alguacil ladrón, y el otro a él falsario. Sobre esto, el señor comisario mi señor tomó un lanzón, que en el portal do jugaban estaba. El alguacil puso mano a su espada, que en la cinta tenía.

Al ruido y voces que todos dimos, acuden los huéspedes y vecinos y métense en medio. Y ellos, muy enojados, procurándose de desembarazar de los que en medio estaban, para se matar. Mas como la gente al gran ruido cargase[350] y la casa estuviese llena della, viendo que no podían afrentarse con las armas, decíanse palabras injuriosas. Entre las cuales el alguacil dijo a mi amo que era falsario y las bulas que predicaba eran falsas.

Finalmente, que[351] los del pueblo, viendo que no bastaban [a] ponellos en paz, acordaron de llevar al alguacil de la posada a otra parte. Y así quedó mi amo muy enojado. Y después que los huéspedes y vecinos le hubieron rogado que perdiese el enojo y se fuese a dormir, así nos echamos[352] todos.

La mañana venida, mi amo se fue a la iglesia y mandó tañer a misa y al sermón para despedir la bula. Y el pueblo se juntó. El cual andaba murmurando de las bulas, diciendo cómo eran falsas, y que el mismo alguacil riñendo lo había descubierto. De manera que, atrás que[353] tenían mala gana de tomalla, con aquello del todo la aborrecieron.

El señor comisario se subió al púlpito y comienza su sermón y a animar la gente a que no quedasen sin tanto bien y indulgencia como la santa bula traía.

Estando en lo mejor del sermón, entra por la puerta de la iglesia el alguacil y, desque hizo oración, levantóse y, con voz alta y pausada, cuerdamente comenzó a decir:

—Buenos hombres, oidme una palabra, que después oiréis a quien quisierdes. Yo vine aquí con este echacuervo[354] que os predica. El cual me engañó y dijo que le favoresciese en este negocio y que partiríamos la

---

[326] **en otra tal** in such a difficulty.   [327] **dél** (de él) by the [neck.]   [328] **nos entregar de la deuda** to settle with us his debt.   [329] **sino cuanto** except when.   [330] **allegaron** (alegaron) argued.   [331] **porquerón** sheriff.   [332] **señalándose** declaring itself.   [333] **Merced** religious order dedicated to the redemption of captives.   [334] **que** a quien.   [335] **coro** religious duty of singing in the choir.   [336] **perdido** very fond.   [337] **rompí** I wore.   [338] **su trote** his fast moving around.   [339] **buldero** a man who sold the certificates of the remission of sins after the faithful had contributed their alms to the church.   [340] **echador dellas** preacher of them (the papal bulls).   [341] **presentaba** regalaba.   [342] **cada sendas peras verdiñales** a pear verdiñal to each person. (**Peras verdiñales** a very much appreciated kind of pear).   [343] **suficiencia dellos** their cultural preparation.   [344] **romance** vernacular.   [345] **reverendas** letters from a Bishop appointing a man to an ecclesiastical post.   [346] **Santo Tomás** the medieval philosopher Thomas Aquinas, called the "angelical doctor".   [347] **se acordó** he decided.   [348] **despedir la bula** to distribute the bulls.   [349] **jugar la colación** to play for the evening meal.   [350] **cargase** gathered.   [351] **finalmente que** finalmente [sucedió] que.   [352] **echamos** echamos a dormir.   [353] **atrás que** si antes.   [354] **echacuervo** charlatan.

ganancia. Y agora, visto el daño que haría a mi consciencia y a vuestras haciendas, arrepentido de lo hecho, os declaro claramente que las bulas que predica son falsas, y que no le creáis ni las toméis, y que yo *directe* ni *indirecte*[355] no soy parte en ellas, y que desde agora dejo la vara[356] y doy con ella en el suelo. Y si en algún tiempo éste fuere castigado por la falsedad, que vosotros me seáis testigos como yo no soy con él ni le doy a ello ayuda; antes os desengaño y declaro su maldad.

Y acabó su razonamiento.

Algunos hombres honrados que allí estaban se quisieron levantar y echar al alguacil fuera de la iglesia, por evitar escándalo. Mas mi amo les fue a la mano[357] y mandó a todos que, so pena de excomunión, no le estorbasen; mas que le dejasen decir todo lo que quisiese. Y así él también tuvo silencio mientras el alguacil dijo todo lo que he dicho.

Como calló, mi amo le preguntó si quería decir más, que lo dijese. El alguacil dijo:

—Harto más hay que decir de vos y de vuestra falsedad. Mas por agora basta.

El señor comisario se hincó de rodillas en el púlpito y, puestas las manos[358] y mirando al cielo, dijo así:

—Señor Dios, a quien ninguna cosa es escondida, antes todas manifiestas, y a quien nada es imposible, antes todo posible, Tú sabes la verdad, y cuán injustamente yo soy afrentado. En lo que a mí toca, yo le perdono, porque Tú, Señor, me perdones. No mires a aquél que no sabe lo que hace ni dice. Mas la injuria a Ti hecha, Te suplico y por justicia Te pido, no disimules. Porque alguno que está aquí, que por ventura pensó tomar aquesta santa bula, dando crédito a las falsas palabras de aquel hombre, lo dejará de hacer. Y, pues es tanto perjuicio del prójimo, Te suplico yo, Señor, no lo disimules; mas luego muestra aquí milagro, y sea desta manera: que si es verdad lo que aquél dice y que yo traigo maldad y falsedad, este púlpito se hunda conmigo y meta siete estados[359] debajo de tierra, do él ni yo jamás parezcamos. Y si es verdad lo que yo digo y aquél, persuadido del demonio, por quitar y privar a los que están presentes de tan gran bien, dice maldad, también sea castigado y de todos conocida su malicia.

Apenas había acabado su oración el devoto señor mío, cuando el negro alguacil cae de su estado[360] y da tan gran golpe en el suelo que la iglesia toda hizo resonar. Y comenzó a bramar y echar espumajos por la boca, y torcella, y hacer visajes con el gesto, dando de pie y de mano, revolviéndose por aquel suelo a una parte y a otra.

El estruendo y voces de la gente era tan grande que no se oían unos a otros. Algunos estaban espantados y temerosos. Unos decían:

—¡El Señor le socorra y valga!

Otros:

—Bien se le emplea,[361] pues levantaba tan falso testimonio.

Finalmente, algunos que allí estaban (y, a mi parecer, no sin harto temor) se llegaron y le trabaron de los brazos, con los cuales daba fuertes puñadas a los que cerca dél estaban. Otros le tiraban por las piernas, y tuvieron[362] reciamente, porque no había mula falsa en el mundo que tan recias coces tirase. Y así le tuvieron un gran rato; porque más de quince hombres estaban sobre él, y a todos daba las manos llenas[363] y, si se descuidaban, en los hocicos.

A todo esto, el señor mi amo estaba en el púlpito de rodillas, las manos y los ojos puestos en el cielo, transportado en la divina esencia, que el planto[364] y ruido y voces que en la iglesia había no eran parte[365] para apartalle de su divina contemplación.

Aquellos buenos hombres llegaron a él y, dando voces, le despertaron, y le suplicaron quisiese socorrer a aquel pobre que estaba muriendo, y que no mirase a las cosas pasadas ni a sus dichos malos, pues ya dellos tenía el pago; mas si en algo podía aprovechar para librarle del peligro y pasión que padescía, por amor de Dios lo hiciese. Pues ellos veían clara la culpa del culpado, y la verdad y bondad suya, pues a su petición y venganza el Señor no alargó el castigo.[366]

El señor comisario, como quien despierta de un dulce sueño, los miró, y miró al delincuente, y a todos los que alrededor estaban, y muy pausadamente les dijo:

—Buenos hombres, vosotros nunca habíades de rogar por un hombre en quien Dios tan señaladamente se ha señalado.[367] Mas, pues El nos manda que no volvamos mal por mal y perdonemos las injurias, con confianza podremos suplicarle que cumpla lo que nos manda y Su Majestad perdone a éste que le ofendió poniendo en Su santa fe obstáculo. Vamos todos a suplicalle.

Y así bajó del púlpito, y encomendó a qu[e muy] devotamente suplicasen a nuestro Señor tuviese por bien de perdonar a aquel pecador, y volverle en su salud y sano juicio, y lanzar dél el demonio, si Su Majestad había permitido que por su gran pecado en él entrase.

Todos se hincaron de rodillas y, delante del altar con los clérigos, comenzaban a cantar con voz baja una letanía. Y viniendo él con la cruz y agua bendita, después de haber sobre él cantado, el señor mi amo, puestas las manos al cielo y los ojos que casi nada se le parecía[368] sino un poco de blanco, comienza una oración no menos larga que devota, con la cual hizo llorar a toda la gente, como suelen hacer en los sermones de Pasión, de predicador y auditorio devoto, suplicando a nuestro Señor, pues no quería la muerte del pecador, sino su vida y arrepentimiento, que aquel,[368a] encaminado por el demonio y persuadido, de la muerte y pecado le quisiese perdonar y dar vida y salud, para que se arrepintiese y confesase sus pecados.

Y esto hecho, mandó traer la bula y púsosela en la cabeza. Y luego el pecador del alguacil comenzó poco a poco a estar mejor y tornar en sí. Y desque fue bien vuelto en su acuerdo, echóse a los pies del señor comisario y, demandándole perdón, confesó haber dicho aquello por la boca y mandamiento del demonio, lo uno por hacer a él daño y vengarse del enojo, lo otro y más principal, porque el demonio recibía mucha pena del bien que allí se hiciera en tomar la bula.

El señor mi amo le perdonó, y fueron hechas las amistades entre ellos. Y a tomar la bula hubo tanta priesa que casi ánima viviente en el lugar no quedó sin ella, marido y mujer, y hijos y hijas, mozos y mozas.

Divulgóse la nueva de lo acaecido por los lugares comarcanos y, cuando a ellos llegábamos, no era menester sermón ni ir a la iglesia. Que a la posada la venían a tomar como si fueran peras que se dieran de balde. De manera que, en diez o doce lugares de aquellos alrededores donde fuimos, echó el señor mi amo otras tantas mil bulas sin predicar sermón.

Cuando se hizo el ensayo,[369] confieso mi pecado que también fui dello espantado y creí que así era, como otros muchos. Mas, con ver después la risa y burla que mi amo y el alguacil llevaban y hacían del negocio, conocí cómo había sido industriado[370] por el industrioso y inventivo de mi amo.

Y, aunque mochacho, cayóme mucho en gracia, y dije entre mí: «¡cuántas déstas deben de hacer estos burladores entre la inocente gente!»

Finalmente, estuve con este mi quinto amo cerca de cuatro meses, en los cuales pasé también hartas fatigas.

Tratado sexto

Cómo Lázaro se asentó con un capellán, y lo que con él pasó

Después desto, asenté con un maestro de pintar panderos, para molelle los colores, y también sufrí mil males.

Siendo ya en este tiempo buen mozuelo, entrando un día en la iglesia mayor, un capellán della me recibió por suyo. Y púsome en poder[371] un buen asno y cuatro cántaros y un azote, y comencé a echar agua[372] por la ciudad. Este fue el primer escalón que yo subí para venir a alcanzar buena vida, porque mi boca era medida.[373] Daba cada día a mi amo treinta maravedís ganados y los sábados ganaba para mí, y todo lo demás, entre semana, de treinta maravedís.[374]

Fueme tan bien en el oficio que al cabo de cuatro años que lo usé, con poner en la ganancia buen recaudo,

[355] **directe ni indirecte** openly or in secret. [356] **vara** staff (the emblem of some public officers). [357] **les fue . . . mano** he stopped them. [358] **puestas las manos** hands together in prayer. [359] **siete estados** seven fathoms. [360] **cae de su estado** falls or faints. [361] **Bien se le emplea** It serves him right. [362] **tuvieron** (sujetaron) held him. [363] **a todos daba las manos llenas** he had good blows for everybody. [364] **planto** (llanto) tears. [365] **no eran parte** were not enough. [366] **no alargó el castigo** had not delayed punishment. [367] **se ha señalado** has manifested himself. [368] **casi . . . parecía** not showing anything but. [368a] **aquel** a aquel (pecador). [369] **ensayo** performance. [370] **industriado** planned. [371] **púsome en poder** he put me in charge. [372] **echar agua** vender agua. [373] **porque mi boca era medida** because my needs were satisfied. [374] **y todo . . . maravedís** and during the week, everything over thirty maravedís.

ahorré para me vestir muy honradamente de la ropa vieja. De la cual compré un jubón de fustán viejo, y un sayo raído de manga tranzada y puerta,[375] y una capa que había sido frisada, y una espada de las viejas primeras de Cuéllar.[376] Desque me vi en hábito de hombre de bien, dije a mi amo se tomase su asno, que no quería más seguir aquel oficio.

Tratado séptimo

Cómo Lázaro se asentó con un alguacil, y de lo que le acaeció con él

Despedido del capellán, asenté por hombre de justicia con un alguacil. Mas muy poco viví con él, por parecerme, oficio peligroso. Mayormente, que una noche nos corrieron a mí y a mi amo a pedradas y a palos unos retraídos.[377] Y a mi amo, que esperó, tractaron mal; mas a mí no me alcanzaron.

Con esto renegué del trato.[378] Y pensando en qué modo de vivir haría mi asiento, por tener descanso y ganar algo para la vejez, quiso Dios alumbrarme y ponerme en camino y manera provechosa. Y con favor que tuve de amigos y señores, todos mis trabajos y fatigas hasta entonces pasados fueron pagados con alcanzar lo que procuré. Que fue un oficio real,[379] viendo que no hay nadie que medre, sino los que le tienen.

En el cual el día de hoy yo vivo y resido a servicio de Dios y de vuestra merced. Y es que tengo cargo de pregonar los vinos que en esta ciudad se venden, y en almonedas, y cosas perdidas, acompañar los que padecen persecuciones por justicia y declarar a voces sus delitos: pregonero, hablando en buen romance.

Hame sucedido tan bien,[380] y yo le he usado tan fácilmente, que casi todas las cosas al oficio tocantes pasan por mi mano. Tanto, que en toda la ciudad el que ha de echar vino a vender o algo, si Lázaro de Tormes no entiende en ello, hacen cuenta de no sacar provecho.

En este tiempo, viendo mi habilidad y buen vivir, teniendo noticia de mi persona, el señor Arcipreste de Sant Salvador, mi señor, y servidor y amigo de vuestra merced, porque le pregonaba sus vinos, procuró casarme con una criada suya. Y visto por mí que de tal persona no podía venir sino bien y favor, acordé de lo hacer.

Y así me casé con ella y hasta agora no estoy arrepentido. Porque, allende de ser buena hija, y diligente servicial, tengo en mi señor arcipreste todo favor y ayuda. Y siempre en el año le da en veces al pie[381] de una carga de trigo, por las pascuas su carne, y cuándo el par de los bodigos, las calzas viejas que deja. Y hízonos alquilar una casilla par de la suya. Los domingos y fiestas casi todas las[382] comíamos en su casa.

Mas malas lenguas, que nunca faltaron, no nos dejan vivir, diciendo no sé qué, y si sé qué [de que] veen a mi mujer irle a hacer la cama, y guisalle de comer. Y mejor les ayude Dios que ellos dicen la verdad.[383]

Porque, allende de no ser ella mujer que se pague[384] destas burlas, mi señor me ha prometido lo que pienso cumplirá. Que él me habló un día muy largo delante della, y me dijo:

—Lázaro de Tormes, quien ha de mirar a dichos de malas lenguas, nunca medrará. Digo esto porque no me maravillaría, alguno viendo entrar en mi casa a tu mujer y salir della. Ella entra muy a tu honra y suya, y esto te lo prometo.[385] Por tanto, no mires a lo que pueden decir, sino a lo que te toca, digo a tu provecho.

—Señor,—le dije—yo determiné de arrimarme a los buenos. Verdad es que algunos de mis amigos me han dicho algo deso, y aun por más de tres veces me han certificado que, antes que conmigo casase, había parido tres veces, hablando con reverencia de vuestra merced, porque está ella delante.

Entonces mi mujer echó juramentos sobre sí, que yo pensé la casa se hundiera con nosotros. Y después tomóse[386] a llorar y a echar mil maldiciones sobre quien conmigo la había casado; en tal manera que quisiera ser muerto antes que se me hubiera soltado aquella palabra de la boca. Mas yo de un cabo, y mi señor de otro, tanto le dijimos y otorgamos[387] que cesó su llanto, con juramento, que le hice, de nunca más en mi vida mentalle nada de aquello, y que yo holgaba y había por bien de que ella entrase y saliese de noche y de día, pues estaba bien seguro de su bondad.

Y así quedamos todos tres bien conformes. Hasta el

día de hoy nunca nadie nos oyó sobre el caso; antes, cuando alguno siento que quiere decir algo della, le atajo y le digo:

—Mirá, si sois mi amigo, no me digáis cosa con que me pese, que no tengo por mi amigo al que me hace pesar. Mayormente, si me quieren meter mal con mi mujer; que es la cosa del mundo que yo más quiero, y la amo más que a mí. Y me hace Dios con ella mil mercedes y más bien que yo merezco. Que yo juraré sobre la hostia consagrada que es tan buena mujer como vive[388] dentro de las puertas de Toledo. Y quien otra cosa me dijere, yo me mataré con él.

Desta manera no me dicen nada, y yo tengo paz en mi casa.

Esto fue el mesmo año que nuestro victorioso Emperador en esta insigne ciudad de Toledo entró, y tuvo en ella cortes y se hicieron grandes regocijos y fiestas, como vuestra merced habrá oído.

Pues en este tiempo estaba en mi prosperidad, y en la cumbre de toda buena fortuna.

Miguel de Cervantes (1547-1616)

Miguel de Cervantes (1547–1616) nació en Alcalá de Henares y murió en Madrid. Estudió en Valladolid y en Madrid. No se sabe que estudiara en ninguna universidad, aunque sí en el estudio de Juan López de Hoyos, maestro de retórica, quien le inició en la poesía y en la cultura renacentista. En 1569 fue a Italia y sirvió al cardenal Acquaviva. La Italia del siglo XVI con sus tesoros artísticos, su tradición literaria y su «vida libre» dejó un recuerdo dorado y alegre en Cervantes que se refleja con frecuencia en sus escritos. Los turcos, que dominaban la parte oriental de Europa, hasta cerca de Viena, amenazaban el sur de Italia y de España con su poderosa flota. El 7 de octubre de 1571 Miguel de Cervantes Saavedra tomó parte en una batalla naval, la de Lepanto, que él llamaría «la más alta y memorable ocasión que vieron los siglos pasados ni esperan ver los venideros». Aquel día le dejó un recuerdo indeleble, una cicatriz en el pecho y la mano izquierda inútil. Seis meses pasó en el hospital de Mesina (Sicilia); y de nuevo volvió a las armas, tomando parte en dos famosas campañas contra Túnez y la Goleta (Norte de Africa). Ha sido un buen soldado; logra cartas de recomendación de sus jefes y en 1575 se embarca para España con su hermano Rodrigo. Cerca de la costa francesa de Marsella un pirata turco toma la galera y lleva a los hermanos Cervantes y sus compañeros presos a Argel. Después de cinco años de cautiverio y varios intentos de evasión fue rescatado por los frailes mercedarios y volvió a España en 1580. La vuelta a la patria fue dulce y amarga. Había pasado doce años fuera de ella y no tenía amigos. Venía cargado de experiencias y de las bellas imágenes de Italia y de las horas tristes del cautiverio. En sus escritos recordaría las horas alegres, la experiencia luminosa de Italia, pero los sufrimientos de la prisión no amargarían ni sus recuerdos ni su pluma. Ahora comienza la lucha oscura por el pan. Sin trabajo, sin dinero, recorre España y Portugal. Escribe algunas comedias. En 1584 se casa con Catalina de Salazar y vive con ella en Esquivias, pueblo de la Mancha. En 1585 publica *La Galatea*. El matrimonio no le trae la felicidad. Vuelve otra vez a recorrer los caminos del país buscando una solución económica. Catalina es diecinueve años más joven, es hidalga y tiene dinero. Cervantes no puede resistir la vida del pueblo, y se va para no volver. Se

[375] **manga . . . puerta** frilled sleeves and open collar. [376] **Cuéllar** a sword-making town in the province of Segovia. [377] **retraídos** criminals who take refuge in a church or monastery. [378] **renegué del trato** I broke my engagement. [379] **oficio real** royal occupation. [380] **Hame sucedido tan bien** I have been so fortunate in it. [381] **al pie** close to. [382] **las** refers to «fiestas». [383] **Y mejor . . . verdad** And may God give them better (more truthful) help than there is truth in the words they are saying. [384] **que se pague** that is pleased. [385] **esto te lo prometo** I can guarantee you this. [386] **tomóse** se echó. [387] **otorgamos** we conceded. [388] **como vive** como (la mejor que) vive.

EL INGENIOSO
HIDALGO DON QVI-
XOTE DE LA MANCHA,

*Compuesto por Miguel de Ceruantes
Saauedra.*

DIRIGIDO AL DVQVE DE BEIAR,
Marques de Gibraleon, Conde de Benalcaçar, y Baña-
res, Vizconde de la Puebla de Alcozer, Señor de
las villas de Capilla, Curiel, y
Burguillos

Año,   1605.

CON PRIVILEGIO,
EN MADRID Por Iuan de la Cuesta.

Vendese en casa de Francisco de Robles, librero del Rey nro señor

Portada de la Primera Edición de *Don Quijote
de la Mancha*. Publicado en 1605. The
Hispanic Society of America, New York.

hace comisario para aprovisionar a la Armada. Por deficiencias en la administración está en la cárcel en 1597, y otra vez en 1602 por haber depositado su dinero en un banquero que hizo quiebra. Durante estos años vivió en Andalucía, donde llegó a conocer la vida de los bajos fondos de Sevilla y Cádiz, y recorrió los caminos y las ventas que luego describiría en sus novelas. En 1603 vive en Valladolid; una noche dan muerte a un joven noble a las puertas de su casa y Cervantes vuelve a la cárcel por breve tiempo, si bien consigue probar su inocencia. Los últimos quince años los pasó en Madrid, publicando sus libros y dedicado a una vida sencilla y tranquila, pero pobre. En 1605 apareció la primera parte del *Quijote*. Tuvo un éxito enorme, se hizo popular, pero no produjo ninguna ganancia a su autor. En 1613 publicó las *Novelas ejemplares*; en 1614, el *Viaje del Parnaso*; en 1615, la segunda parte del *Quijote*, y *Ocho comedias y Ocho entremeses*. Pocos meses después de su muerte, en 1617, saldría a la luz su novela póstuma, *Los trabajos de Persiles y Sigismunda*. En abril de 1616, unos días antes de morir había escrito su despedida en la dedicatoria del *Persiles*. «A Dios, gracias; a Dios, donaire; a Dios, regocijados amigos; que yo me voy muriendo y deseando veros presto contentos en la otra vida ».

Quedan dos retratos de Cervantes: uno supuestamente pintado por Jáuregui, el más popular y difundido, pero de autenticidad muy dudosa; otro el que él mismo se hizo al describirse en el prólogo a las *Novelas ejemplares*: «Este que veis aquí, de rostro aguileño, de cabello castaño, frente lisa y desembarazada, de alegres ojos y de nariz corva, aunque bien proporcionada; las barbas de plata, que no ha veinte años que fueron de oro, los bigotes grandes, la boca pequeña, los dientes ni menudos ni crecidos, porque no tiene sino seis . . . el cuerpo . . . ni grande ni pequeño; la color viva, antes blanca que morena . . . ».

Cervantes fue poeta, comediógrafo y novelista. Escribió romances, sonetos, letrillas y canciones. Son famosos dos sonetos suyos, uno a un soldado fanfarrón, y otro, el sorprendente que comienza: «Vive Dios que me espanta esta grandeza ». Su obra más larga en verso es *Viaje del Parnaso*, poema narrativo en tercetos. Es una alegoría en que se menciona a muchos poetas del tiempo. Lo más interesante del poema son los detalles autobiográficos, y su confesión de que, aun cuando ama la poesía, el cielo no le dio la gracia de ser poeta.

Como autor de obras de teatro, Cervantes no tuvo el éxito de público que lograron otros autores de su tiempo. Le tocó presenciar el triunfo de Lope de Vega y de su nueva manera de hacer teatro: «entró luego el monstruo de naturaleza, el gran Lope de Vega, y alzóse con la monarquía cómica ». Su actividad dramática, por eso, tiene dos épocas. En la primera sigue la orientación clásica —las tres unidades, pintura de caracteres, tendencia moralizadora—; en la segunda se acerca más al tipo de teatro que Lope practicaba. Sus obras de teatro se pueden agrupar en dos categorías: las comedias de inspiración realista y las de fantasía. A la primera clase pertenecen las comedias de carácter costumbrista y picaresco, que en su género son de gran fuerza cómica e intención irónica (*El rufián dichoso, Pedro de Urdemalas*) y los que se inspiran en su propia vida (*Los tratos de Argel, El Caballero Español, La gran sultana . . .*). En la segunda clase están los de temas amorosos e imaginativos (*La casa de los celos, El laberinto de amor*). Cervantes escribió una de las pocas tragedias del teatro español: la *Comedia del cerco de Numancia*, basada en un hecho histórico, una tragedia de corte clásico, con multitud de personajes, y versos de tono elevado y patriótico. Es un canto a la libertad, representada en los habitantes de la ciudad ibera de Numancia que, tras un largo asedio, prefirieron morir todos a rendirse a las legiones romanas. Los «entremeses » forman una sección especial, porque son de una extraordinaria gracia, y lo más actual de su teatro. *La cueva de Salamanca, El juez de los divorcios, El retablo de las maravillas* son como pequeños cuadros, finos y divertidos, que emplean un lenguaje ágil y coloquial. Tipos y costumbres del pueblo se presentan en una rápida sucesión de situaciones cómicas, no exentas de sátira.

Como novelista, el autor del *Quijote* cultivó cuatro géneros. Siguiendo la corriente italiana (*La Arcadia*, de Sanazaro) y el mejor modelo español (la *Diana*, de Jorge de Montemayor), Cervantes publicó en 1585 *La Galatea*. Es una novela idealista, llena de sentimientos platónicos, culto a la belleza, amor elegíaco y los convencionales pastores con sus falsos nombres. Las *Novelas ejemplares* son doce cortas narraciones escritas para entretener y recrear los espíritus cansados. Son ejemplares porque de ellas se puede sacar alguna provechosa lección moral. Se suelen dividir en dos grupos, aunque la división resulta a veces arbitraria: las novelas realistas (*Rinconete y Cortadillo*, *El celoso extremeño*, *El casamiento engañoso*, *La gitanilla* . . .) en las que predominan los aspectos costumbristas y populares; y las idealistas (*El amante liberal*, *La española inglesa*, *La señora Cornelia* . . .) de ambiente extranjero y personajes aristocráticos y más convencionales. Cervantes se sentía orgulloso de sus novelas y afirmó: «yo soy el primero que he novelado en lengua castellana», porque «las muchas novelas que andan impresas en ella todas son traducciones de lenguas extranjeras y éstas son mías propias, no imitadas ni hurtadas». Las novelas ejemplares han sido siempre consideradas como una joya de la prosa española y han conservado su popularidad. *La historia de los trabajos de Persiles y Sigismunda*, publicada después de la muerte del autor, es una novela de aventuras fantásticas y viajes por extrañas tierras al modo de la *novela bizantina*. Es un libro poco leído, pero de interés para todo buen lector de Cervantes. Hay en él multitud de recuerdos personales y de lecturas de su autor. La dedicatoria está fechada (19 de abril de 1616) cuatro días antes de la muerte del novelista: «Puesto ya el pie en el estribo—, con las ansias de la muerte . . . Ayer me dieron la extremaunción y hoy escribo ésta; el tiempo es breve, las ansias crecen, las esperanzas menguan, y, con todo esto, llevo la vida sobre el deseo que tengo de vivir . . . ».

Por supuesto, la obra maestra de Cervantes, y de toda la literatura española, es *El Ingenioso Hidalgo don Quijote de la Mancha*. El éxito del libro fue fulminante. En 1605, año en que apareció la primera parte, se hicieron ya cinco ediciones más. Antes de aparecer la segunda parte, en 1615, la primera había sido ya traducida al inglés y al francés. Cervantes alcanzó a ver dieciséis ediciones de su libro antes de morir en 1616. Fue tan grande el éxito que antes de publicar Cervantes su segunda parte, ya había aparecido otra, escrita por un tal Avellaneda, personaje que no ha podido ser identificado. Cervantes dice en el prólogo de la primera parte que su novela es una crítica y ataque contra los libros de caballerías. La unidad de su novela la da la

«aventura», como en los libros de caballerías. Pero lo que encanta al lector, a todos los lectores («los niños la manosean, los mozos la leen, los hombres la entienden y los viejos la celebran»), además de las cualidades del estilo (claridad, sencillez, humor) y de las muchas y divertidas aventuras, es la extraña personalidad de Don Quijote. ¿Qué tipo de hombre es don Quijote? Es un loco, pero su locura consiste en creer que él puede traer la paz, el orden y la justicia al mundo. Con este propósito, el caballero andante sale a los caminos y en ellos se encuentra enfrentado con la realidad. Don Quijote sale loco de su casa para volver a ella a morir cuerdo. Llevado de su ideal (de su locura), don Quijote padece trabajos y desdichas sin cuento, pero aquél (o ésta) le mantienen en su empeño, hasta que la realidad le vence y entonces vuelve a su casa a morir. El lector siente una profunda simpatía y compasión por este soñador, y comprende que, aunque loco, está lleno a veces de una alta sabiduría; y hasta llegará a decirse en ocasiones que el mundo debiera tal vez ser como lo pretende el loco. Claro está que no siempre se ha leído igual el *Quijote*. Desde el Romanticismo, tendemos a sobrevalorar la *intención* del caballero, perdonándole por ella incluso el daño que su locura puede traerle a otros. Es dudoso que Cervantes, hijo del Renacimiento, y con un sano respeto por el buen sentido, fuese tan tolerante como el lector moderno. Don Quijote es una mezcla de las más nobles cualidades —sentido del honor, respeto a los demás, compasión por el sufrimiento ajeno, hambre de justicia, idealismo amoroso y poético— y de la más dramática limitación, su locura. Junto a él aparece Sancho Panza, el hombre de la tierra, fiel criado, ignorante, egoísta, pero lleno de sentido común. En el proceso de la novela ambos personajes acaban por intercambiarse sus buenas cualidades. Psicológicamente, Don Quijote evoluciona desde la locura inicial, pasando por estados de soledad, desengaño y desilusión, hasta la cordura. En contraste, Sancho se espiritualiza, se «quijotiza», y cuando siente a su amo vencido, es él quien le anima a seguir la aventura.

El Quijote, como todo libro genial, ha ido adquiriendo nuevos significados, se ha enriquecido, con el paso del tiempo. Cervantes se espantaría de los infinitos libros que se han escrito para explicar el suyo, aunque él tenía conciencia de su talento al llamarse a sí mismo «raro inventor», de «sotil designio» y decir: «Yo soy aquel que en la invención excede a muchos».

Ya decíamos que no siempre se ha leído igual el libro. Cada época, cada generación lo ve bajo una perspectiva (ideológica y estética) distinta. Dentro de un mismo contexto histórico, cada lector puede llegar a distintas conclusiones. Esto es propio de toda gran obra. Byron acusó a Cervantes de haber escrito un gran libro que mató a un gran pueblo; Ramiro de Maeztu afirmó que el *Quijote* puso en el alma española la duda del valor, del idealismo, y por esto lo ve como un *libro decandente*, que aconseja a los españoles la vuelta a casa; un libro que acusa ya el cansancio vital de la sociedad española. Menéndez Pelayo, por el contrario, afirma que el ideal caballeresco en el *Quijote* es transfigurado y enaltecido. En el *Quijote* se ha visto una crítica de la política, de la religión, del orden social, de la historia de España. Cervantes, para algunos, es un escéptico de la realidad; por eso presenta la dualidad locura-razón sin definir con claridad sus límites; la realidad es menos cierta cuando más conocida. Para otros, Cervantes cree en la razón como supremo don humano, y al devolvérsela a don Quijote al fin del libro le hace el mejor regalo que podía hacerle. Con independencia del sentido o última lección que encontremos en él, el *Quijote* es un libro escrito con alegría, con travesura y humor, un buen humor fundamental. A pesar de la tragedia íntima del buen hidalgo, el lector se siente atraído hacia él, no sólo por los lazos de la compasión y comprensión, sino sobre todo por una irresistible simpatía que el personaje irradia. El *Quijote* es, además, una gran venta en la que se encuentran toda clase de personajes, dispuestos siempre a conversar, a hacer amistades. Para Cervantes todas las almas están abiertas y patentes y muestran lo que son. Para él, el motor universal, el que mueve a todos los seres, y sobre todo al hombre, es el amor. Todos los episodios o cuentos que se introducen en el *Quijote*, y sin relación con el protagonista, tienen como tema el

amor; el amor está en el centro de don Quijote, llenando su corazón; pero él pertenece a los amantes castos y platónicos y ve el amor en todas las cosas; el mismo Sancho está unido a su familia por el amor. Junto al amor existe otro sentimiento que señorea el alma de don Quijote y es el del honor. No es el honor dramático de la comedia española, es el honor caballeresco; el honor que procede, no del linaje ni de la sociedad, sino del hombre mismo, porque éste es hijo de sus obras. El amor y el honor tienen un objeto común de acción, la verdad-justicia. El loco caballero tiene esta idea fija: ser reconocido como el más valiente y esforzado caballero por medio de sus obras. Quiere que el mundo conozca quién es él al verle restablecer el orden y la armonía en la vida social. Así la novela se convierte en una excursión a través de diversas situaciones de la vida nacional española.

La novela se escribió probablemente durante un largo periodo de tiempo (ya vimos que la segunda parte apareció diez años después de la primera) lo cual explica sus irregularidades y olvidos. Don Quijote hace tres salidas: la primera de unos días, la segunda dura cerca de un mes, y la tercera, un año o menos; al principio la novela parece que va a ser un cuento breve; el protagonista es sólo un ser ridículo. Cuando aparece Sancho, la novela enriquece sus posibilidades. Ahora, ya tiene don Quijote con quien hablar, con un personaje verdaderamente hecho a su medida. Los diálogos entre amo y escudero son, sin duda, lo mejor del libro, y en ellos ha puesto Cervante gracia, penetración y, a veces, ternura. En la segunda parte, el libro va ganado en hondura. El autor ya sabe lo que quiere, se siente seguro de sí y deja hablar a sus personajes; y sentimos que Cervantes va siendo ganado por ellos y los ve ahora con nuevos ojos y los respeta, cada uno a su modo. Este respeto nos lo trasmite el autor con tanta discreción y sabiduría que nos olvidamos de que es él, el autor, el que nos lo trasmite. Llegamos a creer que son don Quijote y Sancho, por sí mismos, como criaturas humanas y por sus propios merecimientos, quienes lo han conseguido.

DON QUIJOTE DE LA MANCHA

Primera Parte

Capítulo I

Que trata de la condición y ejercicio[1] del famoso Hidalgo don Quijote de la Mancha[2]

En un lugar de la Mancha, de cuyo nombre no quiero acordarme, no ha[3] mucho tiempo que vivía un hidalgo de los de lanza en astillero, adarga antigua, rocín flaco y galgo corredor[4]. Una olla de algo más vaca que carnero, salpicón las más noches, duelos y quebrantos los sábados, lantejas los viernes, algún palomino de añadidura los domingos, consumían las tres partes de su hacienda. El resto della concluían sayo de velarte, calzas de velludo para las fiestas, con sus pantuflos de lo mesmo, y los días de entre semana se honraba con su vellorí de lo más fino.[5] Tenía en su casa una ama que pasaba de los cuarenta, y una sobrina que no llegaba a los veinte, y un mozo de campo y plaza, que así ensillaba el rocín como tomaba la podadera.[6] Frisaba la edad[7] de nuestro hidalgo con los cincuenta años; era de complexión recia, seco de carnes, enjuto de rostro, gran madrugador y amigo de la caza. Quieren decir que tenía el sobrenombre[8] de Quijada, o Quesada, que en esto hay alguna diferencia en los autores que deste caso escriben; aunque por conjeturas verosímiles se deja entender que se llamaba Quejana. Pero esto importa poco a nuestro cuento: basta que en la narración dél[9] no se salga un punto de la verdad.

Es, pues, de saber que este sobredicho[10] hidalgo los ratos que estaba ocioso (que eran los más del año) se daba a leer libros de caballerías con tanta afición y gusto, que olvidó casi de todo punto[11] el ejercicio de la caza, y aun la administración de su hacienda; y llegó a tanto[12] su curiosidad y desatino en esto, que vendió muchas hanegas de tierra de sembradura para comprar libros de caballerías en[13] que leer, y así, llevó a su casa todos cuantos pudo haber dellos; y de todos, ningunos le parecían tan bien como los que compuso el famoso Feliciano de Silva,[14] porque

la claridad de su prosa y aquellas entricadas razones suyas le parecían de perlas,[15] y más cuando llegaba a leer aquellos requiebros y cartas de desafíos donde en muchas partes hallaba escrito: «La razón de la sinrazón que a mi razón se hace, de tal manera mi razón enflaquece, que con razón me quejo de la vuestra fermosura». Y también cuando leía: «. . . los altos cielos que de vuestra divinidad divinamente con las estrellas os fortifican y os hacen merecedora del merecimiento que merece la vuestra grandeza ».[16]

Con estas razones perdía el pobre caballero el juicio, y desvelábase para entenderlas y desentrañarles el sentido, que no se lo sacara ni las entendiera el mesmo Aristóteles si resucitara para sólo ello.[17] No estaba muy bien[18] con las heridas que don Belianís daba y recebía, porque se imaginaba que por grandes maestros[19] que le hubiesen curado, no dejaría de tener el rostro y todo el cuerpo lleno de cicatrices y señales. Pero, con todo, alababa en su autor aquel acabar[20] su libro con tal promesa de aquella inacabable aventura, y muchas veces le vino deseo de tomar la pluma y dalle fin al pie de la letra,[21] como allí se promete; y sin duda alguna lo hiciera, y aun saliera con ello,[22] si otros mayores y continuos pensamientos no se lo estorbaran. Tuvo muchas veces competencia[23] con el cura de su lugar (que era hombre docto, graduado en Sigüenza[24]) sobre cuál había sido mejor caballero: Palmerín de Inglaterra o Amadís de Gaula; mas maese Nicolás, barbero del mismo pueblo, decía que ninguno llegaba al Caballero del Febo, y que si alguno se le podía comparar era don Galaor, hermano de Amadís de Gaula, porque tenía muy acomodada condición[25] para todo; que no era caballero melindroso ni tan llorón como su hermano y que en lo de la valentía no le iba en zaga.[26]

En resolución, él se enfrascó[27] tanto en su lectura, que se le pasaban las noches leyendo de claro en claro y los días de turbio en turbio;[28] y así, del poco dormir y del mucho leer se le secó el cerebro de manera que vino a perder el juicio. Llenósele la fantasía de todo aquello que leía en los libros, así de encantamentos como de pendencias, batallas, desafíos, heridas, requiebros, amores, tormentas y disparates imposibles; y asentósele de tal modo en la imaginación que era verdad toda aquella máquina[29] de aquellas soñadas invenciones que leía, que para él no había otra historia más cierta en el mundo. Decía él que el Cid Ruy Díaz había sido muy buen caballero; pero que no tenía que ver con el Caballero de la Ardiente Espada, que de sólo un revés[30] había partido por medio dos fieros y descomunales gigantes. Mejor estaba[31] con Bernardo del Carpio, porque en Roncesvalles había muerto a Roldán el encantado valiéndose de la industria[32] de Hércules, cuando ahogó a Anteo, el hijo de la Tierra,[33] entre los brazos. Decía mucho bien[34] del gigante Morgante, porque con ser de aquella generación gigantea, que todos son soberbios y descomedidos, él sólo era afable y bien criado. Pero, sobre todos, estaba bien con Reynaldos de Montalbán,[35] y más cuando le veía salir de su castillo y robar cuantos topaba, y cuando en allende[36] robó aquel ídolo de Mahoma que era todo de oro, según dice su historia. Diera él, por dar una mano de coces al traidor de Galalón, el ama que tenía y aun a su sobrina de añadidura.[37]

En efeto, rematado ya su juicio, vino a dar en el más extraño pensamiento[38] que jamás dió loco en el mundo, y fué que le pareció conveIIible[39] y necesario, así para el aumento de su honra como para el servicio de su república, hacerse caballero andante y irse por todo el mundo con sus armas y caballo a buscar las aventuras y a ejercitarse en todo aquello que él había leído que los caballeros andantes se ejercitaban, deshaciendo todo género de agravio y poniéndose·en ocasiones y peligros donde, acabándolos, cobrase eterno nombre y fama.[40] Imaginábase el pobre ya

---

[1] **ejercicio** pursuits.   [2] **Mancha** The region of La Mancha extends through the provinces of Toledo, Ciudad Real, Cuenca and Albacete.   [3] **ha** hace.   [4] **de los ... corredor** one of those gentlemen who keep a lance in the rack, an old buckler, a skinny nag and a fast greyhound. [5] **Una olla ... fino** A stew with more beef than mutton, chopped meat with a highly seasoned sauce most nights, eggs and bacon on Saturday, lentils on Friday, an occasional pigeon on Sundays consumed three-quarters of his income. The rest of it was used to buy a doublet of broadcloth, velvet stockings for the great days, with slippers of the same material, and for the weekdays, he wore the finest homespun.   [6] **mozo ...**

podadera a lad for the field and market (all purpose) who saddled his horse and wielded the pruning knife.   [7] **Frisaba la edad** He was close to.   [8] **Quieren ... sobrenombre** They say that his surname.   [9] **dél** de el (cuento).   [10] **Es ... sobredicho** You should know, then, that this aforesaid.   [11] **de todo punto** completely.   [12] **llegó a tanto** so great was.   [13] **en** do not translate.   [14] **Feliciano de Silva** Author of the *Chronicle of Don Florisel de Niquea*, and many other chivalry novels. Cervantes quotes him several times.   [15] **le parecían de perlas** were precious as pearls to him.   [16] **La razón ... grandeza** «The reason of the unreason that hurts my reason in such a manner as to weaken my reason, that with reason I complain against your beauty». And also when he read: «... the High Heavens of your divinity that with their stars divinely fortifies you and make you the deserver of the desert that your greatness deserves».   [17] **que no ... ello** whose meaning not even Aristotle could have unravelled or understood, even if he would come to life for only that purpose.   [18] **No estaba muy bien** He was not too sure about.   [19] **por grandes maestros** no matter how good doctors.   [20] **aquel acabar** that way of ending.   [21] **dalle ... letra** and faithfully finish it off himself.   [22] **saliera con ello** he would succeed.   [23] **Tuvo competencia** He argued.   [24] **Sigüenza** town 80 miles from Madrid, with a small university not too highly looked upon by learned men.   [25] **acomodada condición** good disposition.   [26] **no le iba en zaga** did not lag behind him.   [27] **se enfrascó** immersed himself.   [28] **las noches ... turbio** nights from twilight till daybreak and the days from dawn till dark.   [29] **máquina** fantastic construction.   [30] **de sólo un revés** with a single backward stroke.   [31] **Mejor estaba** He liked better.   [32] **industria** scheme.   [33] **Hércules ... Tierra** in Greek mythology, giant Antaeus, son of Poseidon, god of the sea, became stronger when touching earth, because Geaa, earth, was his mother. Hercules overcame him by lifting him into the air.   [34] **Decía mucho bien** He praised.   [35] **Reynaldos de Montalbán** Important character in the Italian Boiardo's *Orlando Innamorato* (c. 1434–1494).   [36] **allende** overseas.   [37] **Diera ... añadidura** He would have given his housekeeper and thrown his niece into the bargain to have a chance to leisurely kick Galalón the traitor. (Galalón or Ganelón was a traitor in Charlemagne legend.)   [38] **rematado ... pensamiento** having lost his judgement, he conceived the wildest idea.   [39] **convenible** convenient.   [40] **a buscar ... fama** in quest of adventures and to practice all those things that the knights errant used to do, according to what he had read, redressing all manner of wrongs and throwing himself into all kinds of situations and daring exploits, so that succeeding in them, he may obtain eternal glory and fame.

PRIMERA PARTE
DEL INGENIOSO
hidalgo don Quixote de
la Mancha.

Capitulo Primero. Que trata de la condi-
cion, y exercicio del famoſo hidalgo don
Quixote de la Mancha.

N Vn lugar de la Mancha, de
cuyo nombre no quiero acordarme, no ha mucho tiempo
que viuia vn hidalgo de los de
lança en aſtillero, adarga antigua, rozin flaco, y galgo corredor. Vna olla de algo mas vaca
que carnero, ſalpicon las mas
noches, duelos y quebrãtos los
Sabados, lantejas los Viernes, algun palomino de aña
didura los Domingos: conſumian las tres partes de ſu
hazienda. El reſto della concluian, ſayo de velarte,
calças de velludo paralas fieſtas, con ſus pantuflos de
A   lo

Comienzo del Capítulo Primero de la Primera Parte de *Don*
Quijote de la Mancha según la edición Principe, 1605.
The Hispanic Society of America, New York.

coronado por el valor de su brazo, por lo menos, del imperio de Trapisonda;[41] y así, con estos tan agradables pensamientos, llevado del extraño gusto que en ellos sentía, se dió prisa a poner en efeto lo que deseaba. Y lo primero que hizo fué limpiar unas armas que habían sido de sus bisabuelos, que, tomadas de orín y llenas de moho[42] luengos siglos había que estaban puestas y olvidadas en un rincón. Limpiólas y aderezólas lo mejor que pudo; pero vió que tenían una gran falta, y era que no tenían celada de encaje sino morrión simple;[43] mas a esto suplió su industria, porque de cartones hizo un modo[44] de media celada, que, encajada con el morrión, hacía una apariencia de celada entera. Es verdad que para probar si era fuerte y podía estar al riesgo de una cuchillada,[45] sacó su espada y le dió dos golpes, y con el primero y en un punto deshizo lo que había hecho en una semana; y no dejó de parecerle mal[46] la facilidad con que la había hecho pedazos, y, por asegurarse deste peligro, la tornó a hacer de nuevo, poniéndole unas barras de hierro por dentro, de tal manera, que él quedó satisfecho de su fortaleza, y sin querer hacer nueva experiencia della, la diputó[47] y tuvo por celada finísima de encaje.

Fue luego a ver su rocín, y aunque tenía más cuartos que un real y más tachas[48] que el caballo de Gonela, que *tantum pellis et ossa fuit*,[49] le pareció que ni el Bucéfalo de Alejandro ni Babieca el del Cid con él se igualaban. Cuatro días se le pasaron en imaginar qué nombre le pondría; porque (según decía él a sí mesmo) no era razón que caballo de caballero tan famoso, y tan bueno él por sí,[50] estuviese sin nombre conocido; y ansí, procuraba acomodársele de manera que declarase quién había sido antes que fuese de caballero andante, y lo que era entonces; pues estaba muy puesto en razón que, mudando su señor estado, mudase él también el nombre, y le cobrase famoso y de estruendo, como convenía a la nueva orden y al nuevo ejercicio que ya profesaba;[51] y así, después de muchos nombres que formó, borró y quitó, añadió, deshizo y tornó a hacer en su memoria e imaginación, al fin le vino a llamar Rocinante, nombre, a su parecer, alto, sonoro y significativo de lo que había sido cuando fue *rocín*, *antes* de lo que ahora era, que era *antes* y primero de todos los *rocines* del mundo.[52]

Puesto nombre, y tan a su gusto, a su caballo, quiso ponérselo a sí mismo,[53] y en este pensamiento duró otros ocho días, y al cabo se vino a llamar don Quijote, de donde, como queda dicho, tomaron ocasión los autores desta tan verdadera historia que, sin duda, se debía llamar Quijada, y no Quesada, como otros quisieron decir. Pero, acordándose que el valeroso Amadís no sólo se había contentado con llamarse Amadís a secas, sino que añadió el nombre de su reino y patria, por hacerla famosa, y se llamó Amadís de Gaula, así quiso, como buen caballero, añadir al suyo el nombre de la suya y llamarse don Quijote de la Mancha, con que, a su parecer, declaraba muy al vivo su linaje y patria, y la honraba con tomar el sobrenombre della.[54]

Limpias, pues, sus armas, hecho el morrión celada,[55] puesto nombre a su rocín y confirmándose a sí mismo,[56] se dió a entender[57] que no le faltaba otra cosa sino buscar una dama de quien enamorarse:

[41] **coronado ... Trapisonda** crowned King by the power of his own arms at the very least in the Trebizonde Empire. [42] **tomadas ... moho** rusted and covered with mold. [43] **celada ... simple** closed helmet, but a plain helmet or morion. [44] **un modo** some sort of. [45] **podía ... cuchillada** if it could withstand a sword's blow. [46] **y ... mal** and he thought it was bad. [47] **la diputó** he considered it. [48] **tenía ... tachas** had more cracks than a real (real had eight cuartos) and more blemishes. [49] **tantum pellis et ossa fuit** it was just skin and bones. Gonella was a jester in the italian court of the Duke of Ferrara. [50] **tan ... sí** worthy in its own. [51] **procuraba ... profesaba** he was trying to think of a name that would say what the nag had been before Don Quixote became knight-errant, and what the nag had since become because it was very natural that in changing his master his social condition, the horse should also change its name, and take a famous and high-sounding one suitable to his new situation and to the new way of life that he was already living. [52] **que era ... mundo** which was nothing else but the first and best of all the nags in the world. [53] **quiso ... mismo** he wanted to change his own name. [54] **a su ... della** as he thought, he made very clear his lineage and fatherland, and he honored it taking his surname from it. [55] **hecho ... celada** made the morion over into a closed helmet. [56] **confirmándose ... mismo** having given himself a name. [57] **se dio a entender** he felt.

porque el caballero andante sin amores era árbol sin hojas y sin fruto y cuerpo sin alma. Decíase él: «Si yo, por malos de mis pecados, o por mi buena suerte, me encuentro por ahí con algún gigante, como de ordinario les acontece a los caballeros andantes, y le derribo en un encuentro, o le parto por mitad del cuerpo, o, finalmente, le venzo y le rindo, ¿no será bien tener a quien enviarle presentado, y que entre y se hinque de rodillas ante mi dulce señora, y diga con voz humilde y rendida: «Yo, señora, soy el «gigante Caraculiambro, señor de la ínsula Malin-«drania, a quien venció en singular batalla el jamás «como se debe alabado caballero[58] don Quijote de la «Mancha, el cual me mandó que me presentase ante «la vuestra merced, para que la vuestra grandeza «disponga de mí a su talante»? ¡Oh, cómo se holgó nuestro buen caballero cuando hubo hecho este discurso, y más cuando halló a quien dar nombre de su dama! Y fué, a lo que se cree,[59] que en un lugar cerca del suyo había una moza labradora de muy buen parecer,[60] de quien él un tiempo anduvo enamorado,[61] aunque, según se entiende, ella jamás lo supo ni se dió cata dello.[62] Llamábase Aldonza Lorenzo, y a ésta le pareció ser bien darle título de Señora de sus pensamientos;[63] y, buscándole nombre que no desdijese mucho del suyo y que tirase y se encaminase al de princesa y gran señora,[64] vino a llamarla Dulcinea del Toboso, porque era natural del Toboso: nombre, a su parecer, músico y peregrino y significativo, como todos los demás que a él y a sus cosas había puesto.

Capítulo II

Que trata de la primera salida que de su tierra hizo el Ingenioso Don Quijote

Hechas, pues, estas prevenciones, no quiso aguardar más tiempo a poner en efeto[65] su pensamiento, apretándole a ello la falta que él pensaba que hacía en el mundo su tardanza,[66] según eran los agravios que pensaba deshacer, tuertos que enderezar, sinrazones que enmendar, y abusos que mejorar, y deudas que satisfacer. Y así, sin dar parte a persona alguna[67] de su intención y sin que nadie le viese, una mañana, antes del día, que era uno de los calurosos del mes de julio, se armó de todas sus armas, subió sobre Rocinante, puesta su mal compuesta celada, embrazó su adarga,[68] tomó su lanza, y por la puerta falsa[69] de un corral salió al campo con grandísimo contento y alborozo de ver con cuánta facilidad había dado principio a su buen deseo. Mas apenas se vió en el campo[70] cuando le asaltó un pensamiento terrible y tal que por poco le hiciera dejar la comenzada empresa; y fue que le vino a la memoria que no era armado caballero y que, conforme a la ley de caballería, ni podía ni debía tomar armas con ningún caballero; y puesto que lo fuera,[71] había de llevar armas blancas,[72] como novel caballero, sin empresa en el escudo, hasta que por su esfuerzo la ganase. Estos pensamientos le hicieron titubear en su propósito; mas, pudiendo más su locura que otra razón alguna, propuso de hacerse

Photo 27

Jinetes cristianos con cota de malla y armas de guerra. Miniatura de un códice del s. X.

armar caballero del primero que topase,[73] a imitación de otros muchos que así lo hicieron, según él había leído en los libros que tal le tenían. En lo de las armas blancas,[74] pensaba limpiarlas de manera, en teniendo lugar, que lo fuesen más que un armiño; y con esto se quietó y prosiguió su camino, sin llevar otro que aquel que su caballo quería,[75] creyendo que en aquello consistía la fuerza de las aventuras.

Yendo, pues, caminando nuestro flamante aventurero, iba hablando consigo mesmo y diciendo: «¿Quién duda sino que en los venideros tiempos, cuando salga a luz la verdadera historia de mis famosos hechos, que el sabio que los escribiere no ponga, cuando llegue a contar esta mi primera salida tan de mañana desta manera?: «Apenas había el rubicundo «Apolo tendido por la faz de la ancha y espaciosa «tierra las doradas hebras de sus hermosos cabellos, «y apenas los pequeños y pintados pajarillos con sus «harpadas lenguas habían saludado con dulce y «meliflua armonía la venida de la rosada aurora, que, «dejando la blanda cama del celoso marido, por las «puertas y balcones del manchego horizonte a los «mortales se mostraba,[76] cuando el famoso caballero «Don Quijote de la Mancha, dejando las ociosas «plumas, subió sobre su famoso caballo Rocinante, «y comenzó a caminar por el antiguo y conocido «campo de Montiel». Y era la verdad que por él caminaba. Y añadió diciendo: «Dichosa edad y siglo dichoso aquel adonde[77] saldrán a luz las famosas hazañas mías, dignas de entallarse[78] en bronces, esculpirse en mármoles y pintarse en tablas, para memoria en lo futuro. ¡Oh tú, sabio encantador, quienquiera que seas, a quien ha de tocar ser el cronista desta peregrina historia! Ruégote que no te olvides de mi buen Rocinante, compañero eterno mío en todos mis caminos y carreras». Luego volvía diciendo, como si verdaderamente fuera enamorado: «¡Oh princesa Dulcinea, señora deste cautivo corazón! Mucho agravio me habedes fecho en despedirme y reprocharme con el riguroso afincamiento de mandarme no parecer ante la vuestra fermosura. Plégaos, señora, de membraros deste vuestro sujeto corazón,[79] que tantas cuitas por vuestro amor padece».

Con éstos iba ensartando otros disparates, todos al modo de los que sus libros le habían enseñado,

imitando en cuanto podía su lenguaje; y, con esto, caminaba tan despacio, y el sol entraba tan apriesa y con tanto ardor, que fuera bastante a derretirle los sesos, si algunos tuviera.

Casi todo aquel día caminó sin acontecerle cosa que de contar fuese, de lo cual se desesperaba, porque quisiera topar luego con quien hacer experiencia del valor de su fuerte brazo. Autores hay que dicen que la primera aventura que le avino fue la de Puerto Lápice;[80] otros dicen que la de los molinos de viento; pero lo que yo he podido averiguar en este caso, y lo que he hallado escrito en los anales de la Mancha, es que él anduvo todo aquel día, y, al anochecer, su rocín

[58] **el jamás . . . caballero** that knight who never was praised enough.   [59] **a lo . . . cree** according to the story.   [60] **de muy . . . parecer** very good-looking.   [61] **un tiempo . . . enamorado** sometime in the past he was in love with.   [62] **ni se . . . ello** not even noticed it.   [63] **y a ésta . . . pensamientos** and it seemed to him that it was right to give her the title of Mistress of his thoughts.   [64] **que no . . . señora** that was not too unlike his own and that will prompt the idea of a princess or a great lady.   [65] **poner en efeto** to put in effect.   [66] **apretándole . . . tardanza** being forced into it because the whole world was missing so much by his delay.   [67] **sin dar parte a persona alguna** without saying anything to anybody.   [68] **embrazó su adarga** braced his shield.   [69] **puerta falsa** back door.   [70] **Mas . . . campo** But as soon as he was in the open country.   [71] **puesto . . . fuera** and even if he had been.   [72] **armas blancas** plain armour.   [73] **del . . . topase** by the first (knight) he met.   [74] **En lo de . . . blancas** And about the white armor.   [75] **sin . . . quería** following no other path but the one his horse chose.   [76] **Apenas . . . mostraba** No sooner had the pink-cheeked Apollo spread the Golden threads of his beautiful curls over the broad and spacious face of the earth, and no sooner had the little and colorful birds greeted the rosy dawn singing harmoniously with their harp-like tongues, than the dawn leaving the soft bed of her jealous husband, entered through the doors and balconies of the Manchegan horizon and appeared before the mortals.   [77] **adonde** in which.   [78] **entallarse** engrave.   [79] **con el . . . corazón** with the stern command not to appear in front of your beautiful eyes. O lady, I beg you to remember this devoted heart.   [80] **Puerto Lápice** a mountain pass in the province of Ciudad Real.

y él se hallaron cansados y muertos de hambre; y que, mirando a todas partes por ver si descubriría[81] algún castillo o alguna majada de pastores donde recogerse y adonde pudiese remediar su mucha necesidad, vio, no lejos del camino por donde iba, una venta, que fue como si viera una estrella que no a los portales sino a los alcázares de su redención le encaminaba.[82] Diose priesa a caminar, y llegó a ella a tiempo que[83] anochecía.

Estaban acaso a la puerta dos mujeres mozas de estas que llaman del partido,[84] las cuales iban a Sevilla con unos arrieros, que en la venta aquella noche acertaron a hacer jornada;[85] y como a nuestro aventurero todo cuanto pensaba, veía o imaginaba le parecía ser hecho y pasar al modo de lo que había leído, luego que vió la venta se le representó que era un castillo con sus cuatro torres y chapiteles de luciente plata, sin faltarle su puente levadiza y honda cava, con todos aquellos adherentes que[86] semejantes castillos se pintan. Fuese llegando a la venta que a él le parecía castillo, y a poco trecho della detuvo las riendas a Rocinante, esperando que algún enano se pusiese entre las almenas a dar señal con alguna trompeta de que llegaba caballero al castillo. Pero como vio que se tardaban y que Rocinante se daba priesa por llegar a la caballeriza, se llegó a la puerta de la venta, y vio a las dos distraídas mozas[87] que allí estaban, que a él le parecieron dos hermosas doncellas o dos graciosas damas que delante de la puerta del castillo se estaban solazando. En esto sucedió acaso que un porquero que andaba recogiendo de unos rastrojos[88] una manada de puercos (que, sin perdón, asi se llaman) tocó un cuerno, a cuya señal ellos se recogen, y al instante se le representó a don Quijote lo que deseaba, que era que algún enano[89] hacía la señal de su venida, y así con extraño contento llegó a la venta y a las damas, las cuales, como vieron venir un hombre de aquella suerte armado, y con lanza y adarga, llenas de miedo se iban a entrar en la venta; pero don Quijote, coligiendo por su huída su miedo, alzándose la visera de papelón y descubriendo su seco y polvoroso rostro, con gentil talante y voz reposada les dijo:

—Non fuyan las vuestras mercedes, ni teman desaguisado alguno; ca a la orden de caballería que profeso non toca ni atañe facerle a ninguno, cuanto más a tan altas doncellas como vuestras presencias demuestran.[90]

Mirábanle las mozas, y andaban con los ojos buscándole el rostro, que la mala visera le encubría: mas como se oyeron llamar doncellas, cosa tan fuera de su profesión, no pudieron tener la risa, y fue de manera que don Quijote vino a correrse,[91] y a decirles:

—Bien parece la mesura en las fermosas, y es mucha sandez, además, la risa que de leve causa procede; pero non vos lo digo porque os acuitedes ni mostredes mal talante; que el mío non es de al que de serviros.[92]

El lenguaje, no entendido de las señoras, y el mal talle de nuestro caballero acrecentaba en ellas la risa, y en él el enojo, y pasara muy adelante si a aquel punto no saliera el ventero, hombre que, por ser muy gordo, era muy pacífico, el cual, viendo aquella figura contrahecha, armada de armas tan desiguales como eran la brida, lanza, adarga y coselete, no estuvo en nada el acompañar a las doncellas en las muestras de su contento.[93] Mas, en efecto, temiendo la máquina de tantos pertrechos, determinó de hablarle comedidamente, y así le dijo:

—Si vuestra merced, señor caballero, busca posada, amén del lecho[94] (porque en esta venta no hay ninguno), todo lo demás se hallará en ella en mucha abundancia.

Viendo don Quijote la humildad del alcaide de la fortaleza, que tal le pareció a él el ventero y la venta, respondió:

—Para mí, señor castellano,[95] cualquier cosa basta, porque mis arreos son las armas, mi descanso el pelear, etc.

Pensó el huésped que el haberle llamado castellano había sido por haberle parecido de los sanos de Castilla,[96] aunque él era andaluz, y de los de la playa de Sanlúcar,[97] no menos ladrón que Caco,[98] ni menos maleante que estudiante o paje, y así le respondió:

—Según eso, las camas de vuestra merced serán duras peñas, y su dormir, siempre velar; y siendo así, bien se puede apear, con seguridad de hallar en esta choza ocasión y ocasiones para no dormir en todo un año, cuanto más en una noche.

Y diciendo esto, fue a tener el estribo a don Quijote, el cual se apeó con mucha dificultad y trabajo, como aquel que en todo aquel día no se había desayunado.[99]

Dijo luego al huésped que le tuviese mucho cuidado de su caballo, porque era la mejor pieza que comía pan en el mundo. Miróle el ventero, y no le pareció tan bueno como don Quijote decía, ni aun la mitad; y acomodándole en la caballeriza, volvió a ver lo que su huésped mandaba, al cual estaban desarmando las doncellas, que ya se habían reconciliado con él; las cuales, aunque le habían quitado el peto y el espaldar, jamás supieron ni desencajalle la gola, ni quitalle la contrahecha celada, que traía atada con unas cintas verdes, y era menester cortarlas, por no poderse quitar los nudos; mas él no lo quiso consentir en ninguna manera, y así, se quedó toda aquella noche con la celada puesta, que era la más graciosa y extraña figura que se pudiera pensar; y al desarmarle, como él se imaginaba que aquellas traídas y llevadas[100] que le desarmaban eran algunas principales señoras y damas de aquel castillo, les dijo con mucho donaire:

—Nunca fuera caballero
De damas tan bien servido
Como fuera don Quijote
Cuando de su aldea vino:
Doncellas curaban dél;
Princesas, del su rocino.

«O Rocinante; que éste es el nombre, señoras mías, de mi caballo, y don Quijote de la Mancha el mío; que, puesto que no quisiera descubrirme[101] fasta que las hazañas fechas en vuestro servicio y pro me descubrieran, la fuerza de acomodar al propósito presente este romance viejo de Lanzarote ha sido causa que sepáis mi nombre antes de toda razón; pero tiempo vendrá en que las vuestras señorías me manden y yo obedezca, y el valor de mi brazo descubra el deseo que tengo de serviros».

Las mozas, que no estaban hechas[102] a oir semejantes retóricas, no respondían palabra; sólo le preguntaron si quería comer alguna cosa.

—Cualquiera yantaría yo[103] —respondió don Quijote—, porque, a lo que entiendo, me haría mucho al caso.[104]

A dicha,[105] acertó a ser viernes aquel día, y no había en toda la venta sino unas raciones de un pescado que en Castilla llaman abadejo, y en Andalucía bacallao, y en otras partes curadillo, y en otras truchuela.[106]

Preguntáronle si por ventura comería su merced truchuela; que no había otro pescado que dalle a comer.

—Como haya muchas truchuelas —respondió don Quijote—, podrán servir de una trucha; porque eso se me da que me den ocho reales en sencillos que una pieza de a ocho. Cuanto más, que podría ser que fuesen estas truchuelas como la ternera, que es mejor que la vaca, y el cabrito que el cabrón. Pero, sea lo que fuere, venga luego; que el trabajo y peso de las armas no se puede llevar sin el gobierno de las tripas.[107]

Pusiéronle la mesa a la puerta de la venta, por el

[81] **si descubriría** if he could discover.   [82] **estrella . . . encaminaba** a star that would not take him to the stable but to the castle of his redemption (Cervantes plays here with the gospel reference of the Magi, the star and the birth of Christ in the (portal) stable of Bethlehem Matt. 2, 1–12).   [83] **a tiempo que** when.   [84] **del partido** prostitutes.   [85] **acertaron . . . jornada** they happened to be staying.   [86] **que** con que with which.   [87] **distraídas mozas** merry maidens.   [88] **de unos rastrojos** from the stubble.   [89] **que era que . . . enano** which was nothing else, but that some dwarf.   [90] **Non . . . demuestran** Do not flee, your Ladyships, neither be afraid of any wrong; because the order of knighthood to which I belong does not do wrong to anybody, much less to such noble maidens, as your countenances show you to be.   [91] **vino a correrse** he got mad.   [92] **pero non . . . serviros** but I do not say this to bother you or to hurt your feelings because I desire only to serve you.   [93] **brida . . . contento** bridle, lance, shield, and corselet, he was just about ready to join the girls in their demonstrations of amusement.   [94] **amén del lecho** except the bed.   [95] **castellano** warden of a castle.   [96] **sanos de Castilla** one of the good people of Castile.   [97] **Sanlúcar** town of South Spain where misfits used to gather.   [98] **Caco** robber in Roman mythology.   [99] **no . . . desayunado** had not had a bit of food.   [100] **aquellas . . . llevadas** those worn-out wenches.   [101] **puesto . . . descubrirme** even though I did not want to reveal my person.   [102] **hechas** acostumbradas.   [103] **Cualquiera . . . yo** I could eat anything.   [104] **me . . . caso** it would help.   [105] **A dicha** By chance.   [106] **abadejo, bacallao, curradillo, truchuela** codfish. (**Truchuela** could also be taken to mean small trout, as Don Quijote mistakingly does, from **trucha** trout).   [107] **sin el . . . tripas** unless good care is given to the stomach.

Photo 28

Armadura española, 1500–1510. Yelmo con la marca del armero. The Metropolitan Museum of Art. Comprado, 1929 con fondos de varios donadores. Se encuentra en el Bashford Dean Memorial Collection.

fresco, y trújole el huésped una porción del mal remojado y peor cocido bacallao y un pan tan negro y mugriento como sus armas; pero era materia de grande risa verle comer, porque como tenía puesta la celada y alzada la visera, no podía poner nada en la boca con sus manos si otro no se lo daba y ponía, y ansí, una de aquellas señoras servía deste menester.[108] Mas al darle de beber, no fué posible, ni lo fuera si el ventero no horadara una caña, y puesto el un cabo en la boca,[109] por el otro le iba echando el vino; y todo esto lo recebía con paciencia, a trueco de no romper las cintas de la celada. Estando en esto, llegó acaso a la venta un castrador de puercos,[110] y así como llegó, sonó su silbato de cañas cuatro o cinco veces, con lo cual acabó de confirmar don Quijote que[111] estaba en algún famoso castillo, y que le servían con música, y que el abadejo eran truchas; el pan, candeal;[112] y las rameras, damas; y el ventero, castellano del castillo, y con esto daba por bien empleada su determinación y salida. Mas lo que más le fatigaba era el no verse armado caballero, por parecerle que no se

podría poner legítimamente en aventura alguna sin recebir la orden de caballería.

Capítulo III

Donde se cuenta la graciosa manera que tuvo Don Quijote en armarse caballero

Y así, fatigado deste pensamiento, abrevió su venteril y limitada cena; la cual acabada, llamó al ventero y, encerrándose con él en la caballeriza, se hincó de rodillas ante él, diciéndole:

—No me levantaré jamás de donde estoy, valeroso caballero, fasta que la vuestra cortesía me otorgue un don que pedirle quiero, el cual redundará en alabanza vuestra y en pro del género humano.

El ventero, que vio a su huésped a sus pies y oyó semejantes razones, estaba confuso mirándole, sin saber qué hacerse ni decirle, y porfiaba con él que se levantase, y jamás quiso, hasta que le hubo de decir que él le otorgaba el don que le pedía.

—No esperaba yo menos de la gran magnificencia vuestra, señor mío —respondió don Quijote—; y así, os digo que el don que os he pedido y de vuestra liberalidad me ha sido otorgado es que mañana en aquel día[113] me habéis de armar caballero, y esta noche en la capilla deste vuestro castillo velaré las armas, y mañana, como tengo dicho, se cumplirá lo que tanto deseo, para poder como se debe ir por todas las cuatro partes del mundo buscando las aventuras, en pro de los menesterosos, como está a cargo de la caballería[114] y de los caballeros andantes, como yo soy, cuyo deseo a semejantes fazañas es inclinado.[115]

El ventero, que, como está dicho, era un poco socarrón y ya tenía algunos barruntos de la falta de juicio de su huésped, acabó de creerlo cuando acabó de oírle semejantes razones, y, por tener que reír[116] aquella noche, determinó de seguirle el humor; y así le dijo que andaba muy acertado en lo que deseaba y pedía, y que tal presupuesto[117] era propio y natural de los caballeros tan principales como él parecía y como su gallarda presencia mostraba; y que él, ansimesmo, en los años de su mocedad, se había dado a aquel honroso ejercicio, andando por diversas partes del mundo, buscando sus aventuras, sin que hubiese dejado los Percheles de Málaga, Islas de Riarán, Compás de Sevilla, Azoguejo de Segovia, la Olivera de Valencia, Rondilla de Granada, Playa de Sanlúcar, Potro de Córdoba y las Ventillas de Toledo y otras diversas partes,[118] donde había ejercitado la ligereza de sus pies y sutileza de sus manos, haciendo muchos tuertos, recuestando muchas viudas, deshaciendo algunas doncellas y engañando a algunos pupilos, y, finalmente, dándose a conocer por cuantas audiencias y tribunales hay casi en toda España; y que, a lo último, se había venido a recoger a aquel su castillo, donde vivía con su hacienda y con las ajenas, recogiendo en él a todos los caballeros andantes, de cualquiera calidad y condición que fuesen, sólo por la mucha afición que les tenía y porque partiesen con él de sus haberes, en pago de su buen deseo. Díjole también que en aquel su castillo no había capilla alguna donde poder velar las armas, porque estaba derribada para hacerla de nuevo; pero que en caso de necesidad él

sabía que se podía velar dondequiera, y que aquella noche las podría velar en un patio del castillo; que a la mañana, siendo Dios servido, se harían las debidas ceremonias, de manera que él quedase armado caballero, y tan caballero que no pudiese ser más en el mundo.

Preguntóle si traía dineros; respondióle don Quijote que no traía blanca, porque él nunca había leído en las historias de los caballeros andantes que ninguno los hubiese traído. A esto dijo el ventero que se engañaba: que, puesto caso[119] que en las historias no se escribía, por haberles parecido a los autores dellas que no era menester escribir una cosa tan clara y tan necesaria de traerse como eran dinero y camisas limpias,[120] no por eso se había de creer que no los trujeron; y así, tuviese por cierto y averiguado que todos los caballeros andantes, de que tantos libros están llenos y atestados, llevaban bien herradas las bolsas, por lo que pudiese sucederles;[121] y que asimismo llevaban camisas y una arqueta pequeña llena de ungüentos para curar las heridas, porque no todas veces en los campos y desiertos donde combatían y salían heridos había quien los curase, si ya no era que tenían algún sabio encantador amigo, que luego los socorría, trayendo por el aire, en alguna nube, alguna doncella o enano con alguna redoma de agua de tal virtud que, en gustando alguna gota della, luego al

---

[108] **servía . . . menester** performed this task [for him].   [109] **no horadara . . . boca** had not hollowed out a reed, and putting one end in Don Quixote's mouth.   [110] **castrador de puercos** a gelder of pigs.   [111] **acabó . . . que** acabó de convencerse don Quijote de que . . .   [112] **el pan, candeal** the bread, of the best quality.   [113] **en aquel día** tomorrow.   [114] **como . . . caballería** as it fits the knighthood condition.   [115] **cuyo . . . inclinado** whose nature tends towards those exploits.   [116] **por . . . reír** to have fun.   [117] **presupuesto** desire.   [118] The mocking innkeeper gives the names of places related to the picaresque life of the time.   [119] **puesto caso** although.   [120] **escribir . . . limpias** to write about such evident and necessary things like carrying money and clean shirts.   [121] **tuviese . . . sucederles** and so, he should know for sure that all knights-errant, of whom so many books are packed full, used to have well-stuffed purses, for any emergency.

punto quedaban sanos de sus llagas y heridas, como si mal alguno hubiesen tenido;[122] mas que en tanto que esto no hubiese,[123] tuvieron los pasados caballeros por cosa acertada[124] que sus escuderos fuesen proveídos de dineros y de otras cosas necesarias, como eran hilas y ungüentos para curarse; y cuando sucedía que los tales caballeros no tenían escuderos (que eran pocas y raras veces), ellos mesmos lo llevaban todo en unas alforjas muy sutiles, que casi no se parecían, a las ancas del caballo, como que era otra cosa de más importancia;[125] porque, no siendo por ocasión semejante, esto de llevar alforjas no fué muy admitido entre los caballeros andantes; y por esto le daba por consejo, pues aun se lo podía mandar como a un ahijado, que tan presto lo había de ser,[126] que no caminase de allí adelante sin dineros y sin las prevenciones referidas, y que vería cuán bien se hallaba con ellas, cuando menos se pensase.

Prometióle don Quijote de hacer lo que se le aconsejaba, con toda puntualidad, y así se dió luego orden como velase las armas en un corral grande que a un lado de la venta estaba; y recogiéndolas don Quijote todas, las puso sobre una pila que junto a un pozo estaba, y, embrazando su adarga, asió de su lanza, y con gentil continente se comenzó a pasear delante de la pila; y cuando comenzó el paseo comenzaba a cerrar la noche.

Contó el ventero a todos cuantos estaban en la venta la locura de su huésped, la vela de las armas y la armazón de caballería[127] que esperaba. Admiráronse de tan extraño género de locura y fuéronselo a mirar[128] desde lejos, y vieron que, con sosegado ademán, unas veces se paseaba; otras, arrimado a su lanza, ponía los ojos en las armas, sin quitarlos por un buen espacio dellas. Acabó de cerrar la noche; pero con tanta claridad de la luna, que podía competir con el que se la prestaba;[129] de manera que cuanto el novel caballero hacía era bien visto de todos. Antojósele en esto a uno de los arrieros que estaban en la venta ir a dar agua a su recua, y fué menester quitar las armas de don Quijote, que estaban sobre la pila; el cual, viéndole llegar, en voz alta le dijo:

—¡Oh tú, quienquiera que seas, atrevido caballero, que llegas a tocar las armas del más valeroso andante que jamás se ciñó espada! Mira lo que haces, y no las

toques, si no quieres dejar la vida en pago de tu atrevimiento.

No se curó el arriero destas razones (y fuera mejor que se curara, porque fuera curarse en salud); antes, trabando de las correas, las arrojó gran trecho de sí.[130] Lo cual visto por don Quijote, alzó los ojos al cielo y, puesto el pensamiento (a lo que pareció) en su señora Dulcinea, dijo:

—Acorredme, señora mía, en esta primera afrenta que a este vuestro avasallado pecho se le ofrece;[131] no me desfallezca en este primero trance vuesto favor y amparo.

Y diciendo estas y otras semejantes razones, soltando la adarga, alzó la lanza a dos manos y dió con ella tan gran golpe al arriero en la cabeza, que le derribó en el suelo tan maltrecho que, si se segundara con otro,[132] no tuviera necesidad de maestro que le curara. Hecho esto, recogió sus armas y tornó a pasearse con el mismo reposo que primero. Desde allí a poco, sin saberse lo que había pasado (porque aún estaba aturdido el arriero), llegó otro con la mesma intención de dar agua a sus mulos y, llegando a quitar las armas para desembarazar la pila, sin hablar don Quijote palabra y sin pedir favor a nadie, soltó otra vez la adarga, y alzó otra vez la lanza, y, sin hacerla pedazos, hizo más de tres la cabeza del segundo arriero, porque se la abrió por cuatro. Al ruido acudió toda la gente de la venta, y entre ellos el ventero. Viendo esto don Quijote, embrazó su adarga y, puesta mano a su espada, dijo:

—¡Oh, señora de la fermosura, esfuerzo y vigor del debilitado corazón mío! Agora es tiempo que vuelvas los ojos de tu grandeza a este tu cautivo caballero, que tamaña aventura está atendiendo.

Con esto cobró, a su parecer, tanto ánimo, que si le acometieran todos los arrieros del mundo, no volviera el pie atrás. Los compañeros de los heridos, que tales los vieron,[133] comenzaron desde lejos a llover piedras sobre don Quijote, el cual, lo mejor que podía, se reparaba con su adarga, y no se osaba apartar de la pila, por no desamparar las armas. El ventero daba voces que le dejasen, porque ya les había dicho cómo era loco, y que por loco se libraría, aunque los matase a todos. También don Quijote las daba, mayores, llamándolos de alevosos y traidores, y que el señor del castillo era un follón y mal nacido caballero, pues de tal manera consentía que se tratasen los andantes caballeros; y que si él hubiera recibido la orden de caballería, que él le diera a entender su alevosía; pero de vosotros, soez y baja canalla, no hago caso alguno; tirad, llegad, venid, y ofendedme en cuanto pudiéredes; que vosotros veréis el pago que lleváis de vuestra sandez y demasía.

Decía esto con tanto brío y denuedo, que infundió un terrible temor en los que le acometían; y así por esto como por las persuasiones del ventero, le dejaron de tirar; y él dejó retirar a los heridos, y tornó a la vela de sus armas, con la misma quietud y sosiego que primero.

No le parecieron bien al ventero las burlas[134] de su huésped, y determinó abreviar y darle la negra orden de caballería luego,[135] antes que otra desgracia sucediese. Y así, llegándose a él, se disculpó de la insolencia que aquella gente baja con él había usado, sin que él supiese cosa alguna; pero que bien castigados quedaban de su atrevimiento. Díjole cómo ya le había dicho que en aquel castillo no había capilla, y para lo que restaba de hacer tampoco era necesaria; que todo el toque de quedar armado caballero consistía en la pescozada y en el espaldarazo,[136] según él tenía noticia del ceremonial de la orden, y que aquello en mitad del campo se podía hacer; y que ya había cumplido con lo que tocaba al velar de las armas,[137] que con solas dos horas de vela se cumplía, cuanto más que él había estado más de cuatro. Todo se lo creyó don Quijote, y dijo que él estaba allí pronto para obedecerle y que concluyese con la mayor brevedad que pudiese; porque si fuese otra vez acometido y se viese armado caballero, no pensaba dejar persona viva en el castillo, eceto[138] aquellas que él le mandase, a quien por su respeto dejaría.[139]

Advertido y medroso desto el castellano, trajo luego un libro donde asentaba[140] la paja y la cebada que daba a los arrieros, y con un cabo de vela que le traía un muchacho, y con las dos ya dichas doncellas, se vino adonde don Quijote estaba, al cual mandó hincar de rodillas; y, leyendo en su manual (como que decía alguna devota oración), en mitad de la leyenda alzó la mano y dióle sobre el cuello un buen golpe, y tras él, con su mesma espada, un gentil espaldarazo, siempre

murmurando entre dientes, como que rezaba. Hecho esto, mandó a una de aquellas damas que le ciñese la espada, la cual lo hizo con mucha desenvoltura y discreción, porque no fue menester poca para no reventar de risa a cada punto de las ceremonias; pero las proezas que ya habían visto del novel caballero les tenían la risa a raya.[141] Al ceñirle la espada dijo la buena señora:

—Dios haga a vuestra merced muy venturoso caballero y le dé ventura en lides.

Don Quijote le preguntó cómo se llamaba, porque él supiese de allí adelante a quién quedaba obligado por la merced recibida, porque pensaba darle alguna parte de la honra que alcanzase por el valor de su brazo. Ella respondió con mucha humildad que se

[122] **como . . . tenido** como si no hubiesen tenido. [123] **mas . . . hubiese** but meanwhile, not having these conveniences. [124] **tuvieron . . . acertada** they thought that it was convenient. [125] **ellos . . . importancia** they themselves carried all these things in some sort of saddlebags attached to their horses' croups so cleverly made, that they were hardly seen and did not look as such, but as something different and very important. [126] **pues . . . de ser** he could command him since he was about to become his godson. [127] **armazón de caballería** the ceremony of being knighted. [128] **fuéronselo a mirar** they went to see for themselves. [129] **que podía . . . prestaba** that it could compete with the lender of its light. [130] **No se . . . de sí** The muleteer did not care about Don Quixote's words (and it would have been better to care in order to avoid trouble), instead, the muleteer laying hold of the straps threw the armor a big distance away from him. [131] **Acorredme . . . ofrece** Come to my aid, O my lady, in this first encounter offered to me, your vassal heart. [132] **si se . . . otro** if it would be followed with a second one (blow). [133] **tales los vieron** when they saw them in that shape. [134] **burlas** pranks. [135] **la negra . . . luego** the damned order of Knighthood immediately. [136] **pescozada y espaldarazo** slap on the neck and on the back. [137] **y que . . . armas** and that he had fulfilled the requirement of watching over his armor. [138] **eceto** excepto. [139] **dejaría (vivos)** he will spare their lives. [140] **asentaba** he used to write down the amounts. [141] **les . . . raya** had them control their laughter.

llamaba la Tolosa, y que era hija de un remendón, natural de Toledo, que vivía a las tendillas de Sancho Bienaya, y que dondequiera que ella estuviese le serviría y le tendría por señor. Don Quijote le replicó que, por su amor, le hiciese merced que de allí adelante se pusiese don,[142] y se llamase doña Tolosa. Ella se lo prometió, y la otra le calzó la espuela; con la cual le pasó casi el mismo coloquio que con la de la espada. Preguntóle su nombre, y dijo que se llamaba la Molinera y que era hija de un honrado molinero de Antequera; a la cual también rogó don Quijote que se pusiese don, y se llamase doña Molinera, ofreciéndole nuevos servicios y mercedes.

Hechas, pues, de galope y apriesa las hasta allí nunca vistas ceremonias, no vió la hora don Quijote de verse a caballo y salir buscando las aventuras; y, ensillando luego a Rocinante, subió en él y, abrazando a su huésped, le dijo cosas tan extrañas agradeciéndole la merced de haberle armado caballero, que no es posible acertar a referirlas. El ventero, por verle ya fuera de la venta, con no menos retóricas, aunque con más breves palabras, respondió a las suyas y, sin pedirle la costa de la posada, le dejó ir a la buen hora.

Capítulo VII

De la segunda salida de nuestro buen caballero Don Quijote de la Mancha

. . . En este tiempo solicitó don Quijote a un labrador vecino suyo, hombre de bien (si es que este título se puede dar al que es pobre), pero de muy poca sal en la mollera.[143] En resolución, tanto le dijo, tanto le persuadió y prometió, que el pobre villano se determinó de salirse con él y servirle de escudero. Decíale, entre otras cosas, don Quijote que se dispusiese a ir con él de buena gana, porque tal vez le podía suceder aventura que ganase, en quítame allá esas pajas,[144] alguna ínsula, y le dejase a él por gobernador della. Con estas promesas y otras tales, Sancho Panza, que así se llamaba el labrador, dejó su mujer y hijos y asentó por escudero[145] de su vecino.

Dio luego don Quijote orden en buscar dineros, y vendiendo una cosa, y empeñando otra, y malbara-

tándolas todas, llegó una razonable cantidad.[146] Acomodóse asimesmo[147] de una rodela, que pidió prestada a un su amigo, y, pertrechando[148] su rota celada lo mejor que pudo, avisó a su escudero Sancho del día y la hora que pensaba ponerse en camino para que él se acomodase de lo que viese que más le era menester; sobre todo, le encargó que llevase alforjas. El dijo que sí llevaría, y que asimesmo pensaba llevar un asno que tenía muy bueno, porque él no estaba ducho a andar mucho a pie. En lo del asno reparó un poco don Quijote,[149] imaginando si se le acordaba si algún caballero andante había traído escudero caballero asnalmente; pero nunca le vino alguno a la memoria; mas, con todo esto, determinó que le llevase, con presupuesto de acomodarle de más honrada caballería en habiendo ocasión para ello, quitándole el caballo al primer descortés caballero que topase. Proveyóse de camisas y de las demás cosas que él pudo, conforme al consejo que el ventero le había dado; todo lo cual hecho y cumplido, sin despedirse Panza de sus hijos y mujer, ni don Quijote de su ama y sobrina, una noche se salieron del lugar sin que persona los viese; en la cual caminaron tanto, que al amanecer se tuvieron por seguros de que no los hallarían aunque los bucasen.

Iba Sancho Panza sobre su jumento como un patriarca, con sus alforjas y bota, con mucho deseo de verse ya gobernador de la ínsula que su amo le había prometido. Acertó don Quijote a tomar la misma derrota[150] y camino que él había tomado en su primer viaje, que fué por el campo de Montiel, por el cual caminaba con menos pesadumbre que la vez pasada, porque, por ser la hora de la mañana y herirles a soslayo los rayos del sol,[151] no les fatigaban. Dijo en esto Sancho Panza a su amo:

—Mire vuestra merced, señor caballero andante, que no se le olvide lo que de la ínsula me tiene prometido; que yo la sabré gobernar por grande que sea.

A lo cual respondió don Quijote:

—Has de saber, amigo Sancho Panza, que fué costumbre muy usada de los caballeros andantes antiguos hacer gobernadores a sus escuderos de las ínsulas o reinos que ganaban, y yo tengo determinado de que por mí no falte tan agradecida usanza;[152] antes pienso aventajarme en ella: porque ellos algunas veces, y quizá las más, esperaban a que sus escuderos fuesen viejos, y ya después de hartos de servir y de llevar malos días y peores noches, les daban algún título de conde, o por lo mucho, de marqués, de algún valle o provincia de poco más o menos; pero si tú vives y yo vivo, bien podría ser que antes de seis días ganase yo tal reino, que tuviese otros a él adherentes, que viniesen de molde para coronarte por rey de uno dellos.[153] Y no lo tengas a mucho; que cosas y casos acontecen a los tales caballeros, por modos tan nunca vistos ni pensados, que con facilidad te podría dar aún más de lo que te prometo.

—De esa manera —respondió Sancho Panza—, si yo fuese rey por algún milagro de los que vuestra merced dice, por lo menos Juana Gutiérrez, mi oíslo,[154] vendría a ser reina, y mis hijos infantes.

—Pues ¿quién lo duda? —respondió don Quijote.

—Yo lo dudo —replicó Sancho Panza—; porque tengo para mí que, aunque lloviese Dios reinos sobre la tierra, ninguno asentaría bien sobre la cabeza de Mari Gutiérrez. Sepa, señor, que no vale dos maravedís para reina; condesa la caerá mejor, y aun Dios y ayuda.[155]

—Encomiéndalo tú a Dios, Sancho —respondió don Quijote—, que El dará lo que más convenga; pero no apoques tu ánimo tanto, que te vengas a contentar con menos que con ser adelantado.[156]

—No haré, señor mío —respondió Sancho—, y más teniendo tan principal amo en vuestra merced, que me sabrá dar todo aquello que me esté bien y yo pueda llevar.

Capítulo VIII

Del buen suceso que el valeroso Don Quijote tuvo en la espantable y jamás imaginada aventura de los molinos de viento, con otros sucesos dignos de felice recordación

En esto, descubrieron treinta o cuarenta molinos de viento que hay en aquel campo, y así como don Quijote los vio, dijo a su escudero:

—La ventura va guiando nuestras cosas mejor de lo que acertáramos a desear;[157] porque ves allí, amigo Sancho Panza, dónde se descubren treinta, o pocos

más, desaforados gigantes, con quien pienso hacer batalla y quitarles a todos las vidas, con cuyos despojos comenzaremos a enriquecer, que ésta es buena guerra, y es gran servicio de Dios quitar tan mala simiente de sobre la faz de la tierra.

—¿Qué gigantes? —dijo Sancho Panza.

—Aquellos que allí ves —respondió su amo— de los brazos largos que los suelen tener algunos de casi dos leguas.

—Mire vuestra merced —respondió Sancho— que aquellos que allí se parecen no son gigantes, sino molinos de viento, y lo que en ellos parecen brazos son las aspas, que volteadas del viento, hacen andar la piedra del molino.

—Bien parece —respondió don Quijote— que no estás cursado[158] en esto de las aventuras: ellos son gigantes; y si tienes miedo, quítate de ahí, y ponte en oración en el espacio que yo voy a entrar con ellos en fiera y desigual batalla.

Y diciendo esto, dio de espuelas a su caballo Rocinante, sin atender a las voces que su escudero Sancho le daba, advirtiéndole que, sin duda alguna, eran molinos de viento y no gigantes aquellos que iba a acometer. Pero él iba tan puesto en que eran gigantes,

[142] **le hiciese . . . don** do him a favor, from then on use the title of «don» (doña).   [143] **poca . . . mollera** of little wit in his brains.   [144] **en quítame . . . pajas** in a twinkling.   [145] **asentó por escudero** took over as a squire.   [146] **malbaratándolas . . . cantidad** underselling all he owned he scraped together a reasonable amount.   [147] **Acomodóse asimesmo** He got also.   [148] **pertrechando** fixing.   [149] **En lo . . . Quijote** As for the ass, Don Quixote hesitated a little.   [150] **Acertó . . . derrota** It happened that Don Quixote went the same road.   [151] **herirles . . . sol** the sun's rays hit them obliquely.   [152] **no falte . . . usanza** such good tradition not to be broken.   [153] **bien podría . . . dellos** it could be that before six days I shall win a kingdom which may have vassal kingdoms and that will be the perfect way to get you crowned king of one of them.   [154] **mi oíslo** familiar expression used by married people.   [155] **y aun Dios y ayuda** and God help her.   [156] **pero no . . . adelantado** but do not be so faint-hearted as to be satisfied with anything less than a governorship.   [157] **de lo . . . desear** than we could have wished.   [158] **que . . . cursado** you are not familiar.

que ni oía las voces de su escudero Sancho, ni echaba de ver, aunque estaba ya bien cerca, lo que eran; antes iba diciendo en voces altas:

—Non fuyades,[159] cobardes y viles criaturas; que un solo caballero es el que os acomete.

Levantóse en esto un poco de viento, y las grandes aspas comenzaron a moverse, lo cual visto por don Quijote, dijo:

—Pues aunque mováis más brazos que los del gigante Briareo, me lo habéis de pagar.

Y diciendo esto, y encomendándose de todo corazón a su señora Dulcinea, pidiéndole que en el trance le socorriese,[160] bien cubierto de su rodela, con la lanza en el ristre, arremetió a todo el galope de Rocinante y embistió con el primero molino que estaba delante; y dándole una lanzada en el aspa, la volvió el viento con tanta furia, que hizo la lanza pedazos, llevándose tras sí al caballo y al caballero, que fue rodando muy maltrecho[161] por el campo. Acudió Sancho Panza a socorrerle, a todo correr de su asno, y cuando llegó halló que no se podía menear: tal fue el golpe que dio con él Rocinante.

—¡Válame Dios![162] —dijo Sancho—. ¿No le dije yo a vuestra merced que mirase bien lo que hacía, que no eran sino molinos de viento, y no lo podía ignorar sino quien llevase otros tales en la cabeza?[163]

—Calla, amigo Sancho —respondió don Quijote—; que las cosas de la guerra, más que otras, están sujetas a continua mudanza; cuando más, que yo pienso, y así es verdad, que aquel sabio Frestón que me robó el aposento y los libros ha vuelto estos gigantes en molinos, por quitarme la gloria de su vencimiento: tal es la enemistad que me tiene; mas al cabo, han de poder poco sus malas artes contra la bondad de mi espada.

—Dios lo haga como puede —respondió Sancho Panza.

Y, ayudándole a levantar, tornó a subir sobre Rocinante, que medio despaldado estaba.[164] Y, hablando en la pasada aventura, siguieron el camino del Puerto Lápice, porque allí decía don Quijote que no era posible dejar de hallarse muchas y diversas aventuras, por ser lugar muy pasajero, sino que iba muy pesaroso por haberle faltado la lanza;[165] y diciéndoselo a su escudero, le dijo:

—Yo me acuerdo haber leído que un caballero español llamado Diego Pérez de Vargas, habiéndosele en una batalla roto la espada, desgajó de una encina un pesado ramo o tronco, y con él hizo tales cosas aquel día y machacó tantos moros, que le quedó por sobrenombre Machuca, y así él como sus descendientes se llamaron desde aquel día en adelante Vargas y Machuca. Hete dicho esto porque de la primera encina o roble que se me depare[166] pienso desgajar otro tronco, tal y tan bueno como aquel que me imagino; y pienso hacer con él tales hazañas, que tú te tengas por bien afortunado de haber merecido venir a vellas y a ser testigo de cosas que apenas podrán ser creídas.

—A la mano de Dios —dijo Sancho—; yo lo creo todo así como vuestra merced lo dice; pero enderécese un poco, que parece que va de medio lado,[167] y debe de ser del molimiento de la caída.

—Así es la verdad —respondió don Quijote—; y si no me quejo del dolor es porque no es dado a[168] los caballeros andantes quejarse de herida alguna, aunque se les salgan las tripas por ella.

—Si eso es así, no tengo yo que replicar —respondió Sancho—; pero sabe Dios si[169] yo me holgara que vuestra merced se quejara cuando alguna cosa le doliera. De mí sé decir que me he de quejar del más pequeño dolor que tenga, si ya no se entiende también con los escuderos de los caballeros andantes eso del no quejarse.[170]

No se dejó de reir don Quijote de la simplicidad de su escudero; y así le declaró que podía muy bien quejarse cómo y cuándo quisiese, sin gana o con ella; que hasta entonces no había leído cosa en contrario en la orden de caballería. Díjole Sancho que mirase que era hora de comer. Respondióle su amo que por entonces no le hacía menester;[171] que comiese él cuando se le antojase. Con esta licencia, se acomodó Sancho lo mejor que pudo sobre su jumento, y sacando de las alforjas lo que en ellas había puesto, iba caminando y comiendo detrás de su amo muy de su espacio, y de cuando en cuando empinaba la bota[172] con tanto gusto, que le pudiera envidiar el más regalado bodegonero[173] de Málaga. Y en tanto que él iba de aquella manera menudeando tragos,[174] no se le acordaba de ninguna promesa que su amo le hubiese hecho, ni tenía por ningún trabajo, sino por mucho descanso, andar buscando las aventuras, por peligrosas que fuesen.

En resolución, aquella noche la pasaron entre unos árboles, y del uno dellos desgajó don Quijote un ramo seco que casi le podía servir de lanza, y puso en él el hierro que quitó de la que se le había quebrado. Toda aquella noche no durmió don Quijote pensando en su señora Dulcinea, por acomodarse a lo que había leído en sus libros, cuando los caballeros pasaban sin dormir muchas noches en las florestas y despoblados, entretenidos con las memorias de sus señoras. No la pasó ansí Sancho Panza; que, como tenía el estómago lleno, y no de agua de chicoria, de un sueño se la llevó toda, y no fueran parte para despertarle, si su amo no le llamara, los rayos del sol, que le daban en el rostro, ni el canto de las aves, que, muchas y muy regocijadamente, la venida del nuevo día saludaban. Al levantarse dio un tiento[175] a la bota, y hallóla algo más flaca que la noche antes, y afligiósele el corazón, por parecerle que no llevaba camino de remediar tan presto su falta. No quiso desayunarse don Quijote, porque, como está dicho, dió en sustentarse de sabrosas memorias. Tornaron a su comenzado camino del Puerto Lápice, y a obra de[175a] las tres del día le descubrieron.

—Aquí —dijo en viéndole don Quijote— podemos, hermano Sancho Panza, meter las manos hasta los codos en esto que llaman aventuras. Mas advierte que, aunque me vea en los mayores peligros del mundo, no has de poner mano a tu espada para defenderme, si ya no vieres[176] que los que me ofenden es canalla y gente baja, que en tal caso bien puedes ayudarme; pero si fueren caballeros, en ninguna manera te es lícito ni concedido por las leyes de caballería que me ayudes, hasta que seas armado caballero.

—Por cierto, señor —respondió Sancho—, que vuestra merced sea muy bien obedecido en esto; y más, que yo de mío[177] me soy pacífico y enemigo de meterme en ruidos ni pendencias; bien es verdad que en lo que tocare a defender mi persona, no tendré mucha cuenta con esas leyes, pues las divinas y humanas permiten que cada uno se defienda de quien quisiere agraviarle.

—No digo yo menos —respondió don Quijote—; pero en esto de ayudarme contra caballeros has de tener a raya tus naturales ímpetus.

—Digo que así lo haré —respondió Sancho—, y que guardaré ese preceto tan bien como el día del domingo. . . .

Capítulo XVI

De lo que sucedió al ingenioso hidalgo en la venta que él imaginaba ser castillo[178]

El ventero que vió a don Quijote atravesado en el asno,[179] preguntó a Sancho que qué mal traía. Sancho le respondió que no era nada, sino que había dado una caída de una peña abajo, y que venía algo brumadas las costillas.[180] Tenía el ventero por mujer a una, no de la condición que suelen tener las de semejante trato,

[159] **Non fuyades** do not flee.   [160] **que . . . socorriese** her assistance in that peril.   [161] **muy maltrecho** badly hurt.   [162] **¡Válame Dios!** God help me!   [163] **y no . . . cabeza?** and nobody could ignore them unless he himself had some in his own head?   [164] **medio . . . estaba** with an almost broken back.   [165] **no era . . . lanza** was possible to find many and interesting adventures because it was a busy road, but he felt unhappy because he lost his lance.   [166] **que . . . depare** that I may see in my way.   [167] **que va . . . lado** that you ride sideways.   [168] **no es dado a** it is not proper for.   [169] **si** que.   [170] **si ya . . . quejarse** unless the same rules of not complaining are applied to the squires of the knights errant.   [171] **no . . . menester** he did not need to eat.   [172] **empinaba la bota** raised the leather wine-bag to drink.   [173] **el más . . . bodegonero** the best fed tavern keeper.   [174] **menudeando tragos** swilling away in that manner.   [175] **dio un tiento** tested.   [175a] **a obra de** at about   [176] **si ya no vieres** unless you see.   [177] **yo de mío** I by nature.   [178] In chapter XV, Rocinante, who, although chaste and modest by nature, however was flesh and blood, showed overaffectionate interest in some mares belonging to a group of about twenty «arrieros». The «arrieros», perceiving the violence that was offered to their mares, came to their rescue with poles and packstaves. Don Quijote and Sancho, seeing this, also ran to Rocinante's rescue. As a result, the «arrieros» beat up don Quijote and Sancho, leaving both in a woeful condition; thus, their arrival at the inn in this chapter.   [179] **atravesado en el asno** slung across the ass.   [180] **algo . . . costillas** slightly bruised in the ribs.

porque naturalmente era caritativa y se dolía de las calamidades de sus prójimos; y así acudió luego a curar a don Quijote, y hizo que una hija suya doncella, muchacha de muy buen parecer, la ayudase a curar a su huésped. Servía en la venta asimesmo una moza asturiana, ancha de cara, llana de cogote, de nariz roma, del un ojo tuerta y del otro no muy sana. Verdad es que la gallardía del cuerpo suplía las demás faltas: no tenía siete palmos de los pies a la cabeza, y las espaldas, que algún tanto le cargaban, la hacían mirar al suelo más de lo que ella quisiera. Esta gentil moza, pues, ayudó a la doncella, y las dos hicieron una muy mala cama a don Quijote en un camaranchón[181] que, en otros tiempos, daba manifiestos indicios que había servido de pajar muchos años; en el cual también alojaba un arriero, que tenía su cama hecha un poco más allá de la de nuestro don Quijote. . . .

En esta maldita cama se acostó don Quijote, y luego la ventera y su hija le emplastaron de arriba a abajo,[182] alumbrándoles Maritornes, que así se llamaba la asturiana; y como al bizmalle[183] viese la ventera tan acardenalado a partes a don Quijote, dijo que aquello más parecían golpes que caída.

—No fueron golpes—dijo Sancho—, sino que la peña tenía muchos picos y tropezones y que cada uno había hecho cardenal.

Y también le dijo:

—Haga vuestra merced, señora, de manera que queden algunas estopas, que no faltará quien las haya menester; que también me duelen a mí un poco los lomos.

—Desa manera—respondió la ventera—, también debistes vos de caer.

—No caí—dijo Panza—, sino que del sobresalto que tomé[184] de ver caer a mi amo, de tal manera me duele a mí el cuerpo, que me parece que me han dado mil palos.

—Bien podrá ser eso—dijo la doncella—; que a mí me ha acontecido muchas veces soñar que caía de una torre abajo, y que nunca acababa de llegar al suelo, y cuando despertaba del sueño, hallarme tan molida y quebrantada como si verdaderamente hubiera caído.

—Ahí está el toque, señora —respondió Sancho Panza—: que yo, sin soñar nada, sino estando más despierto que ahora estoy, me hallo con pocos menos cardenales que mi señor don Quijote.

—¿Cómo se llama este caballero? —preguntó la asturiana Maritornes.

—Don Quijote de la Mancha —respondió Sancho Panza—; y es caballero aventurero y de los mejores y más fuertes que de luengos tiempos acá se han visto en el mundo.

—¿Qué es caballero aventurero? —replicó la moza.

—¿Tan nueva sois en el mundo, que no lo sabéis

Vista de Madrid hacia 1565. Oesterreichische National-Bibliothek, Viena.

vos? —respondió Sancho Panza—. Pues sabed, hermana mía, que caballero aventurero es una cosa que en dos palabras se ve apaleado y emperador:[185] hoy está[186] la más desdichada criatura del mundo y la más menesterosa, y mañana tendrá dos o tres coronas de reinos que dar a su escudero.

—Pues ¿cómo vos, siéndolo deste tan buen señor —dijo la ventera—, no tenéis, a lo que parece, siquiera algún condado?

—Aun es temprano —respondió Sancho—, porque no ha sino un mes que andamos buscando las aventuras, y hasta ahora no hemos topado con ninguna que lo sea. Y tal vez hay[187] que se busca una cosa y se halla otra. Verdad es que si mi señor don Quijote sana desta herida o caída y yo no quedo contrecho della, no trocarías mis esperanzas con el mejor título de España.

Todas estas pláticas estaba escuchando muy atento don Quijote, y sentándose en el lecho como pudo, tomando de la mano a la ventera, le dijo:

—Creedme, fermosa señora, que os podéis llamar venturosa por haber alojado en este vuestro castillo a mi persona, que es tal, que si yo no la alabo es por lo que suele decirse que la alabanza propia envilece; pero mi escudero os dirá quién soy. Sólo os digo que tendré eternamente escrito en mi memoria el servicio que me habedes fecho, para agradecéroslo mientras la vida me durare; y pluguiera a los altos cielos que el amor no me tuviera tan rendido[188] y tan sujeto a sus leyes, y los ojos de aquella fermosa ingrata que digo entre mis dientes;[189] que los desta fermosa doncella fueran señores de mi libertad.

Confusas estaban la ventera y su hija y la buena de Maritornes oyendo las razones del andante caballero, que así las entendían como si hablara en griego, aunque bien alcanzaron que todas se encaminaban a ofrecimiento y requiebros;[190] y, como no usadas a semejante lenguaje, mirábanle y admirábanse, y parecíales otro hombre de los que se usaban;[191] y, agradeciéndole con venteriles razones sus ofrecimientos, le dejaron, y la asturiana Maritornes curó a Sancho, que no menos lo había menester que su amo.

Había el arriero concertado con ella que aquella noche se refocilarían juntos, y ella le había dado su palabra de que, en estando sosegados los huéspedes y dermiendo sus amos, le iría a buscar y satisfacer el gusto en cuanto le mandase. Y cuéntase desta buena moza que jamás dió semejantes palabras que no las cumpliese, aunque las diese en un monte y sin testigo alguno, porque presumía muy de hidalga. . . . El duro, estrecho, apocado y fementido lecho de don Quijote estaba primero en mitad de aquel estrellado establo, y luego, junto a él, hizo el suyo Sancho, que sólo contenía una estera de enea y una manta. . . . Sucedía a estos dos lechos el del arriero, fabricado, como se ha dicho, de las enjalmas y de todo el adorno de los dos mejores mulos que traía, aunque eran doce, lucios, gordos y famosos, porque era uno de los ricos arrieros de Arévalo. . . . Digo, pues, que después de haber visitado el arriero a su recua y dádole el segundo pienso, se tendió en sus enjalmas y se dió a esperar a su puntualísima Maritornes. Ya estaba Sancho bizmado y acostado, y, aunque procuraba dormir, no lo consentía el dolor de sus costillas; y don Quijote, con el dolor de las suyas, tenía los ojos abiertos como liebre. Toda la venta estaba en silencio, y en toda ella no había otra luz que la que daba una lámpara que colgada en medio del portal ardía.

Esta maravillosa quietud y los pensamientos que siempre nuestro caballero traía de los sucesos que a cada paso se cuentan en los libros autores de su desgracia, le trujo a la imaginación una de las extrañas locuras que buenamente imaginarse pueden; y fue que él se imagino haber llegado a un famoso castillo (que, como se ha dicho, castillos eran a su parecer todas las ventas donde alojaba), y que la hija del ventero lo era

---

[181] **camaranchón** attic.   [182] **le . . . abajo** they covered him with plasters from head to toe.   [183] **como al bizmalle** as she applied the poultices.   [184] **del sobresalto que tomé** because of the shock I had.   [185] **en dos . . . emperador** in two words is cudgelled and an emperor. [186] **está** es.   [187] **Y . . . hay** And it sometimes happens. [188] **pluguiera . . . rendido** and I wished that love had not so deeply conquered me.   [189] **que digo . . . dientes** whose name I mutter under my breath.   [190] **aunque . . . requiebros** although they understood that the words were meant to be offerings and compliments.   [191] **otro hombre . . . usaban** a different kind of man than those they knew.

del señor del castillo, la cual, vencida de su gentileza, se había enamorado dél y prometido que aquella noche, a furto de sus padres,[192] vendría a yacer con él una buena pieza, y teniendo toda esta quimera, que él se había fabricado, por firme y valedera, se comenzó a acuitar[193] y a pensar en el peligroso trance en que su honestidad se había de ver, y propuso en su corazón de no cometer alevosía a su señora Dulcinea del Toboso, aunque la mesma reina Ginebra con su dama Quintañona se le pusiesen delante.

Pensando, pues, en estos disparates, se llegó el tiempo y la hora (que para él fue menguada)[194] de la venida de la asturiana, la cual, en camisa y descalza, cogidos los cabellos en una albanega de fustán,[195] con tácitos y atentados pasos,[195a] entró en el aposento donde los tres alojaban, en busca del arriero; pero apenas llegó a la puerta, cuando don Quijote la sintió, y, sentándose en la cama, a pesar de sus bizmas y con dolor de sus costillas, tendió los brazos para recebir a su fermosa doncella. La asturiana, que, toda recogida y callando, iba con las manos delante buscando a su querido, topó con los brazos de don Quijote, el cual la asió fuertemente de una muñeca, y tirándola hacia sí, sin que ella osase hablar palabra, la hizo sentar sobre la cama. Tentóle luego la camisa, y, aunque ella era de harpillera, a él le pareció ser de finísimo y delgado cendal. Traía en las muñecas unas cuentas de vidrio; pero a él le dieron vislumbres de preciosas perlas orientales. Los cabellos, que en alguna manera tiraban a crines, él los marcó por hebras de lucidísimo oro[196] de Arabia, cuyo resplandor al del mesmo sol escurecía. Y el aliento, que, sin duda alguna, olía a ensalada fiambre y trasnochada,[197] a él le pareció que arrojaba de su boca un olor suave y aromático; y, finalmente, él la pintó en su imaginación de la misma traza y modo que lo había leído en sus libros. . . . Y teniéndola bien asida, con voz amorosa y baja le comenzó a decir:

—Quisiera hallarme en términos,[198] fermosa y alta señora, de poder pagar tamaña merced como la que con la vista de vuestra gran fermosura me habedes fecho; pero ha querido la fortuna, que no se cansa de perseguir a los buenos, ponerme en este lecho, donde yago tan molido y quebrantado, que, aunque de mi voluntad quisiera satisfecer a la vuestra, fuera imposible. Y más, que se añade a esta imposibilidad otra mayor,

que es la prometida fe que tengo dada a la sin par Dulcinea del Toboso, única señora de mis más escondidos pensamientos; que si esto no hubiera de por medio, no fuera yo tan sandio caballero que dejara pasar en blanco la venturosa ocasión en que vuestra gran bondad me ha puesto.

[La pobre Maritornes, sin entender nada de aquello, y sin hablar palabra para no despertar a su amo, procura librarse de los brazos de don Quijote. Acude el arriero en su ayuda y da una tremenda paliza al «enamorado caballero». Al ruido, despierta el ventero y sube, alumbrándose con la luz de un candil. Maritornes se refugia y esconde en el lecho de Sancho, quien, creyéndose en medio de una pesadilla, y sin saber de qué se trata, comienza a dar golpes a una y otra parte. Maritornes se los devuelve. Acuden el arriero y el ventero, aquél a defender a la moza, y éste a castigarla. Se origina un gran lío. Todos se golpean. Se apaga el candil. En esto sube un cuadrillero de la Santa Hermandad (especie de policía rural), que estaba alojado en la venta, quien entra en la cámara, a oscuras, y gritando: «¡Ténganse a la justicia! ¡Ténganse a la Santa Hermandad!» Tropieza con don Quijote, y al verle sin sentido, le cree muerto, y ordena a voces: «¡Ciérrese la puerta de la venta! ¡Miren no se vaya nadie, que han muerto aquí a un hombre!» Quedan todos sobresaltados, cesa la lucha, y se retira cada cual a su lecho o aposento. «Solos los desventurados don Quijote y Sancho no se pudieron mover de donde estaban». Baja el cuadrillero a buscar luz.]

Capítulo XVII

Donde se prosiguen los innumerables trabajos que el bravo Don Quijote y su buen escudero Sancho Panza pasaron en la venta que, por su mal, pensó que era castillo

Había ya vuelto en este tiempo de su parasismo don Quijote, y con el mesmo tono de voz con que el día antes había llamado a su escudero, cuando estaba tendido en el val de las estacas, le comenzó a llamar, diciendo:

—Sancho amigo, ¿duermes? ¿Duermes, amigo Sancho?

—¿Qué tengo de dormir, pesia a mí[199] —respondió Sancho, lleno de pesadumbre y de despecho—, que no parece sino que todos los diablos han andado conmigo esta noche?

—Puédeslo creer ansí sin duda —respondió don Quijote—; porque, o yo sé poco, o este castillo es encantado. Porque has de saber... Mas esto que ahora quiero decirte hasme de jurar que lo tendrás secreto hasta después de mi muerte.

—Sí juro —respondió Sancho.

—Dígolo —resplicó don Quijote— porque soy enemigo de que se quite la honra a nadie.

—Digo que sí juro —tornó a decir Sancho— que lo callaré hasta después de los días de vuestra merced, y plega a Dios que lo pueda descubrir mañana.

—¿Tan malas obras te hago, Sancho —respondió don Quijote—, que me querrías muerto con tanta brevedad?

—No es por eso —respondió Sancho—, sino porque soy enemigo de guardar mucho las cosas, y no querría que se me pudriesen de guardadas.[200]

—Sea por lo que fuere —dijo don Quijote—; que más fío de tu amor y de tu cortesía,[201] y así, has de saber que esta noche me ha sucedido una de las más extrañas aventuras que yo sabré encarecer, y por contártela en breve, sabrás que poco ha que a mí vino la hija del señor deste castillo, que es la más apuesta y fermosa doncella que en gran parte de la tierra se puede hallar. ¿Qué te podría decir del adorno de su persona? ¿Qué de su gallardo entendimiento? ¿Qué de otras cosas ocultas, que, por guardar la fe que debo a mi señora Dulcinea del Toboso, dejaré pasar intactas y en silencio? Sólo te quiero decir que, envidioso el cielo de tanto bien como la aventura me había puesto en las manos, o quizá (y esto es lo más cierto) que, como tengo dicho, es encantado este castillo, al tiempo que yo estaba con ella en dulcísimos y amorosísimos coloquios, sin que yo la viese ni supiese por dónde venía, vino una mano pegada a algún brazo de algún descomunal gigante y asentóme una puñada en las quijadas,[202] tal, que las tengo todas bañadas de sangre; y después me molió de tal suerte, que estoy peor que ayer cuando los arrieros, que, por demasías de Rocinante, nos hicieron el agravio que sabes. Por donde conjeturo[203] que el tesoro de la fermosura desta doncella le debe de guardar algún encanto moro, y no debe de ser para mí.

—Ni para mí tampoco —respondió Sancho—; porque más de cuatrocientos moros me han aporreado

a mí de manera, que el molimiento de las estacas fué tortas y pan pintado.[204] Pero dígame, señor, ¿cómo llama a esta buena y rara aventura, habiendo quedado della cual quedamos? Aun vuestra merced, menos mal, pues tuvo en sus manos aquella incomparable fermosura que ha dicho; pero yo, ¿qué tuve sino los mayores porrazos que pienso recebir en toda mi vida? ¡Desdichado de mí y de la madre que me parió, que ni soy caballero andante, ni lo pienso ser jamás, y de todas las malandanzas me cabe la mayor parte!

—Luego ¿también estás tú aporreado? —respondió don Quijote.

—¿No le he dicho que sí, pesia a mi linaje? —dijo Sancho.

—No tengas pena, amigo —dijo don Quijote—; que yo haré agora el bálsamo precioso, con que sanaremos en un abrir y cerrar de ojos.

Acabó en esto de encender el candil el cuadrillero, y entró a ver el que pensaba que era muerto; y así como le vió entrar Sancho, viéndole venir en camisa y con su paño de cabeza y candil en la mano, y con una muy mala cara, preguntó a su amo:

—Señor, ¿si será éste, a dicha, el moro encantado que nos vuelve a castigar, si se dejó algo en el tintero?[204a]

—No puede ser el moro —respondió don Quijote—; porque los encantados no se dejan ver de nadie.

---

[192] **a furto de sus padres** hiding from her parents. [193] **se... acuitar** he began to feel anxious. [194] **(que... menguada)** (very unlucky for him). [195] **albanega de fustán** cotton net. [195a] **con... pasos** with soft and wary steps. [196] **Los cabellos... oro** Her hair, that somehow looked like a horse's mane, he thought was like threads of the brightest gold. [197] **olía... trasnochada** smelled like a stale, overnight salad. [198] **hallarme en términos** I could be able. [199] **¿Qué... mí** How could I sleep, damn me? [200] **soy enemigo... guardadas** I do not like to keep things inside me too long, because they get rotten. [201] **que más... cortesía** I fully trust your friendship and courtesy. [202] **vino... quijadas** a hand at the end of a huge arm belonging to a monstrous giant, came around and gave me such a fierce blow in the jaw. [203] **Por... conjeturo** Which makes me think. [204] **tortas... pintados** cakes and sweet bread (was nothing). [204a] **si se... tintero** in case something was left over.

—Si no se dejan ver, déjanse sentir —dijo Sancho—; si no díganlo mis espaldas.

—También lo podrían decir las mías —respondió don Quijote—; pero no es bastante indicio ése para creer que este que se ve sea el encantado moro.

Llegó el cuadrillero y, como los halló hablando en tan sosegada conversación, quedó suspenso. Bien es verdad que aún don Quijote se estaba boca arriba sin poderse menear, de puro molido y emplastado. Llegóse a él el cuadrillero y díjole:

—Pues ¿cómo va, buen hombre?

—Hablara yo más bien criado —respondió don Quijote—, si fuera que vos. ¿Usase en esta tierra hablar desa suerte a los caballeros andantes, majadero?

El cuadrillero, que se vió tratar tan mal de un hombre de tan mal parecer,[205] no lo pudo sufrir; y, alzando el candil con todo su aceite, dió a don Quijote con él en la cabeza de suerte que le dejó muy bien descalabrado; y como todo quedó a escuras, salióse luego, y Sancho Panza dijo:

—Sin duda, señor, que éste es el moro encantado, y debe de guardar el tesoro para otros, y para nosotros sólo guarda las puñadas y los candilazos.

—Así es —respondió don Quijote—; y no hay que hacer caso destas cosas de encantamientos, ni hay para qué tomar cólera ni enojo con ellas; que, como son invisibles y fantásticas, no hallaremos de quién vengarnos, aunque más lo procuremos. Levántate, Sancho, si puedes, y llama al alcaide desta fortaleza, y procura que se me dé un poco de aceite, vino, sal y romero para hacer el salutífero bálsamo, que en verdad que creo que lo he bien menester ahora,[206] porque se me va mucha sangre de la herida que esta fantasma me ha dado.

Levantóse Sancho con harto dolor de sus huesos, y fue a escuras donde estaba el ventero; y encontrándose con el cuadrillero, que estaba escuchando en qué paraba su enemigo, le dijo:

—Señor, quien quiera que seáis, hacednos merced y beneficio de darnos un poco de romero, aceite, sal y vino, que es menester para curar uno de los mejores caballeros andantes que hay en la tierra, el cual yace en aquella cama malferido por las manos del encantado moro que está en esta venta.

Cuando el cuadrillero tal oyó, túvole por hombre falto de seso; y porque ya comenzaba a amanecer, abrió la puerta de la venta y llamando al ventero, le dijo lo que aquel buen hombre quería. El ventero le proveyó de cuanto quiso, y Sancho se lo llevó a don Quijote, que estaba con las manos en la cabeza, quejándose del dolor del candilazo, que no le había hecho más mal que levantarle dos chichones algo crecidos,[207] y lo que él pensaba que era sangre no era sino sudor que sudaba, con la congoja de la pasada tormenta.

En resolución, él tomó sus simples,[208] de los cuales hizo un compuesto mezclándolos todos y cociéndolos un buen espacio, hasta que le pareció que estaban en su punto. Pidió luego alguna redoma para echallo, y como no la hubo en la venta, se resolvió de ponello en una alcuza o aceitera de hoja de lata, de quien el ventero le hizo grata donación, y luego dijo sobre la alcuza más de ochenta paternostres y otras tantas avemarías, salves y credos, y a cada palabra acompañaba una cruz, a modo de bendición; a todo lo cual se hallaron presentes Sancho, el ventero y el cuadrillero; que ya el arriero sosegadamente andaba entendiendo en el beneficio de sus machos. Hecho esto, quiso él mesmo hacer luego la experiencia de la virtud de aquel precioso bálsamo que él se imaginaba, y así, se bebió de lo que no pudo caber en la alcuza y quedaba en la olla donde se había cocido, casi media azumbre;[209] y apenas lo acabó de beber, cuando comenzó a vomitar, de manera, que no le quedó cosa en el estómago; y con las ansias y agitación del vómito le dió un sudor copiosísimo, por lo cual mandó que le arropasen y le dejasen solo. Hiciéronlo ansí y quedóse dormido más de tres horas, al cabo de las cuales despertó, y se sintió aliviadísimo del cuerpo, y en tal manera mejor de su quebrantamiento, que se tuvo por sano, y verdaderamente creyó que había acertado con el bálsamo de Fierabrás y que con aquel remedio podía acometer desde allí adelante, sin temor alguno, cualesquiera ruinas, batallas y pendencias, por peligrosas que fuesen.

Sancho Panza, que también tuvo a milagro la mejoría de su amo, le rogó que le diese a él lo que quedaba en la olla, que no era poca cantidad. Concedióselo don Quijote, y él, tomándola a dos manos, con buena fe y mejor talante, se la echó a pechos, y envasó bien poco menos que su amo. Es, pues, el caso que el estómago del pobre Sancho no debía de ser tan delicado como el de su amo, y así, primero que vomitase le dieron tantas ansias y bascas con tantos trasudores y desmayos que él pensó bien y verdaderamente que era llegada su última hora; y viéndose tan aflijido y congojado, maldecía el bálsamo y al ladrón que se lo había dado. Viéndole así don Quijote, le dijo:

—Yo creo, Sancho, que todo este mal te viene de no ser armado caballero; porque tengo para mí que este licor no debe aprovechar a los que no lo son.

—Si eso sabía vuestra merced —replicó Sancho—, ¡mal haya yo y toda mi parentela!, ¿para qué consintió que lo gustase?

En esto, hizo su operación el brebaje y comenzó el pobre escudero a desaguarse por entrambas canales, con tanta priesa, que la estera de enea[210] sobre quien se había vuelto a echar, ni la manta de anjeo[211] con que se cubría, fueron más de provecho. Sudaba y trasudaba con tales parasismos y accidentes,[212] que no solamente él, sino todos, pensaron que se le acababa la vida. Duróle esta borrasca y malandanza casi dos horas, al cabo de las cuales no quedó como su amo, sino tan molido y quebrantado, que no se podía tener; pero don Quijote, que, como se ha dicho, se sintió aliviado y sano, quiso partirse luego a buscar aventuras, pareciéndole que todo el tiempo que allí se tardaba era quitársele al mundo y a los en él menesterosos de su favor y amparo, y más, con la seguridad y confianza que llevaba en su bálsamo. Y así, forzado deste deseo, él mismo ensilló a Rocinante y enalbardó al jumento de su escudero, a quien también ayudó a vestir y subir en el asno. Púsose luego a caballo y, llegándose a un rincón de la venta, asió de un lanzón que allí estaba, para que le sirviese de lanza.

Estábanle mirando todos cuantos había en la venta que pasaban de más de veinte personas; mirábale también la hija del ventero, y él también no quitaba los ojos della, y de cuando en cuando arrojaba un sospiro, que parecía que le arrancaba de lo profundo de sus entrañas, y todos pensaban que debía ser del dolor que sentía en las costillas; a lo menos, pensábanlo aquellos que la noche antes le habían visto bizmar.

Ya que estuvieron los dos a caballo, puesto a la puerta de la venta, llamó al ventero, y con voz muy reposada y grave le dijo:

—Muchas y muy grandes son las mercedes, señor alcaide, que en este vuestro castillo he recebido, y quedo obligadísimo a agradecéroslas todos los días de mi vida. Si os las puedo pagar en haceros vengado de algún soberbio que os haya fecho algún agravio,[213] sabed que mi oficio no es otro si no valer[214] a los que poco pueden y vengar a los que reciben tuertos, y castigar alevosías. Recorrer[215] vuestra memoria, y si halláis alguna cosa deste jaez que encomendarme, no hay sino decilla; que yo os prometo por la orden de caballero que recebí de faceros satisfecho[216] y pagado a toda vuestra voluntad.

El ventero le respondió con el mesmo sosiego:

—Señor caballero, yo no tengo necesidad de que vuestra merced me vengue ningún agravio, porque yo sé tomar la venganza que me parece, cuando se me hacen. Sólo he menester que vuestra merced me pague el gasto que esta noche ha hecho en la venta, así de la paja y cebada de sus dos bestias como de la cena y camas.

—Luego ¿venta es ésta? —replicó don Quijote.

—Y muy honrada —respondió, el ventero.

—Engañado he vivido hasta aquí —respondió don Quijote—; que en verdad que pensé que era castillo, y no malo; pero pues es ansí que no es castillo, sino venta, lo que se podrá hacer por agora es que perdonéis por la paga; que yo no puedo contravenir a la orden de los caballeros andantes, de los cuales sé cierto (sin que hasta ahora haya leído cosa en contrario) que jamás pagaron posada ni otra cosa en venta donde estuviesen, porque se les debe de fuero[217]

[205] **El...parecer** The patrolman could not stand to be treated so ill by such a wretched looking man. [206] **que lo...ahora** that I need it badly now. [207] **que no le... crecidos** which had not done more harm to him than to have raised two rather large lumps. [208] **simples** basic ingredients. [209] **media azumbre** a quart. [210] **estera de enea** rush mat. [211] **manta de anjeo** burlap blanket. [212] **Sudaba...accidentes** He perspired profusely with such spasms and convulsions. [213] **Si...agravio** If I may repay you, by taking revenge on some proud miscreant who may have done you wrong. [214] **mi...valer** my profession is none other than to help. [215] **Recorrer** go through [216] **faceros satisfecho** to give you satisfaction. [217] **de fuero** by privilege.

y de derecho cualquier buen acogimiento que se les hiciere, en pago del insufrible trabajo que padecen buscando las aventuras de noche y de día, en invierno y en verano, a pie y a caballo, con sed y con hambre, con calor y con frío, sujetos a todas las inclemencias del cielo y a todos los incómodos de la tierra.

—Poco tengo yo que ver en eso —respondió el ventero—; páguaseme lo que se me debe, y dejémonos de cuentos ni de caballerías; que yo no tengo cuenta con otra cosa que con cobrar mi hacienda.

—Vos sois un sandio y mal hostelero —respondió don Quijote.

Y poniendo piernas a Rocinante y terciando su lanzón, se salió de la venta, sin que nadie le detuviese, y él sin mirar si le seguía su escudero, se alongó un buen trecho. El ventero, que le vió ir y que no le pagaba, acudió a cobrar de Sancho Panza, el cual dijo que pues su señor no había querido pagar, que tampoco él pagaría; porque siendo él escudero de caballero andante, como era, la mesma regla y razón corría por él como por su amo[218] en no pagar cosa alguna en los mesones y ventas. Amohinóse mucho desto el ventero y amenazóle que si no le pagaba, que le cobraría de modo que le pesase. A lo cual Sancho respondió que, por la ley de caballería que su amo había recebido, no pagaría un solo cornado, aunque le costase la vida; porque no había de perder por él la buena y antigua usanza de los caballeros andantes ni se habían de quejar dél los escuderos de los tales que estaban por venir al mundo, reprochándole el quebrantamiento de tan justo fuero.

Quiso la mala suerte del desdichado Sancho que entre la gente que estaba en la venta se hallasen cuatro peraltes de Segovia, tres agujeros del Potro de Córdoba y dos vecinos de la Heria de Sevilla,[219] gente alegre, bien intencionada, maleante y juguetona; los cuales, casi como instigados y movidos de un mesmo espíritu, se llegaron a Sancho, y apeándole del asno, uno dellos entró por la manta de la cama del huésped, y, echándole en ella, alzaron los ojos y vieron que el techo era algo más bajo de lo que había menester para su obra, y allí puesto Sancho en mitad de la manta, comenzaron a levantarle en alto, y a holgarse con él, como con perro por carnestolendas.[220]

Las voces que el mísero manteado daba fueron tantas, que llegaron a los oídos de su amo; el cual, deteniéndose a escuchar atentamente, creyó que alguna nueva aventura le venía, hasta que claramente conoció que el que gritaba era su escudero; y, volviendo las riendas, con un penado[221] galope llegó a la venta, y, hallándola cerrada, la rodeó, por ver si hallaba por donde entrar; pero no hubo llegado a las paredes del corral, que no eran muy altas, cuando vió el mal juego que se le hacía a su escudero. Vióle bajar y subir por el aire, con tanta gracia y presteza, que, si la cólera le dejara, tengo para mí que se riera.[222] Probó a subir desde el caballo a las bardas; pero estaba tan molido y quebrantado, que aun apearse no pudo; y así, desde encima del caballo comenzó a decir tantos denuestos y baldones a los que a Sancho manteaban, que no es posible acertar a escribillos; mas no por eso cesaban ellos de su risa y de su obra, ni el volador Sancho dejaba sus quejas, mezcladas, ya con amenazas, ya con ruegos; mas todo aprovechaba poco, ni aprovechó, hasta que de puros cansados le dejaron.[223] Trujéronle allí su asno, y, subiéndole encima, le arroparon con su gabán; y la compasiva Maritornes, viéndole tan fatigado, le pareció ser bien socorrelle con un jarro de agua, y así, se le trujo del pozo, por ser más fría. Tomóle Sancho, y llevándole a la boca, se paró a las voces que su amo le daba diciendo:

—Hijo Sancho, no bebas agua; hijo, no la bebas, que te matará. ¿Ves? Aquí tengo el santísimo bálsamo —y enseñábale la alcuza del brebaje—, que con dos gotas que dél bebas sanarás, sin duda.

A estas voces volvió Sancho los ojos, como de través,[224] y dijo con otras mayores:

—Por dicha, ¿hásele olvidado a vuestra merced como yo no soy caballero, o quiere que acabe de vomitar las entrañas que me quedaron de anoche? Guárdese su licor con todos los diablos, y déjeme a mí.

Y el acabar de decir esto y el comenzar a beber, todo fué uno; mas como al primer trago vió que era agua, no quiso pasar adelante, y rogó a Maritornes que se le trujese de vino, y así lo hizo ella de muy buena voluntad, y lo pagó de su mesmo dinero; porque, en efeto, se dice della que, aunque estaba en aquel trato, tenía unas sombras y dejos de cristiana.[225] Así como bebió Sancho, dió en los carcaños a su asno,[226] y abriéndole la puerta de la venta de par en par, se salió della, muy contento de no haber pagado nada y de haber salido con su intención,[227] aunque había sido a costa de sus acostumbrados fiadores, que eran sus espaldas. Verdad es que el ventero se quedó con sus alforjas, en pago de lo que se le debía; mas Sancho no las echó de menos, según salió turbado. Quiso el ventero atrancar bien la puerta así como le vio fuera; mas no lo consintieron los manteadores, que era gente que, aunque don Quijote fuera verdaderamente de los caballeros andantes de la Tabla Redonda, no le estimaran en dos ardites.[228]

Capítulo XXII

De la libertad que dio Don Quijote a muchos desdichados que, mal su grado,[229] los llevaban donde no quisieran ir

. . . Don Quijote alzó los ojos y vió que por el camino que llevaba venían hasta doce hombres a pie, ensartados como cuentas de una gran cadena de hierro, por los cuellos, y todos con esposas a las manos.[230] Venían ansimismo con ellos dos hombres de a caballo y dos de a pie; los de a caballo, con escopetas de rueda,[231] y los de a pie, con dardos y espadas; y que así como Sancho Panza los vido, dijo:

—Esta es cadena de galeotes, gente forzada del Rey, que va a las galeras.

—¿Cómo gente forzada? —preguntó don Quijote— ¿Es posible que el Rey haga fuerza a ninguna gente?

—No digo eso, sino que es gente que por sus delitos va condenada a servir al Rey en las galeras, de por fuerza.

—En resolución —replicó don Quijote—, como quiera que ello sea, esta gente, aunque los llevan, van de por fuerza, y no de su voluntad.

—Así es —dijo Sancho.

—Pues desa manera —dijo su amo—, aquí encaja la ejecución de mi oficio; desfacer fuerzas y socorrer y acudir a los miserables.[232]

—Advierta vuestra merced —dijo Sancho— que la justicia, que es el mesmo Rey, no hace fuerza ni

agravio a semejante gente, sino que los castiga en pena de sus delitos.

Llegó en esto la cadena de los galeotes, y don Quijote, con muy corteses razones, pidió a los que iban en su guarda fuesen servidos de informalle y decille la causa o causas porque llevaban aquella gente de aquella manera. Una de las guardas de a caballo respondió que eran galeotes, gente de su Majestad, que iba a galeras, y que no había más que decir, ni él tenía más que saber.

—Con todo eso —replicó don Quijote—, querría saber de cada uno dellos en particular la causa de su desgracia.

Añadió a éstas otras tales y tan comedidas razones para moverles a que le dijesen lo que deseaba, que la otra guarda de a caballo le dijo:

—Aunque llevamos aquí el registro y la fe de las sentencias[233] de cada uno destos malaventurados, no

[218] **la mesma . . . amo** the very same rule and privilege should be applied to him as to his master. [219] **cuatro . . . Sevilla** four wool-carders from Segovia, three needlemakers from the vicinity of the Horse Fountain of Cordoba, and two fellows from the Fair of Seville (These places were known as "picaresque country"). [220] **como . . . carnestolendas** as people do with a dog at Shrovetide. Shrovetide days were days of abstinence from meat and sex; dogs being not especially abstemious in this last respect, were traditionally the object of practical jokes. [221] **penado** painful. [222] **que, si . . . riera** that if it were not for his rage, I think he would have laughed. [223] **hasta . . . dejaron** until they stopped the game from pure exhaustion. [224] **volvió . . . través** Sancho rolled his eyes sideways. [225] **aunque . . . cristiana** although she followed that way of life, still she had some shadowy appearance of a Christian woman. [226] **dió . . . asno** he kicked his ass's flanks. [227] **de haber . . . intención** of getting his way. [228] **no le . . . ardites** they would not give two cents for him. [229] **mal su grado** against their will. [230] **ensartados . . . manos** strung together by their necks like beads on an iron chain, and handcuffed. [231] **escopetas de rueda** wheel-lock muskets. [232] **aquí . . . miserables** here comes an opportunity to practice my profession, which is to stop violence and help to take care of the wretched. [233] **registro . . . sentencias** records and certificates of their sentences.

es tiempo éste de detenernos a sacarlas ni a leellas: vuestra merced llegue y se lo pregunte a ellos mesmos, que ellos lo dirán si quisieren; que sí querran, porque es gente que recibe gusto de hacer y decir bellaquerías.

Con esta licencia, que don Quijote se tomara aunque no se la dieran,[234] se llegó a la cadena y al primero le preguntó que por qué pecados iba de tan mala guisa. El le respondió que por enamorado iba de aquella manera.

—¿Por eso no más? —replicó don Quijote—. Pues si por enamorados echan a galeras, días ha que pudiera yo estar bogando en ellas.

—No son los amores como los que vuestra merced piensa —dijo el galeote—; que los míos fueron que quise tanto a una canasta de colar atestada de ropa blanca,[235] que la abracé conmigo tan fuertemente, que a no quitármela la justicia por fuerza, aun hasta agora no la hubiera dejado de mi voluntad. Fue en fragante,[236] no hubo lugar de tormento, concluyóse la causa, acomodáronme las espaldas con ciento,[237] y por añadidura tres precisos de gurapas,[238] y acabóse la obra.

¿Qué son gurapas? —preguntó don Quijote.

—Gurapas son galeras —respondió el galeote.

El cual era un mozo de hasta edad de veinticuatro años, y dijo que era natural de Piedrahita. Lo mesmo preguntó don Quijote al segundo, el cual no respondió palabra, según iba de triste y melancólico; mas respondió por él el primero, y dijo;

—Este señor, va por canario, digo, por músico y cantor.

—Pues ¿cómo? —repitó don Quijote—. ¿Por músicos y cantores van tambíen a galeras?

—Sí, señor —respondió el galeote—; que no hay peor cosa que cantar en el ansia.[239]

—Antes he yo oído decir —dijo don Quijote— que quien canta sus males espanta.

—Acá es al revés —dijo el galeote—; que quien canta una vez, llora toda la vida.

—No lo entiendo —dijo don Quijote.

Mas una de las guardas le dijo:

—Señor caballero, cantar en el ansia se dice entre esta gente «non santa» confesar en el tormento. A este pecador le dieron tormento y confesó su delito, que era ser cuatrero, que es ser ladrón de bestias, y por

haber confesado le condenaron por seis años a galeras, amén de doscientos azotes, que ya lleva en las espaldas: y va siempre pensativo y triste porque los demás ladrones que allá quedan y aquí van le maltratan y aniquilan, y escarnecen, y tienen en poco, porque confesó, y no tuvo ánimo de decir nones. Porque dicen ellos que tantas letras tiene un «no» como un «sí», y que harta ventura tiene un delincuente que está en su lengua su vida o su muerte,[240] y no en la de los testigos y probanzas; y para mí tengo que no van muy fuera de camino.

—Y yo lo entiendo así —respondió don Quijote.

El cual, pasando al tercero, preguntó lo que a los otros; el cual, de presto y con mucho desenfado, respondió y dijo:

—Yo voy por cinco años a las señoras gurapas por faltarme diez ducados.

—Yo daré veinte de muy buena gana —dijo don Quijote— por libraros desa pesadumbre.

—Eso me parece —respondió el galeote—como quien tiene dineros en mitad del golfo, y se está muriendo de hambre, sin tener adonde comprar lo que ha menester. Dígolo porque si a su tiempo tuviera[241] yo esos veinte ducados que vuestra merced ahora me ofrece, hubiera untado con ellos la péndola del escribano[242] y avivado el ingenio del procurador, de manera que hoy me viera en mitad de la plaza de Zocodover, de Toledo; y no en este camino, atraillado como galgo; pero Dios es grande: paciencia y basta.

Pasó don Quijote al cuarto, que era un hombre de venerable rostro, con una barba blanca que le pasaba del pecho; el cual, oyéndose preguntar la causa por que allí venía, comenzó a llorar y no respondió palabra; mas el quinto condenado le sirvió de lengua, y dijo:

—Este hombre honrado va por cuatro años a galeras, habiendo paseado las acostumbradas vestido, en pompa y a caballo.[243]

—Eso es —dijo Sancho Panza—, a lo que a mí me parece, haber salido a la vergüenza.

Así es —replicó el galeote—; y la culpa porque le dieron esta pena es por haber sido corredor de oreja,[244] y aun de todo el cuerpo. En efecto, quiero decir que este caballero va por alcahuete, por tener asimesmo sus puntas y collar de hechicero.[245]

—A no haberle añadido esas puntas y collar —dijo don Quijote—, por solamente el alcahuete limpio no merecía él ir a bogar en las galeras, sino a mandallas y a ser general dellas. Porque no es así como quiera[246] el oficio de alcahuete; que es oficio de discretos, y necesarísimo en la república bien ordenada, y que no le debía ejercer sino gente muy bien nacida; y aun había de haber veedor y examinador de los tales,[247] como le hay en los demás oficios, con número deputado y conocido, como corredores de lonja,[248] y desta manera se excusarían muchos males que se causan por andar este oficio y ejercicio, entre gente idiota y de poco entendimiento, como son mujercillas, de poco más o menos, pajecillos y truhanes, de pocos años y de poca experiencia, que a la más necesaria ocasión, y cuando es menester dar una traza que importe, se les yelan las migas entre la boca y la mano, y no saben cuál es su mano derecha.[249] Quisiera pasar adelante y dar las razones porque convenía hacer elección de los que en la república habían de tener tan necesario oficio; pero no es el lugar acomodado para ello: algún día lo diré a quien lo pueda proveer y remediar. Sólo digo ahora que la pena que me ha causado ver estas blancas canas y este rostro venerable en tanta fatiga, por alcahuete, me la ha quitado el adjunto de ser hechicero. Aunque bien sé que no hay hechizos en el mundo que puedan mover y forzar la voluntad, como algunos simples piensan; que es libre nuestro albedrío, y no hay yerba ni encanto que le fuerce. Lo que suelen hacer algunas mujercillas simples y algunos embusteros bellacos es algunas mixturas y venenos, con que vuelven locos a los hombres, dando a entender que tienen fuerza para hacer querer bien, siendo, como digo, cosa imposible forzar la voluntad.

—Así es —dijo el buen viejo—; y en verdad, señor, que en lo de hechicero, que no tuve culpa; en lo de alcahuete no lo pude negar. Pero nunca pensé que hacía mal en ello; que toda mi intención era que todo el mundo se holgase y viviese en paz y quietud, sin pendencias ni penas; pero no me aprovechó nada este buen deseo para dejar de ir adonde no espero volver, según me cargan los años y un mal de orina que llevo,[250] que no me deja reposar un rato.

Y aquí tornó a su llanto como de primero; y túvole

Sancho tanta compasión, que sacó un real de a cuatro del seno y se le dió de limosna.

Pasó adelante don Quijote y preguntó a otro su delito, el cual respondió con no menos, sino con mucha más gallardía que el pasado:

—Yo voy aquí porque me burlé demasiadamente con dos primas hermanas mías, y con otras dos hermanas que no lo eran mías; finalmente, tanto me burlé con todas que resultó de la burla crecer la parentela tan intrincadamente, que no hay diablo que la declare. Probóseme todo, faltó favor, no tuve dineros, víame a pique de perder los tragaderos,[251] sentenciáronme a galeras por seis años; consentí; castigo es de mi culpa; mozo soy; dure la vida, que con ella todo se alcanza. Si vuestra merced, señor caballero, lleva alguna cosa con que socorrer a estos pobretes, Dios se lo pagará en el cielo, y nosotros tendremos en la tierra cuidado de rogar a Dios en

[234] **se tomara . . . dieran** would take even though it was not granted. [235] **una . . . blanca** a laundry basket full of white linen. [236] **Fue en fragante** I was caught in the act (in fraganti). [237] **concluyóse . . . ciento** the case was sentenced quickly; they fixed my back with a hundred lashes. [238] **tres precisos de gurapas** three years in the galleys. [239] **ansia** torment. [240] **harta . . . muerte** a delinquent has a lot of luck because he has his own life and death in his own hands. [241] **a su . . . tuviera** if I had had on time. [242] **hubiera . . . escribano** I'd have greased the clerk's palm. [243] **habiendo . . . caballo** after having walked the usual streets robed pompously and on horseback. [244] **corredor de oreja** ear broker, or procurer. [245] **va por . . . hechicero** he goes in this line because he is a pimp, and besides he is some sort of a sorcerer. [246] **no es . . . quiera** it is not that simple. [247] **y aun . . . tales** and more so, there should be a supervisor and examiner for the pretenders. [248] **corredores de lonja** commodities brokers. [249] **cuando . . . derecha** when a decisive solution is badly needed, they drop the crumbs between their hands and their mouth, and do not know which is their right hand and which the left. [250] **para dejar . . . llevo** from going where I won't be able to return from, since I am so old and a bladder affliction bothers me. [251] **Probóseme . . . tragaderos** They proved everything against me, I had no pull, no money, I saw myself on the verge of losing my head (life).

nuestras oraciones por la vida y salud de vuestra merced, que sea tan larga y tan buena como su buena presencia merece.

Este iba en hábito de estudiante, y dijo una de las guardas que era muy grande hablador y muy gentil latino.

Tras todos éstos venía un hombre de muy buen parecer, de edad de treinta años, sino que al mirar metía el un ojo en el otro un poco.[252] Venía diferentemente atado que los demás, porque traía una cadena al pie, tan grande, que se la liaba por todo el cuerpo, y dos argollas a la garganta, la una en la cadena, y la otra de las que llaman guardaamigo o pie de amigo; de la cual descendían dos hierros que llegaban a la cintura, en los cuales se asían dos esposas, donde llevaba las manos, cerradas con un grueso candado, de manera que ni con las manos podía llegar a la boca, ni podía bajar la cabeza a llegar a las manos. Preguntó don Quijote que cómo iba aquel hombre con tantas prisiones más que los otros. Respondió la guarda: porque tenía aquel solo más delitos que todos los otros juntos, y que era tan atrevido y tan grande bellaco, que aunque le llevaban de aquella manera, no iban seguros dél, sino que temían que se les había de huir.

—¿Qué delitos puede tener —dijo don Quijote—, si no han merecido más pena que echalle a las galeras?

—Va por diez años —replicó el guarda—, que es como muerte civil. No se quiera saber más sino que este buen hombre es el famoso Ginés de Pasamonte, que por otro nombre llaman Ginesillo de Parapilla.

—Señor comisario —dijo entonces el galeote—, váyase poco a poco, y no andemos ahora a deslindar nombres y sobrenombres. Ginés me llamo, y no Ginesillo, y Pasamonte es mi alcurnia, y no Parapilla, como voacé dice; y cada uno se dé una vuelta a la redonda, y no hará poco.[253]

—Hable con menos tono —replicó el comisario—, señor ladrón de más de la marca,[254] si no quiere que le haga callar, mal que le pese.

—Bien parece —respondió el galeote— que va el hombre como Dios es servido; pero algún día sabrá alguno si me llamo Ginesillo de Parapilla, o no.

—Pues ¿no te llaman así, embustero? —dijo la guarda.

—Sí llaman —respondió Ginés—; mas yo haré que no me lo llamen, o me las pelaría donde yo digo entre mis dientes.[255] Señor caballero, si tiene algo que darnos, dénoslo ya, y vaya con Dios; que ya enfada con tanto querer saber vidas ajenas; y si la mía quiere saber, sepa que soy Ginés de Pasamonte, cuya vida está escrita por estos pulgares.[256]

—Dice verdad —dijo el comisario—; que él mismo ha escrito su historia, que no hay más, y deja empeñado el libro en la cárcel, en doscientos reales.

—Y le pienso quitar —dijo Ginés—, si quedara en doscientos ducados.[257]

—¿Tan bueno es? —dijo don Quijote.

—Es tan bueno —respondió Ginés—, que mal año para «Lazarillo de Tormes» y para todos cuantos de aquel género se han escrito o escribieron. Lo que le sé decir a voacé es que trata de verdades, y que son verdades tan lindas y tan donosas, que no puede haber mentiras que se le igualen.

—Y ¿cómo se intitula el libro? —preguntó don Quijote.

—«La vida de Ginés de Pasamonte» —respondió el mismo.

—Y ¿está acabado? —preguntó don Quijote.

—¿Cómo puede estar acabado —respondió él—, si aún no está acabada mi vida? Lo que está escrito es desde mi nacimiento hasta el punto que esta última vez me han echado en galeras.

—Luego ¿otra vez habéis estado en ellas? —dijo don Quijote.

—Para servir a Dios y al Rey, otra vez he estado cuatro años, y ya sé a qué sabe el bizcocho y el corbacho[258] —respondió Ginés—; y no me pesa mucho de ir a ellas, porque allí tendré lugar de acabar mi libro; que me quedan muchas cosas que decir, y en las galeras de España hay más sosiego de aquel que sería menester, aunque no es menester mucho más para lo que yo tengo de escribir, porque me lo sé de coro.[258a]

—Hábil pareces —dijo don Quijote.

—Y desdichado —respondió Ginés—; porque siempre las desdichas persiguen al buen ingenio.

—Persiguen a los bellacos —dijo el comisario.

—Ya le he dicho, señor comisario —respondió Pasamonte—, que se vaya poco a poco; que aquellos señores no le dieron esa vara para que maltratase a los pobretes que aquí vamos, sino para que nos guiase y llevase adonde su Majestad manda. Si no, por vida de... —basta—, que podría ser que saliesen algún día en la colada[259] las manchas que se hicieron en la venta; y todo el mundo calle, y viva bien, y hable mejor, y caminemos, que ya es mucho regodeo éste.[260]

Alzó la vara en alto el comisario para dar a Pasamonte, en respuesta de sus amenazas; mas don Quijote se puso en medio, y le rogó que no le maltratase, pues no era mucho que quien llevaba atadas las manos tuviese algún tanto suelta la lengua. Y volviéndose a todos los de la cadena, dijo:

—De todo cuanto me habéis dicho, hermanos carísimos, he sacado en limpio que, aunque os han castigado por vuestras culpas, las penas que vais a padecer no os dan mucho gusto, y que vais a ellas muy de mala gana y muy contra vuestra voluntad; y que podría ser que el poco ánimo que aquél tuvo en el tormento, la falta de dineros déste, el poco favor del otro, y, finalmente, el torcido juicio del juez, hubiese sido causa de vuestra perdición, y de no haber salido con la justicia que de vuestra parte teníades.[261] Todo lo cual se me presenta a mí ahora en la memoria, de manera que me está diciendo, persuadiendo, y aun forzando, que muestre con vosotros el efeto para que el Cielo me arrojó al mundo, y me hizo profesar en él la orden de caballería que profeso, y el voto que en ella hice de favorecer a los menesterosos y opresos de los mayores.[262] Pero, porque sé que una de las partes de la prudencia es que lo que se puede hacer por bien no se haga por mal,[263] quiero rogar a estos señores guardianes y comisario sean servidos de desataros y dejaros ir en paz; que no faltarán otros que sirvan al Rey en mejores ocasiones; porque me parece duro caso hacer esclavos a los que Dios y naturaleza hizo libres. Cuanto más, señores guardas —añadió don Quijote—, que estos pobres no han cometido nada contra vosotros. Allá se lo haya cada uno con su pecado; Dios hay en el cielo, que no se descuida de castigar al malo, ni de premiar al bueno, y no es bien que los hombres honrados sean verdugos de los otros hombres, no yéndoles nada en ello. Pido esto con esta mansedumbre y sosiego, porque tenga, si lo cumplís, algo que agradeceros; y cuando de grado no lo

hagáis, esta lanza y esta espada, con el valor de mi brazo, harán que lo hagáis por fuerza.

—¡Donosa majadería! —respondió el comisario—. ¡Bueno está el donaire con que ha salido a cabo de rato![264] ¡Los forzados del Rey quiere que le dejemos, como si tuviéramos autoridad para soltarlos, o él la tuviere para mandárnoslo! Váyase vuestra merced, señor, norabuena su camino adelante, y enderécese ese bacín que trae en la cabeza, y no ande buscando tres pies al gato [264a]

—¡Vos sois el gato, y el rato,[265] y el bellaco! —respondió don Quijote.

Y, diciendo y haciendo, arremetió con él tan presto, que, sin que tuviese lugar de ponerse en defensa, dio con él en el suelo, malherido de una lanzada; y avínole bien; que éste era el de la escopeta. Las demás guardas quedaron atónitas y suspensas del no esperado acontecimiento; pero, volviendo sobre sí, pusieron mano a sus espadas los de a caballo, y los de a pie a sus dardos, y arremetieron a don Quijote, que con mucho sosiego los aguardaba; y sin duda lo pasara mal, si los galeotes, viendo la ocasión que se les ofrecía de alcanzar la libertad, no la procuraran,[266] procurando romper la cadena donde venían ensartados. Fue la revuelta de manera que las guardas, ya por acudir a los galeotes, que se desataban, ya por acometer

---

[252] **sino ... poco** except for the fact that when he looked at you his eyes seemed a little crossed. [253] **cada ... poco** let each one mind his own business and that will be enough. [254] **ladrón ... marca** big thief. [255] **me los ... dientes** I would pull out my whiskers where I know. [256] **por estos pulgares** with these very fingers. [257] **Y le ... ducados** And I plan to redeem it even if it will cost me two hundred ducats. [258] **bizcocho y el corbacho** biscuit and whip. [258a] **de coro** by heart. [259] **colada** laundry. [260] **que ya ... éste** because this is too much nonsense. [261] **de no ... teníades** and you failed to receive justice that was due to you. [262] **opresos ... mayores** oppressed by the powerful. [263] **hacer ... mal** do not use evil means when fair means can do. [264] **a cabo de rato** at the end. [264a] **no ande ... gato** don't go looking for trouble. [265] **rato** ratón. [266] **no la procuraran** would not take advantage of it.

a don Quijote, que los acometía, no hicieron cosa que fuese de provecho. Ayudó Sancho, por su parte, a la soltura de Ginés de Pasamonte, que fué el primero que saltó en la campaña libre y desembarazado, y, arremetiendo al comisario caído, le quitó la espada y la escopeta, con la cual, apuntando al uno y señalando al otro, sin disparalla jamás, no quedó guarda en todo el campo, porque se fueron huyendo, así de la escopeta de Pasamonte como de las muchas pedradas que los ya sueltos galeotes les tiraban. Entristecióse mucho Sancho deste suceso, porque se le representó que los que iban huyendo habían de dar noticias del caso a la Santa Hermandad, la cual, a campana herida,[267] saldría a buscar los delincuentes, y así se lo dijo a su amo, y le rogó que luego de allí se partiesen, y se emboscasen en la sierra, que estaba cerca.

—Bien está eso —dijo don Quijote—; pero yo sé lo que ahora conviene que se haga.

Y llamando a todos los galeotes, que andaban alborotados y habían despojado al comisario hasta dejarle en cueros, se le pusieron todos a la redonda para ver lo que les mandaba, y así les dijo:

—De gente bien nacida es agradecer los beneficios que reciben, y uno de los pecados que más a Dios ofenden es la ingratitud. Dígolo porque ya habéis visto, señores, con manifiesta experiencia, el que de mí habéis recebido; en pago del cual querría, y es mi voluntad, que, cargados de esa cadena que quité de vuestros cuellos, luego os pongáis en camino y vais[268] a la ciudad del Toboso, y allí os presentéis ante la señora Dulcinea del Toboso, y le digáis que su caballero el de la Triste Figura se le envía a encomendar, y le contéis punto por punto todos los que ha tenido esta famosa aventura hasta poneros en la deseada libertad; y, hecho esto, os podréis ir donde quisiéredes, a la buena ventura.

Respondió por todos Ginés de Pasamonte, y dijo:

—Lo que vuestra merced nos manda, señor y libertador nuestro, es imposible de toda imposibilidad cumplirlo, porque no podemos ir juntos por los caminos, sino solos y divididos, y cada uno, por su parte, procurando meterse en las entrañas de la tierra, por no ser hallado de la Santa Hermandad, que, sin duda alguna, ha de salir en nuestra busca. Lo que vuestra merced puede hacer, y es justo que haga, es

mudar ese servicio y montazgo[269] de la señora Dulcinea del Toboso en alguna cantidad de avemarías y credos, que nosotros diremos por la intención de vuestra merced, y ésta es cosa que se podría cumplir de noche y de día, huyendo o reposando, en paz o en guerra; pero pensar que hemos de volver ahora a las ollas de Egipto;[270] digo, a tomar nuestra cadena, y a ponernos en camino del Toboso, es pensar que es ahora de noche, que aun no son las diez del día, y es pedir a nosotros eso como pedir peras al olmo.[271]

—Pues voto a tal —dijo don Quijote, ya puesto en cólera—, don hijo de la puta, don Ginesillo de Paropillo, o como os llamáis, que habéis de ir vos solo, rabo entre piernas,[272] con toda la cadena a cuestas.

Pasamonte, que no era nada bien sufrido, estando ya enterado que don Quijote no era muy cuerdo, pues tal disparate había cometido como el de querer darles libertad, viéndose tratar de aquella manera, hizo del ojo[273] a los compañeros, y apartándose aparte, comenzaron a llover tantas piedras sobre don Quijote, que no se daba a manos a cubrirse con la rodela; y el pobre Rocinante no hacía más caso de la espuela que si fuera hecho de bronce. Sancho se puso tras su asno, y con él se defendía de la nube y pedrisco que sobre entrambos llovía. No se pudo escudar tan bien don Quijote, que no le acertasen no sé cuántos guijarros en el cuerpo, con tanta fuerza, que dieron con él en el suelo; y apenas hubo caído, cuando fue sobre él el estudiante, y le quitó la bacía de la cabeza, y diole con ella tres o cuatro golpes en las espaldas y otros tantos en la tierra, con que la hizo casi pedazos. Quitáronle una ropilla que traía sobre las armas, y las medias calzas le querían quitar, si las grebas[273a] no lo estorbaran. A Sancho le quitaron el gabán, y, dejándolo en pelota,[274] repartiendo entre sí los demás despojos de la batalla, se fueron cada uno por su parte, con más cuidado de escaparse de la Hermandad, que temían, que de cargarse de la cadena e ir a presentarse ante la señora Dulcinea del Toboso.

Solos quedaron jumento y Rocinante, Sancho y don Quijote; el jumento, cabizbajo y pensativo, sacudiendo de cuando en cuando las orejas, pensando que aún no había cesado la borrasca de las piedras, que le perseguían los oídos; Rocinante, tendido junto a su amo, que también vino al suelo de otra pedrada; Sancho, en pelota, y temeroso de la Santa Hermandad; don Quijote, mohinísimo de verse tan malparado[275] por los mismos a quien tanto bien había hecho.

Capítulo XXV

Que trata de las extrañas cosas que en Sierra Morena sucedieron al valiente caballero de la Mancha, y de la imitatión que hizo a la penitencia ne Beltenebros

. . . Llegaron en estas pláticas al pie de una alta montaña, que, casi como peñón tajado, estaba sola entre otras muchas que la rodeaban. Corría por su falda un manso arroyuelo, y hacíase por toda su redondez un prado tan verde y vicioso,[276] que daba contento a los ojos que le miraban. Había por allí muchos árboles silvestres y algunas plantas y flores, que hacían el lugar apacible. Este sitio escogió el Caballero de la Triste Figura para hacer su penitencia; y así, en viéndole, comenzó a decir en voz alta, como si estuviera sin juicio:

—Éste es el lugar, ¡oh cielos!, que disputo[277] y escojo para llorar la desventura en que vosotros mesmos me habéis puesto. Éste es el sitio donde el humor de mis ojos[278] acrecentará las aguas deste pequeño arroyo, y mis continuos y profundos sospiros moverán a la contina[279] las hojas destos montaraces árboles, en testimonio y señal de la pena que mi asendereado corazón padece . . . ¡Oh Dulcinea del Toboso, día de mi noche, gloria de mi pena, norte de mis caminos, estrella de mi ventura, así el cielo te la dé buena en cuanto acertares a pedirle, que considere el lugar y el estado a que tu ausencia me ha conducido, y que con buen término correspondas al que a mi fe se le debe![280] . . . ¡Oh tú, escudero mío, agradable compañero en mis prósperos y adversos sucesos, toma bien en la memoria lo que aquí me verás hacer, para que lo cuentes y recites a la causa total de todo ello![281]

Y diciendo esto, se apeó de Rocinante, y en un momento le quitó el freno y la silla; y, dándole una palmada en las ancas, le dijo:

—Libertad te da el que sin ella queda, ¡oh caballo tan extremado por tus obras cuan desdichado por tu

suerte! Vete por do quisieres; que en la frente llevas escrito que no te igualó en ligereza el Hipogrifo de Astolfo, ni el nombrado Frontino, que tan caro le costó a Bradamante.[282]

Viendo esto Sancho, dijo:

—Bien haya quien nos quitó ahora del trabajo de desenalbardar al *rucio*,[283] que a fe que no faltaran palmadicas que dalle, ni cosa que decille en su alabanza; pero si él aquí estuviera, no consintiera yo que nadie le desalbardara, pues no había para qué; que a él no le tocaban las generales de enamorado ni de desesperado, pues no lo estaba su amo, que era yo, cuando Dios quería.[284] Y en verdad, señor Caballero de la Triste Figura, que si es que mi partida y su locura de vuestra merced va de veras, que será bien tornar a

[267] **a campana herida** ringing the alarm bell. [268] **vais** vayáis. [269] **mudar . . . montazgo** to change this duty and toll (**montazgo** cattle toll). [270] **hemos . . . Egipto** that we are going back to the food (fleshpots) of Egypt (reference to the Exodus of Jews from Egypt; Exodus, 16:3). [271] **como . . . olmo** like asking pears of the elm tree (it is like asking something impossible). [272] **rabo entre piernas** your tail between your legs. [273] **hizo del ojo** he winked at his companions. [273a] **grebas** greaves (armor to protect the legs from knee to ankle). [274] **dejándolo en pelota** leaving him with his shirt. [275] **mohinísimo . . . malparado** very much hurt seeing himself so ill treated. [276] **vicioso** luxuriant. [277] **disputo** I select. [278] **el humor . . . ojos** my tears. [279] **a la contina** continuously. [280] **así . . . debe** I pray that Heaven grant you in good measure all that you pray for and that you consider the place and situation to which your absence has taken me, and that you grant me the proper award for my fidelity. [281] **a la . . . ello** to the one who is the cause of it all. [282] **Hipogrifo, Frontino** horses cited by Ariosto. [283] **Bien . . . rucio** Good luck to the man who saved me the trouble of unsaddling the ass (reference to the fact that the galley slaves stole Sancho Panza's ass). To compensate Sancho for the loss, don Quijote promised to make him donation of some young asses (**pollinos**) of his own. Sancho makes several references to the promise later in this chapter. [284] **que a él . . . quería** he (the ass) was not under the ordinary circumstances [legal terms] of being in love or desperate, anymore than myself, who was his master when fortune pleased.

ensillar a Rocinante, para que supla la falta del rucio, porque será ahorrar tiempo a mi ida y vuelta; que si la hago a pie, no sé cuándo llegaré, ni cuándo volveré, porque, en resolución, soy mal caminante.

—Digo, Sancho —respondió don Quijote—, que sea como tú quisieres, que no me parece mal tu designio; y digo que de aquí a tres días te partirás, porque quiero que en este tiempo veas lo que por ella hago y digo, para que se lo digas.

—Pues ¿qué más tengo de ver —dijo Sancho— que lo que he visto?

—¡Bien estás en el cuento![285] —respondió don Quijote—. Ahora me falta rasgar las vestiduras, esparcir las armas, y darme de calabazadas por estas peñas,[286] con otras cosas deste jaez, que te han de admirar.

—Por amor de Dios —dijo Sancho—, que mire vuestra merced cómo se da esas calabazadas; que a tal peña podrá llegar, y en tal punto, que con la primera se acabase la máquina de esta penitencia;[287] y sería yo de parecer que, ya que a vuestra merced le parece que son aquí necesarias calabazadas y que no se puede hacer esta obra sin ella, se contentase, pues todo esto es fingido y cosa contrahecha y de burla, se contentase, digo, con dárselas en el agua, o en alguna cosa blanda, como algodón; y déjeme a mí el cargo, que yo diré a mi señora que vuestra merced se las daba en una punta de peña, más dura que la de un diamante.

—Yo agradezco tu buena intención, amigo Sancho —respondió don Quijote—; más quiérote hacer sabidor[288] de que todas estas cosas que hago no son de burlas, sino muy de veras; porque de otra manera, sería contravenir a las órdenes de caballería, que nos mandan que no digamos mentira alguna, pena de relasos,[289] y el hacer una cosa por otra lo mesmo es que mentir. Ansí que mis calabazadas han de ser verdaderas, firmes y valederas, sin que lleven nada del sofístico ni del fantástico. Y será necesario que me dejes algunas hilas[290] para curarme, pues que la ventura quiso que nos faltase el bálsamo que perdimos.

—Más fue perder el asno —respondió Sancho—, pues se perdieron en él las hilas y todo. Y ruégole a vuestra merced que no se acuerde más de aquel maldito brebaje; que en sólo oírle mentar[291] se me revuelve el alma, no que el estómago. Y más le

ruego; que haga cuenta que son ya pasados los tres días que me ha dado de término para ver las locuras que hace, que ya las doy por vistas y por pasadas en cosa juzgada, y diré maravillas a mi señora; y escriba la carta y despácheme luego, porque tengo gran deseo de volver a sacar a vuestra merced deste purgatorio donde le dejo.

—¿Purgatorio le llamas, Sancho? —dijo don Quijote—. Mejor hicieras de llamarle infierno, y aun peor, si hay otra cosa que lo sea.

—Quien ha infierno —respondió Sancho— «nula es retencio»,[292] según he oído decir.

—No entiendo qué quiere decir «retencio» — dijo don Quijote.

—«Retencio» es —respondió Sancho— que quien está en el infierno nunca sale dél, ni puede. Lo cual será al revés en vuestra merced, o a mí me andarán mal los pies, si es que llevo espuelas para avivar a Rocinante; y póngame yo una por una[293] en el Toboso, y delante de mi señora Dulcinea; que yo le diré tales cosas de las necedades y locuras, que todo es uno, que vuestra merced ha hecho y queda haciendo, que la venga a poner más blanda que un guante, aunque la halle más dura que alcornoque; con cuya respuesta dulce y melificada volveré por los aires como brujo, y sacaré a vuestra merced deste purgatorio, que parece infierno y no lo es, pues hay esperanza de salir dél, la cual, como tengo dicho, no la tienen de salir los que están en el infierno, ni creo que vuestra merced dirá otra cosa.

—Así es la verdad —dijo el de la Triste Figura—; pero ¿qué haremos para escribir la carta?

—¿Y la libranza pollinesca también? —añadió Sancho.

—Todo irá inserto —dijo don Quijote—; y sería bueno, ya que no hay papel, que la escribiésemos, como hacían los antiguos, en hojas de árboles, o en unas tablitas de cera; aunque tan dificultoso será hallarse eso ahora como el papel. Mas ya me ha venido a la memoria dónde será bien, y aun más que bien, escribilla; que es en el librillo de memoria que fué de Cardenio, y tú tendrás cuidado de hacerla trasladar en papel, de buena letra, en el primer lugar que hallares, donde haya maestro de escuela de muchachos, o si no, cualquiera sacristán te la trasladará; y no se la des a trasladar a ningún escribano, que hacen letra procesada,[294] que no la entenderá Satanás.

—Pues ¿qué se ha de hacer de la firma? —dijoSancho.

—Nunca las cartas de Amadís se firmaron —respondió don Quijote.

—Está bien —respondió Sancho—; pero la libranza forzosamente se ha de firmar, y ésa si se traslada, dirán que la firma es falsa, y quedaréme sin pollinos.

—La libranza irá en el mesmo librillo firmada; que en viéndola mi sobrina, no pondrá dificultad en cumplilla. Y en lo que toca a la carta de amores, pondrás por firma: «Vuestro hasta la muerte, el Caballero de la Triste Figura». Y hará poco al caso que vaya de mano ajena, porque, a lo que yo me sé acordar,[295] Dulcinea no sabe escribir ni leer, y en toda su vida ha visto letra mía ni carta mía, porque mis amores y los suyos han sido siempre platónicos, sin extenderse a más que a un honesto mirar. Y aun esto, tan de cuando en cuando, que osaré jurar con verdad que en doce años que ha que la quiero más que a la lumbre destos ojos que han de comer la tierra,[296] no la he visto cuatro veces; y aun podrá ser que destas cuatro veces no hubiera ella echado de ver la una que la miraba:[297] tal es el recato y encerramiento con que su padre, Lorenzo Corchuelo, y su madre, Aldonza Nogales, la han criado.

—¡Ta, ta! —dijo Sancho—. ¿Que la hija de Lorenzo Corchuelo es la señora Dulcinea del Toboso, llamada por otro nombre Aldonza Lorenzo?

—Ésa es —dijo don Quijote—, y es la que merece ser señora de todo el universo.

—Bien la conozco —dijo Sancho—, y sé decir que tira tan bien una barra como el más forzudo zagal de todo el pueblo. ¡Vive el Dador, que es moza de chapa, hecha y derecha y de pelo en pecho, y que puede sacar la barba del lodo a cualquier caballero andante, o por andar que la tuviere por señora. ¡Oh, hi de puta, qué rejo que tiene, y qué voz![298] Sé decir que se puso un día encima del campanario del aldea a llamar unos zagales suyos que andaban en un barbecho de su padre, y aunque estaban de allí más de media legua, así la oyeron como si estuvieran al pie de la torre. Y lo mejor que tiene es que no es nada melindrosa,[299] porque tiene mucho de cortesana: con todos se burla y de todo hace mueca y donaire. Ahora digo, señor

Caballero de la Triste Figura, que no solamente puede y debe vuestra merced hacer locuras por ella, sino que con justo título puede desesperarse y ahorcarse; que nadie habrá que lo sepa que no diga que hizo demasiado de bien, puesto que le lleve el diablo.[300] Y querría ya verme en camino, sólo por vella; que ha muchos días que no la veo, y debe de estar ya trocada; porque gasta mucho la faz de las mujeres andar siempre al campo, al sol y al aire. Y confieso a vuestra merced una verdad, señor don Quijote: que hasta aquí he estado en una grande ignorancia; que pensaba bien y fielmente que la señora Dulcinea debía de ser alguna princesa de quien vuestra merced estaba enamorado, o alguna persona tal, que mereciese los ricos presentes que vuestra merced le ha enviado, así el del vizcaíno como el de los galeotes, y otros muchos que deben ser, según deben de ser muchas las vitorias que vuestra merced ha ganado y ganó en el tiempo que yo aún no era su escudero. Pero bien considerado, ¿qué se le

[285] **¡Bien . . . cuento!** You don't know anything (you haven't seen anything, yet). [286] **darme . . . peñas** knock my head against the rocks. [287] **la máquina . . . penitencia** the bizarre invention of this penance. [288] **más . . . sabidor** I want you to know. [289] **pena de relasos (relapsos)** under the penalty of relapsing sinners. [290] **hilas** some lint (bandages). [291] **que en . . . mentar** because the very mention of it. [292] **«Quia in inferno nulla est redemptio»** from the Catholic liturgy for the dead. [293] **póngame . . . una** let me be really. [294] **letra procesada** law-proceedings hand-writing. [295] **a lo . . . acordar** so far as I can remember. [296] **que osaré . . . tierra** that I would say truthfully that in the twelve years that I have loved her more than the light of these eyes, which will be eaten someday by the earth. [297] **no hubiera . . . miraba** she did not realize even once that I was looking at her. [298] **moza . . . voz** tough girl, fit and strong like a man (she has hair on her chest), and she can take care of any knight-errant or a would-be knight-errant who may have her for a mistress. Son of a whore, what strength she has and what a voice! [299] **no es nada melindrosa** she is not prudish. [300] **que nadie . . . diablo** Anyone who finds out about what you did will say that you acted better than well, even though the devil should carry you off afterwards.

ha de dar a la señora Aldonza Lorenzo,[301] digo a la señora Dulcinea del Toboso, de que se le vayan a hincar de rodillas delante della los vencidos que vuestra merced le envía y ha de enviar? Porque podría ser que al tiempo que ellos llegasen estuviese ella rastrillando lino, o trillando en las eras, y ellos se corriesen de verla, y ella se riese y enfadase del presente.

—Ya te tengo dicho antes de agora muchas veces, Sancho —dijo don Quijote—, que eres muy grande hablador y que, aunque de ingenio boto, muchas veces despuntas de agudo,[302] mas para que veas cuán necio eres tú y cuán discreto soy yo, quiero que me oyas un breve cuento. Has de saber que una viuda hermosa, moza, libre y rica, y, sobre todo, desenfadada, se enamoró de un mozo motilón, rollizo y de buen tomo;[303] alcanzólo a saber su mayor, y un día dijo a la buena viuda, por vía de fraternal reprehensión: «Maravillado estoy, señora, y no sin mucha causa, de que una mujer tan principal, tan hermosa y tan rica como vuestra merced se haya enamorado de un hombre tan soez, tan bajo y tan idiota como fulano, habiendo en esta casa tantos maestros, tantos presentados y tantos teólogos, en quien vuestra merced pudiera escoger, como entre peras, y decir: «éste quiero, aquéste no quiero». Mas ella le respondió con mucho donaire y desenvoltura: «Vuestra merced, señor mío, está muy engañado, y piensa muy a lo antiguo si piensa que yo he escogido mal en fulano, por idiota que le parece; pues para lo que yo le quiero, tanta filosofía sabe, y más, que Aristóteles». Así que, Sancho, por lo que yo quiero a Dulcinea del Toboso tanto vale como la más alta princesa de la tierra. Sí, que no todos los poetas que alaban damas debajo de un nombre que ellos a su albedrío les ponen, es verdad que las tienen. ¿Piensas tú que las Amarilis, las Filis, las Silvias, las Dianas, las Galateas, las Fílidas, y otras tales de que los libros, los romances, las tiendas de los barberos, los teatros de las comedias, están llenos, fueron verdaderamente damas de carne y hueso, y de aquellos que las celebran y celebraron? No, por cierto, sino que las más se las fingen, por dar subjeto a sus versos, y porque los tengan por enamorados y por hombres que tienen valor para serlo. Y así básteme a mí pensar y creer que la buena de Aldonza Lorenzo es hermosa y honesta; y en lo del linaje importa poco; que no han de ir a hacer la información dél para darle algún hábito, y yo me hago cuenta de que es la más alta princesa del mundo. Porque has de saber, Sancho, si no lo sabes, que dos cosas solas incitan a amar, más que otras; que son la mucha hermosura y la buena fama, y estas dos cosas se hallan consumadamente[304] en Dulcinea, porque en ser hermosa, ninguna le iguala; y en la buena fama, pocas le llegan. Y para concluir con todo, yo imagino que todo lo que digo es así, sin que sobre ni falte nada, y píntola en mi imaginación como la deseo, así en la belleza como en la principalidad,[305] y ni la llega Elena ni la alcanza Lucrecia, ni otra alguna de las famosas mujeres de las edades pretéritas, griega, bárbara o latina. Y diga cada uno lo que quisiere; que si por esto fuera reprehendido de los ignorantes, no seré castigado de los rigurosos.[306]

—Digo que en todo tiene vuestra merced razón —respondió Sancho—, y que yo soy un asno. Mas no sé yo para qué nombro asno en mi boca, pues no se ha de mentar la soga en casa del ahorcado.[307] Pero venga la carta, y a Dios, que me mudo.[308]

Sacó el libro de memoria don Quijote y, apartándose a una parte, con mucho sosiego comenzó a escribir la carta, y en acabándola llamó a Sancho y le dijo que se la quería leer, porque la tomase de memoria, si acaso se le perdiese por el camino, porque de su desdicha todo se podía temer. A lo cual respondío Sancho:

—Escríbala vuestra merced dos o tres veces ahí en el libro, y démele, que yo le llevaré bien guardado; porque pensar que yo la he de tomar en la memoria es disparate; que la tengo tan mala, que muchas veces se me olvida cómo me llamo. Pero, con todo eso, dígamela vuestra merced, que me holgaré mucho de oílla; que debe de ir como de molde.[309]

—Escucha, que así dice —dijo don Quijote:

CARTA DE DON QUIJOTE A DULCINEA DEL TOBOSO

«Soberana y alta señora:

«El ferido de punta de ausencia y el llagado de las telas del corazón,[310] dulcísima Dulcinea del Tobosa, te envía la salud que él no tiene. Si tu fermosura me desprecia, si tu valor no es en mi pro, si tus desdenes son en mi afincamiento, maguer que yo sea asaz de sufrido, mal podré sostenerme en esta cuita, que, además de ser fuerte, es muy duradera.[311] Mi buen escudero Sancho te dará entera relación, ¡oh bella ingrata, amada enemiga mía!, del modo que por tu causa quedo: si gustares de acorrerme, tuyo soy; y si no, haz lo que te viniere en gusto; que con acabar mi vida habré satisfecho a tu crueldad y a mi deseo.

Tuyo hasta la muerte,
EL CABALLERO DE LA TRISTE FIGURA ».

—Por vida de mi padre —dijo Sancho en oyendo la carta—, que es la más alta cosa que jamás he oído. ¡Pesia a mí,[312] y cómo que le dice vuestra merced ahí todo cuanto quiere, y qué bien encaja en la firma *El Caballero de la Triste Figura!* Digo de verdad que es vuestra merced el mesmo diablo y que no hay cosa que no sepa.

—Todo es menester —repondió don Quijote— para el oficio que trayo.[313]

—Ea pues —dijo Sancho—, ponga vuestra merced en esotra vuelta la cédula de los tres pollinos y fírmela con mucha claridad, porque la conozcan en viéndola.

—Que me place —dijo don Quijote.

Y habiéndola escrito, se la leyó, que decía ansí:

«Mandará vuestra merced, por esta primera de pollinos,[314] señora sobrina, dar a Sancho Panza, mi escudero, tres de los cinco que dejé en casa y·están a cargo de vuestra merced. Los cuales tres pollinos se los mando librar y pagar por otros tantos aquí recebidos de contado;[315] que con ésta y con su carta de pago serán bien dados. Fecha en las entrañas de Sierra Morena, a veinte y dos de agosto deste presente año ».

—Buena está —dijo Sancho—: fírmela vuestra merced.

—No es menester firmarla —dijo don Quijote—, sino solamente poner mi rúbrica,[316] que es lo mesmo que firma, y para tres asnos, y aun para trescientos, fuera bastante.

—Yo me confío de vuestra merced —respondió Sancho—. Déjeme, iré a ensillar a Rocinante, y apáréjese vuestra merced a echarme su bendición; que luego pienso partirme, sin ver las sandeces que vuestra merced ha de hacer que yo diré que le vi hacer tantas, que no quiera más.[317]

—Por lo menos, quiero, Sancho, y porque es menester ansí, quiero, digo, que me veas en cueros, y hacer una o dos docenas de locuras, que las haré en menos de media hora, porque habiéndolas tú visto por tus ojos, puedas jurar a tu salvo en las demás que quisieres añadir; y asegúrote que no dirás tú tantas cuantas yo pienso hacer.

—Por amor de Dios, señor mío, que no vea yo en cueros a vuestra merced, que me dará mucha lástima y no podré dejar de llorar; y tengo tal la cabeza, del llanto que anoche hice por el rucio, que no estoy para meterme en nuevos lloros; y si es que vuestra merced gusta de que yo vea algunas locuras, hágalas vestido, breves y las que vinieren más a cuento.[318] Cuanto más que para mí no era menester nada deso, y, como ya tengo dicho, fuera ahorrar el camino de mi vuelta, que ha de ser con las nuevas que vuestra merced desea y merece. Y si no, apáréjese la señora Dulcinea que si no responde como es razón, voto hago solene a quien

[301] **¡qué se . . . Lorenzo** what does Lady Aldonza care about. [302] **aunque . . . agudo** though you are but a dull headed dunce, yet now and then you act too sharp. [303] **mozo . . . tomo** lay-brother youth (in a convent), big and well-built. [304] **consumadamente** in the highest degree. [305] **principalidad** in her rank. [306] **rigurosos** men of good taste and judgement. [307] **mentar . . . ahorcado** mention not a halter in the house of him that was hanged. [308] **a Dios . . . mudo** good-bye, I am off (I'm on my way). [309] **que debe . . . molde** it has to be like print. [310] **El ferido . . . corazón** He who has been pierced by the dart of separation and he who has been wounded to the heart's core. [311] **si tu valor . . . duradera** if your graciousness does not favor me, if your disdain works against me, as much inured to suffering as I am, it will be impossible for me to survive this affliction, which besides being very cruel, is lasting so long. [312] **¡Pesia a mí!** Damn me! [313] **trayo** traigo; oficio que traigo the profession I am dedicated to. [314] **por esta . . . pollinos** upon presentation of this order for ass-colts. [315] **librar . . . contado** deliver to him in return for other three received here in tale. [316] **poner mi rúbrica** add my flourish. [317] **que no quiera** [oir] **más** [sandeces]. [318] **breves . . . cuento** brief and to the point.

puedo[319] que le tengo de sacar la buena respuesta del estómago a coces y a bofetones. Porque ¿dónde se ha de sufrir que un caballero andante tan famoso como vuestra merced se vuelva loco, sin qué ni para qué, por una...? No me lo haga decir la señora; porque por Dios que despotrique y lo echo todo a doce, aunque nunca se venda.[320] ¡Bonico soy yo para eso! ¡Mal se conoce! Pues a fe que si me conociese, que me ayunase![321]

—A fe, Sancho —dijo don Quijote—, que, a lo que parece, que no estás tú más cuerdo que yo.

—No estoy tan loco —respondió Sancho—; mas estoy más colérico. Pero dejando esto aparte, ¿qué es lo que ha de comer vuestra merced en tanto que yo vuelvo? ¿Ha de salir al camino, ... a quitárselo a los pastores?

—No te dé pena ese cuidado —respondió don Quijote—, porque, aunque tuviera, no comiera otra cosa que las yerbas y frutos que este prado y estos árboles me dieren; que la fineza[322] de mi negocio está en no comer y en hacer otras asperezas equivalentes. A Dios, pues.

—Pero ¿sabe vuestra merced qué temo? Que no tengo de acertar a volver a este lugar donde agora le dejo según está de escondido.

—Toma bien las señas; que yo procuraré no apartarme destos contornos —dijo don Quijote—, y aun tendré cuidado de subirme por estos más altos riscos, por ver si te descubro cuando vuelvas. Cuanto más, que lo más acertado será, para que no me yerre y te pierdas, que cortes algunas retamas de las muchas que por aquí hay, y las vayas poniendo de trecho en trecho, hasta salir a lo raso,[323] las cuales te servirán de mojones y señales para que me halles cuando vuelvas, a imitación del hilo del laberinto de Teseo.

—Así lo haré —respondió Sancho Panza.

Y cortando algunas, pidió la bendición a su señor y, no sin muchas lágrimas de entrambos, se despidió dél. Y subiendo sobre Rocinante, a quien don Quijote encomendó mucho,[324] y que mirase por él como por su propia persona, se puso en camino del llano esparciendo de trecho en trecho los ramos de la retama, como su amo se lo había aconsejado. Y así se fue, aunque todavía le importunaba don Quijote que le

viese siquiera hacer dos locuras. Mas no hubo andado cien pasos, cuando volvió y dijo:

—Digo, señor, que vuestra merced ha dicho muy bien: que para que pueda jurar sin cargo de conciencia que le he visto hacer locuras, será bien que vea siquiera una, aunque bien grande la he visto en la quedada de vuestra merced.

—¿No te lo decía yo? —dijo don Quijote—. Espérate, Sancho, que en un credo las haré.

Y desnudándose con toda priesa los calzones, quedó en carnes y en pañales, y luego, sin más ni más, dió dos zapatetas en el aire y dos tumbas la cabeza abajo,[325] y los pies en alto, descubriendo cosas que, por no verlas otra vez, volvió Sancho la rienda a Rocinante, y se dió por contento y satisfecho de que podía jurar que su amo quedaba loco. Y así, le dejamos ir su camino hasta la vuelta, que fué breve.

Capítulo XXX

Que trata del gracioso artificio y orden que se tuvo en sacar a nuestro enamorado caballero de la asperísima penitencia en que se había puesto

[Mientras don Quijote queda en la montaña haciendo su penitencia, Sancho se pone en camino hacia el Toboso. Encuentra en el camino al cura y al barbero que han salido de su pueblo con la buena intención de buscar a don Quijote y tratar de volverle a su casa. Saben por Sancho dónde y cómo queda don Quijote. Convencen a Sancho para que, en lugar de continuar al Toboso en busca de la señora Dulcinea, vuelva con ellos y los conduzca al lugar donde quedó su amo. En el capítulo XXX, cuyo final damos a continuación, han encontrado ya a don Quijote, quien en la primera oportunidad que se le presenta de hablar a solas con su escudero, le pregunta por Dulcinea y le pide detalles de su entrevista con ella.]

... En tanto que ellos iban en esta conversación, prosiguió don Quijote con la suya, y dijo a Sancho:

—Echemos, Panza amigo, pelillos a la mar[326] en esto de nuestras pendencias, y dime ahora sin tener cuenta con enojo ni rencor alguno: ¿Dónde, cómo y cuándo hallaste a Dulcinea? ¿Qué hacía? ¿Qué le dijiste? ¿Qué te respondió? ¿Qué rostro hizo[327] cuando leía mi carta? ¿Quién te la trasladó? Y todo aquello que vieres que en este caso es digno de saberse, de preguntarse y satisfacerse, sin que añadas o mientas por darme gusto, ni, menos, te acortes por no quitármele.[328]

—Señor —respondió Sancho—, si va a decir la verdad,[329] la carta no me la trasladó nadie, porque yo no llevé carta alguna.

—Así es como tú dices —dijo don Quijote—; porque el librillo de memoria donde yo la escribí le hallé en mi poder a cabo de dos días de tu partida, lo cual me causó grandísima pena, por no saber lo que habías tú de hacer cuando te vieses sin carta, y creí siempre que te volvieras desde el lugar donde la echaras menos.[330]

—Así fuera —respondió Sancho—, si no la hubiera yo tomado en la memoria cuando vuestra merced me la leyó, de manera, que se la dije a un sacristán, que me la trasladó del entendimiento tan punto por punto que dijo que en todos los días de su vida, aunque había leído muchas cartas de descomunión,[331] no había visto ni leído tan linda carta como aquélla.

—Y ¿tiénesla todavía en la memoria, Sancho? —dijo don Quijote.

—No señor —respondió Sancho—, porque después que la di, como vi que no había de ser de más provecho, di en olvidalla, y si algo se me acuerda es aquello del *sabajada*, digo, del *soberana señora*, y lo último: «*Vuestro hasta la muerte, el Caballero de la Triste Figura*». Y en medio destas dos cosas le puse más de trescientas almas, y vidas, y ojos míos.

Capítulo XXXI

De los sabrosos razonamientos que pasaron entre don Quijote y Sancho Panza su escudero, con otros sucesos

—Todo eso no me descontenta; prosigue adelante —dijo don Quijote—. Llegaste, ¿y qué hacía aquella reina de la hermosura? A buen seguro que la hallaste ensartando perlas, o bordando alguna empresa con oro de cañutillo,[332] para este su cautivo caballero.

—No la hallé —respondió Sancho— sino ahechando dos hanegas de trigo[333] en un corral de su casa.

—Pues haz cuenta —dijo don Quijote— que los granos de aquel trigo eran granos de perlas tocados de sus manos. Y si miraste, amigo, el trigo ¿era candeal, o trechel?

—No era sino rubión[334] —respondió Sancho.

—Pues yo te aseguro —dijo don Quijote—, que ahechado por sus manos, hizo pan candeal, sin duda alguna. Pero pasa adelante: cuando le diste mi carta ¿besóla? ¿Púsosela sobre la cabeza? ¿Hizo alguna ceremonia digna de tal carta o qué hizo?

—Cuando yo se la iba a dar —respondió Sancho—, ella estaba en la fuga del meneo[335] de una buena parte de trigo que tenía en la criba, y díjome: "Poned, amigo, esa carta sobre aquel costal; que no la puedo leer hasta que acabe de acribar todo lo que aquí está".

—¡Discreta señora! —dijo don Quijote—. Eso debió de ser por leerla despacio y recrearse con ella. Adelante, Sancho. Y en tanto que estaba en su menester, ¿qué coloquios pasó contigo? ¿Qué te preguntó de mí?

[319] **voto . . . puedo** I swear to God. [320] **porque . . . venda** by God I'll speak out and let her have it at any price, there will be no buyer (I won't care about the consequences). [321] **Pues . . . ayunase** My faith, if she did know me, she would treat me with proper respect. [322] **fineza** the perfection. [323] **a lo raso** into the open. [324] **a quien . . . mucho** Don Quixote recommended [Sancho] to take good care [of Rocinante]. [325] **dió . . . abajo** he cut a couple of capers and did a couple of handstands. [326] **echemos . . . pelillos a la mar** let's make peace. [327] **¿Qué rostro hizo** What was the expression of her face? [328] **ni, menos, . . . quitármele** much less, do not shorten it for it will rob me of the pleasure of hearing it. [329] **si va . . . verdad** to tell the truth. [330] **que te . . . menos** that you would return from the spot as soon as you realized you were missing it. [331] **cartas de descomunión** letters of excommunication. [332] **A buen cañutillo** Surely you found her stringing pearls or embroidering some device with the finest gold thread. [333] **sino . . . trigo** she was just sifting two bushels of wheat. [334] **¿era . . . rubión** Was it the finest or spring wheat? No, it was the reddish kind. [335] **fuga del meneo** in the heat of the sifting.

¿qué le respondiste? Acaba, cuéntamelo todo; no se te quede en el tintero una mínima.[336]

—Ella no preguntó nada —dijo Sancho—; mas yo le dije de la manera que vuestra merced, por su servicio, quedaba haciendo penitencia, desnudo de la cintura arriba, metido entre estas sierras como si fuera salvaje, durmiendo en el suelo, sin comer pan a manteles[337] ni sin peinarse la barba, llorando y maldiciendo su fortuna.

—En decir que maldecía mi fortuna dijiste mal—dijo don Quijote—; porque antes la bendigo y bendeciré todos los días de mi vida, por haberme hecho digno de merecer amar tan alta señora como Dulcinea del Toboso.

—Tan alta es —respondió Sancho—, que a buena fe que me lleva a mí más de un coto.[338]

—Pues ¿cómo Sancho? —dijo don Quijote—. ¿Haste medido tú con ella?

—Medíme en esta manera —le respondió Sancho—: que llegándole a ayudar[339] a poner un costal de trigo sobre un jumento, llegamos tan juntos, que eché de ver que me llevaba más de un gran palmo.[340]

—Pues ¡es verdad —replicó don Quijote— que no acompaña esa grandeza y la adorna con mil millones de gracias del alma! Pero no me negarás, Sancho, una cosa: cuando llegaste junto a ella, ¿no sentiste un olor sabeo, una fragancia aromática y un no sé qué de bueno, que yo no acierto a dalle nombre? Digo, ¿un tuho o tufo como si estuvieras en la tienda de algún curioso guantero?[341]

—Lo que sé decir —dijo Sancho— es que sentí un olorcillo algo hombruno; y debía de ser que ella, con el mucho ejercicio, estaba sudada y algo correosa.[342]

—No sería eso —respondió don Quijote—; sino que tú debías de estar romadizado, o te debiste de oler a ti mismo,[343] porque yo sé bien a lo que huele aquella rosa entre espinas, aquel lirio del campo, aquel ámbar desleído.[344]

—Todo puede ser —respondió Sancho—; que muchas veces sale de mí aquel olor que entonces me pareció que salía de su merced de la señora Dulcinea; pero no hay de qué maravillarse: que un diablo parece[345] a otro.

—Y bien —prosiguió don Quijote—, he aquí que acabó de limpiar su trigo y de enviallo al molino. ¿Qué hizo cuando leyó la carta?

—La carta —dijo Sancho— no la leyó, porque dijo que no sabía leer ni escribir; antes la rasgó y la hizo menudas piezas, diciendo que no la quería dar a leer a nadie, porque no se supiesen en el lugar sus secretos, y que bastaba lo que yo le había dicho de palabra acerca del amor que vuestra merced le tenía y de la penitencia extraordinaria que por su causa quedaba haciendo. Y, finalmente, me dijo que dijese a vuestra merced que le besaba las manos, y que allí quedaba con más deseos de verle que de escribirle; y que, así, le suplicaba y mandaba que, vista la presente,[346] saliese de aquellos matorrales y se dejase de hacer disparates, y se pusiese luego en camino del Toboso, si otra cosa de más importancia no le sucediese, porque tenía gran deseo de ver a vuestra merced. Riose mucho cuando le dije que se llamaba vuestra merced el *Caballero de la Triste Figura*. Preguntéle si había ido allá el vizcaíno de marras;[347] díjome que sí, y que era un hombre muy de bien. También le pregunté por los galeotes; mas díjome que no había visto hasta entonces alguno.

—Todo va bien hasta agora —dijo don Quijote—. Pero dime: ¿qué joya fué la que te dio al despedirte, por las nuevas que de mí le llevaste? Porque es usada y antigua costumbre entre los caballeros y damas andantes dar a los escuderos, doncellas o enanos que les llevan nuevas, de sus damas a ellos, a ellas de sus andantes, alguna rica joya en albricias,[348] en agradecimiento de su recado.

—Bien puede eso ser así, y yo la tengo por buena usanza; pero eso debió de ser en los tiempos pasados: que ahora sólo se debe acostumbrar a dar un pedazo de pan y queso, que esto fue lo que me dió mi señora Dulcinea, por las bardas de un corral,[349] cuando della me despedí: y aun, por más señas, era el queso ovejuno. . .[350]

[Por fin, el cura y el barbero, con la ayuda de otros personajes, consiguen llevar a don Quijote a su pueblo, haciéndole creer que está encantado; lo llevan dentro de una jaula y sobre una carreta tirada por bueyes. En su pueblo queda nuestro hidalgo, al cuidado del ama y de la sobrina. Así concluye la Primera Parte de la obra. Al comenzar la Segunda Parte (publicada diez años después de la Primera), encontramos a don Quijote en su casa, en donde le visitan con frecuencia el cura y el barbero.]

[Pasa algún tiempo, y al fin tiene lugar la tercera y última salida de don Quijote en busca de aventuras, siempre acompañado de su fiel escudero.]

Segunda Parte

Capítulo I

De lo que el cura y el barbero pasaron con don Quijote cerca de su enfermedad

Cuenta Cide-Hamete Benengeli[351] en la segunda parte desta historia, y tercera salida de don Quijote, que el Cura y el Barbero se estuvieron casi un mes sin verle, por no renovarle y traerle a la memoria las cosas pasadas; pero no por esto dejaron de visitar a su sobrina y a su ama, encargándolas tuviesen cuenta con regalarle,[352] dándole a comer cosas confortativas y apropiadas para el corazón y el celebro,[353] de donde procedía, según buen discurso, toda su mala ventura. Las cuales dijeron que así lo hacían, y lo harían, con la voluntad y cuidado posible, porque echaban de ver que su señor por momentos iba dando muestras de estar en su entero juicio: de lo cual recibieron los dos gran contento, por parecerles que habían acertado en haberle traído encantado en el carro de los bueyes, como se contó en la primera parte desta tan grande como puntual historia, en su último capítulo; y así, determinaron de visitarle y hacer experiencia de su mejoría, aunque tenían casi por imposible que la tuviese, y acordaron de no tocarle en ningún punto de la andante caballería, por no ponerse a peligro de descoser los[354] de la herida, que tan tiernos estaban.

Visitáronle, en fin, y halláronle sentado en la cama, vestida una almilla de bayeta verde,[355] con un bonete colorado toledano; y estaba tan seco y amojamado, que no parecía sino hecho de carne momia. Fueron dél muy bien recebidos; preguntáronle por su salud, y él dió cuenta de sí y de ella con mucho juicio y con muy elegantes palabras; y en el discurso de su plática vinieron a tratar en esto que llaman razón de estado y modos de gobierno, enmendando este abuso y condenando aquél, reformando una costumbre y desterrando otra, haciéndose cada uno de los tres un nuevo legislador, un Licurgo moderno, o un Solón flamante; y de tal manera renovaron la república, que no pareció sino que la habían puesto en una fragua, y sacado otra de la que pusieron; y habló don Quijote con tanta discreción en todas las materias que se tocaron, que los dos examinadores creyeron indubitadamente[356] que estaba del todo bueno y en su entero juicio.

Halláronse presentes a la plática la Sobrina y el Ama, y no se hartaron de dar gracias a Dios de ver a su señor con tan buen entendimiento; pero el Cura, mudando el propósito primero, que era de no tocarle en cosa de caballerías, quiso hacer de todo en todo

[336] **no se . . . mínima** leave not a drop in the inkwell (tell me everything). [337] **comer pan a manteles** to eat at a well-set table. [338] **me lleva . . . coto** she is taller than I by a hand's breadth. [339] **que . . . ayudar** coming close to help her. [340] **que eché . . . palmo** that I could see that she was taller by a good palm. [341] **¿no sentiste . . . guantero?** didn't you smell an Arabian perfume, an aromatic fragrance and something really good, that I cannot describe? I mean, some sort of emanation or effluvium like the one you can smell in a glovemaker's shop? [342] **algo correosa** a little rawhide (she smelled like sweated hide). [343] **sino . . . mismo** probably you had a cold or maybe you smelt yourself. [344] **ámbar desleído** liquefied amber. [345] **parece** se parece. [346] **vista la presente** upon receiving this message. [347] **de marras** the one we talked about before (**marras** aforesaid). [348] **en albricias** gift for the good news. [349] **por . . . corral** over the fence of the barnyard. [350] **queso ovejuno** cheese made from sheep's milk. [351] **Cide-Hamete Benengeli** is the imaginary Arabian historian who wrote a chronicle about Don Quixote's deeds. Cervantes said in the first part of the novel that he found the manuscript in an antiquarian shop of Toledo. He says also that he is only translating it from the original Arabic into the Spanish language. [352] **regalarle** treat him well. [353] **celebro** cerebro. [354] **de descoser (los puntos)** of ripping the stitches. [355] **vestida . . . verde** wearing a vest of green flannel. [356] **indubitadamente** without any doubt.

experiencia si la sanidad de don Quijote era falsa o verdadera, y así, de lance en lance, vino a contar algunas nuevas que habían venido de la Corte y, entre otras, dijo que se tenía por cierto que el Turco bajaba con una poderosa armada, y que no se sabía su designio, ni adónde había de descargar tan gran nublado;[357] y con este temor, con que casi cada año nos toca arma, estaba puesta en ella toda la cristiandad,[358] y su Majestad había hecho proveer las costas de Nápoles y Sicilia y la isla de Malta. A esto respondió don Quijote:

—Su Majestad ha hecho como prudentísimo guerrero en proveer sus estados con tiempo, porque no le halle desapercibido el enemigo; pero si se tomara mi consejo, aconsejárale yo que usara una prevención, de la cual su Majestad la hora de agora[359] debe estar muy ajeno de pensar en ella.

Apenas oyó esto el Cura, cuando dijo entre sí: «¡Dios te tenga de su mano, pobre don Quijote; que me parece que te despeñas de la alta cumbre de tu locura hasta el profundo abismo de tu simplicidad!» Mas el Barbero, que ya había dado en el mesmo pensamiento que el Cura, preguntó a don Quijote cuál era la advertencia de la prevención que decía era bien se hiciese; quizá podría ser tal, que se pusiese en la lista de los muchos advertimientos impertinentes que se suelen dar a los príncipes.

—El mío, señor rapador —dijo don Quijote—, no será impertinente, sino perteneciente.

—No lo digo por tanto —replicó el Barbero—, sino porque tiene mostrado la experiencia que todos o los más arbitrios que se dan a su Majestad o son imposibles, o disparatados, o en daño del Rey o del reino.

—Pues el mío —respondió don Quijote— ni es imposible ni disparatado,[360] sino el más fácil, el más justo y el más mañero[361] y breve que puede caber en pensamiento de arbitrante[362] alguno.

—Ya tarda en decirle vuesa merced, señor don Quijote —dijo el Cura.

—No querría —dijo don Quijote— que lo dijese yo aquí agora, y amaneciese mañana en los oídos de los señores consejeros, y se llevase otro las gracias y el premio de mi trabajo.

—Por mí —dijo el Barbero—, doy palabra, para aquí y para delante de Dios, de no decir lo que vuesa merced dijere a rey ni a roque,[363] ni a hombre terrenal,

juramento que aprendí del romance del cura que en el prefacio avisó al rey[364] del ladrón que le había robado las cien doblas y la su mula la andariega.[365]

—No sé historias —dijo don Quijote—; pero sé que es bueno ese juramento, en fe de que sé que es hombre de bien el señor Barbero.

—Cuando no lo fuera —dijo el Cura—, yo le abono y salgo por él, que en este caso no hablará más que un mudo, so pena de pagar lo juzgado y sentenciado.[366]

—Y a vuesa merced, ¿quién le fía, señor Cura? —dijo don Quijote.

—Mi profesión —respondió el Cura—, que es de guardar secreto.

—¡Cuerpo de tal! —dijo a esta sazón don Quijote—. ¿Hay más sino mandar su Majestad por público pregón[367] que se junten en la Corte para un día señalado todos los caballeros andantes que vagan por España, que aunque no viniesen sino media docena, tal podría venir entre ellos que solo[368] bastase a destruir toda la potestad del Turco? Esténme vuesas mercedes atentos, y vayan conmigo. ¿Por ventura es cosa nueva deshacer un solo caballero andante un ejército de doscientos mil hombres, como si todos juntos tuvieran una sola garganta, o fueran hechos de alfeñique?[369] Si no, díganme: ¿cuántas historias están llenas destas maravillas? ¡Había, en hora mala para mí, que no quiero decir para otro, de vivir hoy el famoso don Belianís, o alguno de los del innumerable linaje de Amadís de Gaula; que si alguno déstos hoy viviera y con el Turco se afrontara, a fe que no le arrendara la ganancia![370] Pero Dios mirará por su pueblo, y deparará alguno que, si no tan bravo como los pasados andantes caballeros, a lo menos, no les será inferior en el ánimo; y Dios me entiende, y no digo más.

—¡Ay! —dijo a este punto la Sobrina—. ¡Que me maten si no quiere mi señor volver a ser caballero andante!

A lo que dijo don Quijote:

—Caballero andante he de morir, y baje o suba el Turco cuando él quisiere y cuan poderosamente pudiere; que otra vez digo que Dios me entiende.

A esta sazón dijo el Barbero:

—Suplico a vuesas mercedes que se me dé licencia para contar un cuento breve que sucedió en Sevilla;

que, por venir aquí como de molde,[371] me da gana de contarle.

Dio licencia don Quijote y el Cura, y los demás le prestaron atención, y él comenzó desta manera:

—En la casa de los locos de Sevilla estaba un hombre a quien sus parientes habían puesto allí por falto de juicio. Era graduado en Cánones por Osuna; pero aunque lo fuera por Salamanca, según opinión de muchos, no dejara de ser loco. Este tal graduado, al cabo de algunos años de recogimiento, se dió a entender[372] que estaba cuerdo y en su entero juicio, y con esta imaginación escribió al Arzobispo suplicándole encarecidamente y con muy concertadas razones le mandase sacar de aquella miseria en que vivía, pues por la misericordia de Dios había ya cobrado el juicio perdido; pero que sus parientes, por gozar de la parte de su hacienda, le tenían allí y a pesar de la verdad, querían que fuese loco hasta la muerte. El Arzobispo, persuadido de muchos billetes concertados y discretos,[373] mandó a un capellán suyo se informase del rector de la casa si era verdad lo que aquel licenciado le escribía, y que asimesmo hablase con el loco, y que si le pareciese que tenía juicio, le sacase y pusiese en libertad. Hízolo así el capellán, y el rector le dijo que aquel hombre aún se estaba loco; que puesto que hablaba muchas veces como persona de grande entendimiento, al cabo disparaba con tantas necedades, que en muchas y en grandes igualaban a sus primeras discreciones, como se podía hacer la experiencia hablándole. Quiso hacerla el capellán, y poniéndole con el loco, habló con él una hora, y más, y en todo aquel tiempo jamás el loco dijo razón torcida ni disparatada; antes habló tan atentamente, que el capellán fué forzado a creer que el loco estaba cuerdo, y entre otras cosas que el loco le dijo fué que el rector le tenía ojeriza, por no perder los regalos que sus parientes le hacían porque dijese que estaba loco, y con lúcidos intervalos; y que el mayor contrario que en su desgracia tenía era su mucha hacienda, pues por gozar della sus enemigos, ponían dolo[374] y dudaban de la merced que nuestro Señor le había hecho en volverle de bestia en hombre. Finalmente, él habló de manera, que hizo sospechoso al retor, codiciosos y desalmados a sus parientes, a él tan discreto, que el capellán se determinó a llevársele consigo a que el Arzobispo le viese y tocase con la mano la verdad de aquel negocio. Con esta buena fe, el buen capellán pidió al retor mandase dar los vestidos con que allí había entrado el licenciado; volvió a decir el retor que mirase lo que hacía, porque, sin duda alguna, el licenciado aún se estaba loco. No sirvieron de nada para con el capellán las prevenciones y advertimientos del retor para que dejase de llevarle; obedeció el retor viendo ser orden del Arzobispo, pusieron al licenciado sus vestidos, que eran nuevos y decentes, y como él se vió vestido de cuerdo y desnudo de loco, suplicó al capellán que por caridad le diese licencia para ir a despedirse de sus compañeros los locos. El capellán dijo que él le quería acompañar y ver los locos que en la casa había. Subieron, en efeto, y con ellos algunos que se hallaron presentes; y llegado el licenciado a una jaula donde estaba un loco furioso, aunque entonces sosegado y quieto, le dijo:

«—Hermano mío, mire si me manda algo, que me voy a mi casa; que ya Dios ha sido servido, por su infinita bondad y misericordia, sin yo merecerlo, de volverme mi juicio: ya estoy sano y cuerdo; que acerca del poder de Dios ninguna cosa es imposible. Tenga grande esperanza y confianza en El, que pues a mí me ha vuelto a mi primero estado, también le volverá a él,

[357] **ni . . . nublado**   neither where the big tornado was going to strike.   [358] **y con . . . cristiandad**   and with this fear almost every year there is a call to arms, and now the entire Christendom was in arms.   [359] **la hora de agora**   at this very moment.   [360] **disparatado**   nonsense.   [361] **mañero**   clever.   [362] **arbitrante**   schemer.   [363] **a rey ni a roque**   to nobody.   [364] **romance . . . rey**   from the story of the priest who while singing the preface of mass gave notice to the king about.   [365] **mula la andariega**   fast-running mule.   [366] **so pena . . . sentenciado**   under pain of having to pay whatever is brought and judged against him.   [367] **¿Hay . . . pregón**   What else is needed but that his Majesty orders by public proclamation.   [368] **tal . . . solo**   such (a knight) could be found among them, that he alone.   [369] **alfeñique**   sugar paste.   [370] **a fe . . . ganancia**   I swear I won't like to be in (the Turk's) place.   [371] **venir . . . molde**   since it fits well here.   [372] **se . . . entender**   he thought himself.   [373] **billetes . . . discretos**   by the many thoughtful and discrete letters.   [374] **ponían dolo**   used fraud (against him).

si en El confía. Yo tendré cuidado de enviarle algunos regalos que coma, y cómalos en todo caso; que le hago saber que imagino, como quien ha pasado por ello, que todas nuestras locuras proceden de tener los estómagos vacíos y los celebros llenos de aire. Esfuércese, esfuércese; que el descaecimiento en los infortunios apoca la salud y acarrea la muerte.

«Todas estas razones del licenciado escuchó otro loco que estaba en otra jaula, frontero de la del furioso, y levantándose de una estera vieja donde estaba echado y desnudo en cueros, preguntó a gandes voces quién era el que se iba sano y cuerdo. El licendiado respondió:

«—Yo soy, hermano, el que me voy; que ya no tengo necesidad de estar más aquí, por lo que doy infinitas gracias a los cielos, que tan grande merced me han hecho.

«—Mirad lo que decís, licenciado, no os engañe el diablo—replicó el loco— sosegad el pie, y estaos quedito en vuestra casa, y ahorraréis la vuelta.[375]

«—Yo sé que estoy bueno —replicó el licenciado—, y no habrá para qué tornar a andar estaciones.[376]

«—¿Vos bueno? —dijo el loco—. Agora bien, ello dirá; andad con Dios; pero yo os voto a Júpiter, cuya majestad yo represento en la tierra, que por sólo este pecado que hoy comete Sevilla en sacaros desta casa y en teneros por cuerdo, tengo de hacer un tal castigo en ella, que quede memoria dél por todos los siglos de los siglos, amén. ¿No sabes tú, licenciadillo menguado, que lo podré hacer, pues, como digo, soy Júpiter Tonante, que tengo en mis manos los rayos abrasadores con que puedo y suelo amenazar y destruir el mundo? Pero con sola una cosa quiero castigar a este ignorante pueblo; y es con no llover en él ni en todo su distrito y contorno por tres enteros años, que se han de contar desde el día y punto en que ha sido hecha esta amenaza en adelante. ¿Tú libre, tú sano, tú cuerdo, y yo loco, y yo enfermo, y yo atado. . .? Así pienso llover como pensar ahorcarme.

«A las voces y a las razones del loco estuvieron los circunstantes atentos; pero nuestro licenciado, volviéndose a nuestro capellán y asiéndole de las manos, le dijo:

«—No tenga vuesa merced pena, señor mío, ni haga caso de lo que este loco ha dicho; que si él es Júpiter y no quisiere llover, yo, que soy Neptuno, el padre y el dios de las aguas, lloveré todas las veces que se me antojare y fuere menester.

«A lo que respondió el capellán:

«—Con todo eso, señor Neptuno, no será bien enojar al señor Júpiter: vuesa merced se quede en su casa; que otro día, cuando haya más comodidad y más espacio, volveremos por vuesa merced.

«Riose el rector y los presentes, por cuya risa se medio corrió el capellán; desnudaron al licenciado, quedóse en casa, y acabóse el cuento.»

—Pues ¿éste es el cuento, señor Barbero —dijo don Quijote—, que, por venir aquí como de molde, no podía dejar de contarle? ¡Ah, señor rapista,[377] señor rapista, y cuán ciego es aquel que no vee por tela de cedazo![378] Y ¿es posible que vuesa merced no sabe que las comparaciones que se hacen de ingenio a ingenio, de valor a valor, de hermosura a hermosura y de linaje a linaje son siempre odiosas y mal recebidas? Yo, señor Barbero, no soy Neptuno, el dios de las aguas, ni procuro que nadie me tenga por discreto no lo siendo; sólo me fatigo por dar a entender al mundo en el error en que está en no renovar en sí el felicísimo tiempo donde campeaba la orden de la andante caballería. Pero no es merecedora la depravada edad nuestra de gozar tanto bien como el que gozaron las edades donde los andantes caballeros tomaron a su cargo y echaron sobre sus espaldas la defensa de los reinos, el amparo de las doncellas, el socorro de los huérfanos y pupilos, el castigo de los soberbios y el premio de los humildes. Los más de los caballeros que agora se usan, antes les crujen los damascos, los brocados y otras ricas telas que se visten, que la malla con que se arman;[379] ya no hay caballero que duerma en los campos, sujeto al rigor del cielo, armado de todas armas desde los pies a la cabeza; y ya no hay quien, sin sacar los pies de los estribos, arrimado a su lanza, sólo procure descabezar, como dicen, el sueño,[380] como lo hacían los caballeros andantes. Ya no hay ninguno que saliendo deste bosque entre en aquella montaña, y de allí pise una estéril y desierta playa del mar, las más veces proceloso y alterado, y hallando en ella y en su orilla un pequeño batel sin remos, vela, mástil ni jarcia alguna, con intrépido corazón se arroje en él, entregándose a las implacables olas del mar profundo, que ya le suben al cielo, y ya le bajan al abismo; y él puesto el pecho[381] a la incontrastable borrasca, cuando menos se cata se halla tres mil y más leguas distante del lugar donde se embarcó, y saltando en tierra remota y no conocida, le suceden cosas dignas de estar escritas, no en pergaminos, sino en bronces. Mas agora ya triunfa la pereza de[382] la diligencia, la ociosidad del trabajo, el vicio de la virtud, la arrogancia de la valentía, la teórica de la práctica de las armas, que sólo vivieron y resplandecieron en las edades de oro y en los andantes caballeros. Si no, díganme; ¿quién más honesto y más valiente que el famoso Amadís de Gaula? ¿Quién más discreto que Palmerín de Inglaterra? ¿Quién más acomodado y manual[383] que Tirante el Blanco? ¿Quién más galán que Lisarte de Grecia? ¿Quién más acuchillado ni acuchillador que don Belianís? ¿Quién más intrépido que Perión de Gaula, o quién más acometedor de peligros que Felixmarte de Hircania, o quién más sincero que Esplandián? ¿Quién más arrojado que don Cirongilio de Tracia? ¿Quién más bravo que Rodamonte? ¿Quién más prudente que el rey Sobrino? ¿Quién más atrevido que Reinaldos? ¿Quién más invencible que Roldán? Y ¿quién más gallardo y más cortés que Rugero, de quien deciencen hoy los duques de Ferrara, según Turpín en su «Cosmografía»? Todos estos caballeros, y otros muchos que pudiera decir, señor Cura, fueron caballeros andantes, luz y gloria de la caballería. Déstos, o tales como éstos, quisiera yo que fueran los de mi arbitrio; que a serlo, su Majestad se hallara bien servido y ahorrara de mucho gasto, y el Turco se quedara pelando las barbas;[384] y, con esto me quiero quedar en mi casa, pues ni me saca el capellán della; y si Júpiter, como ha dicho el Barbero, no lloviere, aquí estoy yo, que lloveré cuando se me antojare. Digo esto porque sepa el señor Bacía[385] que le entiendo. . . .

Capítulo X

Donde se cuenta la industria que Sancho tuvo para encantar a la señora Dulcinea, y de otros sucesos tan ridículos como verdaderos

Llegando el autor desta grande historia a contar lo que en este capítulo cuenta, dice que quisiera pasarle en silencio, temeroso de que no había de ser creído;

porque las locuras de don Quijote llegaron aquí al término y raya de las mayores que pueden imaginarse, y aun pasaron dos tiros de ballesta más allá de las mayores.[386] Finalmente, aunque con este miedo y recelo, las escribió de la misma manera que él las hizo, sin añadir ni quitar a la historia un átomo de la verdad, sin dársele nada[387] por las objeciones que podían ponerle de mentiroso; y tuvo razón, porque la verdad adelgaza y no quiebra, y siempre anda sobre la mentira, como el aceite sobre el agua. Y así, prosiguiendo su historia, dice: que así como[388] don Quijote se emboscó en la floresta, encinar, o selva junto al gran Toboso, mandó a Sancho volver a la ciudad, y que no volviese a su presencia sin haber primero hablado de su parte a su señora, pidiéndola fuese servida de dejarse ver de su cautivo caballero, y se dignase de echarle su bendición, para que pudiese esperar por ella felicísimos sucesos de todos sus acometimientos y dificultosas empresas. Encargóse Sancho de hacerlo así como se le mandaba, y de traerle tan buena respuesta como le trujo la vez primera.

—Anda, hijo —replicó don Quijote—, y no te turbes cuando te vieres ante la luz del sol de hermosura que vas a buscar ¡Dichoso tú sobre todos los escuderos del mundo! Ten memoria,[389] y no se te pase della cómo

---

[375] **sosegad . . . vuelta** don't move your foot, and keep quiet in this your house, and you'll save yourself the trouble of coming back.   [376] **tornar a andar estaciones** to go back to visiting churches (i.e. be a repeater).   [377] **señor rapista** mister scraper (mister shaver).   [378] **par . . . cedazo!** through a sieve!   [379] **Los más . . . arman** The majority of today's knights are not creaking with the noise of armor, but with the soft rustling of damasks, brocades, and other rich fabrics.   [380] **descabezar el sueño** take a nap.   [381] **puesto el pecho** facing daringly.   [382] **de** sobre over.   [383] **más acomodado y manual** easier and flexible.   [384] **pelando las barbas** tearing out his beard (in desperation).   [385] **señor Bacía** mister "Barber-basin".   [386] **y aún . . . mayores** and they went far beyond the biggest ones by two cross-bow shots.   [387] **sin dársele nada** not worried about.   [388] **así como** as soon as.   [389] **Ten memoria** remember everything.

te recibe: si muda las colores el tiempo[390] que la estuvieres dando mi embajada; si se desasosiega y turba oyendo mi nombre; si no cabe en la almohada, si acaso la hallas sentada en el estrado rico de su autoridad,[391] y si está en pie, mírala si se pone ahora sobre uno, ahora sobre el otro pie; si te repite la respuesta que te diere dos o tres veces; si la muda de blanda en áspera, de aceda en amorosa;[392] si levanta la mano al cabello para componerle, aunque no esté desordenado; finalmente, hijo, mira todas sus acciones y movimientos; porque si tú me los relatas como ellos fueron, sacaré yo lo que ella tiene escondido en lo secreto de su corazón acerca de lo que al fecho de mis amores toca; que has de saber, Sancho, si no lo sabes, que entre los amantes, las acciones y movimientos exteriores que muestran, cuando de sus amores se trata, son certísimos correos que traen las nuevas de lo que allá en lo interior del alma pasa. Ve, amigo, y guíete otra mejor ventura que la mía, y vuélvate otro mejor suceso del que yo quedo temiendo[393] y esperando en esta amarga soledad en que me dejas.

—Yo iré y volveré presto —dijo Sancho—; y ensanche vuesa merced, señor mío, ese corazoncillo, que le debe de tener agora no mayor que una avellana, y considere que se suele decir que buen corazón quebranta mala ventura, y que donde no hay tocinos, no hay estacas;[394] y también se dice: donde no piensan, salta la liebre. Dígolo porque si esta noche no hallamos los palacios o alcázares de mi señora, agora que es de día los pienso hallar, cuando menos lo piense; y hallados, déjenme a mí con ella.

—Por cierto, Sancho —dijo don Quijote—, que siempre traes tus refranes tan a pelo de lo que tratamos cuanto me dé Dios mejor ventura en lo que deseo.[395]

Esto dicho, volvió Sancho las espaldas y vareó su rucio, y don Quijote se quedó a caballo descansando sobre los estribos y sobre el arrimo de su lanza, lleno de tristes y confusas imaginaciones, donde le dejaremos, yéndonos con Sancho Panza, que no menos confuso y pensativo se apartó de su señor que él quedaba;[396] y tanto, que apenas hubo salido del bosque, cuando, volviendo la cabeza y viendo que don Quijote no parecía, se apeó del jumento, y sentándose al pie de un árbol comenzó a hablar consigo mesmo y a decirse:

—Sepamos agora, Sancho hermano, adónde va vuesa merced. ¿Va a buscar algún jumento que se le haya perdido? —No, por cierto. —Pues ¿qué va a buscar? —Voy a buscar, como quien no dice nada, a una princesa, y en ella al sol de la hermosura y a todo el cielo junto. —Y ¿adónde pensáis hallar eso que decís, Sancho? —¿Adónde? En la gran ciudad del Toboso. —Y bien, y ¿de parte de quién la vais a buscar? —De parte del famoso caballero don Quijote de la Mancha, que desface los tuertos, y da de comer al que ha sed, y de beber al que ha hambre. —Todo eso está muy bien. Y ¿sabéis su casa, Sancho? —Mi amo dice que han de ser unos reales palacios, o unos soberbios alcázares. —Y ¿habéisla visto algún día por ventura? —Ni yo ni mi amo la habemos visto jamás. —Y ¿paréceos que fuera acertado y bien hecho que si los del Toboso supiesen que estáis vos aquí con intención de ir a sonsacarles sus princesas y a desasosegarles sus damas,[397] viniesen y os moliesen las costillas a puros palos, y no os dejasen hueso sano? —En verdad que tendrían mucha razón, cuando no considerasen que soy mandado, y que

> Mensajero sois, amigo,
> non merecéis culpa, non.

—No os fiéis en eso, Sancho; porque la gente manchega es tan colérica como honrada y no consiente cosquillas de nadie. Vive Dios que si os huele, que os mando mala ventura. Oxte, puto. ¡Allá darás, rayo! ¡No, sino ándeme yo buscando tres pies al gato por el gusto ajeno![398] Y más, que así será buscar a Dulcinea por el Toboso como a Marica por Ravena, o al Bachiller en Salamanca. ¡El diablo, el diablo me ha metido a mí en esto; que otro, no!

Este soliloquio pasó consigo Sancho, y lo que sacó dél fué que volvió a decirse: —Ahora bien, todas las cosas tienen remedio, si no es la muerte, debajo de cuyo yugo hemos de pasar todos, mal que nos pese, al acabar de la vida. Este mi amo por mil señales he visto que es un loco de atar, y aun también yo no le quedo en zaga,[399] pues soy más mentecato que él, pues le sigo y le sirvo, si es verdadero el refrán que dice: «Dime con quién andas, decirte he quién eres», y el otro de «No con quien naces, sino con quien paces». Siendo, pues, loco, como lo es, y de locura que las más veces toma unas cosas por otras, y juzga lo blanco por negro y lo negro por blanco, como se pareció cuando dijo que los molinos de viento eran gigantes, y las mulas de los religiosos dromedarios, y las manadas de carneros ejércitos de enemigos, y otras muchas cosas a este tono, no será muy difícil hacer creer que una labradora, la primera que me topare por aquí, es la señora Dulcinea; y cuando él no lo crea, juraré yo; y si él jurare, tornaré yo a jurar; y si porfiare, porfiaré yo más, y de manera que tengo que tener la mía sobre el hito,[400] venga lo que viniere. Quizá con esta porfía acabaré con él[401] que no me envíe otra vez a semejantes mensajerías, viendo cuán mal recado le traigo dellas, o quizá pensará, como yo imagino, que algún mal encantador de estos que él dice que le quieren mal la habrá mudado la figura, por hacerle mal y daño.

Con esto que pensó Sancho Panza quedó sosegado su espíritu, y tuvo por bien acabado su negocio, deteniéndose allí hasta la tarde, por dar lugar a que don Quijote pensase que le había tenido para ir y volver del Toboso; y sucedióle todo tan bien, que cuando se levantó para subir en el rucio vió que del Toboso hacia donde él estaba venían tres labradoras sobre tres pollinos, o pollinas, que el autor no lo declara, aunque más se puede creer que eran borricas, por ser ordinaria caballería de las aldeanas; pero como no va mucho en esto, no hay para qué detenernos en averiguarlo. En resolución, así como Sancho vió a las labradoras, a paso tirado[402] volvió a buscar a su señor don Quijote, y hallóle suspirando y diciendo mil amorosas lamentaciones. Como don Quijote le vió, le dijo:

—¿Qué hay, Sancho amigo? ¿Podré señalar este día con piedra blanca, o con negra?

—Mejor será —respondió Sancho— que vuesa merced le señale con almagre, como rétulos de cátedras, porque le echen bien de ver los que le vieren[403]

—De ese modo —replicó don Quijote—, buenas nuevas traes.

—Tan buenas —respondió Sancho—, que no tiene más que hacer vuesa merced sino picar a Rocinante y salir a lo raso a ver a la señora Dulcinea del Toboso, que con otras dos doncellas suyas viene a ver a vuesa merced.

—¡Santo Dios! ¿Qué es lo que dices, Sancho amigo? —dijo don Quijote—. Mira no me engañes, ni quieras con falsas alegrías alegrar mis verdaderas tristezas.

—¿Qué sacaría yo de engañar a vuesa merced —respondió Sancho—, y más estando tan cerca de descubrir mi verdad? Pique, señor, y venga, y verá venir a la Princesa nuestra ama vestida y adornada; en fin, como quien ella es. Sus doncellas y ella todas son una ascua de oro, todas mazorcas de perlas,[404] todas son diamantes, todas rubíes, todas telas de brocado de más de diez altos; los cabellos, sueltos por las espaldas, que son otros tantos rayos del sol que andan jugando con el viento; y, sobre todo, vienen a

[390] **si muda . . . tiempo** if she changes color while. [391] **si no cabe . . . autoridad** if she seems to fidget, if you find her seated on the elegant dais of her authority. [392] **si la . . . amorosa** if her mood varies from sweet to harsh, from bitter to amorous. [393] **vuélvate . . . temiendo** may a better result bring you back than the one I am afraid of while waiting. [394] **donde . . . estacas** where there is no bacon, there are no pegs. One of many proverbs misquoted or badly applied by Sancho; the proverb really said: « Donde se piensa que hay tocinas, no hay ni estacas» (where you expect to find bacon, there aren't even pegs); meaning that men are often very wrong in their judgements. [395] **Por . . . deseo** By the way, Sancho -said Don Quixote- your proverbs always come so nicely to the point we are dealing with that I wish God would grant me more success in my endeavors. [396] **que no . . . quedaba** who was confused and worried, as was his master, whose side he left. [397] **sonsacarles . . . damas** to entice their princesses and disturb their dames. [398] **qui si . . . ajeno!** if they suspect you, I can tell you that you are in for trouble. Out, son of a bitch! Let the bolt fall! But why shall I be looking for trouble, just to please somebody else! [399] **y aun . . . zaga** and I myself am not too far behind. [400] **tener . . . hito** I have to have my quoit on the peg. [401] **Quizá . . . él** Maybe if I insist like this, I'll put an end to his sending me again. [402] **a paso tirado** riding fast. [403] **que . . . vieren** it would be better if your Mercy marks it with red ochre, like the names of university chairs, so that everybody may see it clearly. [404] **ascua . . . perlas** blaze of gold, each of them like a pearly ear of corn.

caballo sobre tres cananeas remendadas, que no hay más que ver.

—«Hacaneas» querrás decir, Sancho.

Poca diferencia hay —respondió Sancho— de «cananeas» a «hacaneas»; pero vengan sobre lo que vinieren, ellas vienen las más galanas señoras que se puedan desear, especialmente la princesa Dulcinea, mi señora, que pasma los sentidos.

—Vamos, Sancho, hijo —respondió don Quijote—; y en albricias destas no esperadas como buenas nuevas, te mando el mejor despojo que ganare en la primera aventura que tuviere, y si esto no te contenta, te mando las crías que este año me dieren las tres yeguas mías, que tú sabes que quedan para parir en el prado concejil de nuestro pueblo.

—A las crías me atengo[405] —respondió Sancho—; porque de ser buenos los despojos de la primera aventura no está muy cierto.

Ya en esto salieron de la selva y descubrieron cerca a las tres aldeanas. Tendió don Quijote los ojos por todo el camino del Toboso, y como no vio sino a las tres labradoras, turbóse todo, y preguntó a Sancho si las había dejado fuera de la ciudad.

—¿Cómo fuera de la ciudad? —respondió—. ¿Por ventura, tiene vuesa merced los ojos en el colodrillo,[406] que no ve que son éstas, las que aquí vienen, resplandecientes como el mismo sol a medio día?

—Yo no veo, Sancho —dijo don Quijote—, sino a tres labradoras sobre tres borricos.

—¡Agora me libre Dios del diablo! —respondió Sancho—. Y ¿es posible que tres hacaneas, o como se llaman, blancas como el ampo de la nieve, le parezcan a vuesa merced borricos? ¡Vive el señor, que me pele estas barbas si tal fuese verdad!

—Pues yo te digo, Sancho amigo —dijo don Quijote—, que es tan verdad que son borricos, o borricas, como yo soy don Quijote y tú Sancho Panza; a lo menos, a mí tales me parecen.

—Calle, señor —dijo Sancho—; no diga la tal palabra, sino despabile esos ojos,[407] y venga a hacer reverencia a la señora de sus pensamientos, que ya llega cerca.

Y diciendo esto, se adelantó a recibir a las tres aldeanas, y apeándose del rucio, tuvo del cabestro al jumento de una de las tres labradoras, y hincando ambas rodillas en el suelo, dijo:

—Reina y princesa y duquesa de la hermosura, vuestra altivez y grandeza sea servida de recebir en su gracia y buen talante al cautivo caballero vuestro, que allí está hecho piedra mármol, todo turbado y sin pulsos, de verse ante vuestra magnífica presencia. Yo soy Sancho Panza, su escudero, y él es el asendereado caballero don Quijote de la Mancha llamado por otro nombre el Caballero de la Triste Figura.

A esta sazón ya se había puesto don Quijote de hinojos junto a Sancho, y miraba con ojos desencajados y vista turbada a la que Sancho llamaba reina y señora; y como no descubría en ella sino una moza aldeana y no de muy buen rostro, porque era carirredonda y chata, estaba suspenso y admirado, sin osar desplegar los labios. Las labradoras estaban asimismo atónitas, viendo aquellos dos hombres tan diferentes hincados de rodillas, que no dejaban pasar adelante a su compañera; pero rompiendo el silencio la detenida, toda desgraciada y mohína,[408] dijo:

—Apártense, nora en tal, del camino, y déjennos pasar; que vamos depriesa.

A lo que respondió Sancho:

—¡Oh princesa y señora universal del Toboso! ¿Cómo vuestro magnánimo corazón no se enternece viendo arrodillado ante vuestra sublimada presencia a la coluna y sustento de la andante caballería?

Oyendo lo cual, otra de las dos dijo:

—Mas, ¡jo, que te estrego, burra de mi suegro! Mirad con qué se vienen los señoricos ahora a hacer burla de las aldeanas, como si aquí no supiésemos echar pullas como ellos! Vayan su camino, e déjennos hacer el nueso, y serles ha sano.[409]

—Levántate, Sancho —dijo a este punto don Quijote—; que ya veo que la Fortuna, de mi mal no harta,[410] tiene tomados los caminos todos por donde pueda venir algún contento a esta ánima mezquina que tengo en las carnes.[411] Y tú, ¡oh extremo del valor que puede desearse, término de la humana gentileza, único remedio deste afligido corazón que te adora!, ya que el maligno encantador me persigue, y ha puesto nubes y cataratas en mis ojos, y para sólo ellos y no para otros ha mudado y transformado tu sin igual hermosura y rostro en el de una labradora pobre, si ya también el mío no le ha cambiado en el de algún vestiglo, para hacerle aborrecible a tus ojos, no dejes de mirarme blanda y amorosamente, echando de ver en esta sumisión y arrodillamiento que a tu contrahecha hermosura hago la humildad con que mi alma te adora.

—¡Tomá que mi agüelo! —respondió la aldeana—. ¡Amiguita soy de oír resquebrajos![412] Apártense y déjennos ir, y agradecérselo hemos.

Apartóse Sancho y dejóla ir, contentísimo de haber salido bien de su enredo. Apenas se vio libre la aldeana que había hecho la figura de Dulcinea, cuando picando a su cananea con un aguijón que en un palo traía, dio a correr por el prado adelante. Y como la borrica sentía la punta del aguijón, que le fatigaba más de lo ordinario, comenzó a dar corcovos,[413] de manera, que dio con la señora Dulcinea en tierra; lo cual visto por don Quijote, acudió a levantarla, y Sancho a componer y cinchar el albarda, que también vino a la barriga de la pollina. Acomodada, pues, la albarda, y queriendo don Quijote levantar a su encantada señora en los brazos sobre la jumenta, la señora, levantándose del suelo, le quitó de aquel trabajo, porque haciéndose algún tanto atrás, tomó una corridica,[414] y puestas ambas manos sobre las ancas de la pollina, dio con su cuerpo, más ligero que un halcón, sobre la albarda, y quedó a horcajadas,[415] como si fuera hombre; y entonces dijo Sancho:

—¡Vive Roque, que es la señora nuestra ama más ligera que un acotán,[416] y que puede enseñar a subir a la jineta al más diestro cordobés o mejicano! El arzón trasero de la silla pasó de un salto, y sin espuelas hace correr la hacanea como una cebra. Y no le van en zaga sus doncellas; que todas corren como el viento.

Y así era la verdad; porque en viéndose a caballo Dulcinea, todas picaron tras ella y dispararon a correr, sin volver la cabeza atrás por espacio de más de media legua. Siguiólas don Quijote con la vista, y cuando vio que no parecían, volviéndose a Sancho, le dijo:

—Sancho, ¿qué te parece cuán mal quisto soy de encantadores?[417] Y mira hasta dónde se extiende su malicia y la ojeriza que me tienen, pues me han

querido privar del contento que pudiera darme ver en su ser a mi señora. En efecto, yo nací para ejemplo de desdichados, y para ser blanco y terrero donde tomen la mira[418] y asiesten las flechas de la mala fortuna. Y has también de advertir, Sancho, que no se contentaron estos traidores de[419] haber vuelto y transformado a mi Dulcinea, sino que la transformaron y volvieron en una figura tan baja y tan fea como la de aquella aldeana, y juntamente le quitaron lo que es tan suyo de las principales señoras, que es el buen olor, por andar siempre entre ámbares y entre flores. Porque te hago saber, Sancho, que cuando llegué a subir a Dulcinea sobre su hacanea (según tú dices, que a mí me pareció borrica), me dio un olor de ajos crudos, que me encalabrinó y atosigó el alma.[420]

—¡Oh canalla! —gritó a esta sazón Sancho—. ¡Oh encantadores aciagos y mal intencionados, y quién os viera a todos ensartados por las agallas, como sardinas en lercha![421] Mucho sabéis, mucho podéis, y mucho mal hacéis. Bastaros debiera, bellacos, haber

[405] **A . . . atengo** I'll take the colts.   [406] **colodrillo** back of the head.   [407] **despabile esos ojos** open your eyes.   [408] **desgraciada y mohina** ungraciously and ill-mannered.   [409] **¡jo . . . sano** whoa, move or I will kick you, she-ass of my father-in-law. Now look at those dandys making fun of the country girls; they think that we don't know how to act as fresh as they do. Go your way, and let us go ours; it'll be better for you.   [410] **de mi . . . harta** not satiated with my sufferings.   [411] **en las carnes** inside my body.   [412] **¡Tomá . . . resquebrajos** For my grandfather's sake!, answered the country-girl. For sure I like all that gibberish!   [413] **dar corcovos** cutting capers.   [414] **le quitó . . . corridica** saved him the trouble because stepping back a little, she took a short sprint.   [415] **quedó a horcajadas** sat there astride.   [416] **acotán** alcotán lanner.   [417] **cuán . . . encantadores** how much I am disliked by enchanters.   [418] **blanco . . . mira** target and mark where they can aim.   [419] **de** con.   [420] **me dio . . . alma** a smell of raw garlic came to my nose, that dizzied and poisoned my soul.   [421] **quién . . . lercha!** how I would like to see you strung up by the gills like sardines on a reed!

mudado las perlas de los ojos de mi señora en agallas alcornoqueñas,[422] y sus cabellos de oro purísimo en cerdas de cola de buey bermejo, y, finalmente, todas sus facciones de buenas en malas, sin que le tocáredes en el olor;[423] que por él siquiera sacáramos lo que estaba encubierto debajo de aquella fea corteza; aunque, para decir verdad, nunca vi yo su fealdad, sino su hermosura, a la cual subía de punto y quilates un lunar que tenía sobre el labio derecho, a manera de bigote, con siete o ocho cabellos rubios como hebras de oro y largos de más de un palmo.[424]

—A ese lunar —dijo don Quijote—, según la correspondencia que tienen entre sí los del rostro con los del cuerpo, ha de tener otro Dulcinea en la tabla del muslo[425] que corresponde al lado donde tiene el del rostro; pero muy luengos para lunares son pelos de la grandeza que has significado.[426]

—Pues yo sé decir a vuesa merced — respondió Sancho— que le parecían allí como nacidos.

—Yo lo creo, amigo —replicó don Quijote—, porque ninguna cosa puso la naturaleza en Dulcinea que no fuese perfecta y bien acabada; y así, si

tuviera cien lunares como el que dices, en ella no fueran lunares, sino lunas y estrellas resplandecientes. Pero dime, Sancho: aquella que a mí me pareció albarda, que tú aderezaste, ¿era silla rasa, o sillón?

—No era —respondió Sancho— sino silla a la jineta,[427] con una cubierta de campo, que vale la mitad de un reino, según es de rica.

—Y ¡que no viese yo todo eso, Sancho! —dijo don Quijote—. Ahora torno a decir, y diré mil veces, que soy el más desdichado de los hombres.

Harto tenía que hacer el socarrón de Sancho en disimular la risa, oyendo las sandeces de su amo, tan delicadamente engañado. Finalmente, después de otras muchas razones que entre los dos pasaron, volvieron a subir en sus bestias, y siguieron el camino de Zaragoza, adonde pensaban llegar a tiempo que pudiesen hallarse en unas solenes fiestas que en aquella insigne ciudad cada año suelen hacerse. Pero antes que allá llegasen les sucedieron cosas que, por muchas, grandes y nuevas, merecen ser escritas y leídas, como se verá adelante.

Trasero del arzón de una silla de montar, España, 1515. Hierro.
The Metropolitan Museum of Art, Fletcher Fund, 1921.

Capítulo XVII

Donde se declara el último punto y extremo[428] *adonde llegó y pudo llegar el inaudito ánimo de don Quijote con la felicemente acabada aventura de los leones*

...Llegó en esto el carro de las banderas, en el cual no venía otra gente que el carretero, en las mulas, y un hombre sentado en la delantera. Púsose don Quijote delante, y dijo:

—¿Adónde vais, hermanos? ¿Qué carro es éste, qué lleváis en él y qué banderas son aquéstas?

A lo que respondió el carretero:

—El carro es mío; lo que va en él son dos bravos leones enjaulados, que el General de Orán[429] envía a la Corte, presentados a su Majestad; las banderas son del Rey nuestro señor, en señal que aquí va cosa suya.

—Y ¿son grandes los leones? —preguntó don Quijote.

—Tan grandes —respondió el hombre que iba a la puerta del carro—, que no han pasado mayores, ni tan grandes, de África a España jamás; y yo soy el leonero, y he pasado otros; pero como éstos, ninguno. Son hembra y macho: el macho va en esta jaula primera, y la hembra en la de atrás, y ahora van hambrientos porque no han comido hoy; y así, vuesa merced se desvíe; que es menester llegar presto donde les demos de comer.

A lo que dijo Quijote, sonriéndose un poco:

—¿Leoncitos a mí? ¿A mí leoncitos, y a tales horas? Pues ¡por Dios que han de ver esos señores que acá los envían si soy yo hombre que se espanta de leones! Apeaos, buen hombre, y pues sois el leonero, abrid esas jaulas y echadme esas bestias fuera; que en mitad desta campaña les daré a conocer quién es don Quijote de la Mancha, a despecho y pesar de los encantadores que a mí los envían.

—¡Ta! ¡ta! —dijo a esta razón entre sí el hidalgo—. Dado ha señal de quién es nuestro buen caballero.

Llegóse en esto a él Sancho, y díjole:

—Señor, por quien Dios es[430] que vuesa merced haga de manera que mi señor don Quijote no se tome con estos leones,[431] que si se toma, aquí nos han de hacer pedazos a todos.

—Pues ¿tan loco es vuestro amo —respondió el hidalgo—, que teméis, y creéis, que se ha de tomar con tan fieros animales?

—No es loco —respondió Sancho—, sino atrevido.

—Yo haré que no lo sea —replicó el hidalgo.

Y llegándose a don Quijote, que estaba dando priesa al leonero que abriese las jaulas, le dijo:

—Señor caballero, los caballeros andantes han de acometer las aventuras que prometen esperanza de salir bien dellas, y no aquellas que de todo en todo la quitan; porque la valentía que se entra en la jurisdición de la temeridad más tiene de locura que de fortaleza. Cuanto más que estos leones no vienen contra vuesa merced, ni lo sueñan: van presentados a Su Majestad, y no será bien detenerlos ni impedirles su viaje.

—Váyase vuesa merced, señor hidalgo —respondió don Quijote—, a entender con su perdigón manso y con su hurón atrevido,[432] y deje a cada uno hacer su oficio. Éste es el mío, y yo sé si vienen a mí o no estos señores leones.

Y volviéndose al leonero, le dijo:

—¡Voto a tal, bellaco, que si no abrís luego luego las jaulas, que con esta lanza os he de coser con el carro![433]

---

[422] **Bastaros . . . alcornoqueñas** Was it not enough for you, villains, to have changed the pearls of my lady's eyes into cork-tree galls. [423] **sin que . . . olor** without messing up her breath. [424] **a la cual . . . palmo** which was enhanced highly by a mole on her right lip, which was like a mustache having seven or eight red hairs like golden threads longer than the length of a palm. [425] **tabla del muslo** flat of her thigh. [426] **pero . . . significado** but hairs of that length as you said, I think are too long for a mole. [427] **silla a la jineta** riding saddle. [428] **extremo** extreme. [429] **Orán**, on the coast of North Africa, was for several years a Spanish fortress. [430] **por quien Dios es** for God's sake. [431] **no se . . . leones** will not fight with the lions. [432] **a entender . . . atrevido** mind your business with your tame partridge and with your bold ferret. [433] **¡Voto . . . carro!** Damn you, mister villain, open at once those cages or I shall sew you to the cart with my lance!

El carretero, que vió la determinación de aquella armada fantasma, le dijo:

—Señor mío, vuesa merced sea servido, por caridad, de dejarme desuncir las mulas y ponerme en salvo con ellas antes que se desenvainen los leones; porque si me las matan, quedaré rematado para toda mi vida:[434] que no tengo otra hacienda sino este carro y estas mulas.

—¡Oh hombre de poca fe! —respondió don Quijote—. Apéate, y desunce, y haz lo que quisieres: que presto verás que trabajaste en vano y que pudieras ahorrar desta diligencia.

Apeóse el carretero y desunció a gran priesa, y el leonero dijo a grandes voces:

—Séanme testigos cuantos aquí están cómo contra mi voluntad y forzado abro las jaulas y suelto los leones, y de que protesto a este señor que todo el mal y daño que estas bestias hicieren corra y vaya por su cuenta, con más mis salarios y derechos. Vuestras mercedes, señores, se pongan en cobro antes que abra,[435] que yo seguro estoy que no me han de hacer daño.

Otra vez le persuadió el hidalgo que no hiciese locura semejante: que era tentar a Dios acometer[436] tal disparate. A lo que respondió don Quijote que él sabía lo que hacía. Respondióle el hidalgo que lo mirase bien: que él entendía que se engañaba.

—Ahora, señor —replicó don Quijote—, si vuesa merced no quiere ser oyente[437] desta que a su parecer ha de ser tragedia, pique la tordilla[438] y póngase en salvo.

Oido lo cual por Sancho, con lágrimas en los ojos le suplicó desistiese de tal empresa, en cuya comparación habían sido tortas y pan pintado[439] la de los molinos de viento y la temerosa de los batanes, y, finalmente, todas las hazañas que habían acometido en todo el discurso de su vida.

—Mire, señor —decía Sancho—, que aquí no hay encanto ni cosa que lo valga: que yo he visto por entre las verjas y resquicios de la jaula una uña de león verdadero, y saco por ella que el tal león cuya debe de ser la tal uña es mayor que una montaña.

—El miedo, a lo menos —respondió don Quijote—, te le hará parecer mayor que la mitad del mundo. Retírate, Sancho, y déjame; y si aquí muriere, ya sabes nuestro antiguo concierto:[440] acudirás a Dulcinea, y no te digo más.

A éstas añadió otras razones, con que quitó las esperanzas de que no había de proseguir su desvariado intento. Quisiera el del Verde Gabán oponérsele; pero vióse desigual en las armas, y no le pareció cordura tomarse con un loco, que ya se lo había parecido de todo punto don Quijote; el cual, volviendo a dar priesa al leonero y a reiterar las amenazas, dio ocasión al hidalgo a que picase la yegua, y Sancho al rucio, y el carretero a sus mulas, procurando todos apartarse del carro lo más que pudiesen, antes que los leones se desembanastasen.[441] Lloraba Sancho la muerte de su señor, que aquella vez sin duda creía que llegaba en las garras de los leones; maldecía su ventura, y llamaba menguada[442] la hora en que le vino al pensamiento volver a servirle; pero no por llorar y lamentarse dejaba de aporrear al rucio para que se alejase del carro. Viendo, pues, el leonero que ya los que iban huyendo estaban bien desviados, tornó a requerir y a intimar a don Quijote lo que ya le había requerido e intimado; el cual respondió que lo oía, y que no se curase de más intimaciones y requerimientos, que todo sería de poco fruto, y que se diese priesa.

En el espacio que tardó el leonero en abrir la jaula primera estuvo considerando don Quijote si sería bien hacer la batalla antes a pie que a caballo, y, en fin, se determinó de hacerla a pie, temiendo que Rocinante se espantaría con la vista de los leones. Por esto saltó del caballo, arrojó la lanza y embrazó el escudo, y desenvainando la espada, paso ante paso, con maravilloso denuedo y corazón valiente, se fué a poner delante del carro, encomendándose a Dios de todo corazón, y luego a su señora Dulcinea. Y es de saber que, llegando a este paso el autor de esta verdadera historia, exclama y dice: «¡Oh fuerte y sobre todo encarecimiento animoso don Quijote de la Mancha, espejo donde se pueden mirar todos los valientes del mundo, segundo y nuevo don Manuel de León,[443] que fué gloria y honra de los españoles caballeros! ¿Con qué palabras contaré esta tan espantosa hazaña, o con qué razones la haré creíble a los siglos venideros, o qué alabanzas habrá que no te convengan y cuadren, aunque sean hipérboles sobre todos los hipérboles? Tú a pie, tú solo, tú intrépido, tú magnánimo, con sola una espada, y no de las del perrillo cortadoras,[444] con un escudo no de muy luciente y limpio acero, estás aguardando y atendiendo los dos más fieros leones que jamás criaron las africanas selvas. Tus mismos hechos sean los que te alaben, valeroso manchego; que yo los dejo aquí en su punto, por faltarme palabras con que encarecerlos.»

Aquí cesó la referida exclamación del autor, y pasó adelante, anudando el hilo de la historia, diciendo: que visto[445] el leonero ya puesto en postura a don Quijote, y que no podía dejar de soltar al león macho, so pena de caer en la desgracia del indignado y atrevido caballero, abrió de par en par la primera jaula, donde estaba, como se ha dicho, el león, el cual pareció de grandeza extraordinaria y de espantable y fea catadura. Lo primero que hizo fué revolverse en la jaula donde, venía echado, y tender la garra, y desperezarse todo; abrió luego la boca y bostezó muy despacio, y con casi dos palmos de lengua que sacó fuera se despolvoreó los ojos[446] y se lavó el rostro; hecho esto, sacó la cabeza fuera de la jaula y miró a todas partes con los ojos hechos brasas, vista y ademán para poner espanto a la misma temeridad. Sólo don Quijote lo miraba atentamente, deseando que saltase ya del carro y viniese con él a las manos, entre las cuales pensaba hacerle pedazos.

Hasta aquí llegó el extremo de su jamás vista locura. Pero el generoso león, más comedido que arrogante, no haciendo caso de niñerías ni de bravatas, después de haber mirado a una y otra parte, como se ha dicho, volvió las espaldas y enseñó sus traseras partes a don Quijote, y con gran flema y remanso se volvió a echar en la jaula; viendo lo cual don Quijote, mandó al leonero que le diese de palos y le irritase para echarle fuera.

—Eso no haré yo —respondió el leonero—; porque si yo le instigo, el primero a quien hará pedazos será a mí mismo. Vuesa merced, señor caballero, se contente con lo hecho, que es todo lo que puede decirse en género de valentía, y no quiera tentar segunda fortuna. El león tiene abierta la puerta: en su mano está salir, o no salir; pero pues no ha salido hasta ahora, no saldrá en todo el día. La grandeza del corazón de vuesa merced ya está bien declarada: ningún bravo

peleante (según a mí se me alcanza)[447] está obligado a más que a desafiar a su enemigo y esperarle en campaña;[448] y si el contrario no acude, en él se queda la infamia, y el esperante gana la corona del vencimiento.

—Así es verdad —respondió don Quijote—: cierra, amigo, la puerta, y dame por testimonio en la mejor forma que pudieres lo que aquí me has visto hacer; conviene a saber: como tú abriste al león, yo le esperé, él no salió, volvíle a esperar, volvió a no salir, y volvióse a acostar. No debo más, y encantos afuera, y Dios ayude a la razón y a la verdad, y a la verdadera caballería, y cierra, como he dicho, en tanto que hago señas a los huidos y ausentes, para que sepan de tu boca esta hazaña.

Hízolo así el leonero, y don Quijote, poniendo en la punta de la lanza el lienzo con que se había limpiado el rostro de la lluvia de los requesones,[449] comenzó a llamar a los que no dejaban de huir ni de volver la cabeza a cada paso, todos en tropa y antecogidos del hidalgo,[450] pero alcanzando Sancho a ver la señal del blanco paño, dijo:

—Que me maten si mi señor no ha vencido a las fieras bestias, pues nos llama.

---

[434] **antes . . . vida** before those lions are turned loose; because if they kill them (the mules) I'll be ruined for life. [435] **se pongan . . . abra** take cover before I open. [436] **acometer** to do. [437] **oyente** spectator [438] **pique la tordilla** spur your dapple-grey (mare). [439] **tortas . . . pintado** as easy as pudding-pie. [440] **concierto** agreement. [441] **se desembanastasen** came out of the baskets. [442] **menguada** unlucky. [443] **Manuel de León** Manuel Ponce de León, Knight of the time of Ferdinand and Isabella, appears several times in «romances». [444] **no de . . . cortadoras** and not one of the keen-edged of the "little-dog" make. A little dog -perrillo- design was the trade mark of a very famous sword maker of Toledo, Julián del Rey. [445] **visto** viendo. [446] **se despolvoreó los ojos** removed the dust from his eyes. [447] **(según . . . alcanza)** as I understand. [448] **esperarle en campaña** wait for him in the battle ground. [449] Reference to an incident that takes place at the begining of this chapter and that we have omitted here. [450] **antecogidos del hidalgo** headed by the gentleman.

Detuviéronse todos, y conocieron que el que hacía las señas era don Quijote; y perdiendo alguna parte del miedo, poco a poco se vinieron acercando hasta donde claramente oyeron las voces de don Quijote, que los llamaba. Finalmente, volvieron al carro, y en llegando, dijo don Quijote al carretero:

—Volved, hermano, a uncir vuestras mulas y proseguir vuestro viaje; y tú, Sancho, dale dos escudos de oro, para él y para el leonero, en recompensa de lo que por mí se han detenido.

—Ésos daré yo de muy buena gama —respondió Sancho—; pero ¿qué se han hecho de los leones? ¿Son muertos, o vivos?

Entonces el leonero, menudamente y por sus pausas, contó el fin de la contienda, exagerando como él mejor pudo y supo el valor de don Quijote, de cuya vista el león acobardado, no quiso ni osó salir de la jaula, puesto que había tenido un buen espacio abierta la puerta de la jaula; y que por haber él dicho a aquel caballero que era tentar a Dios irritar al león para que por fuerza saliese, como él quería que se irritase, mal de su grado y contra toda su voluntad había permitido que la puerta se cerrase.

—¿Qué te parece desto, Sancho? —dijo don Quijote—. ¿Hay encantos que valgan contra la verdadera valentía? Bien podrán los encantadores quitarme la ventura; pero el esfuerzo y el ánimo, será imposible.

Dio los escudos Sancho, unció el carretero, besó las manos el leonero a don Quijote por la merced recebida, y prometióle de contar aquella valerosa hazaña al mismo Rey, cuando en la Corte se viese.

—Pues si acaso su Majestad preguntare quién la hizo, diréisle que el Caballero de los Leones; que de aquí en adelante quiero que en éste se trueque, cambie, vuelva y mude el que hasta aquí he tenido de el Caballero de la Triste Figura; y en esto sigo la antigua usanza de los andantes caballeros, que se mudaban los nombres cuando querían, o cuando les venía a cuento.

Siguió su camino el carro, y don Quijote, Sancho y el del Verde Gabán prosiguieron el suyo.

En todo este tiempo no había hablado palabra don Diego de Miranda, todo atento a mirar y a notar los hechos y palabras de don Quijote, pareciéndole que era un cuerdo loco y un loco que tiraba a cuerdo. No había aún llegado a su noticia la primera parte de su historia; que si la hubiera leído, cesara la admiración en que lo ponían sus hechos y sus palabras, pues ya supiera el género de su locura; pero como no la sabía, ya le tenía por cuerdo, y ya por loco, porque lo que hablaba era concertado, elegante y bien dicho, y lo que hacía, disparatado, temerario y tonto. Y decía entre sí: «¿Qué más locura puede ser que ponerse la celada llena de requesones y darse a entender que le ablandaban los cascos los encantadores?[451] Y ¿qué mayor temeridad y disparate que querer pelear por fuerza con leones?» Destas imaginaciones y deste soliloquio le sacó don Quijote, diciéndole:

—¿Quién duda, señor don Diego de Miranda, que vuesa merced no me tenga en su opinión por un hombre disparatado y loco? Y no sería mucho que así fuese, porque mis obras no pueden dar testimonio de otra cosa. Pues, con todo esto, quiero que vuesa merced advierta que no soy tan loco ni tan menguado como debo de haberle parecido. Bien parece un gallardo caballero, a los ojos de su rey, en la mitad de una gran plaza, dar una lanzada con felice suceso a un bravo toro; bien parece un caballero armado de resplandecientes armas, pasar la tela[452] en alegres justas delante de las damas, y bien parecen todos aquellos caballeros que en ejercicios militares, o que lo parezcan, entretienen y alegran, y, si se puede decir, honran las cortes de sus príncipes; pero sobre todos éstos parece mejor un caballero andante, que por los desiertos, por las soledades, por las encrucijadas, por las selvas y por los montes anda buscando peligrosas aventuras, con intención de darles dichosa y bien afortunada cima, sólo por alcanzar gloriosa fama y duradera; mejor parece, digo, un caballero andante socorriendo a una viuda en algún despoblado, que un cortesano caballero requebrando a una doncella en las ciudades. Todos los caballeros tienen sus particulares ejercicios; sirva a las damas el cortesano; autorice la corte de su rey con libreas;[453] sustente los caballeros pobres con el espléndido plato de su mesa; concierte justas, mantenga torneos, y muéstrese grande, liberal y magnífico, y buen cristiano, sobre todo, y desta manera cumplirá con sus precisas obligaciones; pero el andante caballero busque los rincones del mundo;

éntrese en los más intricados laberintos; acometa a cada paso lo imposible; resista en los páramos despoblados los ardientes rayos del sol en la mitad del verano, y en el invierno la dura inclemencia de los vientos y de los yelos; no le asombren leones, ni le espanten vestiglos, ni atemoricen endriagos:[454] que buscar éstos, acometer aquéllos y vencerlos a todos son sus principales y verdaderos ejercicios. Yo, pues, como me cupo en suerte ser uno del número de la andante caballería, no puedo dejar de acometer todo aquello que a mí me pareciere que cae debajo de la juridición de mis ejercicios;[455] y así, el acometer los leones que ahora acometí derechamente me tocaba, puesto que conocí ser temeridad exorbitante, porque bien sé lo que es valentía, que es una virtud que está puesta entre dos extremos viciosos, como son la cobardía y la temeridad, pero menos mal será que el que es valiente toque y suba al punto de temerario, que no que baje y toque en el punto de cobarde: que así como es más fácil venir el pródigo a ser liberal que el avaro, así es más fácil dar el temerario en verdadero valiente que no el cobarde subir a la verdadera valentía; y en esto de acometer aventuras, créame vuesa merced, señor don Diego, que antes se ha de perder por carta de más que de menos; porque mejor suena las orejas de los que lo oyen «el tal caballero es temerario y atrevido», que no «el tal caballero es tímido y cobarde».

—Digo, señor don Quijote —respondió don Diego—, que todo lo que vuesa merced ha dicho y hecho va nivelado con el fiel de la misma razón,[456] y que entiendo que si las ordenanzas y leyes de la caballería andante se perdiesen, se hallarían en el pecho de vuesa merced como en su mismo depósito y archivo. Y démonos priesa, que se hace tarde, y lleguemos a mi aldea y casa, donde descansará vuesa merced del pasado trabajo, que si no ha sido del cuerpo, ha sido del espíritu, que suele tal vez redundar en cansancio del cuerpo.

—Tengo[457] el ofrecimiento a gran favor y merced, señor don Diego —respondió don Quijote.

Y picando más de lo que hasta entonces,[458] serían como las dos de la tarde cuando llegaron a la aldea y a casa de don Diego, a quien don Quijote llamaba *El caballero del Verde Gabán.*

Capítulo XXII

Donde se da cuenta de la grande aventura de la cueva de Montesinos, que está en el corazón de la Mancha, a quien dio felice cima[459] *el valeroso don Quijote de la Mancha*

Grandes fueron y muchos los regalos que los desposados hicieron a don Quijote, obligados de las muestras que había dado defendiendo su causa, y al par de la valentía le graduaron la discreción,[460] teniéndole por un Cid en las armas y por un Cicerón en la elocuencia. El buen Sancho se refociló tres días a costa de los novios, de los cuales se supo que no fue traza comunicada[461] con la hermosa Quiteria el herirse fingidamente, sino industria de Basilio, esperando della el mesmo suceso que se había visto; bien es verdad que confesó que había dado parte de su pensamiento[462] a algunos de sus amigos, para que al tiempo necesario favoreciesen su intención y abonasen su engaño.

—No se pueden ni deben llamar engaños —dijo don Quijote— los que ponen la mira en virtuosos fines. Y que el de casarse los enamorados era el fin de más excelencia, advirtiendo que el mayor contrario que el amor tiene es la hambre y la continua necesidad;

[451] «¿Qué . . . encantadores?» What greater madness could there be than to put on a helmet filled with curds and to think that sorcerers were melting his brains?   [452] **tela** a divider put up on a tournament field to separate the knight-contenders.   [453] **autorice . . . libreas** let him illuminate the king's court with his apparel.   [454] **vestiglos** monsters; **endriagos** dragons.   [455] **no puedo . . . ejercicios** I can do none other than attempt everything which seems to me to belong to the world of my responsibilities.   [456] **va . . . razón** is leveled with the pointer of reason.   [457] **Tengo** I consider.   [458] **Y . . . entonces** And spurring their mounts more than before.   [459] **a quien . . . cima** which the valiant Don Quixote of La Mancha brought to a happy end.   [460] **obligados . . . discreción** obliged by his assistance to their cause, they equated his wisdom with his bravery.   [461] **traza comunicada** scheme planned.   [462] **había . . . pensamiento** he had talked about his design.

porque el amor es todo alegría, regocijo y contento, y más cuando el amante está en posesión de la cosa amada, contra quien son enemigos opuestos y declarados la necesidad y la pobreza; y que todo esto decía con intención de que se dejase el señor Basilio[463] de ejercitar las habilidades que sabe, que aunque le daban fama, no le daban dineros, y que atendiese a granjear hacienda[464] por medios lícitos e industriosos, que nunca faltan a los prudentes y aplicados. El pobre honrado (si es que puede ser honrado el pobre) tiene prenda[465] en tener mujer hermosa, que cuando se la quitan, le quitan la honra y se la matan. Le mujer hermosa y honrada cuyo marido es pobre merece ser coronada con laureles y palmas de vencimiento y triunfo. La hermosura, por sí sola, atrae las voluntades de cuantos la miran y conocen, y como a señuelo gustoso[466] se le abaten las águilas reales y los pájaros altaneros; pero si a la tal hermosura se le junta la necesidad y estrecheza, también la embisten los cuervos, los milanos y las otras aves de rapiña; y la que está a[467] tantos encuentros firme bien merece llamarse corona de su marido.

—Mirad, discreto Basilio —añadió don Quijote—: opinión fue de no sé qué sabio que no había en todo el mundo sino una sola mujer buena, y daba por consejo que cada uno pensase y creyese que aquella sola buena era la suya y así viviría contento. Yo no soy casado, ni hasta agora me ha venido en pensamiento serlo; y, con todo esto, me atrevería a dar consejo al que me lo pidiese, del modo que había de buscar la mujer con quien se quisiese casar. Lo primero, le aconsejaría que mirase más a la fama que a la hacienda; porque la buena mujer no alcanza la buena fama solamente con ser buena, sino con parecerlo; que mucho más dañan a las honras de las mujeres las desenvolturas y libertades públicas que las maldades secretas. Si traes buena mujer a tu casa, fácil cosa sería conservarla, y aun mejorarla, en aquella bondad; pero si la traes mala, en trabajo te pondrá[468] el enmendarla; que no es muy hacedero pasar de un extremo a otro. Yo no digo que sea imposible; pero téngolo por dificultoso.

Oía todo esto Sancho, y dijo entre sí:

—Este mi amo, cuando yo hablo cosas de meollo y de sustancia suele decir que podría yo tomar un púlpito en las manos y irme por ese mundo adelante predicando lindezas; y yo digo dél que cuando comienza a enhilar sentencias y a dar consejos, no sólo puede tomar un púlpito en las manos, sino dos en cada dedo, y andarse por esas plazas a ¿qué quieres, boca?[469] ¡Válate el diablo por caballero andante, que tantas cosas sabes! Yo pensaba en mi ánima que sólo podía saber aquello que tocaba a sus caballerías; pero no hay cosa donde no pique y deje de meter su cucharada.[470]

Murmuraba esto alto[471] Sancho, y entreoyóle su señor, y preguntóle:

—¿Qué murmuras, Sancho?

—No digo nada, ni murmuro de nada —respondió Sancho—; sólo estaba diciendo entre mí que quisiera haber oído lo que vuesa merced aquí ha dicho antes que me casara; que quizá dijera yo agora: «El buey suelto bien se lame».[472]

—¿Tan mala es tu Teresa, Sancho? —dijo don Quijote.

—No es muy mala —respondió Sancho—; pero no es muy buena; a lo menos, no es tan buena como yo quisiera.

—Mal haces, Sancho —dijo don Quijote—, en decir mal de tu mujer, que, en efecto, es madre de tus hijos.

—No nos debemos nada —respondió Sancho—; que también ella dice mal de mí cuando se le antoja, especialmente cuando está celosa; que entonces, súfrala el mesmo Satanás.

Finalmente, tres días estuvieron con los novios, donde fueron regalados y servidos como cuerpos de rey.[473] Pidió don Quijote al diestro[474] licenciado le diese una guía que le encaminase a la cueva de Montesinos, porque tenía gran deseo de entrar en ella y ver a ojos vistas[475] si eran verdaderas las maravillas que de ella se decían por todos aquellos contornos. El licenciado le dijo que le daría a un primo suyo, famoso estudiante y muy aficionado a leer libros de caballerías, el cual con mucha voluntad le pondría a la boca de la mesma cueva, y le enseñaría las lagunas de Ruidera, famosas asimismo en toda la Mancha, y aun en toda España; y díjole que llevaría con él gustoso entretenimiento,[476] a causa que era mozo que sabía hacer libros para imprimir, y para dirigirlos a príncipes. Finalmente, el primo vino con una pollina preñada, cuya albarda cubría en gayado tapete[477] o arpillera. Ensilló Sancho a Rocinante y aderezó al rucio, proveyó sus alforjas, a las cuales les acompañaron las del primo, asimismo bien proveídas, y encomendándose a Dios y despidiéndose de todos, se pusieron en camino, tomando la derrota[478] de la famosa cueva de Montesinos.

En el camino preguntó don Quijote al primo de qué género y calidad eran sus ejercicios, su profesión y estudios; a lo que él respondió que su profesión era ser humanista; sus ejercicios y estudios, componer libros para dar a la estampa,[479] todos de gran provecho y no menos entretenimiento para la república; que el uno se intitulaba *El de las libreas*, donde pintaba setecientas y tres libreas, con sus colores, motes y cifras,[480] de donde podían sacar y tomar las que quisiesen en tiempo de fiestas y regocijos los caballeros cortesanos, sin andarlas mendigando de nadie, ni lambicando, como dicen, el cerbelo,[481] por sacarlas conformes a sus deseos e intenciones.

—Porque doy al celoso, al desdeñado, al olvidado y al ausente las que les convienen, que les vendrán más justas que pecadoras.[482] Otro libro tengo también, a quien he de llamar *Metamorfoseos*, o *Ovidio español*, de invención nueva y rara; porque en él, imitando a Ovidio a lo burlesco, pinto quién fue la Giralda de Sevilla y el Ángel de la Magdalena, quién el Caño de Vecinguerra, de Córdoba, quiénes los Toros de Guisando, la Sierra Morena, las fuentes de Leganitos y Lavapiés, en Madrid, no olvidándome de la del Piojo, de la del Caño Dorado y de la Priora; y esto, con sus alegorías, metáforas y translaciones, de modo, que alegran, suspenden y enseñan a un mismo punto. Otro libro tengo, que le llamo *Suplemento a Virgilio Polidoro*, que trata de la invención de las cosas,[483] que es de grande erudición y estudio, a causa que las cosas que se dejó de decir Polidoro de gran sustancia, las averiguo yo, y las declaro por gentil estilo. Olvidósele a Virgilio de declararnos quién fue el primero que tuvo catarro en el mundo, y el primero que tomó las unciones para curarse del morbo gálico,[484]

y yo lo declaro al pie de la letra, y lo autorizo con más de veinticinco autores: porque vea vuesa merced si he trabajado bien, y si ha de ser útil el tal libro a todo el mundo.

Sancho, que había estado muy atento a la narración del primo, le dijo:

—Dígame, señor, así Dios le dé buena manderecha[485] en la impresión de sus libros: ¿sabríame decir, que sí sabrá, pues todo lo sabe, quién fue el primero que se rascó en la cabeza, que yo para mí tengo que debió de ser nuestro padre Adán?

---

[463] **de que . . . Basilio** so that señor Basilio will stop. [464] **granjear hacienda** to increase his fortune. [465] **tiene prenda** has a treasure. [466] **señuelo gustoso** tasty bait. [467] **a** frente a. [468] **en . . . pondrá** she is going to give you a hard time. [469] **a ¿qué . . . boca?** talking his head off. [470] **pero no . . . cucharada** but there is nothing foreign to him and where he cannot dip his spoon in (give a sound opinion). [471] **Murmuraba esto alto** kept mumbling to himself a bit loud. [472] «**El buey . . . lame**» The untied ox licks himself well. (How good is it to be free!) [473] **como . . . rey** like royalty. [474] **diestro** diestro en el manejo de la espada swordsman. [475] **a ojos vistas** with his own eyes. [476] **que . . . entretenimiento** he will have a pleasant time with him. [477] **gayado tapete** multicolored carpet. [478] **tomando la derrota** taking the road. [479] **dar . . . estampa** to print. [480] **motes y cifras** mottos and emblems (ciphers). [481] **lambicando el cerbelo** thinning out their brains. [482] **que les . . . pecadoras** which will fit them rather well. [483] **a lo burlesco** in a funny way. **Ovidio** Ovid (P.O. Naso) 43BC-18AD latin poet author of the *Metamorphoses*, mythological poem. **Giralda de Sevilla** *La Giralda*, is a bronze statue of victory at the top of the tower of Seville's cathedral; it serves as a vane. **Ángel de la Magdalena** the belfry of Madalena church in Salamanca had an angel as a vane. **Caño de Vecinguerra** open sewer of Córdoba. **Toros de Guisando** prehistoric bull statues in Avila. **Sierra Morena** South Spain high Sierra. **Leganitos y Lavapiés, Piojo, Caño Dorado, Priora** public fountains in Madrid. **Virgilio Polidoro** (1470–1550) Italian humanist author of a very popular book. *De inventionibus rerum* (The origin of things). [484] **unciones . . . gálico** ointments to cure venereal disease. [485] **manderecha** good luck.

—Sí sería —respondió el primo—; porque Adán no hay duda sino que tuvo cabeza y cabellos; y siendo esto así, y siendo el primer hombre del mundo, alguna vez se rascaría.

—Así lo creo yo —respondió Sancho—; pero dígame ahora: ¿quién fue el primer volteador[486] del mundo?

—En verdad, hermano —respondió el primo—, que no me sabré determinar por ahora, hasta que lo estudie. Yo lo estudiaré en volviendo a donde tengo mis libros, y yo os satisfaré cuando otra vez nos veamos; que no ha de ser ésta la postrera.

—Pues mire, señor —replicó Sancho—: no tome trabajo en esto; que ahora he caído en la cuenta de lo que le he preguntado. Sepa que el primer volteador del mundo fue Lucifer, cuando le echaron o arrojaron del cielo, que vino volteando hasta los abismos.

—Tienes razón, amigo —dijo el primo.

Y dijo don Quijote:

—Esa pregunta y respuesta no es tuya, Sancho; a alguno la has oído decir.

—Calle, señor —replicó Sancho—; que a buena fe que si me doy a preguntar y a responder que no acabe de aquí a mañana. Sí, que para preguntar necedades y responder disparates no he menester yo andar buscando ayuda de vecinos.

—Más has dicho, Sancho, de lo que sabes —dijo don Quijote—; que hay algunos que se cansan en saber y averiguar cosas, que después de sabidas y averiguadas, no importan un ardite[487] al entendimiento ni a la memoria.

En estas y otras gustosas pláticas se les pasó aquel día, y a la noche se albergaron en una pequeña aldea, adonde el primo dijo a don Quijote que desde allí a la cueva de Montesinos no había más de dos leguas, y que si llevaba determinado de entrar en ella, era menester proveerse de sogas, para atarse y descolgarse en su profundidad. Don Quijote dijo que aunque llegase al abismo, había de ver dónde paraba; y así, compraron casi cien brazas de soga, y otro día a las dos de la tarde llegaron a la cueva, cuya boca es espaciosa y ancha, pero llena de cambroneras y cabrahigos, de zarzas y malezas,[488] tan espesas y intrincadas, que de todo en todo[489] le ciegan y encubren. En viéndola, se apearon el primo, Sancho y don Quijote,

al cual los dos le ataron luego[490] fortísimamente con las sogas; y en tanto que le fajaban y ceñían, le dijo Sancho:

—Mire vuesa merced, señor mío, lo que hace: no se quiera sepultar en vida, ni se ponga a donde parezca frasco que le ponen a enfriar en algún pozo.[491] Sí, que a vuesa merced no le toca ni atañe[492] ser el escudriñador desta que debe de ser peor que mazmorra.

—Ata y calla —respondió don Quijote—; que tal empresa como aquésta, Sancho amigo, para mí estaba guardada.

Y entonces dijo la guía:

—Suplico a vuesa merced, señor don Quijote, que mire bien y especule[493] con cien ojos lo que hay allá dentro: quizá habrá cosas que las ponga yo en el libro de mis *Transformaciones*.

—En manos está el pandero, que le sabrán bien tañer[494] —respondió Sancho Panza.

Dicho esto, y acabada la ligadura de don Quijote (que no fue sobre el arnés, sino sobre el jubón de armar),[495] dijo don Quijote:

—Inadvertidos hemos andado en no habernos proveído de algún esquilón pequeño,[496] que fuera atado junto a mí en esta misma soga, con cuyo sonido se entendiera que todavía bajaba y estaba vivo; pero pues ya no es posible, a la mano de Dios,[497] que me guíe.

Y luego se hincó de rodillas y hizo una oración en voz baja al cielo, pidiendo a Dios le ayudase y le diese buen suceso en aquella, al parecer, peligrosa y nueva aventura, y en voz alta dijo luego:

—¡Oh, señora de mis acciones y movimientos, clarísima y sin par Dulcinea del Toboso! Si es posible que lleguen a tus oídos las plegarias y rogaciones[498] deste tu venturoso amante, por tu inaudita belleza te ruego las escuches; que no son otras que rogarte[499] no me niegues tu favor y amparo, ahora que tanto le he menester. Yo voy a despeñarme, a empozarme y a hundirme en el abismo que aquí se me representa,[500] sólo porque conozca el mundo que si tú me favoreces, no habrá imposible a quien yo no acometa y acabe.[501]

Y en diciendo esto, se acercó a la sima, vio no ser posible descolgarse, ni hacer lugar a la entrada, si no era a fuerza de brazos, o a cuchilladas, y así, poniendo mano a la espada, comenzó a derribar y a cortar de aquellas malezas que a la boca de la cueva estaban, por cuyo ruido y estruendo salieron por ella infinidad de grandísimos cuervos y grajos, tan espesos[502] y con tanta priesa, que dieron con don Quijote en el suelo;[503] y si él fuera tan agorero[504] como católico cristiano, lo tuviera a mala señal y excusara de encerrarse en lugar semejante.

Finalmente, se levantó, y viendo que no salían más cuervos ni otras aves nocturnas, como fueron murciélagos, que asimismo entre los cuervos salieron, dándole soga el primo y Sancho, se dejó calar[505] al fondo de la caverna espantosa; y al entrar, echándole Sancho su bendición y haciendo sobre él mil cruces, dijo:

—¡Dios te guíe y la Peña de Francia, junto con la Trinidad de Gaeta,[506] flor, nata y espuma de los caballeros andantes! ¡Allá vas, valentón del mundo, corazón de acero, brazos de bronce! ¡Dios te guíe, otra vez, y te vuelva libre, sano y sin cautela[507] a la luz desta vida, que dejas, por enterrarte en esta escuridad que buscas.

Casi las mismas plegarias y deprecaciones hizo el primo.

Iba don Quijote dando voces que le diesen soga, y más soga, y ellos se la daban poco a poco; y cuando las voces, que acanaladas[508] por la cueva salían, dejaron de oírse, ya ellos tenían descolgadas las cien brazas de soga, y fueron de parecer de volver a subir a don Quijote, pues no le podían dar más cuerda. Con todo eso, se detuvieron como media hora, al cabo del cual espacio volvieron a rocoger la soga con mucha facilidad y sin peso alguno, señal que les hizo imaginar que don Quijote se quedaba dentro, y creyéndolo así Sancho, lloraba amargamente y tiraba con mucha priesa por desengañarse; pero llegando, a su parecer, a poco más de las ochenta brazas, sintieron peso, de que en extremo se alegraron. Finalmente, a las diez vieron distintamente a don Quijote, a quien dio voces Sancho, diciéndole:

—Sea vuesa merced muy bien vuelto, señor mío; que ya pensábamos que se quedaba allá para casta.[509]

Pero no respondía palabra don Quijote; y sacándole del todo, vieron que traía cerrados los ojos, con muestras de estar dormido. Tendiéronle en el suelo y desaliáronle,[510] y con todo esto, no despertaba; pero tanto le volvieron y revolvieron, sacudieron y menearon, que al cabo de un buen espacio volvió en sí, desperezándose, bien como si de algún grave y profundo sueño despertara; y mirando a una y otra parte, como espantado, dijo:

—Dios os lo perdone, amigos; que me habéis quitado de la más sabrosa y agradable vida y vista que ningún humano ha visto ni pasado. En efecto, ahora acabo de conocer que todos los contentos desta vida pasan como sombra y sueño, o se marchitan como la flor del campo. ¡Oh, desdichado Montesinos! ¡Oh, mal ferido

[486] **volteador** tumbler. [487] **no . . . ardite** are of no use. [488] **cambroneras . . . malezas** boxthorn and wild fig-trees, shrubs and thicket. [489] **de todo en todo** completely. [490] **al cual . . . luego** whom they immediately fastened. [491] **ni se ponga . . . pozo** neither go where you will look like a bottle placed in a well to keep it cool. [492] **no le . . . atañe** it is none of your business. [493] **especule** examine. [494] **En . . . tañer** The tambourine is in hands which know how to play it. [495] **que no . . . armar** which (binding) was done over the inside doublet, not over the armor. [496] **Inadvertidos . . . pequeño** We have been careless not taking with us a small cattle-bell. [497] **a la . . . Dios** in the hands of God. [498] **rogaciones** requests. [499] **que no . . . rogarte** which are nothing else but to beg you. [500] **Yo . . . representa** I am now about to enter the mountain, to go down the well, to sink into the abyss that opens in front of my eyes. [501] **a quien . . . acabe** which I will not dare to try and finish. [502] **tan espesos** so many. [503] **que . . . suelo** that they knocked Don Quixote down. [504] **agorero** superstitious. [505] **dándole . . . calar** the cousin and Sancho holding the rope, they let him descend. [506] **Peña de Francia** famous shrine of Our Lady in the province of Salamanca. **Trinidad de Gaeta** a church in the city of Gaeta, in the kingdom of Naples, Italy. [507] **sin cautela** without any harm. [508] **acanaladas** channeled. [509] **para casta** to breed. [510] **desaliáronle** they untied him.

Durandarte! ¡Oh, sin ventura Belerma! ¡Oh, lloroso Guadiana, y vosotras sin dicha hijas de Ruidera, que mostráis en vuestras aguas las que lloraron vuestros hermosos ojos![511]

Con grande atención escuchaban el primo y Sancho las palabras de don Quijote, que las decía como si con dolor inmenso las sacara de las entrañas. Suplicáronle les diese a entender lo que decía, y les dijese lo que en aquel infierno[512] había visto.

—¿Infierno le llamáis? —dijo don Quijote—. Pues no le llaméis ansí, porque no lo merece, como luego veréis.

Pidió que le diesen algo de comer, que traía grandísima hambre. Tendieron la arpillera del primo sobre la verde yerba, acudieron a la despensa de sus alforjas, y sentados todos tres en buen amor y compaña, merendaron y cenaron, todo junto. Levantada la arpillera, dijo don Quijote de la Mancha:

—No se levante nadie, y estadme, hijos, todos atentos.

Capítulo XXIII

De las admirables cosas que el extremado don Quijote contó que había visto en la profunda cueva de Montesinos, cuya imposibilidad y grandeza hace que se tenga esta aventura por apócrifa

Las cuatro de la tarde serían, cuando el sol, entre nubes cubierto, con luz escasa y templados rayos, dio lugar a don Quijote para que sin calor y pesadumbre contase a sus dos clarísimos[513] oyentes lo que en la cueva de Montesinos había visto, y comenzó en el modo siguiente:

—A obra de doce o catorce estados de la profundidad desta mazmorra, a la derecha mano, se hace una concavidad[514] y espacio capaz de poder caber en ella un gran carro con sus mulas. Éntrale una pequeña luz por unos resquicios o agujeros, que lejos le responden,[515] abiertos en la superficie de la tierra. Esta concavidad y espacio vi yo a tiempo, cuando ya iba cansado y mohíno de verme pendiente y colgado de la soga, caminar por aquella escura región abajo sin llevar cierto ni determinado camino, y así, determiné entrarme en ella y descansar un poco. Di voces pidiéndoos que no descolgásedes más soga hasta que yo os lo dijese; pero no debistes de oírme. Fui recogiendo la soga que enviábades, y haciendo della una rosca o rimero,[516] me senté sobre él pensativo además, considerando lo que hacer debía para calar al fondo, no teniendo quien me sustentase; y estando en este pensamiento y confusión, de repente y sin procurarlo, me salteó un sueño profundísimo;[517] y cuando menos lo pensaba, sin saber cómo ni cómo no, desperté dél y me hallé en la mitad del más bello, ameno y deleitoso prado que puede criar la naturaleza, ni imaginar la más discreta imaginación humana. Despabilé los ojos, limpiémelos, y vi que no dormía, sino que realmente estaba despierto; con todo esto, me tenté la cabeza y los pechos, por certificarme si era yo mismo el que allí estaba, o alguna fantasma vana y contrahecha; pero el tacto, el sentimiento, los discursos concertados que entre mí hacía, me certificaron que yo era allí entonces el que soy aquí ahora. Ofrecióseme luego a la vista un real y suntuoso palacio o alcázar, cuyos muros y paredes parecían de transparente y claro cristal fabricados; del cual abriéndose dos grandes puertas, vi que por ellas salía y hacia mí se venía un venerable anciano, vestido con un capuz de bayeta morada,[518] que por el suelo le arrastraba; ceñíale los hombros y los pechos una beca de colegial, de raso verde; cubríale la cabeza una gorra milanesa negra, y la barba, canísima, le pasaba de la cintura: no traía arma ninguna, sino un rosario de cuentas en la mano, mayores que medianas nueces, y los dieces[519] asimismo como huevos medianos de avestruz; el continente, el paso, la gravedad y la anchísima presencia, cada cosa de por sí y todas juntas, me suspendieron y admiraron. Llegóse a mí, y lo primero que hizo fue abrazarme estrechamente, y luego decirme: «—Luengos tiempos ha, valeroso caballero don Quijote de la Mancha, que los que estamos en estas soledades encantados esperamos verte, para que des noticia al mundo de lo que encierra y cubre la profunda cueva por donde has entrado, llamada la cueva de Montesinos: hazaña sólo guardada para ser acometida de tu invencible corazón y de tu ánimo estupendo. Ven conmigo, señor clarísimo; que te quiero mostrar las maravillas que este transparente alcázar solapa,[520] de quien yo soy alcaide y guarda mayor perpetua, porque soy el mismo Montesinos, de quien la cueva toma nombre ». Apenas me dijo que era Montesinos, cuando le pregunté si fue verdad lo que en el mundo de acá arriba se contaba, que él había sacado de la mitad del pecho, con una pequeña daga, el corazón de su grande amigo Durandarte y llevádole a la señora Belerma, como él se lo mandó al punto de su muerte. Respondióme que en todo decían verdad, sino en la daga, porque no fue daga, ni pequeña, sino un puñal buído, más agudo que una lezna.[521]

—Debía de ser —dijo a este punto Sancho— el tal puñal de Ramón de Hoces, el Sevillano.[522]

—No sé —prosiguió don Quijote—; pero no sería dese puñalero, porque Ramón de Hoces fue ayer, y lo de Roncesvalles, donde aconteció esta desgracia, ha mucho años; y esta averiguación no es de importancia, ni turba ni altera la verdad y contexto de la historia.

—Así es —respondió el primo—: prosiga vuesa merced, señor don Quijote; que le escucho con el mayor gusto del mundo.

—No con menor lo cuento yo —respondió don Quijote—; y así, digo que el venerable Montesinos me metió en el cristalino palacio, donde en una sala baja, fresquísima sobremodo y toda de alabastro, estaba un sepulcro de mármol, con gran maestría fabricado, sobre el cual vi a un caballero tendido de largo a largo, no de bronce, ni de mármol, ni de jaspe hecho, como los suele haber en otros sepulcros, sino de pura carne y de puros huesos. Tenía la mano derecha (que a mi parecer es algo peluda y nervosa, señal de tener muchas fuerzas su dueño) puesta sobre el lado del corazón; y antes que preguntase nada a Montesinos, viéndome suspenso mirando al del sepulcro, me dijo: «—Éste es mi amigo Durandarte, flor y espejo de los caballeros enamorados y valientes de su tiempo; tiénele aquí encantado, como me tiene a mí y a otros muchos y muchas, Merlín,[523] aquel francés encantador que dicen que fue hijo del diablo; y lo que yo creo es que no fue hijo del diablo, sino que supo, como dicen, un punto más que el diablo. El cómo o para qué nos encantó nadie lo sabe, y ello dirá andando los tiempos, que no están muy lejos, según imagino. Lo que a mí me admira es que sé, tan cierto como ahora es de día, que Durandarte acabó los[524] de su vida en mis brazos, y que

después de muerto le saqué el corazón con mis propias manos; y en verdad que debía de pesar dos libras, porque, según los naturales,[525] el que tiene mayor corazón es dotado de mayor valentía del que le tiene pequeño. Pues siendo esto así, y que realmente murió este caballero, ¿cómo ahora se queja y sospira de cuando en cuando, como si estuviese vivo? » Esto dicho, el mísero Durandarte, dando una gran voz, dijo:

«—¡Oh, mi primo Montesinos!
Lo postrero que os rogaba,
Que cuando yo fuere muerto,
Y mi ánima arrancada,
Que llevéis mi corazón
A donde Belerma estaba,
Sacándomele del pecho,
Ya con puñal, ya con daga ».

Oyendo lo cual el venerable Montesinos, se puso de rodillas ante el lastimado caballero, y, con lágrimas en los ojos, le dijo: «—Ya, señor Durandarte, carísimo

[511] **Montesinos** a popular heroic character of the Spanish romancero. He is the cousin of Durandarte in Charlemagne's army defeated in Roncesvalles. Durandarte was the name of Roland's sword; but an unlearned popular poet thought it was a man's name and created the fiction Don Quijote is talking about. **Belerma** was Durandarte's beloved. **Guadiana** river Guadiana, which disappears under ground and comes up again in what is called «ojos del Guadiana». **Hijas de Ruidera** lagunas de Ruidera. [512] **infierno** hell (dark pit). [513] **clarísimos** very distinguished. [514] **A obra . . . concavidad** About twelve or fourteen fathoms deep in this dungeon, to the right, there is a concave opening. [515] **que . . . responden** located far away. [516] **rosca o rimero** curl or heap. [517] **me salteó . . . profundísimo** a deep sleep fell upon me. [518] **capuz . . . morada** old-fashioned cloak of purple flannel; **beca de colegial** distinctive badge of a college. [519] **los dieces** the bigger beads separating each group of ten. [520] **solapa** hides. [521] **puñal . . . lezna** three-grooved stiletto sharper than an awl. [522] **Ramón de Hoces** apparently a well-known maker of « puñales » from Seville. [523] **Merlín** a fantastic character, mixture of a wise man and a wizard, from the Arthurian legends. [524] **los** los días [525] **los naturales** los naturalistas students of the human body.

primo mío, ya hice lo que me mandastes en el aciago día de nuestra pérdida: yo os saqué el corazón lo mejor que pude, sin que os dejase una mínima parte en el pecho, yo le limpié con un pañizuelo de puntas; yo partí con él de carrera para Francia,[526] habiéndoos primero puesto en el seno de la tierra con tantas lágrimas, que fueron bastantes a lavarme las manos y limpiarme con ellas la sangre que tenían de haberos andado en las entrañas; y por más señas, primo de mi alma, en el primero lugar que topé saliendo de Roncesvalles eché un poco de sal en vuestro corazón, por que no oliese mal, y fuese, si no fresco, a lo menos, amojamado,[527] a la presencia de la señora Belerma; a la cual, con vos, y conmigo, y con Guadiana[528] vuestro escudero, y con la dueña Ruidera y sus siete hijas y dos sobrinas, y con otros muchos de vuestros conocidos y amigos, nos tiene aquí encantados el sabio Merlín ha muchos años; y aunque pasan de quinientos, no se ha muerto ninguno de nosotros: solamente faltan Ruidera y sus hijas y sobrinas, las cuales llorando por compasión que debió de tener Merlín dellas, las convirtió en otras tantas lagunas, que ahora, en el mundo de los vivos y en la provincia de la Mancha, las llaman las lagunas de Ruidera; las siete son de los reyes de España, y las dos sobrinas, de los caballeros de una orden santísima, que llaman de San Juan. Guadiana, vuestro escudero, plañendo asimesmo vuestra desgracia, fue convertido en un río llamado de su mesmo nombre; el cual cuando llegó a la superficie de la tierra y vio el sol del otro cielo, fue tanto el pesar que sintió de ver que os dejaba, que se sumergió en las entrañas de la tierra; pero como no es posible dejar de acudir a su natural corriente, de cuando en cuando sale y se muestra donde el sol y las gentes le vean. Vanle administrando de sus aguas las referidas lagunas, con las cuales, y con otras muchas que se llegan, entra pomposo y grande en Portugal. Pero con todo esto, por dondequiera que va muestra su tristeza y melancolía, y no se precia de criar en sus aguas peces regalados y de estima, sino burdos y desabridos, bien diferentes de los del Tajo dorado; y esto que agora os digo, ¡oh, primo mío!, os lo he dicho muchas veces; y como no me respondéis, imagino que no me dais crédito, o no me oís, de lo que yo recibo tanta pena cual Dios lo sabe. Unas nuevas os quiero dar ahora,

las cuales, ya que no sirvan de alivio a vuestro dolor, no os le aumentarán en ninguna manera. Sabed que tenéis aquí en vuestra presencia, y abrid los ojos y veréislo, aquel gran caballero de quien tantas cosas tiene profetizadas el sabio Merlín: aquel don Quijote de la Mancha, digo, que de nuevo y con mayores ventajas que en los pasados siglos ha resucitado en los presentes la ya olvidada andante caballería, por cuyo medio y favor podría ser que nosotros fuésemos desencantados; que las grandes hazañas para los grandes hombres están guardadas. » «—Y cuando así no sea —respondió el lastimado Durandarte con voz desmayada y baja—, cuando así no sea ¡oh, primo!, digo, paciencia y barajar ». Y volviéndose de lado,[529] tornó a su acostumbrado silencio, sin hablar más palabra. Oyéronse en esto grandes alaridos y llantos, acompañados de profundos gemidos y angustiados sollozos; volví la cabeza, y vi por las paredes de cristal que por otra sala pasaba una procesión de dos hileras de hermosísimas doncellas, todas vestidas de luto, con turbantes blancos sobre las cabezas, al modo turquesco. Al cabo y fin de las hileras venía una señora, que en la gravedad lo parecía, asimismo vestida de negro, con tocas blancas tan tendidas y largas, que besaban la tierra. Su turbante era mayor dos veces que el mayor de alguna de las otras; era cejijunta,[530] y la nariz algo chata; la boca grande, pero colorados los labios; los dientes, que tal vez los descubría, mostraban ser ralos[531] y no bien puestos, aunque eran blancos como unas peladas almendras; traía en las manos un lienzo delgado, y entre él, a lo que pude divisar, un corazón de carne momia, según venía seco y amojamado. Díjome Montesinos cómo toda aquella gente de la procesión eran sirvientes de Durandarte y de Belerma, que allí con sus dos señores estaban encantados, y que la última, que traía el corazón entre el lienzo y en las manos, era la señora Belerma, la cual con sus doncellas cuatro días en la semana hacían aquella procesión y cantaban, o, por mejor decir, lloraban endechas sobre el cuerpo y sobre el lastimado corazón de su primo; y que si me había parecido algo fea, o no tan hermosa como tenía la fama, era la causa las malas noches y peores días que en aquel encantamento pasaba, como lo podía ver en sus grandes ojeras y en su color quebradiza;[532] y no toma ocasión su amarillez y sus ojeras de estar con el mal mensil,[533] ordinario en las mujeres, porque ha muchos meses, y aun años, que no le tiene ni asoma por sus puertas; sino del dolor que siente su corazón por el que de continuo tiene en las manos, que le renueva y trae a la memoria la desgracia de su mal logrado amante; que si esto no fuera, apenas la igualara en hermosura, donaire y brío la gran Dulcinea del Toboso, tan celebrada en todos estos contornos, y aun en todo el mundo ». «—Cepos quedos[534] —dije yo entonces—, señor don Montesinos: cuente vuesa merced su historia como debe; que ya sabe que toda comparación es odiosa, y, así, no hay para qué comparar a nadie con nadie. La sin par Dulcinea del Toboso es quien es, y la señora doña Belerma es quien es, y quien ha sido, y quédese aquí ». A lo que él me respondió: «—Señor don Quijote, perdóneme vuesa merced; que yo confieso que anduve mal, y no dije bien en decir que apenas igualara la señora Dulcinea a la señora Belerma, pues me bastaba a mí haber entendido, por no sé qué barruntos, que vuesa merced es su caballero, para que me mordiera la lengua antes de compararla sino con el mismo cielo ». Con esta satisfacción que me dio el gran Montesinos se quietó mi corazón del sobresalto que recebí en oír que a mi señora la comparaba con Belerma.

—Y aun me maravillo yo —dijo Sancho— de cómo vuesa merced no se subió sobre el vejote,[535] y le molió a coces todos los huesos, y le peló las barbas, sin dejarle pelo en ellas.

—No, Sancho amigo —respondió don Quijote—; no me estaba a mí bien hacer eso, porque estamos todos obligados a tener respeto a los ancianos, aunque no sean caballeros, y principalmente, a los que lo son y están encantados: yo sé bien que no nos quedamos a deber nada[536] en otras muchas demandas y respuestas que entre los dos pasamos.

A esta sazón dijo el primo:

—Yo no sé, señor don Quijote, cómo vuesa merced en tan poco espacio de tiempo como ha que está allá abajo, haya visto tantas cosas y hablado y respondido tanto.

—¿Cuánto ha que bajé? —preguntó don Quijote.

—Poco más de una hora —respondió Sancho.

—Eso no puede ser —replicó don Quijote—, porque allá me anocheció y amaneció, y tornó a anochecer y a amanecer tres veces; de modo que, a mi cuenta, tres días he estado en aquellas partes remotas y escondidas a la vista vuestra.

—Verdad debe de decir mi señor —dijo Sancho—; que como todas las cosas que le han sucedido son por encantamento, quizá lo que a nosotros nos parece una hora, debe de parecer allá tres días con sus noches.

—Así será —respondió don Quijote.

—Y ¿ha comido vuesa merced en todo este tiempo, señor mío? —preguntó el primo.

—No me he desayunado de bocado[537] —respondió don Quijote—, ni aun he tenido hambre, ni por pensamiento.

—Y los encantados, ¿comen? —dijo el primo.

—No comen —respondió don Quijote—, ni tienen excrementos mayores; aunque es opinión que les crecen las uñas, las barbas y los cabellos.

—Y ¿duermen por ventura los encantados, señor? —preguntó Sancho.

—No, por cierto —respondió don Quijote—; a lo menos, en estos tres días que yo he estado con ellos, ninguno ha pegado el ojo, ni yo tampoco.

—Aquí encaja bien el refrán —dijo Sancho—, de dime con quién andas, decirte he quién eres; ándase vuesa merced con encantados ayunos y vigilantes: mirad si es mucho[538] que ni coma ni duerma mientras con ellos anduviere. Pero perdóneme vuesa merced, señor mío, si le digo que de todo cuanto aquí ha dicho,

[526] **pañizuelo . . . Francia** a lace-edged handkerchief; Then I set out with it running to France. [527] **amojamado** dried up. [528] **Guadiana, Ruidera** Cervantes is creating a mythological legend about this peculiar river of La Mancha. [529] **paciencia y . . . lado** patience and shuffle the cards (work on and be patient). And turning over. [530] **cejijunta** with close eyebrows or beetle-browed. [531] **dientes . . . ralos** few and sparse. [532] **ojeras . . . quebradiza** rings under her eyes and sickly color. [533] **el mal mensil** menstruation. [534] **Cepos quedos** Alto aquí Stop there. [535] **de cómo . . . vejote** why your Grace did not jump on that silly old man's back. [536] **no nos . . . nada** we both were satisfied. [537] **de bocado** not even a bit. [538] **ándase . . . mucho** if your Grace deals with fasting and vigilant bewitched people, no wonder.

lléveme Dios (que iba a decir el diablo) si le creo cosa alguna.

—¿Cómo no? —dijo el primo—. ¿Pues había de mentir el señor don Quijote, que, aunque quisiera, no ha tenido lugar para componer e imaginar tanto millón de mentiras?

—Yo no creo que mi señor miente —respondió Sancho.

—Si no ¿qué crees? —le preguntó don Quijote.

—Creo —respondió Sancho— que aquel Merlín o aquellos encantadores que encantaron a toda la chusma que vuesa merced dice que ha visto y comunicado[539] allá abajo, le encajaron en el magín o la memoria toda esa máquina que nos ha contado, y todo aquello que por contar le queda.

—Todo eso pudiera ser, Sancho —replicó don Quijote—, pero no es así; porque lo que he contado lo vi por mis propios ojos y lo toqué con mis mismas manos. Pero, ¿qué dirás cuando te diga yo ahora cómo, entre otras infinitas cosas y maravillas que me mostró Montesinos (las cuales despacio y a sus tiempos te las iré contando en el discurso de nuestro viaje, por no ser todas deste lugar), me mostró tres labradoras que por aquellos amenísimos campos iban saltando y brincando como cabras, y apenas las hube visto, cuando conocí ser la una la sin par Dulcinea del Toboso, y las otras dos aquellas mismas labradoras que venían con ella, que hallamos a la salida del Toboso? Pregunté a Montesinos si las conocía; respondióme que no; pero que él imaginaba que debían de ser algunas señoras principales encantadas, que pocos días había que en aquellos prados habían parecido; y que no me maravillase desto, porque allí estaban otras muchas señoras de los pasados y presentes siglos, encantadas en diferentes y estrañas figuras, entre las cuales conocía él a la reina Ginebra y su dueña Quintañona, escanciando el vino a Lanzarote,[539a]

«Cuando de Bretaña vino.»

Cuando Sancho oyó decir esto a su amo, pensó perder el juicio, o morirse de risa; que como él sabía la verdad del fingido encanto de Dulcinea, de quien él había sido el encantador, y el levantador de tal testimonio, acabó de conocer indubitablemente que su señor estaba fuera de juicio y loco de todo punto, y así le dijo:

—En mala coyuntura y en peor sazón y en aciago día bajó vuesa merced, caro patrón mío, al otro mundo, y en mal punto se encontró con el señor Montesinos, que tal nos le ha vuelto. Bien se estaba vuesa merced acá arriba, con su entero juicio, tal cual Dios se le había dado, hablando sentencias y dando consejos a cada paso, y no agora, contando los mayores disparates que pueden imaginarse.

—Como te conozco, Sancho —respondió don Quijote—, no hago caso de tus palabras.

—Ni yo tampoco de las de vuesa merced —replicó Sancho—, siquiera[540] me hiera, siquiera me mate por las que le he dicho, o por las que le pienso decir si en las suyas no se corrige y enmienda. Pero dígame vuesa merced, ahora que estamos en paz: ¿cómo o en qué conoció a la señora nuestra ama? Y si la habló, ¿qué dijo y qué le respondió?

—Conocíla —respondió don Quijote— en que trae los mesmos vestidos que traía cuando tú me la mostraste. Habléla, pero no me respondió palabra; antes me volvió las espaldas, y se fue huyendo con tanta priesa, que no la alcanzara una jara.[541] Quise seguirla, y lo hiciera, si no me aconsejara Montesinos que no me cansase en ello, porque sería en balde, y más, porque se llegaba la hora donde me convenía volver a salir de la sima. Díjome asimesmo que, andando el tiempo, se me daría aviso cómo habían de ser desencantados él, y Belerma, y Durandarte, con todos los que allí estaban; pero lo que más pena me dio de las que[542] allí vi y noté, fue que estándome diciendo Montesinos estas razones, se llegó a mí por un lado, sin que yo la viese venir, una de las dos compañeras de la sin ventura Dulcinea, y llenos los ojos de lágrimas con turbada y baja voz, me dijo: «—Mi señora Dulcinea del Toboso besa a vuesa merced las manos, y suplica a vuesa merced se la haga de hacerla saber cómo está;[543] y que, por estar en una gran necesidad, asimismo suplica a vuesa merced cuan encarecidamente puede sea servido de prestarle sobre este faldellín que aquí traigo, de cotonía, nuevo, mediadocena de reales,[544] o los que vuesa merced tuviere; que ella da su palabra de volvérselos con mucha brevedad». Suspendióme y admiróme el tal recado, y volviéndome al señor

Montesinos, le pregunté: «—¿Es posible, señor Montesinos, que los encantados principales padecen necesidad?» A lo que él me respondió: «—Créame vuesa merced, señor don Quijote de la Mancha, que esta que llaman necesidad adondequiera se usa, y por todo se extiende, y a todos alcanza, y aun hasta a los encantados no perdona; y pues la señora Dulcinea del Toboso envía a pedir esos seis reales, y la prenda es buena,[545] según parece, no hay sino dárselos; que sin duda debe de estar puesta en algún grande aprieto». «—Prenda, no la tomaré yo —le respondí—, ni menos le daré lo que pide, porque no tengo sino solos cuatro reales». Los cuales le di (que fueron los que tú, Sancho, me diste el otro día para dar limosna a los pobres que topase por los caminos), y le dije: «—Decid, amiga mía, a vuesa señora que a mí me pesa en el alma de sus trabajos, y que quisiera ser un Fúcar[546] para remediarlos; y que le hago saber que yo no puedo ni debo tener salud careciendo de su agradable vista y discreta conversación, y que le suplico cuan encarecidamente puedo sea servida su merced de dejarse ver y tratar deste su cautivo servidor y asendereado[547] caballero. Diréisle también que cuando menos se lo piense oirá decir cómo yo he hecho un juramento y voto, a modo de aquel que hizo el Marqués de Mantua de vengar a su sobrino Baldovinos, cuando le halló para expirar en mitad de la montiña, que fue de no comer pan a manteles, con las otras zarandajas[548] que allí añadió, hasta vengarle; y así le haré yo de no sosegar, y de andar las siete partidas[549] del mundo, con más puntualidad que las anduvo el infante don Pedro de Portugal,[550] hasta desencantarla». «—Todo eso y más debe vuesa merced a mi señora» —me respondió la doncella. Y tomando los cuatro reales, en lugar de hacerme una reverencia, hizo una cabriola, que se levantó dos varas de medir en el aire.

—¡Oh, santo Dios! —dijo a este tiempo, dando una gran voz, Sancho—. ¿Es posible que tal hay en el mundo y que tengan en él tanta fuerza los encantadores y encantamentos, que hayan trocado el buen juicio de mi señor en una tan disparatada locura? ¡Oh, señor, señor, por quien Dios es que vuesa merced mire por sí, y vuelva por su honra, y no dé crédito a esas vaciedades que le tienen menguado y descabalado el sentido![551]

—Como me quieres bien, Sancho, hablas desa manera —dijo don Quijote—; y como no estás experimentado en las cosas del mundo, todas las cosas que tienen algo de dificultad te parecen imposibles; pero andará el tiempo, como otra vez he dicho, y yo te contaré algunas de las que allá abajo he visto, que te harán creer las que aquí he contado, cuya verdad ni admite réplica ni disputa.

[539] **comunicado** with whom you have communicated. [539a] **Lanzarote** (Lancelot), **Ginebra** (Queen Guinevere), and **Quintañona** were characters in King Arthur and the Round Table stories, and also, in Spanish ballads. [540] **siquiera** aunque. [541] **jara** arrow. [542] **de las que** de las cosas que. [543] **besa . . . está** kisses the hand of your Grace and implores your Grace to do her the grace (favour) of informing her of how you are. [544] **sea servido . . . reales** to please lend her half a dozen silver coins upon this new little dimity apron that I have here. [545] **y la . . . buena** and the security is good. [546] **Fúcar** or Fugger, well known German bankers closely related to the Spanish economy during Charles V reign. [547] **asendereado** beaten or worn out. [548] **no comer . . zarandajas** of not eating on a cloth covered table with the other trifles. [549] **y así le . . . partidas** and I will make the same oath of not stopping and roaming all over the seven parts of. [550] **Don Pedro de Portugal** The Infante Pedro was the second son of King John I of Portugal and brother of the more famous Prince Henry the Navigator. He published in Lisbon in 1554, *Libro del Infante don Pedro de Portugal, que anduvo las quatro partidas del mundo.* [551] **menguado . . . sentido** his wit short and out of control.

Capítulo XLIII

De los consejos segundos[552] *que dió don Quijote a Sancho Panza*

¿Quién oyera el pasado razonamiento de don Quijote que no le tuviera por persona muy cuerda y mejor intencionada? Pero, como muchas veces en el progreso desta grande historia queda dicho, solamente disparaba[553] en tocándole en la caballería, y en los demás discursos mostraba tener claro y desenfadado entendimiento,[554] de manera que a cada paso desacreditaban sus obras su juicio, y su juicio sus obras; pero en esta destos segundos documentos[555] que dio a Sancho mostró tener gran donaire, y puso su discreción y su locura en un levantado punto. Atentísimamente le escuchaba Sancho y procuraba conservar en la memoria sus consejos, como quien pensaba guardarlos y salir por ellos a buen parto de la preñez de su gobierno.[556] Prosiguió, pues, don Quijote, y dijo:

—En lo que toca a cómo has de gobernar tu persona y casa, Sancho, lo primero que te encargo es que seas limpio y que te cortes las uñas, sin dejarlas crecer, como algunos hacen, a quien su ignorancia les ha dado a entender que las uñas largas les hermosean las manos, como si aquel excremento[557] y añadidura que se dejan de cortar fuese uña, siendo antes garras de cernícalo lagartijero:[558] puerco y extraordinario abuso. No andes, Sancho, desceñido y flojo: que el vestido descompuesto da indicios de ánimo desmazalado,[559] si ya la descompostura y flojedad no cae debajo de socarronería, como se juzgó en la de Julio César. Toma con discreción el pulso a lo que pudiere valer tu oficio, y si sufriere que des librea a tus criados,[560] dásela honesta y provechosa más que vistosa y bizarra, y repártela entre tus criados y los pobres; quiero decir que si has de vestir seis pajes, viste tres y otros tres pobres, y así tendrás pajes para el cielo y para el suelo; y este nuevo modo de dar librea no le alcanzan los vanagloriosos. No comas ajos ni cebollas, porque no saquen por el olor tu villanía. Anda despacio; habla con reposo, pero no de manera que parezca que te escuchas a ti mismo: que toda afectación es mala. Come poco y cena más poco: que la salud de todo el cuerpo se fragua[561] en la oficina del estómago. Sé templado en el beber, considerando que el vino dema-siado ni guarda secreto ni cumple palabra. Ten cuenta, Sancho, de no mascar a dos carrillos ni de erutar[562] delante de nadie.

—Eso de *erutar* no entiendo —dijo Sancho.

Y don Quijote le dijo:

—*Erutar*, Sancho, quiere decir *regoldar*, y éste es uno de los más torpes vocablos que tiene la lengua castellana, aunque es muy significativo; y así, la gente curiosa se ha acogido al latín, y al *regoldar* dice *erutar*, y a los *regüeldos, erutaciones*; y cuando algunos no entienden estos términos, importa poco; que el uso los irá introduciendo con el tiempo, que con facilidad se entiendan; y esto es enriquecer la lengua, sobre quien tiene poder el vulgo y el uso.

—En verdad, señor —dijo Sancho—, que uno de los consejos y avisos que pienso llevar en la memoria ha de ser el de no regoldar, porque lo suelo hacer muy a menudo.

—*Erutar*, Sancho; que no *regoldar* —dijo don Quijote.

—*Erutar* diré de aquí adelante —respondió Sancho—, y a fee que no se me olvide.

—También, Sancho, no has de mezclar en tus pláticas la muchedumbre de refranes que sueles; que puesto que los refranes son sentencias breves, muchas veces los traes tan por los cabellos, que más parecen disparates que sentencias.

—Eso Dios lo puede remediar —respondió Sancho—; porque sé más refranes que un libro y viénenseme tantos juntos a la boca cuando hablo, que riñen, por salir, unos con otros; pero la lengua va arrojando los primeros que encuentra, aunque no vengan a pelo; mas yo tendré cuenta de aquí adelante de decir los que convengan a la gravedad de mi cargo; que en casa llena, presto se guisa la cena; y quien destaja, no baraja; y a buen salvo está el que repica; y el dar y tener, seso ha menester.[563]

—¡Eso sí, Sancho! —dijo don Quijote—. ¡Encaja, ensarta, enhila refranes;[564] que nadie te va a la mano! ¡Castígame mi madre, y yo trompógelas![565] Estoite diciendo que excuses refranes,[566] y en un instante has echado aquí una letanía dellos, que así cuadran con lo que vamos tratando como por los cerros de Úbeda.[567] Mira, Sancho, no te digo yo que parece mal un refrán traído a propósito; pero cargar y ensartar refranes a troche moche[568] hace la plática desmayada y baja.

Cuando subieres a caballo, no vayas echando el cuerpo, sobre el arzón postrero,[569] ni lleves las piernas tiesas y tiradas y desviadas de la barriga del caballo, ni tampoco vayas tan flojo que parezca que vas sobre el rucio; que el andar a caballo a unos hace caballeros; a otros, caballerizos.[570]

Sea moderado tu sueño; que el que no madruga con el sol no goza del día; y advierte ¡oh Sancho! que la diligencia es madre de la buena ventura; y la pereza, su contraria, jamás llegó al término que pide un buen deseo.

Este último consejo que ahora darte quiero, puesto que no sirva para adorno del cuerpo, quiero que le lleves muy en la memoria, que creo que no te será de menos provecho que los que hasta aquí te he dado; y es que jamás te pongas a disputar de linajes, a lo menos, comparándolos entre sí, pues, por fuerza, en los que se comparan uno ha de ser el mejor, y del que abatieres serás aborrecido,[571] y del que levantares, en ninguna manera premiado.

Tu vestido será calza entera, ropilla larga, herreruelo un poco más largo; greguescos, ni por pienso;[572] que no les están bien ni a los caballeros ni a los gobernadores.

Por ahora, esto se me ha ofrecido, Sancho, que aconsejarte; andará el tiempo, y según las ocasiones, así serán mis documentos, como tú tengas cuidado de avisarme el estado en que te hallares.

—Señor —respondió Sancho—, bien veo que todo cuanto vuesa merced me ha dicho son cosas buenas, santas y provechosas; pero ¿de qué han de servir, si de ninguna me acuerdo? Verdad sea que aquello de no dejarme crecer las uñas y de casarme otra vez, si se ofreciere, no se me pasará del magín; pero esotros badulaques y enredos y revoltillos,[573] no se me acuerda ni acordará más dellos que de las nubes de antaño, y así será menester que se me den por escrito; que puesto que no sé leer ni escribir, yo se los daré a mi confesor para que me los encaje y recapacite cuando fuere menester.

—¡Ah, pecador de mí —respondió don Quijote—, y qué mal parece en los gobernadores el no saber leer ni escribir! Porque has de saber ¡oh Sancho! que no saber un hombre leer, o ser zurdo,[574] arguye una de dos cosas: o que fué hijo de padres demasiado de[575] humildes y bajos, o él tan travieso y malo, que no

pudo entrar en él el buen uso ni la buena doctrina. Gran falta es la que llevas contigo, y así, querría que aprendieses a firmar siquiera.

—Bien sé firmar mi nombre —respondió Sancho—, que cuando fuí prioste en mi lugar,[576] aprendí a hacer unas letras como de marca de fardo,[577] que decían que decía mi nombre; cuanto más que fingiré que tengo tullida la mano derecha, y haré que firme otro por mí; que para todo hay remedio, si no es para la muerte;

[552] **consejos segundos** second series of advice. At this point, don Quijote and Sancho have been enjoying the hospitality of a duke and duchess who, knowing their guests' candour, staged for them a series of fantastic adventures for their own general amusement. Also, they gave Sancho the government of an imaginary «ínsula», so often promised him by don Quijote as a reward. What follows is don Quijote's advice to Sancho on how to be a good ruler. [553] **solamente disparaba** he only talked nonsense. [554] **claro . . . entendimiento** clear and witty mind. [555] **documentos** instructions. [556] **y salir . . . gobierno** and have a happy delivery of his government pregnancy (to be a good governor). [557] **excremento** excretion. [558] **cernícalo lagartijero** elf-catching kestrel. [559] **ánimo desmazalado** weak character. [560] **Toma . . . criados** Be careful on estimating the revenues of your office, and if you provide your servants with livery. [561] **se fragua** is brewed. [562] **erutar** to belch. [563] **quien . . . menester** "he that cuts doesn't deal"; and "he's safe as a house who rings the bell"; and "he's no fool who can spend and spare". [564] **Encaja . . . refranes** Put together your damned proverbs, string them, thread them. [565] **trompógelas** trómposelas I fool her. [566] **Estoite . . . refranes** I am telling you to avoid speaking in proverbs. [567] **por los . . . Úbeda** through the hills of Ubeda (wandering lost in a speech). [568] **troche moche** helter-skelter. [569] **arzón postrero** the back of the saddle. [570] **caballerizo** stable groom. [571] **del que . . . aborrecido** you will be hated by those whom you have humbled. [572] **calza . . . pienso** full-length hose, long jacket, a little longer cloak; do not wear at all Grecian wide breeches. [573] **magín** imagination; **badulaques** stuff; **enredos** complications; **revoltillos** jumble. [574] **zurdo** left-handed. [575] **de** omit it; **travieso** mischievous. [576] **prioste . . . lugar** steward of my hometown confraternity. [577] **como . . . fardo** big as bale marking letters.

y teniendo yo el mando y el palo,[578] haré lo que quisiere; cuanto más que el que tiene el padre alcalde...[579] Y siendo yo gobernador, que es más que ser alcalde, ¡llegaos, que la dejan ver! No, sino popen y calóñenme; que vendrán por lana, y volverán trasquilados; y a quien Dios quiere bien, la casa le sabe;[580] y las necedades del rico por sentencias pasan en el mundo; y siéndolo yo, siendo gobernador y juntamente liberal, como lo pienso ser, no habrá falta que se me parezca. No, sino haceos miel, y paparos han moscas;[581] tanto vales cuanto tienes, decía una mi agüela; y del hombre arraigado[582] no te verás vengado.

—¡Oh; maldito seas de Dios, Sancho! —dijo a esta sazón don Quijote—. ¡Sesenta mil satanases[583] te lleven a ti y a tus refranes! Una hora ha que los estás ensartando, y dándome con cada uno tragos de tormento. Yo te aseguro que estos refranes te han de llevar un día a la horca; por ellos te han de quitar el gobierno tus vasallos, o ha de haber entre ellos comunidades.[584] Dime, ¿dónde los hallas, ignorante, o cómo los aplicas, mentecato, que para decir yo uno y aplicarle bien, sudo y trabajo como si cavase?[585]

—Por Dios, señor nuestro amo —replicó Sancho—, que vuesa merced se queja de bien pocas cosas. ¿A qué diablos se pudre[586] de que yo me sirva de mi hacienda, que ninguna otra tengo, ni otro caudal alguno, sino refranes y más refranes? Y ahora se me ofrecen cuatro que venían aquí pintiparados, o como peras en tabaque; pero no los diré, porque al buen callar llaman Sancho.[587]

—Ese Sancho no eres tú —dijo don Quijote—; porque no sólo no eres buen callar, sino mal hablar y mal porfiar; y, con todo eso, querría saber qué cuatro refranes te ocurrían ahora a la memoria que venían aquí a propósito; que yo ando recorriendo la mía, que la tengo buena, y ninguno se me ofrece.

—¿Qué mejores —dijo Sancho— que «entre dos muelas cordales[588] nunca pongas tus pulgares», y «a idos de mi casa y qué queréis con mi mujer, no hay responder», y «si da el cántaro en la piedra o la piedra en el cántaro, mal para el cántaro»,[589] todos los cuales vienen a pelo? Que nadie se tome[590] con su gobernador, ni con el que manda, porque saldrá lastimado, como el que pone el dedo entre dos muelas

cordales; y aunque no sean cordales, como sean muelas, no importa; y a lo que dijere el gobernador, no hay que replicar, como al «salíos de mi casa, y qué queréis con mi mujer». Pues lo de la piedra en el cántaro un ciego lo verá. Así, que es menester que el que vee la mota[591] en el ojo ajeno, vea la viga en el suyo, porque no se diga por él: «espantóse la muerta de la degollada»;[592] y vuesa merced sabe bien que más sabe el necio en su casa que el cuerdo en la ajena.

—Eso no, Sancho —respondió don Quijote—; que el necio en su casa ni en la ajena sabe nada, a causa que sobre el cimiento de la necedad no asienta ningún discreto edificio. Y dejemos esto aquí, Sancho; que si mal gobernares, tuya será la culpa, y mía la vergüenza; mas consuélame que he hecho lo que debía en aconsejarte con las veras[593] y con la discreción a mí posible: con esto salgo de mi obligación y de mi promesa.[594] Dios te guíe, Sancho, y te gobierne en tu gobierno, y a mí me saque del escrúpulo que me queda que has de dar con toda la ínsula patas arriba, cosa que pudiera yo excusar con descubrir al Duque quién eres, diciéndole que toda esa gordura y esa personilla que tienes no es otra cosa que un costal lleno de refranes y de malicias.

—Señor —replicó Sancho—, si a vuesa merced le parece que no soy de pro[595] para este gobierno, desde aquí le suelto; que más quiero un solo negro de la uña de mi alma que a todo mi cuerpo,[596] y así me sustentaré Sancho a secas con pan y cebolla como gobernador con perdices y capones; y más, que mientras se duerme, todos son iguales: los grandes y los menores, los pobres y los ricos; y si vuesa merced mira en ello, verá que sólo vuesa merced me ha puesto en esto de gobernar: que yo no sé más de gobiernos de ínsulas que un buitre; y si se imagina que por ser gobernador me ha de llevar el diablo, más quiero ir Sancho al cielo que gobernador al infierno.

—Por Dios, Sancho —dijo don Quijote—, que por solas estas últimas razones que has dicho juzgo que mereces ser gobernador de mil ínsulas: buen natural tienes, sin el cual no hay ciencia que valga; encomiéndate a Dios, y procura no errar en la primera intención:[597] quiero decir que siempre tengas intento y firme propósito de acertar en cuantos negocios te ocurrieren, porque siempre favorece el cielo los buenos deseos. Y vámonos a comer: que creo que ya estos señores nos aguardan.

Capítulo LXXIV

De cómo don Quijote cayó malo, y del testamento que hizo, y su muerte

Como las cosas humanas no sean eternas, yendo siempre en declinación de sus principios[598] hasta llegar a su último fin, especialmente las vidas de los hombres, y como la de don Quijote no tuviese privilegio del cielo para detener el curso de la suya, llegó su fin y acabamiento cuando él menos lo pensaba; porque, o ya fuese de la melancolía que le causaba el verse vencido,[599] o ya por la disposición del cielo, que así lo ordenaba, se le arraigó una calentura, que le tuvo seis días en la cama, en los cuales fue visitado muchas veces del Cura, del Bachiller y del Barbero, sus amigos, sin quitársele de la cabecera[600] Sancho Panza, su buen escudero. Estos, creyendo que la pesadumbre de verse vencido y de no ver cumplido su deseo en la libertad y desencanto de Dulcinea le tenía de aquella suerte, por todas las vías posibles procuraban alegrarle, diciéndole el Bachiller que se animase y levantase, para comenzar su pastoral ejercicio, para el cual tenía ya compuesta una égloga, que mal año para cuantas Sanazaro había compuesto,[601] y que ya tenía comprados de su propio dinero dos famosos perros para guardar el ganado, el uno llamado Barcino y el otro Butrón, que se los había vendido un ganadero del Quintanar. Pero no por esto dejaba don Quijote sus tristezas.

Llamaron sus amigos al médico, tomóle el pulso, y no le contentó mucho, y dijo que, por sí o por no, atendiese[602] a la salud de su alma, porque la del cuerpo corría peligro. Oyólo don Quijote con ánimo sosegado; pero no lo oyeron así su ama, su sobrina y su escudero, los cuales comenzaron a llorar tiernamente, como si ya le tuvieran muerto delante. Fue el parecer del médico que melancolías y desabrimientos le acababan.[603] Rogó don Quijote que le dejasen solo, porque quería dormir un poco. Hiciéronlo así y durmió de un tirón,[604] como dicen, más de seis horas; tanto, que pensaron el ama y la sobrina que se había de quedar en el sueño. Despertó al cabo del tiempo dicho, y dando una gran voz, dijo:

—¡Bendito sea el poderoso Dios, que tanto bien me ha hecho! En fin, sus misericordias no tienen límite, ni las abrevian ni impiden los pecados de los hombres.[605]

---

[578] **palo** authority rod.   [579] **el que . . . alcalde** he whose father is the judge.   [580] **llegaos . . . sabe** come, everybody, they are showing it (refers to a religious image or relic); of course you make fun of me and you slander me; but they'll come for wool and they'll return shorn; and God know where his friend's house is.   [581] **sino . . . moscas** be too sweet and flies will suck you.   [582] **hombre arraigado** powerful man (**arraigado** well-rooted).   [583] **satanases** devils.   [584] **comunidades** revolts.   [585] **si cavase** as if I were digging.   [586] **se pudre** you get mad.   [587] **pintiparados . . .** Sancho to the point, or like pears in a basket; but I won't mention them, because wise silence is called «Sancho».   [588] **muelas cordales** back teeth.   [589] **no hay responder** you cannot object. **cántaro** clay pitcher.   [590] **Que . . . tome** Let no one pick a quarrel.   [591] **mota** speck; **viga** beam.   [592] «**espantóse . . . degollada**» the dead woman was scared by the cut-throat woman.   [593] **con las veras** sincerely (telling you the truth).   [594] **con . . . promesa** with it I am released from my obligation and my promise.   [595] **de pro** de propósito fit.   [596] **desde . . . cuerpo** I renounce at this moment; since I love a black nail's breath of my soul more than my whole body.   [597] **procura . . . intención** try not to stray from your main purpose.   [598] **yendo . . . principios** moving always in descent from their beginning.   [599] The friends of Don Quixote—the priest, the barber, the bachelor Carrasco, and his family—wanted him back. With this idea, Carrasco puts on a knight's armor and under the name of «Caballero de los Espejos» (Knight of the Mirrors) defeated Don Quixote at the beach of Barcelona. Don Quixote as a consequence has to go back home and retire for a whole year. On that long and sad journey to La Mancha, he and Sancho discuss plans to become shepherds and to dedicate themselves to a bucolic life.   [600] **sin . . . cabecera** never leaving his bedside.   [601] **mal año . . . compuesto** too bad for Sannazaro's eclogues. Sannazaro, Jacopo (1458–1530), Italian writer, author of the *Arcadia* which greatly influenced Renaissance literature.   [602] **atendiese** should take care.   [603] **Fue . . . acababan** The opinion of the doctor was that melancholy and despondency were killing him.   [604] **de un tirón** straight through.   [605] **ni las abrevian . . . hombres** are not shortened neither stopped by the sins of men.

Estuvo atenta la sobrina a las razones del tío, y pareciéronle más concertadas que él solía decirlas, a lo menos, en aquella enfermedad, y preguntóle:

—¿Qué es lo que vuesa merced dice, señor? ¿Tenemos algo de nuevo? ¿Qué misericordias son éstas, o qué pecados de los hombres?

—Las misercordias —respondió don Quijote—, sobrina, son las que en este instante ha usado Dios conmigo, a quien, como dije, no las impiden mis pecados. Yo tengo juicio ya, libre y claro, sin las sombras caliginosas[606] de la ignorancia, que sobre él me pusieron mi amarga y continua leyenda[607] de los detestables libros de las caballerías. Y conozco sus disparates y sus embelecos,[608] y no me pesa sino que este desengaño ha llegado tan tarde, que no me deja tiempo para hacer alguna recompensa, leyendo otros que sean luz del alma. Yo me siento, sobrina, a punto de muerte; querría hacerla de tal modo, que diese a entender que no había sido mi vida tan mala, que dejase renombre de loco; que puesto que lo he sido, no querría confirmar esta verdad en mi muerte. Llámame, amiga, a mis buenos amigos, al Cura, al bachiller Sansón Carrasco y a maese Nicolás el barbero, que quiero confesarme y hacer mi testamento.

Pero de este trabajo se excusó la sobrina con la entrada de los tres. Apenas los vió don Quijote, cuando dijo:

—Dadme albricias,[609] buenos señores, de que ya yo no soy don Quijote de la Mancha, sino Alonso Quijano, a quien mis costumbres me dieron renombre de *Bueno*. Yo soy enemigo de Amadís de Gaula y de toda la infinita caterva[610] de su linaje; ya me son odiosas todas las historias profanas de la andante caballería; ya conozco mi necedad y el peligro en que me pusieron haberlas leído; ya, por misericordia de Dios, escarmentando en cabeza propia, las abomino.

Cuando esto le oyeron decir los tres, creyeron, sin duda, que alguna nueva locura le había tomado. Y Sansón le dijo:

—¿Ahora, señor don Quijote, que tenemos nueva que está desencantada la señora Dulcinea, sale vuesa merced con eso? Y ¿agora que estamos tan a pique de ser pastores, para pasar cantando la vida, como unos príncipes, quiere vuesa merced hacerse ermitaño? Calle, por su vida, vuelva en sí, y déjese de cuentos.

—Los de hasta aquí —replicó don Quijote—, que han sido verdaderos en mi daño, los ha de volver mi muerte, con ayuda del cielo, en mi provecho. Yo, señores, siento que me voy muriendo a toda priesa; déjense burlas aparte, y tráiganme un confesor que me confiese y un escribano que haga mi testamento; que en tales trances como éste no se ha de burlar el hombre con el alma; y así, suplico que en tanto que el señor Cura me confiesa, vayan por el escribano.

Miráronse unos a otros, admirados de las razones de don Quijote, y, aunque en duda, le quisieron creer; y una de las señales por donde conjeturaron se moría fué el haber vuelto con tanta facilidad de loco a cuerdo;[611] porque a las ya dichas razones añadió otras muchas tan bien dichas, tan cristianas y con tanto concierto, que del todo les vino a quitar la duda, y a hacer creer que estaba cuerdo.

Hizo salir la gente el Cura, y quedóse solo con él, y confesóle. El Bachiller fue por el escribano, y de allí a poco volvió con él y con Sancho Panza; el cual Sancho (que ya sabía por nuevas del Bachiller en qué estado estaba su señor), hallando a la ama y a la sobrina llorosas, comenzó a hacer pucheros[612] y a derramar lágrimas. Acabóse la confesión, y salió el Cura, diciendo:

—Verdaderamente se muere, y verdaderamente está cuerdo Alonso Quijano el Bueno; bien podemos entrar para que haga su testamento.

Estas nuevas dieron un terrible empujón a los ojos preñados[613] de ama, sobrina, y de Sancho Panza, su buen escudero, de tal manera, que los hizo reventar las lágrimas de los ojos y mil profundos suspiros del pecho; porque verdaderamente, como alguna vez se ha dicho, en tanto que don Quijote fue Alonso Quijano el Bueno, a secas, y en tanto que fue don Quijote de la Mancha, fue siempre de apacible condición y de agradable trato, y por esto no sólo era bien querido de los de su casa, sino de todos cuantos le conocían. Entró el escribano con los demás y después de haber hecho la cabeza del testamento y ordenado su alma don Quijote, con todas aquellas circunstancias cristianas que se requieren, llegando a las mandas,[614] dijo:

—Item,[615] es mi voluntad que de ciertos dineros que Sancho Panza, a quien en mi locura hice mi escudero, tiene, que porque ha habido entre él y mí ciertas cuentas, y dares y tomares,[616] quiero que no se le haga cargo dellos, ni se le pida cuenta alguna, sino que si sobrare alguno después de haberse pagado de lo que le debo, el restante sea suyo, que será bien poco, y buen provecho le haga; y si como estando yo loco fui parte para darle el gobierno de la ínsula, pudiera agora, estando cuerdo, darle el de un reino, se le diera, porque la sencillez de su condición y fidelidad de su trato lo merece.

Y volviéndose a Sancho, le dijo:

—Perdóname, amigo, de la ocasión que te he dado de parecer loco como yo, haciéndote caer en el error en que yo he caído, de que hubo y hay caballeros andantes en el mundo.

—¡Ay! —respondió Sancho llorando—. No se muera vuesa merced, señor mío, sino tome mi consejo, y viva muchos años; porque la mayor locura que puede hacer un hombre en esta vida es dejarse morir, sin más ni más,[617] sin que nadie le mate, ni otras manos le acaben que[618] las de la melancolía. Mire no sea perezoso, sino levántese desa cama, y vámonos al campo vestidos de pastores, como tenemos concertado: quizá tras de alguna mata hallaremos a la señora doña Dulcinea desencantada, que no haya más que ver. Si es que se muere de pesar de verse vencido, écheme a mí la culpa, diciendo que por haber yo cinchado mal a Rocinante le derribaron; cuanto más que vuesa merced habrá visto en sus libros de caballerías ser cosa ordinaria derribarse unos caballeros a otros, y el que es vencido hoy ser vencedor mañana.

—Así es —dijo Sansón—, y el buen Sancho Panza está muy en la verdad destos casos.

—Señores —dijo don Quijote—, vámonos poco a poco, pues en los nidos de antaño no hay pájaros hogaño.[619] Yo fui loco y ya soy cuerdo: fui don Quijote de la Mancha, y soy agora, como he dicho, Alonso Quijano el Bueno. Pueda con vuesas mercedes mi arrepentimiento y mi verdad volverme a la estimación que de mí se tenía, y prosiga adelante el señor escribano. —Item, mando toda mi hacienda, a puerta cerrada,[620] a Antonia Quijana, mi sobrina, que está presente, habiendo sacado primero de lo más bien parado della[621] lo que fuere menester para cumplir las mandas que dejo hechas; y la primera satisfación que se haga quiero que sea pagar el salario que debo del tiempo que mi ama me ha servido, y más veinte ducados para un vestido. Dejo por mis albaceas[622] al señor Cura y al señor bachiller Sansón Carrasco, que están presentes. —Item, es mi voluntad que si Antonia Quijana mi sobrina quisiere casarse, se case con hombre de quien primero se haya hecho información que no sabe qué cosas sean libros de caballerías; y en caso que se averiguare que lo sabe, y, con todo eso, mi sobrina quisiere casarse con él, y se casare, pierda todo lo que le he mandado, lo cual puedan mis albaceas distribuir en obras pías a su voluntad. —Item, suplico a los dichos señores mis albaceas que si la buena suerte les trujere a conocer[623] al autor que dicen que compuso una historia que anda por ahí con el título de *Segunda parte de las hazañas de don Quijote de la Mancha*, de mi parte le pidan, cuan encarecidamente ser pueda, perdone la ocasión que sin yo pensarlo le di de haber escrito tantos y tan grandes disparates como en ella escribe; porque parto desta vida con escrúpulo de haberle dado motivo para escribirlos.

Cerró con esto el testamento, y tomándole un desmayo, se tendió de largo a largo[624] en la cama. Alborotáronse todos, y acudieron a su remedio, y en tres días que vivió después deste[625] donde hizo el testamento, se desmayaba muy a menudo. Andaba la casa alborotada; pero, con todo, comía la sobrina, brindaba el ama y se regocijaba Sancho Panza; que esto del heredar algo borra o templa en el heredero

---

[606] **sombras caliginosas** dim shadows.   [607] **leyenda** reading.   [608] **embelecos** fraud.   [609] **Dadme albricias** Give me the reward for the good news.   [610] **caterva** swarm.   [611] **de loco a cuerdo** from madness to sanity.   [612] **hacer pucheros** to pout (cry like a child).   [613] **ojos preñados** eyes full with tears.   [614] **llegando a las mandas** coming to the bequests.   [615] **Item** Also.   [616] **dares y tomares** misunderstandings (give and take).   [617] **sin más ni más** just like that.   [618] **que** más que but.   [619] **en los . . . hogaño** you won't find this year's birds in last year's nests.   [620] **a puerta cerrada** completely.   [621] **de lo . . . della** from its soundest part (most available).   [622] **Dejo . . . albaceas** I name my executors.   [623] **les . . . conocer** makes them know.   [624] **de largo a largo** full length.   [625] **deste** de este día after this day when.

la memoria de la pena que es razón que deje el muerto. En fin, llegó el último de don Quijote, después de recebidos todos los sacramentos y después de haber abominado[626] con muchas y eficaces razones de los libros de caballerías. Hallóse el escribano presente, y dijo que nunca había leído en ningún libro de caballerías que algún caballero andante hubiese muerto en su lecho tan sosegadamente y tan cristiano como don Quijote; el cual, entre compasiones y lágrimas de los que allí se hallaron, dio su espíritu; quiero decir que se murió.

Viendo lo cual el Cura, pidió al escribano le diese por testimonio cómo Alonso Quijano el Bueno, llamado comunmente don Quijote de la Mancha, había pasado desta presente vida, y muerto naturalmente; y que el tal testimonio pedía para quitar la ocasión de que algún otro autor que[627] Cide Hamete Benengeli le resucitase falsamente, y hiciese inacabables historias de sus hazañas. Este fin tuvo el Ingenioso Hidalgo de la Mancha, cuyo lugar no quiso poner Cide Hamete puntualmente, por dejar que todas las villas y lugares de la Mancha contendiesen entre sí por ahijársele y tenérsele por suyo,[628] como contendieron las siete ciudades de Grecia por Homero.

Déjanse de poner[629] aquí los llantos de Sancho, sobrina y ama de don Quijote, los nuevos epitafios de su sepultura, aunque Sansón Carrasco le puso éste:

> Yace aquí el Hidalgo fuerte
> que a tanto extremo llegó
> de valiente, que se advierte
> que la muerte no triunfó
> de su vida con su muerte.
> Tuvo a todo el mundo en poco;
> fué el espantajo y el coco[630]
> del mundo, en tal coyuntura,
> que acreditó su ventura,
> morir cuerdo y vivir loco.

Y el prudentísimo Cide Hamete dijo a su pluma: «Aquí quedarás, colgada desta espetera[631] y deste hilo de alambre, ni sé si bien cortada o mal tajada péñola mía, adonde vivirás luengos siglos, si presuntuosos y malandrines historiadores no te descuelgan para profanarte.[632] Pero antes que a tí lleguen, les puedes advertir, y decirles en el mejor modo que pudieres:

> ¡Tate, tate, folloncicos!,
> de ninguno sea tocada;
> porque esta empresa, buen rey,
> para mí estaba guardada.[633]

Para mí sola nació don Quijote, y yo para él; él supo obrar, y yo escribir; solos los dos somos para en uno, a despecho y pesar del escritor fingido y tordesillesco que se atrevió, o se ha de atrever, a escribir con pluma de avestruz grosera y mal deliñada las hazañas de mi valeroso caballero, porque no es carga de sus hombros, ni asunto de su resfriado ingenio;[634] a quien advertirás, si acaso llegas a conocerle, que deje reposar en la sepultura los cansados y ya podridos huesos de don Quijote, y no le quiera llevar, contra todos los fueros de la muerte, a Castilla la Vieja,[635] haciéndole salir de la fuesa, donde real y verdaderamente yace tendido de largo a largo, imposibilitado de hacer tercera jornada y salida nueva; que para hacer burla de tantas como hicieron tantos andantes caballeros, bastan las dos que él hizo, tan a gusto y beneplácito de las gentes a cuya noticia llegaron, así en estos como en los estraños reinos. Y con esto cumplirás con tu cristiana profesión, aconsejando bien a quien mal te quiere, y yo quedaré satisfecho y ufano de haber sido el primero que gozó el fruto de sus escritos enteramente, como deseaba, pues no ha sido otro mi deseo de poner en aborrecimiento de los hombres las fingidas y disparatadas historias de los libros de caballerías, que por las de mi verdadero don Quijote van ya tropezando, y han de caer del todo, sin duda alguna. —*Vale* ».

➳C. EL TEATRO DEL SIGLO DE ORO

A mediados del siglo XVI el teatro se hace profesional, «teatro ambulante»; se forman compañías que recorren las ciudades y los pueblos, y que representan autos religiosos, entremeses y diálogos. Se conocen diversos grupos o clases de empresas de teatro que actúan en España en el siglo XVI, desde el «bululú», que se componía de un solo actor, hasta la compañía, que era la agrupación teatral más perfecta. Es en este tiempo cuando crece enormemente la afición a la comedia como entretenimiento popular y habitual. El número de autores es considerable, y comienzan a construirse teatros o «corrales». Por entonces, comienza a escribir Félix Lope de Vega Carpio, un madrileño de origen montañés (santanderino) quien, a decir de Cervantes, se alzará con la monarquía cómica.

Lope de Vega (1562-1635)

El 25 de noviembre de 1562 nació en Madrid el hombre que sería conocido, en definición de Cervantes, como «monstruo de naturaleza». Lope Félix de Vega Carpio fue hijo de un humilde bordador. Poseyó un alma grande y popular, que se refleja tumultuosamente en sus escritos. Vivió tempestuosamente; amó furiosamente; lloró amargamente; escribió frenéticamente; todo lo hizo a escala de gigante y dejó su huella hasta en el dicho callejero, porque todo lo que en su tiempo era notable era «de Lope». Estudió en Madrid con los jesuitas y parece que también en la Universidad de Alcalá. No siguió estudios sistemáticos, pero poseyó una gran inteligencia y una extensa cultura literaria, de ávido lector. Según algún biógrafo, a los cinco años podía leer el latín, y a los doce, según afirma el mismo Lope, escribió su primera comedia en verso. Tomó parte como voluntario en la expedición militar a las islas Azores. A los veinte años se enamora de Elena Osorio, «Filis», hija, de Jerónimo Velázquez, un actor profesional, la cual dejará una impresión duradera en el corazón del poeta. Lope, ya entonces, tenía la costumbre de verter su vida (también la íntima) en sus versos. De esta suerte, los amores de Lope y su «Filis» eran conocidos por todo Madrid, divulgados en los versos del poeta. Esto provoca la oposición de la familia, y Elena rompe con Lope. La furia de éste estalla en unos

[626] **después ... abominado** after having abhorred. [627] **que** excepto no other author but. [628] **por ... suyo** to claim him as their son and as something of their own. [629] **Déjanse de poner** are not recorded here. [630] **espantajo y el coco** scarecrow and bogey-man. [631] **desta espetera** from this rack. ❧ [632] **ni sé ... profanarte** I don't know my dear pen if you are well shaped or badly sheared, but you'll live many centuries, unless presumptuous and rascally historians take you down to abuse you. [633] **¡Tate ... guardada** Beware, beware, you scoundrels! I don't want to be handled by anybody because this undertaking, good King, has been entrusted to me. [634] **solos ... ingenio** We two are one, and in spite of that false writer from Tordesillas who dared, or will dare, to write with a coarse and ill-trimmed ostrich quill the deeds of my valiant knight, because this is too heavy a load for his shoulders, neither is it a subject for his cold talent. [635] **fueros ... muerte** laws of death; **fuesa** grave; **Castilla la Vieja** According to Avellaneda, the writer of the apocryphal *Don Quixote*, the new adventures of the Manchegan Knight-errant would take place in that part of Spain.

Retrato de Lope de Vega, grabado por Pedro Perret, 1625.
Biblioteca Nacional, Madrid.

tremendos versos, auténticos libelos, en los que ataca a toda la familia Velázquez. Ésta presenta la correspondiente denuncia y Lope es apresado, y después desterrado de la corte por ocho años. (Mucho más tarde, en su obra *La Dorotea*, novela dialogada al estilo de *La Celestina*, con la que tiene muchos puntos de contacto, y que fue obra preferida de su autor, reaparecen los amores juveniles de Lope y Elena). Apenas ha salido de la corte para el destierro, vuelve a Madrid para raptar a Isabel de Urbina, «Belisa», con la cual se casa el 10 de mayo de 1588. A los pocos días va a Lisboa y se embarca en la «Armada» contra Inglaterra. A su vuelta vive en Valencia con Isabel de Urbina y tiene dos hijos, que mueren poco después de la madre, en 1595. En 1590 había ido a Alba de Tormes como secretario del Duque de Alba. Vuelve a Madrid, conoce a Antonia Trillo, y después a Micaela Luján, la «Camila Lucinda» de sus versos, mujer del teatro y casada, de la que tuvo siete hijos. Entonces Lope ya había vuelto a casarse con Juana Guardo, hija de un carnicero acomodado, de la cual tuvo dos hijos más. El matrimonio dura de 1598 a 1613. Después de muerta su mujer, aún tuvo otras dos aventuras amorosas con Jerónima de Burgos y Lucía de Salcedo. En 1614 se hace sacerdote; los buenos propósitos, que los tuvo, no duran; en 1618 los bellos ojos verdes de «Amarilis», Marta de Nevares, mujer casada, fascinaron a Lope, ahora clérigo y con 56 años. Sus últimos años fueron desgraciados. Marta quedó ciega y perdió la razón, muriendo tres años antes que Lope; se le muere su hijo Lope Félix, de siete años, y su hija Antonia Clara huye de casa con un amante. Los infortunios debieron de minar su salud. El gran escritor, que llenó una época entera de la vida literaria española, murió el 27 de agosto de 1635. Fue enterrado en la iglesia de San Sebastián, en Madrid. Inmensamente popular, derrochador de su talento poético, tuvo grandes enemigos como Góngora y Ruiz de Alarcón. Había nacido, como él dijo, en dos extremos, amar y aborrecer, sin poder quedar en el medio. Felizmente para él y para el arte su extremo predilecto fue el amor, no el odio. Amó y fue amado, no sólo de las mujeres que pasaron por su vida, sino del pueblo entero que le adoró. Ese entusiasmo por todo lo «Lope» llegó hasta la sacrílega expresión de formular un credo parodiando el religioso:

«Creo en Lope de Vega todopoderoso, poeta del cielo y de la tierra . . . ».

Lope de Vega cultivó todos los géneros literarios, y en todos ellos aparece el poeta. Un toque de lirismo y de gracia en el decir recorre toda su obra, que es gigantesca.

Pero Lope es sobre todo, en el mundo de la literatura, el comediógrafo. Se le considera, con razón, el padre y creador de la comedia moderna. Es él quien da carácter al teatro español y le hace ser «comedia española». No sólo escribe comedias (J. P. de Montalbán, amigo y biógrafo de Lope, asegura que llegó a escribir 1800 comedias y 400 autos sacramentales), sino que expone su teoría de la comedia, en el *Arte nuevo de hacer comedias en este tiempo*. Una de sus reglas fundamentales es la libertad total del escritor. Encierra bajo llave los preceptos clásicos, y abandona las famosas tres unidades de la poética aristótélica (unidades de tiempo, de lugar y de acción). Para él lo importante es la vida. El teatro es una representación de la vida; y por ello mezcla la comedia con la tragedia, lo aristocrático y lo plebeyo, lo alegre con lo triste, lo divino y lo humano. El fin del teatro es entretener al público que paga para ello; hay que dar gusto al vulgo. Lope era él mismo un hombre del pueblo, que sentía y vivía como los demás. En sus comedias se encuentran todos los temas que entretienen al pueblo: asuntos heroicos, religiosos, pastoriles, galantes, de costumbres . . . Acomoda sus versos a los temas y usa toda clase de formas métricas —sonetos, octavas, canciones, romances, letrillas—combinando y modificando las estrofas a su gusto. Es interesante la división tripartita de la comedia que él propone: en la primera jornada se expone el argumento: «ponga el caso»; en la segunda se complican los sucesos, procurando que el expectador no pueda prever el resultado final; en la tercera, viene el desenlace, que debe ser rápido.

Los personajes del teatro de Lope aparecen tipificados de acuerdo con el asunto de la comedia. Así, en la comedia histórica aparecen el rey, el caballero y el aldeano (villano); en la de costumbres, de capa y espada, el joven caballero (galán), la dama joven, el viejo, y los dos tipos populares del gracioso y la criada. El gracioso adquiere gran importancia en la comedia de Lope y en la de sus discípulos; junto a su función propiamente graciosa y anticlimática (distensora de la tensión dramática), el gracioso representa la filosofía práctica popular. La criada es menos importante; suele ser la réplica del gracioso, y a veces tiene algo de «celestina» o «trotaconventos». Los personajes de Lope no son grandes individualidades, como Hamlet, don Juan o la Celestina. Son más bien *tipos* representativos (literarizados) de la sociedad española del XVI, o portadores de cualidades genéricas humanas y sobre todo *españolas*, tal y como los contemporáneos de Lope entendían «lo español». Sin embargo, aunque a veces confundamos un poco la comedia a que pertenecen, sus comendadores, sus labradores, sus galanes o sus graciosos, dejan un recuerdo imborrable. Esto se debe sobre todo a la gracia de Lope, que la tuvo a manos llenas. Las fuentes de donde toma Lope la inspiración son: 1) su vida y experiencia personal y 2) la literatura y la historia, sobre todo la nacional. El romancero, las crónicas, la historia, las leyendas, las vidas de los santos, la biblia, el mundo fantástico de la mitología, la picaresca, la religión, todo entra en su teatro. Lo curioso es que Lope dio unidad, unidad de espíritu personal y nacional, a todo ese universo literario.

Lope de Vega decía que a los españoles había que darles en una comedia toda la historia del mundo desde la creación hasta el juicio final, lo cual quiere decir que el expectador de su tiempo no quería filosofías, ni largos discursos, sino movimiento, acción y acumulación de aventuras. Por esto la comedia española, que con Encina y Rueda era una representación sencilla, se complica hasta convertirse con Calderón en un espectáculo grandioso, de fastuosos decorados y complicados mecanismos de escenario.

Lope de Vega escribió toda clase de comedias que se suelen clasificar en: religiosas, mitológicas, pastoriles, históricas, novelescas, de costumbres. Hay que añadir los autos sacramentales. Es común decir que Lope no tiene una sola obra perfecta, pero que su grandeza está en el conjunto de su comedia. Con todo, varias de sus obras son de gran belleza y de indiscutible calidad: *Fuenteovejuna*, *Peribáñez*, *El Caballero de Olmedo*, *El castigo sin venganza*, *El villano en su rincón*.

Fuenteovejuna debió de escribirse hacia 1612 o 1614. Es una de las obras mejor conocidas y más representadas de Lope. Su tema (una sublevación popular contra un tirano) la ha convertido en símbolo dramático de la lucha contra la tiranía y la injusticia, y esto explica su constante actualidad en países y públicos diversos, desde Francia hasta Rusia. El tema se basa en un hecho histórico, ocurrido en 1476, en un pueblo andaluz (Fuenteovejuna), durante las luchas que siguieron a la muerte de Enrique IV. Como se recordará, hay dos pretendientes al trono de Castilla: Juana (hija «dudosa» de Enrique IV; muchos ponían en duda la paternidad del rey) e Isabel, hermana de Enrique IV, y futura reina (Isabel I, la Católica). Una de las tramas que se desenvuelve en la comedia, y que sirve de trasfondo histórico, es ésta de las luchas entre ambos bandos, el de Juana y el de Isabel. Destacándose de este fondo, está la trama principal: la rebelión de Fuenteovejuna contra el Comendador de Calatrava, Fernán Gómez de Guzmán (partidario de Juana). El Comendador tiene al pueblo de Fuenteovejuna bajo su gobierno y abusa despóticamente de su poder. En este clima se desarrolla la acción. Hay, a lo largo de la obra como es siempre de esperar en el teatro de Lope, movimiento, acción, agilidad, agudeza, y buenos y sonoros versos de ritmo siempre cambiante.

FUENTEOVEJUNA

ÉPOCA: 1476

PERSONAS:

LA REINA ISABEL DE CASTILLA.

EL REY FERNANDO DE ARAGÓN.

RODRIGO TÉLLEZ GIRÓN, *Maestre de la Orden de Calatrava.*

FERNÁN GÓMEZ DE GUZMÁN, *Comendador mayor.*

DON MANRIQUE.

UN JUEZ.

DOS REGIDORES DE CIUDAD REAL.

ORTUÑO
FLORES } *Criados del Comendador.*

ESTEBAN
ALONSO } *Alcaldes de Fuente Ovejuna.*

OTRO REGIDOR DE FUENTE OVEJUNA

LAURENCIA
JACINTA } *Labradoras.*
PASCUALA

JUAN ROJO ⎫
FRONDOSO
MENGO   *Labradores.*
BARRILDO ⎭
LEONELO, *Licenciado en Derecho.*
CIMBRANOS, *Soldado.*
UN MUCHACHO.
LABRADORAS Y LABRADORES.
MÚSICOS.

Acto primero

Habitación del Maestre de Calatrava en Almagro.

(*Salen*[1] *el* COMENDADOR, FLORES *y* ORTUÑO, *criados.*)

COMENDADOR
¿Sabe el maestre que estoy
en la villa?

FLORES
               Ya lo sabe.

ORTUÑO
Está, con la edad,[2] más grave.

COMENDADOR
Y ¿sabe también que soy
Fernán Gómez de Guzmán?

FLORES
Es muchacho, no te asombre.

COMENDADOR
Cuando no[3] sepa mi nombre
¿no le sobra el que me dan[4]
de comendador mayor?

ORTUÑO
No falta quien le aconseje
que de ser cortés se aleje.

COMENDADOR
Conquistará poco amor.
  Es llave la cortesía
para abrir la voluntad;
y para la enemistad
la necia descortesía.
  (*Sale el maestre de Calatrava y acompañamiento.*)

MAESTRE
Perdonad, por vida mía,
Fernán Gómez de Guzmán;
que agora nueva me dan[5]
que en la villa estáis. . . .

COMENDADOR
                    Tenía
muy justa queja de vos;
que el amor y la crianza
me daban más confianza,
por ser,[6] cual somos los dos,
  vos maestre en Calatrava,
yo vuestro comendador
y muy vuestro servidor.

MAESTRE
Seguro,[7] Fernando, estaba
  de vuestra buena venida.
Quiero volveros a dar
los brazos.

COMENDADOR
          Debéisme honrar;
que he puesto por vos la vida
  entre diferencias[8] tantas,
hasta suplir vuestra edad
el pontífice.[9]

Moneda, España, s. XVI. Variante de los medios reales impresos para el Ducado de Gueldres, entre los años 1555–1576. El anverso muestra el perfil de Felipe II; el revés tiene armas e inscripción. The Metropolitan Museum of Art. Regalo de Louis S. Levy, 1950.

[1] **Salen** In Golden Age plays, the words «sale», «salen», and «salgan» in the stage directions mean that the actor or actors come on stage; «éntrase», «éntranse», «vase» and «vanse» mean that they leave the stage.   [2] **con la edad** now that he is older.   [3] **Cuando no** although.   [4] **el . . . dan** (el nombre que me dan) is it not enough for him that I am called . . . ?   [5] **nueva me dan** I am informed . . .   [6] **por ser** because we are.   [7] **Seguro** I was ignorant.   [8] **diferencias** disputes.   [9] **hasta . . . pontífice** until obtaining a dispensation from the Pope for you [necessary] because of your youth.

MAESTRE

    Es verdad.
Y por las señales santas
    que a los dos cruzan el pecho,
que os lo pago[10] en estimaros
y como a mi padre honraros.

COMENDADOR

De vos estoy satisfecho.

MAESTRE

    ¿Qué hay de guerra por allá?

COMENDADOR

Estad atento, y sabréis
la obligación que tenéis.[11]

MAESTRE

Decid que yo lo estoy,[12] ya.

COMENDADOR

    Gran maestre, don Rodrigo
Téllez Girón, que a tan alto
lugar[13] os trajo el valor
de aquel vuestro padre claro,
que, de ocho años,[14] en vos
renunció su maestrazgo,
que despés por más seguro[15]
juraron y confirmaron
reyes y comendadores,
dando el pontífice santo
Pío segundo[16] sus bulas
y después las suyas Paulo[17]
para que don Juan Pacheco,[18]
gran maestre de Santiago,
fuese vuestro coadjutor:
ya que es muerto, y que os han dado
el gobierno sólo a vos,
aunque de tan pocos años,
advertid que es honra vuestra[19]
seguir en aqueste caso
la parte de vuestros deudos;[20]
porque, muerto Enrique cuarto,[21]
quieren que al rey don Allonso[22]
de Portugal, que ha heredado,
por su mujer, a Castilla,
obedezcan sus vasallos;
que aunque pretende lo mismo
por Isabel don Fernando,[23]
gran-príncipe de Aragón,
no con derecho tan claro
a vuestros deudos,[24] que, en fin,
no presumen[25] que hay engaño
en la sucesión de Juana,
a quien vuestro primo hermano
tiene agora en su poder.
Y así, vengo a aconsejaros
que juntéis los caballeros
de Calatrava en Almagro,[26]
y a Ciudad Real toméis,
que divide como paso[27]
a Andalucía y Castilla,
para mirarlos a entrambos.[28]
Poca gente es menester,
porque tienen por soldados
solamente sus vecinos
y algunos pocos hidalgos,
que defienden a Isabel
y llaman rey a Fernando.
Será bien que deis asombro,[29]
Rodrigo, aunque niño, a cuantos
dicen que es grande esa cruz
para vuestros hombros flacos.[30] . . .

MAESTRE

    Fernán Gómez, estad cierto
que en esta parcialidad,[31]
porque veo que es verdad,
con mis deudos me concierto.[32]
    Y si importa, como paso
a Ciudad Real mi intento,[33]
veréis que como violento
rayo sus muros abraso.
    No porque es muerto mi tío
piensen de mis pocos años
los propios y los extraños
que murió con él mi brío.
    Sacaré la blanca espada
para que quede su luz[34]
de la color de la cruz,
de roja sangre bañada.
    Vos ¿adónde residís?
¿Tenéis algunos soldados?

COMENDADOR

Pocos, pero[35] mis criados
que si dellos os servís,
    pelearán como leones.
Ya veis que en Fuenteovejuna
hay gente humilde, y alguna
no enseñada en escuadrones,[36]
sino en campos y labranzas.

MAESTRE

¿Allí residís?

COMENDADOR

            Allí
de mi encomienda[37] escogí
casa entre aquestas mudanzas.[38]
    Vuestra gente se registre;
que no quedará vasallo.[39]

MAESTRE

Hoy me veréis a caballo,
poner la lanza en el ristre.
    (*Vanse.*)

Plaza de Fuente Ovejuna.

(*Salen* PASCUALA *y* LAURENCIA.)

LAURENCIA

¡Mas que nunca acá volviera![40]

PASCUALA

Pues a la he[41] que pensé
que cuando te lo conté
más pesadumbre te diera.

LAURENCIA

¡Plega al cielo que jamás
le vea en Fuenteovejuna!

PASCUALA

Yo, Laurencia, he visto alguna
tan brava, y pienso que más;[42]
y tenía el corazón
brando[43] como una manteca.

LAURENCIA

Pues ¿hay encina tan seca
como ésta mi condición?

PASCUALA

Anda ya; que nadie diga:
de esta agua no beberé.[44]

[10] **que . . . pago** I repay you.   [11] **obligación que tenéis** the duty you have.   [12] **yo lo estoy** = estoy atento I am listening.   [13] **lugar** social and courtly status.   [14] **de ocho años** when you were eight years old.   [15] **por más seguro** for greater safety.   [16] Pío II (Enea Silvio Piccolomini), Pope from 1458–1464.   [17] Paulo II (Pietro Barbo), Pope from 1464–1471.   [18] Juan Pacheco, uncle of don Rodrigo and Master of the Order of Santiago, took care of his young nephew when his father, don Pedro Girón died, and defended his rights while Rodrigo was a minor.   [19] **honra vuestra** your duty.   [20] **deudos** relatives.   [21] Enrique IV, King of Castile from 1454–1474 and step-brother of Queen Isabela.   [22] Alfonso V of Portugal surnamed «El Africano» reigned from 1438–1481, married Juana la Beltraneja, the daughter of Enrique IV.   [23] Isabel and Fernando. Isabel of Castile married Fernando of Aragón in 1467 and both ruled the unified kingdom from 1474 to 1504.   [24] **no con . . . deudos** with a title which doesn't look so clear to the eyes of your relatives.   [25] **no presumen** they don't consider.   [26] **Almagro** a town in the province of Ciudad Real and headquarters of the Calatrava knights. The capital of this province is also called Ciudad Real.   [27] **divide . . . paso** stands as a passageway.   [28] **mirarlos a entrambos** facing both of them (Andalucia and Castile).   [29] **deis asombro** that you astonish.   [30] **hombros flacos** weak shoulders.   [31] **parcialidad** difference (divided loyalties).   [32] **mis . . . concierto** I will side with my relatives.   [33] **como paso a Ciudad Real mi intento** when I bring my determination (of fighting) to Ciudad Real.   [34] **su luz** its flare.   [35] **Pocos, pero** few, except for my.   [36] **no enseñada en escuadrones** not trained in warfare.   [37] **encomienda** estate under my command.   [38] **mudanzas** disturbances of the times.   [39] **Vuestra gente . . . vasallo** Have your people registered and you'll see that no vassal will fail to register (as a soldier).   [40] **¡Mas . . . volviera!** I hope he (i.e. the Comendador) never comes back!   [41] **a la he** in faith.   [42] **más** (más brava que tú).   [43] **brando** blando.   [44] **de esta agua no beberé** Proverb: «I shall not go the same way too».

El *Teatro Antiguo del Príncipe* en 1660. Ilustración hecha en el s. XIX. Este *corral*
madrileño fue uno de los primeros teatros permanentes,
construido en 1582.

LAURENCIA
¡Voto al sol que lo diré,
aunque el mundo me desdiga!
   ¿A qué efeto fuera bueno
querer a Fernando yo?
¿Casárame con él?

PASCUALA
                    No.

LAURENCIA
Luego la infamia condeno.
   ¡Cuántas mozas en la villa,
del Comendador fiadas,
andan ya descalabradas![45]

PASCUALA
Tendré yo por maravilla
   que te escapes de su mano.

LAURENCIA
Pues en vano es lo que ves,
porque ha que me sigue un mes,[46]
y todo, Pascuala, en vano.
   Aquel Flores, su alcahuete,
y Ortuño, aquel socarrón,
me mostraron un jubón,
una sarta y un copete.[47]
   Dijéronme tantas cosas
de Fernando, su señor,
que me pusieron temor;
mas no serán poderosas
   para contrastar mi pecho.[48]

PASCUALA
¿Dónde te hablaron?

LAURENCIA
                    Allá
en el arroyo, y habrá
seis días.

PASCUALA
          Y yo sospecho
que te han de engañar, Laurencia.

LAURENCIA
¿A mí?

PASCUALA
Que no, sino al cura.[49]

LAURENCIA
Soy, aunque polla, muy dura
yo para su reverencia.[50] . . .
   (*Salen* MENGO *y* BARRILDO *y* FRONDOSO.)

FRONDOSO
En aquesta diferencia[51]
andas, Barrildo, importuno.

BARRILDO
A lo menos aquí está
quien nos dirá lo más cierto.

MENGO
Pues hagamos un concierto
antes que lleguéis allá,
   y es, que si juzgan por mí,[52]
me dé cada cual la prenda,
precio de aquesta contienda.

BARRILDO
Desde aquí digo que sí.
   Mas si pierdes ¿qué darás?

MENGO
Daré mi rabel de boj,[53]
que vale más que una troj,[54]
porque yo le estimo en más.

BARRILDO
Soy contento.

[45] **descalabradas** dishonored.   [46] **ha . . . mes**
hace un mes que me sigue.   [47] **alcahuete** procurer;
socarrón sly; **jubón** jacket; **sarta** necklace; **copete**
headgear.   [48] **para . . . pecho** to oppose my determination.   [49] **Que . . . cura** No, the priest (meaning: who
else but you?).   [50] **Soy . . . reverencia** Although a
young chicken, I am too tough for his Reverence.   [51] **diferencia** dispute.   [52] **si . . . mí** if the verdict is in my favor.
[53] **rabel de boj** a boxwood rebec (instrument believed to
be the progenitor of the viol class).   [54] **troj** granary.

FRONDOSO
            Pues lleguemos.
Dio os guarde, hermosas damas.

LAURENCIA
¿Damas, Frondoso, nos llamas?

FRONDOSO
Andar al uso queremos:
    al bachiller, licenciado;
al ciego, tuerto: al bisojo,
bizco; resentido al cojo,[55]
y buen hombre, al descuidado.
    Al ignorante, sesudo;
al mal galán, soldadesca;
a la boca grande, fresca,
y al ojo pequeño, agudo.
    Al pleitista, diligente;
gracioso, al entremetido;
al hablador, entendido,
y al insufrible, valiente.
    Al cobarde, para poco;
al atrevido, bizarro;
compañero, al que es un jarro,[56]
y desenfadado, al loco.
    Gravedad, al descontento;
a la calva, autoridad;
donaire, a la necedad,
y al pie grande, buen cimiento.
    Al buboso,[57] resfriado;
comedido, al arrogante;
al ingenioso, constante;
al corcovado, cargado.
    Esto al llamaros imito,
damas,[58] sin pasar de aquí;
porque fuera hablar así
proceder en infinito.

LAURENCIA
    Allá en la ciudad, Frondoso,
llámase[59] por cortesía
de esta suerte; y a fe mía,
que hay otro más riguroso
    y peor vocabulario
en las lenguas descorteses.

FRONDOSO
Querría que lo dijeses.

LAURENCIA
Es todo a esotro contrario.[60]
    al hombre grave, enfadoso;
venturoso, al descompuesto;[61]
melancólico, al compuesto,
y al que reprehende, odioso.
    Importuno, al que aconseja;
al liberal, moscatel;[62]
al justiciero, cruel,
y al que es piadoso, madeja.[63]
    Al que es constante, villano;
al que es cortés lisonjero;
hipócrita, al limosnero,
y pretendiente,[64] al cristiano.
    Al justo mérito, dicha;[65]
a la verdad, imprudencia;
cobardía, a la paciencia,
y culpa, a lo que es desdicha.
    Necia, a la mujer honesta;
mal hecha, a la hermosa y casta,
y a la honrada . . . Pero basta;
que esto basta por respuesta.

MENGO
Digo que eres el dimuño.[66]

LAURENCIA
¡Soncas[67] que lo dice mal!

MENGO
Apostaré que la sal
la echó el cura con el puño.[68]

LAURENCIA
    ¿Qué contienda os ha traído,
si no es que mal lo entendí?

FRONDOSO
Oye, por tu vida.

LAURENCIA
                    Di.

FRONDOSO
Préstame, Laurencia, oído,

LAURENCIA
Como prestado, y aun dado,
desde agora os doy el mío.

FRONDOSO
En tu discreción confío.

LAURENCIA
¿Qué es lo que habéis apostado?

FRONDOSO
Yo y Barrildo contra Mengo.

LAURENCIA
¿Qué dice Mengo?

BARRILDO
                          Una cosa
que, siendo cierta y forzosa,
la niega.

MENGO
              A negarla vengo,
porque yo sé que es verdad.

LAURENCIA
¿Qué dice?

BARRILDO
                  Que no hay amor.

LAURENCIA
Generalmente, es rigor.⁶⁹

BARRILDO
Es rigor y es necedad.
  Sin amor, no se pudiera
ni aun el mundo conservar.

MENGO
Yo no sé filosofar;
leer ¡ojalá supiera!
  Pero si los elementos
en discordia eterna viven,
y de los mismos reciben
nuestros cuerpos alimentos,
  cólera y melancolía,
flema y sangre,⁷⁰ claro está.

BARRILDO
El mundo de acá y de allá,
Mengo, todo es armonía.
  Armonía es puro amor,
porque el amor es concierto.⁷¹

MENGO
Del natural⁷² os advierto
que yo no niego el valor.
  Amor hay, y el que⁷³ entre sí
gobierna todas las cosas,
correspondencias forzosas
de cuanto se mira aquí;
  y yo jamás he negado
que cada cual tiene amor,
correspondiente a su humor,
que le conserva en su estado.
  Mi mano al⁷⁴ golpe que viene
mi cara defenderá;
mi pie, huyendo, estorbará
el daño que el cuerpo tiene.

⁵⁵ **ciego . . . cojo** (they call) the blind «one-eyed»; the squint-eyed «cross-eyed»; the lame «impaired». ⁵⁶ **jarro** chatterbox. ⁵⁷ **buboso** person who had «bubas»; «bubas» (some kind of eruptions or pustules); could be caused by cold (chilblains or «bubas de resfriado») and, also, by syphilis («bubas de sífilis»). This explains the play on words between «buboso» and «resfriado». ⁵⁸ **Esto . . . damas** Al llamaros damas imito este lenguaje. ⁵⁹ **llámase** se dan estos nombres. ⁶⁰ **Es . . . contrario** Es completamente opuesto a ese otro. ⁶¹ **descompuesto** immoderate. ⁶² **moscatel** fool. ⁶³ **madeja** lazy. ⁶⁴ **pretendiente** beggar. ⁶⁵ **dicha** luck. ⁶⁶ **dimuño** demonio. ⁶⁷ **Soncas** indeed. ⁶⁸ **Apostaré . . . puño** I bet that the priest used a handful of salt (when he baptized her); («sal» means also, wit). ⁶⁹ **es rigor** is an exaggeration (to deny that love exists). ⁷⁰ Choler (yellow bile), melancholy (black bile), phlegm, and blood were considered the four bodily humors; the proportion of them existing in a certain person determined his temperament: «colérico, melancólico, flemático, o sanguíneo».(Don Quixote considered himself «de temperamento colérico».) ⁷¹ **concierto** harmony. ⁷² **Del natural** Del (amor) natural. ⁷³ y [es] el que. ⁷⁴ **al** contra el.

Cerráranse mis pestañas
si al ojo le viene mal,
porque es amor natural.

PASCUALA
Pues ¿de qué nos desengañas?

MENGO
De que nadie tiene amor
más que a su misma persona.

PASCUALA
Tú mientes, Mengo, y perdona;
porque, ¿es mentira el rigor[75]
  con que un hombre a una mujer
o un animal quiere y ama
su semejante?

MENGO
                  Eso llama
amor propio, y no querer.[76]
  ¿Qué es amor?

LAURENCIA
                  Es un deseo
de hermosura.

MENGO
                  Esa hermosura
¿por qué el amor la procura?

LAURENCIA
Para gozarla.

MENGO
                  Eso creo.
  Pues ese gusto que intenta
¿no es para él mismo?

LAURENCIA
                  Es así.

MENGO
Luego ¿por quererse a sí
busca el bien que le contenta?

LAURENCIA
Es verdad.

MENGO
                  Pues dese modo
no hay amor sino el que digo,
que por mi gusto le sigo
y quiero dármele en todo.

BARRILDO
Dijo el cura del lugar
cierto día en el sermón
que había cierto Platón
que nos enseñaba a amar;
  que éste amaba el alma sola
y la virtud de lo amado.

PASCUALA
En materia habéis entrado
que, por ventura, acrisola
  los caletres[77] de los sabios
en sus cademias[78] y escuelas.

LAURENCIA
Muy bien dice, y no te muelas
en persuadir sus agravios.[79]
  Da gracias, Mengo, a los cielos,
que te hicieron sin amor.

MENGO
¿Amas tú?

LAURENCIA
                  Mi propio honor.

FRONDOSO
Dios te castigue con celos.

BARRILDO
¿Quién gana?

PASCUALA
                  Con la quistión[80]
podéis ir al sacristán,
porque él o el cura os darán
bastante satisfación.
  Laurencia no quiere bien,
yo tengo poca experiencia.
¿Cómo daremos sentencia?

FRONDOSO
¿Qué mayor[81] que ese desdén?
    (*Sale* FLORES.)

FLORES
Dios guarde a la buena gente.

FRONDOSO
Este es del Comendador
criado.

LAURENCIA
¡Gentil azor!
¿De adónde bueno, pariente?[82]

FLORES
¿No me veis a lo soldado?[83]

LAURENCIA
¿Viene don Fernando acá?

FLORES
La guerra se acaba ya,
puesto que[84] nos ha costado
   alguna sangre y amigos.

FRONDOSO
Contadnos cómo pasó.

FLORES
¿Quién lo dirá como yo,
siendo mis ojos testigos?
   Para emprender la jornada
desta ciudad, que ya tiene
nombre de Ciudad Real,
juntó el gallardo maestre
dos mil lucidos infantes
de sus vasallos valientes,
y trescientos de a caballo
de seglares y de freiles,[85]
porque la cruz roja obliga
cuantos al pecho la tienen,
aunque sean de orden sacro;
más contra moros, se entiende. . . .
La ciudad se puso en arma;
dicen salir que no quieren
de la corona real,[86]
y el patrimonio defienden.
Entróla bien resistida,[87]
y el maestre a los rebeldes
y a los que entonces trataron
su honor injuriosamente

mandó cortar las cabezas,
y a los de la baja plebe,
con mordazas en la boca,
azotar públicamente.
Queda en ella[88] tan temido
y tan amado, que creen
que quien en tan pocos años
pelea, castiga y vence,
ha de ser en otra edad[89]
rayo del Africa fértil,
que tantas lunas[90] azules
a su roja cruz sujete.[91]
Al Comendador y a todos
ha hecho tantas mercedes,
que el saco[92] de la ciudad
el de su hacienda parece.
Mas ya la música suena:
recebilde[93] alegremente,

[75] **rigor** vehemence, impetuous force.   [76] **Eso . . . querer** You should better call that self-love, not love.   [77] **acrisola los caletres** puts to test the minds.   [78] **cademias** academias.   [79] **no . . . agravios** don't wear yourself out trying to clarify their errors.   [80] **quistión** argument.   [81] **¿Qué mayor . . . ?** ¿Qué mayor (sentencia) . . . ?   [82] **¿De adónde bueno, pariente?** Where are you coming from, brother?   [83] **a lo soldado** dressed as a soldier.   [84] **puesto que** although.   [85] **seglares . . . freiles** secular and ordained knights of the Calatrava order.   [86] **dicen . . . real** they (the people of Ciudad Real) said that they didn't want to give up their title of city pertaining to the royal patrimony; and so, they opposed the Maestre of Calatrava and refused to give their allegiance to him. (Many towns and villages in the province of Ciudad Real belonged to the Calatrava Order.)   [87] **Entróla bien resistida** He attacked (the city, which) offered great resistance.   [88] **Queda en ella** He is there (in the city).   [89] **en otra edad** when older.   [90] **lunas** crescents of Islam.   [91] **sujete** will subdue; i.e. será como un rayo de la guerra para los musulmanes y sujetará a su dominio—su cruz roja de Calatrava—muchos súbditos musulmanes, o sea, muchas lunas azules.   [92] **saco** pillage.   [93] **recebilde** (recibidle) receive him.

que al triunfo las voluntades
son los mejores laureles.[94]
    (*Salen el* COMENDADOR *y* ORTUÑO; *músicos;* JUAN
ROJO *y* ESTEBAN, ALONSO, *alcaldes.*)
  MÚSICOS, *cantan.*
     Sea bien venido
el comendadore
de rendir las tierras
y matar los hombres.
¡Vivan los Guzmanes!
¡Vivan los Girones!
Si en las paces blando,
dulce en las razones.
Venciendo moriscos,
fuertes como un roble,
de Ciudad Reale
viene vencedore;
que a Fuenteovejuna
trae los pendones.
¡Viva muchos años,
viva Fernán Gómez!

  COMENDADOR
  Villa, yo os agradezco justamente
el amor que me habéis aquí mostrado.

  ALONSO
Aun no muestra una parte del que siente.
  Pero ¿qué mucho que seáis amado,[95]
mereciéndolo vos?

  ESTEBAN
            Fuenteovejuna
y el regimiento[96] que hoy habéis honrado,
  que recibáis os ruega y importuna
un pequeño presente, que esos carros
traen, señor, no sin vergüenza alguna,
  de voluntades y árboles bizarros,
más que de ricos dones. Lo primero
traen dos cestas de polidos barros:[97]
  de gansos viene un ganadillo entero,[98]
que sacan por las redes las cabezas,
para cantar vueso[99] valor guerrero.
  Diez cebones[100] en sal, valientes piezas,
sin otras menudencias y cecinas,[101]
y más que guantes de ámbar, sus cortezas.[102]

Cien pares de capones y gallinas
que han dejado viudos a sus gallos
en las aldeas que miráis vecinas.
  Acá no tienen armas ni caballos,
no jaeces bordados de oro puro,
si no es oro el amor de los vasallos.
  Y porque digo puro, os aseguro
que vienen doce cueros, que aun en cueros
por enero podréis guardar un muro,[103]
  si dellos aforráis[104] vuestros guerreros,
mejor que de las armas aceradas;
que el vino suele dar lindos aceros.
  De quesos y otras cosas no excusadas[105]
no quiero daras cuenta: justo pecho[106]
de voluntades que tenéis ganadas;
y a vos y a vuestra casa, buen provecho.

  COMENDADOR
  Estoy muy agradecido.
Id, regimiento, en buen hora.

  ALONSO
Descansad, señor, agora,
y seáis muy bien venido;
  que esta espadaña que veis
y juncia a vuestros umbrales[107]
fueran perlas orientales,
y mucho más merecéis,
  a ser posible a la villa.[108]

  COMENDADOR
Así lo creo, señores.
Id con Dios.

  ESTEBAN
          Ea, cantores.
vaya otra vez la letrilla.

  MÚSICOS, *cantan.*
     Sea bien venido
el comendadore
de rendir las tierras
y matar los hombres.

  (*Vanse.*)

  COMENDADOR
  Esperad vosotros dos.

LAURENCIA
¿Qué manda su señoría?

COMENDADOR
¡Desdenes el otro día,
pues, conmigo![109] ¡Bien, por Dios!

LAURENCIA
¿Habla contigo, Pascuala?

PASCUALA
Conmigo no, tirte ahuera.[110]

COMENDADOR
Con vos hablo hermosa fiera,
y con esotra zagala.
    ¿Mías no sois?

PASCUALA
            Sí, señor;
mas no para casos tales.

COMENDADOR
Entrad, pasad los umbrales;
hombres hay, no hayáis temor.

LAURENCIA
    Si los alcaldes entraran
(que de uno soy hija yo),
bien huera[111] entrar; mas si no . . .

COMENDADOR
Flores . . .

FLORES
            Señor . . .

COMENDADOR
                ¿Qué reparan
en no hacer lo que les digo?

FLORES
Entrad, pues.

LAURENCIA
            No nos agarre.

FLORES
Entrad; que sois necias.

PASCUALA
                Arre;
que echaréis luego el postigo.[112]

FLORES
Entrad; que os quiere enseñar
lo que trae de la guerra.

COMENDADOR, *aparte.*
Si entraren, Ortuño, cierra.
    (*Entrase.*)

LAURENCIA
Flores, dejadnos pasar.

ORTUÑO
¿También venís presentadas[113]
con lo demás?

PASCUALA
            ¡Bien a fe!
Desvíese, no le dé . . .[114]

---

[94] **que . . . laureles**   que los mejores laureles para el triunfador son las buenas voluntades.   [95] **Pero . . . amado . . . ?**   But, is it a wonder that you are loved . . . ?   [96] **regimiento**   town council.   [97] **polidos** (pulidos) **barros**   burnished earthenware jars.   [98] **ganadillo entero**   a whole herd.   [99] **vueso**   vuestro.   [100] **cebones**   fattened pigs.   [101] **cecinas**   salted meats.   [102] **guantes . . . cortezas**   their hides (more precious) than gloves [scented] with amber.   [103] **y porque . . . muro**   and since I said "pure," let me tell you that here come twelve wine-skins, which will help you to defend a fortress in the winter. «cueros» = wine-skins; and «en cueros» = naked.   [104] **si aforráis**   if you warmed your warriors' insides with it [the wine in the wine-skins].   [105] **otras cosas no excusadas**   other necessary things.   [106] **justo pecho**   due tribute.   [107] **espadaña . . . umbrales**   rushes and sedges that you see at your threshold.   [108] **a . . . villa**   if the town could afford it.   [109] **¡Desdenes . . . conmigo!**   So, you turned me down the other day!   [110] **tirte ahuera**   come on now (are you kidding?)   [111] **huera**   fuera.   [112] **Arre . . . postigo**   More of the same!; no, because you will bolt the door after we are in.   [113] **presentadas**   offered as a gift.   [114] **Desvíese . . . dé**   Move away, or I'll kick you . . . .

FLORES

Basta; que son extremadas.[115]

LAURENCIA

¿No basta a vueso señor
tanta carne presentada?

ORTUÑO

La vuestra es la que le agrada.

LAURENCIA

Reviente de mal dolor.
(*Vanse.*)

FLORES

¡Muy buen recado llevamos!
No se ha de poder sufrir,
lo que nos ha de decir
cuando sin ellas nos vamos.

ORTUÑO

Quien sirve se obliga a esto.[116]
Si en algo desea medrar,
o con paciencia ha de estar,
o ha de despedirse presto.
(*Vanse los dos.*)

Habitación de los Reyes Católicos en Medina del
Campo.

(*Salgan el* REY DON FERNANDO, *la reina doña* ISABEL,
MANRIQUE *y acompañamiento.*)

ISABEL

Digo, señor, que conviene
el no haber descuido en esto,
por ver a Alfonso en tal puesto,
y su ejército previene.[117]
Y es bien ganar por la mano[118]
antes que el daño veamos;
que si no lo remediamos,
el ser muy cierto está llano.[119]

REY

De Navarra y de Aragón
está el socorro seguro,
y de Castilla procuro

hacer la reformación
de modo que el buen suceso
con la prevención[120] se vea.

ISABEL

Pues vuestra majestad crea
que el buen fin consiste en eso.

MANRIQUE

Aguardando tu licencia
dos regidores están
de Ciudad Real: ¿entrarán?

REY

No les nieguen mi presencia.
(*Salen dos* REGIDORES *de Ciudad Real.*)

REGIDOR 1º

Católico rey Fernando,
a quien ha enviado el cielo
desde Aragón a Castilla
para bien y amparo nuestro:
en nombre de Ciudad Real,
a vuestro valor supremo
humildes nos presentamos,
el real amparo pidiendo.
A mucha dicha tuvimos
tener título de vuestros;[121]
pero pudo derribarnos
deste honor el hado adverso.
El famoso don Rodrigo
Téllez Girón, cuyo esfuerzo
es en valor extremado,
aunque es en la edad tan tierno
maestre de Calatrava,
él, ensanchar pretendiendo
el honor de la encomienda,
nos puso apretado cerco.
Con valor nos prevenimos,
a su fuerza resistiendo,
tanto, que arroyos corrían
de la sangre de los muertos.
Tomó posesión, en fin;
pero no llegara a hacerlo,
a no le dar[122] Fernán Gómez
orden, ayuda y consejo.
El queda en la posesión,

y sus vasallos seremos,
suyos, a nuestro pesar,
a no remediarlo presto.[123]

REY
¿Dónde queda Fernán Gómez?

REGIDOR 1º
En Fuenteovejuna creo,
por ser su villa, y tener
en ella casa y asiento.
Allí, con más libertad
de la que decir podemos,
tiene a los súbditos suyos
de todo contento ajenos.

REY
¿Tenéis algún capitán?

REGIDOR 2º
Señor, el no haberle es cierto,
pues no escapó ningún noble
de preso, herido o de muerto.

ISABEL
Ese caso no requiere
ser de espacio[124] remediado;
que es dar al contrario osado
el mismo valor que adquiere;
y puede el de Portugal,
hallando puerta segura,
entrar por Extremadura
y causarnos mucho mal.

REY
Don Manrique, partid luego,
llevando dos compañías;
remediad sus demasías[125]
sin darles ningún sosiego.
El conde de Cabra ir puede
con vos; que es Córdoba[126] osado,
a quien nombre de soldado
todo el mundo le concede;
que éste es el medio mejor
que la ocasión nos ofrece.

MANRIQUE
El acuerdo me parece
como de tan gran valor.[127]
Pondré límite a su exceso,
si el vivir en mí no cesa.

ISABEL
Partiendo vos a la empresa,
seguro está el buen suceso.

(*Vanse todos.*)

Campo de Fuente Ovejuna.

(*Salen* LAURENCIA *y* FRONDOSO.)

LAURENCIA
A medio torcer los paños,[128]
quise, atrevido Frondoso,
para no dar que decir,
desviarme del arroyo;
decir a tus demasías
que murmura el pueblo todo,
que me miras y te miro,
y todos nos traen sobre ojo.[129]
Y como tú eres zagal,
de los que huellan, brioso,[130]
y excediendo a los demás

---

[115] **extremadas** they are ill-tempered. [116] **se . . . esto** must put up with this. [117] **por ver . . . previene** seeing King Alfonso V (of Portugal) in such a position (holding military positions) and preparing his army. [118] **ganar . . . mano** to overtake him. [119] **el ser muy cierto** (el daño) **está llano** it's plain that the damage will be certain. [120] **prevención** preventive measures. [121] **tener título de vuestros** to be your vassals. [122] **a no le dar** si no le hubiera dado. [123] **a no . . . presto** si su majestad no lo remedia pronto. [124] **de espacio** despacio. [125] **demasías** excesses. [126] **Córdoba** Don Diego Fernández de Córdoba, conde de Cabra. [127] **como . . . valor** worthy of your great courage (worthy of a king). [128] **A . . . paños** in the middle of my laundry (she has been washing in a nearby brook). [129] **nos . . . ojo** are watching us. [130] **que . . . brioso** with a firm, spirited walk (gait).

Velázquez, Diego Rodríguez de Silva y, español (1599–1660). *Don Gaspar de Guzmán,*
Conde-Duque de Olivares (1587–1645). Pintura al óleo. 50¼ x 41 pulgs.
The Metropolitan Museum of Art, Fletcher Fund, 1952.

vistes bizarro y costoso,
en todo el lugar no hay moza,
o mozo en el prado o soto,
que no se afirme diciendo
que ya para en uno somos;[131]
y esperan todos el día
que el sacristán Juan Chamorro
nos eche de la tribuna,
en dejando los piporros.[132]
Y mejor sus trojes vean
de rubio trigo en agosto
atestadas y colmadas,
y sus tinajas de mosto,
que tal imaginación
me ha llegado a dar enojo:[133]
ni me desvela ni aflige,
ni en ella el cuidado pongo.[133]

FRONDOSO
Tal me tienen tus desdenes,
bella Laurencia, que tomo,
en el peligro de verte,
la vida, cuando te oigo.[134]
Si sabes que es mi intención
el desear ser tu esposo,
mal premio das a mi fe.

LAURENCIA
Es que yo no sé dar otro.

FRONDOSO
¿Posible es que no te duelas
de verme tan cuidadoso
y que imaginando en ti
ni bebo, duermo ni como?
¿Posible es tanto rigor
en ese angélico rostro?
¡Viven los cielos que rabio!

LAURENCIA
Pues salúdate,[135] Frondoso.

FRONDOSO
Ya te pido yo salud,
y que ambos, como palomos,

estemos, juntos los picos,
con arrullos sonorosos,
después de darnos la Iglesia . . .

LAURENCIA
Dilo a mi tío Juan Rojo;
que aunque no te quiero bien,
ya tengo algunos asomos.[136]

FRONDOSO
¡Ay de mí! El señor es éste.

LAURENCIA
Tirando viene a algún corzo.
Escóndete en esas ramas.

FRONDOSO
Y ¡con qué celos me escondo! (*ocúltase.*)
(*Sale el* COMENDADOR.)

COMENDADOR
No es malo venir siguiendo
un corcillo temeroso,
y topar tan bella gama.[137]

LAURENCIA
Aquí descansaba un poco
de haber lavado unos paños;
y así, al arroyo me torno,
si manda su señoría.

---

[131] **que . . . somos** that we are engaged. [132] **Y esperan . . . piporros** And all are waiting for the day when the sacristan, Juan Chamorro, will announce our banns from the pulpit after the organ stops playing. [133] **Y mejor . . . enojo** And may they have their barns filled to the brim with the golden wheat in August and their jars overflowing with wine, and may it be more true than what they say about us; (about us being engaged), which doesn't bother me one bit; it doesn't keep me awake, nor disturb me; I don't care. [134] **que tomo . . . oigo** I take my life in my hands when, on the dangerous occasion of seeing you, I listen to you. [135] **salúdate** take a medicine (or get something magic to calm you). [136] **ya tengo . . . asomos** I'm beginning to think you are not half bad. [137] **corcillo . . . gama** a frightened deer and fall upon such a charming doe.

COMENDADOR
Aquesos desdenes toscos
afrentan, bella Laurencia,
las gracias que el poderoso
cielo te dio, de tal suerte,
que vienes a ser un monstro.[138]
Mas si otras veces pudiste
huir mi ruego amoroso,
agora no quiere el campo,
amigo secreto y solo;
que tú sola no has de ser
tan soberbia, que tu rostro
huyas al señor que tienes,
teniéndome a mí en tan poco.
¿No se rindió Sebastiana,
mujer de Pedro Redondo,
con ser casadas entrambas,
y la de Martín de Pozo,
habiendo apenas pasado
dos días del desposorio?

LAURENCIA
Esas, señor, ya tenían,
de haber andado con otros,
el camino de agradaros;
porque también muchos mozos
merecieron sus favores.
Id con Dios, tras vueso corzo;
que a no veros con la cruz,[139]
os tuviera por demonio,
pues tanto me perseguís.

COMENDADOR
¡Qué estilo tan enfadoso!
Pongo la ballesta en tierra,
....[140]
y a la práctica de manos
reduzgo melindres.[141]

LAURENCIA
                    ¡Cómo!
¿Eso hacéis? ¿Estáis en vos?
    (Sale FRONDOSO y toma la ballesta.)

COMENDADOR
No te defiendas.

FRONDOSO, aparte.
                    Si tomo
la ballesta ¡vive el cielo
que no la ponga en el hombro![142]

COMENDADOR
Acaba, ríndete.

LAURENCIA
                    ¡Cielos,
ayudadme agora!

COMENDADOR
                    Solos
estamos; no tengas miedo.

FRONDOSO
Comendador generoso,
dejad la moza, o creed
que de mi agravio y enojo
será blanco vuestro pecho,
aunque la cruz me da asombro.[143]

COMENDADOR
¡Perro, villano! . . .

FRONDOSO
                    No hay perro.
Huye, Laurencia.

LAURENCIA
                    Frondoso,
mira lo que haces.

FRONDOSO
                    Vete.

(Vase.)

COMENDADOR
¡Oh, mal haya el hombre loco,
que se desciñe la espada!
Que, de no espantar medroso
la caza,[144] me la quité.

FRONDOSO
Pues, pardiez, señor, si toco
la nuez, que os he de apiolar.[145]

COMENDADOR
Ya es ida. ¡Infame, alevoso,
suelta la ballesta luego!
Suéltala, villano.

FRONDOSO
                    ¿Cómo?
Que me quitaréis la vida.
Y advertid que amor es sordo,
y que no escucha palabras
el día que está en su trono.

COMENDADOR
Pues ¿la espada ha de volver
un hombre tan valeroso
a un villano?[146] Tira, infame,
tira, y guárdate; que rompo
las leyes de caballero.[147]

FRONDOSO
Eso, no. Yo me conformo
con mi estado, y, pues me es
guardar la vida forzoso,
con la ballesta me voy. (*Vase.*)

COMENDADOR
¡Peligro extraño y notorio!
Mas yo tomaré venganza
del agravio y del estorbo.
¡Que no cerrara con él!
¡Vive el cielo, que me corro![148]

Acto segundo

Plaza de Fuente Ovejuna.

(*Salen* ESTEBAN *y otro regidor.*)

ESTEBAN
    Así tenga salud, como parece
que no se saque más agora el pósito.[149]
El año apunta mal, y el tiempo crece,[150]
y es mejor que el sustento esté en depósito,
aunque lo contradicen más de trece.

REGIDOR
Yo siempre he sido, al fin, de este propósito,
en gobernar en paz esta república.

ESTEBAN
Hagamos dello a Fernán Gómez súplica. . . .
    (*Salen el* COMENDADOR, ORTUÑO *y* FLORES.)

COMENDADOR
Dios guarde la buena gente.

REGIDOR
¡Oh, señor!

COMENDADOR
                    Por vida mía,
que se estén.[151]

ESTEBAN
                    Vusiñoría[152]
adonde suele[153] se siente,
    que en pie estaremos muy bien.

COMENDADOR
Digo que se han de sentar.

[138] **monstro** monstruo.   [139] **que . . . cruz** if I didn't see you with the cross (of Calatrava).   [140] Missing line in the original.   [141] **y a . . . melindres** and with the help of my hands, I will overcome this fastidiousness of yours.   [142] **no la . . . hombro** I won't carry it on my shoulder.   [143] **será . . . asombro** your heart will be the target, although I fear the cross (the cross of Calatrava on the Comendador's chest).   [144] **de . . . caza** fearing that I might frighten the game away.   [145] **si toco . . . apiolar** if I touch the trigger I'll kill you.   [146] **Pues . . . villano?** Am I, a gentleman, going to turn my sword against a peasant?   [147] **Tira . . . caballero** Get away, you villain, get away and hide, or I'll forget the laws of chivalry (that prevent me using my sword against one who is not a gentleman).   [148] **¡Qué . . . corro!** How is it that I did not attack him! Heavens, I feel ashamed!   [149] **Así . . . pósito** May I be in good health, and be it as true as it seems advisable not to let more grain be taken from the public silo.   [150] **El año . . . crece** The harvest shows poorly while the year wears on.   [151] **que se estén** remain seated.   [152] **Vusiñoría** (vuestra señoría) your excellency.   [153] **adonde suele** adonde acostumbra.

ESTEBAN
De los buenos es honrar,
que no es posible que den
  honra los que no la tienen.

COMENDADOR
Siéntense; hablaremos algo.

ESTEBAN
¿Vio vusiñoría el galgo?

COMENDADOR
Alcalde, espantados vienen
  esos criados de ver
tan notable ligereza.

ESTEBAN
Es una extremada pieza.
Pardiez, que puede correr
  al lado de un delincuente
o de un cobarde en quistión.[154]

COMENDADOR
Quisiera en esta ocasión
que le hiciérades pariente
  a una liebre que por pies
por momentos se me va.[155]

ESTEBAN
Sí haré, por Dios. ¿Dónde está?

COMENDADOR
Allá vuestra hija es.

ESTEBAN
¡Mi hija!

COMENDADOR
          Sí

ESTEBAN
          Pues ¿es buena
para alcanzada de vos?[156]

COMENDADOR
Reñilda, [157] alcalde, por Dios.

ESTEBAN
¿Cómo?

COMENDADOR
          Ha dado en darme pena.
  Mujer hay, y principal,
de alguno que está en la plaza,
que dio, a la primera traza,
  traza de verme.

ESTEBAN
          Hizo mal;
y vos, señor, no andáis bien
en hablar tan libremente.

COMENDADOR
¡Oh, qué villano elocuente!
¡Ah, Flores! haz que le den
  la *Política*,[158] en que lea
de Aristóteles.

ESTEBAN
          Señor,
debajo de vuestro honor
vivir el pueblo desea.
  Mirad que en Fuenteovejuna
hay gente muy principal.

LEONELO
¿Viose desvergüenza igual?

COMENDADOR
Pues ¿he dicho cosa alguna
  de que os pese, regidor?

REGIDOR
Lo que decís es injusto;
no lo digáis, que no es justo
que nos quitéis el honor.

COMENDADOR
  ¿Vosotros honor tenéis?
¡Qué freiles de Calatrava!

REGIDOR
Alguno acaso se alaba
de la cruz que le ponéis,
  que no es de sangre tan limpia.

COMENDADOR
Y ¿ensúcíola yo juntando
la mía a la vuestra?

REGIDOR

           Cuando
que el mal más tiñe que alimpia.[159]

COMENDADOR

De cualquier suerte que sea,
vuestras mujeres se honran.

ESTEBAN

Esas palabras deshonran:
las obras no hay quien las crea.

COMENDADOR

¡Qué cansado villanaje!
¡Ah! Bien hayan las ciudades,
que a hombres de calidades
no hay quien sus gustos atajen;[160]
   allá se precian casados
que visiten sus mujeres.

ESTEBAN

No harán; que con esto quieres
que vivamos descuidados.
   En las ciudades hay Dios
y más presto quien castiga.

COMENDADOR

Levantaos de aquí.

ESTEBAN

           ¿Que diga
lo que escucháis por los dos?[161]

COMENDADOR

Salí[162] de la plaza luego;
no quede ninguno aquí.

ESTEBAN

Ya nos vamos.

COMENDADOR

         Pues no ansí.

FLORES

Que te reportes te ruego.

COMENDADOR

Querrían hacer corrillo[163]
los villanos en mi ausencia.

ORTUÑO

Ten un poco de paciencia.

COMENDADOR

De tanta me maravillo.
   Cada uno de por sí[164]
se vayan hasta sus casas.

LEONELO[165]

¡Cielo! ¿Que por esto pasas?

ESTEBAN

Ya yo me voy por aquí.
   (*Vanse los labradores.*)

COMENDADOR

¿Qué os parece desta gente?

ORTUÑO

No sabes disimular,
que no quieres escuchar
el disgusto que se siente.

COMENDADOR

Estos ¿se igualan conmigo?

FLORES

Que no es aqueso igualarse.

[154] **al lado . . . quistión** close to a criminal (running) or a coward being under questioning (with torture). [155] **pariente . . . va** the equal of a hare that always out-runs me. [156] **¿es . . . vos?** Is she good to be taken (as a game) by you? [157] **Reñilda** Reñidla. [158] **Politica** Aristotle's *Politics*, a treatise on civil government. [159] **Cuando . . . alimpia** Yes, because evil stains rather than cleans. [160] **Bien hayan . . . atajen** Blessings on the cities, because there is nobody there to prevent gentlemen of nobility from satisfying their likings. [161] **¿Que . . . dos?** So that I may say for both of us what you just heard (me say)? [162] **Salí** Salid. [163] **hacer corrillo** to gossip. [164] **Cada . . . sí** Each one separately. [165] Leonelo is a young man from Fuenteovejuna, who has just returned with a law degree from the University of Salamanca. He appeared in a previous scene (omitted) and has been listening during the present scene.

COMENDADOR
Y el villano ¿ha de quedarse
con ballesta y sin castigo?

FLORES
Anoche pensé que estaba
a la puerta de Laurencia,
y a otro, que su presencia
y su capilla imitaba,
    de oreja a oreja le di
un beneficio famoso.[166]

COMENDADOR
¿Dónde estará aquel Frondoso?

FLORES
Dicen que anda por ahí.

COMENDADOR
¡Por ahí se atreve a andar
hombre que matarme quiso!

FLORES
Como el ave sin aviso,[167]
o como el pez, viene a dar
    al reclamo[168] o al anzuelo.

COMENDADOR
¡Que a un capitán cuya espada
tiemblan Córdoba y Granada,
un labrador, un mozuelo
    ponga una ballesta al pecho!
El mundo se acaba, Flores.

FLORES
Como eso pueden amores.[169]

ORTUÑO
Y pues que vive, sospecho
    que grande amistad le debes.

COMENDADOR
Yo he disimulado, Ortuño;
que si no, de punta a puño,[170]
antes de dos horas breves,
    pasara todo el lugar;
que hasta que llegue ocasión
al freno de la razón
hago la venganza estar.
    ¿Qué hay de Pascuala?

FLORES
                    Responde
que anda agora por casarse.

COMENDADOR
¿Hasta allá quiere fiarse?[171] . . .

FLORES
En fin, te remite donde
    te pagarán de contado.[172]

COMENDADOR
¿Qué hay de Olalla?

ORTUÑO
                    Una graciosa
respuesta.

COMENDADOR
            Es moza briosa.
¿Cómo?

ORTUÑO
            Que su desposado
    anda tras ella estos días
celoso de mis recados
y de que con tus criados
a visitalla[173] venías;
    pero que si se descuida
entrarás como primero.

COMENDADOR
¡Bueno, a fe de caballero!
Pero el villanejo cuida . . .

ORTUÑO
Cuida, y anda por los aires.[174]

COMENDADOR
¿Qué hay de Inés?

FLORES
                    ¿Cuál?

COMENDADOR
                    La de Antón.

FLORES
Para cualquier ocasión
ya ha ofrecido sus donaires.

Habléla por el corral,
por donde has de entrar si quieres.

COMENDADOR

A las fáciles mujeres
quiero bien y pago mal.
  Si éstas supiesen ¡oh, Flores!
estimarse en lo que valen . . .

FLORES

No hay disgustos que se igualen
a contrastar sus favores.
  Rendirse presto desdice
de la esperanza del bien;
mas hay mujeres también
por que el filósofo dice
  que apetecen a los hombres
como la forma desea
la materia; y que esto sea
así, no hay de qué te asombres.

COMENDADOR

  Un hombre de amores loco
huélgase que a su accidente[175]
se le rindan fácilmente,
mas después las tiene en poco,
  y el camino de olvidar,
al hombre más obligado
es haber poco costado
lo que pudo desear.
  (Sale CIMBRANOS, soldado.)

CIMBRANOS

  ¿Está aquí el Comendador?

ORTUÑO

¿No le ves en tu presencia?

CIMBRANOS

¡Oh gallardo Fernán Gómez!
Trueca la verde montera
en el blanco morrïón
y el gabán en armas nuevas;
que el maestre de Santiago
y el conde de Cabra cercan
a don Rodrigo Girón,
por la castellana reina,
en Ciudad Real; de suerte

que no es mucho que se pierda
lo que en Calatrava sabes
que tanta sangre le cuesta.
Ya divisan con las luces,
desde las altas almenas,
los castillos y leones
y barras aragonesas.[176]
Y aunque el rey de Portugal
honrar a Girón quisiera,
no hará poco en que el maestre
a Almagro con vida vuelva.
Ponte a caballo, señor;
que sólo con que te vean[177]
se volverán a Castilla.

COMENDADOR

No prosigas; tente, espera.—
Haz, Ortuño, que en la plaza
toquen luego una trompeta.
¿Qué soldados tengo aquí?

ORTUÑO

Pienso que tienes cincuenta.

COMENDADOR

Pónganse a caballo todos.

CIMBRANOS

Si no caminas apriesa,
Ciudad Real es del rey.

[166] **su capilla . . . famoso** who looked like Frondoso; I gave him a beautiful slash from ear to ear.   [167] **sin
aviso** without warning.   [168] **reclamo** decoy.   [169] **Como
. . . amores** That is how powerful love is.   [170] **de punta
a puño** to the sword.   [171] **¿Hasta . . . fiarse?** And she
wants me to keep my credit on her until then? i.e. to wait
until she is married.   [172] **te remite . . . contado** go..
(remítete) where you'll be paid cash.   [173] **visitalla** viarsital
[174] **Cuida . . . aires** He is on the watch and restless.
[175] **accidente** desire.   [176] **castillos y leones** coat of
arms of Castile; **barras** four vertical reds bars on a gold
background form the Aragonese arms.   [177] **con que et
vean** upon seeing you.

COMENDADOR
No hayas miedo que lo sea.
    (*Vanse.*)

Campo de Fuente Ovejuna.

(*Salen* MENGO *y* LAURENCIA *y* PASCUALA, *huyendo*.)

PASCUALA
    No te apartes de nosotras.

MENGO
Pues ¿a qué tenéis temor?

LAURENCIA
Mengo, a la villa es mejor
que vamos[178] unas con otras
    (pues que no hay hombre ninguno),
por que no demos con él.

MENGO
    ¡Que este demonio cruel
nos sea tan importuno!

LAURENCIA
    No nos deja a sol ni a sombra.

MENGO
    ¡Oh! Rayo del cielo baje
que sus locuras ataje.

LAURENCIA
Sangrienta fiera le nombra;[179]
    arsénico y pestilencia
del lugar.

MENGO
            Hanme contado
que Frondoso, aquí en el prado,
para librarte, Laurencia,
    le puso al pecho una jara.[180]

LAURENCIA
Los hombres aborrecía,
Mengo; mas desde aquel día
los miro con otra cara.
    ¡Gran valor tuvo Frondoso!
Pienso que le ha de costar
la vida.

MENGO
            Que del lugar
se vaya, será forzoso.

LAURENCIA
    Aunque ya le quiero bien,
eso mismo le aconsejo;
mas recibe mi consejo
con ira, rabia y desdén;
    y jura el comendador
que le ha de colgar de un pie.

PASCUALA
    ¡Mal garrotillo le dé![181]

MENGO
Mala pedrada es mejor.
    ¡Voto al sol, si le tirara
con la que llevo al apero
que al sonar el crujidero
al casco se la encajara![182]
    No fué Sábalo,[183] el romano,
tan vicioso por jamás.

LAURENCIA
Heliogábalo dirás,
más que una fiera inhumano.

MENGO
    Pero Galván,[184] o quien fue,
que yo no entiendo de historia;
mas su cativa[185] memoria
vencida de éste se ve.
    ¿Hay hombre en naturaleza
como Fernán Gómez?

PASCUALA
                        No;
que parece que le dio
de una tigre la aspereza.
    (*Sale* JACINTA.)

JACINTA
    Dadme socorro, por Dios,
si la amistad os obliga.

LAURENCIA
    ¿Qué es esto, Jacinta amiga?

PASCUALA
Tuyas lo somos las dos.

JACINTA
Del Comendador criados,
que van a Ciudad Real,
más de infamia natural
que de noble acero armados,
    me quieren llevar a él.

LAURENCIA
Pues Jacinta, Dios te libre;
que cuando contigo es libre,
conmigo será cruel.
    (*Vase.*)

PASCUALA
Jacinta, yo no soy hombre
que te pueda defender.
    (*Vase.*)

MENGO
Yo sí lo tengo de ser,
porque tengo el ser y el nombre.
    Llégate, Jacinta, a mí.

JACINTA
¿Tienes armas?

MENGO
                Las primeras
del mundo.

JACINTA
                ¡Oh, si las tuvieras!

MENGO
Piedras hay, Jacinta, aquí.
    (*Salen* FLORES *y* ORTUÑO.)

FLORES
¿Por los pies pensabas irte?[186]

JACINTA
¡Mengo, muerta soy!

MENGO
                Señores . . .
¡A estos pobres labradores! . . .

ORTUÑO
Pues ¿tú quieres persuadirte
a defender la mujer?

MENGO
Con los ruegos la defiendo;
que soy su deudo y pretendo
guardalla, si puede ser.

FLORES
Quitalde luego la vida.

MENGO
¡Voto al sol, si me emberrincho,
y el cáñamo me descincho,
que la llevéis bien vendida![187]
    (*Salen el* COMENDADOR *y* CIMBRANOS.)

COMENDADOR
¿Qué es eso? ¡A cosas tan viles
me habéis de hacer apear![188]

FLORES
Gente de este vil lugar
(que ya es razón que aniquiles,
    pues en nada te da gusto)
a nuestras armas se atreve.

[178] **vamos** vayamos. [179] **le nombra** llámale: call him. [180] **jara** crossbow arrow. [181] **¡Mal . . . dé!** I hope he dies of strangulation (diphtheria). [182] **con . . . encajará** with the (stone) I carry in my equipment, at the sound of the crack of my sling, I'll lodge the stone in his skull! [183] **Sábalo** comic, rustic mispronunciation of Heliogábalo, Roman emperor (c. 205–222), known for his immoral life. «Sábalo» is the name of a fish (shad), very much appreciated in Lope's time. [184] **Pero Galván** this is another of Mengo's comic renderings for Heliogábalo. If before, Mengo mixed up the emperor's name with that of a fish, he now does the same with Galván, the name of a character in a well-known «romance»: «Vámonos, dijo mi tio, / a París esa ciudad, / en figura de romeros, / no nos conozca Galván . . . ». [185] **cativa** cautiva evil. [186] **Irse por los pies** to run away. [187] **¡Voto . . . vendida!** By golly, if I get mad and take out my sling you are going to get it! [188] **hacer apear** to make me lower myself.

Cerámica hispano-árabe, siglos XVI–XVII. Plato: lustre marrón dorado sobre color crema.
The Metropolitan Museum of Art. Regalo de la Sra. H. O. Havemeyer, 1929.

MENGO
Señor, si piedad os mueve
de suceso tan injusto,
    castigad estos soldados,
que con vuestro nombre agora
roban una labradora
a esposo y padres honrados;
    y dadme licencia a mí
que se la pueda llevar.

COMENDADOR
Licencia les quiero dar . . .
para vengarse de ti.
    Suelta la honda.

MENGO
                                    ¡Señor! . . .

COMENDADOR
Flores, Ortuño, Cimbranos,
con ella le atad las manos.

MENGO
¿Así volvéis por su honor?

COMENDADOR
    ¿Qué piensan Fuenteovejuna
y sus villanos de mí?

MENGO
Señor, ¿en qué os ofendí,
ni el pueblo en cosa ninguna?

FLORES
¿Ha de morir?

COMENDADOR
                            No ensuciéis
las armas, que habéis de honrar
en otro mejor lugar.

ORTUÑO
¿Qué mandas?

COMENDADOR
                            Que lo azotéis.
    Llevalde, y en ese roble
le atad y le desnudad,
y con las riendas . . .

MENGO
                            ¡Piedad!
¡Piedad, pues sois hombre noble!

COMENDADOR
    Azotalde hasta que salten
los hierros de las correas.

MENGO
¡Cielos! ¿A hazañas tan feas
queréis que castigos falten?
    (*Vanse.*)

COMENDADOR
    Tú, villana, ¿por qué huyes?
¿Es mejor un labrador
que un hombre de mi valor?

JACINTA
¡Harto bien me restituyes
    el honor que me han quitado
en llevarme para ti!

COMENDADOR
¿En quererte llevar?

JACINTA
                                    Sí;
porque tengo un padre honrado,
    que si en alto nacimiento
no te iguala, en las costumbres
te vence.

COMENDADOR
                Las pesadumbres
y el villano atrevimiento
    no tiemplan bien un airado.
Tira por ahí.

JACINTA
                        ¿Con quién?

COMENDADOR
Conmigo.

JACINTA
                    Míralo bien.

COMENDADOR
Para tu mal lo he mirado.
  Ya no mía, del bagaje
del ejército has de ser.

JACINTA
No tiene el mundo poder
para hacerme, viva, ultraje.

  COMENDADOR
  Ea, villana, camina.

JACINTA
¡Piedad, señor!

  COMENDADOR
              No hay piedad.

JACINTA
Apelo de tu crueldad
a la justicia divina.[189]
  (*Llévanla y vanse.*)

            Casa de Esteban.

(*Salen* LAURENCIA *y* FRONDOSO.)

  LAURENCIA
  ¿Cómo así a venir te atreves,
sin temer tu daño?

  FRONDOSO
              Ha sido
dar testimonio cumplido
de la afición que me debes.
  Desde aquel recuesto[190] vi
salir al Comendador,
y fiado en tu valor
todo mi temor perdí.
  Vaya donde no le vean
volver.

  LAURENCIA
          Tente en maldecir,
porque suele más vivir
al que la muerte desean.

FRONDOSO
Si es eso, viva mil años,
y así se hará todo bien
pues deseándole bien,
estarán ciertos sus daños.
  Laurencia, deseo saber
si vive en ti mi cuidado,
y si mi lealtad ha hallado
el puerto de merecer.
  Mira que toda la villa
ya para en uno nos tiene;
y de cómo a ser no viene[191]
la villa se maravilla.
  Los desdeñosos extremos
deja, y responde no o sí.

  LAURENCIA
Pues a la villa y a ti.
respondo que lo seremos.

  FRONDOSO
  Deja que tus plantas bese
por la merced recebida,
pues el cobrar nueva vida
por ella es bien que confiese.

  LAURENCIA
  De cumplimientos acorta;
y para que mejor cuadre,[192]
habla, Frondoso, a mi padre,
pues es lo que más importa,
  que allí viene con mi tío;
y fía que ha de tener,
ser, Frondoso, tu mujer,
buen suceso.

  FRONDOSO
              En Dios confío.
  (*Escóndese* LAURENCIA. *Salen* ESTEBAN, *alcalde y el*
  REGIDOR.)

  ESTEBAN
  Fue su término de modo,[193]
que la plaza alborotó:
en efeto, procedió
muy descomedido en todo.

No hay a quien admiración
sus demasías no den;
la pobre Jacinta es quien
pierde por su sinrazón.

REGIDOR

Ya a los Católicos Reyes,
que este nombre les dan ya,
presto España les dará
la obediencia de sus leyes.
    Ya sobre Ciudad Real,
contra el Girón que la tiene,
Santiago[194] a caballo viene
por capitán general.
    Pésame; que era Jacinta
doncella de buena pro.[195]

ESTEBAN

Luego a Mengo le azotó.

REGIDOR

No hay negra bayeta o tinta
como sus carnes están.

ESTEBAN

Callad; que me siento arder
viendo su mal proceder
y el mal nombre que le dan.
    Yo ¿para qué traigo aquí
este palo[196] sin provecho?

REGIDOR

Si sus criados lo han hecho
¿de qué os afligís ansí?

ESTEBAN

    ¿Queréis más, que me contaron
que a la de Pedro Redondo
un día, que en lo más hondo
deste valle la encontraron,
    después de sus insolencias,
a sus criados la dio?

REGIDOR

Aquí hay gente: ¿quién es?

FRONDOSO

                                    Yo,
que espero vuestras licencias.

ESTEBAN

Para mi casa, Frondoso,
licencia no es menester;
debes a tu padre el ser
y a mí otro ser amoroso.
    Hete[197] criado, y te quiero
como a hijo.

FRONDOSO

                        Pues señor,
fiado en aquese amor,
de ti una merced espero.
    Ya sabes de quién soy hijo.

ESTEBAN

¿Hate agraviado ese loco
de Fernán Gómez?

FRONDOSO

                                No poco.

ESTEBAN

El corazón me lo dijo.

FRONDOSO

Pues señor, con el seguro
del amor que habéis mostrado,
de Laurencia enamorado,
el ser su esposo procuro.
    Perdona si en el pedir
mi lengua se ha adelantado;
que he sido en decirlo osado,
como otro[198] lo ha de decir.

---

    [189] **Apelo ... divina** I appeal to divine justice against your cruelty.   [190] **recuesto** slope.   [191] **y de como** [nuestra unión] no viene a ser [una realidad].   [192] **mejor cuadre** to make things perfect.   [193] **Fue ... modo** His behavior was such.   [194] **Santiago** the Knight of Santiago, don Manrique.   [195] **de buena pro** worthy.   [196] **palo** staff, symbol of the mayor's office.   [197] **Hete** te he.   [198] **otro** i.e. Frondoso's father (who should have made the request).

ESTEBAN

Vienes, Frondoso, a ocasión
que me alargarás la vida,
por la cosa más temida
que siente mi corazón.

Agradezco, hijo, al cielo
que así vuelvas por mi honor
y agradézcole a tu amor
la limpieza de tu celo.

Mas como es justo, es razón
dar cuenta a tu padre desto,
sólo digo que estoy presto,
en sabiendo su intención;

que yo dichoso me hallo
en que aqueso llegue a ser.

REGIDOR

De la moza el parecer
tomad antes de acetallo.[199]

ESTEBAN

No tengáis deso cuidado,
que ya el caso está dispuesto:
antes de venir a esto,
entre ellos se ha concertado.

—En el dote, si advertís,
se puede agora tratar;
que por bien os pienso dar
algunos maravedís.

FRONDOSO

Yo dote no he menester;
deso no hay que entristeceros.

REGIDOR

Pues que no la pide en cueros[200]
lo podéis agradecer.

ESTEBAN

Tomaré el parecer de ella;
si os parece, será bien.

FRONDOSO

Justo es; que no hace bien
quien los gustos atropella.

ESTEBAN

¡Hija! ¡Laurencia!...
(Sale LAURENCIA.)

LAURENCIA

                    Señor...

ESTEBAN

Mirad si digo bien yo.
¡Ved qué presto respondió!—
Hija Laurencia, mi amor,

   a preguntarte ha venido
(apártate aquí) si es bien
que a Gila, tu amiga, den
a Frondoso por marido,

   que es un honrado zagal,
si le hay en Fuenteovejuna...

LAURENCIA

¿Gila se casa?

ESTEBAN

                    Y si alguna
le merece y es su igual...

LAURENCIA

Yo digo, señor, que sí.

ESTEBAN

Sí; mas yo digo que es fea
y que harto mejor se emplea
Frondoso, Laurencia, en ti.

LAURENCIA

¿Aún no se te han olvidado
los donaires con la edad?[201]

ESTEBAN

¿Quiéresle tú?

LAURENCIA

                    Voluntad
le he tenido y le he cobrado;
   pero por lo que tú sabes...

ESTEBAN

¿Quieres tú que diga sí?

LAURENCIA

Dilo tú, señor, por mí.

ESTEBAN
¿Yo? Pues tengo yo las llaves,
    hecho está.—Ven, buscaremos
a mi compadre en la plaza.

REGIDOR
Vamos.

ESTEBAN
                Hijo, y en la traza
del dote ¿qué le diremos?
    Que yo bien te puedo dar
cuatro mil maravedís.

FRONDOSO
Señor, ¿eso me decís?
Mi honor queréis agraviar.

ESTEBAN
    Anda, hijo; que eso[202] es
cosa que pasa en un día;
que si no hay dote, a fe mía
que se echa menos después.
    (*Vanse, y quedan* FRONDOSO *y* LAURENCIA.)

LAURENCIA
    Di, Frondoso: ¿estás contento?

FRONDOSO
¡Cómo si lo estoy! ¡Es poco,
pues que no me vuelvo loco
de gozo, del bien que siento!
    Risa vierte el corazón
por los ojos de alegría
viéndote, Laurencia mía,
en tal dulce posesión.
    (*Vanse.*)

Campo de Ciudad Real.

(*Salen el* MAESTRE, *el* COMENDADOR, FLORES *y*
ORTUÑO.)

COMENDADOR
Huye, señor, que no hay otro remedio.

MAESTRE
La flaqueza del muro[203] lo ha causado,
y el poderoso ejército enemigo.

COMENDADOR
Sangre les cuesta e infinitas vidas.

MAESTRE
Y no se alabarán que en sus despojos
pondrán nuestro pendón de Calatrava,
que a honrar su empresa y los demás bastaba.[204]

COMENDADOR
Tus desinios, Girón, quedan perdidos.

MAESTRE
¿Qué puedo hacer, si la fortuna ciega
a quien hoy levantó, mañana humilla?

VOCES, *dentro.*
¡Vitoria por los reyes de Castilla!

MAESTRE
Ya coronan de luces las almenas,
y las ventanas de las torres altas
entoldan con pendones vitoriosos.

COMENDADOR
Bien pudieran, de sangre que les cuesta.
A fe que es más tragedia que no fiesta.

MAESTRE
Yo vuelvo a Calatrava, Fernán Gómez.

COMENDADOR
Y yo a Fuenteovejuna, mientras tratas
o seguir esta parte de tus deudos,
o reducir la tuya al Rey Católico.

MAESTRE
Yo te diré por cartas lo que intento.

[199] **acetallo** aceptarlo.   [200] **en cueros** naked.
[201] **donaires . . . edad** jokes in your old age.   [202] **eso**
(the touchy feeling about honor).   [203] **La . . . muro** The
weakness of the rampart.   [204] **Y . . . bastaba** They won't
boast having among their spoils our flag of Calatrava, which
was enough to honor their action.

COMENDADOR
El tiempo ha de enseñarte.

MAESTRE
                              ¡Ah, pocos años,
sujetos al rigor de sus engaños!

              Campo de Fuente Ovejuna.

(*Sale la boda*, MÚSICOS, MENGO, FRONDOSO, LAURENCIA,
    PASCUALA, BARRILDO, ESTEBAN *y alcalde* [JUAN
    ROJO].)

MÚSICOS, *cantan*
          ¡*Vivan muchos años*
los desposados!
¡*Vivan muchos años!*

MENGO
    A fe que no os ha costado
mucho trabajo el cantar.

BARRILDO
¿Supiéraslo tú trovar
mejor que él está trovado?[205]

FRONDOSO
    Mejor entiende de azotes
Mengo que de versos ya.

MENGO
Alguno en el valle está,
para que no te alborotes,
    a quien el Comendador . . .

BARRILDO
No lo digas, por tu vida;
que este bárbaro homicida
a todos quita el honor.

MENGO
    Que me azotasen a mí
cien soldados aquel día . . .
sola una honda tenía;
harto desdichado fui;
pero que le hayan echado
una melecina[206] a un hombre,
que aunque no diré su nombre

todos saben que es honrado,
    llena de tinta y de chinas,[207]
¿cómo se puede sufrir?

BARRILDO
Haríalo por reír.

MENGO
No hay risa con melecinas;
que aunque es cosa saludable . . .
yo me quiero morir luego.[208]

FRONDOSO
Vaya la copla, te ruego,
si es la copla razonable.

MENGO
    Vivan muchos años juntos
los novios, ruego a los cielos,
y por envidia ni celos
ni riñan ni anden en puntos.[209]
Lleven a entrambos difuntos,
de puro vivir cansados.
¡Vivan muchos años!

FRONDOSO
    ¡Maldiga el cielo el poeta,
que tal coplón[210] arrojó!

BARRILDO
Fue muy presto . . .

MENGO
                              Pienso yo
una cosa de esta seta.[211]
    ¿No habéis visto un buñolero.[212]
en el aceite abrasando
pedazos de masa echando
hasta llenarse el caldero?
    ¿Que unos le salen hinchados,
otros tuertos y mal hechos,
ya zurdos y ya derechos,
ya fritos y ya quemados?
    Pues así imagino yo
un poeta componiendo,
la materia previniendo,
que es quien la masa le dio.

Va arrojando verso aprisa
al caldero del papel,
confiado en que la miel
cubrirá la burla y risa.

Mas poniéndolo en el pecho,
apenas hay quien los tome;
tanto que sólo los come
el mismo que los ha hecho.

BARRILDO
Déjate ya de locuras;
deja los novios hablar.

LAURENCIA
Las manos nos da a besar.

JUAN ROJO
Hija, ¿mi mano procuras?
    Pídela a tu padre luego
para ti y para Frondoso.

ESTEBAN
Rojo, a ella y a su esposo
que se la dé el cielo ruego,
    con su larga bendición.

FRONDOSO
Los dos a los dos la echad.

JUAN ROJO
Ea, tañed y cantad,
pues que para en uno son.

MÚSICOS, *cantan*
    Al val[213] *de Fuenteovejuna*
la niña en cabellos[214] *baja;*
el caballero la sigue
de la cruz de Calatrava.
Entre las ramas se esconde,
de vergonzosa y turbada;
fingiendo que no le ha visto,
pone delante las ramas.
«¿Para qué te ascondes,[215]
niña gallarda?
Que mis linces[216] *deseos*
paredes pasan. »
Acercóse el caballero,
y ella, confusa y turbada,

hacer quiso celosías
de las intrincadas ramas;
mas como quien tiene amor
los mares y las montañas
atraviesa fácilmente,
la dice tales palabras:
«¿Para qué te ascondes,
niña gallarda?
Que mis linces deseos
paredes pasan. »
    (*Sale el* COMENDADOR, FLORES, ORTUÑO *y* CIMBRAMOS.)

COMENDADOR
Estése la boda queda
y no se alborote nadie.

JUAN ROJO
No es juego aqueste, señor,
y basta que tú lo mandes.
¿Quieres lugar? ¿Cómo vienes
con tu belicoso alarde?[217]
¿Venciste? Mas ¿qué pregunto?

FRONDOSO, *aparte*
¡Muerto soy! ¡Cielos, libradme!

LAURENCIA
Huye por aquí, Frondoso.

COMENDADOR
Eso no; prendelde, atalde.

JUAN ROJO
Date, muchacho, a prisión.

---

[205] **¿Supiéraslo . . . trovado?** Could you make it (the song) better than it is made? i.e. could you do a better job? [206] **echado . . . melecina** gave him an enema. [207] **llena . . . chinas** full of dye and pebbles. [208] **Yo . . . luego** I'd rather die quickly. [209] **anden en puntos** quarrel about little things. [210] **coplón** bad verses. [211] **seta** = secta about this kind of people (the poets). [212] **buñolero** pastry cook. [213] **val** valle. [214] **niña en cabellos** maid. [215] **ascondes** escondes. [216] **linces** piercing. [217] **belicoso alarde** military expedition.

FRONDOSO
Pues ¿quieres tú que me maten?

JUAN ROJO
¿Por qué?

COMENDADOR
　　　　　No soy hombre yo
que mato sin culpa a nadie;
que si lo fuera, le hubieran
pasado de parte a parte
esos soldados que traigo.
Llevarle mando a la cárcel,
donde la culpa que tiene
sentencie su mismo padre.

PASCUALA
Señor, mirad que se casa.

COMENDADOR
¿Qué me obliga el que se case?
¿No hay otra gente en el pueblo?

PASCUALA
Si os ofendió perdonadle,
por ser vos quien sois.

COMENDADOR
　　　　　No es cosa,
Pascuala, en que yo soy parte.[218]
Es esto contra el maestre
Tellez Girón, que Dios guarde;
es contra toda su orden,
es su honor, y es importante
para el ejemplo, el castigo;
que habrá otro día quien trate
de alzar pendón contra él,
pues ya sabéis que una tarde
al Comendador Mayor
(¡qué vasallos tan leales!)
puso una ballesta al pecho.

ESTEBAN
Supuesto que el disculparle
ya puede tocar a un suegro,
no es mucho[219] que en causas tales
se descomponga con vos

un hombre, en efeto, amante;
porque si vos pretendéis
su propia mujer quitarle,
¿qué mucho[220] que la defienda?

COMENDADOR
Majadero sois, alcalde.

ESTEBAN
Por vuestra virtud, señor.

COMENDADOR
Nunca yo quise quitarle
su mujer, pues no lo era.

ESTEBAN
Sí quisistes . . . —Y esto baste;
que reyes hay en Castilla,
que nuevas órdenes hacen,
con que desórdenes quitan.
Y harán mal, cuando descansen
de las guerras, en sufrir
en sus villas y lugares
a hombres tan poderosos
por traer cruces tan grandes;
póngasela el rey al pecho,[221]
que para pechos reales
es esa insignia y no más.

COMENDADOR
¡Hola! la vara quitalde.

ESTEBAN
Tomad, señor, norabuena.[222]

COMENDADOR
Pues con ella quiero dalle[223]
como a caballo brioso.

ESTEBAN
Por señor os sufro. Dadme.

PASCUALA
¡A un viejo de palos das!

LAURENCIA
Si le das porque es mi padre
¿qué vengas en él de mí?

COMENDADOR
Llevalda, y haced que guarden
su persona diez soldados.

(*Vase él y los suyos.*)

ESTEBAN
Justicia del cielo baje.
(*Vase.*)

PASCUALA
Volvióse en luto la boda.
(*Vase.*)

BARRILDO
¿No hay aquí un hombre que hable?

MENGO
Yo tengo ya mis azotes,
que aún se ven los cardenales[224]
sin que un hombre vaya a Roma.
Prueben otros a enojarle.

JUAN ROJO
Hablemos todos.

MENGO
                    Señores,
aquí todo el mundo calle.
Como ruedas de salmón
me puso los atabales.[225]

Acto tercero

Sala del concejo[226] en Fuente Ovejuna.

(*Salen* ESTEBAN, ALONSO *y* BARRILDO.)

ESTEBAN
¿No han venido a la junta?

BARRILDO
                    No han venido.

ESTEBAN
Pues más a priesa[227] nuestro daño corre.

BARRILDO
Ya está lo más del pueblo prevenido.

ESTEBAN
Frondoso con prisiones[228] en la torre,
y mi hija Laurencia en tanto aprieto,
si la piedad de Dios no los socorre . . .
(*Salen* JUAN ROJO *y el* REGIDOR.)

JUAN ROJO
¿De qué dais voces, cuando importa tanto
a nuestro bien, Esteban, el secreto?

ESTEBAN
Que doy tan pocas es mayor espanto.[229]
(*Sale* MENGO.)

MENGO
También vengo yo a hallarme en esta junta.

ESTEBAN
Un hombre cuyas canas baña el llanto,
labradores honrados, os pregunta
qué obsequias[230] debe hacer toda esa gente
a su patria sin honra, ya perdida.
Y si se llaman honras justamente,
¿cómo se harán, si no hay entre nosotros
hombre a quien este bárbaro no afrente?
Respondedme: ¿hay alguno de vosotros
que no éste lastimado en honra y vida?

[218] **No es . . . parte** That's no affair of mine.
[219] **no es mucho** no wonder.   [220] **qué mucho. . . ?**
is it a wonder . . . ?   [221] **póngasela . . . pecho** let the
King put on the cross [take over the Military Orders.]
The Catholic monarchs placed the Military Orders and their
estates under the Crown's control.   [222] **norabuena** enhorabuena and well and good.   [223] **dalle** darle beat him.
[224] **cardenales** (pun) the word means both cardinals and
bruises.   [225] **Como . . . atabales** He made my drums
(buttocks) look like slices of salmon.   [226] **Sala del concejo**
City Hall meeting room.   [227] **a priesa** aprisa.   [228] **prisiones** chains.   [229] **espanto** amazement.   [230] **obsequias** = exequias   funeral services.

¿No os lamentáis los unos de los otros?
Pues si ya la tenéis todos perdida,
   ¿a qué aguardáis? ¿Qué desventura es ésta?

JUAN ROJO
La mayor que en el mundo fue sufrida.
Mas pues ya se publica y manifiesta
   que en paz tienen los reyes a Castilla
y su venida a Córdoba se apresta,
vayan dos regidores a la villa
   y echándose a sus pies pidan remedio.

BARRILDO
En tanto que Fernando, aquel que humilla
a tantos enemigos, otro medio
   será mejor, pues no podrá, ocupado,
hacernos bien, con tanta guerra en medio.[231]

REGIDOR
Si mi voto de vos fuera escuchado,
desamparar la villa doy por voto.

JUAN ROJO
¿Cómo es posible en tiempo limitado?

MENGO
A la fe, que si entiende el alboroto,
   que ha de costar la junta alguna vida.

REGIDOR
Ya, todo el árbol[232] de paciencia roto,
corre la nave de temor perdida.
   La hija quitan con tan gran fiereza
a un hombre honrado, de quien es regida
   la patria en que vivís, y en la cabeza
la vara quiebran tan injustamente.
   ¿Qué esclavo se trató con más bajeza?

JUAN ROJO
¿Qué es lo que quieres tú que el pueblo intente?

REGIDOR
   Morir, o dar la muerte a los tiranos,
pues somos muchos, y ellos poca gente.

BARRILDO
¡Contra el señor las armas en las manos!

ESTEBAN
El rey sólo es señor después del cielo,
y no bárbaros hombres inhumanos.
Si Dios ayuda nuestro justo celo
   ¿qué nos ha de costar?

MENGO
              Mirad, señores,
que váis[233] en estas cosas con recelo.
Puesto que por los simples labradores
   estoy aquí que más injurias pasan,
más cuerdo represento sus temores.

JUAN ROJO
Si nuestras desventuras se compasan,[234]
   para perder la vidas ¿qué aguardamos?
Las casas y las viñas nos abrasan:
tiranos son; a la venganza vamos.

(*Sale* LAURENCIA, *desmelenada*.)[235]

LAURENCIA
Dejadme entrar, que bien puedo,
en consejo de los hombres;
que bien puede una mujer,
si no a dar voto, a dar voces.
¿Conocéisme?

ESTEBAN
         ¡Santo cielo!
¿No es mi hija?

JUAN ROJO
         ¿No conoces
a Laurencia?

LAURENCIA
       Vengo tal,
que mi diferencia os pone
en contingencia[236] quién soy.

ESTEBAN
¡Hija mía!

LAURENCIA
       No me nombres
tu hija.

ESTEBAN
      ¿Por qué, mis ojos?
¿Por qué?

LAURENCIA
        Por muchas razones,
y sean las principales:
porque dejas que me roben
tiranos sin que me vengues,
traidores sin que me cobres.
Aún no era yo de Frondoso,
para que digas que tome,
como marido, venganza;
que aquí por tu cuenta corre;
que en tanto que de las bodas
no haya llegado la noche,
del padre, y no del marido,
la obligación presupone;
que en tanto que no me entregan
una joya, aunque la compren,
no han de correr por mi cuenta
las guardas ni los ladrones.
Llevóme de vuestros ojos
a su casa Fernán Gómez:
la oveja al lobo dejáis
como cobardes pastores.
¿Qué dagas no vi en mi pecho?
¡Qué desatinos enormes,
qué palabras, qué amenazas,
y qué delitos atroces,
por rendir mi castidad
a sus apetitos torpes!
Mis cabellos ¿no lo dicen?
¿No se ven aquí los golpes
de la sangre y las señales?
¿Vosotros sois hombres nobles?
¿Vosotros, padres y deudos?
¿Vosotros, que no se os rompen
las entrañas de dolor,
de verme en tantos dolores?
Ovejas sois, bien lo dice
de Fuenteovejuna el nombre.
Dadme unas armas a mí,
pues sois piedras, pues sois bronces,
pues sois jaspes, pues sois tigres . . .

—Tigres no, porque feroces
siguen quien[237] roba sus hijos,
matando los cazadores
antes que entren por el mar
y por sus ondas se arrojen.
Liebres cobardes nacistes;
bárbaros sois, no españoles.
Gallinas, ¡vuestras mujeres
sufrís que otros hombres gocen!
Poneos ruecas en la cinta.[238]
¿Para qué os ceñís estoques?
¡Vive Dios, que he de trazar
que solas mujeres cobren
la honra de[239] estos tiranos,
la sangre de estos traidores,
y que os han de tirar piedras,
hilanderas, maricones,[240]
amujerados, cobardes,
y que mañana os adornen
nuestras tocas y basquiñas,
solimanes y colores![241]
A Frondoso quiere ya,
sin sentencia, sin pregones,
colgar el Comendador
del almena de una torre;
de todos hará lo mismo;
y yo me huelgo, medio-hombres,
por que[242] quede sin mujeres
esta villa honrada, y torne
aquel siglo de amazonas,
eterno espanto del orbe.

---

[231] **En tanto ... medio** Léase: En tanto que
Fernando (el rey) humilla a tantos enemigos, pues (el rey)
no podrá, ocupado con tanta guerra en medio, hacernos
bien (i.e. ayudarnos) será mejor (usar) otro medio.   [232] **árbol**
mast of the ship.   [233] **váis** vayais.   [234] **se compasan**
are measured (are considered).   [235] **desmelenada** di-
sheveled.   [236] **en contingencia** en la duda de.   [237] siguen
[a] quien.   [238] **Poneos ... cinta** Hang the wool distaff
from your belt.   [239] **de** from.   [240] **maricones** effemi-
nate men.   [241] **tocas** head-shawls; **basquiñas** petticoats;
solimanes y colores make-up and rouge.   [242] **por que**
para que.

ESTEBAN
Yo, hija, no soy de aquellos
que permiten que los nombres
con esos títulos viles.
Iré solo, si se pone
todo el mundo contra mí.

JUAN ROJO
Y yo, por más que me asombre
la grandeza del contrario.

REGIDOR
Muramos todos.

BARRILDO
                Descoge[243]
un lienzo al viento en un palo,
y mueran estos inormes.[244]

JUAN ROJO
¿Qué orden pensáis tener?

MENGO
Ir a matarle sin orden.
Juntad el pueblo a una voz;
que todos están conformes
en que los tiranos mueran.

ESTEBAN
Tomad espadas, lanzones,
ballestas, chuzos[245] y palos.

MENGO
¡Los reyes nuestros señores
vivan!

TODOS
                ¡Vivan muchos años!

MENGO
¡Mueran tiranos traidores!

TODOS
¡Traidores tiranos mueran!
(Vanse todos.)

LAURENCIA
Caminad, que el cielo os oye.
—¡Ah mujeres de la villa!

¡Acudid, por que se cobre[246]
vuestro honor, acudid todas!
(Salen PASCUALA, JACINTA y otras mujeres.)

PASCUALA
¿Qué es esto? ¿De qué das voces?

LAURENCIA
¿No veis cómo todos van
a matar a Fernán Gómez,
y hombres, mozos y muchachos
furiosos al hecho corren?
¿Será bien que solos ellos
de esta hazaña el honor gocen,
pues no son de las mujeres
sus agravios los menores?

JACINTA
Di, pues: ¿qué es lo que pretendes?

LAURENCIA
Que puestas todas en orden,
acometamos a un hecho
que dé espanto a todo el orbe.
Jacinta, tu grande agravio,
que sea cabo, responde
de una escuadra de mujeres.[247]

JACINTA
No son los tuyos menores.

LAURENCIA
Pascuala, alférez[248] serás.

PASCUALA
Pues déjame que enarbole
en un asta la bandera:
verás si merezco el nombre.

LAURENCIA
No hay espacio para eso,
pues la dicha nos socorre:
bien nos basta que llevemos
nuestras tocas por pendones.

PASCUALA
Nombremos un capitán.

LAURENCIA
Eso no.

PASCUALA

    ¿Por qué?

LAURENCIA

                   Que adonde
asiste mi gran valor
no hay Cides ni Rodamontes.[249]
(*Vanse*)

         Sala en casa del Comendador.

(*Sale* FRONDOSO, *atadas las manos;* FLORES, ORTUÑO, CIMBRANOS *y el* COMENDADOR.)

COMENDADOR

De ese cordel que de las manos sobra
quiero que le colguéis, por mayor pena.

FRONDOSO

¡Qué nombre, gran señor, tu sangre cobra![250]

COMENDADOR

Colgadle luego en la primera almena.

FRONDOSO

Nunca fue mi intención poner por obra
tu muerte entonces.

FLORES

               Grande ruido suena.

(*Ruido suene.*)

COMENDADOR

¿Ruido?

FLORES

      Y de manera que interrumpen
tu justicia, señor.

ORTUÑO

            Las puertas rompen.

(*Ruido.*)

COMENDADOR

¡La puerta de mi casa, y siendo casa
de la encomienda![251]

FLORES

            El pueblo junto viene.

JUAN, *dentro*

¡Rompe, derriba, hunde, quema, abrasa!

ORTUÑO

Un popular motín mal se detiene.

COMENDADOR

¡El pueblo contra mí!

FLORES

           La furia pasa
tan adelante, que las puertas tiene
echadas por la tierra.

COMENDADOR

             Desatalde.
Templa, Frondoso, ese villano alcalde.

FRONDOSO

Yo voy, señor; que amor les ha movido.
(*Vase.*)

MENGO, *dentro*

¡Vivan Fernando e Isabel, y mueran
los traidores!

FLORES

           Señor, por Dios te pido
que no te hallen aquí.

COMENDADOR

         Si perseveran,
este aposento es fuerte y defendido.
Ellos se volverán.

[243] **Descoge** Unfurl. [244] **inormes** monsters. [245] **chuzos** pikes. [246] **se cobre** be recuperated. [247] **Jacinta ... mujeres**: Jacinta, corresponde que tu grande agravio (affront) sea cabo (corporal) de una escuadra (squad) de mujeres. (i.e. the insult you received makes you a corporal ...). [248] **alférez** standard-bearer officer. [249] **Cides ni Rodamontes** refers to «El Cid» and to Rodamontes, a braggart character in *Orlando Furioso* by Ariosto. [250] **¡Qué ... cobra!** What a title you are adding to your family's glory! [251] **casa de la encomienda** property of the Military Order.

FLORES
                    Cuando se alteran
los pueblos agraviados, y resuelven,[252]
nunca sin sangre o sin venganza vuelven.

COMENDADOR
En esta puerta, así como rastrillo,[253]
su furor con las armas defendamos.

FRONDOSO, *dentro*
¡Viva Fuenteovejuna!

COMENDADOR
                    ¡Qué caudillo!
Estoy por que a su furia acometamos.

FLORES
De la tuya, señor, me maravillo.

ESTEBAN
Ya el tirano y los cómplices miramos.
¡Fuenteovejuna, y los tiranos mueran!
(*Salen todos.*)

COMENDADOR
Pueblo, esperad.

TODOS
                    Agravios nunca esperan.

COMENDADOR
Decídmelos a mí, que iré pagando
a fe de caballero esos errores.

TODOS
¡Fuenteovejuna! ¡Viva el rey Fernando!
¡Mueran malos cristianos y traidores!

COMENDADOR
¿No me queréis oír? Yo estoy hablando,
yo soy vuestro señor.

TODOS
                    Nuestros señores
son los Reyes Católicos.

COMENDADOR
                    Espera.

TODOS
¡Fuenteovejuna, y Fernán Gómez muera!
(*Vanse, y salen las mujeres armadas.*)

LAURENCIA
Parad en este puesto de esperanzas,
soldados atrevidos, no mujeres.

PASCUALA
Los que mujeres son en las venganzas,
en él beban su sangre es bien que esperes.[253a]

JACINTA
Su cuerpo recojamos en las lanzas.

PASCUALA
Todas son de esos mismos pareceres.

ESTEBAN, *dentro*
¡Muere, traidor Comendador!

COMENDADOR, *dentro*
                    Ya muero.
¡Piedad, Señor, que en tu clemencia espero!

BARRILDO, *dentro*
Aquí está Flores.

MENGO, *dentro*
                    Dale a ese bellaco;
que ése fue el que me dio dos mil azotes.

FRONDOSO, *dentro,*
No me vengo si el alma no le saco.

LAURENCIA
No excusamos entrar.[254]

PASCUALA
                    No te alborotes.
Bien es guardar la puerta.

BARRILDO, *dentro*
                    No me aplaco.
¡Con lágrimas agora, marquesotes![255]

LAURENCIA
Pascuala, yo entro dentro; que la espada
no ha de estar tan sujeta ni envainada.
(*Vase.*)

BARRILDO, *dentro*
Aquí está Ortuño.

FRONDOSO, *dentro*
Córtale la cara.
(*Sale* FLORES *huyendo, y* MENGO *tras él.*)

FLORES
¡Mengo, piedad, que no soy yo el culpado!

MENGO
Cuando[256] ser alcahuete no bastara,
bastaba haberme el pícaro azotado.

PASCUALA
Dánoslo a las mujeres, Mengo, para . . .
Acaba, por tu vida.

MENGO
Ya está dado;
que no le quiero yo mayor castigo.

PASCUALA
Vengaré tus azotes.

MENGO
Eso digo.

JACINTA
¡Ea, muera el traidor!

FLORES
¡Entre mujeres!

JACINTA
¿No le viene muy ancho?

PASCUALA
¿Aqueso lloras?[257]

JACINTA
Muere, concertador de sus placeres.

LAURENCIA
¡Ea, muera el traidor!

FLORES
¡Piedad, señoras!
(*Sale* ORTUÑO *huyendo de* LAURENCIA.)

ORTUÑO
Mira que no soy yo . . .

LAURENCIA
Ya sé quién eres.—
Entrad, teñid las armas vencedoras
en estos viles.

PASCUALA
Moriré matando.

TODAS
¡Fuenteovejuna, y viva el rey Fernando!
(*Vanse.*)

Habitación de los Reyes Católicos en Toro.

(*Salen el* REY DON FERNANDO *y la reina doña* ISABEL, *y*
DON MANRIQUE, *maestre.*)

MANRIQUE
De modo la prevención
fue, que el efeto esperado
llegamos a ver logrado
con poca contradición.
Hubo poca resistencia;
y supuesto que[258] la hubiera
sin duda ninguna fuera
de poca o ninguna esencia.
Queda el de Cabra ocupado
en conservación del puesto,
por si volviere dispuesto
a él el contrario osado.

REY
Discreto el acuerdo fue,
y que asista es conveniente,
y reformando la gente,
el paso tomado esté.

---

[252] **resuelven** they decide (to take justice in their hands.) [253] **así . . . rastrillo** like a portcullis. [253a] **Los que . . . esperes** Be ready to see them (Fuenteovejuna's women) 1) act as women when taking revenge, and 2) drink his (the Comendador's) blood. [254] **No . . . entrar** it's necessary for us to enter. [255] **marquesotes** you fops. [256] **Cuando** = Si If. [257] **¿Aqueso lloras?** You lament that (i.e. to be killed by us women?). [258] **supuesto que** aunque.

Que con eso se asegura
no podernos hacer mal
Alfonso, que en Portugal
tomar la fuerza procura.
    Y el de Cabra es bien que esté
en ese sitio asistente,[259]
y como tan diligente,
muestras de su valor dé;
    porque con esto asegura
el daño que nos recela,[260]
y como fiel centinela
el bien del reino procura.
    (*Sale* FLORES, *herido.*)

FLORES
    Católico rey Fernando,
a quien el cielo concede
la corona de Castilla,
como a varón excelente:
oye la mayor crueldad
que se ha visto entre las gentes
desde donde nace el sol
hasta donde se escurece.

REY
Repórtate.

FLORES
                Rey supremo,
mis heridas no consienten
dilatar el triste caso,
por ser mi vida tan breve.
De Fuenteovejuna vengo,
donde, con pecho inclemente,
los vecinos de la villa
a su señor dieron muerte.
Muerto Fernán Gómez queda
por sus súbditos aleves;
que vasallos indignados
con leve causa se atreven.
En título de tirano
le acumula todo el plebe,[261]
y a la fuerza de esta voz
el hecho fiero acometen;
y quebrantando su casa,
no atendiendo a que se ofrece

por la fe de caballero
a que pagará a quien debe,
no sólo no le escucharon,
pero con furia impaciente
rompen el cruzado pecho[262]
con mil heridas crueles,
y por las altas ventanas
le hacen que al suelo vuele,
adonde en picas y espadas
le recogen las mujeres.
Llévanle a una casa muerto
y a porfía,[263] quien más puede
mesa su barba[264] y cabello,
y apriesa su rostro hieren.
En efeto fue la furia
tan grande que en ellos crece,
que las mayores tajadas[265]
las orejas a ser vienen.
Sus armas borran con picas[266]
y a voces dicen que quieren
tus reales armas fijar,
porque aquéllas les ofenden.
Saqueáronle la casa,
cual si de enemigos fuese,
y gozosos entre todos
han repartido sus bienes.
Lo dicho he visto escondido,
porque mi infelice suerte
en tal trance no permite
que mi vida se perdiese;
y así estuve todo el día
hasta que la noche viene,
y salir pude escondido
para que cuenta te diese.
Haz, señor, pues eres justo,
que la justa pena lleven
de tan riguroso caso
los bárbaros delincuentes:
mira que su sangre[267] a voces
pide que tu rigor prueben.

REY
Estar puedes confiado
que si castigo no queden.
El triste suceso ha sido

tal, que admirado me tiene,
y que vaya luego un juez
que lo averigüe conviene
y castigue los culpados
para ejemplo de las gentes.
Vaya un capitán con él,
por que seguridad lleve;
que tan grande atrevimiento
castigo ejemplar requiere;
y curad a ese soldado
de las heridas que tiene.
        (*Vanse.*)

                Plaza en Fuente Ovejuna.

(*Salen los labradores y las labradoras, con la cabeza de*
FERNÁN GÓMEZ *en una lanza.*)

MÚSICOS, *cantan*
        ¡Muchos años vivan
Isabel y Fernando,
y mueran los tiranos!

    BARRILDO
    Diga su copla Frondoso.

    FRONDOSO
    Ya va mi copla, a la fe;
    si le faltare algún pie,[268]
    enmiéndelo el más curioso.
        «¡Vivan la bella Isabel,
    y Fernando de Aragón
    pues, que para en uno son,
    él con ella, ella con él!
    A los cielos San Miguel
    lleve a los dos de las manos.
    ¡Vivan muchos años,
    y mueran los tiranos!»

    LAURENCIA
    Diga Barrildo.

    BARRILDO
                    Ya va;
    que a fe que la he pensado.

    PASCUALA
    Si la dices con cuidado,
    buena y rebuena será.

    BARRILDO
        «¡Vivan los reyes famosos
    muchos años, pues que tienen
    la vitoria, y a ser vienen
    nuestros dueños venturosos!
    Salgan siempre vitoriosos
    de gigantes y de enanos
    y ¡mueran los tiranos!»

    MÚSICOS, *cantan*
        ¡Muchos años vivan
    Isabel y Fernando,
    y mueran los tiranos!

    LAURENCIA
    Diga Mengo.

    FRONDOSO
                Mengo diga.

    MENGO
    Yo soy poeta donado.[269]

    PASCUALA
    Mejor dirás lastimado
    del envés[270] de la barriga.

[259] **en . . . asistente** be ready in that position.
[260] **nos recela** that threatens us. [261] **En . . . plebe** Under
the name (excuse) of a tyrant the townsfolk accuse him of
everything. [262] **cruzado becho** chest adorned with the
cross. [263] **a porfía** in competition. [264] **mesa su barba**
plucks his beard. [265] **tajadas** slices. [266] **Sus . . . picas**
They erase (chip) his coat of arms with their pikes. [267] **su
sangre** his (the comendador's) blood. [268] **pie** line.
[269] **poeta donado** amateur poet («donado», a lay brother in
a religious order). [270] **envés** other side.

MENGO
«Una mañana en domingo
me mandó azotar aquél,
de manera que el rabel
daba espantoso respingo;
pero agora que los pringo
¡vivan los reyes cristiánigos,
y mueran los tiránigos!»²⁷¹

MÚSICOS
¡Vivan muchos años!

ESTEBAN
Quita la cabeza allá.

MENGO
Cara tiene de ahorcado.
(*Saca un escudo* JUAN ROJO *con las armas* [*reales*].)

REGIDOR
Ya las armas han llegado.

ESTEBAN
Mostrá²⁷² las armas acá.

JUAN
¿Adónde se han de poner?

REGIDOR
Aquí, en el Ayuntamiento.

ESTEBAN
¡Bravo escudo!

BARRILDO
                    ¡Qué contento!

FRONDOSO
Ya comienza a amanecer,
con este sol, nuestro día.

ESTEBAN
¡Vivan Castilla y León,
y las barras de Aragón,
y muera la tiranía!
Advertid, Fuenteovejuna,
a las palabras de un viejo;
que el admitir su consejo
no ha dañado vez ninguna.

Los reyes han de querer
averiguar este caso,
y más tan cerca del paso
y jornada que han de hacer.²⁷³
Concertaos todos a una
en lo que habéis de decir.

FRONDOSO
¿Qué es tu consejo?

ESTEBAN
                              Morir
diciendo *Fuenteovejuna*,
y a nadie saquen de aquí.²⁷⁴

FRONDOSO
Es el camino derecho...
Fuenteovejuna lo ha hecho.

ESTEBAN
¿Queréis responder así?

TODOS
                              Sí.

ESTEBAN
Ahora pues, yo quiero ser
agora el pesquisidor,
para ensayarnos mejor
en lo que habemos de hacer.
Sea Mengo el que esté puesto
en el tormento.

MENGO
                    ¿No hallaste
otro más flaco?²⁷⁵

ESTEBAN
                    ¿Pensaste
que era de veras?

MENGO
                    Di presto.

ESTEBAN
¿Quién mató al Comendador?

MENGO
Fuenteovejuna lo hizo.

ESTEBAN
Perro, ¿si te martirizo?

MENGO
Aunque me matéis señor.

ESTEBAN
Confiesa, ladrón.

MENGO
                    Confieso.

ESTEBAN
Pues ¿quién fue?

MENGO
                    Fuenteovejuna

ESTEBAN
Dalde otra vuelta.[276]

MENGO
                    Es ninguna.

ESTEBAN
Cagajón[277] para el proceso.
(*Sale el* REGIDOR.)

REGIDOR
¿Qué hacéis de esta suerte aquí?

FRONDOSO
¿Qué ha sucedido, Cuadrado?

REGIDOR
Pesquisidor ha llegado.

ESTEBAN
Echá todos por ahí.[278]

REGIDOR
Con él viene un capitán.

ESTEBAN
Venga el diablo: ya sabéis
lo que responder tenéis.

REGIDOR
El pueblo prendiendo van,
sin dejar alma ninguna.

ESTEBAN
Que no hay que tener temor.
¿Quién mató al Comendador,
Mengo?

MENGO
                    ¿Quien? Fuenteovejuna.
(*Vanse.*)

Habitación del Maestre de Calatrava en Almagro.

(*Salen el* MAESTRE *y un* SOLDADO.)

MAESTRE
¡Que tal caso ha sucedido!
Infelice fue su suerte.
Estoy por darte la muerte
por la nueva que has traído.

SOLDADO
Yo, señor, soy mensajero,
y enojarte no es mi intento.

MAESTRE
¡Que a tal tuvo atrevimiento
un pueblo enojado y fiero!
    Iré con quinientos hombres
y la villa he de asolar;
en ella no ha de quedar
ni aun memoria de los nombres.

SOLDADO
Señor, tu enojo reporta;
porque ellos al rey se han dado,
y no tener enojado
al rey es lo que te importa.

---

[271] **el rabel ... tiránigos** the rebec [musical instrument; also his back side] winced horribly, but now that I baste them, long life to the Christian Monarchs and down with the tyrants!   [272] **Mostrá** mostrad.   [273] **más ... hacer** especially since it (the revolt) happened so close to the road of the journey they are to undertake.   [274] **a nadie ... aquí** let nobody say anything else.   [275] **más flaco** somebody skinnier.   [276] **otra vuelta** another turn (on the rack).   [277] **Cagajón** Mule dung.   [278] **Echá ... ahí** Let's go.

MAESTRE

¿Cómo al rey se pueden dar,
si de la encomienda son?

SOLDADO

Con él sobre esa razón
podrás luego pleitear.

MAESTRE

Por pleito ¿cuándo salió
lo qué él le entregó en sus manos?[279]
Son señores soberanos,
y tal reconozco yo.
    Por saber que al rey se han dado
se reportará mi enojo,
y ver su presencia escojo
por lo más bien acertado;
    que puesto que tenga culpa
en casos de gravedad,
en todo mi poca edad
viene a ser quien me disculpa.
    Con vergüenza voy; mas es
honor quien puede obligarme,
e importa no descuidarme
en tan honrado interés.
    (*Vanse.*)

Plaza de Fuente Ovejuna.

(*Sale* LAURENCIA *sola.*)

Amando, recelar daño en lo amado
nueva pena de amor se considera;
que quien en lo que ama daño espera
aumenta en el temor nuevo cuidado.
El firme pensamiento desvelado,
si le aflige el temor, fácil se altera;
que no es a firme fe pena ligera[280]
ver llevar el temor el bien robado.
Mi esposo adoro; la ocasión que veo
al temor de su daño me condena,
si no le ayuda la felice suerte.
Al bien suyo se inclina mi deseo:
si está presente, está cierta mi pena;
si está en ausencia, está cierta mi muerte.
    (*Sale* FRONDOSO.)

FRONDOSO

¡Mi Laurencia!

LAURENCIA

                ¡Esposo amado!
¿Cómo a estar aquí te atreves?

FRONDOSO

¿Esas resistencias debes
a mi amoroso cuidado?

LAURENCIA

Mi bien, procura guardarte,
porque tu daño recelo.

FRONDOSO

No quiera, Laurencia, el cielo
que tal llegue a disgustarte.

LAURENCIA

¿No temes ver el rigor
que por los demás sucede,
y el furor con que procede
aqueste pesquisidor?
    Procura guardar la vida.
Huye, tu daño no esperes.

FRONDOSO

¿Cómo que procure quieres
cosa tan mal recibida?
    ¿Es bien que los demás deje
en el peligro presente
y de tu vista me ausente?
No me mandes que me aleje;
    porque no es puesto en razón
que por evitar mi daño,
sea con mi sangre extraño[281]
en tan terrible ocasión.
    (*Voces dentro.*)
    Voces parece que he oído,
y son, si yo mal no siento,
de alguno que dan tormento.
Oye con atento oído.
    (*Dice dentro el* JUEZ *y responden.*)

JUEZ

Decid la verdad, buen viejo.

FRONDOSO
Un viejo, Laurencia mía,
atormentan.

LAURENCIA
              ¡Qué porfía!

ESTEBAN
Déjenme un poco.

JUEZ
                  Ya os dejo.
Decid: ¿quién mató a Fernando?

ESTEBAN
Fuenteovejuna lo hizo.

LAURENCIA
Tu nombre, padre, eternizo.
. . . . .²⁸²

FRONDOSO
¡Bravo caso!

JUEZ
                  Ese muchacho
aprieta. Perro, yo sé
que lo sabes. Di quién fue.
¿Callas? Aprieta, borracho.

NIÑO
Fuenteovejuna, señor.

JUEZ
¡Por vida del rey, villanos,
que os ahorque con mis manos!
¿Quien mató el Comendador?

FRONDOSO
¡Que a un niño le den tormento
y niegue de aquesta suerte!

LAURENCIA
¡Bravo pueblo!

FRONDOSO
                  Bravo y fuerte.

JUEZ
Esa mujer al momento
en ese potro tened.
Dale esa mancuerda²⁸³ luego.

LAURENCIA
Ya está de cólera ciego.

JUEZ
Que os he de matar, creed,
en este potro,²⁸⁴ villanos.
¿Quién mató al Comendador?

PASCUALA
Fuenteovejuna, señor.

JUEZ
¡Dale!

FRONDOSO
              Pensamientos vanos.

LAURENCIA
Pascuala niega, Frondoso.

FRONDOSO
Niegan niños: ¿qué te espantas?

JUEZ
Parece que los encantas.
¡Aprieta!

PASCUALA
              ¡Ay cielo piadoso!

JUEZ
¡Aprieta, infame! ¿Estás sordo?

PASCUALA
Fuenteovejuna lo hizo.

---

²⁷⁹ **Por . . . manos?** Who has ever seen coming back from the King's hands through litigation anything a town has given to him?   ²⁸⁰ **que . . . ligera** because to a firm love (faith) is not a light suffering.   ²⁸¹ **sea con mi sangre extraño** be an alien to my own people.   ²⁸² missing line.   ²⁸³ **mancuerda** turn of the torture wheel.   ²⁸⁴ **potro** rack.

JUEZ
Traedme aquél más rollizo,
ese desnudo, ese gordo.

LAURENCIA
¡Pobre Mengo! El es sin duda.

FRONDOSO
Temo que ha de confesar.

MENGO
¡Ay, ay!

JUEZ
                Comienza a apretar.

MENGO
¡Ay!

JUEZ
                ¿Es menester ayuda?

MENGO
    ¡Ay, ay!

JUEZ
                ¿Quién mató, villano,
al señor Comendador?

MENGO
¡Ay, yo lo diré, señor!

JUEZ
Afloja un poco la mano.

FRONDOSO
    El confiesa.

JUEZ
                Al palo aplica
la espalda[285]

MENGO
                Quedo; que yo
lo diré.

JUEZ
                ¿Quién lo mató?

MENGO
Señor, Fuenteovejunica.

JUEZ
    ¿Hay tan gran bellaquería?
Del dolor se están burlando.
En quien estaba esperando,
niega con mayor porfía.
    Dejaldos; que estoy cansado.

FRONDOSO
¡Oh Mengo, bien te haga Dios!
Temor que tuve de dos,
el tuyo me le ha quitado.
    (*Salen con* MENGO, BARRILDO *y el* REGIDOR.)

BARRILDO
¡Vítor, Mengo!

REGIDOR
                Y con razón.

BARRILDO
¡Mengo, vítor!

REGIDOR
                Eso digo.

MENGO
¡Ay, ay!

BARRILDO
                Toma, bebe, amigo.
Come.

MENGO
                ¡Ay, ay! ¿Qué es?

BARRILDO
                                Diacitrón.[286]

MENGO
¡Ay, ay!

FRONDOSO
                Echa de beber.[287]

BARRILDO
. . . . .Ya va.[288]

FRONDOSO
Bien lo cuela.[289] Bueno está.

LAURENCIA
Dale otra vez de comer.

MENGO
¡Ay, ay!

BARRILDO
   Esta va por mí.[290]

LAURENCIA
Solemnemente lo embebe.

FRONDOSO
El que bien niega bien bebe.

REGIDOR
¿Quieres otra?

MENGO
    ¡Ay, ay! Sí, sí.

FRONDOSO
Bebe; que bien lo mereces.

LAURENCIA
A vez por vuelta las cuela.[291]

FRONDOSO
Arrópale,[292] que se hiela.

BARRILDO
¿Quieres más?

MENGO
    Sí, otras tres veces.
¡Ay, ay!

FRONDOSO
    Si hay vino pregunta[293]

BARRILDO
Sí, hay: bebe a tu placer;
que quien niega ha de beber.
¿Qué tiene?[294]

MENGO
    Una cierta punta.
Vamos; que me arromadizo.[295]

FRONDOSO
Que beba, que éste es mejor.
¿Quién mató al Comendador?

MENGO
Fuenteovejunica lo hizo.
 (Vanse.)

FRONDOSO
Justo es que honores le den.
Pero decidme, mi amor,
¿quién mató al Comendador?

LAURENCIA
Fuenteovejuna, mi bien.

FRONDOSO
¿Quién le mató?

LAURENCIA
    Dasme espanto.
Pues Fuenteovejuna fue.

FRONDOSO
Y yo ¿con qué te maté?

LAURENCIA
¿Con qué? Con quererte tanto.
 (Vanse.)

[285] **Al . . . espalda** Press his shoulders against the table. [286] **Diacitrón** Sweet cider. [287] **Echa de beber** Pour more. [288] missing part of the line. [289] **Bien lo cuela** He gulps it down beautifully. [290] **Esta** (vez) **va por mí** This time he drinks to my health. [291] **A vez . . . cuela** He drinks once per turn he gets (on the torture wheel). [292] **Arrópale** Cover him (with his clothes). [293] **Si hay vino pregunta** play on words between «ay» and «hay». Mengo means «¡ay, ay!». Frondoso jokes: "Mengo is asking, ¿hay, hay vino?". [294] **¿Qué tiene?** Mengo must have made a grimace because of the sour taste of the wine. [295] **Una . . . arromadizo** (The wine is) a little fermented. Quick; I am catching cold. (The wine) it's on the turn.

Habitación de los Reyes en Tordesillas.

(*Salen el rey y la reina y* MANRIQUE [*luego*].)

ISABEL
No entendí, señor, hallaros[296]
aquí, y es buena mi suerte.

REY
En nueva gloria convierte
mi vista el bien de miraros.
    Iba a Portugal de paso
y llegar aquí fue fuerza.

ISABEL
Vuestra majestad le tuerza,[297]
siendo conveniente el caso.

REY
    ¿Cómo dejáis a Castilla?

ISABEL
En paz queda, quieta y llana.

REY
Siendo vos la que la allana
no lo tengo a maravilla.
(*Sale don* MANRIQUE.)

MANRIQUE
    Para ver vuestra presencia
el maestre de Calatrava,
que aquí de llegar acaba,
pide que le deis licencia.

ISABEL
    Verle tenía deseado.

MANRIQUE
Mi fe, señora, os empeño,
que, aunque es en edad pequeño,
es valeroso soldado.
(*Vase, y sale el* MAESTRE.)

MAESTRE
    Rodrigo Téllez Girón,[298]
que de loaros no acaba,
maestre de Calatrava,
os pide humilde perdón.

Confieso que fui engañado,
y que excedí de lo justo
en cosas de vuestro gusto,
como mal aconsejado.
    El consejo de Fernando[299]
y el interés me engañó,
injusto fiel; y ansí, yo
perdón humilde os demando.
    Y si recebir merezco
esta merced que suplico,
desde aquí me certifico
en que a serviros me ofrezco,
    y que en aquesta jornada
de Granada, adonde vais,
os prometo que veáis
el valor que hay en mi espada;
    donde sacándola apenas,
dándoles fieras congojas,[300]
plantaré mis cruces rojas
sobre sus altas almenas;
    y más, quinientos soldados
en serviros emplearé,
junto con la firma y fe
de en mi vida disgustaros.

REY
    Alzad, maestre, del suelo;
que siempre que hayáis venido,
seréis muy bien recibido.

MAESTRE
Sois de afligidos consuelo.

ISABEL
    Vos con valor peregrino
sabéis bien decir y hacer.

MAESTRE
Vos sois una bella Ester
y vos un Jerjes divino.[301]
(*Sale* MANRIQUE.)

MANRIQUE
    Señor, el pesquisidor
que a Fuenteovejuna ha ido
con el despacho ha venido
a verse ante tu valor.

REY
Sed juez destos agresores.

MAESTRE
Si a vos, señor, no mirara,
sin duda les enseñara
a matar comendadores.

REY
Eso ya no os toca a vos.

ISABEL
Yo confieso que he de ver
el cargo en vuestro poder,
si me lo concede Dios.
(*Sale el* JUEZ.)

JUEZ
  A Fuenteovejuna fui
de la suerte que has mandado
y con especial cuidado
y diligencia asistí.
  Haciendo averiguación
del cometido delito,
una hoja no se ha escrito
que sea en comprobación;
  porque conformes a una,
con un valeroso pecho,
en pidiendo[302] quién lo ha hecho,
responden: «Fuenteovejuna».
  Trescientos he atormentado
con no pequeño rigor,
y te prometo, señor,
que más que esto no he sacado.
  Hasta niños de diez años
al potro arrimé, y no ha sido
posible haberlo inquirido[303]
ni por halagos ni engaños.
  Y pues tan mal se acomoda
el poderlo averiguar,
o los has de perdonar,
o matar la villa toda.
  Todos vienen ante ti
para más certificarte:
de ellos podrás informarte.

REY
Que entren, pues vienen, les di.[304]
(*Salen los dos alcaldes,* FRONDOSO, *las mujeres y los
villanos que quisieren.*)

LAURENCIA
¿Aquestos los reyes son?

FRONDOSO
Y en Castilla poderosos.

LAURENCIA
Por mi fe, que son hermosos:
¡bendígalos San Antón!

ISABEL
¿Los agresores son éstos?

ESTEBAN
Fuenteovejuna, señora,
que humildes llegan agora
para serviros dispuestos.
  La sobrada tiranía
y el insufrible rigor
del muerto Comendador,
que mil insultos hacía,
  fue el autor de tanto daño.
Las haciendas nos robaba
y las doncellas forzaba,
siendo de piedad extraño.[305]

FRONDOSO
  Tanto, que aquesta zagala,
que el cielo me ha concedido,
en que tan dichoso he sido
que nadie en dicha me iguala,

[296] **No entendí . . . hallaros** I did not expect to find
you.   [297] **le tuerza** (el paso) turn aside (from the road).
[298] This episode of the «sumisión del Maestre de Calatrava» to
the Catholic Monarchs is historically true; he was loyal to
them from then on, and died in 1482 while besieging the
Moorish town of Loja.   [299] **Fernando** the Comendador.
[300] **dándoles . . . congojas** giving (the Moors) a very hard
time.   [301] Xerxes and Esther, King and Queen of Persia.
[302] **en pidiendo** when asking.   [303] **inquirido** verified.
[304] **les di** diles.   [305] **siendo . . . extraño** not knowing
himself what mercy was.

cuando conmigo casó,
aquella noche primera,
mejor que si suya fuera,
a su casa la llevó;
    y a no saberse guardar
ella, que en virtud florece,
ya manifiesto parece
lo que pudiera pasar.

MENGO
    ¿No es ya tiempo que hable yo?
Si me dais licencia, entiendo
que os admiraréis, sabiendo
del modo que me trató.
    Porque quise defender
una moza de[306] su gente,
que con término insolente
fuerza la querían hacer,
    aquel perverso Nerón
de manera me ha tratado,
que el reverso me ha dejado
como rueda de salmón.

    Tocaron mis atabales
tres hombres con tal porfía,
que aún pienso que todavía
me duran los cardenales.
    Gasté en este mal prolijo,
por que el cuero se me curta,

polvos de arrayán y murta
más que vale mi cortijo.[307]

ESTEBAN
    Señor, tuyos ser queremos.
Rey nuestro eres natural,
y con título de tal
ya tus armas puesto habemos.
    Esperamos tu clemencia
y que veas esperamos
que en este caso te damos
por abono la inocencia.

REY
    Pues no puede averiguarse
el suceso por escrito,
aunque fue grave el delito,
por fuerza ha de perdonarse.
    Y la villa es bien se quede
en mí, pues de mí se vale,[308]
hasta ver si acaso sale
comendador que la herede.

FRONDOSO
    Su majestad habla, en fin,
como quien tanto ha acertado.
Y aquí, discreto senado,[309]
Fuenteovejuna da fin.

Trabajo en plata, España, siglos XVI–XVII. Caja para la hostia. The Metropolitan Museum of Art, Rogers Fund, 1907.

Filler 22

D. LA POESÍA LÍRICA DEL SIGLO XVII

Góngora (1561–1627)

Luis de Góngora nació en Córdoba y allí vivió la mayor parte de su vida. Por nacimiento y residencia, y por su arte, es un poeta andaluz. De joven estudió en la universidad de Salamanca, pero pronto regresó a Córdoba. Allí, en 1585, se hizo sacerdote y fue nombrado racionero de la catedral. Son famosos y le retratan bien, los cargos que en 1589 le hizo su obispo: asistir poco al coro; andar de aquí para allá cuando asistía, saliendo con frecuencia de su silla; hablar mucho durante el oficio divino; ir a los toros (estando prohibido a los clérigos hacerlo); vivir «como muy mozo»; tratar con representantes de comedias; y escribir coplas profanas. La graciosa contestación que don Luis hizo a estos cargos le retrata tan bien como los mismos cargos. Por ejemplo, al cargo de que hablaba demasiado contestó: «Que he estado siempre en las Horas con tanto silencio como el que más, porque aun cuando quiera no estar con el que se me manda, tengo a mis lados un sordo y uno que jamás cesa de cantar, y así callo, por no tener quien me responda». En 1603, estuvo en Valladolid, residencia entonces de la Corte, y allí comenzó una guerra literaria entre él y Quevedo. Ya antes había chocado con Lope. Los dos serán enemigos suyos. Conservamos abundantes poemas satíricos cruzados entre aquéllos y Góngora. La guerra se acentúa durante la residencia de Góngora en Madrid (ahora Corte), de 1617 a 1626. Ello no es obstáculo para que tanto Lope como Quevedo reconocieran el talento de Góngora, y hasta se dejaran influir en ocasiones. En 1626, Góngora, enfermo y amargado por problemas económicos que no logra

resolver, vuelve a Granada. Allí moriría al año siguiente. A finales de ese mismo año aparecieron sus obras poéticas editadas por Juan López de Vicuña con este título: *Obras en verso del Homero español*.

La fama y la influencia de Góngora fue extraordinaria en el siglo XVII y continuó durante la primera mitad del XVIII. Tuvo en seguida comentaristas de sus obras, como si se tratara de un poeta clásico y antiguo. A partir de 1737, en que Luzán publica su *Poética* (una preceptiva neoclásica), comienza la reacción contra Góngora y esa actitud negativa dura hasta fines del XIX. Por supuesto, la condenación se refiere a sus obras *difíciles*, especialmente a las *Soledades* y al *Polifemo* (*Fábula de Polifemo y Galatea*); sus obras más fáciles, y sobre todo los romances y las letrillas, siempre fueron gustados. La poesía difícil, sin embargo no solo era condenada sino que llegó a no entendérsela. Menéndez Pelayo, uno de los más grandes críticos de la literatura española, decía en 1894: «Góngora . . . llegó en su última época al nihilismo poético, a escribir versos sin idea y sin asunto, como meras manchas de color o como mera sucesión de sonidos». Sin embargo, esa poesía, como supieron bien los

---

[306] **de** against (from the attacks of).   [307] **Gasté . . . cortijo** I spent on this long pain of mine, so my hide would get tanned, a lot of powder and myrtle, worth more than my farm.   [308] **de . . . vale** looks to me for protection. [309] **discreto senado** [addressed to the audience] discreet audience.

Grabado de Luis de Góngora hecho sobra el cuadro por Velázquez
que se conserva en el Boston Museum.

contemporáneos de Góngora, y como pronto se iba a volver a saber (a partir de 1927), tenía, por supuesto, una idea y un asunto, aunque expresados por medio de un lenguaje poético sumamente alejado del lenguaje llano y usual. La reivindicación de Góngora comenzó a fines del siglo XIX con los simbolistas franceses. Verlaine gustaba enormemente de un verso de las *Soledades*: «A batallas de amor, campo de pluma», y lo puso al frente de una de sus poesías. Aunque, apenas sin habérsele leído, Góngora, su nombre, comienza otra vez a sonar entre los poetas. Lo que había llevado a él era precisamente su rareza, su condición de poeta proscrito y maldito. La reivindicación gongorina de 1927 fue algo distinto. En ese año se celebró el tercer centenario de la muerte del poeta. Un brillante grupo de poetas, entonces jóvenes, escoge a Góngora como poeta-símbolo de su generación. La generación ha quedado bautizada con el nombre de «Generación de 1927»: es la integrada por Lorca, Alberti, Salinas, Guillén, Dámaso Alonso, Gerardo Diego, Cernuda, Aleixandre, etc. Aparte de la reivindicación poética, se hacen entonces algunos estudios fundamentales de las obras de Góngora. El más importante, sin duda, fue la edición de las *Soledades* (acompañada de una versión en prosa), publicada por Dámaso Alonso en 1927.

Hoy, el entendimiento de Góngora está logrado. Su puesto en cualquier antología fundamental de la literatura española es inamovible . . . Pero, la *actualidad* de Góngora está en baja, como los mismos poetas que lo defendieron en 1927 están de acuerdo en señalar. No es que los valores estéticos de la poesía gongorina hayan desaparecido; es que la poesía actual responde a otros llamamientos y busca otros caminos: una línea más *humana*, menos puramente *estetizante*. El mismo Dámaso Alonso, reivindicador de Góngora en 1927, es esponsable en gran medida de esta nueva línea de preocupaciones *humanas*, con la publicación de su libro *Hijos de la ira*, en 1944. Por eso, hoy resultan más nuestras, más del momento presente, las poesías de Lope y de Quevedo.

¿Cómo es la poesía de Góngora? Ya hemos señalado la existencia de una poesía más fácil y otra más difícil de Góngora. En 1620, el humanista Francisco de Cascales, censurando la oscuridad de ésta última, dijo:

«[Góngora] de príncipe de luz se ha hecho príncipe de tinieblas». La frase se hizo célebre y durante los siglos XVIII y XIX fue proverbial la distinción, alabando al primer príncipe y condenando al segundo. Hoy, conocida la cronología de los poemas de Góngora, se ha señalado que la distinción no es tan tajante: en la primera época, Góngora hace uso de fórmulas características de su época segunda, y en ésta última sigue también escribiendo letrillas, romances, y sonetos de fácil comprensión y lenguaje claro. Podemos también decir que la poesía de Góngora, toda ella, se encuentra dentro de las corrientes estéticas propias de su época. Esto se ve muy claramente en sus letrillas, romances y sonetos (tanto en los de tono serio como en los satíricos y jocosos). Pero también puede verse en sus poemas mayores: las *Soledades* y el *Polifemo*. El estilo de estos poemas es creación propia de nuestro poeta, pero, al crearlo, lo que hace Góngora es intensificar una serie de fórmulas y maneras poéticas que comienzan en el Renacimiento. Así, Góngora está al final de un camino que comienza con Garcilaso y tiene como puente intermedio al sevillano Herrera (ca. 1534–1597). Los elementos característicos de este estilo son: 1) amplio uso de cultismos (neologismos de origen latino y griego), con repetición sistemática de unos cuantos de ellos; 2) sintaxis dislocada y latinizante: alteración del orden normal de colocación de las palabras en la frase, y empleo abundante del hipérbaton; 3) riqueza de imágenes y metáforas; 4) gusto por los elementos sensoriales: color, luz, sonido, tacto, olor; 5) gran número de referencias mitológicas. El resultado es una poesía difícil (la dificultad se considera un mérito), escrita para minorías «cultas», en que lo importante es el goce estético que produce la bella palabra y los elementos sensoriales del lenguaje.

Para esta *Antología* hemos seleccionado 10 sonetos y una bella y barroquísima letrilla religiosa. También hemos incluído unas estrofas de su difícil *Polifemo*, para que el lector pueda conocer de primera mano el estilo del Góngora difícil. Están, pues, en mayoría los sonetos. El soneto le iba bien al arte exigente, aristocrático y medido de don Luis de Góngora, uno de los mayores sonetistas de todos los tiempos. Sus sonetos pueden llegar a ser de una perfección y precisión maravillosas.

1[1] (1582)

De pura honestidad templo sagrado
cuyo bello cimiento y gentil muro[2]
de blanco nácar y alabastro duro
fue por divina mano fabricado;
    pequeña puerta de coral preciado,   5
claras lumbreras[3] de mirar seguro,
que a la esmeralda fina el verde puro
habéis para viriles[4] usurpado;
    soberbio techo, cuyas cimbrias[5] de oro,
al claro sol, en cuanto en torno gira,   10
ornan de luz, coronan de belleza;
    ídolo bello, a quien humilde adoro:
oye piadoso al que por ti suspira,
tus himnos canta y tus virtudes reza.

2 (1582)

Al tramontar[6] del sol, la ninfa mía,   15
de flores despojando el verde llano,
cuantas troncaba la hermosa mano,
tantas el blanco pie crecer hacía.[7]
    Ondeábale el viento que corría
el oro fino[8] con error galano,   20
cual verde hoja de álamo lozano
se mueve al rojo despuntar del día.
    Mas luego que ciñó sus sienes bellas
de los varios despojos de su falda
(término[9] puesto al oro y a la nieve),   25
    juraré que lució más su guirnalda
con ser de flores, la otra ser de estrellas,
que la que ilustra el cielo en luces nueve.[10]

3[11] (1582)

Mientras por competir con tu cabello,
oro bruñido al sol relumbra en vano;[12]   30
mientras con menosprecio en medio el llano
mira tu blanca frente el lilio[13] bello;
    mientras a cada labio, por cogello.[14]
siguen más ojos que al clavel temprano;
y mientras triunfa con desdén lozano   35
del luciente cristal tu gentil cuello:

goza cuello, cabello, labio y frente,
antes que lo que fue en tu edad dorada
oro, lilio, clavel, cristal luciente,
    no sólo en plata o vïola troncada[15]
se vuelva, mas tú y ello juntamente   5
en tierra, en humo, en polvo, en sombra, en nada.

4 (1582)

Ilustre y hermosísima María,[16]
mientras se dejan ver a cualquier hora
en tus mejillas la rosada Aurora,
Febo[17] en tus ojos y en tu frente el día,   10
    y mientras con gentil descortesía
mueve el viento la hebra voladora
que la Arabia en sus venas atesora
y el rico Tajo en sus arenas cría;[18]
    antes que, de la edad Febo eclipsado   15
y el claro día vuelto en noche obscura,
huya la Aurora del mortal nublado;
    antes que lo que hoy es rubio tesoro
venza a la blanca nieve su blancura:
goza, goza el color, la luz, el oro.   20

5 (1584)

La dulce boca que a gustar convida[19]
un humor entre perlas destilado,
y a no invidiar aquel licor sagrado
que a Júpiter ministra el garzón de Ida,[20]
    amantes, no toquéis, si queréis vida,   25
porque entre un labio y otro colorado
Amor está, de su veneno armado,
cual entre flor y flor sierpe[21] escondida.
    No os engañen las rosas[22] que, a la Aurora,
diréis que aljofaradas[23] y olorosas   30
se le cayeron del purpúreo seno:
    manzanas son de Tántalo,[24] y no rosas,
que después huyen del que incitan ahora;
y sólo del amor queda el veneno.

6²⁵ (1585)

A Córdoba

¡Oh excelso muro, oh torres coronadas
de honor, de majestad, de gallardía!
¡Oh gran río,²⁶ gran rey de Andalucía,
de arenas nobles, ya que no doradas²⁷!

¡Oh fértil llano, oh sierras levantadas,   5
que privilegia el cielo y dora el día!
¡Oh siempre glorïosa patria mía,
tanto por plumas cuanto por espadas²⁸!

Si entre aquellas rüinas y despojos
que enriquece Genil y Darro²⁹ baña   10
tu memoria no fue alimento mío,

nunca merezcan mis ausentes ojos
ver tu muro, tus torres y tu río,
tu llano y sierra, ¡oh patria, oh flor de España!

7³⁰ (1594)

Descaminado, enfermo, peregrino,   15
en tenebrosa noche, con pie incierto
la confusión pisando del desierto,
voces en vano dio, pasos sin tino.³¹

---

¹ This sonnet was written in 1582. Góngora's love sonnets of this period are very much in the Petrarchian tradition. This one, addressed to a lady, compares her beauties to a temple. ² **bello . . . muro** beautiful foundation and graceful wall (her legs and body). ³ **lumbreras** windows. ⁴ **viriles viril** is a very fine and transparent glass, used especially as panes for a monstrance (i.e., the vessel in which the consecrated Host is exposed to receive the veneration of the faithful). ⁵ **cimbrias** cradlings. ⁶ **tramontar** pass over the mountain. ⁷ **cuantas . . . hacía** cuantas (flores) cortaba la hermosa mano, otras tantas (flores) el blanco pie hacía crecer. ⁸ **Ondeábale . . . fino** el viento que corría le hacía ondear las hebras de oro fino de su rubio cabello. ⁹ **término** limit. La guirnalda de flores con que ciñó sus sienes servía de límite entre el oro (su cabello) y la nieve (su blanca tez). ¹⁰ **la que . . . nueve** reference to the nine muses, companions of Apollo (the Sun). They are contem-

plated as forming a wreath (**guirnalda**) around the rising sun. ¹¹ The theme in both this sonnet and the following one is the famous theme of *Carpe diem* (Horace), very popular in the Renaissance. It is an invitation addressed to a young maid to enjoy life while still young, and takes inspiration from a poem by the Gallic-Roman poet Ausonius (lived ca. 350 A.D.): «Collige virgo rosas. . .» (Gather rose-buds while young. . .). Remember the sonnet by Garcilaso with the same theme: «En tanto que de rosa y azucena. . .». ¹² **Mientras . . . vano** while to compete with your hair, burnished gold, in the sun, gleams in vain. ¹³ **lilio** = lirio lily. ¹⁴ **cogello** cogerlo. ¹⁵ **viola troncada** crushed violet. ¹⁶ This first line is taken from Garcilaso's "Third Eclogue". ¹⁷ **Febo** Phoebus (the sun). ¹⁸ **hebra . . . cría** the golden hair. Gold was proverbially abundant in Arabia; it also existed in small quantities in the sands of the Spanish river Tagus. ¹⁹ **a gustar convida** invites (one) to taste. ²⁰ **aquel licor . . . Ida** refers to the divine nectar that the gods drank on Mount Olympus. The cupbearer to the gods was Ganymede, a young, handsome Trojan prince who was carried up to Olympus by Zeus. Góngora calls him «garzón de Ida», or "young lad from Ida", after Mount Ida, which is located near Troy. ²¹ **sierpe** serpent. ²² **rosas** here, rosy cheeks. ²³ **aljofaradas** full of little drops or pearls. ²⁴ **Tántalo** Tantalus, because of his atrocious crime (he killed and boiled his own son), was condemned by the gods to perpetual thirst and hunger. He was placed in the middle of a pool in the lower world, but was unable to drink from its waters. Whenever he attempted to quench his thirst, the pool's waters disappeared. Hanging over the pool were fruit trees whose branches were laden with tempting fruit (among them, apples). Each time Tantalus reached out for a fruit, the wind blew the branches beyond his grasp. ²⁵ This sonnet is a beautiful eulogy to Córdova, Góngora's native city. In 1927, when poets, writers and artists were commemorating the third centenary of Góngora's death, Falla, the famous Spanish composer, as well as a fellow «andaluz», wrote music for this sonnet. ²⁶ **gran río** the Guadalquivir river, which flows around Córdova, is Andalucía's most important river. ²⁷ **ya que no doradas** although not containing gold (as the sands of other rivers did, like the Tagus in Castile). ²⁸ **tanto . . . espadas** (glorious) as well for its writers as for its warriors. ²⁹ **Genil, Darro** the names of two rivers in Granada. The sonnet was probably written in that city in 1585. ³⁰ This sonnet has an epigraph in most editions which clarifies its meaning: «De un caminante enfermo que se enamoró donde fue hospedado».We can find in this poem stylistic elements that are characteristic of the later Góngora. ³¹ **voces . . . tino** dio voces en vano y (dio) pasos sin tino (aimless).

Repetido latir, si no vecino,
distinto, oyó de can siempre despierto,[32]
y en pastoral albergue mal cubierto,
piedad halló, si no halló camino.

Salió el sol, y entre armiños escondida,   5
soñolienta beldad con dulce saña
salteó al no bien sano pasajero.

Pagará el hospedaje con la vida;
más le valiera errar en la montaña
que morir de la suerte que yo muero.   10

8[33] (1610)

El Conde mi señor se fue a Napoles;
el Duque mi señor se fue a Francía:
príncipes, buen viaje, que este día

pesadumbre daré a unos caracoles.[34]

Como sobran tan doctos españoles,[35]
a ninguno ofrecí la Musa mía;
a un pobre albergue sí, de Andalucía,
que ha resistido a grandes, digo soles.[36]   5

Con pocos libros libres (libres digo
de expurgaciones) paso y me paseo,
ya que el tiempo me pasa como higo.[37]

No espero en mi verdad lo que no creo;
espero en mi consciencia lo que sigo: 10
mi salvación, que es lo que más deseo.

9 (1620)

Peinaba al sol Belisa sus cabellos
con peine de marfil, con mano bella;

Zurbarán, Francisco de, español (1598–1664). *La Virgen.* Pintura al óleo. 46 x 37 pulgs. The Metropolitan Museum of Art, Fletcher Fund.

mas no se parecía el peine en ella[38]
como se escurecía[39] el sol en ellos.

En cuanto, pues, estuvo sin cogellos,
el cristal sólo, cuyo margen huella,
bebía de una y otra dulce estrella   5
en tinieblas de oro rayos bellos.[40]

Fileno en tanto, no sin armonía,
las Horas acusando,[41] así invocaba
la segunda deidad del tercer cielo[42]:

«Ociosa, amor, será la dicha mía,   10
si lo que debo a plumas de tu aljaba
no lo fomentan plumas de [su] vuelo».[43]

10 (1623)

Menos solicitó veloz saeta
destinada señal, que mordió aguda;[44]
agonal[45] carro por la arena muda   15
no coronó con más silencio meta,

que presurosa corre, que secreta,
a su fin nuestra edad. A quien lo duda,
fiera que sea de razón desnuda,
cada sol repetido es un cometa.[46]   20

¿Confiésalo Cartago,[47] y tú lo ignoras?
Peligro corres, Licio, si porfías
en seguir sombras y abrazar engaños.

Mal te perdonarán a ti las horas:[48]
las horas que limando están los días,   25
los días que royendo están los años.

11[49] (1619)

¿Quién oyó?
¿Quién oyó?
¿Quién ha visto lo que yo?

Yacía la noche cuando   30
las doce a mis ojos dio
el reloj de las estrellas
que es el más cierto reloj;
yacía, digo, la noche,
y en el silencio mayor,   35
una voz dieron los cielos,

[32] **Repetido . . . despierto** oyó repetidos ladridos, no cercanos pero sí inconfundibles, de un can vigilante. [33] This sonnet requires some explanatory comments. In 1610, the Count of Lemos left Madrid for Naples, where he was to act as Viceroy. Góngora (and other writers, like Cervantes) had hoped to accompany the new Viceroy to Naples and to be remunerated for service under him. The Count of Lemos, however, chose Lupercio L. de Argensola (also a poet) to be his secretary, and did not appoint Góngora or Cervantes to any positions. Consequently, neither of them were to go to Naples. In this sonnet, Góngora's disappointment appears through a mask of ironic mockery. The desired positions would have remedied the economic difficulties with which both Góngora and Cervantes were grappling at that time. The Duke to which the poem refers is the Duke of Frías, who went to France to convey the condolence of the Court of Madrid for the assassination of King Henry IV. Note the comic effect intended by the wrong stress on the words **Napóles and Francía** (instead of Nápoles and Francia). [34] **pesadumbre . . . caracoles** I'll give sorrow to some snails (by eating them). [35] This refers to the "learned Spaniards" who had been preferred to him. [36] **a grandes, digo soles** a pun with **grandes** (grandees) and **grandes soles** (great heat). [37] **como higo** unnoticed. [38] **no . . . ella** the (ivory) comb could not be seen in her hand (an allusion to the ivory whiteness of her hand). [39] **escurecía** oscurecía. [40] The elements in this elaborated image are: a fountain (which she is using as a mirror), the lady's hair hanging loose, and her eyes. [41] **las horas acusando** blaming the hours (i.e., the slow passage of time). [42] **la . . . cielo** Cupid, second (in power) only to his mother, Venus, in the **tercer cielo**, the heaven of lovers. [43] **si . . . vuelo** if what I owe to feathers (arrows) of your quiver (i.e., my love for her) is not hastened by the Horae's (Hours) flight (i.e., by the passage of time). **Su** refers to the Horae (Hours), Greek Goddesses of the seasons. (In all editions of Góngora's poetry, the last line reads «*tu* vuelo», probably by mistake if my interpretation is correct.) [44] **Menos . . . aguda** Less swiftly did [the] arrow seek [its] destined target into which it sharply bit. [45] **agonal** related to one of the great national game-festivals in ancient Greece. [46] It was believed that the appearance of a comet was a presage of death. The poem says that each day is like a comet that announces death anew. [47] **¿Confiésalo Cartago** Carthage, though a powerful city, was, nevertheless, destroyed. [48] **Mal . . . horas** the hours will hardly spare you. [49] «Al Nacimiento de Cristo Nuestro Señor».

Amor divino,
que era luz aunque era voz,
divino Amor.
¿Quién oyó?
¿Quién oyó?   5
¿Quién ha visto lo que yo?

Ruiseñor no era del alba
dulce hijo el que se oyó;[50]
viste alas, mas no viste
bulto humano el ruiseñor.   10
De varios, pues, instrumentos,
el confuso acorde son,[51]
gloria dando a las alturas,
    Amor divino,
paz a la tierra anunció,   15
    divino Amor.
    ¿Quién oyó?
    ¿Quién oyó?
¿Quién ha visto lo que yo?

Levantéme a la armonía,   20
y cayendo al esplendor,
o todo me negó a mí,
o todo me negué yo.
Tiranizó mis sentidos
el soberano cantor,   25
el que ni ave ni hombre,
    Amor divino,
era mucho de los dos,
    divino Amor.
    ¿Quién oyó?   30
    ¿Quién oyó?
¿Quién ha visto lo que yo?

Restituídas las cosas
que el éxtasis me escondió,
a blando céfiro hice   35
de mis ovejas pastor.
Dejélas, y en vez de nieve,
pisando una y otra flor,
llegué donde al heno vi,
    Amor divino,   40
peinarle rayos al Sol,
    divino Amor.
    ¿Quién oyó?

    ¿Quién oyó?
¿Quién ha visto lo que yo?

Humilde en llegando até
al pesebre la razón,
que me valió nueva luz,   5
topo ayer y lince hoy.[52]
Oí balar al cordero,
que bramó un tiempo león;[53]
y vi llorar niño ahora,
    Amor divino,   10
al que ha sido siempre Dios,
    divino Amor.
    ¿Quién oyó?
    ¿Quién oyó?
¿Quién ha visto lo que yo?   15

12

Fábula de Polifemo y Galatea (Fragmento)[54]

4[55]

Donde espumoso el mar sicilïano
el pie argenta de plata al Lilibeo
(bóveda o de las fraguas de Vulcano,
o tumba de los huesos de Tifeo),
pálidas señas cenizoso un llano   20
—cuando no del sacrílego deseo—
del duro oficio da. Allí una alta roca
mordaza es a una gruta, de su boca.

5[56]

Guarnición tosca de este escollo duro
troncos robustos son, a cuya greña   25
menos luz debe, menos aire puro
la caverna profunda, que a la peña;
caliginoso lecho, el seno obscuro
ser de la negra noche nos lo enseña
infame turba de nocturnas aves,   30
gimiendo tristes y volando graves.

6[57]

De este, pues, formidable de la tierra
bostezo, el melancólico vacío
a Polifemo, horror de aquella sierra,
bárbara choza es, albergue umbrío
y redil espacioso donde encierra   5
cuanto las cumbres ásperas cabrío
de los montes, esconde: copia bella
que un silbo junta y un peñasco sella.

7

Un monte era de miembros eminente
este (quel de Neptuno hijo fiero,   10
de un ojo ilustra el orbe de su frente,
émulo casi del mayor lucero)
cíclope, a quien el pino más valiente,
bastón, le obedecía, tan ligero,
y al grave peso junco tan delgado,   15
que un día era bastón y otro cayado.

8

Negro el cabello, imitador undoso
de las obscuras aguas del Leteo,
al viento que lo peina proceloso,
vuela sin orden, pende sin aseo;
un torrente es su barba impetüoso,   20
que (adusto hijo de este Pirineo)
su pecho inunda, o tarde, o mal, o en vano
surcada aun de los dedos de su mano.

[50] El que se oyó no era un ruiseñor, dulce hijo del alba.   [51] **son** melody.   [52] **Humilde … hoy** subordinating his reason to his faith in God, he acquires new perception. The mole is blind and the lynx is proverbially known for his acute vision.   [53] **cordero** and **león** both refer to God.   [54] This poem and the *Soledades* are the two longest and most ambitious poems written by Góngora. They are also the most difficult. Despite their difficulty, however, we have considered it appropriate to include here five of the sixty-three stanzas of which this poem consists. We are giving a prose rendering of the first three stanzas and are leaving the last two unchanged in order that the reader may attempt to decipher them for himself. The final two stanzas, let us clarify, are a description of the cyclops Polyphemus.   [55] Donde el mar de Sicilia [Sicily] baña con plateada espuma el pie del monte Lilibeo [Mt. Lilybaeum] (que sirve de bóveda a las fraguas de Vulcano [Vulcan], según una leyenda, o de tumba a los huesos del gigante Tifeo [Typhaeus], según otra leyenda), allí hay un llano cubierto de ceniza, que ofrece señas pálidas (cenicientas) del deseo sacrílego (del gigante Tifeo, que pretendió escalar el cielo), o del duro oficio (de Vulcano). Allí, una alta roca sirve de mordaza a la boca de una gruta.   [56] Troncos robustos sirven de tosco adorno a este duro escollo, y sus pobladas ramas impiden el paso de la luz y del aire puro a la caverna profunda más que lo impide la peña que cubre su entrada. Una infame turba de aves nocturnas, con sus gemidos tristes y su vuelo grave, nos muestra que el oscuro interior de la caverna sirve de lecho caliginoso a la negra noche.   [57] El melancólico vacío de este formidable bostezo de la tierra [la caverna] sirve a Polifemo, horror de aquella sierra, de choza bárbara, albergue umbrío y redil espacioso donde encierra todo el ganado cabrío que cubre las cumbres ásperas de los montes: bello ganado que un silbido junta y un peñasco [el de la cueva] encierra. [**Copia** is a latinism meaning abundance, and is related to the Spanish **copioso** and to the English "copious"].

Lope de Vega (1562–1635)

Lope, además de autor dramático, fue un gran poeta lírico, uno de los tres grandes poetas de la lírica barroca, con Góngora y Quevedo. Los tres se formaron en una tradición común: la renacentista, de Petrarca, Garcilaso y Herrera; y la popular y popularizante de los romances, villancicos y letras para cantar. Góngora y Lope (nacidos en 1561 y 1562 respectivamente) le llevan casi veinte años a Quevedo (nacido en 1580), pero los tres pueden ser incluídos en una misma generación poética. Cuando los tres empiezan a escribir el arte europeo pasaba por un momento de crisis, de transformación. Al optimismo de las primeras generaciones del siglo XVI sucede un estado de cansancio espiritual y empieza a insinuarse el escepticismo y el pesimismo barrocos. La poesía también cambia; en el contenido, en el espíritu, sintoniza con ese nuevo estado de ánimo que caracteriza al Barroco; en lo que hace a la expresión, a la lengua poética, también cambia. La lengua poética, de un modo necesario, tiene que renovarse periódicamente, porque si no, su virtualidad, su eficacia emocional y estética, se desgasta y se pierde. Góngora, Lope y Quevedo, cada uno por su lado, dieron su propia solución a esta necesidad de transformación que la poesía sentía. Ya veremos cómo fue la poesía de Quevedo. Limitémonos ahora a comparar a Góngora con Lope. La comparación es fácil porque ambos poetas, como poetas y como hombres, fueron muy distintos; y esa comparación nos ayudará además a comprender mejor a los dos.

Góngora es un poeta más cerebral, más aristocrático, selecciona más. Lope es siempre más impulsivo y abierto, más «fácil», más torrencial.

Góngora creía en una poesía difícil, exacta, exigente, minoritaria. Más de una vez censuró o se burló de la facilidad y torrencialidad de Lope:

> Hanme dicho que dices de repente
> y que de tu decir estás pagado . . .

> Potro es gallardo, pero va sin freno . . .

> Patos de la aguachirle castellana,
> que de su rudo origen fácil riega
> y tal vez dulce inunda nuestra Vega,
> con razón Vega por lo siempre llana . . .

(*Aguachirle* es algún líquido o bebida de poca sustancia; *vega*, además del apellido de Lope, es una llanura o "plain"). Lope por su parte satirizaría la oscuridad y la extraña sintaxis gongorina:

> Inés, tus bellos ya me matan, ojos,
> y al alma, roban pensamientos, mía,
> desde aquel triste, que te vieron, día,
> no tan crueles, por tu causa, enojos . . .

Sin embargo, Lope admiró la *elegancia*, el *ingenio* y la *cultura* de su rival, y rehuyó el combate directo, poniendo la culpa de los excesos más en los seguidores de Góngora que en él mismo. En cambio, Góngora fue siempre al ataque directo y personal contra Lope. (En cuanto al tercero en discordia, Quevedo, fue amigo de Lope y encarnizado enemigo de Góngora. En sus mutuos ataques, Góngora y Quevedo llegaron a límites extremos de mordacidad e ingenio).

Es cierto que Lope resulta a veces demasiado «vega», demasiado fácil; el lector moderno concuerda en esto con Góngora. La excesiva *facilidad* que le reprochamos a Lope no es, por supuesto, la facilidad de sus versos en cuanto a la comprensión de la lengua; nos referimos a otra cosa: a la falta de hondura, a la superficialidad de muchos de sus versos. Lope publicó varios libros de poesía y dejó diseminados en sus muchísimas comedias innumerables poemas. Claro está que, ante tal abundancia, la calidad ha de ser desigual, y hay en Lope muchos poemas anodinos y triviales.

Pero Lope tuvo una gran intuición, o al menos escribió como si la tuviera: que todo puede ser tema poético (lo cual ensanchó tremendamente la temática tradicional), y que la vida (con sus momentos grandes y pequeños) es una gran cantera de temas aprovechables en poesía. Lope todo lo ponía en verso: sus amores, sus pequeñas alegrías, sus tristezas, sus desgracias familiares, su vida casera y cotidiana. . . Esto nos lo acerca hoy poética y humanamente. Pero, además, hay otros muchos elementos que concurren para hacer de Lope un gran poeta: 1) La gracia de su decir, y la ternura y dulzura que sabe poner en sus versos («Tengo los ojos niños y portuguesa el alma —dice Fernando, *alter ego* de Lope, en *La Dorotea*—; pero creed que quien no nace tierno de corazón, bien puede ser poeta, pero no será dulce»). 2) La perfección de sus versos. Entre tantos miles y miles como escribió, jamás se encuentra un verso forzado o defectuoso. 3) Por último, la sinceridad y pasión con que frecuentemente Lope se expresó y que hacen de él un poeta casi hermano de los románticos del XIX.

Por todo ello, la solución de Lope (la poesía como expresión de vida y no sólo como pura creación estética) resulta hoy más actual —en el momento en que estas páginas se escriben— que la solución más puramente estetizante de Góngora.

Aparte de los incontables poemas que llenan su teatro y de los que insertó en todas sus obras (incluídas las de prosa), la poesía lírica de Lope se halla recogida en los cancioneros de la época (colecciones de poesía de distintos autores) y en cuatro libros que él publicó: *Rimas humanas* (1602), *Rimas sacras* (1614), *Triunfos divinos* (1625) y *Rimas humanas y divinas de Tomé Burguillos* (1634, cuando el poeta tenía ya 72 años, y le quedaba uno de vida).

En cuanto a las formas y géneros poéticos que cultivó hay que destacar: 1) los *romances*, tanto los impetuosos de su juventud como los más medidos y un tanto melancólicos de su vejez; 2) los *villancicos*, *seguidillas* y *canciones* de tipo popular. (Otro de los grandes aciertos de Lope fue este gusto suyo y comprensión de la poesía popular; sus imitaciones de la poesía popular son de una gran belleza. Lorca, Alberti y otros poetas popularistas de la generación de 1927 aprendieron mucho de Lope, mucho más que de Góngora; 3) por último, los *sonetos* y las formas cultas más extensas: *epístolas, églogas.*

El problema que presenta la lírica de Lope, para el que quiere conocerla y estudiarla, es su misma enormidad y la diversa calidad del conjunto. Pero la falta de intensidad de parte de su obra no debe perjudicar al resto. A Lope hay que seleccionarlo. Bien selecciona-do, Lope se destaca como un poeta de extraordinaria personalidad, una de las más grandes de todos los tiempos.

1[1]

A caza va el caballero
por los montes de París,
la rienda en la mano izquierda
y en la derecha un neblí.[2]
Pensando va en su señora   5
que no la ha visto al partir,
porque como era casada
estaba su esposo allí.
Como va pensando en ella,
olvidado se ha de sí;   10
los perros siguen las sendas
entre hayas y peñas mil.
El caballo va a su gusto,
que no le quiere regir.
Cuando vuelve el caballero,   15
hallóse de un monte al fin;
volvió la cabeza al valle
y vió una dama venir,
en el vestido serrana
y en el rostro serafín.   20

    —Por el montecico sola
        ¿cómo iré?
    ¡Ay Dios, si me perderé!
    ¿Cómo iré triste, cuitada,
    de aquel ingrato dejada?   25
    Sola, triste, enamorada,
        ¿dónde iré?
    ¡Ay Dios, si me perderé![3]

[1] This *romance* appears in Lope's comedy *El villano en su rincón.* It beautifully imitates the style of the traditional ballads. Thematically, it is related to the *serranilla* (encounter of the lost knight with a mountain girl), that we already know from the Marquis of Santillana.   [2] **neblí** falcon.   [3] **Por . . . perderé** the initial *villancico* (first three lines) is from the popular tradition; the rest is Lope's.

Velázquez, Diego Rodríguez de Silva y, español (1599–1660). *Retrato de Juan de Pareja,*
fechado 1650. Pintura al óleo. 32 x 37½ pulgs. The Metropolitan Museum of Art.
Comprado con fondos y contribuciones especiales donadas por amigos del museo.

—¿Dónde vais, serrana bella,
por este verde pinar?
Si soy hombre y voy perdido,
mayor peligro lleváis.
—Aquí cerca, caballero,   5
me ha dejado mi galán
por ir a matar un oso
que ese valle abajo está.
—¡Oh, mal haya el caballero
en el monte al lubricán,[4]   10
que a solas deja su dama
por matar un animal!
Si os place, señora mía,
volved conmigo al lugar,
y porque llueve, podréis   15
cubriros con mi gabán.—
Perdido se han en el monte
con la mucha obscuridad;
al pie de una parda peña
el alba aguardando están;   20
la ocasión y la ventura
siempre quieren soledad.

2[5]

Río de Sevilla,
¡cuán bien pareces
con galeras blancas   25
y ramos verdes!

Vienen de San Lúcar,[6]
rompiendo el agua,
a la Torre del Oro,[7]
barcos de plata.   30

¿Dónde te has criado,
la niña bella,
que, sin ir a las Indias,
toda eres perla?

En estas galeras   35
viene aquel ángel.
¡Quién remara a su lado
para liballe![8]

Sevilla y Triana[9]
y el río en medio:
así es tan de mis gustos
tu ingrato dueño.

3[10]

¿Cuándo saliredes, alba,   5
alba galana,
cuándo saliredes, alba?

Una voz.   Alba más bella que el sol.
Todos.   Alba galana.
Voz.   Alba de las dos estrellas.   10
Todos.   Linda serrana.
Voz.   ¿Cuándo verán mis ojos
               luces tan claras?
Todos.   ¿Cuándo saliredes, alba,
               alba galana,   15
               cuándo saliredes, alba?

[4] **al lubricán** at twilight.   [5] The following five songs are **seguidillas**, a type of song which became popular at the end of the sixteenth century and is still popular at present. The modern **seguidilla** has a fixed structure of four lines whose syllabic pattern is seven, five, seven, five. In Lope's time, however, the pattern could be more irregular (the first one here is six, five, six, five and the others are six, five, seven, five). At least four of the five selected are **marineras** and are related to Seville and the Guadalquivir river. The first is from Lope's comedy *Lo cierto por lo dudoso*; the others, from *El amante agradecido*.   [6] **San Lúcar** a town in Andalucía.   [7] **Torre del Oro** a moorish tower on the banks of the Guadalquivir, in Seville.   [8] The beloved is undoubtedly a **galeote** (i.e., a man condemned to row in the galleys of the king). The word «angel» is used ironically here.   [9] **Triana** a village, today, a district of Seville, separated from the city by the Guadalquivir.   [10] From *La locura por la honra*. This is an **albada** (song sung at dawn to awaken the woman being courted). In this particular one «alba» alludes sometimes to the dawn, and, other times, (metaphorically) to the girl.

Una voz.   ¿Cuándo saldréis a dar vida?
Todos.   Alba galana,
Voz.   La que en el cielo se afeita.[11]
Todos.   De nieve y grana.
Voz.   Despertad, alba divina.   5
Todos.   Que el sol aguarda.
              ¿Cuándo saliredes, alba,
              alba galana,
              cuándo saliredes, alba?

4[12]

Suelta mi manso,[13] mayoral extraño,[14]   10
pues otro tienes de tu igual decoro;
deja la prenda que en el alma adoro,
perdida por tu bien y por mi daño.
    Ponle su esquila[15] de labrado estaño
y no le engañen tus collares de oro;   15
toma en albricias[16] este blanco toro
que a las primeras yerbas[17] cumple un año.
    Si pides señas, tiene el vellocino[18]
pardo, encrespado, y los ojuelos tiene
como durmiendo en regalado sueño.   20
    Si piensas que no soy su dueño, Alcino,
suelta y verásle si a mi choza viene,
que aún tienen sal las manos de su dueño.[19]

5

Querido manso mío que venistes
por sal mil veces junto aquella roca   25
y en mi grosera mano vuestra boca
y vuestra lengua de clavel pusistes,[20]
    ¿por qué montañas ásperas subistes
que tal selvatiquez el alma os toca?
¿Qué furia os hizo condición tan loca   30
que la memoria y la razón perdistes?
    Paced la anacardina[21] por que os vuelva
de ese crüel y interesable[22] sueño,
y no bebáis del agua del olvido.
    Aquí está vuestra vega,[23] monte y selva;   35
yo soy vuestro pastor y vos mi dueño,
vos mi ganado y yo vuestro perdido.

6

Vireno,[24] aquel mi manso regalado,[25]
del collarejo[26] azul; aquel hermoso
que con balido ronco y amoroso
llevaba por los montes mi ganado;
    aquel del vellocino ensortijado,   5
de alegres ojos y mirar gracioso,
por quien yo de ninguno fui envidioso
siendo de mil pastores envidiado;
    aquel me hurtaron ya, Vireno hermano;
ya retoza otro dueño y le provoca;   10
toda la noche vela[27] y duerme el día.
    Ya come blanca sal en otra mano;
ya come ajena mano con la boca,
de cuya lengua se abrasó la mía.

7[28]

Marcio, yo amé y arrepentíme amando   15
de ver mal ampleado el amor mío;
quise olvidar y del olvido el río
huyóme, como a Tántalo, en llegando.[29]
    Remedios vanos sin cesar probando
venció mi amor; creció mi desvarío;   20
dos veces por aquí pasó el estío
y el sol, nunca mis lágrimas secan do.[30]
    Marcio, ausentéme y en ausencia un día
miráronme unos ojos y mirelos;
no sé si fue su estrella o fue la mía.[31]   25
    Azules son, sin duda son dos cielos
que han hecho lo que un cielo no podía;
vida me da su luz, su color celos.

8

Liñán,[32] el pecho noble sólo estima
bienes que el alma tiene por nobleza,   30
que, como vos decís, torpe riqueza
está muy lejos de comprar su estima.
    ¿A cuál cobarde ingenio desanima
segura, honesta y liberal pobreza,

ni cuál, por ver pintada la corteza,
quiere que otro señor su cuello oprima?

No ha menester fortuna el virtuoso;
la virtud no se da ni se recibe,
ni en naufragio se pierde, ni es impropia. 5

Mal haya quien adula al poderoso
aunque fortuna humilde le derribe,
pues la virtud es premio de sí propia.

9³³

Pastor que con tus silbos amorosos
me despertaste del profundo sueño; 10
tú que hiciste cayado de ese leño³⁴
en que tiendes los brazos poderosos:

vuelve los ojos a mi fe piadosos
pues te confieso por mi amor y dueño³⁵
y la palabra de seguir te empeño 15
tus dulces silbos y tus pies hermosos

Oye, pastor, pues por amores mueres,
no te espante el rigor de mis pecados,
pues tan amigo de rendidos eres.

Espera, pues, y escucha mis cuidados . . . 20
Pero ¿cómo te digo que me esperes
si estás para esperar los pies clavados?

---

¹¹ **afeitarse** to put on make-up. ¹² Los sonetos que siguen (núm. 4, 5, y 6) pertenecen a la época de los amores de Lope con Elena Osorio. Lope tendría unos diecisiete años cuando se enamoró de esta espléndida mujer, hija del comediante Jerónimo Velázquez y mujer de Cristóbal Calderón, también comediante. La vehemente pasión de Lope duró unos cinco años y acabó violentamente, pero el recuerdo no se le borró jamás. *La Dorotea* (1632), quizás su obra más valiosa, recrea aquella pasión juvenil. Parece ser que Elena, instigada por sus familiares, y enojada por la publicidad que sus amores obtenían a través de los popularísimos romances y versos de Lope, decidió romper con él. Comenzó entonces a frecuentar a un tal don Francisco Perrenot de Granvela, hombre rico. La furia de Lope estalló en una serie de versos difamatorios que le valieron una condena

y un destierro (1588). Los tres sonetos aquí recogidos corresponden a los momentos inmediatos a la raptura, cuando todavía Lope confiaba en volver a ganarse a Elena, su «manso», cuya devolución pide al «mayoral extraño», al «dueño» indebido (Granvela) que se lo ha robado. Los tres sonetos forman una serie bellísima y están escritos con toda la pasión de que su autor era capaz. ¹³ **manso** tame sheep (the ram that wears a bell and leads a flock of sheep). Allusion to Elena. ¹⁴ **mayoral extraño** alien head shepherd. Allusion to Granvela. ¹⁵ **esquila** bell. ¹⁶ **en albricias** as a gift. ¹⁷ **las primeras yerbas** Spring. ¹⁸ **vellocino** fleece. ¹⁹ **aún . . . dueño** there is still salt on his (hers) master's hands. This refers to an actual shepherd custom, wherein the tame sheep would come to eat salt out of the hands of their owner. ²⁰ See note 19. ²¹ **anacardina** a powder made from the **anacardo** (the fruit of a tree that grows in India, possibly the cashew). The **anacardo** was reputed to restore lost memory. In Latin, the word *anacardus* may have designated a type of thistle, and also an herb. ²² **interesable** allusion to the economic factors that caused Elena to forget her love for Lope. ²³ **vega** allusion to the poet's name. ²⁴ **Vireno** conventional name. ²⁵ **regalado** looked after with loving care. ²⁶ **collarejo** diminutive of **collar**. ²⁷ **vela** possibly, an allusion to the name Granvela. In *La Dorotea*, the character who represents Don Francisco Perrenot de Granvela is called «Don Bela». ²⁸ This sonnet and the following one (numbers 7 and 8) were published in *Rimas humanas* (1602). Thematically very characteristic of Lope, this one deals with the power of separation. It also greets the birth of a new love. ²⁹ **del olvido . . . llegando** el río del olvido me huyó en llegando yo a él, como le huían las aguas a Tántalo cuando quería beber de ellas. See note 24 to Góngora's poetry. ³⁰ **dos . . . secando** dos veces han pasado por aquí el verano y el sol (dos años han transcurrido) sin haber secado mis lágrimas. ³¹ **no . . . mía** no sé si fue su estrella (or "fate") o fue la mía la que dispuso el enamoramiento. ³² **Liñán** Pedro Liñán de Riaza (died in 1607), a poet and friend of Lope. ³³ En 1614, a consecuencia en parte de desgracias familiares, pasa Lope por una crisis moral y religiosa que le lleva a ordenarse de sacerdote. En ese mismo año, se publican sus *Rimas sacras*, a las que pertenecen los tres sonetos que van a continuación. Aunque la calidad de los versos de este libro es diversa, existen en él algunos sonetos de extraordinaria belleza y absoluta sinceridad. Estos tres están dirigidos a Cristo. Se observará que el lenguaje amoroso de Lope en sus poesías religiosas no está muy lejos del que usa en las poesías de amor humano; tiene muchas veces la misma gracia y ternura que sabe Lope emplear al hablar a una mujer. ³⁴ **leño** the cross. ³⁵ **te . . . dueño** I confess you are my love and my Lord.

10

¿Qué tengo yo que mi amistad procuras?
¿Qué interés se te sigue, Jesús mío,
que a mi puerta, cubierto de rocío,
pasas las noches del invierno escuras?

¡Oh, cuánto fueron mis entrañas duras,[36]   5
pues no te abrí! ¡Qué estraño desvarío
si de mi ingratitud el yelo frío
secó las llagas de tus plantas puras!

¡Cuántas veces el ángel me decía:
Alma, asómate agora a la ventana,   10
verás con cuánto amor llamar porfía!

¡Y cuántas, hermosura soberana:
Mañana le abriremos—respondía—,
para lo mismo responder mañana!

11

No sabe qué es amor quien no te ama,
celestial hermosura, esposo bello;
tu cabeza es de oro, y tu cabello
como el cogollo que la palma enrama;

tu boca como lirio, que derrama   5
licor al alba; de marfil tu cuello;
tu mano el torno, y en su palma el sello,
que el alma por disfraz jacintos llama.

¡Ay Dios! ¿en qué pensé cuando, dejando
tanta belleza y las mortales viendo,   10
perdí lo que pudiera estar gozando?

Mas si del tiempo que perdí me ofendo,
tal prisa me daré, que un hora amando
venza los años que pasé fingiendo.

Quevedo (1580–1645)

A Quevedo se le enfrenta siempre a Góngora. Góngora, dicen, fue el máximo representante de la solución *culterana*, de signo estetizante; Quevedo, enfrente, es el gran maestro del *conceptismo*, de signo intelectual. Modernamente se ha insistido en que entre ambas maneras de escribir hay elementos comunes: en Góngora hay conceptismo, y en Quevedo hay metáforas culteranas. Esto es cierto, pero la distinción sigue siendo válida y evidente. Frente a Góngora, preocupado sobre todo con los valores fónicos, sensoriales e imaginativos del lenguaje, el instrumento de Quevedo es *el concepto*. El concepto es algo muy difícil de definir; puede ser un juego de palabras, una agudeza del ingenio, o un adentramiento intuitivo en la esencia de un tema poético (el amor, la muerte, el tiempo); el concepto, en todo caso, apela a la inteligencia, no a los sentidos. La poesía conceptista es poesía *de contenido*; la palabra está al servicio de un contenido conceptual y emocional (más que empleada por sus posibilidades estéticas —o sea la palabra por la palabra misma— como en el caso de los gongoristas). La lengua poética en Quevedo resulta ceñida, cortante, presta a hacer saltar el "concepto" como una chispa.

Quevedo no fue sólo un poeta; podríamos incluso decir que, en su tiempo, fue poeta además de todo lo demás que fue. Hoy, sin embargo, lo más hondo, lo mejor de Quevedo, es su poesía.

Don Francisco de Quevedo y Villegas nació en Madrid, de familia hidalga montañesa (de la montaña de Santander). Su vida infantil trascurrió en Palacio y en la Corte, en donde adquirió quizás su interés por la política (su padre fue secretario de la princesa María —hija de Carlos V y esposa de Maximiliano, futuro emperador de Alemania— y de doña Ana de Austria, cuarta mujer de Felipe II; su madre ocupó también cargos de confianza en la corte). Quevedo estudió con los jesuitas en Madrid, y después cursó estudios en las universidades de Alcalá y Valladolid. Devuelta la Corte a Madrid en 1606, allí vivirá Quevedo la mayor parte de su vida. En 1607 empieza a escribir los *Sueños* (una serie de obras satíricas de gran interés). En 1613 fue a Italia como secretario del duque de Osuna, nombrado éste embajador de Sicilia y despué, de Nápoles. Desde entonces hasta su muerte, intervendría, desempeñando cargos o con la pluma, en la política española. Por ello, sufrirá varios destierros, que pasará en su Torre de Juan Abad, villa en la provincia de Ciudad Real, y un largo y doloroso encarcelamiento en León, por orden del conde-duque de Olivares, de 1639 a 1643, al final de su vida. En 1626 había impreso el *Buscón*, su famosa novela picaresca, y antes y después una abundante y variada obra de carácter político, moral, satírico o más específicamente literario.

Su poesía, que es, como decíamos, lo más valioso que dejó, o, en todo caso, lo que ahora nos interesa, puede dividirse en varios grupos según sus temas: poesía metafísica, moral, religiosa, amorosa, satírica . . . Esta última es la más extensa y tal vez la más compleja y difícil. Nosotros, sin embargo, hemos preferido seleccionar más muestras de su poesía metafísica y amorosa, que nos descubren un Quevedo extrañamente moderno, casi «existencialista», preocupado con el hondo problema de la existencia humana y con los temas conexos de la muerte y del paso del tiempo, dos preocupaciones constantes en Quevedo. Estas preocupaciones, y la hondura y dramaticidad con que Quevedo las sintió y expresó, bastan para explicar la gran actualidad de Quevedo y el interés que hoy sentimos por su poesía.

Salvo algunos pocos, la mayor parte de sus versos no se publicaron hasta después de morir Quevedo, y muchos se perdieron para siempre. En 1645, año de su muerte, sabemos que estaba tratando de reunir sus poesías: «A pesar de mi poca salud —escribe— doy fin a la *Vida de Marco Bruto*, sin olvidarme de mis obras en verso, en que también se va trabajando . . .» La muerte le llegaría sin haber concluído ese trabajo. En 1648, don José González de Salas, humanista y gran amigo de Quevedo, publicó *El Parnaso español*, la mejor colección de poesías de Quevedo; aunque el editor advierte, no sabemos si con exageración: «No fue de veinte partes una la que se salvó de aquellos versos . . .» Posteriormente, ya en 1670, aparecieron las *Tres musas últimas castellanas*, (*Segunda parte del Parnaso español*), con más versos de Quevedo, reunidos y publicados por un sobrino suyo, Pedro de Aldrete. Estas dos colecciones reunen la mayor parte de la obra conocida de Quevedo.

1

«¡Ah de la vida!»[1] . . . ¿Nadie me responde?
¡Aquí de[2] los antaños[3] que he vivido!
La Fortuna mis tiempos ha mordido;
las Horas mi locura las esconde.
   ¡Que sin poder saber cómo ni adónde,
la salud y la edad se hayan huído!
Falta la vida, asiste lo vivido,[4]
y no hay calamidad que no me ronde.
   Ayer se fue; mañana no ha llegado;
hoy se está yendo sin parar un punto;   10
soy un fue, y un será, y un es cansado.
   En el hoy y mañana y ayer, junto
pañales y mortaja, y he quedado
presentes sucesiones de difunto.[5]

2

¡Fue sueño ayer; mañana será tierra!   15
¡Poco antes, nada; y poco después, humo!
¡Y destino ambiciones, y presumo
apenas punto al cerco que me cierra![6]
   Breve combate de importuna guerra,
en mi defensa soy peligro sumo;   20
y mientras con mis armas me consumo,
menos me hospeda el cuerpo, que me entierra.

[36] **cuánto . . . duras** how hard my heart was.

[1] **¡Ah de la vida!** "Ahoy there, Life!" [2] **¡Aquí de** . . . Come to me . . .! (old expression). [3] **antaños** years gone by. [4] **Falta . . . vivido** life is absent, but the effects of having lived are present. [5] **presentes sucesiones de difunto** el sentido es: estamos muriendo constantemente; en cada momento soy el sucesor del que fui hace un instante (un hombre— el de hace un instante— ya difunto). [6] **Y destino . . . cierra** and I plot ambitious plans and presume to be but a point against the besieging circle which is closing in on me.

Retrato de Francisco Quevedo atribuído a Velázquez. Wellington Museum, Londres.

Ya no es ayer; mañana no ha llegado;
hoy pasa, y es, y fue, con movimiento
que a la muerte me lleva despeñado.

Azadas son la hora y el momento,[7]
que, a jornal de mi pena y mi cuidado,   5
cavan en mi vivir mi monumento.[8]

3

Huye sin percibirse,[9] lento, el día,
y la hora secreta y recatada[10]
con silencio se acerca, y, despreciada,
lleva tras sí la edad lozana mía.   10

La vida nueva, que en niñez ardía,
la juventud robusta y engañada,
en el postrer invierno sepultada,
yace entre negra sombra y nieve fría.

No sentí resbalar mudos los años;   15
hoy los lloro pasados, y los veo
riendo de mis lágrimas y daños.

Mi penitencia deba a mi deseo,
pues me deben la vida mis engaños,
y espero el mal que paso, y no le creo.   20

4

Ya formidable y espantoso suena
dentro del corazón el postrer día;
y la última hora, negra y fría,
se acerca, de temor y sombras llena.

Si agradable descanso, paz serena   25
la muerte en traje de dolor envía,
señas da su desdén de cortesía:
más tiene de caricia que de pena.

¿Qué pretende el temor desacordado[11]
de la que a rescatar piadosa viene   30
espíritu en miserias anudado?

Llegue rogada, pues mi bien previene;
hálleme agradecido, no asustado;
mi vida acabe, y mi vivir ordene.

5

Ven ya,[12] miedo de fuertes y de sabios:
irá la alma indignada con gemido
debajo de las sombras, y el olvido
beberán por demás mis secos labios.

Por tal manera Curios, Decios, Fabios   5
fueron; por tal ha de ir cuanto ha nacido;
si quieres ser a alguno bien venido,
trae con mi vida fin a mis agravios.

Esta lágrima ardiente con que miro
el negro cerco que rodea a mis ojos   10
naturaleza es, no sentimiento.[13]

Con el aire primero este suspiro
empecé, y hoy le acaban mis enojos,
porque me deba todo al monumento.[14]

6[15]

Miré los muros de la patria mía,   15
si un tiempo fuertes, ya desmoronados,
de[16] la carrera de la edad cansados,
por quien caduca ya su valentía.

[7] **Azadas ... momento** the hour and the moment are spades.   [8] **monumento** tomb.   [9] **sin percibirse** unnoticed.   [10] **recatada** concealed.   [11] **desacordado** irrational.   [12] The poet is addressing himself to Death and inviting her to come.   [13] **Esta lágrima ... sentimiento** This burning tear that I shed when looking at the black circle which surrounds me is the consequence of nature (human weakness), not an indication of sorrow on my part.   [14] **porque ... monumento** so that I give my whole self to the tomb.   [15] In *Parnaso español*, the first published collection of Quevedo's poems, this sonnet bears the following head-line: «Enseña cómo todas las cosas avisan de la muerte». This sonnet has been given an interpretation relating to the political scene (the decline of Spanish power); today, it is interpreted in a more universal, metaphysical sense. The sonnet, like the epigraph cited, sees death in everything.   [16] **de** a causa de (cansados a causa de la carrera del tiempo).

Salíme al campo; vi que el sol bebía
los arroyos del yelo desatados,
y del monte quejosos los ganados,
que con sombras hurtó su luz al día.[17]

Entré en mi casa; vi que, amancillada,   5
de anciana habitación era despojos;
mi báculo, más corvo y menos fuerte.

Vencida de la edad sentí mi espada,
y no hallé cosa en que poner los ojos
que no fuese recuerdo de la muerte.   10

7

¡Cómo de entre mis manos te resbalas!
¡Oh, cómo te deslizas, edad mía![18]
¡Qué mudos pasos traes, oh muerte fría,
pues con callado pie todo lo igualas!

Feroz, de tierra el débil muro escalas,[19]   15
en quien lozana juventud se fía;
mas ya mi corazón del postrer día
atiende el vuelo, sin mirar las alas.

¡Oh condición mortal! ¡Oh dura suerte!
¡Que no puedo querer vivir mañana   20
sin la pensión[20] de procurar mi muerte!

Cualquier instante de la vida humana

es nueva ejecución, con que me advierte
cuán frágil es, cuán mísera, cuán vana

8[21]

Si hija de mi amor mi muerte fuese,
¡qué parto tan dichoso que sería
el de mi amor contra la vida mía!   5
¡Qué gloria, que el morir de amar naciese!

Llevara yo en el alma a donde fuese
el fuego en que me abraso, y guardaría
su llama fiel con la ceniza fría
en el mismo sepulcro en que durmiese.   10

De esotra parte de la muerte dura,
vivirán en mi sombra mis cuidados,[22]
y más allá del Lethe[23] mi memoria.

Triunfará del olvido tu hermosura,
mi pura fe y ardiente, de los hados;   15
y el no ser, por amar, será mi gloria.

9[24]

Cerrar podrá mis ojos la postrera
sombra que me llevare el blanco día,
y podrá desatar esta alma mía
hora a su afán ansioso lisonjera;   20

mas no, de esotra parte, en la ribera,
dejará la memoria, en donde ardía;
nadar sabe mi llama la agua fría,
y perder el respeto a ley severa.

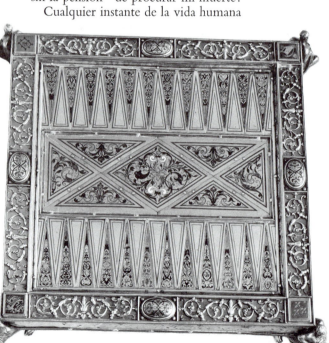

Tabla para jugar tablas reales (backgammon), España
primer cuarto s. XVII. Plata decorada con vidrio
églomisé y esmalte. The Metropolitan Museum of
Art. Regalo de J. Pierpont Morgan, 1917.

Alma a quien todo un dios[25] prisión ha sido,
venas que humor a tanto fuego han dado,
medulas que han gloriosamente ardido:
   su cuerpo dejará[26] no su cuidado;
serán ceniza,[27] mas tendrá sentido;   5
polvo serán,[28] mas polvo enamorado.

   Volvióse en bolsa Júpiter severo;
levantóse las faldas la doncella
por recogerle en lluvia de dinero.[41]
   Astucia fue de alguna dueña estrella,
que de estrella sin dueña no lo infiero:[42]   5
Febo,[43] pues eres sol, sírvete de ella.

10

¡Ay Floralba! Soñé que te . . . ¿Dírelo?[29]
Sí, pues que sueño fue: que te gozaba.
¿Y quién, sino un amante que soñaba,
juntara tanto infierno a tanto cielo?   10
   Mis llamas con tu nieve y con tu yelo,
cual suele[30] opuestas flechas de su aljaba,
mezclaba Amor, y honesto las mezclaba,
como mi adoración en su desvelo.
   Y dije: «Quiera Amor, quiera mi suerte,   15
que nunca duerma yo, si estoy despierto,
y que si duermo, que jamás despierte».
   Mas desperté del dulce desconcierto;
y vi que estuve vivo con la muerte,[31]
y vi que con la vida estaba muerto.[32]   20

11

Bermejazo platero de las cumbres,[33]
a cuya luz se espulga la canalla:
la ninfa Dafne,[34] que se afufa[35] y calla,
si la quieres gozar, paga y no alumbres.
   Si quieres ahorrar de pesadumbres,[36]   25
ojo del cielo, trata de compralla:
en confites[37] gastó Marte[38] la malla,[39]
y la espada en pasteles y en azumbres.[40]

[17] **del monte . . . día** los ganados están quejosos del monte por haberles tapado la luz del sol.   [18] **edad mía** my life, my time.   [19] **Feroz . . . escalas** [Tú, muerte] escalas feroz el débil muro de tierra (i.e., la vida humana).   [20] **sin la pensión** without paying the tribute.   [21] This sonnet and the next belong to «Canta sola a Lisi», a collection of poems written to a woman about whom we know nothing. In fact, we do not even know if she existed. Quevedo called her Lisi. Among his love poems, the sonnets to Lisi are the best. One should note in these two, that even when the theme is love, Quevedo's preoccupation with death still appears.   [22] **mis cuidados** my love.   [23] **Lethe** the stream of oblivion in Hades (the lower world); a drink of its waters brought forgetfulness.   [24] This is one of the greatest love poems ever written. Note that the true theme of the sonnet is an affirmation of the poet's own immortality through his love for this woman. A love such as his cannot die.   [25] **dios** the god of love.   [26, 27, 28] The subject of these three sentences are respectively: **alma** (dejará su cuerpo pero no su cuidado); **venas** (serán ceniza, pero esa ceniza tendrá sentido, seguirá sintiendo); **medulas** (serán polvo, pero polvo enamorado).   [29] **¿Dírelo?** Shall I dare to say it?   [30] **cual suele** [mezclar].   [31] **muerte** here, sleep.   [32] **muerto** dead (having been only a dream).   [33] A comic reference to Apollo (the Sun): big red-headed goldsmith of the mountains.   [34] **Dafne** Daphne (a nymph who was transformed into a laurel while fleeing from Apollo).   [35] **se afufa** huye (jargon).   [36] **Si . . . pesadumbres** if you want to avoid trouble.   [37] **confites** sweets.   [38] **Marte** Mars, the god of war.   [39] **malla** coat of mails.   [40] **azumbres** drinks (**azumbre** is a liquid measure).   [41] **volvióse . . . dinero** a reference to the myth of Danae, a maiden wooed by Zeus in the form of a shower of gold. Perseus was their son.   [42] **Astucia . . . infiero** satire against duennas (elderly women who watched over young ladies) are frequent in the literature of the time. In Golden Age theater, the duenna often acts as a go-between in love affairs.   [43] **Febo** Phoebus, Apollo.

santa maria que esta mellor.
cousa que el fez. e por aqst eu.
queru seer oy mais seu tbador.
e rogolle que me queira por seu...
tbador. e que queira meu cobar
receber. ca pel q reu mostrar
dos miragres q ela feze ar
quer me leixar de trobar desi
por outr dona e cuida cobrar
pe sta quant enas outras pdi.
a o amor desta senor e tal......
que qn o a semp pi mais ual.
e pu lo graliada non lle fal....
se nos e e psa grand o a non...
querendo leirar bez faz mal.
ca preisto o pde e peral non...
pore dela no me qreu partir......
ca sei de pdi q sea ben servir...
q non pderei en seu bē falir.
de auer camica p falin.......
que llo soube cō merçee pdir
catal rege semp la ten oyu.
ndelle ugo se ela qmser......
que lle praza do q dela dissen
en mes catares e sella pnguer
que me de gualardo come la da
a os q ama e q ueno souber....
por ela mais de grado cobara.

E sta e a primeira cantiga de loor
de santa maria ementando os vij.
gopos que ouue de seu fillo. vm.

Des oge mais

quero tro

bar. pola sennor onrrada. en que

Deus quis carne fillar. bē eyta

e sagrada. por nos dar gran sol

dada. no seu reyno e nos er

Cantigas de Nuestra Señora, del rey Alfonso X el Sabio, s. XIII. Folio de uno de los códices, con una preciosa miniatura en colores y la notación musical. Biblioteca del Monasterio de El Escorial.

4
APÉNDICES

Bordado, España, finales s. XVI–principio s. XVII. Ilustración de la *Historia de Galcerán de Piños,* detalle. Hilos de seda, lana y metal en lienzo. The Metropolitan Museum of Art. Regalo de Charles Zadok, 1948.

Arquitectura, s. XVI (1506–1515). Capitel de una columma del patio del Castillo de
los Vélez, Vélez Blanco, Almería. Mármol de Macael (Sierra de Filabres).
The Metropolitan Museum of Art. Regalo de George Blumenthal, 1941.
Erigido en 1964 con el Ann y George Blumenthal Fund.

A. NOCIONES DE VERSIFICACIÓN ESPAÑOLA

Tres son los elementos esenciales del verso español: el número de sílabas, los acentos y la rima.

Los versos españoles se dividen en versos de *arte menor*, ocho sílabas o menos, y de *arte mayor*, nueve sílabas o más. El *verso octosílabo* (de ocho sílabas) es el más popular y castizo; el *endecasílabo* (de once sílabas) de origen italiano, se introduce en la poesía española en el Renacimiento y se convierte en el verso culto por excelencia a partir del siglo XVI.

Las sílabas de un verso se cuentan empezando por la primera y terminando con la última sílaba acentuada, más una. Cuando la última sílaba acentuada es también la última sílaba del verso, el verso se llama *agudo*; cuando es la penúltima, se llama *grave* o *llano*; cuando es la antepenúltima, se llama verso *esdrújulo*. Los tres versos que siguen son todos octosílabos:

```
1   2  3  4  5  6    7 + 1
yo-no-di-go-mi-can-ción          (verso agudo)

 1   2  3  4  5  6  7 8
vió-ve-nir-u-na-ga-le-ra          (verso grave o llano)

1  2  3  4  5  6   7  8  9 − 1
a-pa-ga-la-ve-lay-vá-mo-nos        (verso esdrújulo)
```

Cuando una palabra termina con vocal y la siguiente empieza también con vocal (o *y* vocálica) o con una *h*, las dos vocales forman usualmente una sola sílaba (esta unión se llama *sinalefa*). Así ocurrió en el último verso trascrito:

apaga la vela‿y vámonos   (ocho sílabas)

Otros ejemplos:

paseábase‿el rey moro   (ocho sílabas)
un rato se levanta mi‿esperanza   (once sílabas)

La colocación de los acentos o *ritmo*, aunque no inflexible, sigue ciertas reglas, y es un factor importante para lograr la armonía y la musicalidad del verso.

Rima es la igualdad de sonidos que tienen dos o más versos a partir de la última sílaba acentuada. Se llama *rima consonante* si los sonidos vocálicos y las consonantes son iguales en los versos que riman; *rima asonante*, si solamente los sonidos vocálicos son iguales. Si los versos no riman entre sí se llaman versos sueltos, libres o blancos. Ejemplos:

Alora la bien cercada,
tú que estás en par del r*í*o,
cercóte el Adelantado
una mañana en dom*i*ng*o*,
de peones y hombres de armas
el campo bien guarnec*i*d*o* . . .
          (rima asonante)

Si de mi baja l*ira*	A
tanto pudiese el son, que en un mom*ento*	B
aplacase la *ira*	A
del animoso v*iento*,	B
y la furia del mar y el movim*iento* . . .	B

          (rima consonante)

Señor Boscán, quien tanto gusto tiene
de daros cuenta de los pensamientos
hasta en las cosas que no tienen nombre,
no le podrá con vos faltar materia,
ni será menester buscar estilo . . .
          (versos sueltos)

Estrofas

Una composición poética puede dividirse en grupos de versos llamados *estrofas*. Los tipos de estrofas más usados por la poesía española son:

ESTROFAS DE VERSOS IGUALES

Pareados   Dos versos de cualquier medida que riman entre sí:

> Cerco en la luna,
> agua en la laguna.

Terceto   Tres versos endecasílabos, que se encadenan así:
ABA BCB CDC . . . La composición se cierra con un cuarteto. La inventó Dante y la usó en la *Divina Comedia*. El siguiente ejemplo es de la *Elegía primera* de Garcilaso:

> Aunque este grave caso haya tocado
> con tanto sentimiento el alma mía,
> que de consuelo estoy necesitado,
>
> con que de su dolor mi fantasía
> se descargase un poco, y se acabase
> de mi continuo llanto la porfía,
>
> quiso, pero, probar si me bastase
> el ingenio a escribirte algún consuelo,
> estando cual estoy, que aprovechase . . .

Cuarteto   Se compone usualmente de versos endecasílabos que riman ABAB o ABBA. Los versos, sin embargo, pueden ser de otras medidas.
Cuando los versos son octosílabos el cuarteto suele llamarse *cuarteta* (cuando la rima es ABAB) y *redondilla* (cuando la rima es ABBA). La cuarteta octosilábica suele llamarse *copla* cuando sólo riman los versos 2º y 4º, quedando libres el 1º y el 3º; la copla es la estrofa más característica de la canción popular moderna.

> La rana canta en el charco,
> el ruiseñor en la selva,
> la codorniz en el trigo
> y la perdiz en la sierra.

Mester de clerecía *o* cuaderna vía.   Es la forma usada en algunos poemas medievales (siglos XIII y XIV); consiste en series de cuatro versos alejandrinos (14 sílabas) monorrimos, con rima consonante:

> Yo maestro Gonçalvo de Berceo nomnado
> yendo en romería caeçí en un prado,
> verde e bien sençído, de flores bien poblado,
> logar cobdiçiadero para omne cansado.

Zéjel   Estrofa de origen árabe, cuya invención se atribuye al poeta cordobés Muccáddam (siglos IX y X). Consta de una estrofilla inicial, frecuentemente de dos versos (estribillo). A éstos siguen una serie de trísticos monorrimos (*mudanza*) y con un cuarto verso (*vuelta*) que retorna a la rima del estribillo. Después de cada una de estas estrofas suele repetirse el estribillo completo. Fue muy usado por la poesía española hasta el siglo XVII. El siguiente ejemplo es de Lope de Vega:

> ¡Ay, fortuna,   Estribillo
> cógeme esa aceituna!
>
> Aceituna lisonjera,
> verde y tierna por defuera   Mudanza 1ª
> y por de dentro madera:
> fruta dura e importuna.   Vuelta
>
>   ¡Ay, fortuna,
>   cógeme esa aceituna!
>
> Fruta en madurar tan larga,
> que sin aderezo amarga,   Mudanza 2ª
> y aunque se coja una carga
> se ha de comer sólo una.   Vuelta
>
>   ¡Ay, fortuna,
>   cógeme esa aceituna!

Octava real   Estrofa de ocho versos endecasílabos que riman 1,3,5—2,4,6—7,8 (ABABABCC). Esta estrofa fue muy usada por la poesía renacentista y barroca. El ejemplo que sigue es de la *Égloga III* de Garcilaso:

> Aquella voluntad honesta y pura
> ilustre y hermosísima María,
> que en mí de celebrar tu hermosura,

tu ingenio y tu valor estar solía,
a despecho y pesar de la ventura
que por otro camino me desvía,
está y estará en mí tanto clavada,
cuanto del cuerpo el alma acompañada.

Décima Se compone de diez versos octosílabos, cuyos cinco primeros riman abbab y los cinco restantes cdccd. Así, en la conocida décima de Fray Luis de León al salir de la cárcel:

> Aquí la envidia y mentira
> me tuvieron encerrado.
> Dichoso el humilde estado
> del sabio que se retira
> de aqueste mundo malvado,
> y con pobre mesa y casa,
> en el campo deleitoso
> con sólo Dios se compasa,
> y a solas su vida pasa,
> ni envidiado ni envidioso.

Otra forma de décima es la que distribuye los versos octosílabos rimando abbaaccddc. Ésta se llama también *espinela* porque su invención se atribuye a Vicente Espinel (1551–1634), autor de la novela picaresca *Marcos de Obregón*. El ejemplo que sigue es de *La vida es sueño* de Calderón:

> Yo sueño que estoy aquí,
> de estas prisiones cargado,
> y soñé que en otro estado
> más lisonjero me ví.
> ¿Qué es la vida? Un frenesí.
> ¿Qué es la vida? Una ilusión,
> una sombra, una ficción,
> y el mayor bien es pequeño:
> que toda la vida es sueño,
> y los sueños, sueños son.

Soneto Es una de las estrofas más bellas y universales. Está constituída por catorce versos endecasílabos, ordenados en dos cuartetos y dos tercetos. La rima de los cuartetos suele ser invariable: ABBA ABBA. La rima en los tercetos puede variar: CDC DCD o CDE CDE, etc. El soneto siguiente es de Lope de Vega:

Un soneto me manda hacer Violante:
que en mi vida me he visto en tanto aprieto.
Catorce versos dicen que es soneto:
burla burlando van los tres delante.

Yo pensé que no hallara consonante
y estoy en la mitad de otro cuarteto;
mas si me veo en el primer terceto
no hay cosa en los cuartetos que me espante.

Por el primer terceto voy entrando
y aun parece que entré con pie derecho,
pues fin con este verso le voy dando.

Ya estoy en el segundo, y aun sospecho
que voy los trece versos acabando.
Contad si son catorce, y está hecho.

ESTROFAS DE VERSOS DESIGUALES

Coplas de pie quebrado Fueron muy usadas en el siglo XV y comienzos del XVI, y solían combinar versos de ocho sílabas con otros de cuatro (éste era el *quebrado*, o partido, por ser la mitad del de ocho). La forma más usada y famosa fue la empleada por Jorge Manrique en sus célebres *Coplas por la muerte de su padre*: seis versos divididos en dos grupos, constituídos cada uno por dos octosílabos más un tetrasílabo (cuatro sílabas), rimando 1 y 4, 2 y 5, 3 y 6:

> Recuerde el alma dormida,
> avive el seso y despierte
> contemplando
> cómo se pasa la vida,
> cómo se viene la muerte
> tan callando.

Villancico Es una cancioncilla de dos, tres o cuatro versos, de un número variable de sílabas y con rima asonante. Esta canción puede continuarse con una o más estrofas de estructura o forma variable (glosa). Al final de cada una de estas estrofas puede repetirse la canción inicial total o parcialmente:

Dentro en el vergel
moriré.
Dentro en el rosal
matarm'han.

Yo m'iba, mi madre,
las rosas coger;
hallé mis amores
dentro en el vergel.
Dentro del rosal
matarm'han.

Estancia   Estrofa compuesta de endecasílabos y heptasílabos, de ocho versos en adelante. La estrofa de diez versos era muy usada. Así, en la *Egloga I* de Garcilaso:

Divina Elisa, pues agora el cielo
con inmortales pies pisas y mides,
y su mudanza ves, estando queda,
¿por qué de mí te olvidas, y no pides
que se apresure el tiempo en que este velo
rompa del cuerpo, y verme libre pueda,
y en la tercera rueda
contigo mano a mano
busquemos otro llano,
busquemos otros montes y otros ríos,
otros valles floridos y sombríos,
donde descanse y siempre pueda verte
ante los ojos míos,
sin miedo y sobresalto de perderte?

(La disposición de la rima era variable, pero, una vez escogida por el poeta, debía ser mantenida a lo largo de la composición.)

Lira   Estrofa compuesta de endecasílabos y heptasílabos con un total de 4 a 7 versos. La forma más usual es la de cinco versos, como en la famosa *Canción quinta* de Garcilaso, cuyo primer verso dio nombre a la estrofa:

Si de mi baja lira
tanto pudiese el son, que en un momento
aplacase la ira
del animoso viento,
y la furia del mar y el movimiento.

Seguidilla   Cuatro versos de 7 + 5 + 7 + 5 sílabas. Es una de las formas (la otra es la copla) usadas por la canción popular. Lo más frecuente es que la rima sea asonante y sólo rimen los versos pares, quedando libres los impares. La que sigue es una seguidilla de Lope de Vega:

Barcos enramados
van a Triana;
el primero de todos
me lleva el alma.

SERIES INDEFINIDAS, SIN ESTRUCTURA ESTRÓFICA.

Romance   Es una serie indefinida de versos octosílabos con rima asonante en los versos pares. Originariamente, el verso del romance era de dieciséis sílabas y todos los versos terminaban con rima asonante; después, se acostumbró a desdoblar cada verso en dos de ocho:

Paseábase el rey moro por la ciudad de Granada,
desde la puerta de Elvira hasta la de Vivarrambla.

Paseábase el rey moro
por la ciudad de Granada,
desde la puerta de Elvira
hasta la de Vivarrambla.

Mester de juglaría   Es la forma usada por los juglares medievales en los viejos cantares de gesta, como por ejemplo el *Poema de Mio Cid* (siglo XII). Consistía en tiradas monorrimas (con rima predominantemente asonante) de versos largos, fluctuantes, en los que predominaban los de catorce sílabas. El verso se dividía en dos partes (hemistiquios), separados por una pausa (cesura):

Mio Cid Roy Díaz, / por Burgos entróve,
en su compaña, / sessaenta pendones;
exien lo veer / mugieres e varones,
burgeses e burgesas, / por las finiestras sone,
plorando de los ojos, / tanto avien el dolore
De las sus bocas / todos dizían una razone:
«Dios, qué buen vassallo, / sí oviesse buen señore!»

Silva   Es una combinación indeterminada de versos endecasílabos y heptasílabos. La diferencia con la *estancia* y la *lira* es que la *silva* no tiene una ordenación estrófica.

✒B. TABLAS CRONOLÓGICAS

HISTORIA	LITERATURA Y CULTURA
711. Los árabes invaden la Península. Batalla del Guadalete. Fin del reino visigodo.	
718. Palayo comienza la Reconquista en Covadonga. Se crea el reino de Asturias.	
732. Carlos Martel derrota a los árabes en Poitiers.	
755. Abderramán I se declara emir independiente de Damasco.	
788. Carlomagno es derrotado en Roncesvalles. Rolando muere en la batalla.	786. Comienza la construcción de la Mezquita de Córdoba.
800. Carlomagno es coronado emperador.	
814. Muerte de Carlomagno.	
830. Primeras referencias al sepulcro de Santiago el Mayor en Compostela.	
840. Primeras invasiones de Inglaterra por los normandos.	840? Nace en Cabra el poeta Muccáddam el Ciego, inventor del zéjel.
850. Se crea el condado de Castilla.	
	910. Guillermo de Aquitania funda el Monasterio de Cluny.
912. Abderramán III.	

HISTORIA	LITERATURA Y CULTURA
829. Abderramán III proclama el califato de Córdoba.	
	ca. 940. El poema más antiguo en una lengua moderna: *Beowulf*.
946. Castilla se declara condado independiente de León.	
961. Muere Abderramán III.	
976. Hisham II, califa de Córdoba.	
978. Almanzor, primer ministro del califa.	
	994. Nace Aben Hazam de Córdoba (994–1063), autor de *El collar de la paloma*.
997. Almanzor se apodera de Santiago de Compostela.	
1002. Muere Almanzor.	
1031. Fin del Califato. Aparición de los reinos de taifas.	
1035. Fernando I, rey de Castilla.	
1037. Fernando I incorpora a Castilla el reino de León.	
	1040. Existencia de jarchas (orígenes de la lírica española).
1043? Nace Ruy Díaz de Vivar, el Cid.	
	ca. 1050. *Crónica Pseudo Isidoriana* o *Chronica Gothorum*.

HISTORIA	LITERATURA Y CULTURA	HISTORIA	LITERATURA Y CULTURA
1065. Muere Fernando I y divide el reino entre sus hijos: Sancho II, rey de Castilla; García, rey de Galicia; Alfonso VI, rey de León; Zamora a doña Urraca.	ca. 1065. Iglesia de San Isidoro de León, arte románico. Probable fecha de la *Chanson de Roland*.		d. de 1125. El arzobispo don Raimundo crea en Toledo la famosa *Escuela de Traductores*.
1072. Cerco de Zamora: muerte de Sancho II y jura de Santa Gadea. Alfonso VI, único rey.	1071. Nace Guillaume d'Aquitaine (1071–1126), primer trovador provenzal conocido.	1126. Muere doña Urraca y sube al trono Alfonso VII.	1126. Nacimiento de Averroes (1126-1198).
		1133. Alfonso VII llega a Cádiz.	ca. 1130. Fundación de la Universidad de Oxford.
		1135. Alfonso VII se da el título de emperador.	1135. Nacimiento de Maimónides (1135–1204).
	1075. Se inician las obras de construcción de la catedral de Santiago, de arte románico.	1156. Invasión de los almohades.	1140. Fecha aproximada del *Poema de Mio Cid*.
1080. Destierro del Cid.		1158. Alfonso VIII, rey de Castilla. Creación de la Orden Militar de Calatrava.	
1085. Conquista de Toledo.			
1086. Invasión de los almorávides.		ca. 1160. Fundación de la orden militar de Santiago.	ca. 1160. *Crónica najerense. Cantar de los Nibelungos.*
	1088. Fundación de la Universidad de Bologna (Italia).		1163. Construcción de Nôtre Dame de Paris.
1094. El Cid conquista Valencia.		1166. Fundación de la orden de Alcántara.	
	1098. Fundación de la Orden del Císter.		1170. Construcción de la catedral de Ávila, arte gótico; y de la torre de la Giralda, de Sevilla.
1099. Muerte del Cid. Conquista de Jerusalén por los cruzados.			1182. Nacimiento de San Francisco de Asís (1182-1226).
1102. Valencia es conquistada por los almorávides.			1188. Construcción del Pórtico de la Gloria de la catedral de Santiago de Compostela, arte románico.
	ca. 1106. Pedro Alfonso: *Disciplina Clericalis*.		1195. Probable nacimiento de Gonzalo de Berceo, primer poeta español de nombre conocido.
1109. Muere Alfonso VI. Su hija y heredera Urraca casa con Alfonso I el Batallador, rey de Navarra y de Aragón.			1208. Fundación de la universidad de Palencia.
	ca. 1115. *Crónica Silense*.		

HISTORIA	LITERATURA Y CULTURA	HISTORIA	LITERATURA Y CULTURA
	Fundación de la Orden de Predicadores por Santo Domingo de Guzmán.		1253. Fundación de la Sorbona en París.
	1209. Se constituye la primera comunidad franciscana.		1256. Alfonso X: *Las siete partidas.*
			1265. Nace Dante Alighieri (1265–1321).
1212. Batalla de las Navas de Tolosa. Gran victoria cristiana.			1266. Bacon: *Opus Majus, Opus Minus, Opus Tertium.*
1215. Carta Magna de Inglaterra.			1270. Alfonso X empieza la *Primera Crónica General.*
1217. Sube al trono de Castilla Fernando III el Santo.			1276. Probable fecha de la redacción de la segunda parte del *Roman de la Rose*, por Jean de Meung.
	1221. Se inicia la construcción de la catedral de Burgos, arte gótico.		ca. 1280. Nacimiento de Guillermo de Ockham (1280–1349).
	1225. Nacimiento de Santo Tomás de Aquino.		1282. Nacimiento de don Juan Manuel (1282–1348).
1223. El Papa Gregorio IX instituye el Tribunal de la Inquisición contra los albigenses.	1226. Se inicia la construcción de la catedral de Toledo, arte gótico.		
1236. Conquista de Córdoba por Fernando III el Santo.	ca. 1230. Traducción al latín de la *Metafísica* de Aristóteles.	1284. Muerte de Alfonso X. Sube al trono de Castilla Sancho IV.	
			ca. 1300. Dante comienza a escribir la *Divina Comedia.*
			1304. Nacimiento de Petrarca.
	ca. 1236. *Roman de la Rose*, por Guillermo de Lorris.	1311. Fundación de los ducados de Atenas y Neopatria por los catalanoaragoneses.	
	1238. Se inician las obras de la Alhambra de Granada.		
	1241. Probable fecha de la versión romanceada del *Fuero Juzgo.*		
1248. Fernando III conquista Sevilla.			ca. 1330. Juan Ruiz: *Libro de buen amor.*
	ca. 1250. *Libro de Aleixandre.*		1332. Nacimiento del canciller Pero López de Ayala (1332–1407).
1252. Muere Fernando III el Santo. Sube al trono Alfonso X el Sabio.			ca. 1335. Don Juan Manuel acaba el *Conde Lucanor* o *Libro de Patronio.*
		1336. Comienza la guerra de los Cien Años.	
			ca. 1340. Nace Chaucer (ca. 1340–1400).

HISTORIA	LITERATURA Y CULTURA	HISTORIA	LITERATURA Y CULTURA
	1341. Petrarca es coronado de laurel en el Capitolio romano.		Jorge Manrique (ca. 1440–ca. 1478).
	ca. 1350. Sem Tob: *Proverbios morales*. Primera mención del *Amadís de Gaula*.		ca. 1445. *Cancionero de Baena*.
		1451. Nacimiento de Cristóbal Colón.	
	1351. Probable muerte de Juan Ruiz, Arcipreste de Hita.		1452. Nacimiento de Leonardo da Vinci (1452–1519).
	1374. Muere Petrarca.		
	1375. Muere Boccaccio.	1453. Ejecución de don Alvaro de Luna. Ocupación de Constantinopla por los turcos y fin del imperio romano de Oriente.	
1378. Cisma de Occidente.	ca. 1387. Chaucer: *Canterbury Tales*.		
	1398. Nacimiento de Alfonso Martínez de Toledo, Arcipreste de Talavera (1398–1470) y del Marqués de Santillana (1398–1458).		1456. Marsilio Ficino: *Institutiones Platonicae*.
			1458. Nace Sannazaro (1458–1530).
			ca. 1460. *Cancionero de Stúñiga*.
			1468. Nacimiento de Juan del Encina (1468–1529).
1406. Sube al trono de Castilla Juan II bajo la regencia de don Fernando (luego Fernando I de Aragón) y de Catalina de Lancaster.		1469. Matrimonio de Isabel de Castilla y Fernando de Aragón.	1469. Nacimiento de Maquiavelo (1469–1527).
			1473. Primera imprenta en España, probablemente en Zaragoza. Nacimiento de Copérnico (1473–1542).
1417. Fin del Cisma de Occidente con la deposición de Benedicto XIII. Martín V, Papa.	1411. Nacimiento de Juan de Mena (1411–1456).		
1419. Mayoría de don Juan II y privanza de don Alvaro de Luna.		1474. Muere Enrique IV. Isabel I, reina de Castilla.	1474. Nacimiento de Ariosto (1474–1533).
		1475. Nacimiento de Francisco Pizarro (ca. 1475–1541).	
	1420. Tomás de Kempis: *Imitatio Christi*.		
	ca. 1430. Nacimiento de François Villon.		1476. Jorge Manrique: *Coplas por la muerte de su padre*.
1431. Proceso y ejecución de Juana de Arco. Navegaciones portuguesas.		1478. Se establece la Inquisición en Castilla.	
	ca. 1440. Nacimiento de		1480. Nacimiento del escultor Berruguete (1480–1561).

HISTORIA	LITERATURA Y CULTURA	HISTORIA	LITERATURA Y CULTURA
1483. Nacimiento de Martín Lutero (1483–1546).		1510. Se funda la primera ciudad española en tierra firme de América: Santa María de la Antigua.	
1485. Colón viene a España. Nacimiento de Hernán Cortés (1485-1547). Bartolomé Díaz da la vuelta al cabo de Buena Esperanza.			1511. Hernando del Castillo: *Cancionero General*, en Valencia. Erasmo: *Elogio de la locura*.
	ca. 1487. Nacimiento de Juan Boscán.	1513. Balboa descubre el Pacifico.	
1492. Rendición de Granada y fin de la Reconquista. Expulsión de los judíos. Descubrimiento de América.	1492. Nebrija: primera *Gramática castellana* (primera gramática de una lengua vulgar).		1514. Comienza la edición de la *Biblia Políglota Complutense*. Lucas Fernández: *Farsas y églogas al modo y estilo pastoril y castellano*.
	1496. Juan del Encina: *Cancionero*.		1515. Traducción de la *Divina Comedia* al castellano. Nacimiento de Santa Teresa de Jesús (1515–1582).
	1497. Leonardo da Vinci: *La Cena*.		
1498. En su tercer viaje, Colón llega al continente americano.		1516. Muere Fernando el Católico. Regencia de Cisneros.	1516. Maquiavelo: *El Príncipe*. Tomás Moro: *Utopia*. Ariosto: *Orlando furioso*.
	1499. Primera edición conocida de *La Celestina* (Burgos).	1517. Llega a España Carlos I. Lutero: tesis de Wittenberg.	1517. Torres Naharro: publica en Nápoles su *Propalladia*.
1500. Nacimiento de Carlos I, el emperador.	ca. 1501. Nacimiento de Lope de Rueda.	1519. Muere el emperador Maximiliano: Carlos I le sucede.	
	1501. Nacimiento de Garcilaso de la Vega (1501–1536).	1520. Levantamiento de las comunidades de Castilla. Excomunión de Lutero. Descubrimiento del estrecho de Magallanes. Derrota de Cortés: Noche Triste en Méjico. Victoria de Cortés en Otumba.	ca. 1520. Nacimiento de Jorge de Montemayor.
	1502. León Hebreo: *Dialoghi d'amore*.		
1504. Muerte de Isabel, la Católica. Colón vuelve a España de su último viaje.	1504. Nacimiento de Fray Luis de Granada (1504–1588). Sannazaro: *Arcadia*. Erasmo: *Enchiridion*.		
	ca. 1505. Leonardo da Vinci: *La Gioconda*.	1521. Derrota de los comuneros en la batalla de Villalar. Cortés recupera Méjico y termina el imperio azteca.	
1506. Muere Colón.	1506. Fundación de la Universidad de Alcalá de Henares por Cisneros.		
	1508. Se publica el *Amadís de Gaula* en Zaragoza.		

HISTORIA

1522. Regreso de Magallanes. Juan Sebastián Elcano da la vuelta al mundo.
1524. Primeros contactos de Pizarro con los incas.

1525. Batalla de Pavía. Francisco I de Francia es llevado preso a Madrid.

1529. Los turcos a las puertas de Viena.

1532. Pizarro conquista el Perú.

1534. Constitución de la Compañía de Jesús.
1535. Fundación de Buenos Aires.

LITERATURA Y CULTURA

1522. Erasmo: *Coloquios.*

1524. Vives: *De institutione foeminae christianae*, Amberes. Nacimiento de Luis de Camoens.

1526. San Ignacio escribe sus *Ejercicios Espirituales.*
1527. Nacimiento de Fray Luis de León (1527–1591).
1528. Francisco Delicado: *La lozana andaluza*, Venecia. Alfonso de Valdés: *Diálogo de Mercurio y Carón y Diálogo de Lactancio y un arcediano.* Castiglione: *Il Cortegiano.*
1529. Antonio de Guevara: *Libro llamado Relox de Príncipes*, Valladolid. Juan de Valdés: *Diálogo de la doctrina cristiana*, Alcalá.
1532. Rabelais: *Gargantúa y Pantagruel.*
1533. Nacimiento de Montaigne (1533–1592).
1534. Nacimiento de Fernando de Herrera (1534–1597).
1535. Juan de Valdés: *Diálogo de la lengua.* Introducción de la imprenta en Méjico.
1536. Muere Garcilaso de la Vega.
1539. Boscán traduce *Il Cortegiano.* Antonio

HISTORIA

1545. Concilio de Trento.

1546. Muere Lutero.

1553. María Tudor sube al trono de Inglaterra.
1554. Felipe II contrae matrimonio con María Tudor.

1555. Se firma la paz de Augsburgo.
1556. Abdicación de Carlos I en favor de su hijo Felipe II.
1558. Abdicación de la corona imperial por Carlos I en favor de su hermano Fernando. Subida al trono de Isabel I de Inglaterra.

LITERATURA Y CULTURA

de Guevara: *Menosprecio de corte y alabanza de aldea.*
1541. Nacimiento de El Greco (1541–1614).
1542. Nacimiento de San Juan de la Cruz (1542–1591).
1543. Nacimiento de Juan de la Cueva (1543–1610).
1545. Lope de Rueda: *La Carátula.*
1547. Nacen Miguel de Cervantes y Mateo Alemán.
1550. *Cancionero de romances*, Amberes.
1551. Se establece la fundación de las universidades de Méjico y Lima.
1552. Bartolomé de las Casas: *Brevissima relación de la destrucción de las Indias.* Ronsard: *Amours.*

1554. *Lazarillo de Tormes*, Burgos, Alcalá y Amberes. Nacen John Lyly (1554–1606) y Sir Philip Sidney (1554–1586).

1556. Fray Luis de Granada: *Guía de pecadores.*

1559. Jorge de Monte-

HISTORIA	LITERATURA Y CULTURA	HISTORIA	LITERATURA Y CULTURA
	mayor: *Los siete libros de Diana*, Valencia.		1582. Reforma gregoriana del calendario.
	1561. Nacimiento de Luis de Góngora (1561–1627) y Francis Bacon (1561–1626).		1583. Fray Luis de León: *De los nombres de Cristo, La perfecta casada*. Fray Luis de Granada: *Introducción al símbolo de la fe*.
	1562. Santa Teresa: *Vida*. Nacimiento de Lope de Vega (1562–1635).		1584. Terminan las obras de El Escorial. Nacimiento de Tirso de Molina (1584–1648).
	1563. Comienzan las obras de El Escorial.		1585. Cervantes: *La Galatea*. Santa Teresa: *Camino de perfección*. Fray Luis de León: *De los nombres de Cristo*.
1564. Fin del Concilio de Trento.	1564. Nacen Shakespeare (1564–1616), Christopher Marlowe (1564–1593) y Galileo (1564–1642).		1586. El Greco: *Entierro del conde Orgaz*.
1565. Fundación de San Agustín por Menéndez de Avilés.			
1571. Combate naval de Lepanto.	1569. Ercilla: *La Araucana*.	1587. Ejecución de María Estuardo. Raleigh funda una colonia en Virginia.	
	1572. Camoens: *Os lusiadas*.	1588. Destrucción de la Armada Invencible.	1588. Santa Teresa: *Castillo interior o Las Moradas*. Juan de la Cueva: *Primera parte de comedias*.
	1573. Nacen John Donne (1573–1631) y Ben Johnson (1573–1637).		1596. Nacimiento de Descartes (1596–1650).
	1575. Inauguración del teatro del Príncipe en Madrid y de otros corrales en distintas ciudades españolas.	1598. Muere Felipe II. Felipe III sube el trono.	1598. Se inaugura en Londres el teatro del Globo.
	1576. Se establece en Londres el primer teatro permanente.		1599. Mateo Alemán: primera parte de *Guzmán de Alfarache*.
	1577. Nacimiento de Rubens (1577–1640).		1600. Nacimiento de Calderón de la Barca (1600–1681).
	1579. Nacimiento de Luis Vélez de Guevara (1579–1644).		1601. Nacimiento de Baltasar Gracián (1601–1658). Shakespeare: *Hamlet*.
1580. Felipe II hereda el reino de Portugal.	1580. Nacimiento de Francisco de Quevedo (1580–1645).		1602. Mateo Alemán: segunda parte del *Guzmán de Alfarache*. Lope de Vega: *Rimas humanas*.
	1581. Nacimiento de Juan Ruiz de Alarcón (1581–1639).		

HISTORIA	LITERATURA Y CULTURA	HISTORIA	LITERATURA Y CULTURA
	1603. Quevedo: *Buscón*; no se edita hasta 1626.	1621. Muerte de Felipe III. Felipe IV sube al trono.	1621. Nacimiento de La Fontaine (1621–1695).
	1604. Shakespeare: *Otelo*.		1622. Nacimiento de Molière (1622–1673).
	1605. Cervantes: primera parte de *Don Quijote de la Mancha*.		1623. Nacimiento de Pascal (1623–1662).
	1606. Quevedo: empieza a escribir los *Sueños*. Nacimiento de Rembrandt (1606–1648) y Corneille (1606–1648).	1624. Luis XIII de Francia nombra ministro a Richelieu.	
	1608. Nacimiento de Milton (1608–1647).		1627. Góngora: *Obras en verso*. Quevedo: *Los Sueños*.
1609. Expulsión de los moriscos.	1609. Lope de Vega: *Arte nuevo de hacer comedias*.		1629. Fray Luis de León: *Poesías*, editadas por Quevedo.
1610. Asesinato de Enrique IV de Francia.			1630. Tirso de Molina: *Burlador de Sevilla y Convidado de piedra*, (Don Juan).
1611. Sube al trono de Suecia Gustavo Adolfo.			1631. Nacimiento de John Dryden (1631–1700).
1613. Los Romanov en Rusia.	1613. Cervantes: *Novelas ejemplares*.	1632. Se funda en Maryland una colonia.	1632. Lope de Vega: *La Dorotea*.
	1614. El *Quijote* de Avellaneda. Lope de Vega: *Rimas sacras*. Cervantes: *Viaje del Parnaso*.	1635. Guerra de Francia contra España y Austria.	1635. Muerte de Lope de Vega. Calderón: *La vida es sueño*.
	1615. Cervantes: segunda parte de *Don Quijote de la Mancha*; *Ocho comedias y ocho entremeses*.		1636. Se funda en América la universidad de Harvard.
	1616. Muerte de Cervantes		1637. Descartes: *Discurso del método*.
	1617. Cervantes: *Los trabajos de Persiles y Sigismunda*. Inca Garcilaso de la Vega: *Historia general del Perú*.		1639. Nacimiento de Racine (1639–1699).
		1640. Guerra de Cataluña. Independencia de Portugal y subida al trono de Juan IV, duque de Braganza.	
1618. Empieza la guerra de los Treinta Años.	1618. Vicente Espinel: *Relación de la vida del escudero Marcos de Obregón*.	1641. Conspiración de Andalucía.	1641. Vélez de Guevara: *El diablo cojuelo*.
	1619. Lope de Vega: *Fuenteovejuna*.	1642. Muerte de Richelieu. Le sucede Mazarino.	1642. Calderón de la Barca: *El Alcalde de Zalamea*. Gracián: *Agudeza y arte de ingenio*.
1620. Llegada del *Mayflower* a América del Norte.	1620. Francis Bacon: *Novum Organum*.	1643. El conde-duque de Olivares, privado de Felipe IV, cae en	

desgracia y es desterrado.

1646. Cromwel hace prisionero a Carlos I.
1648. Termina la guerra de los Treinta Años. Tratado de Westfalia. España pierde los Países Bajos.
1652. Fin de la guerra de Cataluña.

1660. Luis XIV de Francia contrae matrimonio con María Teresa de Austria, hija de Felipe IV. Carlos II sube al trono inglés.
1664. Los ingleses conquistan y dan el nombre de Nueva York a Nueva Amsterdam.
1665. Muerte de Felipe IV. Le sucede Carlos II bajo la regencia de Mariana de Austria.

1668. Independencia de Portugal.

1646. Nacimiento de Leibniz (1646–1716).
1648. Quevedo: *Parnaso español.*

1651. Hobbes: *Leviathan.*

1656. Velázquez: *Las Meninas.*
1660. Nacimiento de Daniel Defoe (1660–1731).

1664. Molière: *Tartuffe.*

1667. Milton: *Paradise Lost.* Nacimiento de Jonathan Swift (1667–1745).
1668. Moliere: *L'Avare.* La Fontaine: *Fables.* Nace Le Sage (1668–1777).
1670. Spinoza: *Tractatus theologico - politicus.* Dryden: *Conquest of Granada.*
1672. Nicolás Antonio: *Bibliotheca hispana vetus.* Moliere: *Les femmes savantes.*
1674. Boileau: *Art poétique.*

1675. Mayoría de edad de Carlos II.

1689. Guerra entre Francia y España.

1700. Muerte de Carlos II. En su testamento deja como sucesor a Felipe de Anjou, nieto de Luis XIV de Francia.

1676. Nacimiento de Feijoo (1676–1764).
1677. Calderón de la Barca: *Autos sacramentales.* Spinoza: *Ethica.* Racine: *Phèdre.*
1678. Nacimiento de Vivaldi (1678–1743).
1680. Se funda la Comédie Française.
1681. Muerte de Calderón de la Barca.
1683. Nacimiento de Edward Young (1683–1765).
1684. Nacimiento de Berkeley (1684–1753).
1685. Nacimiento de Bach (1685–1750) y Handel (1685–1759).
1688. Nacimiento de Alexander Pope (1688–1744).
1689. Nacimiento de Montesquieu (1689–1755).
1690. Locke: *Essay concerning Human Understanding.*
1693. Nacimiento de Torres Villarroel (1693–1770).
1694. Nacimiento de Voltaire (1694–1778).
1695. Bayle: *Dictionnaire historique et critique.*
1696. Nicolás Antonio: *Bibliotheca hispana nova.*
1700. Se funda la Academia de las Ciencias de Berlín.

C. BIBLIOGRAFÍA ESENCIAL

1. HISTORIAS DE ESPAÑA.

Aguado Bleye, P., *Manual de historia de España*, 3 vols., Espasa-Calpe (muchas ediciones).

Altamira y Crevea, R., *Historia de España y de la civilización española*, 3ª ed., 4 vols., Barcelona, 1913.

Ballesteros y Beretta, A., *Historia de España y su influencia en la historia universal*, 2ª ed., 12 vols., Barcelona, 1943–8.

Elliott, J. H., *Imperial Spain (1469–1716)*, New York, A Mentor Book, 1966.

Historia de España, dirigida por R. Menéndez Pidal, Madrid, Espasa-Calpe, 12 vols. publicados (obra en publicación).

Hume, M. A. S., *Spain. Its greatness and decay (1479–1788)*, 3rd. ed., Cambridge, 1913.

Merriman, R. B., *The Rise of the Spanish Empire in the Old World and the New*, 4 vols., New York, 1918–34; reprinted in 1962.

Rankè, L., *The Ottoman and the Spanish Empire in the sixteenth centuries*, London, 1843. (Todavía de interés).

Soldevila, F., *Historia de España*, 8 vols., Barcelona, 1952–9.

Trevor Davies, R., *The Golden Century of Spain (1501–1621)*, London, 1937; reprinted in 1954.

Vicens Vives, J., *Aproximación a la historia de España*, 2ª ed., Barcelona, 1960.

———, *Historia social y económica de España y América*, 5 vols., Barcelona, 1957–9.

2. HISTORIAS DE LA LITERATURA Y ESTUDIOS GENERALES.

Bataillon, M., *Erasmo y España*, México, Fondo de Cultura Económica, 1967.

Brenan, G., *The Literature of the Spanish People*, New York, 1957.

Cohen, G., *La vida literaria en la Edad Media*, Madrid, 1958.

Chandler, R. E. y Schwartz, K. A., *A New History of Spanish Literature*, Baton Rouge, 1961.

Díaz-Plaja, G., ed. por, *Historia general de las literaturas hispánicas*, 5 vols., Barcelona, 1949–56.

———, *La poesía lírica española*, Barcelona, 1948.

Diccionario de literatura española de la Revista de Occidente, ed. de G. Bleiberg y J. Marías, Madrid, 1964.

González López, E., *Historia de la literatura española (Edad Media al siglo XIX)*, 2 vols., New York, 1962–65.

Green, O. H., *Spain and the Western Tradition*, 3 vols., Madison, 1963–65.

Hurtado, J. y González Palencia, A., *Historia de la literatura española*, Madrid, 1943.

López Estrada, F., *Introducción a la literatura medieval española*, Madrid, 1952.

Marín, D. y A. del Río, *Breve historia de la literatura española*, New York, 1966.

Millares Carlo, A., *Literatura española hasta fines del siglo XV*, México, 1950.

Montolíu, M. de, *Manual de historia de la literatura castellana*, Barcelona, 1957.

Pfandl, L., *Historia de la literatura nacional española del Siglo de Oro*, Barcelona, 1952.

———, *Cultura y costumbres del pueblo español en los siglos XVI y XVII: Introducción al estudio del Siglo de Oro*, Barcelona, 1929.

Piétri, F., *La España del Siglo de Oro*, Madrid, 1960.

Río, A. del, *Historia de la literatura española*, 2 vols., New York, 1963.

Simón Díaz, José, *Manual de bibliografía de la literatura española*, Madrid, 1966.

Valbuena Prat, A., *Historia de la Literatura española*, 3 vols., Barcelona, 1960.

———, *Historia del teatro español*, Barcelona, 1956.

Vossler, K., *Algunos caracteres de la cultura española*, Buenos Aires, 1953.

———, *Introducción a la literatura española del Siglo de Oro*, Madrid, 1934.

3. COLECCIONES DE TEXTOS.

Biblioteca Anaya, Salamanca, Ediciones Anaya, 1958–(en publicación).

Biblioteca de Autores Españoles, Madrid, M. Rivadeneyra y Edit. Atlas, 1846–80 y 1954–(en publicación).

Biblioteca Clásica Ebro, Zaragoza, Edit. Ebro, 1939–

(en publicación). (Biblioteca de carácter escolar elemental).

Clásicos Castalia, Madrid, Edit. Castalia, 1969–(en publicación).

Clásicos Castellanos, Madrid, Ediciones «La Lectura» y Espasa-Calpe, 1910–(en publicación).

Colección Austral, Buenos Aires, Edit. Espasa-Calpe Argentina, 1937–(en publicación). (Contiene muchos textos de autores españoles).

Odres nuevos. Clásicos medievales en castellano actual, Madrid, Edit. Castalia.

The Laurel Language Library. Spanish Series, New York, Dell Publishing Co., Inc.

4. EDAD MEDIA.

a. Poesía.

Asensio, E., *Poética y realidad en el Cancionero peninsular de la Edad Media*, Madrid, Gredos, 1957.

Le Gentil, P., *La poésie lyrique espagnole et portugaise à la fin du Moyen Age*, 2 vols., Rennes, Plihon, 1949–53.

Menéndez Pidal, R., *La epopeya castellana a través de la literatura española*, Buenos Aires, 1945.

———, *Lírica española y antigua épica*, Buenos Aires, 1951.

———, *Reliquias de la poesía épica española*, Madrid, 1951.

Berceo, Gonzalo de, *Milagros de Nuestra Señora*, (ed. Solalinde), Madrid, Clásicos Castellanos.

(El) *Cancionero de Juan Alfonso de Baena* (ed. P. J. Pidal), Madrid, 1851; nueva ed. de J. M. Azáceta, 3 vols., Madrid, 1966.

Hita, Arcipreste de, Juan Ruiz, *Libro de Buen Amor* (ed. Corominas), Madrid, Gredos, 1965; ed. J. Cejador, Madrid, Clásicos Castellanos; versión moderna de María Brey Mariño, Odres nuevos, Madrid, Edit. Castalia, 5^a ed revisada, 1966.

Lida de Malkiel, M. R., *Libro de Buen Amor* (selección, estudio y notas), Buenos Aires, 1941.

———, *Two Spanish Masterpieces: The Book of Good Love and the Celestina*, Urbana, 1961.

Jarchas:

Cantera, F., *La canción mozárabe*, Santander, 1957.

García Gómez, E., *Las jarchas romances de la serie árabe en su marco*, Madrid, 1965.

Stern, S. M., *Les Chansons mozarabes*, Palermo, 1953; 2^a ed. 1964.

Manrique, Jorge, *Cancionero*, (ed. Cortiña), Madrid, Clásicos castellanos.

———, *Obras completas*, (ed. García López), Barcelona, 1942.

Salinas, P., *Jorge Manrique o tradición y originalidad*, Buenos Aires, 1947.

Mena, Juan de, *El Laberinto de Fortuna o las Trescientas*, (ed. Blecua), Madrid, Clásicos Castellanos.

Lida de Malkiel, M. R., *Juan de Mena, poeta del prerrenacimiento español*, México, 1950.

Poema de Mío Cid, ed. y estudio de Menéndez Pidal, Madrid, Clásicos Castellanos.

Chasca, E. de, *Estructura y forma en el Poema de Mio Cid*, México, 1956.

Menéndez Pidal, R., *Cantar de Mio Cid*, 3 vols., Madrid, Espasa-Calpe.

———, *La España del Cid*, 2 vols., 5^a ed., Madrid, Espasa-Calpe.

Razón de Amor, ed. de Menéndez Pidal, *Revue Hispanique*, XIII (1905), pp. 602–618.

Santillana, Marqués de, *Canciones y decires*, (ed. de García de Diego), Madrid, Clásicos Castellanos.

Marqués de Santillana. Prose and Verse (ed. Trend), London, 1940.

Lapesa, R., *La obra literaria del Marqués de Santillana*, Madrid, 1957.

b. Prosa.

Escritores en prosa anteriores al siglo XV, (ed. Gayangos), Biblioteca Autores Españoles, LI, Madrid, 1884.

Prosistas castellanos del siglo XV, (ed. Penna), Biblioteca Autores Españoles, CXVI, Madrid, 1959.

Alfonso el Sabio, *Antología*, (ed. Solalinde), Buenos Aires, Espasa-Calpe, Colección Austral.

Proctor, E. S., *Alphonso X of Castile*, Oxford, 1951.

Manuel, Don Juan, *Obras*, (eds. J. M. Castro y M. de Riquer), Barcelona, C.S.I.C., 1955.

———, *El Conde Lucanor*, (ed. González Palencia), Zaragoza, Edit. Ebro.

c. Teatro.

Teatro medieval. Textos íntegros, (ed. Lázaro Carreter), Valencia, 1958.

Crawford, J. P. W., *The Spanish Pastoral Drama*, Philadelphia, 1915.

———, *Spanish Drama before Lope de Vega*, Philadelphia, 1937.

Donovan, R. B., *The Liturgical Drama in Medieval Spain*, Toronto, 1958.

Tieck, L. H., *Juan del Encina and the Spanish Renaissance*, Berkeley, 1933.

Rojas, F. de, *Tragicomedia de Calisto y Melibea*, (ed. J. Cejador), Madrid, Clásicos Castellanos.

Berndt, Erna, *Amor, Muerte y Fortuna en 'La Celestina'*, Madrid, Gredos, 1963.

Gilman, S., *The Art of La Celestina*, Madison, 1956.

Lida de Malkiel, M. R., *La originalidad artística de La Celestina*, Buenos Aires, 1962.

――――, *Two Spanish Masterpieces: The Book of Good Love and The Celestina*, Urbana, 1961.

Sturdevant, W., *The Misterio de los Reyes Magos*, Baltimore, 1927.

5. SIGLO DE ORO.

a. Poesía.

Alonso, D., *Poesía española. Ensayo de métodos y límites estilísticos*, Madrid, Gredos, 1962.

Flores de poetas ilustres de los siglos XVI y XVII, (ed. de Bonilla y San Martín), Madrid, 1917.

Renaissance and Baroque Poetry of Spain, (Intr. and ed. by E. L. Rivers), New York, Dell, 1966.

Spanish Lyrics of the Golden Age, (ed. by Tettenborn), London, 1952.

Spanish Poetry of the Golden Age, (ed. by Buchanan), Toronto, 1942.

Cruz, San Juan de la, *Poesías completas y otras páginas*, (ed. J. M. Blecua), Madrid, Biblioteca Clásica Ebro.

Alonso, Dámaso, *La poesía de San Juan de la Cruz*, Madrid, 1942.

Orozco Díaz, E., *Poesía y mística. Introducción a la lírica de San Juan de la Cruz*, Madrid, 1959.

Peers, E. A., *Spirit of Flame. A Study of St. John of the Cross*, London, 1945.

Garcilaso de la Vega, *Obras completas*, (ed. de E. L. Rivers), Valencia, Castalia, 1965; ed. Rivers, Madrid, Clásicos Castalia, 1969.

Arce, Margot, *Garcilaso de la Vega: Contribución al estudio de la lírica española del siglo XVI*, Madrid, 1930; Río Piedras (Puerto Rico), 1961.

Keniston, H., *Garcilaso de la Vega. A Critical Study of his Life and Works*, New York, 1922.

Lapesa, R., *La trayectoria poética de Garcilaso*, Madrid, 1948.

Góngora, Luis de, *Obras completas*, (ed. de Millé y Giménez), Madrid, 1943.

Góngora y el Polifemo, (ed. y versión en prosa de D. Alonso), 5ª ed., 3 vols., Madrid.

Soledades, (ed. de D. Alonso), Madrid, 1936.

Sonetos completos, (ed. de B. Ciplijauskaité), Madrid, Clásicos Castalia, 1969.

Alonso, D., *La lengua poética de Góngora*, Madrid, 1935.

――――, *Estudios y ensayos gongorinos*, Madrid, 1961.

Herrera, F., *Poesías*, (ed. V. García de Diego), Madrid. Clásicos Castellanos.

Macrí, O., *Fernando de Herrera*, Madrid, Gredos, 1959.

León, Fray Luis de, *Poesías*, (ed. A. C. Vega), Madrid, 1955.

Guy, Alain, *Fray Luis de León*, Buenos Aires, 1963.

Quevedo, F. de, *Poesía*, (ed. J. M. Blecua), Barcelona, 1963; 2ª ed. 1968.

Alonso, D., «El desgarrón afectivo en la poesía de Quevedo», en *Poesía española*, Madrid, Gredos, 1952.

Romancero:

Benichou, Paul, *Creación poética en el romancero tradicional*, Madrid, Gredos, 1968.

Menéndez Pidal, R., *Flor nueva de romances viejos*, Madrid, Espasa-Calpe.

――――, *Romancero Hispánico*, 2 vols., Madrid, Espasa-Calpe, 1953.

――――, *Romancero tradicional*, Madrid, Gredos, varios vols. (en public.)

Vega, Lope de, *Poesías líricas*, (ed. J. F. Montesinos), 2 vols., Madrid, Clásicos Castellanos.

Villancicos:

Alonso, D. y J. M. Blecua, *Antología de la poesía española. Lírica de tipo tradicional*, 2ª ed., Madrid, Gredos, 1964.

Frenk Alatorre, M., *Lírica de tipo popular*, México, 1966.

Sánchez Romeralo, A., *El villancico (Estudios sobre la poesía popular en los siglos XV y XVI)*, Madrid, Gredos, 1969.

b. Novela.

La novela picaresca, (ed. Valbuena Prat), Madrid, edit Aguilar.

Libros de Caballerías, (ed. P. Gayangos), Biblioteca Autores Españoles, Madrid, 1857. *Libros de Caballerías*, (ed. Bonilla y San Martín), Nueva Biblioteca de Autores Españolas, VI, XI, Madrid, 1907, 1908.

Avalle Arce, J. B., *La novela pastoril española*, Madrid, 1959.

Bataillon, M., *Le roman picaresque*, Paris, 1937.

Parker, A. A., *Literature and the Delinquent* Edinburgh, 1967.

Thomas, H., *Spanish and Portuguese Romances of Chivalry in the Spanish Peninsula and its Extension and Influence Abroad*, Cambridge, 1920.

Alemán, Mateo, *Guzmán de Alfarache*, (ed. S. Gili Gaya), Madrid, Clásicos Castellanos, 5 vols.

Moreno Báez, E., *Lección y sentido del Guzmán de Alfarache*, Madrid, 1948.

Amadís de Gaula, (ed. E. B. Place), Madrid, 1959.

Cervantes:

Obras completas, (ed. Schevill y Bonilla), Madrid.

Don Quijote, (ed. F. Rodríguez Marín), 10 vols., Madrid, 1947–48.

Novelas ejemplares, (ed. F. Rodríguez Marín), Clásicos Castellanos, 2 vols., Madrid, 1914–17.

Bell, A. F. G., *Cervantes*, Norman (Oklahoma), 1947.

Casalduero, J., *Sentido y forma de las Novelas Ejemplares*, Madrid, 1962.

————, *Sentido y forma del Quijote*, Madrid, 1949.

Castro, A., *El pensamiento de Cervantes*, Madrid, 1925.

Entwistle, W. J., *Cervantes*, Oxford, 1940.

González de Amezúa, A., *Cervantes, creador de la novela corta española*, 2 vols., Madrid, 1956–58.

Predmore, R. L., *El mundo del Quijote*, Madrid, 1958.

Lazarillo de Tormes:

ed. Julio Cejador, Madrid, Clásicos Castellanos; ed. Hesse y Williams, Madison, University of Wisconsin Press; ed. C. Guillén, New York, Dell Publishing Co., Inc.

Bataillon, M., *Novedad y fecundidad del Lazarillo de Tormes*, Salamanca, 1968.

Gilman, S. "The Death of L. de T.", *PMLA*, LXXXI, 1966.

Guillén, C., "La disposición temporal del L. de T.", *Hispanic Review*, XXV (1957), pp. 264–279.

Lázara Carreter, F., "Construcción y sentido del L. de T.", *Abaco*, Madrid, Castalia, 1969, n°. 1.

Rico, F., Introducción a *La novela picaresca española*, Barcelona, Planeta, 1967.

Montemayor, J. de, *Los siete libros de Diana*, (ed. F. López Estrada), Madrid, Clásicos Castellanos.

Quevedo, F. de, *Historia de la vida del Buscón*, (ed. A. Castro), Madrid, Clásicos Castellanos.

————, *Los sueños*, (ed. J. Cejador), Madrid, Clásicos Castellanos, 2 vols.

Vega, Lope de, *La Dorotea*, (ed. E. S. Morby), Berkeley, 1958.

c. Prosa doctrinal.

Hatzfeld, H., *Estudios literarios sobre mística española*, 2ª ed. Madrid, Gredos, 1969.

Peers, E. A., *Studies on the Spanish Mystics*, 2 vols., London, 1927–30.

Sainz Rodríguez, P., *Mística española*, Madrid, 1961.

León, Fray Luis de, *De los nombres de Cristo*, 3 vols., Madrid, Clásicos Castellanos.

Bell, A. F. G., *Luis de León: A study of the Spanish Renaissance*, Oxford, 1925.

Vossler, K., *Fr. Luis de León*, Buenos Aires, 1946.

Gracián, B., *Obras completas*, (ed. A. del Hoyo), Madrid, 1960.

Correa Calderón, E., *Baltasar Gracián: su vida y su obra*, Madrid, 1961.

Guevara, A. de, *Menosprecio de corte y alabanza de aldea*, (ed. Martínez de Burgos), Madrid, Clásicos Castellanos.

Teresa, Santa, *Las Moradas*, (ed. T. Navarro Tomás), Madrid, Clásicos Castellanos.

————, *Obras completas*, 2 vols., Madrid, Ed. Biblioteca de Autores Cristianos.

Valdés, Alfonso de, *Diálogos*, (ed. J. F. Montesinos), Madrid, Clásicos Castellanos, nos. 89 y 96.

Valdés, Juan de, *Diálogo de la lengua*, (J. F. Montesinos), Madrid, Clásicos Castellanos.

d. Teatro.

Chaytor, H. J., *Dramatic Theory in Spain*, Cambridge, 1925.

Parker, A. A., *The Approach to the Spanish Drama of the Golden Age*, London, 1957.

Wardropper, B. W., *Introducción al teatro religioso del Siglo de Oro*, Madrid, 1953.

Calderón de la Barca, P., *Obras completas*, 3 vols., Madrid, Ed. Aguilar.

————, *Autos sacramentales*, ed. A. Valbuena Prat, 2 vols., Madrid, Clásicos Castellanos.

Parker, A. A., *The Allegorical Drama of Calderón: An Introduction to the Autos Sacramentales*, London, 1943.

Trend, J. B., *Calderón and the Spanish Religious Theatre of the 17th Century*, Oxford, 1930.

Valbuena Prat, A., *Calderón: su personalidad, su arte dramático, su estilo y sus obras*, Madrid, 1941.

Wardropper, B. W., *Critical Essays on the Theatre of Calderón*, New York, 1965.

Cervantes:

Entremeses, ed. Herrero García, Madrid, Clásicos Castellanos.

Casalduero, J., *Sentido y forma del teatro de Cervantes*, Madrid, 1951.

Rueda, Lope de, *Teatro*, (ed. J. Moreno Villa), Madrid, Clásicos Castellanos.

Ruiz de Alarcón, J., *Teatro*, (ed. A. Reyes), Madrid, Clásicos Castellanos.

Tirso de Molina, *Obras dramáticas completas*, (ed. Blanca de los Ríos), 3 vols., Madrid, 1946–59.

Torres Naharro, B. de, *Propalladia and Other Works of Bartolomé de Torres Naharro*, (ed. J. Gillet), 4 vols., Philadelphia, 1943–61.

Vega, Lope de, *Obras escogidas. Teatro*, (ed. P. Sainz de Robles), 2 vols., Madrid, 1946–55.

Menéndez Pelayo, M., *Estudios sobre el teatro de Lope de Vega*, 6 vols., Santander, 1949.

Montesinos, J. F., *Estudios sobre Lope*, Madrid, 1951.

Rennert, H. A. y Castro, A., *Vida de Lope de Vega*, Madrid, 1919; reed. en 1968.

Vossler, K., *Lope de Vega y su tiempo*, Madrid, 1940.

Vicente, Gil, *Obras dramáticas castellanas*, (ed. Hart), Madrid, Clásicos Castellanos.

Mapa Universal de 1503, publicado en Friburgo. Biblioteca Nacional, Madrid.

Mapas

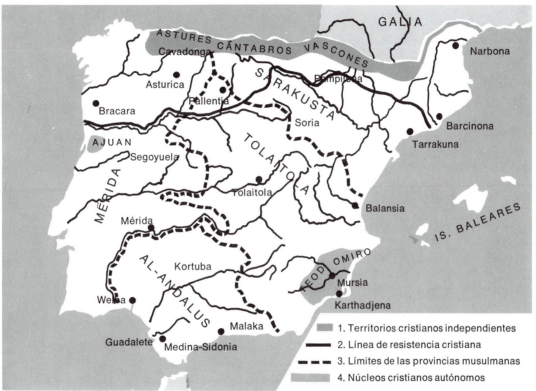

LA CONQUISTA MUSULMANA

Legend:

1. Territorios cristianos independientes
2. Línea de resistencia cristiana
3. Límites de las provincias musulmanas
4. Núcleos cristianos autónomos

Labels on map: GALIA, ASTURES CÁNTABROS VASCONES, Cavadonga, Narbona, Asturica, Pampilona, SARAKUSTA, Bracara, Pallentia, Soria, Barcinona, AJUAN, Tarrakuna, Segoyuela, TOLAITOLA, MÉRIDA, Tolaitola, Balansia, IS. BALEARES, Mérida, FEOD OMIRO, AL-ANDALUS, Kortuba, Mursia, Welba, Karthadjena, Malaka, Guadalete, Medina-Sidonia

LA ÉPOCA DEL CID

Oviedo
Santiago
GALICIA
ASTURIAS
León
NAVARRA
Pamplona
ARAGÓN
CONDADOS CATALANES
Burgos
CASTILLA
PORTUGAL
LEÓN
Zamora
Segovia
Zaragoza
Lérida
Barcelona
Oporto
Salamanca
Ávila
Tarragona
Coimbra
Guadalajara
Morella
Coria
Cuenca
EL CID
Santarem
Toledo
Valencia
Lisboa
Badajoz
IMPERIO
ALMOHADE
Murcia
Córdoba
Granada
Sevilla
Almería
Málaga
Algeciras

—— 1. Límites de la reconquista hasta 1060

■ ■ ■ 2. Límites de la reconquista a principios del siglo XII

LA RECONQUISTA EN EL SIGLO XIII

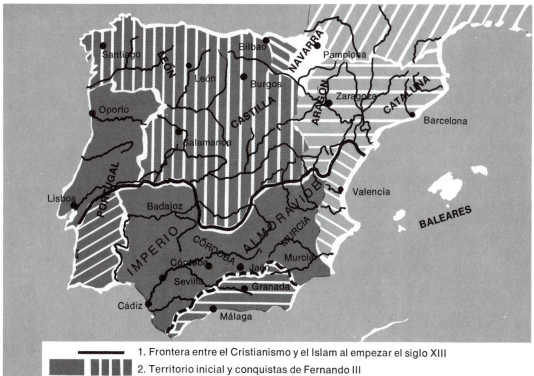

Santiago
Bilbao
León
NAVARRA
Pamplona
Burgos
CASTILLA
ARAGÓN
Zaragoza
CATALUÑA
Oporto
Barcelona
Salamanca
PORTUGAL
Lisboa
Badajoz
ALMORAVIDE
Valencia
IMPERIO
CÓRDOBA
MURCIA
BALEARES
Córdoba
Murcia
Sevilla
Jaén
Cádiz
Granada
Málaga

1. Frontera entre el Cristianismo y el Islam al empezar el siglo XIII
2. Territorio inicial y conquistas de Fernando III
3. Territorio portugués y conquistas
4. Frontera entre la Cristiandad y el Islam al finalizar las conquistas del siglo XIII

EL REINO VISIGODO HISPANO

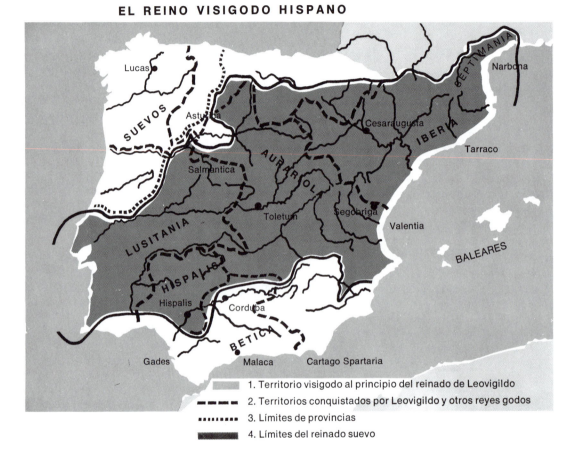

Lucas

SUEVOS

Asturica

Salmantica

LUSITANIA

HISPALIS

Hispalis

Corduba

Gades

Malaca

BETICA

Cartago Spartaria

AURARIOL

Toletum

Segobriga

Valentia

Cesaraugusta

IBERIA

Tarraco

SEPTIMANIA

Narbona

BALEARES

1. Territorio visigodo al principio del reinado de Leovigildo

2. Territorios conquistados por Leovigildo y otros reyes godos

3. Límites de provincias

4. Límites del reinado suevo

LA CONQUISTA ROMANA

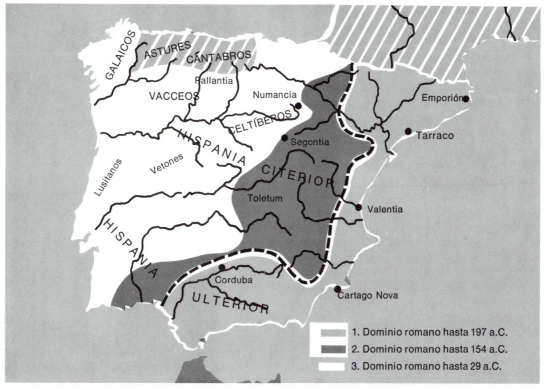

GALAICOS
ASTURES
CÁNTABROS
Pallantia
VACCEOS
Numancia
CELTÍBEROS
HISPANIA
Segontia
Lusitanos
Vetones
CITERIOR
Toletum
Emporión
Tarraco
Valentia
HISPANIA
Corduba
ULTERIOR
Cartago Nova

1. Dominio romano hasta 197 a.C.
2. Dominio romano hasta 154 a.C.
3. Dominio romano hasta 29 a.C.

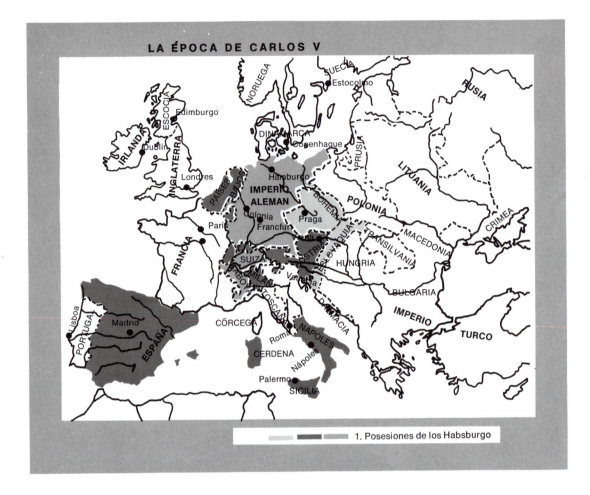

LA ÉPOCA DE CARLOS V

1. Posesiones de los Habsburgo